山下友信
Yamashita Tomonobu

保険法
INSURANCE LAW

（上）
The first volume

有斐閣

まえがき

　本書は，私が 2005 年に刊行した『保険法』の実質的な改訂版の前半分である。(上)(下)の2分冊とすることとの関係で，形式上は改訂版と銘打っていない。

　『保険法』は，東京大学在職中に認められた1年の研究専念期間に集中的に執筆作業を進めることができたことにより刊行が可能となったもので，その後，改訂をしなければならないとは考えていたが，その改訂は日々の教育・研究等の業務の中では容易に進行せず，さらに，2008 年には保険法の制定という大きな変革があり，改訂作業は益々困難なものとなってきた。ただ，ここ数年は，教育・研究以外の業務から解放されつつあり，少しずつ改訂作業に取り組むことができるようになってきた。それにしても，全体の改訂作業を終えるまでには，なお相当の期間を要すると見込まれるので，前半部分（『保険法』の第1部と第2部）の改訂作業が終わったところで，とりあえず(上)として刊行することとしたのが本書である。

　総論的体系書であること等の特徴は『保険法』から引き継がれている。分量的には，法令の改正や新しい判例の展開を反映したことから，3割以上増加している。理論的な側面や比較法的な側面についても本来は新しい研究を反映すべきところであるが，そこまでの作業をしていると改訂作業がさらに遅れるので，今回の改訂作業では，国内法の最新の状況を反映するにとどまっている。今後，(下)の刊行に向けての作業に引き続き鋭意取り組みたいが，それが完了した後にはさらにもう一度全体の改訂作業を目指したいと考えている。

　本書の記述は，2018 年3月の時点の法令・判例・文献等を反映している。民法については，2017 年改正後の規定により参照している。運送・海商に関

する商法の改正法は同月時点では未成立であるが，関係箇所の記述においては，改正法案により参照している。

　『保険法』は刊行後，幸いにも保険に関わる研究および実務に携わっておられるたくさんの方々に利用していただいたようなので，(上)だけでも刊行することでアップツーデートな内容で引き続き参照していただくことができれば，私にとっても大きな慶びである。

　　2018 年 4 月

山 下 友 信

iii

目　　次

まえがき

第 1 部　総　　論

第1章　保　　険 —————————————————— *3*

第1節　保険の意義　*3*

第1款　定義の意義　*3*

第2款　公保険と私保険　*4*

第3款　保険の法的定義と具体例への適用　*6*

　1　総　　説　*6*

　2　保険契約法　*7*

　3　保険監督法　*12*

　4　共　　済　*14*

　5　具体例に即しての検討　*15*

　6　技術革新と保険概念　*22*

第2節　保険と代替的リスク移転　*23*

第1款　総　　説　*23*

第2款　保険とデリバティブ　*23*

　1　総　　説　*23*

　2　保険デリバティブ　*25*

第3款　証　券　化　*31*

第3節　金融取引としての保険　*33*

第1款　総　　説　*33*

第2款　生命保険　*33*

　1　養老保険・終身保険　*33*

iv

    2　変額保険・変額年金保険　*36*

    3　ユニバーサル保険・アカウント型保険　*38*

    4　年金保険　*39*

  第3款　積立保険　*42*

第2章　保険契約 ———————————————— *45*

第1節　保険契約の類型　*45*

  第1款　理論的な基本類型　*45*

    1　損害保険と定額保険　*45*

    2　物・財産保険と人保険　*46*

  第2款　保険法における契約類型　*48*

  第3款　付随的分類　*49*

    1　総　説　*49*

    2　各種の分類　*49*

  第4款　実務的類型　*53*

    1　総　説　*53*

    2　損害保険会社の保険　*54*

    3　生命保険会社の保険　*64*

    4　少額短期保険　*66*

    5　共　済　*66*

第2節　保険契約の特質と保険契約法　*67*

  第1款　総　説　*67*

  第2款　保険技術と法的規律　*67*

    1　保険技術の意義　*67*

    2　保険技術を反映した法的規律　*69*

  第3款　モラル・ハザードと法的規律　*74*

    1　モラル・ハザードの意義　*74*

    2　モラル・ハザードと強行法的規律　*75*

  第4款　保険契約の法的属性　*80*

    1　総　説　*80*

    2　射倖契約性・善意契約性　*80*

　　　　　　　　　　　　　　　　　　　　　　　　　　　　目　次　*v*

　　3　有償契約性・双務契約性　*83*

　　4　継続契約性　*85*

第3節　保険契約の当事者・関係者　*87*

　第1款　保険契約者側の当事者・関係者　*87*

　　1　保険契約者　*87*

　　2　被保険者　*89*

　　3　保険金受取人　*92*

　　4　その他の関係者　*92*

　　5　保険募集主体　*92*

　第2款　保険者側の当事者・関係者　*93*

　　1　保　険　者　*93*

　　2　共同保険　*102*

　　3　保険募集主体　*102*

　　4　その他の保険者の業務補助者　*102*

第3章　保険契約に関する法令と保険約款 ———————— *103*

第1節　法　令　等　*103*

　第1款　総　　説　*103*

　第2款　保　険　法　*103*

　　1　2008年保険法制定前　*103*

　　2　2008年の保険法制定と施行　*105*

　　3　保険法の適用範囲　*109*

　　4　保険法の適用関係　*109*

　　5　保険法の片面的強行規定・強行規定・任意規定　*110*

　　6　主要国の保険契約立法と最近の動向　*115*

　　7　国際的比較から見た保険法　*118*

　第3款　保険法以外の保険契約に関する私法　*122*

　　1　商　　法　*122*

　　2　個別保険契約種類に関する特別私法　*123*

　　3　保険監督法等における特別私法　*124*

　　4　商慣習法・商慣習　*125*

vi

    5　一般私法　*126*

    6　民事手続法　*127*

  第4款　保険監督法等　*128*

    1　保険業法　*128*

    2　損害保険料率算出団体に関する法律　*135*

    3　船主相互保険組合法　*135*

    4　共済監督法　*136*

    5　保険業・共済事業にも適用されるその他の法令　*137*

  第5款　事業者団体の自主規制　*140*

第2節　保険約款　*141*

  第1款　保険約款の意義　*141*

  第2款　民法改正による定型約款に関する規定の新設と
　　　　　本節の記述　*142*

  第3款　保険約款の拘束力　*143*

    1　拘束力の発生根拠　*143*

    2　個別合意による約款の修正　*145*

    3　保険約款の変更　*149*

  第4款　解釈方法　*150*

    1　客観的解釈の原則　*150*

    2　判例の検討　*150*

  第5款　不当条項規制　*155*

    1　総　　説　*155*

    2　保険約款の不当条項規制　*157*

  第6款　定型約款の規律と保険約款　*169*

    1　総　　説　*169*

    2　定型約款の意義　*170*

    3　定型約款の個別の条項についてのみなし合意　*173*

    4　定型約款の内容の表示　*176*

    5　不当条項規制——みなし合意からの除外　*179*

    6　定型約款の変更　*184*

    7　経過措置　*188*

目　次　*vii*

第4章　保険契約と苦情処理・裁判外紛争解決 ——————— *189*

第1節　総　　説　*189*

第2節　金融 ADR　*190*

1　総　　説　*190*
2　苦情処理手続　*193*
3　紛争解決手続　*194*

第5章　国際的保険契約と法 ————————————— *197*

第1節　保険契約と準拠法　*197*

第1款　一般原則　*197*
1　一般原則　*197*
2　個別問題　*200*
第2款　海上保険の英国法準拠条項　*201*

第2節　海外直接付保の規制　*204*

第2部　保険契約の成立

第1章　保険募集 ————————————————— *209*

第1節　総　　説　*209*

1　保険業法と保険募集規制　*209*
2　保険募集の概念　*211*

第2節　保険募集人　*214*

第1款　総　　説　*214*
第2款　損害保険募集人　*215*

viii

　　　1　損害保険募集人の種類　*215*

　　　2　損害保険会社と損害保険代理店との間の法律関係　*217*

　　　3　損害保険代理店と顧客との間の法律関係　*222*

　　第3款　生命保険募集人　*223*

　　　1　生命保険募集人の種類　*223*

　　　2　生命保険会社と生命保険募集人との間の法律関係　*225*

　　　3　生命保険募集人と顧客との間の法律関係　*226*

　　第4款　乗合代理店　*227*

　　第5款　保険募集人としての銀行その他の金融機関　*228*

　　第6款　少額短期保険業者のための保険募集人　*229*

　　第7款　保険会社・保険募集人の体制整備義務　*230*

第3節　保険仲立人　*233*

　第1款　総　　説　*233*

　　　1　意　義　*233*

　　　2　保険仲立人特有の行為規制　*234*

　第2款　保険仲立人の法的地位　*235*

　　　1　総　説　*235*

　　　2　保険仲立人と顧客との間の法律関係　*235*

第4節　共済事業者のための募集主体とその規制　*238*

第5節　無登録者による保険募集と私法上の効果　*239*

第6節　保険募集についての行為規制　*241*

　第1款　総　　説　*241*

　第2款　具体的な規制　*241*

　　　1　情報提供行為の規制　*241*

　　　2　特別利益の提供　*252*

　　　3　顧客本位の業務運営に関する原則　*256*

　　　4　その他の規制　*256*

目　次　*ix*

第7節　保険募集と保険会社および保険募集人の義務および責任　*258*

第1款　総　　説　*258*

第2款　所属保険会社等の不法行為責任　*259*

1　総　　説　*259*

2　責任の成立要件および効果　*260*

3　業法283条についての検討課題　*264*

第3款　情報提供に関する損害賠償責任　*266*

1　総　　説　*266*

2　裁判例の整理　*267*

3　理論的検討　*276*

4　損害および因果関係　*282*

第8節　金融商品販売法　*287*

1　総　　説　*287*

2　説明義務違反による損害賠償責任　*288*

3　勧誘方針の策定義務　*294*

第2章　保険契約の成立 ——— *295*

第1節　総　　説　*295*

1　保険契約の成立要件　*295*

2　保険者の諾否の自由の制約　*299*

第2節　損害保険契約の成立　*300*

第1款　総　　説　*300*

第2款　遡及保険　*301*

第3款　特殊形態　*305*

第4款　被保険利益　*307*

1　総　　説　*307*

2　被保険利益の契約内容確定機能　*309*

3　被保険利益の法的要件　*309*

x

    4　被保険利益の類型　*311*

  第5款　他人のためにする損害保険契約　*318*

    1　総　　説　*318*

    2　成　　立　*319*

    3　契約の効力　*321*

    4　保険契約者と被保険者との間の法律関係　*324*

第3節　生命保険契約の成立　*325*

  第1款　総　　説　*325*

  第2款　契約内容登録制度　*326*

  第3款　責任開始と契約成立　*327*

    1　約款条項の内容　*327*

    2　責任開始条項　*327*

    3　責任遡及条項　*328*

  第4款　他人の死亡の保険契約（個人保険契約）　*335*

    1　総　　説　*335*

    2　被保険者の同意　*336*

    3　保険金請求権の処分等と被保険者の同意　*341*

    4　被保険者の保険契約者に対する保険契約解除請求権　*342*

  第5款　他人の死亡の保険（団体保険契約等）　*345*

    1　被保険者の同意　*345*

    2　保険契約者と被保険者の遺族との関係　*351*

第4節　傷害疾病保険契約の成立　*353*

    1　総　　説　*353*

    2　遡及保険　*353*

    3　他人の傷害疾病保険契約と被保険者の同意　*354*

第5節　クーリング・オフ　*358*

第6節　保険契約書面（保険証券）　*361*

    1　総　　説　*361*

    2　貨物海上保険と指図式または無記名式保険証券　*363*

目　次　*xi*

第7節　保険契約の成立と法律行為の一般規定の適用　*365*

1　総　　説　*365*

2　保険者の意思表示の瑕疵　*365*

3　保険契約者の意思表示の瑕疵　*377*

第8節　消費者契約法に基づく消費者の取消権　*379*

1　総　　説　*379*

2　不実告知等に基づく取消権　*381*

3　困惑に基づく取消権　*386*

4　過量な内容の契約の取消権　*386*

5　取消権に関するその他の事項　*387*

第9節　保険契約の無効・取消の効果　*388*

1　無効の効果　*388*

2　取消の効果　*390*

第3章　告知義務 ——————————————— *393*

第1節　総　　説　*393*

第1款　告知義務の意義　*393*

第2款　告知義務の存在根拠　*394*

第3款　告知義務の法的規整の基本的考え方と保険法による規律　*396*

1　総　　説　*396*

2　保険法の規定の片面的強行規定性　*397*

第2節　告知義務の内容　*398*

第1款　告知義務および告知義務者　*398*

1　総　　説　*398*

2　代理人による告知　*399*

第2款　告知の相手方　*400*

1　総　　説　*400*

2　生命保険募集人　*401*

3　診　査　医　*402*

　　　4　生命保険面接士　*403*

　　　5　その他の者　*403*

　　第3款　告知を要する場合　*403*

　　第4款　告知の時期　*404*

　　第5款　告知の方法　*404*

　　第6款　告知すべき事実・事項　*407*

　　　1　保険危険事実と道徳的危険事実　*407*

　　　2　重要性の基準　*409*

　　　3　保険者の質問とその効力　*412*

　　　4　告知義務者の知らない事実の告知　*413*

　　　5　重要な事実・事項の具体例　*414*

　　　6　遺伝子診断と告知義務　*418*

　　第7款　告知義務者の故意・重過失　*420*

　　　1　故意・重過失の意義　*420*

　　　2　重過失の存否　*421*

　第3節　告知義務違反の効果　*425*

　　第1款　保険者の解除権　*425*

　　　1　解除の意義　*425*

　　　2　解除の意思表示　*425*

　　　3　除斥期間　*427*

　　　4　生命保険と不可争期間　*429*

　　　5　解除権行使の阻却事由　*430*

　　第2款　保険者の免責　*440*

　　　1　保険者の免責　*440*

　　　2　因果関係不存在特則　*440*

　第4節　告知義務と意思表示の瑕疵に関する
　　　　　民法規定との関係　*445*

あとがき　449
判例索引　451
事項索引　458

凡　例

1　法令等の引用・略語

本文中では原則として法令の正式名称によるが，慣行的な略語を用いる場合がある。

例）保険業法　→　業法

金融機関等の更生手続の特例等に関する法律　→　更生特例法

＊1995年に全部改正され1996年4月1日に施行された保険業法は，実務上は1996（平成8年）保険業法とよばれることが多いが，本書では制定年により1995年保険業法という。

かっこ内で法令を引用する場合には，有斐閣六法全書の略語例による。

同略語例にないものについては，下記のとおりとする。

保険業令　→　保険業法施行令

保険業則　→　保険業法施行規則

監督指針　→　金融庁・保険会社向けの総合的な監督指針

募取　→　保険募集の取締に関する法律

金販令　→　金融商品販売法施行令

2　保険法の制定ならびに商法および民法の改正に伴う商法および民法の引用

保険法（平成20年法律第56号）制定前の商法を「改正前商法」とする。

民法の一部を改正する法律（平成29年法律第44号）および民法の一部を改正する法律の施行に伴う関係法律の整備等に関する法律（平成29年法律第45号）により改正された民法等の法律については，改正後の規定に従い本文の記述および引用をする。特に改正前の民法等を引用するときは「改正前民法」等とする。

第196回国会に提出された商法及び国際海上物品運送法の一部を改正する法律案を「商法改正案」とする。

3　文献引用

著　書

著者・書名○○頁（発行所，出版年）

注釈書等

（編者・）書名○○頁〔執筆者〕（発行所，出版年）

記念論文集・論文集

著者「論文名」○○先生還暦記念論文集・○○法の諸問題○○頁（発行所，出

版年)

雑誌論文

　　著者「論文名」掲載誌○○巻○号○○頁（掲載年）

判例評釈・解説

　　著者・掲載誌○○号○○頁（掲載年）

　　　＊論文については，論文集所収のものはそれによる（初出の引用は省略）。

　　　　判例評釈・解説については，論文集所収のものも初出により引用する。

　　　＊引用に当たっては，○○頁以下あるいは○○頁から◇◇頁までを引用する

　　　　場合も○○頁と最初の頁のみを示す。また，○○頁を参照する場合も「参

　　　　照」は省略する。

判　例

　　最判平○・○・○民集○○・○・○○

　　東京地判平○・○・○判時○○・○○

4　文献略語

(1)　判　例　集

民　集	最高裁判所民事判例集
集　民	最高裁判所裁判集民事
裁　時	裁判所時報
高　民	高等裁判所民事判例集
下　民	下級裁判所民事裁判例集
交　民	交通事故民事裁判例集
判　時	判例時報
判　タ	判例タイムズ
金　判	金融商事判例
金　法	金融法務事情
東高民時報	東京高等裁判所（民事）判決時報
生　判	生命保険判例集第1巻～第21巻（生命保険文化センター）
	＊第6巻までは文研生命保険判例集（生命保険文化研究所）
自保ジャ	自動車保険ジャーナル
民　録	大審院民事判決録
民　集	大審院民事判例集
判決全集	大審院判決全集

xvi

新　聞	法律新聞
新　報	法律新報
評　論	法律学説判例評論全集

(2)　雑　誌　等

ア・ジャーナル	アクチュアリージャーナル
最判解民	最高裁判所判例解説民事篇
ジュリ	ジュリスト
商　事	商事法務
所　報	生命保険文化研究所所報
生　経	生命保険経営
生　保	生命保険論集
生保協会報	生命保険協会会報
曹　時	法曹時報
損　保	損害保険研究
文　研	文研論集
法　協	法学協会雑誌
法　教	法学教室
法　時	法律時報
ほうむ	ほうむ（安田火災海上保険株式会社，株式会社損害保険ジャパン）
保険医学	保険医学会誌
保険学	保険学雑誌
保険レポ	保険事例研究会レポート
民　商	民商法雑誌
リマークス	私法判例リマークス
論　叢	法学論叢

(3)　体　系　書

石　田	石田満・商法Ⅳ（保険法）（改訂版）（青林書院，1997）
江　頭	江頭憲治郎・商取引法（第7版）（弘文堂，2013）
大　森	大森忠夫・保険法（補訂版）（有斐閣，1985）
金澤・上・下	金澤理・保険法・上（改訂版）（成文堂，

2001），下（成文堂，2005）

木　村	木村栄一・海上保険（千倉書房，1978）
倉　澤	倉澤康一郎・保険法通論（三嶺書房，1982）
坂　口	坂口光男・保険法（文眞堂，1991）
田中 = 原茂	田中誠二 = 原茂太一・新版保険法（全訂版）（千倉書房，1987）
田　辺	田辺康平・新版現代保険法（文眞堂，1995）
西　島	西島梅治・保険法（第3版）（悠々社，1998）
松　本	松本烝治・保険法（第11版）（中央大学，1922）

⑷　論　文　集

石田・諸問題	石田満・保険契約法の諸問題（一粒社，1972）
石田・基本問題	石田満・保険契約法の基本問題（一粒社，1977）
石田・論理と現実	石田満・保険契約法の論理と現実（有斐閣，1995）
岩崎・保険料	岩崎稜・保険料支払義務論（有斐閣，1971）
鴻・諸問題	鴻常夫・保険法の諸問題（有斐閣，2002）
大森・法的構造	大森忠夫・保険契約の法的構造（有斐閣，1952）
大森・続法的構造	大森忠夫・続保険契約の法的構造（有斐閣，1956）
大森・研究	大森忠夫・保険契約法の研究（有斐閣，1969）
大森 = 三宅・生命保険	大森忠夫 = 三宅一夫・生命保険契約法の諸問題（有斐閣，1958）
倉澤・法理	倉澤康一郎・保険契約の法理（慶応通信，1975）
倉澤・現代的課題	倉澤康一郎・保険契約法の現代的課題（成文堂，1978）
坂口・免責	坂口光男・保険者免責の基礎理論（文眞堂，1993）
坂口・基本問題	坂口光男・保険契約法の基本問題（文眞堂，

	1996)
竹内・理論	竹内昭夫・手形法・保険法の理論（有斐閣, 1990）
田辺・基本構造	田辺康平・保険契約の基本構造（有斐閣, 1979）
田辺・理論と解釈	田辺康平・保険法の理論と解釈（文眞堂, 1979）
中出・損害てん補	中出哲・損害てん補の本質（成文堂, 2016）
中西・傷害保険	中西正明・傷害保険契約の法理（有斐閣, 1992）
中西・告知義務	中西正明・保険契約の告知義務（有斐閣, 2003）
中村・生命保険	中村敏夫・生命保険契約法の理論と実務（保険毎日新聞社, 1997）
西島・生命保険	西島梅治・生命保険契約法の変容とその考察（保険毎日新聞社, 2001）
米谷選集	米谷隆三選集第1巻～第3巻（米谷隆三選集刊行会, 1960年～1962）
松本・私法論文集	松本烝治・私法論文集（巌松堂書店, 1925）
山下（孝）・生命保険	山下孝之・生命保険の財産法的側面（商事法務, 2003）
山下（友）・現代生命保険	山下友信・現代の生命・傷害保険法（弘文堂, 1999）
吉川・保険事業	吉川吉衞・現代の保険事業：企業規制の論理（同文舘, 1992）

(5) 判例百選（有斐閣）

損保百選	損害保険判例百選（第2版）（1996）
損保百選（第1版）	損害保険判例百選（1980）
生保百選	生命保険判例百選（増補版）（1988）
保険海商百選	商法（保険・海商）判例百選（第2版）（1993）
保険海商百選（第1版）	商法（保険・海商）判例百選（1977）
保険法百選	保険法判例百選（2010）
その他の判例百選	○○百選（第○版）（○○）の例による

(6) 講座・注釈書・解説書等

新損害保険双書	田辺康平＝石田満編・新損害保険双書 1〜3（文眞堂，1982〜1985）
損保講座	東京海上火災保険株式会社編・損害保険実務講座第 1 巻〜第 8 巻（有斐閣，1983〜1992），補巻（有斐閣，1997）
注釈火災保険	田辺康平＝坂口光男編著・注釈住宅火災保険普通保険約款（中央経済社，1995）
註釈自動車保険・上・下	鴻常夫編集代表・註釈自動車保険約款(上)(下)（有斐閣，1995）
木村ほか・海上保険	木村栄一＝大谷孝一＝落合誠一編・海上保険の理論と実務（弘文堂，2011）
論点体系 1・2	山下友信＝永沢徹編著・論点体系保険法 1・2（第一法規，2014）
40 周年論集	創立四十周年記念損害保険論集（損害保険事業研究所，1974）
50 周年論集	創立五十周年記念損害保険論集（損害保険事業研究所，1983）
60 周年論集	創立六十周年記念損害保険論集（損害保険事業総合研究所，1994）
生保講座	生命保険新実務講座編集委員会＝生命保険文化研究所編・生命保険新実務講座第 1 巻〜第 8 巻（有斐閣，1990〜1991）
生保法務	日本生命保険生命保険研究会編著・生命保険の法務と実務（第 3 版）（金融財政事情研究会，2016）
損保法務	東京海上日動火災保険株式会社編著・損害保険の法務と実務（第 2 版）（金融財政事情研究会，2016）
山野ほか・傷害保険	傷害保険の法理（損害保険事業総合研究所，2000）
石田編・保険担保	石田満編・保険と担保（文眞堂，1996）
裁判実務大系	金澤理＝塩崎勤編・裁判実務大系第 26 巻損害保険訴訟法（青林書院，1996）
裁判法大系	塩崎勤編・現代裁判法大系 25〔生命保険・損

	害保険〕（新日本法規出版，1998）
三宅追悼	三宅一夫先生追悼論文集・保険法の現代的課題（法律文化社，1993）
業法の在り方・上・下	竹内昭夫編・保険業法の在り方上巻・下巻（有斐閣，1992）
募取コメ	鴻常夫監修・「保険募集の取締に関する法律」コンメンタール（安田火災記念財団，1993）
安居・業法	安居孝啓編著・最新保険業法の解説（改訂3版）（大成出版社，2016）
関西業法	関西保険業法研究会「保険法逐条解説」文研論集89号以下，生命保険論集に連載中 ＊引用は，関西業法（I）・生保○号○頁〔執筆者〕（出版年）の例による

(7) 保険法関係

一問一答	萩本修編著・一問一答保険法（商事法務，2009）
保険法資料	萩本修編著・保険法立案関係資料——新法の解説・新旧・旧新対照表（別冊商事法務No. 321）（商事法務，2008）
解説保険法	大串淳子＝日本生命保険生命保険研究会編・解説保険法（弘文堂，2008）
理論と実務	落合誠一＝山下典孝編・新しい保険法の理論と実務（別冊金融・商事判例）（経済法令研究会，2008）
中西喜寿	竹濱修＝木下孝治＝新井修司編・中西正明先生喜寿記念論文集・保険法改正の論点（法律文化社，2009）
新保険法と展開	金澤理監修・大塚英明＝児玉康夫編・新保険法と保険契約法理の新たな展開（ぎょうせい，2009）
論点と展望	甘利公人＝山本哲生編・保険法の論点と展望（商事法務，2009）
保険法解説	山下友信＝米山高生編・保険法解説——生命保険・傷害疾病定額保険（有斐閣，2010）

保険コメ 　　　　　　　　落合誠一監修・編著・保険法コンメンタール
　　　　　　　　　　　　　　（損害保険・傷害疾病保険）（第2版）（損害
　　　　　　　　　　　　　　保険事業総合研究所，2014）

⑻　欧　文　書
Abraham 　　　　　　　　Abraham, K. & Schwarcz, D., Insurance Law
　　　　　　　　　　　　　　and Regulation, 6th ed.（Foundation, 2015）
Clarke 　　　　　　　　　Clarke, M., The Law of Insurance Contracts,
　　　　　　　　　　　　　　Looseleaf edited by Hemsworth, M.（informa
　　　　　　　　　　　　　　law library, 2017）
Prölss/Martin 　　　　　　Versicherungsvertragsgesetz, 29. Aufl., 2015.
　　　　　　　　　　　　　　（C. H. Beck）

第1部　総　　論

第1章　保　　険

第2章　保 険 契 約

第3章　保険契約に関する法令と保険約款

第4章　保険契約と苦情処理・裁判外紛争解決

第5章　国際的保険契約と法

第1章　保　　険

第1節　保険の意義

第1款　定義の意義

　あらゆる国ないし社会において「保険」という仕組みないしは制度が存在し，人々は「保険」というと一定のイメージを共有していることは疑いがないが，それでは「保険」とは厳密にはどのように定義されるかということになると百家争鳴の論争の歴史があり，今日に至るも保険の定義として普遍的に承認されているものはないといってよい[1]。さらに，現在では，代替的リスク移転（alternative risk transfer：ART）の様々な手法の登場により保険と金融の融合が喧伝されていることからもわかるように，保険とは何かは以前にも増して混乱した状況となりつつあり，このことを視野に入れた検討が不可欠である。しかし，新たな限界領域を一挙に視野に入れた議論を展開することは混乱の原因ともなる。そこで，代替的リスク移転取引については次節において検討することとし，本節では伝統的な保険というものがどのようなものであるのかをさしあたり検討することとする。

---

1)　保険の定義の学説の流れや，現在の各学問分野における保険概念を総合的に取り上げるものとして，大城裕二ほか「保険概念の再検討——平成21年度［日本保険学会］大会共通論題」保険学609号1頁（2010）。

4　第1部　第1章　保　　険

第2款　公保険と私保険

　保険の定義はともかく，保険であっても本書の対象とする保険とそうでない保険とはあらかじめ区別しておくことが議論を錯綜させないことになる。公保険という範疇は本書で対象としない保険に属する[2]。

　㋐　公保険　　公保険とは，国，地方公共団体，公企業主体等（国等という）の政策目的達成の手段として国等により運営される保険をいい，社会保険と産業保険に分類されるのが通例である。

　公保険に属する保険として異論のないものとしては，次のようなものがあげられる。

　①　社会保険　　国等の社会保障政策の手段として行われる保険をいい，類型としては，医療保険（健康保険〈健康保険法〉，国民健康保険〈国民健康保険法〉など），介護保険〈介護保険法〉，年金保険（国民年金〈国民年金法〉，厚生年金保険〈厚生年金保険法〉など），労災保険（〈労働者災害補償保険法〉など），雇用保険（〈雇用保険法〉など）に区分することができる。

　②　産業保険　　国等の産業・経済政策の手段として行われる保険をいい，農林漁業関係のものとして，森林保険〈森林保険法〉，漁船保険等〈漁船損害等補償法〉[3]，中小企業関係のものとして，中小企業信用保険〈中小企業信用保険法〉，貿易関係のものとして，貿易保険〈貿易保険法〉，金融関係のものとして，預金保険〈預金保険法〉，住宅金融関係のものとして住宅融資保険〈住宅融資保険法〉などがある。また，元受保険は私保険ないし共済として行われるが，国がその再保険をするものとして，漁船保険等に係る特殊保険の再保険〈漁船損害等補償法〉，農業共済の再保険〈農業保険法〉，地震保険の再保険〈地震保険に関する法律〉などがある。

　これらの公保険すべてに共通するメルクマールは存在しない。運営主体の公的性格，直接・間接の財政資金による補助・助成，加入強制，法律に基づく保

---

　2)　公保険と概ね重なる概念として公営保険という概念がある。公営保険は保険事業運営主体が国，地方公共団体その他の公法人であるものをいう。公営保険が当然に公保険であるわけではない。

　3)　農業保険法に基づき農業共済組合等の行う各種共済，漁業災害補償法に基づき漁業共済組合等が行う各種共済は，公共済としての性格を有する。

険関係の成立，私保険において用いられる給付反対給付均等原則等の保険技術の修正などが公保険の多くに見られる特徴であるが，これらすべての特徴が備わらない公保険もある[4]。

　㋑　私保険　公保険に対する概念が私保険であり，「関係者の純然たる私経済的見地から運営される保険」である[5]。ここでは，保険は公保険のように国等の政策目的実現の手段ではなく，私人間における私的自治の原則に基づいて運営されるのであり，経営主体も保険会社その他の私法人等であって，保険を運営するための法律関係も私法に基づくものである。

　㋒　限界領域——簡易生命保険，自動車損害賠償責任保険・共済　公保険と私保険の限界領域にある保険が簡易生命保険，自動車損害賠償責任保険（自賠責保険）・共済である。

　①　簡易生命保険　簡易生命保険は，明治大正期に民間生命保険が中高所得者層にしか普及していなかったことから低所得者層にも自助努力の手段として生命保険を提供すべく，国営の小口無診査の生命保険として創設されたもので（第2次大戦前は民間生命保険では無診査保険は行われていなかった），社会政策的色彩の濃い保険であった[6]。任意加入ではあり，保険関係も私法上の契約として形成されるものの，公保険としての性格があったものと思われる。しかし，第2次大戦後は，民間生命保険でも無診査の保険が行われるようになり，他方，簡易生命保険の加入限度額も次第に引き上げられ，両者は保険市場で厳しい競争関係に立つようになり，国営という点を除いては公保険としての性格はほとんどなくなり，私保険と位置づけられるようになった。そして，2003年の簡易生命保険を含む郵政3事業の日本郵政公社の事業への移管を経て，2007年の郵政事業民営化により，簡易生命保険事業の根拠法であった簡易生命保険法は廃止され，簡易生命保険事業は保険業法の適用を受ける郵政民営化法上の郵便保険会社としての株式会社かんぽ生命保険が営むこととされた。同社の株式

---

4)　社会保障法の立場からの社会保険と私保険との比較につき，岩村正彦・社会保障法 I 40頁以下（弘文堂，2001）。

5)　大森8頁。

6)　簡易生命保険制度の創設につき，松本烝治「簡易保険法案解説」同・私法論文集843頁。簡易生命保険法のコンメンタールとして，簡易保険法規研究会・簡易生命保険法逐条解説（簡易保険文化財団，1998）。

6 第1部 第1章 保 険

は国が 2017 年では約 80% の株式を保有する日本郵政株式会社が 89% 保有しており, このことに基づき保険事業について郵政民営化法 133 条〜153 条の保険金額の制限や業務の制限など特別の規制があることを除けば, 同社の保険の私保険としての性格はさらに強まった[7]。

② 自賠責保険・共済 自賠責保険・共済は, 保険会社の保険業または協同組合等の共済事業の一環として行われており, 私保険であることは間違いないが, 自動車保有者に加入強制があること (自賠 5 条。保険会社等も原則として契約の締結を拒絶できない。自賠 24 条), ノーロス・ノープロフィット原則に基づいて運用されること (自賠 25 条), 保険給付に際して被害者救済の観点から損害賠償の一般原則とは異なる損害査定が行われていることなどからみて, 実質的には公保険としての性格を強く帯びているということができる。

第3款 保険の法的定義と具体例への適用

1 総 説

私保険に関する法分野としては, 保険契約法, 保険監督法が主要なものであるが, 税法をはじめとする様々な法分野で保険という概念が用いられている。しかし, どの分野においても, 保険を実質的に定義する法律規定はなく, 解釈に委ねられており, 解釈による定義も法分野ごとに異なることは十分考えられるところである。保険契約法を対象とする本書では, 保険契約法上の定義を主眼に検討するが, 保険監督法上の定義についても言及することとする。これは, 保険の定義の問題は, ある事業が保険事業に該当し保険監督法の適用を受けるか否かという問題として現れることが多いことによる。

---

7) 民営化前に日本郵政公社により引き受けられていた簡易生命保険については, 独立行政法人郵便貯金・簡易生命保険管理機構に承継され, 承継された保険契約には引き続き簡易生命保険法の適用がある (郵政民営化法等の施行に伴う関係法律の整備等に関する法律 16 条 1 項)。

2 保険契約法

(1) 改正前商法の下での議論

改正前商法の下での本書旧版では，保険ないし保険契約の意義について以下のように論じた。

保険契約法である商法の保険契約に関する規定では，損害保険契約について，「一方当事者〔保険者〕が偶然の一定の事故により生ずることのある損害をてん補することを約し，相手方〔保険契約者〕がこれにその報酬を与えることを約することによりその効力を生じる」（改正前商 629 条），生命保険契約について，「一方当事者〔保険者〕が相手方または第三者の生死に関し一定の金額を支払うべきことを約し，相手方〔保険契約者〕がこれにその報酬を与えることを約することによりその効力を生じる」（改正前商 673 条）という定義的規定を置いている。これは契約の定義であるが，より一般的に保険の定義という観点から整理すると，要素①：一方当事者の金銭の拠出（保険料），要素②：他方当事者の偶然の事実の発生による経済的損失を補てんする給付（保険給付），要素③：①と②が対立関係に立つ，という要素が盛り込まれているということが明らかになる。要素②があることにより偶然の事実の発生による経済的損失を被るリスク[8] が保険契約者から保険者に移転されることになる。生命保険契約については，要素②の点は約定の金銭の支払という経済的損失の補てんとは必ずしもいえないような給付とされているが，ここでも約定の金銭の支払は機能的には経済的損失の補てんであると解されているので，改正前商法上は要素①〜③に集約されているということができる。なお，損害保険契約の給付としての損害てん補が金銭の支払であることは必要ではなく，現物給付もありうることには異

---

8) リスク（risk）という語には，多様な意味があり，最も広い意味では不確実性を意味するが，保険を論ずる場合にリスクという語が使われるときは，損失（損害）発生の可能性またはそのような可能性のある状態の意味で用いられるのが一般的であり，本書でもリスクという語はこの意味で用いる。リスクという概念からの保険・リスク・マネジメントの入門書として，米山高生・リスクと保険の基礎理論（同文舘出版，2012）。リスクと同様に日本語では危険と翻訳されることが多い語として，hazard と peril という語がある。hazard は，次の peril（危険事故）発生の原因ないし基礎となる種々の事情を意味する語であり，他と区別するために危険事情あるいは危険条件と翻訳されることがある。peril はリスクの現実化した事故を意味し，危険事故と翻訳されることがあるが，法律上の保険事故と同義であるといって差し支えない。

論はなく，以下では，金銭給付と現物給付両者を含むものとして保険給付という。

　要素①〜③を備えた契約であればすべて保険契約となるかどうかは問題である。たとえば，甲と乙の間の個別相対の契約で，甲は○○円の金銭を支払い（要素①），乙は甲の所有建物が焼失したら建物の価額相当額の金銭を支払い（要素②），両方が対立関係にある（要素③）という約定をすれば，保険契約になるかという問題である。

　わが国で現在一般的な保険の定義についての考え方によれば，要素①〜③に加えて，要素④：収支相等原則，および要素⑤：給付反対給付均等原則の下に要素①と②の対価関係を形成することが保険の要素であると考えられていると思われる[9]。要素④は，要素①の金銭の拠出総額と要素②の補てんのための給付の総額が等しくなるように事前に要素①と②の給付の設定をすることをいう。要素②の保険者の給付は偶然な事実の発生に係るので事前に100% 予測できないが，統計学上の大数の法則を利用することにより要素①の当事者が多数あれば高度の確率で②の偶然の事実の発生率を予測できることになり，これにより要素①の拠出の金額を設定できる。このことから，要素④は要素①の拠出をする当事者が多数であることを前提としているということができる。要素⑤は，保険契約者が要素①の拠出をする場合に拠出の額は個々の当事者の偶然の事実の発生の確率に応じて設定されるということを意味する。要素④では，要素①の総額と要素②の総額が相等になることを確保しようとするが，要素⑤では要素①の拠出をする個々の当事者間では偶然の事実の発生の確率により拠出額を変えようとするものである[10]。

---

9)　表現は多様であるが，保険法学説における保険の定義は①〜⑤の要素を備えたものが保険であると考えているといってよい。「保険とは，同種の危険（財産上の需要〔入用〕が発生する可能性）に曝された多数の経済主体（企業・家計）を 1 つの団体と見ると，そこには大数の法則が成り立つことを応用して，それに属する各経済主体がそれぞれの危険率に相応した出捐をなすことにより共同的備蓄を形成し，現実に需要が発生した経済主体がそこから支払いを受ける方法で需要を充足する制度をいう」という江頭 407 頁の定義はその典型である。

10)　保険の定義に関して，リスクの移転（transfer），分散（distribution），プール（pool），配分（allocation）というような概念が用いられることがある。米国の Abraham によるこれらの概念の整理を見ると，保険の機能は，①リスクの移転（大きな損失を被る小さなリスクをリスク選好的または中立的な当事者（保険者）に移転する機能），②

保険法学上の保険の定義には様々な表現があるが，私保険に関する限りは要素①〜⑤のすべてが必要であるということで従来は概ね意見の合致があるということができる。もっとも，要素⑤まで必須の要素であるか，換言すれば，要素①の拠出は個別の当事者の危険の程度により設定するという仕組みがあってはじめて保険となるかどうかは議論の余地はある。しかし，少なくとも商法では告知義務や危険の増加に関する通知義務等が規定されていることから，要素⑤も保険の要素であると考えていると見てよいであろう。

このように，要素①〜⑤のすべてがそろってはじめて保険となるとすると，形式上の要件である要素①〜③はみたすが，要素④と⑤はみたさない仕組みは保険とはならない。上記の甲と乙の個別相対の契約のごとくであるが，このような契約の効力についての理論的な解明は必ずしも十分なされているとはいいがたい。このような契約は一種の賭博ではないかという疑いがあるが，後述（23頁）のデリバティブを考えると現在ではすべてが賭博であるということになるものでもないようである。私法の分野に関する限りでは，保険には当たらない契約であるとされたとしても，それが直ちに無効ということになるわけではなく，非典型契約としてその性質決定や効力（賭博か否かという問題も含む）について考えていくことで足りるので，定義の問題は必ずしも決定的な意味を有しない。

(2) 保険法の下での議論

2008年制定の保険法では，保険そのものの定義規定を置くことはされなかったが，保険契約の定義規定が置かれた。これによれば，「保険契約，共済契

リスクの分散ないしプール（均質〔homogeneous〕かつ独立な〔independent〕リスクを多数集積して大数の法則により全体としてのリスクを小さくする機能），および③リスクの配分（リスクに応じて保険料を徴収することによりリスクを加入者に配分する機能）の3つに整理される。Abraham, p. 3. この整理も，全体として見れば，本文の①〜⑤の要素が備わる仕組みが保険であると理解していることを表しているものということができる。吉澤卓哉・保険の仕組み（千倉書房，2006）も基本的には同様の立場であるが，同書54頁では，給付反対給付均等原則が成立することは保険の要素ではないとする（保険法2条1号の保険契約の定義との関係について，吉澤卓哉「保険の仕組みと保険法改正——保険法改正内容を保険の仕組みから検証する」産大法学50巻3＝4号187頁（2017））。これに対して，責任準備金の規制のあり方等との関係に主眼があるが，本文の①〜⑤の要素のうち④⑤を含めた保険の定義（危険団体という概念はそれを意味するものとする）に批判的な立場として，宇野典明・新保険論（中央大学出版会，2012）。

約その他いかなる名称であるかを問わず，当事者の一方が一定の事由が生じたことを条件として財産上の給付（……）を行うことを約し，相手方がこれに対して当該一定の事由の発生の可能性に応じたものとして保険料（……）を支払うことを約する契約」が保険契約である（保険2条1号）。

この定義規定では，表現は多少違うものの，基本的には上記の保険の構成要素のうちの①〜③の要素が盛り込まれているが，保険料について「一定の事由の発生の可能性に応じたもの」という文言が付加されており，これは要素⑤の給付反対給付均等原則を明文化したもののように見える。しかし，そうであるとすると，従前の議論では，不文の構成要素であった要素④と要素⑤のうちの要素⑤だけを明文化したものであるから，反対解釈として要素④の収支相等原則は保険法では保険契約の要素ではなくなったかのように見える。

いうまでもなく，そのような理解をすべきものではなく[11]，保険法のこの定義規定の新設により保険契約の定義に関する(1)の議論を変更すべきものではない。保険契約の定義規定は置かれたが，保険が何かということは保険法1条の「保険」の解釈問題であり，保険法の下においても，要素④および⑤は，不文の要素であって，理論ないし解釈論上認められる要素である[12]。そもそも収支相等原則が要素でない保険契約を保険法が認めているということはありえない。保険料について上記のような文言が付加された趣旨は，保険法では告知義務や通知義務のように給付反対給付均等原則に基づく規律が置かれていることから定義規定でもそのことを反映しておくことが適当であり，また付随的に保険法の適用対象でない公保険等があることを定義規定の上でも明らかにしておくということを立案担当者が立法技術論の観点から考えたということであろう[13]。

ところで，保険料について給付反対給付均等原則を具体化したと見られる文言が付加されたことから，これが何らかの解釈論的なインプリケーションをも

---

11)　強いて収支相等原則が保険契約の要素でないということに意義があるとすれば，収支相等をおよそ考えない詐欺的な仕組みの取引に保険法の適用をするということであろうが，この点については，保険や共済に係る事業活動として行われている限り，保険契約に該当するものと考えれば足りる。

12)　山下友信「保険の意義と保険契約の類型——定額現物給付概念について」中西喜寿3頁，論点体系1・8頁〔伊藤雄司〕，堀井拓也「保険法2条1号の『保険契約』に関する一考察——共済理論研究を踏まえて」保険学634号1頁（2016）。

13)　一問一答28頁。

つかということが議論されている。たとえば，自賠責保険では自動車事故を起こす可能性に応じて保険料率を変えるということは行われていないという例をあげて，これが給付反対給付均等原則によっていないので，自賠責保険は保険法にいう保険契約ではないということになるか，あるいは，共済において掛金を一律にしてリスクに応じて差別化していないとすると，それは保険契約でないということになるかといった問題である。もちろん，そのように考えることは適切でなく，事故を起こす可能性に応じた保険料ということが給付反対給付均等原則を表すものであるとしても，ここでいう同原則の意味はきわめて緩やかなものであり，各保険契約者のリスクの大きさを正確に評価してそれに基づいて保険料を決定しなければ給付反対給付均等原則に従っていないということになるわけではなく，およそ加入の可否を含めた危険選択を行わず保険料ないし掛金も一律というような仕組みでない限りでは，事故を起こす可能性に応じた保険料の支払が約されているものとして保険契約該当性を認めて差し支えない[14][15]。

上述の保険法の保険契約の定義には，共済契約も含まれることが明示されているが，この点は4で後述する。また，保険法制定前の商法では，保険契約に関する規定が相互保険に準用される旨の規定が置かれていたが（改正前商664条・683条1項[16]），保険法ではそのような規定は置かれていない。商法では営

---

14) 保険法解説136頁〔洲崎博史〕，論点体系1・10頁〔伊藤雄司〕。

15) 給付反対給付均等原則は保険契約の要素と位置づけられ，それは告知義務や危険増加の規律の理論的な根拠づけとしてあげられているが，そのことを超えて具体的な保険契約に関する法律問題の解決において意味をもちうるかという問題提起をするものとして，舟津浩司「給付反対給付均等原則の法的再定位」生保189号99頁（2014）。給付反対給付均等原則に言及した裁判例として，東京地判平24・1・31判時2162・74がある。保険契約者であるタクシー事業者がフリート契約の保険料算出のための成績期間を3年とする特約を締結してきたところ，更新に際して1年とする特約も締結可能であったにもかかわらず保険者が3年の特約しか締結できないと説明したため3年の契約を締結したが，この特約は錯誤により無効であると保険契約者が主張したのに対して，保険者が成績期間を保険契約者が自由に選択できるとすることは，一定期間の損害率が優良割引率の算定の際に適正に反映されないことになるから，3年とする特約にはこれを変更できない効力があり，変更を認めることは給付反対給付均等原則に反するという主張をした事例である。判決は，給付反対給付均等原則によっても，その具体的な方法が一義的に導き出されるということはできないとして，保険者の主張を斥けている。このような局面での給付反対給付均等原則の援用には無理があった事案である。

16) 海上保険に関する商法の規定については，相互保険に準用することとする規定がな

利法人ではない相互会社の保険について直接商法の規定を適用することが困難であったという事情があったが，保険法は，保険者および事業の性質にかかわらず，包括的な適用対象としたことから，直接適用で問題はなくなった。また，相互保険の法律構成については，かつては契約関係ではないという見解が有力であったが，1995 年保険業法の下では契約関係であるという見解が有力となったことからも（94 頁），特別の準用規定を置く必要はないということにつながっていると思われる。

3　保険監督法

　以上の保険の定義が保険業に関する行政的監督を行うことを目的とする保険監督法における保険の定義でも同様に妥当するかは問題である。ここでは保険を業とすることについては内閣総理大臣の免許を必要とし（保険業 3 条 1 項），無免許で保険業を営むと重大な刑事罰の対象となるので（保険業 315 条 1 号），保険とは何かについてナーバスになることには合理的な理由がある[17]。

　保険業法においても保険業の定義は形式的なものとされ（保険業 2 条 1 項），保険の実質的な定義規定を置くことはせず，解釈に委ねることとしている。保険業法における保険の定義も従来は要素①〜⑤のすべてがそろってはじめて保険となると考えるのが一般的な立場ではあったかと思われるが，そうであるとすると，要素①〜③は備わっており保険と同じように見えるが，要素④や⑤の面に関してはでたらめであり保険を装った詐欺商法であったというような場合を規制の対象とはできないことになる。したがって，保険業法の規制を実効的なものとするという観点からは，要素④や⑤を保険の要素とすること，または少なくとも厳密な意味で（正常な保険会社が用いているような保険数理等の技術に立脚しているという意味で），要素④や⑤が保険の必須の要素であるというべきかは疑問となる。

　　お残されている（商改正案 830 条）。
　17）　保険業法上の保険ないし保険業の定義につき，岩崎稜「保険事業の定義」業法の在り方・下 133 頁以下，山下友信「保険業の意義」商事 1434 号 2 頁（1996），関西業法（Ⅰ）・文研 125 号 193 頁〔古瀬政敏〕（1998）。独占禁止法の適用に関連して保険の定義に言及する東京高判平 13・11・30 判時 1767・3 については，73 頁（注 58）。現在の監督当局者の考え方については，安居・業法 18 頁。

第1節　保険の意義　*13*

諸外国における保険監督法上の保険の定義の状況を見ても，とりわけ英国や米国では，要素①〜③があれば保険とされ，要素④や⑤は保険の必須の要素とは位置づけられていないという傾向が顕著であるように思われる[18]。これは，根底には，要素④および要素⑤が備わらない取引でも要素①〜③の面が保険と同じであれば保険監督法の規制に服させるべきであるという発想があることによるものと推察される。事業者の相手方である顧客から見れば要素①〜③の面だけがそろえば，要素④や⑤が備わっているかどうかにかかわらず保険として理解するので，保険監督法が顧客を保護するための法律であるとすれば規制対象に取り込もうとすることは自然なことであると思われる。わが国の保険監督行政では，もともと保険会社の保険以外には実質的に保険であるものがあっても規制対象としないという暗黙の前提があったように思われ，その結果，保険とそうでないものの区別が深刻な問題となることはほとんどなかったということであろう。他方，英米のように要素④や⑤を不要として保険を定義し，これを徹底する場合には，本来保険とすべきでないものまでが保険とされてしまう可能性がある。諸外国で，要素④や⑤とは異なる様々な補助的解釈基準を設けてそれにより保険ではないとされる範疇の取引ないし仕組みがあるのも，そのことによるものと思われる。

　わが国での解釈論についてどのような態度をとるべきかは難しい[19]。私見と

---

18)　ニューヨーク州保険法では，保険契約についてわが国の商法の保険契約の定義と類似する定義規定を置いた上で，保険契約を締結することをもって保険業を営むことと定義する（N. Y. Ins. Law §1101(a), (b)(1)。(b)項では保険業（insurance business）とみなされるその他の行為類型をさらに列挙する）。ただ，米国で保険ないし保険業の定義が争われるのは，州の保険法以外の制定法，とりわけ連邦の制定法の適用に関する問題であることが少なくない。後述（36頁）の変額保険が連邦証券諸法上の有価証券に該当するかという問題はその一つであるし，銀行規制関係諸法や反トラスト法などの制定法の趣旨ごとに異なる判断基準がとられている。なお，英米法圏における保険の定義を幅広く検討するものとして，Clarke, The Meaning of Insurance: Relativity in Recent Cases, The International Journal of Insurance Law 2001, p. 3.

19)　国際財務報告基準（IFRS）第17号「保険契約」では，保険契約（insurance contract）を，「一方の当事者（発行者）が，他方の当事者（保険契約者）から，所定の不確実な将来事象（保険事故）が保険契約者に不利な影響を与えた場合に保険契約者に補償することに同意することにより，重要な保険リスクを引き受ける契約」（付録A）と定義するが，同基準3項〜8項（範囲）および付録B2項〜B30項（保険契約の定義（付録A））において詳細な適用除外や解釈指針を定めており，保険ないし保険契約の定義の難しさを裏付けることとなっている。IFRS財団編・企業会計基準委員会＝財務会計

14 第1部 第1章 保　険

しては，要素①〜③に加えて要素④および要素⑤が備わることが必要であると考えるが，要素④や⑤の意味内容は絶対的なものではなく，大量定型的企業取引として行われていればそれ自体で一応充足されると考えた上で，それにより保険の範囲が過剰にならないように補助的な基準を随時用いることが適切であると考える。そして，補助的な基準については，保険の定義が問題となる各具体的な類型ごとに検討されるべきであるし，とりわけ金融関連諸法と保険法の競合や調整が問題となる場合には関連法の目的等に照らしてそれぞれの問題ごとに相対的に適切な定義をすることもありうると考えるべきである[20]。

4　共　　済

　共済とは，社会的に同じ属性を有する者同士が集まって運営する相互扶助の仕組みであると定義することができるが[21]，共済の中には保険と実質的に同質なものとそうでないものとがあるという理解が一般的である。保険と同質であるということは，上記の保険のメルクマールをすべて備えているということであり，その場合には，保険に関する法の適用において保険と共済は区別すべきでないことになる。同じ属性を有する者が運営する仕組みであることから保険とは異質な仕組みとなるわけではなく，運営の理念や組織運営のあり方において保険会社が行うような保険とは区別される面があるが，保険と共済が異質なものと考えるべきではない。

　保険監督法としての保険業法では，2005年改正までは，保険業は不特定の

　　　基準機構監訳・IFRS基準〔特別追補版〕IFRS第17号「保険契約」14頁，43頁，45頁（中央経済社，2017）。
　20）　後藤元「法律の適用・解釈における保険概念の役割」保険学609号49頁（2010）は，保険の意義が問題となる各法規の趣旨・効果を踏まえて当該法規をいかなる場合にどのように適用すべきかという観点から検討すべきであるとする。
　21）　日本共済協会・日本の共済事業ファクトブック2017（http://www.jcia.or.jp/publication/pdf/ファクトブック2017.pdf）は，「共済は，私たちの生活を脅かす様々な危険（死亡や入院，住宅災害，交通事故など）に対して，組合員があらかじめ一定の掛金を拠出して共同の財産を準備し，不測の事故等が生じた場合に共済金を支払うことによって，組合員やその家族に生じる経済的な損失を補い，生活の安定をはかる助け合い（相互扶助）のしくみです」と定義している。協同組合による共済の概要については，日本共済協会・やさしい共済入門2017年度版（消費生活協同組合法版，農業協同組合法版，水産業協同組合法版，中小企業等協同組合法版がある）。

者を相手方とするものという定義をしており，これにより保険業法では共済を適用対象としないこととしていたが，2005年の改正により，不特定の者を相手方とするという要件を削除し，保険業の定義に該当するものである限りは共済も同法の適用対象となることとした（保険業2条1項柱書）[22]。

保険契約法としての保険法も，まさに保険のメルクマールを備える共済は保険と一元的な規律の下に置かれるべきであるという考え方から，保険契約の定義に合致する共済契約に同法の規定を適用するものとした。保険法2条1号の保険契約の定義においては，「共済契約その他いかなる名称であるかを問わず」，「保険料（共済掛け金を含む。……）」と明示して，共済契約も実質において同号の定義に合致する限り保険法の適用を受けることが明示されている[23]。これに対して，事業の監督に関する法分野においては，保険のメルクマールを備えていても保険と共済とで異なる法令の適用を受けることとなっている（具体的な規律は第3章第1節第4款参照）。この法規制の分化は，歴史的な事情に起因するところが大きい[24]。

5 具体例に即しての検討

教科書等で保険とそうでないものの区別が論じられる例には貯蓄や投資もあげられるが，偶然の事実の発生という要素にかかわらない貯蓄や[25]，損失と利

---

22) 具体的な改正内容については，96頁。

23) 共済契約も保険法上の保険契約とされたが，社会の中で共済とよばれる仕組みには，地域や職域などで行われている少額の見舞金等による相互扶助の仕組みも含まれる。このような共済に係る契約は保険契約には該当しないものというべきである。具体的な線引きは難しいが，保険業法の行政運用（少額短期保険業者向けの監督指針Ⅲ−1−1(1)（注1）は，一定の人的・社会的関係に基づき，慶弔見舞金等の給付を行うことが社会慣行として広く一般に認められているもので，社会通念上その給付金額が妥当なものは保険業には含まれないとし，社会通念上その給付金額が妥当なものとは，10万円以下とする）や共済事業者の監督法では給付金額が10万円以下のものについては共済事業の監督の対象外としていること（生協10条2項，生協施行規則3条，中協9条の2第7項，中協施行規則5条等）は，保険法の適用される共済契約であるか否かの判断についても参考とすることができよう。

24) 現代的な共済のアイデンティティをどこに求めるかについて，江澤雅彦「保険と共済の『境界』について」保険学605号13頁（2009），生協共済研究会編著・21世紀の生協の共済に求められるもの（日本生活協同組合連合会出版部，2011）。

25) 無尽は加入者が定期に掛金を出資しあい，毎回の掛金による金銭を抽選または入札により一部の加入者に給付し，これを順次すべての加入者に及ぼす仕組みをいい，抽選

16　第1部　第1章　保　　険

益のいずれが発生するかどうかが偶然に左右される投資が保険でないことは自明であるので，以下では，偶然の事実の発生に関する給付という要素のある取引ないし仕組みについて検討する[26]。

　(ア)　自家保険・キャプティブ　　大規模な企業などでは，当該企業内部で多数の同質のリスクを抱える場合には保険の原理を応用して予想されるリスクの具体化による損失に備えた準備金を積み立てることなどによりリスクに備えることが行われることがあり，これを自家保険という。自家「保険」とはいうが，もとより他人に対するリスクの移転（要素②）がないので保険ではない[27]。

　保険会社という法形式はとっているが，特定の企業または企業グループとの間でのみ外形的には保険取引の法形式をとった取引をする企業として，キャプティブ（captive）あるいはキャプティブ保険会社（captive insurance company）とよばれるものが外国では存在する。キャプティブは，経済的実質においては自家保険にきわめて近いものということができる。わが国の保険業法では，会社が同一の会社の集団に属する他の会社を相手方として行う保険業は，保険業法の適用を除外されており（保険業2条1項2号ニ），キャプティブはこれに当たるので，キャプティブを設立運営することは，保険業法上は禁止されていない。しかし，キャプティブの設立保有は，保険監督法の規制が緩やかであることや税法上優遇されていることなどによるコスト節減メリットがなければ意味がないので（キャプティブがいわゆるタックス・ヘイブンで設立されるのはこのこと

　　　または入札という偶然の事由により給付がなされるが，損失の補てんを目的とする仕組みではなく，貯蓄の一種である。

26)　保険デリバティブを含めて保険概念の外延を多角的に論ずるものとして，吉澤・前掲（注10）。

27)　企業経営における様々なリスクを分析し，これに対処する様々な方法の選択肢を組み合わせて最適なリスク管理をすることをリスク・マネジメントという。リスク・マネジメントにおいては，リスクに対処する方法は，リスク・コントロールとリスク・ファイナンスに大別される。リスク・コントロールは，リスクそのものの発生をコントロールする方策であり，リスクの回避および損害の予防・防止という方法がこれに当たる。リスク・ファイナンスは，リスクが現実化したことによる損害を回復するための資金調達を確保する方法であり，リスク保有とリスク移転に大別される。リスク保有は，企業自身で資金調達する方法であり，経常費処理，準備金の積立，自家保険，キャプティブといったものがある。リスク移転は，他者から資金を調達する方法であり，保険はこれに属するが，後述の代替的リスク移転取引もこの範疇に属する（森宮康・キャプティヴ研究25頁（損害保険事業総合研究所，1997））。

による）, 日本国内でキャプティブを設立する意味はない。日本の企業が海外でキャプティブを設立保有しているケースは少なからずあるが, 日本国内のリスクも直接海外キャプティブに対して付保することは保険業法上の直接付保規制（204 頁）との関係で制約される。このような場合には, 日本国内で別の独立の保険会社に付保した上でこの保険会社（フロンティング保険会社という）に海外キャプティブを再保険者として出再させるというという仕組みをとることはできる[28]。

　（イ）ファイナイト保険　ファイナイト保険は, ファイナイト（finite〔限定されているの意味〕）という語が示すように, 保険契約の形式をとっているが, 保険者の保険金支払額に様々な限度が設けられているもので, 複数年度の契約として保険契約者である企業が抱える大きなリスクによる損失を保険期間にわたり分散することを主たる目的として締結されるものである[29]。このような契

---

28)　キャプティブについて詳しくは, 森宮・前掲（注 27）, 吉澤・前掲（注 10）117 頁, 可児滋・金融と保険の融合 63 頁（金融財政事情研究会, 2013）, 池内光久＝杉野文俊＝前田祐治・キャプティブと日本企業（保険毎日新聞社, 2013）, 前田祐治・企業のリスクマネジメントとキャプティブの役割（関西学院大学出版会, 2015）。キャプティブに関する法的問題点の検討として, 吉澤卓哉「日本の事業会社によるキャプティブ保険会社の設立・利用を巡る法的論点」保険学 595 号 41 頁（2006）。最判平 21・12・3 民集 63・10・2283 は, 本邦損害保険会社がチャネル諸島ガーンジーに設立したキャプティブ再保険会社が同国に支払った法人税が法人税法 69 条 1 項, 法人税法施行令 141 条 1 項にいう外国法人税に該当しないとはいえないとされた事例であるが, キャプティブについては特段の判示はしていない。なお, 控訴審・東京高判平 19・10・25 訟務月報 54・10・2419 では, 外国法人税に該当しないとする結論であるが, 判決理由中で, キャプティブ保険会社は単に親会社の資産を子会社という形に変えただけのものであり, 結局は, 親会社の資産でリスクを処理するということと変わりないから, リスクの移転がないのではないかという疑問があることが指摘され, また, キャプティブ保険会社の利点として, 保険料の損金処理など保険としての利点が享受できる点があげられている一方で, 欠点として, キャプティブ保険会社の資金や剰余金（準備金）などの額が一般の保険会社に較べ小さく, リスクの保有能力も小さく, 安定性も脆弱である点があげられていることが認められるのであって, キャプティブ保険会社が損害保険会社のリスク・マネジメントに重要な意義を有するという保険会社の主張はたやすく首肯できないとしたが, 最高裁判決はキャプティブであることには言及していない。私見は, 高裁判決のようなキャプティブイコール租税回避というような見方をすべきではなく, わが国でもリスク・マネジメント手法としてのキャプティブを活用できるようにするための方策を検討することは必要であると考える。山下友信「キャプティブに関する序論的考察」前田庸先生喜寿記念・企業法の変遷 477 頁（有斐閣, 2009）。

29)　竹濵修「ファイナイト保険の法的性質」立命館法学 310 号 210 頁（2006）, 吉澤・前掲（注 10）76 頁, 可児・前掲（注 28）79 頁。

18　第1部　第1章　保　　険

約であるから，前述の保険の定義にいうリスクの移転等のメルクマールがみた
されるのかが疑問となり，一種の預け金たる性質を有する金融取引ではないか
が問題となる。この点には議論があるが，最も深刻な問題が生ずるのは税法上
の位置づけであり，諸外国では，相当のリスクの移転がない場合には保険とし
ての取扱いを受けず，保険料が損金として扱われないという実務が行われてい
る[30]。わが国では，訴訟となった事件が一件あるにとどまり[31]，いまだ定説と
いうものはない。

　(ウ)　保険買取　　保険買取は，被保険者の余命が短い生命保険の保険金請求
権等の権利を買い取る事業で，被保険者等は支払を受けた買取代金を治療その
他の終末期の資金需要に充てることができるという効果があり，米国等で行わ
れるようになったものである[32]。保険の定義との関係では，保険買取業者は多
数の保険を買い取ることによる収支を予測して買取額を設定するので，被保険
者の死亡という事故の発生の仕方により損益が左右されるという意味では保険
と類似の面があるが，前述（7頁）の保険のメルクマールとの関係では，買取

---

30)　渡辺裕泰・ファイナンス課税（第2版）228頁（有斐閣，2012）。

31)　東京地判平20・11・27判時2037・22と控訴審・東京高判平22・5・27判時2115・
　　35は，本邦損害保険会社が海外子会社との間で再保険契約を締結し，当該海外子会社
　　がアイルランドの保険会社とファイナイトELC（Excess of Loss Cover）再々保険契約
　　を締結した場合について，ファイナイト再々保険契約のために海外子会社が支払った保
　　険料が預け金に当たり，租税回避行為として否認されるべきであるとする税務当局の主
　　張が斥けられた事例である。控訴審判決は，本件ファイナイト再々保険契約は，「保険
　　リスクの移転が限定されたものすなわち複数年契約によるリスクの時間的分散であり，
　　大数の法則に基づくリスクの分散ができず，複数年契約期間中の損害実績に基づく保険
　　料の事後調整が予定され，普通の再保険に比し割高な再保険料を要するものである。し
　　かし，これらの事実から直ちに本件ファイナイト再々保険契約が暴利行為等の公序良俗
　　（民法90条）に違反して無効と断ずることはできない。また，契約当事者の真の効果意
　　思が保険契約の締結ではないから無効であると認めることもできない」とした上で，具
　　体的な事情の下で預け金としての性格はないとしている。本判決については，後藤元・
　　保険法百選4頁。

32)　生命保険買取の仕組みおよび保険の定義との関係について，肥塚肇雄「生命保険買
　　取契約と保険法2条1号にいう『保険契約』の定義規定」奥島孝康先生古稀記念論文集
　　第1巻下篇・現代企業法学の理論と動態1201頁（成文堂，2011），吉澤卓哉＝小坂雅人
　　「日本における生命保険売買の法的可能性」保険学631号1頁（2015）。なお，生命保険
　　買取業者に買い取らせるためにした保険契約者による保険契約者変更を保険者が拒否し
　　た取扱いを正当とした裁判例として，東京地判平17・11・17判時1918・115，控訴審・
　　東京高判平18・3・22判時1928・133がある（野村修也・保険レポ207号1頁（2006））。

契約締結時に確定的に買取金額を支払うことから要素②に適合しないので保険とはいえない[33]。

　㈔　賭博・くじ　　一般論として，賭博と保険が全然違うものであることは自明のことのようであるが，賭博にも保険的手法を応用することは可能であり，要素①～⑤を形式的にみたす賭博も理論的には存在しうる。唯一保険と区別されるのは，要素②のうちの経済的損失の補てんという要素がない点である。くじも賭博と本質は同じである。なお，保険と賭博の関係については，81頁。

　㈘　品質保証　　メーカーや販売業者が製造・販売した製品について一定期間品質保証として故障の場合の無料修理をするシステムは，品質保証について購入者から対価を徴収していないのであれば，他の要素を問題とする以前にそもそも要素①がないため保険とはいえないことになる。これに対して，品質保証が有料である場合を考えると，要素①～⑤のすべてを備えるシステムが形成されることになるが，これを保険として保険業法の適用対象とすべきかが問題となる。物の製造・販売に付随する保証システムであれば，保険としては取り扱わないという考え方が取られてきていたが[34]，近年はこの種の保証システムのアイデアが多様化しつつあり，それらが保険であるかどうかについては，金融庁の行政運用により実務的な解決がされている。

　金融庁の基本的な考え方は，少額短期保険業者に関する監督指針において，「予め事故発生に関わらず金銭を徴収して事故発生時に役務的なサービスを提供する形態については，当該サービスを提供する約定の内容，当該サービスの提供主体・方法，従前から当該サービスが保険取引と異なるものとして認知されているか否か，保険業法の規制の趣旨等を総合的に勘案して保険業に該当するかどうかを判断する。なお，物の製造販売に付随して，その顧客に当該商品の故障時に修理等のサービスを行う場合は，保険業に該当しない」という指針が示され[35]，これを基礎として，法令解釈に係る照会手続（ノーアクションレター制度）による個別ケースについての行政判断が積み重ねられている[36]。

---

33)　吉澤・前掲（注10）170頁も結論は同じである。
34)　1995年保険業法制定当時の諸外国の状況とわが国における考え方について，岩崎・前掲（注17）148頁，151頁。
35)　少額短期保険業者向けの監督指針Ⅲ－1－1(1)(注2)。
36)　西羽真「第三者が実施主体となる商品保証サービスへの保険業法適用に関する考察」

20　第1部　第1章　保　　険

　(カ)　サービス提供システム　　会員制の自動車救援サービス（ロード・サービス）・システムを例にして考えると，要素①〜⑤が充足されるものがありうるのであって，これは保険に当たると考えることは十分可能である。もっとも，要素②の経済的損失の補てんについては，救援サービス・システムでは救援サービスが会費の納入によりすべて無料となるのではなく，基本料金だけは無償となり，牽引等の実際のサービスの対価は別料金の支払を要するというようなものであれば，経済的損失の補てんとまではいえないであろう[37]。

　(キ)　保証　　人的担保としての保証が保険とは異なる取引であることは異論がないと思われる。しかし，保証も単発的に行われるのではなく有償の保証がビジネスとして行われるようになると（いわゆる法人保証），被保証人全体のデフォルトの確率を予測して収支が相等となるように保証料を設定するというような保険的なテクニックを使うことが考えられる。保証料も債務者のデフォルトのリスクを個別に評価して決めるのであればますます保険との区別はつかなくなる。しかし，保険の技術を使うとしても，私法上は，保証という確立した法制度としての形態をとる限り，保険ではないと考えられ，また，金融監督法上も，銀行等の行う金融取引の一種であると考えられているものと思われ（銀行10条2項1号），そのような位置づけでよいと思われる。保険のテクニックを応用するからといってそれを保険であるとする必要性もない。

　保証が保険とは異なるとしても，保証を事業とする場合に保険と変わりがない手法を使うことが可能であることから，保険監督法の立場では，保証を保険会社の業務として位置づけることも可能であり，諸外国でも保証業務は損害保険会社の業務として認められていることが多い。わが国の保険業法も，保険数理に基づく保証料の決定，準備金の積立，再保険の利用などの保険に固有の技

　　損保78巻4号135頁（2017）は，近時の行政運用と諸外国の法規制を整理するが，行政運用が物やサービスの提供事業者とは別の第三者であるものも保険業には該当しないとする判断をするようになっていることに批判的である。

37)　損害保険会社が自動車保険契約に基づき行うロード・サービスについては，保険給付という位置づけではなく，保険契約の付帯サービスとして位置づけられているが，一部の損害保険会社では，ロード・サービスに関する保険の特約として，ロード・サービス費用をてん補するが，それに代えて現物給付としてロード・サービスを行うという仕組みにしたものを行っている。損害保険の付帯サービスについての法的性格を検討するものとして，中出・損害てん補424頁。

術を使って行う保証は損害保険業務とみなされるものとしている（保険業3条6項。諸外国の実務にならい，かかる保証については保証証券（ボンド）が発行されるので，保証証券業務による保証としている）[38]。

さらに，保証と経済的には同じ機能を果たす保険というものも作り出せる。これが保証保険であり，債務者を保険契約者，債権者を被保険者とし，債務者が一定の基準をみたす債務不履行となったことを保険事故とし，被保険者に残債務額を損害としててん補する保険とされている[39]。保証保険は，わが国では損害保険会社に保証証券業務が認められていない時代に，同様の機能を果たす保険として考案されたものである。保険契約者（債務者）の故意の保険事故招致が保険者免責事由とされていないことや，同人の告知義務違反があっても告知義務違反の効果を発生させないなど，実質が保証であるということから保険一般では見られない約定が盛り込まれていることに特徴がある。

このように，保険と保証は異なる取引類型ではあるものの，保険に近い保証も，保証に近い保険も存在しうる。ここから，保証であっても保険に近いものについては保証の法理よりも保険の法理を適用することが考えられるし[40]，保険であっても保証に近いものについては保険の法理よりも保証の法理を適用することが考えられる[41]。

---

38) 保険会社以外の金融機関による法人保証においても保険の手法を応用することは十分ありうるが，損害保険会社の保証証券業務を保険業とみなすとしても，法人保証を損害保険会社に独占させる趣旨を含むものではないことはいうまでもない。

39) 保証保険については，山下友信「法人保証と保険」椿寿夫編著・法人保証の現状と課題（別冊 NBL 61 号）30 頁（2000）。保証と保険の契約としての比較については，山下孝之＝神原和彦「保証と保険の異同」山下（孝）・生命保険133 頁。

40) 2つの損害保険会社が重複して保証証券を発行し連帯債務関係に立つが，内部的な負担割合に関する合意がない場合には，連帯保証の一般原則では負担割合は平等となる（大判大4・4・19民録21・524）にもかかわらず，保険では一般的なように証券の負担限度の割合に按分して負担割合が決められるとする東京地判平11・6・24判時1690・83，控訴審・東京高判平11・12・13金法1577・34は，保証であっても保険に近いものは保険の法理を適用するという発想に近いということができる。上記両判決は，損害保険会社の発行する保証証券と損害保険との類似性ということをもって上記解釈の重要な理由としている。この判断は支持してよいと考えるが，そもそも法人連帯保証において上記の古い判例のとる負担割合平等という一般原則を維持することに問題があると思われる。

41) 保証人の利益を保護することを目的とする2017年改正民法の保証に関する規定の射程を検討するものとして，金融取引の多様化を巡る法律問題研究会「金融規制の適用範

6 技術革新と保険概念

ICT，AI，ビッグデータなどの新技術を利用した革新的な金融サービスをフィンテック（FinTech）というが，保険についても同様の新しいサービスが登場しつつあり，総称してインシュアテック（InsurTech）とよばれている。現在インシュアテックの具体例としてあげられているのは，テレマティクス自動車保険や健康増進（連動）型保険などである。これらは，自動車搭載の情報端末やウェアラブル端末により保険加入者の行動についての情報を記録し，これにより優良なリスクと評価される加入者には保険料の割引等の利益が提供されるというものである。このような保険は，保険契約締結時にリスクを評価する従来の保険と異なり，契約成立後も加入者のリスクを継続して評価することができ，リスクに応じた保険料負担を実現可能とするとともに，加入者のリスクを減少させるインセンティブとして機能し，交通安全や健康増進の効果が期待される。また，ビッグデータや AI の活用により従来にはなかったようなリスクの分析も可能となり，保険商品の設計や保険料率の設定に変化をもたらすことも考えられる[42]。

このような新しい保険サービスは，リスクに備える制度としての保険におけるリスクの評価のあり方に変化をもたらすものといえる。それが保険概念や保険契約法のあり方にどのような影響を及ぼすかについて現時点で確定的なことをいうことは困難であるが，従来型のリスク評価方法を前提として構築されている保険と法のシステムに影響が皆無ともいえないであろう[43][44]。

囲のあり方」金融研究 36 巻 2 号 49 頁（2017）。

[42] 本文にあげたものと別の新サービスとして，P2P（Peer to Peer）保険とよばれる一部の国で行われている仕組みは，SNS により同じリスクを有する者同士がグループを作り，資金をプールして，少額の損害が発生した場合にはそのプールから保険金を支払い，大きな額の損害が生じた場合には保険会社が保険金を支払うという一種の相互扶助の仕組みである。

[43] 先行して新技術の保険にもたらす影響が論じられてきた問題として，遺伝子検査がある。これについては，418 頁。

[44] 新技術が保険に及ぼす影響について論じるものとして，有吉尚哉ほか編著・FinTech ビジネスと法 25 講 140 頁〔松下由英〕（商事法務，2016），吉田和央「Insur-Tech（インシュアテック）の本質と法的諸問題についての試論——保険版 FinTech の可能性」金法 2061 号 24 頁（2017），米山高生「マイナスのモラルハザード——契約法で想定していなかった保険商品の登場」保険学 637 号 103 頁（2017）。

第2節　保険と代替的リスク移転

第1款　総　　説

　偶然な事故により損害を被るリスクを移転する手段としては，保険は独占的な地位を占めてきたが，近年では地球温暖化の影響等により世界的に自然災害による損害が巨大化し，元受保険・再保険によるリスクの引受能力に限界が見えている。また，地震など保険によるリスク移転がもともと不可能とされてきたリスクも少なくない。他方で，デリバティブの普及により発展した金融工学を応用することにより，リスク移転の新たな仕組みが可能となり（ここではリスクの移転を受けるのは金融市場の様々な主体である），保険に代わるリスク移転取引として急速に発展しつつある。これが代替的リスク移転（alternative risk transfer：ART）といわれるものである。また，その中のある種の仕組みは，デリバティブとして位置づけられるということから保険デリバティブとよばれている[45]。

第2款　保険とデリバティブ

1　総　　説

　デリバティブの一般的な定義は，金融資産であってその価値が他の金融資産（原資産）の価値から派生するものである，というものであり，現在のところで

---

[45]　代替的リスク移転の名の下に論じられる取引には，以下で取り上げる保険デリバティブや証券化以外に，非常時劣後債（コンティンジェント・サープラス・ノート）のような異常災害の発生時など非常時に資金調達する権利を確保しておく取引も含まれ，さらに広くはファイナイト保険とよばれるような保険派生商品やキャプティブまでも含まれる。岡崎康雄「ARTの動向について──キャプティブ，保険・金融のハイブリッドから金融商品への潮流」保険学606号1頁（2009），後藤和廣「差異が縮小するリスク・サービス産業──資本市場における保険と金融の融合の進展」保険学605号73頁（2009），可児・前掲（注28）。税法の観点からの検討として，中里実「法人課税における保険とデリバティブの境界」落合誠一先生還暦記念・商事法への提言925頁（商事法務，2004），渡辺・前掲（注30）221頁。

は，先物取引，先渡取引，オプション，スワップの4種類ないしはそれらの組み合わせがこれに当たるというのが一般的な理解である。定義からわかるように，将来の給付が原資産の相場変動という偶然の事実に左右されるという限りでは保険と共通する面をもつ。しかし，次頁の保険デリバティブとよばれる範疇のデリバティブを別とすれば，デリバティブ一般は保険とは違う取引であるということには今日異論がないと思われる。その理由はあまりにも自明と考えられているためかそもそも議論があまりないが，仮にデリバティブがヘッジ機能を有することから保険と機能的には共通するところがあるとしても，オプションを除けば，保険のようにリスクが一方当事者から他方当事者へ一方的に移転されるのではなく，リスクの移転は双方向的であるということが理由であろう。しかし，オプションについては，プレミアムの支払と引換に損失のみを相手方に移転することができるので，保険との区別はかなり曖昧である。そうであっても，オプションは個別相対の契約であって，収支相等や給付反対給付均等といった保険技術という要素は本質的には内在していないということから保険と区別されるということが考えられるが[46]，オプションのごときデリバティブをビジネスとして行う場合には，収支相等や給付反対給付均等の技術が応用されることはありうるし，保険技術の前提となる保険数理とデリバティブの基礎となるファイナンス理論との境界は融合現象が生じつつあるということのようであり[47]，すべてのオプションが確定的に保険ではないとは必ずしもいえないと思われる。ただ，以下で検討する保険デリバティブをとりあえず除外して，原資産が金融資産でありその価格変動から派生して価値が決まるような金融オプションを考える限りでは，保険とは別にそういう金融取引類型が存在するということは今日では確立した考え方になっており，そこに仮に保険と同じような技術が応用されていたとしても保険とは異なる範疇の取引であると考えてよ

---

46)　関西業法(Ⅰ)・文研125号198頁〔古瀬政敏〕(1998) は，保険とオプションの区別が曖昧になりつつあることを指摘しつつ，「オプションは，一対一の契約で成立するため多数の契約を集め資金をプールする通常の保険のような機能（投資の共同性）はなく，したがって資金運用機能（金融仲介機能）を果たさない」として保険とオプションが区別されるものとする。

47)　保険と金融の融合につき，森本祐司「金融と保険の融合について」金融研究19巻別冊1号289頁 (2000)。

第2節　保険と代替的リスク移転　*25*

く，この関係は，上記の保証と保険の関係と同じものであると考えられる[48]。

2　保険デリバティブ

(1)　序　　説

　保険デリバティブは，先物取引，オプション取引およびスワップ取引という
デリバティブの基本類型とは別の新しいデリバティブとして登場してきたもの
であり，機能が保険と類似していることから保険デリバティブとよばれる。現
在のところ，保険デリバティブの類型としては，クレジット・デリバティブ，
天候デリバティブ，地震デリバティブがあげられる。

(2)　クレジット・デリバティブ

　クレジット・デリバティブとよばれる取引で最も広く行われているクレジッ
ト・デフォルト・スワップとよばれるものは単純化すると以下のごとくであ
る[49]。A会社の発行する社債（Aの借り入れるローンでもよい。参照債務という）
を保有している甲が乙との間で，Aについて破産等の倒産，元利の不払，期
限の利益喪失，格付の引下げなどの事実（クレジット・イベントという）が発生
したときは，甲は社債を乙に移転すること，これに対して乙は社債の元本相当
額の金銭を甲に対して支払うこととともに，甲は乙に対してこの取引の対価と
して手数料を支払うことを約する。

　このようなクレジット・デリバティブは，甲が自らの負担する信用リスクを
乙に移転することを目的とするものであり，機能としては保険にきわめて近い
面がある。対応する保険としては保証保険か信用保険が考えられるが，上記事
例で，クレジット・イベントは保険事故に対応し，乙の支払う金銭は保険金の

---

48)　本文のように考えると，金融オプションと機能的に同じ業務を保険会社が保険とし
　て構成した上，付随業務としてではなく固有業務たる保険業務として行うことが認めら
　れるかという問題が設定されるであろう。

49)　クレジット・デリバティブの実務については，河合祐子＝糸田真吾・クレジット・
　デリバティブのすべて（第2版）（財経詳報社，2007）。クレジット・イベントの発生時
　の甲・乙間での決済の方法としては，本文の例であげたような債権の移転と元本の支払
　という現物決済の方法のほか，クレジット・イベント発生時の参照債務の市場価値と元
　本の差額を乙が甲に支払う方法（時価決済）またはクレジット・イベント発生時にあら
　かじめ甲・乙間で約定された金額を乙が甲に支払う方法（定額決済）のごとき現金決済
　の方法とがある。

支払に対応し，甲が乙に社債を引き渡すのは保険代位に対応し，甲が乙に支払う手数料は保険料に対応するものということができる。ここから，クレジット・デリバティブは，それが生み出された当初から保険との異同ということが法的な問題とされてきた。

この点について，この分野で実務上の影響力の強い英米での支配的考え方によれば，クレジット・デリバティブにおけるクレジット・イベントは損害の発生を確定的にもたらす事実ではなく，上記事例では乙の給付は損害てん補でないので，保険ではないとされるのが一般的である。保険との違いを，クレジット・デリバティブは個別相対の取引を本質とするものであって，保険技術が使われていないことで説明することも理論的にはありうる選択肢であるが，そのようなことがいわれないのは，英米では前述（13頁）のように保険の定義に保険技術のような要素を持ち込むことが一般的ではないことによるものと推測されるし，保険技術とデリバティブに関するリスク測定および価格算出技術に差異を見出すことは実際上困難であるということによるものであろう。

しかし，損害のてん補であるかどうかということで保険とクレジット・デリバティブを区別することはそれほど説得力があるとは思われない。むしろ，クレジット・デリバティブは保証の発展形態として位置づけるのが実態に近いのではないかと思われ[50]，そうであるとすれば，前述（20頁）の保険と保証との関係について述べたところと同様に，実質は同じ機能をもつ取引を保険として構成することも，クレジット・デリバティブとして構成することもともに可能であるという考え方をすべきであろう。

(3) 天候デリバティブ・地震デリバティブ

保険デリバティブの典型といえる天候デリバティブとよばれる取引は，たとえば，以下のごとくである[51]。東京で石油販売業を営む事業者甲にとっては暖冬は売上を減らすリスクがある。そこで甲は，このリスクをヘッジするために，

---

50) 岩原紳作「デリバティブ取引に関する監督法上の諸問題」金融法研究14号42頁（1998）は，クレジット・デリバティブを保証と同様の性格を有する行為として位置づけた上で，監督法上の諸問題の解決の方向を論じている。

51) 天候デリバティブの実務については，広瀬尚志監修・天崎裕介＝岡本均＝椎原浩輔＝新村直弘・天候デリバティブのすべて（東京電機大学出版局，2003），可児・前掲（注28）253頁。

東京の1月の各日の気温がX度を超えた場合に当該各日のX度との気温差数を累積していき，その累積値がαを超えるときには1累積値あたりであらかじめ約定された金額に累積値を乗じた金額を受け取ることができるという気温コールオプションをプレミアム××円を支払って乙から買い付けることとする。これにより累積値がαを超える暖冬になれば甲は上記基準で金銭を受け取ることができ，暖冬による売上減少の損失をヘッジできることになる。このオプションでは，累積値がαを超えれば甲に現実にどれだけの売上の減少が生じたかにかかわらずオプション契約所定の基準で甲は金銭を受け取ることができるので，甲はオプションの行使により利益を得ることもありうる。しかし，実際に暖冬で甲が被る損害よりも少ない金額の金銭の支払しか受けられないかもしれない（このような実際の損害額とオプションの行使により受け取ることのできる金額との間にずれがありうることをベーシス・リスクという）。天候デリバティブは，このような気温についてのみでなく，降雪量や降水量などの天候現象についても行われる。地震デリバティブの仕組みについては略すが，基本的原理は類似するものである。

　このようなデリバティブでは，当事者の給付義務の発生や変動をもたらす事由が，気温等の変動という事実の発生であって，これらの諸事実は，一般にはデリバティブの一方当事者に損害を被らせる事実であり，その損害をてん補しようとする目的が濃厚にうかがえることが共通する。保険デリバティブと総称されるのもまさにそのためである[52]。

　保険デリバティブでは，気温の変動や地震という偶然の事実により実際にどれだけの損害が生じたかを確定することなく約定の基準で金銭の支払がなされることが一般である。したがって，上記の天候デリバティブや地震デリバティブの例においては，甲において実際の損害よりも高額の金銭の支払を受ける可能性がある。この実際の損害との差額は，保険であれば，利得禁止原則により許容されない利得に対応するものである。したがって，このような取引の有効

---

52)　保険との機能的同質性ということからは，天候デリバティブ等の保険デリバティブを保険と同視するという発想は自然なものである。会計基準や税務では保険デリバティブは金融商品ではなく保険と同視する考え方はかなり一般的に見られるところである。詳しくは，吉澤卓哉「保険デリバティブの会計・税務」保険学 576 号 132 頁（2002）。

性が認められるか否かは，まず保険デリバティブが保険か否かということに左右されることになる[53]。

現在の金融実務においては，保険デリバティブは保険ではないという理解が一般にとられており，その理由としては，上記のクレジット・デリバティブと同様に，偶然の事実の発生による給付が，損害てん補ではないということがあげられている。

(4) 保険デリバティブの法的規律

保険デリバティブが行われるようになった時期においては，保険デリバティブと保険との関係が盛んに論じられたが，問題意識としては，機能が保険と類似しているとすれば，保険に関する法的規律を保険デリバティブにも適用すべきかということがあった[54]。

まず，金融監督法の側面については，保険デリバティブと保険は異なる取引ないし事業であるという整理がされ，2006 年の金融商品取引法では，デリバティブ取引を包括的に同法の規制対象として位置づけ，保険デリバティブもデリバティブ取引の一種として明瞭に位置づけられた（金商 2 条 21 項 5 号，金商令 1 条の 13・1 条の 14〔市場デリバティブ取引〕，金商 2 条 22 項 6 号，金商令 1 条の 13・1 条の 14〔店頭デリバティブ取引〕）。もっとも，特に店頭デリバティブ取引については，保険契約は適用除外されることが明記されており（金商 2 条 22 項柱書，金商令 1 条の 15 第 2 号），保険と保険デリバティブとは重なるものと考えているようにも見える。この点については，両者の機能が類似していることから解釈

---

53) 仙台地判平 25・4・11 金判 1431・43 と控訴審・仙台高判平 25・9・20 金判 1431・39 は，損害保険会社と事業者が締結した地震デリバティブ契約に関して，保険会社の支払うべき「オプション変動金額」（基準地点の「地震指数」が 6 強以上であれば 2000 万円が支払われるが，6 弱以下であれば 0 となる）の算出基準となる地震指数の決定方法が争われ，6 弱以下とされた事例であるが，控訴審判決は，「本件取引は，予め約定した条件を充足した場合に約定金員を支払うデリバティブ取引であり，契約者の損害の補塡や救済等を目的とするものではない」と述べている。

54) ニューヨーク州保険法の下でのクレジット・デリバティブと保険の関係についての詳細な研究として，嘉村雄司「ニューヨーク州保険法における保険契約とクレジット・デフォルト・スワップ」島大法学 56 巻 1 = 2 号 1 頁（2012），嘉村雄司「保険とクレジット・デリバティブ取引の法的区別をめぐる議論の基礎的考察——2007 年頃までのアメリカの議論を中心として（前編）（後編）」損保 78 巻 3 号 55 頁（2016），78 巻 4 号 29 頁（2017）。

上の疑義が生じないようにする趣旨で，保険には金融商品取引法の規制は適用されないことを明らかにするものであると説明されている[55]。保険と保険デリバティブをどのように区別するのかについての基準を示すものではないので，問題の解決にはなっていない嫌いはあるが，保険デリバティブと保険とは異なる取引であるという考え方は明らかにされているものということはできるであろう。

　保険デリバティブ取引を行う事業も，保険業法上の保険業に属するものではないから，金商法上のデリバティブ取引業務として，銀行法や保険業法では銀行や保険会社が付随業務として行うことができるものとされている（銀行10条2項12号，銀行法施行規則13条の2の2，保険業98条1項6号，保険業則52条の2の2）。

　私法の側面については，保険デリバティブと保険は異なる取引類型であるということは現在では異論はないものと見られるが，その上で，保険特有の法的規律を保険デリバティブにも適用するかということが論じられる。具体的には，利得禁止原則の適用の有無と告知義務に関する規律の適用が論じられる。

　利得禁止原則を保険デリバティブに適用する実質的な必要があるか否かを考えてみると，これは利得禁止原則がなぜあるかということに左右される問題であると思われる。私見としては，もし利得禁止原則のごとき原則が強行規定として存在するとすれば，保険契約者の側のモラル・ハザードの事前抑止ということを理由とするものでしかないと考えるものである（77頁）。そうであるとすると，金銭の支払がなされることになる偶然の事由がモラル・ハザードを生じさせるおそれがないようなものであれば，利得禁止原則を適用する必要はないということがいえるのであり，保険デリバティブにおけるトリガーとなる気温の変動や大規模地震の発生というような事由はまさにそのようなモラル・ハザードを生じさせない事由であり，そのような事由に関して金銭の支払がなさ

55）　松尾直彦・金融商品取引法（第5版）76頁（商事法務，2018）は，保険契約等の適用除外の趣旨について，店頭クレジット・デリバティブ取引の定義に含まれるとの解釈がありうるところ，これらの契約は実際に生じた損害をてん補するためのものであり，実需を超えた投資・投機として行われることは想定しがたいことなどによるものと説明する。保険契約も店頭デリバティブ取引には該当するという解釈を前提とするものと考えられる。

30 第1部 第1章 保　険

れる限りにおいては利得禁止原則を適用する必要がないということがいえるのではないかと考えられる。

　このように保険におけるような利得禁止原則の適用がないとすると，保険デリバティブが適法有効な取引か否かの限界を画する基準としては，デリバティブ一般と同様に，賭博であるかどうかという基準しか考えられないであろう。保険デリバティブにおいては，実際の損害とは関わりなく一定の基準により算出される金銭の支払がなされるが，そうではあっても，基準の設定においては統計データ等に基づいて，保険デリバティブでリスクを移転しようとする側の当事者において実際に生じうる損害との関連性はある程度は維持されるようにされるのが通例であり，また，支払われる金銭についても上限を設定するなど著しい利得が生ずる余地が排除されている限りでは賭博という必要はない。逆にこれらの諸条件が備わらず，著しい利得が生ずる可能性があるような限りでは，賭博と見るべきである[56)57)]。

---

56)　保険デリバティブと刑法上および特別法上の賭博罪の成否については，吉澤卓哉「店頭デリバティブに関する法規制」損保 64 巻 1 号 105 頁（2002），山下友信「保険・保険デリバティブ・賭博——リスク移転取引のボーダー」江頭憲治郎＝増井良啓編・融ける境超える法 3 市場と組織 227 頁（東京大学出版会，2005）。

57)　吉澤卓哉「保険商品と金融商品の交錯」保険学 572 号 43 頁（2001）は，保険デリバティブについて，対象リスクのエクスポージャーの最大値以上に資産を確保しておく全額拠出型と一部しか資産を確保しておかない部分拠出型（リスク分散により資産としてはそれで十分ということができる）の分類，およびトリガーが指数を基準に設定されている指数事故型と実際に発生する損害額を指標として設定される補償事故型の分類をした上で，部分拠出型でかつ補償事故型のリスク移転方法を保険制度としてこれまで特別に保護してきたことには合理性があり，今後もこの類型のデリバティブは容認すべきでないという考え方を示唆する。古瀬政敏「保険業法上の保険業と保険デリバティブ」生保 156 号 1 頁（2006）も，保険のメルクマールとしてのリスクのプーリングと分散，投資の共同性を備える保険デリバティブは実質は保険であり保険業としての規制の対象となるとし，発想としては上記吉澤論文と共通するものがある。いずれの主張にも傾聴に値する面があるが，保険デリバティブを標榜する限りは補償事故型を志向するとしても保険と同様の損害てん補の仕組みはとらないであろうから，この考え方で分野調整ができるかは疑問である。部分拠出型であるということはリスクの移転を受けた当事者における将来の義務の履行のための財産確保についての監督規制が保険と同様に必要となるということは容易に理解できるが，そのことが保険ときわめて近い機能をもつ保険デリバティブを禁止するという政策判断に当然につながるものではなく，保険デリバティブとしての仕組みの構築に技術的な合理性が説明されるのであれば実質は保険であり保険デリバティブとしては容認されないという評価をすべきではない。保険としてしか容認されないものとして，保険デリバティブとしての取引を禁止すべき類型があるとすれば，

以上のような考え方により保険，保険デリバティブおよび賭博の相互関係を図で表すと，以下のようなものとなる。図のうち，①は利得禁止原則の適用がある通常の保険であり（ここでは損害保険を念頭に置いている），②は利得禁止原則の適用のない保険を意味する（ただし，利得禁止原則の意義との関係について別途検討する必要がある）。

　また，保険デリバティブに，告知義務等の保険特有の規律の適用をすべきかという点についても，取引当事者においてリスクの評価についての情報の入手が必要となることは確かであるが，それは第一次的には当事者間の契約上の合意に委ねられるべきもので，保険に特有の告知義務を類推する必要はないし，取引の実務でもそのように考えられているのではないかと思われる[58]。

第3款　証　券　化

　たとえば，地震により事業上の損失を被る可能性がある甲会社が資本市場で

　　トリガーとなる事実が人為的に発生させることが可能なものであり，リスクを移転する当事者の側にモラル・ハザードが生じるような取引であろう。
[58]　土岐孝宏「天候デリバティブ・地震デリバティブの商法上の地位」中京法学41巻3＝4号332頁（2007）は，保険デリバティブにも保険の告知義務の類推適用の必要性を示唆する。嘉村雄司「クレジット・デリバティブ取引に対する保険契約法・保険監督法の適用可能性の検討」損保76巻2号1頁（2014）も，クレジット・デリバティブ取引の一部には保険としての性格を備えたものがあり，そのようなものに対する保険についての法規制の適用可能性を検討すべきものとする。保険デリバティブか保険か否かはあくまでも取引ないし事業の実質に即して判定されるべきものであるから，実質的に保険に該当するものについて保険に関する法的規律が適用される可能性は，もちろん否定されないが，一般的な保険デリバティブに関する限りではそのような場合には該当しないと考えられる。

32 第1部 第1章 保 険

投資家に対して社債を発行し資金を調達するが，この社債では一定規模以上の地震が発生した場合には甲会社は社債元本の償還義務を免れるという約定を含んでいるとすると，この社債により甲会社は地震により損害を被るリスクを投資家に移転することができる。投資家としては，地震が発生すれば元本の償還を受けられないリスクを引き受けるのであるから，社債の利率は通常の社債よりも地震発生のリスク分高くなっているであろう。

　このような大災害の発生があれば一定の基準で元本の償還や利息の支払義務が免除されたり時間的に猶予されるような約定が含まれた社債をカタストロフィー・ボンド（catastrophe bond. CAT ボンド）という[59]。大災害による損害リスクを保険会社や再保険会社が引き受ける能力に限界が生じつつある一方で，資本市場の投資家が保険会社や再保険会社に代わって投資としてリスクを引き受ける用意があることからこのような社債が登場する[60]。投資家にとっては，通常の社債よりも利率が高いこと，および景気循環と密接な関係のある投資リスクと相関関係の小さい災害リスクで価値が左右される社債をポートフォリオに加えることでリスクを分散できることから，かかる社債に投資する意味がある。

　カタストロフィー・ボンドも保険とは別の仕組みによりリスクを移転していることから，代替的リスク移転取引の一種として位置づけられるし，リスク移転の原理は上記の保険デリバティブと基本的には同じであるが，社債の発行という資本市場における証券発行の手段をとることから証券化（セキュリタイゼーション）によるリスク移転とよばれる。このような社債はとくに再保険では引き受けられない元受保険会社の大災害リスクを資本市場で吸収させるために利用されることが多い。この場合には，元受保険会社が特別目的会社（SPC）として再保険会社を設立し，ここに出再の形式で元受保険の保険収支（収入は保険料の受取）を移転して，この SPC の財産を引当に SPC が社債を発行することが通例である[61][62]。

　59）　カタストロフィー・ボンドについては，吉澤・前掲（注10）201頁，可児・前掲
　　　（注28）141頁。
　60）　多数の投資家がリスクを引き受けるという仕組みは，証券化に限られるものではな
　　　く，多数の会員が保険リスクを分担しながら引き受けるというロイズ（99頁）の仕組
　　　みも機能としては証券化ときわめて近いものであるということができる。
　61）　外国では，SPC を個々の保険リスクの証券化のたびに設立するのではなく，一個の

証券化も代替的リスク移転の一種であるとすると，ここでも保険デリバティブと同様に保険との関係が問題となるが，法形式としては証券の形をとるので，保険との異同ということはあまり問題にされていない。しかし，理論的な問題点は保険デリバティブと同様に考えればよい。

第3節　金融取引としての保険

第1款　総　　説

保険期間1年のいわゆる掛捨型の損害保険や定期保険は，保険技術を使ったリスクの移転取引としてのみ位置づけることでよいが，長期の損害保険や生命保険にはリスクの移転取引としての性格とともに保険特有の貯蓄要素が包含された取引としての性格がある。本節では，保険に包含される貯蓄ないし投資要素の構造を明らかにするとともに，保険取引の契約類型としての位置づけについて考察する。

第2款　生　命　保　険

1　養老保険・終身保険

養老保険では被保険者が保険期間内に死亡すれば死亡保険金が支払われ，この面ではリスクの移転という取引の性格が現れるが，被保険者が満期まで生存していれば満期保険金が支払われ，これは生存しているというリスクの発現による損失の補てんであるというのが保険契約法上の説明である。しかし，経済

SPCの内部で責任財産を区分し法的に独立性をもたせる仕組みがとられていることがある。このようなSPCを保護セル保険会社というが，米国の各州でもリスクの証券化のために特別の立法でこれを認めるようになっている。詳細は，吉澤卓哉「保護セル保険会社の構造」同・企業のリスク・ファイナンスと保険71頁（千倉書房，2001）。

62)　再保険に代替する証券化ではなく，一般事業会社が地震リスクを証券化した例としては，東京ディズニーランド（オリエンタルランド社）の例が知られている。可児・前掲（注28）223頁。

34　第1部　第1章　保　　険

的実質においては貯蓄の払戻という意味合いが強いものである。また，生命保険では，保険数理に基づいて将来の保険給付義務の履行のために必要な資金を保険料の中から保険料積立金として積み立てるという仕組みがとられ，保険契約者はいつでも保険契約を解約して保険料積立金を基礎に計算される解約返戻金の払戻を受けることができる。このことは，保険契約者はいつでも現金化できる預金をもっているのと近似する状態にあることを意味する。さらに，保険料積立金等により形成された保険会社の資産の運用による利益が保険契約者配当として分配されることとされているときは，投資信託と近似した状態にもある。

　終身保険は被保険者の死亡を保険事故とする保険であるからリスクの移転取引といえそうであるが，被保険者の年齢が高くなっていくにつれ保険料積立金の額と死亡保険金額の差は小さくなり実質的には保険料積立金という貯蓄の払戻とあまり変わらないことになる。

　このように養老保険や終身保険は保険といってもリスクの移転取引というよりはリスクの移転取引と結合した貯蓄ないし投資取引としての性格をもつというのが実態である。リスクの移転取引としての性格を極限まで縮小し，貯蓄ないし投資取引としての性格を強めたものが一時払養老保険である。

　生命保険がこのように貯蓄ないし投資取引としての性格をもつとすれば，生命保険の取引ないし契約の法的規律にもこれを反映すべきかどうかが問題となるはずである。とりわけ保険契約者配当があるという点に着目すれば，集団投資スキームとしても位置づけ，集団投資スキームに共通する法規制を課すべきではないかということが問題となる[63]。しかし，これはわが国に限らないが，私法の面でも監督法の面でも，基本的には生命保険も保険であることには変わりはないというのが一般的な理解である。換言すれば，保険の概念は，生命保険のようなリスクの移転に加えて，貯蓄ないし投資の側面を一体化した独特の取引を包含するものである[64]。保険監督法の側面においても，保険業独自の資

　63）　集団投資スキームの概念については，金融審議会第一部会「中間整理（第一次）・集団投資スキームに関するワーキンググループ・レポート」（1999 年 7 月 6 日）。
　64）　2006 年の金融商品取引法では，集団投資スキーム持分を有価証券概念に取り込み，集団投資スキーム持分の販売について金融商品取引業者の行為規制を適用することとしたが，集団投資スキーム持分を包括的に定義する同法 2 条 2 項 5 号では，保険契約は除

第3節　金融取引としての保険　*35*

産運用規制が行われるが（保険業 97 条 2 項・97 条の 2），集団投資スキームの典型である投資信託に見られるような受託者に忠実義務を負わせたり，開示規制を課すことは行われていないのが国際的に見ても現状であり[65]，例外はたかだか投資信託との類似性が一層顕著になった変額保険等について一部の国で見られる程度である[66]。

　生命保険はこのようにして複合的な目的をもつ取引であるということは保険契約者にとってメリットとなりうることはいうまでもない。しかし，同時に，複数の目的を 1 つの契約の中に取り込み，しかも目的相互の関係が保険契約者にとってきわめてわかりにくいものであることが問題として認識されることにもなる。米国で，生命保険では保障に対するコストと投資に対するコストを分離して開示させ，顧客における比較可能性を確保する規制が試みられたり[67]，ドイツでも，近時，保険者における利益の内部留保と保険契約者配当のシステムに対する批判が高まり，生命保険契約の信託的あるいは事務処理（委任）的性格が強調されるようになっているが[68]，これらの現象はまさに生命保険を保険としてのみ位置づけることに問題があることによるものであるということができる。わが国では，消費者運動のサイドからこのような問題が提起されるこ

外されるものとして明示されている（同号ハ）。これは，保険契約も集団投資スキーム持分に該当するという理解を前提とするものであるが，保険契約一般を集団投資スキーム持分として理解することは疑問であり，規定の趣旨は法適用上の疑義を回避するための確認的なものであると考えるべきである。

65)　保険としての規制ではあるが，集団投資スキームとしての側面もあることにより説明できる規制がいくつかは導入されている。区分経理（1996 年 4 月 1 日蔵銀 501 号「生命保険会社の区分経理の導入について」。現在は通達としては廃止），特別勘定に関する規制（保険業 118 条，保険業則 74 条・75 条），保険計理人による保険契約者配当の公正・衡平性の確認義務（保険業 121 条 1 項 2 号）などはその例であるということができる。

66)　保険契約において信認関係が認められるかについては，金融取引における信託の今日的意義に関する法律問題研究会「金融取引における受認者の義務と投資家の権利」金融研究 17 巻 1 号 62 頁（1998）。

67)　古瀬政敏「米英における生命保険の募集時の情報提供規制——コスト開示を中心に」文研 92 号 139 頁（1990），江澤雅彦「生命保険商品の比較情報について」文研 115 号 153 頁（1996）。

68)　清水耕一「ドイツ法における配当付き養老保険契約の信認関係の射程——秘密準備金の取崩しについて」生保 152 号 181 頁（2005），同「ドイツ法における剰余金配当問題の動向」生保 157 号 233 頁（2006）。

とがあまりないが，保険としての規制によるとしても，透明性を高めるための工夫を迫られてくることはいずれ不可避であろうと思われる。

2　変額保険・変額年金保険

　変額保険・変額年金保険は，保険料計算基礎（予定死亡率・予定利率・予定事業費率）のうち予定利率については保険者が保証せず，資産運用実績に応じて保険金（年金）額や解約返戻金額を変動させることとした生命保険である。資産運用対象としては株式を含めて有価証券で主として運用されるので，保険契約者が投資リスクを負担するが，インフレに弱い生命保険の欠点を克服するものとして諸外国で行われるようになった。わが国でも，この保険が導入されるに当たっては，3つの計算基礎率のすべてについて保険者の保証があることは保険であるための必須の要件でなく，資産運用利率について保証がなくとも保険であることを認めてよいとされた（死亡率について保証があることは保険の必須の要件である）[69]。変額保険が生命保険に該当することは国際的にも一般的に認められている。ただ，変額保険はあくまでも生命保険であるから，過度に投機性をもたせないように死亡保険金に関してのみは最低保証を設けることが適切であるとされ（ただし，変額年金保険において年金額に最低保証を設けるかどうかは商品ごとに一様でない），実際の契約もそのようなものとして行われているし，諸外国でも死亡保険金については最低保証を設けることが一般的である。

　このように変額保険が生命保険であることは認められているが，投資リスクを全面的に保険契約者が負担するという面に着目すると集団投資スキームとしての性格が一般の生命保険以上に濃厚であり，投資信託について行われている情報開示規制や販売関連業者の行為規制の適用対象とすることが必要ではないかということが問題となる。米国では，まさに変額保険は保険として各州の保険法の適用を受けると同時に連邦証券諸法にいう有価証券でもあるとして，連

---

　69)　江頭憲治郎「変額保険・ユニバーサル保険」同・商取引法の基本問題123頁（有斐閣，2011）。保険の定義との関係では，もう一点，保険金額が変動しても定額保険契約としての生命保険契約に該当するのかという問題が指摘されたが，この点については，変動するのであっても客観的な保険金額の算出基準が契約上定められていれば生命保険契約であるということで異論はない。江頭憲治郎「変額生命保険約款について」江頭・同前79頁。

第3節　金融取引としての保険　*37*

邦証券諸法の適用を受けている[70]。しかし，米国のこのような規制は，連邦証券諸法の適用対象を画する基本概念である有価証券の概念が実質的で柔軟なものであることから可能となるものであり，2006 年の金融商品取引法への改正前のわが国の証券取引法のように適用対象となる有価証券を限定列挙するという考え方に立脚している法制の下では無理であった。そこで，わが国では，変額保険導入に当たり，保険募集の規制によることとし，それで不十分な変額保険固有の規制は通達および生命保険業界の自主規制にとどめられた[71]。

　しかし，2006 年の金融商品取引法では，集団投資スキーム持分を包括的に同法の適用対象としての有価証券に取り込むこととなり（金商 2 条 2 項 5 号），投資性の強い保険についても集団投資スキーム持分として同法の金融商品取引業者等の行為規制を適用することとなったが，法制的には，同法を直接適用するのではなく，「金利，通貨の価格，……金融商品市場における相場その他の指標に係る変動により損失が生ずるおそれ……がある保険契約として内閣府令で定めるもの」を特定保険契約とし，特定保険契約の保険会社や保険仲介者による募集について金融商品取引業者等の行為規制に関する規定を準用するという仕組みがとられた（保険業 300 条の 2。内閣府令である保険業則 234 条の 2 では特定保険契約として，変額保険・変額年金保険，外貨建保険等を列挙している〔詳細は 250 頁〕）。これにより，変額保険等の販売については適合性の原則（金商 40 条 1 号）の適用を受けることとなっている[72]。

---

70)　連邦証券諸法の適用があるということの意味と規制の実情につき，森田章「変額保険・変額年金と投資者保護」同・投資者保護の法理 76 頁（日本評論社，1990）。連邦証券諸法の適用があるということの意味は，有価証券の発行開示規制，継続開示規制の適用とともに 1940 年投資会社法の投資信託規制が適用になるということであるが，変額保険，変額年金の特質に応じた特則が置かれている。このような連邦法の規制と同時に各州の保険法による規制（募集規制や分離勘定（わが国の特別勘定に相当する）の規制）も行われる。英国の 2000 年金融サービス市場法では，変額保険を含む保険契約も同法の包括的な適用対象を示す投資物件に含まれるが，投資物件のうちの同法の集合投資計画ユニットには含まれておらず（同法附則 2 第 2 部），証券や集団投資スキーム持分に関する法規制をどの程度保険に適用するかは，変額保険ですら国により一様ではない。

71)　吉川吉衞「保険事業とは何か」保険学 524 号 25 頁（1989），江頭憲治郎「変額生命保険に関する保険業法および募取法上の諸問題」江頭・前掲（注 69）99 頁。

72)　特別勘定により管理される変額保険および変額年金保険については，特別勘定に属する資産について特別先取特権による保険契約者等の優先権を認めるべきかどうかも懸

3　ユニバーサル保険・アカウント型保険

　米国で開発されたユニバーサル保険は，保険契約者が保険者の下に開設した口座に現金を払い込んでおき，その残高から定期保険等の保険料の支払に充当する仕組みをとっている。定期保険等の保険金額を随時変更することができることがこの保険のメリットであるが，口座の残高に対しては最低保証を付した上で市場金利に連動した利息が付される。

　ユニバーサル保険は，生命保険のもつ諸機能を分解し，保険契約者にとっての透明性を高めるものとして開発されたものである。すなわち，貯蓄ないし投資の機能の部分は口座への資金の預託と市場金利に連動した付利ということにより単純化されて投資としての有利性がわかりやすくなるし，リスクの移転の機能の部分は，定期保険等の保険料として単純化され，やはりわかりやすくなるということであり，このような透明性のゆえにユニバーサル保険は米国では販売開始後短い期間できわめて有力な保険商品としての地位を獲得した[73]。

　米国型のユニバーサル保険が純粋に保険かということは一つの問題である。保険契約者の口座に払い込む資金は保険者の保険給付と対価関係にある金額では必ずしもなく，それよりも大きな金額が口座に蓄積されるということが問題となるのであり，保険と最低利回り保証付の投資信託との結合取引と見ることもできる。米国型のユニバーサル保険については，特段の法律上の根拠なく認

　　案とされているが，特別先取特権の対象となる資産についての特定性が十分でない等の理由でいまだ実現していない。この立法論は，実質的には特別勘定を信託財産と同様のものと位置づけることに限りなく近づけるものであり，そのこととの関係で，忠実義務の法定など，信託に関する規制と類似する規制を特別勘定を管理する保険者について整備する必要があるのではないかということが問題とされている（現行法でも特別勘定に属する財産と一般財産または他の特別勘定に属する財産との間での振替については簡単な規制がある。保険業118条2項）。また，変額保険・変額年金保険を含む運用実績連動型保険契約については，保険会社は，運用財産について，運用状況その他内閣府令で定める事項を記載した運用報告書を内閣府令で定めるところにより保険契約者に交付しなければならない（保険業100条の5）。これは2012年のAIJ事件を契機に2013年の改正により金融商品取引法等とともに新設されたものであるが，それまでも運用実績連動型保険契約については保険業法施行規則で運用報告書の交付が義務づけられていたものが，法律上の義務に強化されたものである。

73)　ユニバーサル保険登場の背景については，江頭・前掲（注69）138頁，江澤雅彦「米国における商品革新と契約者利益――ユニバーサル・ライフ保険をめぐって」文研103号143頁（1993）。

可を受けていることから，監督当局の保険監督法の解釈としては保険であると解釈されているものと推察される。このことは，保険の定義が，保険契約者が支払う保険料は厳密に危険負担の対価である必要はなく，それを超える対価についても保険に付随するものであれば保険に包含されるという程度には拡大されているということではないかと考えられ，これは合理的なものであると思われる。

ユニバーサル保険では変額保険のように投資リスクを全面的に保険契約者に負担させるものではないので，米国でも連邦証券諸法の適用はないこととされている。保険募集規制上は，ユニバーサル保険の特質を反映した規制が行われるとともに，契約継続中の定期報告を義務づける規制などを行っている[74]。

わが国の生命保険会社は，ユニバーサル保険と同様の目的を有する保険としてアカウント型（口座型）保険を販売している。アカウント型保険では，基礎となる口座は，終身保険その他の保険として構成され，この保険の積立金残高から各種保険の保険料の払込に充てられるものとされている。これは，米国のような投資信託類似の保険とはいえない口座を用いることは保険業法上の保険会社の他業禁止に抵触するという解釈によるものと思われる。近時は，口座が保険としての性格が皆無ではないがきわめて希薄なものとして設定されるユニバーサル保険にほぼ該当すると見られる保険も販売されている。

なお，アカウント型保険は，保険契約者がライフサイクル等に応じて加入する保険を柔軟に見直せるようにする意味があるが，近時は，アカウント型保険の仕組みによらずに，複数の保険をまとめて一つの契約として，保険契約者がニーズに応じてオーダーメイド的に各種生命保険，傷害疾病保険，年金保険などの組合せをすることを認める保険も販売されている。

4　年　金　保　険

広く年金とは，ある者の生存期間中定期的に金銭を支払う仕組みとして定義される。これに対して，年金のうちで，対価の支払と引換にある者の生存を条件として金銭を支払うこととし，保険の要素としての前述（8頁）の要素④お

74）　米国のユニバーサル保険の募集規制等については，江頭・前掲（注69）138頁。

よび要素⑤も充足されることになれば，年金も保険であり，生命保険の一種であることになる。この生命保険の一種としての年金を年金保険という（年金保険の類型については65頁，66頁参照）。保険会社以外の金融機関で年金と称する金融商品を販売している場合があるが，それは一定の年齢到達後に金銭の支払が反復的になされることによるものであり，年金保険のように被保険者の生存を条件とするという性格をもたないので，保険とはいえない。

このように年金が保険の定義に合致することは肯定されるが，問題は，そうであっても年金を他の保険と同一の法的規制に服せしめることが合理的かどうかということである。個人年金保険においては，純粋の年金，すなわち被保険者が死亡すれば年金給付が打ち切られるタイプの年金は稀で，早期死亡の場合には年金支払保証期間のうちの未経過期間分の年金現価などの給付が確定的に約定されているのが通例であり[75]，養老保険や終身保険以上に貯蓄的性格が濃厚となるのが通例であって，さらに実際の年金支給額は保険料積立金の運用による保険契約者配当の実績に大きく左右されるので，集団投資スキームとしての規制が必要ではないかという問題がある[76]。

また，企業年金保険は，年金保険とはいうものの，被保険者の生存リスクを保険会社が実質的に負担する仕組みになっていないため，実質は資金の運用委託契約に限りなく近づいたものであるから，この問題は一層大きいものである。もっとも，一般勘定により管理される年金保険については予定利率による運用が保証されてはいるので，その限りでは保険としての要素が残っているが，少なくとも予定利率の保証がなく運用リスクを保険契約者である企業等が負担することになる特別勘定に属する企業年金保険に関しては同じく年金資産の運用

---

75) 保証期間内に被保険者が死亡した場合の残存保証期間の年金現価の支払は，保険契約法的には，死亡保険金の支払として説明できる。なお，年金現価請求権の受取人指定について争われた事例として，東京地判平27・4・20金法2033・86および控訴審・東京高判平27・11・12 LEX/DB 25546536。

76) 確定年金であれ変額年金であれ，純粋の終身型ではなく早期死亡の場合に保証期間があるのが通例であることから，年金では被保険者の生存率は決定的な意味をもたないことを理由に，年金を保険ではなく投資として位置づける米国の判例として，Nationsbank of North Carolina v. Variable Annuity Life Ins. Co., 513 U. S. 251, 115 S. Ct. 810 (1995)（国法銀行に保険の販売（募集）を禁止していた連邦法（National Bank Act）の禁止行為に年金の販売が該当するか否かが問題となった事例）。

の委託を受ける仕組みである信託や投資顧問（投資一任）契約と同じような法規制に服せしめることが合理性を有すると考えられる[77]。

　企業年金に関しては，既に，2001年制定の確定給付企業年金法で，資産管理運用機関は加入者（被保険者）に対して忠実義務を負うこと（確定給付71条），および基金型の企業年金制度である場合に基金が締結した基金資産運用契約の相手方は基金に対して忠実義務を負うこと（確定給付72条），やはり2001年制定の確定拠出年金法においても，資産管理機関は加入者に対して忠実義務を負うことが規定されている（確定拠出44条）。企業年金の運営に生命保険会社が年金保険の保険者の立場で関与する限り生命保険会社は以上の忠実義務を負うことになる[78]。これらの忠実義務は，企業年金の被保険者である被用者の利益保護を目的とするもので，保険契約者または基金の母体である雇用企業との間で利益相反関係が生ずる場合においても被用者の利益に忠実でなければならないことを意味している。しかし，これらの忠実義務を負うことにより具体的にどのような行為義務が生ずるのかは必ずしも明らかではないし，一般勘定により管理される年金保険と特別勘定で管理される年金保険とでどのような差異があるのかなども明らかではない[79]。

　企業年金保険以外の年金保険でも，投資リスクを保険契約者が負担する変額年金については同様の規制が必要であることは，変額保険についてと同様である。

---

77)　米国の従業員退職所得保障法（Employees Retirement Income Security Act：ERISA）上，企業年金保険の保険者が同法の信認義務を負うかにつき，行澤一人「企業年金を運用する保険会社の信認義務(上)(下)」神戸法学雑誌46巻2号291頁，3号529頁（1996）。

78)　柳楽晃洋「確定給付企業年金法」ジュリ1210号28頁（2001），尾崎俊雄「確定拠出年金制度の導入の背景とその概要」ジュリ1210号40頁（2001）。

79)　企業年金制度の運営者の立場から，企業年金保険契約が実質は生存リスクを負担しないにもかかわらず保険契約という構成をとるよりも，米国のように資産運用委託契約に他ならない基金積立協定（funding agreement）を認めるべきであるとするものとして，島崎謙治「企業年金からみた金融システム改革の課題」江頭憲治郎＝岩原紳作編・あたらしい金融システムと法81頁（有斐閣，2000）。

第3款　積　立　保　険

　損害保険会社の販売している保険で積立保険とよばれる保険は，損害保険，傷害保険など，あるいはそれらの組合せ保険であって，長期の保険期間を有し，満期時に満期返戻金の支払があることが約されているものである。保険契約者の支払う保険料は保険金支払の原資となる補償保険料と満期返戻金支払の原資となる積立保険料とで構成され，後者が大きな割合を占めるのが通例であり，積立保険料は運用されるが，予定利率の付利が保険料計算上約束され，かつ，予定利率を上回る運用利益は保険契約者配当として満期時に保険契約者に分配されるから，保険契約者としては危険に対する保障と貯蓄の目的を一個の契約で達成できるようになっている[80]。近年低金利の状況が続いてきたため，金融商品としての魅力が薄れ，保険商品の重要性は低下しているが，なお販売されているものがある。

　この保険が全面的に保険であるかどうかが問題となりうるのは，満期返戻金が保険給付とはいえないためである。なぜならば，満期を迎えることにより経済的損失が発生しているとはいえず，そのような偶然の事実に関してなされるのではない満期返戻金という給付を保険給付とはいえないからである。しかし他方で，満期返戻金が保険給付でないとすると，その原資を保険契約者が積立保険料として支払っているのはなぜか，またそれが保険料ではないとすると，最低利回り保証付の投資信託類似の金融取引ではないかなどという疑問となる。

　この点に関する実務上の説明は，満期返戻金は満期を迎えることにより支払われるが，積立保険ではすべての契約が満期を迎えるのではなく，損害保険であれば目的物が全損の発生，傷害保険であれば被保険者の死亡（複数の場合は全員死亡）により保険契約は中途で失効することとされ（全損失効という），失効した契約は満期を迎えないので満期返戻金の支払はないから，満期返戻金給付を投資信託やその他の金銭預託の満期償還ということはできず，満期返戻金給付は，損害保険でしばしば行われることのある保険料の無事故戻しに類似の保

---

　80)　積立保険の嚆矢は，1963年に損害保険相互会社が販売をはじめた火災相互保険および建物更新保険である。これらの保険とその法的性格についての当時の考え方については，金澤理「満期払戻保険の損害保険契約性」綜合法学6巻10号14頁（1963）。

第3節　金融取引としての保険　*43*

険料の事後的な精算のための給付であるというものである[81]。しかし，保険料の9割程度を占めることもある積立保険料を原資とした払戻を無事故戻し類似というのは経済的実体とはあまりにもかけ離れたものであるし，全損失効により満期返戻金の払戻がなくなるとして積立保険料をいわば没収する必然性はないと思われる[82]。全損失効という偶然の事実の発生如何により満期返戻金の支払義務の発生の有無が左右されることから，貯蓄保険料とそれを原資とする満期返戻金の支払がたんなる預金類似の金銭の預託契約ではないとされるが，積立保険料の没収を偶然の事実の発生に係らしめることの合理的な理由は見出しえない[83]。積立保険は，厳格な生損保兼営禁止や他業禁止の規制の下で損害保険会社が総合金融機関化を進めるために考え出された苦肉の保険商品であって，その時代背景の下では十分な存在意義を有したものと考えられるが，業務に関する規制が大幅に緩和された今日ではそのあり方の見直しがなされてしかるべきものと考える。

---

81)　江頭 409 頁。

82)　全損失効により満期返戻金の支払が不要となる契約が生じることは保険料計算において織り込まれているので（その分貯蓄保険料は安いものとなっている），保険者が全損失効した契約の積立保険料について実質的に利得しているわけではない。

83)　1980 年代から既に積立保険の保険商品としての合理性に疑問を提起していたものとして，岩崎稜「金融自由化と保険商品」保険学 520 号 1 頁（1988）。

第2章　保 険 契 約

第1節　保険契約の類型

第1款　理論的な基本類型

　保険契約の基本類型を分けることの実用法学的な意義は，類型ごとに異なる法的規律が妥当することに求められる。このような観点からの類型化としては，①損害保険契約と定額保険契約という類型化と，②物・財産保険契約と人保険契約という類型化が基本となる[1]

1　損害保険と定額保険

　この類型化は，保険給付の態様に着目するものであり，損害保険は保険給付が損害てん補である保険をいい，定額保険は保険給付が定額の保険金給付である保険をいう[2]。このような類型化をする場合においては，ある保険を損害保

---

1)　保険契約の分類については，田辺康平「保険契約の分類」同・基本構造1頁。
2)　保険法の制定過程では，定額給付の中に，将来一定の規格の老人ホームに入居する権利や一定内容の在宅サービスを利用する権利を付与するという現物給付を含めることを明記すべきか否かが検討されたが，そもそもこのような現物給付を行う保険は保険業者の経営にとっての財務的リスクが大きく，適切な行政的監督が困難であるという理由により，保険法への明記も見送られた。この問題については，山下友信「保険の意義と保険契約の類型——定額現物給付概念について」中西喜寿3頁。その後，保険者が定額保険金給付を医療機関等のサービス提供事業者に直接支払う直接支払サービスが保険業法上も認められている（このサービスに関する規制として，保険業則53条の12の2，監

46　第1部　第2章　保険契約

険とするか定額保険とするかの選択は自由でなく，定額保険は例外であり，次の人保険においてのみ認められ，それ以外の物や財産に関する保険は損害保険でなければならないという考え方を前提としており，この考え方により損害保険と定額保険とでは保険契約についても異なる法的規律が形成されている。

2　物・財産保険と人保険

　この類型化は，保険の対象に着目するものであり，物・財産保険は物や財産が保険の対象である保険をいい，人保険は人が保険の対象となる保険をいう。ここで物（有体物に限らずうべかりし利益のごときも含む）が保険の対象であるということの意味は，物について偶然の事故により滅失・毀損あるいはそれらから派生する各種の損害が発生したときに保険給付が行われるということであり，財産が保険の対象であるということの意味は，ある者の財産状態（特定の財産ではなく全財産の状態）が偶然の事故による債務の増加や費用の支出等消極財産の増加により悪化するという損害が発生したときに保険給付がなされるということである。前者を物保険ないし積極保険，後者を財産保険ないし消極保険という。物・財産保険と人保険という分類をするのは，保険の対象が人であるということからやはり特別の法的規律が形成されていることによるものである。

　①の類型化と②の類型化を組み合わせると，図のように保険には4類型がありうることになるが，このうち，物・財産保険でありかつ定額保険であるという保険は現在は存在しないし，法秩序がこれを容認していないというのが通説的理解である。換言すれば，物・財産を対象とする保険は損害保険でなければならない。これに対して，人保険は定額保険とすることが法秩序により容認されている。しかし，人保険でも損害保険とすることも可能であるので，人保険には損害保険と定額保険の双方がありうることになる。

　督指針Ⅱ—4—2—8)。

物・財産　損害てん補	（物・財産　定額）
人　損害てん補	人　定額

　保険契約立法や保険契約法理論でも，これを体系化しようとすれば，①の類型化と②の類型化を組み合わせて，ただ実際には存在しない物・財産保険かつ定額保険というカテゴリーを除いた3つの基本類型を立てることが理論的である。しかし，実際の保険契約立法では，損害保険と生命保険，損害保険と人保険，あるいは損害保険と定額保険という2分法で体系が構築されているのが一般的である。物・財産保険は損害保険でしかありえないので，あとは人保険をどのように体系化するかに係るが，人保険の中核はこれまでの保険の歴史的発展の中では定額保険でしかありえない生命保険であり，人保険に関する立法や理論も生命保険を中核として展開されてきたのであり，生命保険以外の傷害保険や疾病保険等の人保険については付随的な位置づけがなされるのが一般であった。このことから，どの2分法を採用するとしても，立法や理論の実質的な中核は損害保険と生命保険であり，あとは傷害保険，疾病保険等の人に関する保険について適切な位置づけをしていけばよいということになる。その意味では，損害保険と生命保険，損害保険と人保険あるいは損害保険と定額保険のどの2分法をとっても実質的な違いは大きくない。損害保険と生命保険という2分法をとりつつ傷害保険・疾病保険を追加的な類型とするのと，損害保険と人保険の2分法をとりつつ，人保険の類型の中で生命保険と傷害保険・疾病保険とをさらに分けるのでは体系的にはほとんど違いがない。保険給付の面だけに着目すると，損害保険と定額保険の2分法が論理的であり，わが国の近時の保険契約法の体系書ではこの2分法を採用するものが目立つが[3]，諸外国ではむしろ損害保険と人保険の2分法で立法や理論が体系化されていることの方が多い。これは，定額保険は人保険にほかならないことによるのであろうし，生命

3）　改正前商法の下で，損害保険と定額保険の2分法で体系化する体系書として，西島，田辺，坂口。これに対して，倉澤，石田は，損害保険，生命保険，傷害保険という2分法によらない体系化をしている。

48　第1部　第2章　保険契約

保険以外の人保険についても体系に組み込もうとすれば，損害保険でも定額保険でもありうる傷害保険や疾病保険をさらに2分して体系化するのは実際的でないということによるものと思われる[4]。

第2款　保険法における契約類型

　わが国の保険契約に関する基本法である保険法では，保険契約の類型を損害保険契約（第2章），生命保険契約（第3章）および傷害疾病定額保険契約（第4章）の3つとして体系化した。このような立法の体系は比較法的には特異なものであるが，損害保険契約と定額保険契約という保険給付の方式に基づく類型化を基本とし，定額保険契約としては共通でも生命保険契約と傷害疾病保険契約とでは契約の規律について異なるものが必要であるということから生命保険契約と傷害疾病定額保険契約をそれぞれ独立の契約の類型として位置づけたものである。他方で，傷害疾病保険契約で保険給付が損害てん補であるものについて独立の類型として掲げられていないのは，そのような保険契約は損害保険契約そのものであるという考え方によるものであるが，そのような保険契約も人に関する保険契約であるということに基づいて若干の特則が必要であるという考え方から損害保険契約の下位類型として傷害疾病損害保険契約の規定（第2章第5節）が置かれている[5]。傷害疾病保険契約が定額保険契約と損害保険契

---

4)　保険業法では，保険業の免許の対象をどのように画するかということとの関係で，改正前商法と同様に，生命保険と損害保険という2分法を基礎としつつ，傷害保険・疾病保険というもう一つの範疇を設けている（保険業3条2項～5項）。保険業法は，保険業者の行政的監督を目的とする法令であり，この行政的監督という観点からは，契約内容のみでなく，事業としての特性が考慮される必要があり，契約が短期的で保険事故発生率が相対的に不安定な保険種類が多い損害保険業と，契約が長期的で保険事故発生率が相対的に安定的である保険種類が多い生命保険業とでは異なる事業として監督することが適切であるという理由により損害保険業と生命保険業の2分化が図られている。その上で，傷害保険および疾病保険に関しては，保険給付が損害てん補・定額給付いずれであるかを問わず，いずれの事業に属せしめても監督法上は問題ないという判断により相乗りが認められている。このように損害保険業と生命保険業とに2分した上で傷害保険・疾病保険については相乗りというシステムは諸外国でも広く見られる類型化である。生命保険・損害保険の兼営禁止と傷害保険・疾病保険の相乗りについては，岩原紳作「保険会社の業務」業法の在り方・上78頁，山下友信「『第三分野』の保険」商事1435号8頁（1996）。

約とで別個に規定されている点については，そのことにより同じく傷害疾病保険契約でありながら規律が異なることに疑問が呈されるかもしれないが，契約類型の一つとして規律することにも無理があり，それを回避しようとすればきわめて簡単な規定だけを置くことになりかねないので，保険法の類型化もありうる選択肢であろう。

　ところで，保険法の規律を見ると，生命保険契約と傷害疾病定額保険契約の規律は共通するところが多いし，傷害疾病損害保険契約の規定も実際に機能する局面は大きいとはいえない。そこで，本書では，保険法の類型化とは異なるが，保険の類型に分けて論ずることが必要な部分については，傷害疾病保険という類型を別に立てずに，損害保険と人保険の 2 分法により，人保険の解説の中で生命保険と傷害疾病保険について必要に応じて分けて解説することとする。

第 3 款　付随的分類

1　総　　説

　保険給付の態様および保険の対象という基準により保険の体系的区分が図られるが，この 2 つの基準による区分以外にも様々な理由で保険を区分することができる。区分することは法令の適用の有無を直接左右する意味をもつこともあるが，そうでなくとも，保険契約に関する法律問題について考える際の有益な視点となりうるものである。

2　各種の分類

(1)　企業保険と家計保険（消費者保険）

　この分類は保険学上の用語によるものであり，保険加入者が企業であるものを企業保険，一般大衆であるものを家計保険とよんでいる。家計保険では様々な面で弱者である保険契約者保護が要請されるという議論を導く実践的な意味

---

　5)　保険法の契約類型の下で実務上の傷害疾病保険契約，あるいはその周辺領域にある人に関する面もある各種保険契約の位置づけや保険法の適用関係を詳しく検討するものとして，吉澤卓哉「保険法における人保険契約の分類」損保 73 巻 1 号 3 頁（2011），損保法務 210 頁。

50 第1部 第2章 保険契約

があった[6]。今日では，保険加入者が個人ないし消費者である保険は，消費者保険とよぶのが適当であろう。

このような企業保険と消費者保険の区分は，保険契約法のあり方を考える上できわめて重要である。企業保険では，今日では契約自由の理念が一段と強調されるのに対して，消費者保険では消費者保護の理念により契約自由の制約が一段と強調されるのが世界的趨勢である（保険契約立法に関しては115頁）。わが国でも，2000年の消費者契約法の制定により消費者保険に当たる保険では契約締結過程および契約内容の両面で同法の特別の規律に服することとなっている。さらに，保険法では，片面的強行規定を導入したが，損害保険契約においては，海上保険，航空保険，原子力保険とともに法人または個人の事業活動に伴って生ずることのある損害（その意義については，112頁）をてん補する保険契約について片面的強行規定性の適用が除外され（保険36条），その限りで企業保険と消費者保険の区分に近い区分が設けられている[7]。

(2) 個人保険と団体保険

個々の保険の対象ごとに保険契約が締結されるのが個人保険であり，ある程度を超える数の保険の対象を包括して保険契約が締結されるのが団体保険である[8]。団体保険は，生命保険でいえば，会社が保険契約者となり，従業員全員を被保険者として締結するような場合である[9]。人保険のほか，損害保険でも責任保険などでは多く行われている。団体保険では，団体生命保険においては被保険者個々人の健康状態等の危険よりも被保険者の団体全体の危険に着目し

---

6) 無認可の約款変更の私法的効力に関する最判昭45・12・24民集24・13・2187はこの区分を考慮しているごとくである。これについては，131頁。

7) EU諸国では企業保険契約については保険契約法の強行規定性の適用除外をしていることが多いが（たとえば，ドイツ保険契約法210条），その基準は，大規模リスクか否かによるものとされる。この基準は，EUの保険監督法の調整のための指令で準拠法選択の自由を制限するか否かに関してとられている基準であり，保険種類により異なるが，一般的には総資産額，正味売上高，被用者数の基準による。損害保険第2指令（88/357/EEC）により改正された損害保険第1指令（73/239/EEC）5条（生命保険ではこれに該当するものがない）。

8) 団体保険と個人保険を対比させるのは生命保険の分野の用語慣行であり，損害保険の分野では個人保険という用語は一般的ではないが，ここでは個人保険という用語を用いておく。

9) 生命保険等で団体扱契約とよばれる契約があるが，これは保険料を勤務先企業等の団体を通じて払い込む方式の保険をいい，概念的には団体保険とは異なるものである。

て危険選択をしているように[10]，危険選択の手法が個人保険とは異なるというような経営面での特徴があり，これに応じて契約に関する法的な処理においても個人保険とは異なるものが要請されることがある。また，団体保険は一般的には企業保険であり，その面からも個人保険とは異なる法的規律に服させることが多い。

(3) 元受保険と再保険

リスクに晒される企業・消費者等から直接そのリスクの移転を受けるために締結される保険契約が元受保険であり，そのような元受保険の保険者が保険の引受に基づいて保険給付をしたことにより被る損失をてん補するために締結されるのが再保険である[11]。再保険は元受保険者がその保険引受上の損失リスクを移転するための損害保険である[12]。再保険，とりわけ損害保険の再保険は国際的な市場で取引が行われ，きわめて専門的で高度な性格をもつものであり，また，契約内容についても元受保険とは異なる点が多いので，諸外国の保険契約法でも再保険は適用除外としている場合がある（ドイツ保険契約法 209 条，フランス保険法典 L.111-1 条 1 項）。

(4) 陸上保険と海上保険

保険は中世ヨーロッパで海上保険から始まり，火災保険や生命保険等の陸上保険が分化して発展してきたという歴史的経緯がある。このような歴史的経緯とともに，海上企業活動については海特有の危険があることと，それにより特別の海事私法が形成されており，保険もその一環をなすということから，保険実務上も陸上保険と海上保険は異なる分野とされている。法的規律の面でも，適用される保険契約法が陸上保険と海上保険とでは別個のものになっている国が多いし，理論・実務でも海上保険には独自の側面がある。

---

10) 団体保険についての危険選択の概要につき，生保法務 331 頁。
11) 大谷光彦監修・トーア再保険株式会社編・再保険（改訂版）（日経 BP コンサルティング，2011）。再保険法概論として，松木太郎・再保険法の理論（有斐閣，1957），稲田行祐・英国再保険法の基礎知識一問一答（保険毎日新聞社，2015）。
12) 保険業法上は，生命保険会社も人保険の再保険の引受を行うことができることとされているが（保険業 3 条 4 項 3 号），私法上は定額人保険の再保険契約も損害保険契約である。

52　第1部　第2章　保険契約

(5)　営利保険と非営利保険

保険事業の経営主体の法的性格の相違による区分であり，非営利保険には相互保険と共済とがあるが，これについては93頁，101頁。

(6)　強制保険と任意保険

保険契約に加入することが法令により義務づけられているのが強制保険（義務保険ともいう）であり，加入が任意であるのが任意保険である。強制保険の典型例が自動車損害賠償責任保険（自賠責保険）であるが（自賠5条），そのほかにも，原子力損害賠償責任保険（原賠8条～9条の2），タンカーおよび一般船舶の油濁損害賠償責任保険（油賠13条・14条・39条の4・39条の5）などがある。これからわかるように私保険で強制保険とされるのは責任保険であるのが一般である。

(7)　保障的保険と貯蓄的保険

損害保険は保険期間1年で，この期間中に保険事故が発生すれば保険給付がされるが，保険事故が発生しなければ保険給付はされないまま保険は終了し，保険者から保険契約者に対する反対給付は何もされないというのが基本型である（いわゆる掛捨て）。このような保険は，リスクの現実化による損失に備えるという機能に特化しており，このタイプの保険を，用語法としては必ずしも一般的ではないが，保障的保険ということとする。これに対して，生命保険のうちでも養老保険を例にとると，保険期間中に被保険者が死亡すると死亡保険金が支払われ，この面では保障的であるが，この保険では被保険者が死亡しないで満期を迎えた場合には満期保険金が支払われることとされており，確率的には満期保険金を受け取る可能性が圧倒的に大きいので，保険契約者にとっては貯蓄をしているのときわめて近い結果となり，しかも，保険契約者は，満期を迎える前であっても，保険金の支払のために保険者が積み立てている資金を原資とした解約返戻金の払戻を請求することができるのが通例であり，その面からも貯蓄としての機能があることになる。このように保険にはリスクに対する保障という面とともに貯蓄という面を併有させることが可能であり，貯蓄という面をも有する保険を，これも用語法としては必ずしも一般的ではないが，貯

---

13)　貯蓄的保険は同時に投資的金融商品としての機能を有することが通例であるが，こ

第1節　保険契約の類型　　*53*

蓄的保険ということとする[13]。生命保険は，短期の定期保険を除いて貯蓄的保険であるのが通例で，これに対して損害保険は，保障的保険であるのが原則であるが，わが国では，損害保険でも前述の積立保険（41頁）という契約形態により貯蓄的保険化されているものが広く普及している。貯蓄的保険においては偶然性にあまり左右されない現金化できる財産的価値があることから預金をはじめとする金融取引と同様の実体法上・手続法上の法律問題が発生するという特色がある。また，保険監督法においても保険が保障的か貯蓄的かにより様々な側面で異なる規制が行われる[14]。

第4款　実務的類型

1　総　　説

保険実務は，改正前商法や1995年改正前の保険業法の損害保険と生命保険の2分法をもとに発展してきており，特に2分法では明確でなかった傷害保険および疾病保険については，保険監督当局の行政的な分野調整などにより，生命保険会社と損害保険会社とでは異なる実務的類型が発展を遂げてきた。これらにより，それぞれの分野でわが国特有の商品体系が形成されている。もとより保険という制度は普遍的なものであり，世界的に行われている様々な保険の類型の基本的な仕組みに大差はないが，同種の保険でもこれを具体化する商品の内容には国によりかなりの相違がある。これは保険の需要者である国民の保険に対する考え方，社会保障や税など保険需要に密接に関連する諸制度のあり方などが国により大きく異なるためである[15]。以下では，わが国の保険の実務的な類型を損害保険会社，生命保険会社別に概観しておく。

れについては，33頁。

14)　保険業法上は，積立保険に関しては，積立保険の責任準備金は積立勘定という一種の区分経理により管理するという規制（保険業則30条の3・63条）や，積立保険等に関しては生命保険会社と同様に保険計理人を置いて法定の任務を果たさせなければならないという規制がある（保険業120条1項，保険業則76条）。

15)　1965年の行政裁定による分野調整については，岩原紳作「保険会社の業務」業法の在り方・上81頁。

54　第1部　第2章　保険契約

2　損害保険会社の保険

　損害保険会社により差異はあるが，経営組織の面では，火災保険，自動車保険，海上保険，新種保険といった事業部門に分かれていることが多く，保険商品の体系もこのような部門に即して形成されてきた。以下では，このような分類により主要な保険類型について概観する[16]。各種保険についての具体的な法律問題は，本書の関係箇所で取り上げることとする。

(1)　火　災　保　険

　海上保険とともに損害保険の中核を構成してきた分野である。現在では，目的物の類型に応じて，住宅用，一般物件用，工場用，倉庫用などの商品に分けられ，それぞれに普通保険約款がある。また，企業保険分野では火災のほかの各種の災害危険も引き受ける総合保険とされたり拡張担保特約として引き受けられている。さらに，火災以外の災害を広く担保する総合保険化が図られているものとして，住宅総合保険[17]，店舗総合保険などがあり，積立保険化が図られているものとして長期総合保険がある。マンション等の集合住宅特有の保険ニーズに対応するものとしてマンション・団地保険がある[18]。抵当権付債権者が担保である建物の火災による債権回収不能の危険に対処するための手法は各種あるが，それ専用の保険として債権保全火災保険がある（ほかに，地震保険については，123頁）。

(2)　火災保険以外の物・利益保険

　主として企業保険であるが，火災以外の様々な企業活動上の損害に備えた保険が多数種類ある。機械類に生じる事故による損害を対象とする保険として，機械保険，組立保険，ボイラ・ターボセット保険があり，建設工事等の施工中

---

16)　損害保険会社の各種保険の実務については，損保法務18頁。そのほか，いずれも刊行後相当の年数を経ており，最新実務を反映したものではないが，損保講座各巻，新種保険・自動車保険については，金澤理＝西島梅治＝倉澤康一郎編・新種・自動車保険講座1巻～4巻（日本評論社，1975～1976），損害保険の法的諸問題については，新損害保険双書1～3など。

17)　住宅火災保険約款のコンメンタールとして，注釈火災保険。

18)　火災保険の一種として，火災や爆発により保険の目的が損害を被った結果営業が休止または阻害されたために生じた損失をてん補する利益保険がある。この保険によりてん補される損失は，喪失利益と収益減少防止費用であるが，それぞれの算出方法はきわめて複雑なものである。詳しくは，損保講座5・202頁，山本種市・改訂利益保険の理解（東洋経済新報社，1980）。

の事故による損害を対象とする保険として，建設工事保険，土木工事保険がある。動産総合保険は，動産に関する損害を幅広く対象とする保険の総称であり，対象動産に限定のない動産総合保険のほか，コンピュータ総合保険[19]，金融機関包括補償保険などもこの範疇に属する。これらの保険ではすべての偶然な事故を保険事故とするオール・リスク方式とされているものが多い[20]。盗難保険は，窃盗や強盗による損害を対象とする保険であり，盗難保険のほかクレジットカード盗難保険などがこの範疇に属する。このほか，ガラス保険，動物保険などがある。

(3) 自動車保険

1950年代以降のモータリゼーションの進展により急速に発展し損害保険会社の主要営業部門となったもので，自賠責保険と任意加入の自動車保険に大別される。自賠責保険は，自賠法に基づき自動車・原付自転車の保有者が加入を義務づけられている強制責任保険であり，人損につき自賠法の規定する限度額までをカバーする。自賠責保険については，保険契約に関して自賠法に特別の規定が置かれ，責任保険ではあるが被害者の救済のために他の責任保険には見られない特別の規律がされている。

自動車保険は，ある自動車を単位として，①自賠責保険の上積み保険となる責任保険，②自動車搭乗者の自損事故による傷害をカバーする自損事故保険，③自動車搭乗者の傷害をカバーする搭乗者傷害保険，④自動車搭乗者等が他車の有責な行為により傷害を被ったが他車側が責任保険につき無保険または限度

---

19) コンピュータ総合保険は，コンピュータ機器等のハードウェアの損傷による物的損害，情報メディアの損傷による再作成費用発生の損害，およびこれらの損害発生に伴う臨時費用あるいは営業利益の喪失を目的とするものである。ネットワークを利用する様々なタイプの企業（一般企業，IT関連企業）向けに，回線切断，不正アクセス，ウイルス感染，プログラムのバグ，落雷等の事故などを原因として生ずるネットワークの中断，資金の喪失，機器や情報媒体の損傷・消滅・改ざん，第三者に対する損害賠償責任の発生などにより被る利益の喪失，営業継続のための費用の発生，修復・情報の再作成費用，損害賠償金の支払などをてん補するネットワーク総合保険，e-リスク保険などと称する保険も行われている。さらに，近時は，コンピュータ・システムに対するサイバー攻撃を受けることにより生ずる様々な損害をてん補するサイバー保険などと称する保険も行われている。

20) 火災保険をベースとする個人向けまたは企業向け保険でも，近時はオール・リスク保険とされているものが増えている。

額不十分な場合に損害賠償額を基準に損害のてん補をする無保険車傷害保険および⑤車両の損害をカバーする車両保険の全部または一部をパッケージ化した保険として一応完成を見ていた。①および②のみがパッケージ化されたのが自動車保険（BAP），①②③④がパッケージ化されたのが自家用自動車保険（PAP），①～⑤のすべてがパッケージ化されたのが自家用自動車総合保険（SAP）であり，これらは業界共通の商品として発展してきた[21]。しかし，1995年保険業法の改正以後の規制緩和により，新たな商品として，②～④の全部または一部に代えて，自動車の搭乗者が自損事故か他車有責事故であるかを問わず傷害を被ったときに所定の支払基準（任意保険の賠償基準に準ずるものとなっているのが通例）により保険金を支払うものとする人身傷害補償保険（最近は人身傷害保険という名称が一般化している）をパッケージ化したものが開発され急速に普及した。この保険は，自動車の搭乗者が被害者側に立った場合に，

---

21)　自動車事故による損害賠償責任と保険に関する法は，その社会的重要性のゆえに独立した法分野となっており，無数の文献がある。ここでは逐一の紹介は省き，比較的新しい自動車保険に関するコンメンタールや講座的文献等をあげるにとどめる。SAPのコンメンタールとして，註釈自動車保険・上・下。現行自家用自動車保険の約款の解説として，「自動車保険の解説」編集委員会編・自動車保険の解説2017（保険毎日新聞社，2017）。自賠法等の関係法令および約款のコンメンタールとして，川井健＝宮原守男＝小川昭二郎＝塩崎勤＝伊藤文夫編・新版注解交通損害賠償法1～3（青林書院，1996～1997），自動車保障研究会編・新版逐条解説自動車損害賠償保障法（ぎょうせい，2012），木宮高彦＝羽成守＝坂東司朗＝青木莊太郎・注釈自動車損害賠償保障法（新版）（有斐閣，2003），北河隆之＝中西茂＝小賀野晶一＝八島宏平・逐条解説自動車損害賠償保障法（第2版）（弘文堂，2017），伊藤文夫＝佐野誠編・自賠責保険のすべて（12訂版）（保険毎日新聞社，2014），「シンポジウム・自動車損害賠償保障法60年」交通法研究45号（2017）。自動車保険の主要法律問題につき，加藤一郎＝木宮高彦・自動車事故の損害賠償と保険（有斐閣，1991），倉澤康一郎ほか・自動車保険の法律問題・金判別冊3号（1991），日弁連交通事故相談センター編・交通賠償論の新次元（判例タイムズ社，2007），高野真人＝溝辺克己＝八木一洋編・交通事故賠償の再構築（ぎょうせい，2009），交通事故紛争処理センター編集・交通事故紛争処理センター創立40周年記念論文集・交通事故紛争処理の法理（ぎょうせい，2014），藤村和夫＝伊藤文夫＝高野真人＝森富義明編・実務交通事故訴訟大系第1巻～第3巻（ぎょうせい，2017）。交通事故賠償法の体系的概説として，藤村和夫＝山野嘉朗・概説交通事故賠償法（第3版）（日本評論社，2014），北河隆之・交通事故損害賠償法（第2版）（弘文堂，2016）。ノーフォールト自動車保険について，佐野誠・ノーフォールト自動車保険論（保険毎日新聞社，2016）。先進的自動車交通システムが自動車損害賠償責任および自動車保険のあり方に及ぼす影響についての研究として，山下友信編・高度道路交通システム(ITS)と法（有斐閣，2005），藤田友敬ほか「特集・自動運転と民事責任」ジュリ1501号13頁（2017），藤田友敬編・自動運転と法（有斐閣，2018）。

従来の自動車保険では加害自動車に付されていた自動車保険の①により賠償を
受けていたが，そのために必要な賠償交渉をすることなく自車の保険で迅速に
補償を受けられるようにしたものである（保険者は保険給付をした上で加害自動車
側に対して代位求償し，これが加害自動車の①によりカバーされる）。この人身傷害
補償保険が広く普及することに伴い，傷害保険である②③④は，基本契約の構
成要素としての位置づけを外され，特約として位置づけられているのが一般的
である。

⑷　海　上　保　険

損害保険の元祖となる保険であり，最も古い歴史をもつ保険分野である[22]。
海特有のリスクを対象とすることにより今日でも海上保険は特別の地位を占め
ている。法令上も，海上企業活動全般について陸上企業活動についてとは異な
る特別の海事私法体系が存在するが，その一部として海上保険には陸上保険と
は異なる法令があることが国際的にも一般的である。

海上保険は船舶の所有者や運航者のリスクをカバーする船舶保険と，海上運
送される貨物の所有者等のリスクをカバーする貨物保険に大別される。船舶保
険には，船舶所有者，傭船者，造船者等の船舶に関連する事業主体の類型に応
じた物保険，費用保険，責任保険など多様な類型があり，保険期間の定め方に
より期間保険と航海保険とがある。基本的な約款は，船舶保険普通保険約款で，
これと担保範囲の異なる第1種～第6種の特別約款を組み合わせて引き受けら
れ，中でもてん補範囲の最も広い第6種によるのが主流である[23)24]。もっとも，

---

22)　海上保険はわが国でも実務・理論いずれの面でもきわめて重要な保険の分野であっ
たという歴史があり，無数の文献があるが，逐一の紹介は省く。比較的新しい海上保険
の代表的テキストとして，木村のほか，松島恵・海上保険論（改訂第8版）（損害保険
事業総合研究所，2001），今泉敬忠＝大谷孝一＝中出哲・海上保険法概論（改訂第4版）
（損害保険事業総合研究所，2014），木村ほか・海上保険，藤沢順＝小林卓視＝横山健
一・海上リスクマネジメント（2訂版）（成山堂書店，2014）。保険は海上保険から生ま
れたこともあり，わが国でも海上保険に関しては歴史的研究が充実している。木村栄
一・ロイズ保険証券生成史（海文堂，1979），近見正彦・海上保険史研究（有斐閣，
1997），大谷孝一・フランス海上保険契約史研究（成文堂，1999）。

23)　約款解説として，東京海上火災保険株式会社海損部編・船舶保険普通保険約款の解
説（損害保険事業総合研究所，1998）。

24)　船舶保険のうち費用保険および衝突によるもの以外の責任に係る責任保険は，損害
保険会社ではなく船主の相互保険組合であるP&Iクラブにより引き受けられるという
のが世界的な慣行である（P&I保険については，135頁）。

船舶保険については，外航船舶についても内航船舶と同じわが国独自の和文約
款が使用されていたが，この分野でも近年は国内保険会社も英国市場で使用さ
れる約款に準じた英文約款により契約する例が増えている[25]。

　貨物保険では，外航用の保険と内航用の保険の体系が異なるものとなってお
り，外航用の保険については，英国の保険実務に準じるのが慣行となっている。
このため，約款に関しても英国市場で使用される約款に準じた英文約款が使用
され，保険金の支払に関する事項については英国法を準拠法とする旨の準拠法
約款が必ず挿入されている（201 頁）[26]。

　英国の海上保険は，船舶保険，貨物保険とも 1779 年に作成されたロイズ SG
保険証券を基本約款として使用し，これに各種の保険ごとに必要な事項を定め
たロンドン保険業者協会（Institute of London Underwriters）の作成した各種協
会約款を組み合わせて使用するのが慣行であったが，古色蒼然としたわかりに
くい約款体系に対する国際的な批判が高まり，国連貿易開発会議（UNCTAD）
でもとりわけ南北問題という問題意識の下に現代化の試みがされるに至った[27]。
これを受けて，ロンドン保険業者協会では，1980 年代はじめに現代化した保
険証券様式（MAR フォーム）と新約款体系を導入した[28]。もっとも，わが国の

---

25)　約款解説として，谷川久監修・東京海上火災保険株式会社海損部編・イギリス船舶
　　保険約款の解説（損害保険事業総合研究所，1994）。

26)　海上保険の分野では，1906 年海上保険法を中核とする英国の保険法が国際的に重要
　　な地位を占めてきたが，告知義務に関する規律などが現代的な保険取引に十分適合して
　　いないとの批判が 2000 年前後から英国内外で高まり，英国では法改正等が課題とされ，
　　2015 年にようやく法改正が実現した（116 頁）。2000 年代はじめころの海上保険法に関
　　する国際的な動向につき，山下友信「海上保険法の動向」日本海法会創立百周年祝賀・
　　海法大系 17 頁（商事法務，2003）。

27)　落合誠一「UNCTAD における海上保険法の国際的統一」ジュリ 781 号 112 頁
　　（1983），加藤修・貿易貨物海上保険改革 1 頁（白桃書房，1998）。

28)　貨物保険については，1982 年の Institute Cargo Clauses（ICC）(A)(B)(C) が制定
　　されたが，その後においても 1963 年の ICC も広く使用されていた。現在では 2009 年
　　の ICC(A)(B)(C) による引受が一般的となっている。東京海上日動火災保険株式会社
　　編・貨物保険の損害実務対応 23 頁（保険毎日新聞社，2017）。船舶保険については，国
　　際的にも期間保険の基本約款である Institute Time Clauses-Hulls は 1983 年制定のもの
　　が今日でも広く使用されている。ITC-Hulls は 1995 年に改定されたが，保険市場では
　　あまり受け入れられていないことについては，中西正和「英文船舶保険証券の問題点」
　　前掲（注 26）海法大系 547 頁，木村ほか・海上保険 351 頁〔山口裕幸〕。なお，国際的
　　な海上保険市場では，英国の約款のほか，ノルウェーの海運・海上保険関係者の構成す
　　る委員会の作成による Nordic Marine Insurance Plan（最新は 2013 年版）も広く使用

海上保険市場ではその後も SG 保険証券が使用されることが多かったが，現在では，MAR フォームによる引受が一般的となっている[29]。

内航貨物保険は，現在では，陸上の保険を対象とする運送保険と共通の約款が使用されている。

⑸ 責 任 保 険

企業や個人がそれらの活動に際して他人に対して損害賠償責任を負う危険は，不法行為等の損害賠償責任法の発展や被害者側の権利意識の高まりにより現代社会ではきわめて大きなものとなりつつあり，責任を負ったことにより被る損害をてん補する責任保険の役割も重要なものとなっている[30]。企業にせよ個人にせよ責任を負う危険が最も高いのは自動車の運行に関わるものであるが，これについては上記のように自動車保険の必須要素とされ実務上も独自の部門とされており，これを除いた責任保険が 1 つの実務部門を構成している。わが国の責任保険は，賠償責任保険普通保険約款という基本約款に，対象となる責任ごとに作成された特別約款を組み合わせて契約が締結されるものと[31]，対象となる責任ごとに自足的な普通保険約款が作成されている場合とがある。医師，弁護士，公認会計士，税理士等の専門職業人や会社役員のための責任保険（い

されており，また米国では独自の約款が使用されている。

29) 東京海上日動火災保険編・前掲（注 28）23 頁。

30) 責任保険全般につき，山野嘉朗「賠償責任保険の意義と種類」裁判法大系 391 頁，平沼高明先生古稀記念論集・損害賠償法と責任保険の理論と実務（信山社，2005），吉澤卓哉（監修）「新・賠償責任保険の解説」編集委員会著・新賠償責任保険の解説（保険毎日新聞社，2014），損保法務 148 頁。専門家責任保険について，西島梅治「専門家の責任と保険」川井健編・専門家の責任 185 頁（日本評論社，1993），平沼高明・専門家責任保険の理論と実務（信山社，2002），山下典孝「法律専門職業人責任保険における一考察」青竹正一先生古稀記念・企業法の現在 583 頁（信山社，2014）。製造物責任保険につき，小林秀之責任編集・東京海上研究所編・新製造物責任法大系 II〔日本篇〕513 頁〔山内稔彦＝相澤英生〕（弘文堂，1998）。D＆O 保険につき，山下友信編著・逐条 D＆O 保険約款（商事法務，2005），弁護士法人大江橋法律事務所編・株主代表訴訟と D＆O 保険（金融財政事情研究会，2016），嶋寺基＝澤井俊之・D＆O 保険の実務（商事法務，2017），D＆O 保険実務研究会編・D＆O 保険の先端 I（商事法務，2017），木村健登「D＆O 保険に内在する理論的問題とその解決策(1)(2・完)」損保 79 巻 2 号 129 頁，3 号 91 頁（2017）。環境汚染責任保険につき，吉川栄一・企業環境法 217 頁（上智大学出版会，2002）。

31) 特別約款として，施設所有（管理）者，請負業者，生産物，受託者，自動車管理者についてのものなどがある。個人向けには，個人賠償責任保険が単独の商品または火災保険，傷害保険などの特約として行われている。

60　第1部　第2章　保険契約

わゆる D&O 保険）は原則的に後者のタイプに当たる。近時は，さらに米国で一般的な企業の損害賠償責任リスクを包括的に対象とする総合賠償責任保険（comprehensive general liability insurance）や，環境汚染による損害賠償責任を対象とする環境損害賠償責任保険などもある。

(6)　**労働災害保険**

企業の被用者の労働災害については公保険である労災保険により補償が行われるが，これはミニマムの補償という性格を帯びざるをえないので，企業の法律上の労災補償責任を対象とする責任保険と企業が労働災害に関して労災保険の上乗せ補償をするための保険をセットした労働災害総合保険がある[32]。

(7)　**費用・利益保険**

保険事故により生じた費用損害や利益の喪失による損害をてん補する保険であって，火災保険や傷害保険・疾病保険等他の類型の保険に組み込まれていない独自の保険を総称して費用・利益保険という。具体例として，興行中止保険，スポーツ懸賞金保険，天候保険，違約金保険，生産物回収費用保険など多様な種類がある。この類型は，保険業法上独自の免許種類として認められるようになったことから，実務上は1つの保険類型となっているものである。

(8)　**航 空 保 険**

航空機に関わる様々な危険を対象とする保険であり，物保険としての機体保険，責任保険，傷害保険等が含まれる。航空機には大型機から小型機まで多様なものがあるが，とりわけエアラインのための保険はリスクが巨大なものとなるという特色があり，わが国では保険会社間で再保険プールが結成されており，元受保険会社は再保険プールに出再し，さらに国際的な再保険市場で出再され，リスクが分散されている。このような国際的な性格を反映して，約款もロンドン市場で使用されている英文約款が使用されるのが通例である[33]。

---

32)　田中秀明「労働災害総合保険」裁判法大系433頁。労災総合保険は，雇用主である企業が被用者に対して上乗せの労災補償することを約することを前提として，この契約上の責任を対象とする責任保険として構成されている。この保険の性格について論ずるものとして，吉川吉衞「責任保険の種類と構造——各種労災保険にそくしての考察」50周年論集647頁。

33)　英国法の研究として，原茂太一・イギリスにおける航空保険（損害保険事業総合研究所，1991）。

人工衛星による宇宙活動・ビジネスに伴う様々な損害を対象とする衛星保険，宇宙保険も重要性を増しつつある[34]。

(9) 原子力保険

原子力施設の事故による損害賠償責任を対象とする原子力施設賠償責任保険等の責任保険と財産損害を対象とする原子力財産保険とがある。原子力施設賠償責任保険は，「原子力損害の賠償に関する法律」に基づく強制保険とされているが，事故がいったん発生した場合の損害は巨額なものになる危険が大きく，保険に関しては日本原子力保険プールによる元受保険の共同保険による引受，共同再保険が行われている。また，地震等の保険でカバーされないリスクによる損害賠償責任については，政府による原子力損害賠償補償契約による損失補償制度が設けられている（原賠 10 条，原子力損害賠償補償契約に関する法律）。2011 年の東京電力福島第一原子力発電所の原子力事故では，上記保険または補償でカバーされる原子力発電所 1 事業所あたり 1200 億円という賠償措置額を超える巨額な損害賠償責任が発生した。そのため，賠償措置額を超える損害賠償責任を賄うために原子力事業者間の相互扶助と政府の財政支援により賠償義務者である原子力事業者に対して資金援助等を行う原子力損害賠償支援機構を設置することを内容とする原子力損害賠償支援機構法（2014 年改正により，原子力損害賠償・廃炉等支援機構法と改称）が 2011 年に制定されている[35]。

⑽　信用保険・保証保険・保証（ボンド）

債権者が債務者から債務の弁済を受けられないという信用リスクも損害保険の対象となりうる。信用保険と保証保険はそのような信用リスクを対象とする保険であり，わが国では，債権者が保険契約者兼被保険者となる保険を信用保険，債務者が保険契約者で債権者が被保険者となる保険を保証保険とよんでいる。保険の定義で述べたように（20 頁），保証保険は経済的には保証に限りなく類似するものである。直接的に保証の形式をとった信用リスクの移転もボンドという契約として損害保険会社の業務とされている[36]。

---

34)　小塚荘一郎＝佐藤雅彦編著・宇宙ビジネスのための宇宙法入門（第 2 版）173 頁，202 頁（有斐閣，2018）。

35)　高橋康文・解説原子力損害賠償支援機構法（商事法務，2012）。

36)　草苅耕造「信用リスクと損害保険」保険学 560 号 79 頁（1998），損保法務 186 頁。なお，監督指針 II － 3 － 12 － 2(4)⑭では，保証証券業務として行う保証と債務の保証と

62   第1部　第2章　保険契約

(11)　**訴訟費用保険・弁護士費用保険・権利保護保険**

　民事訴訟や仲裁などの紛争当事者となった場合の訴訟費用，弁護士報酬，鑑定費用などをてん補する保険として訴訟費用保険，弁護士費用保険，権利保護保険などとよばれる保険がある。わが国では，一部の損害保険会社が積立保険や火災保険の特約として引き受けている例や，知的財産権に係る訴訟または仲裁を対象とする知的財産権訴訟費用保険のような対象を限定した訴訟費用保険が行われていたが[37]，2000年に日本弁護士連合会が損害保険会社や共済事業者と提携し，事故の被害者となった場合に日弁連の紹介する弁護士による弁護の費用をてん補する保険として権利保護保険（弁護士費用保険）が作られ，自動車保険や火災保険等の弁護士費用特約として付帯されている[38]。また，日弁連と提携していない損害保険会社によっても同様の弁護士費用特約が付帯されて，自動車事故被害者により盛んに利用されるようになっている。また，少額短期保険業者によっても弁護士保険が販売されている[39]。

(12)　**傷害保険・疾病保険**

　人が傷害を被ることや疾病に罹ることに関するリスクを対象とする保険であ

　　の業務運営における明確な区分を求めており，例として，デリバティブ取引に係る保証は保証証券業務として，融資，社債等，資産の流動化等に係る保証は債務の保証として行われるべきものとする。

37)　ある損害保険会社の知的財産権訴訟費用保険では，特許権，実用新案権，意匠権および商標権の4つの知的財産権を対象とし，日本および契約で特定される外国において，①被保険者が第三者により知的財産権を侵害されたことまたは侵害されるおそれがあることを理由として損害賠償請求等の訴訟の提起または仲裁の申立を行う場合，および②被保険者がその業務に起因して第三者の知的財産権を侵害したことまたは侵害したおそれがあることを理由として，第三者から損害賠償請求等の訴訟の提起または仲裁の申立を受けた場合に，訴訟等に関する訴訟費用，弁護士報酬，鑑定費用等の諸費用をてん補することを内容とする。①の場合については，訴訟の提起等は保険者の承認を受けて行うことが保険給付の要件とされている。

38)　秋山清人「弁護士保険（権利保護保険）揺籃期」小島武司先生古稀祝賀〈続〉・権利実効化のための法政策と司法改革3頁（商事法務，2009），山下典孝「わが国における弁護士費用保険に関する一考察」大谷孝一博士古稀記念・保険学保険法学の課題と展望485頁（成文堂，2011），内藤和美「わが国における権利保護保険の機能と課題」保険学634号87頁（2016），應本昌樹・権利保護保険（成文堂，2016），LAC研究会編・権利保護保険のすべて（商事法務，2017）。

39)　弁護士費用保険の課題を論じるものとして，大井暁「弁護士費用等補償特約の検討」保険学629号153頁（2015），大井暁「弁護士費用保険を巡る諸問題――弁護士費用特約を中心に」保険学636号5頁（2017）。

る。損害保険会社でも，傷害保険に関しては，定額給付方式とすることが認められてきており，実損てん補方式は，海外旅行傷害保険の治療費用保険金などむしろ例外的である。傷害保険には，対象となる傷害を限定しない普通傷害保険と，対象となる傷害を限定する各種の傷害保険とがある。企業の被用者，学校の児童・生徒・学生，交通機関の乗客，催し物の参加者，商品の購入者等を一括して対象とする団体保険も広く行われている。自動車保険や火災保険分野の保険にも傷害保険給付が組み込まれている[40]。

　損害保険会社の疾病保険は，1965年の保険業法上の行政的分野調整の結果，海外旅行傷害保険に限定されていたが，規制緩和が段階的に進められてきた。1986年には，公的医療保険において患者自己負担部分が導入されてきたことを契機に，疾病や傷害により医療を受けたことにより被る費用損害をてん補する実損てん補方式の医療費用保険が行われるようになり[41]，さらに2001年からは生命保険会社の疾病保険と同様の定額給付を行う医療保険，介護保険，がん保険などが行われるようになっているが（ただし，疾病死亡に対する給付をするのは海外旅行傷害保険に限られる），これらの保険は損害保険会社の子会社である生命保険会社により販売されるのが主流となっている。

　傷害保険や介護保険は積立保険とすることにより年金としての機能をもたせることも行われている。

　人の傷害や疾病から派生するリスクとして，就業不能となり所得を喪失するというリスクがあり，特にこのリスクを対象とした保険として所得補償保険がある。この保険は傷害保険と疾病保険を混合した保険であるが，近時は，就業不能の理由を傷害や疾病のほかにリストラによる解雇等のリスクにも拡大した保険が現れている。

　⒀　積 立 保 険

　積立保険は，上述のようなリスクの類型等により分類される保険の種類ではなく，各種の損害保険や傷害保険に貯蓄的な機能をもたせたものであるが（仕組みは42頁），低金利の状況が長引く中で商品としての比重は薄れている。

---

　40)　傷害保険に関する主要法律問題の研究として，中西・傷害保険，山野ほか・傷害保険。

　41)　医療費用保険につき，神谷髙保・医療費用保険の解説（保険毎日新聞社，1987）。

64　第1部　第2章　保険契約

3　生命保険会社の保険

　生命保険会社では，事業部門としては個人保険と団体保険で大別され，それ
ぞれ保険と年金に分かれるのが一般的である。また，傷害保険，疾病保険は
1995年改正前保険業法の規制の下で，生命保険の特約として発展してきたが，
最近では，単独の商品も増えている[42]。

⑴　個 人 保 険

　㋐　保険（年金保険を除く）　　保険の基本類型としては，保険事故の態様に
より，定期保険・終身保険・養老保険に分けられるほか，被保険者死亡後約定
の期間年金の支払が行われる収入保障保険，子どもを被保険者としその進学の
各段階等に祝い金や満期保険金が支払われる，教育資金の貯蓄を主たる目的と
するこども保険・学資保険などがある。理論的には純粋の生存保険もありうる
が，現実にはこれに当たるものは存在しない。終身保険に定期保険特約を組み
合わせるというような契約も一般的である。勤労者財産形成促進法に基づく財
形制度の受け皿となる生命保険商品として，財形貯蓄積立保険，財形住宅貯蓄
積立保険，財形給付金保険等がある（ただし，種類により企業（事業主）等が保険
契約者となるものもある）。変額保険およびユニバーサル保険・アカウント型保
険については，36頁。

　1965年の分野調整により生命保険会社は，傷害保険および疾病保険を生命
保険の特約として行うのが原則とされてきた。傷害保険に当たるものとして，
傷害による死亡を対象とする災害割増特約，傷害による入院を対象とする災害
入院特約，傷害による後遺障害および死亡を対象とする傷害特約等がある。疾
病保険に当たるものとして，疾病の類型を問わない疾病特約や，特定の生活習
慣病や婦人病のみを対象とする各種特約などがある（このほか，生前給付を行う
保険もある）。

　1986年に，損害保険会社に上記の医療費用保険の販売を認めるのと同時に，
疾病保険に関しては特約への限定の規制は緩和され，定額給付方式ではあるが

---

　42)　生命保険の仕組みについては，国崎裕・生命保険（第5版）（東京大学出版会，
　　　1977）が現在でも非常に有益な基礎知識を提供する。生命保険実務の各側面については，
　　　生保講座各巻のほか，近時の生命保険の状況については，ニッセイ基礎研究所編・概説
　　　日本の生命保険（日本経済新聞出版社，2011）101頁，生保法務30頁。

実際の医療費に限りなく近い給付をする医療保障保険も行われるようになり，さらに 2001 年には，定額保険給付をする単独商品としての医療保険も行われるようになった。がんによる死亡，入院，手術等を対象とするがん保険も外資系生命保険会社にのみ認可されていたが，2001 年には国内生命保険会社にも解禁された[43]。また，損害保険会社の所得補償保険に対応する保険として就業不能保障保険がある。要介護状態となった場合に一時金や年金の支払が行われる介護保険もある。

　(イ)　年金　　個人用の年金が個人年金保険であり，年金の基本類型としては，年金支給期間の決め方により終身年金，有期年金および確定年金があるが，年金支給開始後一定期間内の保証期間において被保険者が死亡した場合には年金の支払は打ち切られる代わりに，保証期間内の未払年金の現価相当額を遺族に支払うこととして，早期死亡による不利益を小さくしているのが通例である。財形制度の受け皿となる年金商品として，財形年金積立保険がある。最近では，個人年金においても，変額保険に対応する変額年金保険が行われ，払込保険料相当額等の最低保証が付されたものが多い。

　(2)　団 体 保 険

　(ア)　保険（年金を除く）　　団体保険としては[44]，団体定期保険が最も比重が大きい。この保険のうち，現在では総合福祉団体定期保険と称される保険は，会社などの団体が被用者等の団体構成員を包括的に被保険者として締結する全員加入型の定期保険であり，会社等の福利厚生制度の一環として利用されるものである。この種の保険については一時期保険金の帰属をめぐる紛争が多数生じていたが，詳細は別途述べる（345 頁）。同じく会社などの団体が保険契約者，被用者等の団体構成員を被保険者とするが，被保険者となるかどうかは団体構成員の任意に委ねられる任意加入型の団体定期保険（B グループ保険とよばれている）もある。

　住宅ローンの貸し手である金融機関（または保証会社）を保険契約者兼保険金受取人，借主を被保険者とする団体保険が団体信用生命保険である。

---

　43)　がん保険については，佐々木光信・「がん」と「がん保険」（保険毎日新聞社，2015)，佐々木光信・比較検証がん保険（保険毎日新聞社，2016)。

　44)　団体保険の種類については，生保法務 349 頁。

66　第1部　第2章　保険契約

(イ)　年金　　団体年金は，企業年金制度のために利用される生命保険会社の年金であり，確定給付企業年金法に基づく確定給付企業年金制度（規約型と基金型とがある）のための確定給付企業年金保険，確定拠出年金法に基づく確定拠出年金制度のための確定拠出年金保険がある[45]。いずれも，年金保険という保険の形式はとっているが，実質は企業年金制度のための積立資産の運用が主目的であってリスクの移転という保険本来の機能はほとんどないという特色がある。生命保険会社はこれに加えて企業年金制度の設計や運用の補助サービスをするのが通例である[46]。

4　少額短期保険

少額短期保険として行われている保険には，2005年の保険業法改正前から共済として行われてきた生命，傷害，火災，家財，賠償責任などの保険のほか，同改正による少額短期保険業の制度の新設後に新たに登場したペット，遭難救援費用，旅行等のキャンセル料，弁護士費用をてん補する保険などユニークなものも少なくない[47]。

5　共　　済

日本共済協会の会員共済事業者の行っている共済は，火災，自動車，生命，傷害，医療，年金などの共済であり，個人および中小企業のニーズに応えるものとなっているということができる[48]。

---

45)　団体年金保険の種類と仕組みについては，生保法務392頁。2016年の厚生年金保険法の改正により，同法に基づく厚生年金基金は新規に設立することができなくなり，厚生年金基金を保険契約者とする厚生年金基金保険は既存の基金のためのもののみが存在している。

46)　ニッセイ基礎研究所編・前掲（注42）132頁。

47)　少額短期保険の商品一覧として，日本少額短期保険協会・少額短期保険ガイドブック各社商品一覧2018（http://www.shougakutanki.jp/general/info/2018/guidebook2018.pdf）。

48)　日本共済協会会員共済事業者の共済事業の概況につき，日本共済協会・日本の共済事業ファクトブック2017（http://www.jcia.or.jp/publication/pdf/ファクトブック2017.pdf）。共済の現状と特徴を整理したものとして，冨永紅「共済の特徴と役割」損保73巻4号105頁（2012）。

第2節　保険契約の特質と保険契約法

第1款　総　　説

　保険契約に関しては，契約一般には見られない独特の法的規律が存在する。従来の学説は，保険契約に独特の法的規律について，主として保険契約の技術性および射倖契約性という性格から導くのが通例であったということができる。このこと自体誤りではないと思われるが，保険契約の技術性ということはともかく，射倖契約性ということから保険契約特有の法的規律を導くという説明の仕方は現在の諸外国ではあまり一般的なものではない。したがって，以下では，未熟な試みではあるが，保険技術とモラル・ハザードという保険契約を特徴づける2つの要素に着目して，それが保険契約の特徴的な法的規律にどのように反映されているかという観点から考察することとする。

第2款　保険技術と法的規律

1　保険技術の意義

　保険の定義で論じたところ（8頁）から明らかなように，保険は大量の同質のリスクを集積してその分散を図るメカニズムであるが，これを実現するために必要な技術が保険技術である。保険技術は，収支相等原則および給付反対給付均等原則に集約される。

　①　収支相等原則　　保険契約者から拠出される保険料の総和と保険者の保険給付の総和が等しくなるように保険を運営するという原則をいう。個々の保険契約者についてはリスクが現実化するかどうかは偶然に左右され，リスクが現実化しない場合と現実化する場合の経済的な結果には大きな差が生ずるが，リスクを集積することにより統計学上の大数の法則を利用して保険加入者全体についてはリスクが現実化する確率を高度に予測することが可能となる。この原理により，予測されたリスクの現実化のため必要となる保険給付の総和に等しくなるように保険料を保険加入者に分散して拠出させれば，全体としてのリ

スクを極小化することが可能となるのであり，これにより合理的なリスク分散のシステムが実現できることになる。

収支相等原則を実現するためには，大数の法則を適用する前提として，リスクの現実化による保険給付の総和を予測するために，リスクを同質化して集積した上でリスクの現実化に係るデータを集積することが不可欠である。また，収支相等原則によれば，保険給付の総和と保険料の総和が等しくなるようにしさえすれば保険給付の内容は無限に拡充することが論理的には可能であるが，それに伴い保険料も必然的に高いものとなるという関係があり，それが行き過ぎると保険契約者にとっても安価な保険料でリスクを移転するという保険の効用が損なわれることになる。

② 給付反対給付均等原則 個々の保険加入者から拠出される保険料は，当該保険契約者のリスクの程度に応じて決定されるという原則をいう[49]。保険の成立のための最低限の要件は①の収支相等原則を適用するということであり，個々の保険契約者が拠出する保険料について当該保険契約者のリスクの程度に応じて保険料を決定することまでは必要ない。これは，社会保険も保険であるという前提に立てば，社会保険では保険加入者の拠出する保険料はリスクに応じて決定されるのではなく，所得などリスクの大小とは無関係な要素により決定されることを考えれば明らかである。しかし，私保険においては，保険料はリスクの程度に応じて決定するという給付反対給付均等原則に従うのが普遍的な現象となっている。その理由としては，素朴な公平感ということもあるであろう。しかし，それ以上に，リスクの程度を問わずに保険料が決定されるシステムでは，リスクの低い保険加入者にしてみればリスクの高い保険契約者に対して所得を移転する立場に立つから，当然そのような保険への加入をやめることになり，それによりリスクの高い，いわば質の悪いリスクのみが集積されることになり，ひいては保険そのものの成立基盤を破壊することになるということに実質的な理由が求められる（これを逆選択〔adverse selection〕という）[50]。こ

---

49) 収支相等原則は，n×P＝r×Z（n：保険契約者総数，P：保険料，r：保険事故の発生する保険契約者数，Z：1件あたり保険給付額）として表されるが，これを変形するとP＝r／n×Zとなる。ここでr／nが保険事故発生の確率を示し，これを個々の保険契約者ごとに判定し，当該保険契約者にとっての保険料を決めることになるというのが給付反対給付均等原則である。

れを防止するには社会保険のように加入を強制することが必要となるが，私保険では加入を強制することはできないので，給付反対給付均等原則による保険を運営することは必然的な要請となるのである。

ところで，給付反対給付均等原則を実現するためには，保険者において，個々の保険加入者のリスクを評価することが当然必要となるが，そのようなリスクの評価のための情報は保険加入者側にしか存在していないのが通例であり，いわゆる情報の偏在ないし情報の非対称性という問題がある。契約に関する情報の偏在は，企業と顧客，特に消費者との関係では企業側に偏在していることが一般的であり，契約法的規律においてもこの問題をいかに解消するかが重要な課題となるが，保険ではリスクの評価に関する情報に関する限りでは顧客である保険加入者の側に偏在しており，これをいかに解消するかという契約一般ではいささか異例な状況が存在するということである。

2 保険技術を反映した法的規律
⑴ 収支相等原則の反映

収支相等原則を実現するためにはリスクを同質化した上でリスクが現実化した場合の保険者の保険給付の基準を事前に正確に確定しておくことが不可欠である。保険契約が約款により定型化された附合契約とされ，約款では保険事故，免責事由，保険給付の算出基準等を詳細に規定することはまさに収支相等原則の要請である。これらの規定により保険者のする保険給付については相当に限定が加えられることになるが，それは保険料との相関で決まることになるのであって，限定には合理的な数理的基礎があるのが原則であり，このことが免責事由の設定であっても企業取引一般における免責特約のように直ちに病理的現象と見るべきでないという考え方を導くことになる。しかし，この限定が保険契約者の保険保護に対する期待との間にギャップを生むことも少なくない。保険約款の解釈や保険約款条項に対する不当条項規制では，このギャップと収支

---

50)　この点についての簡単な説明として，Abraham, p. 6. 下和田功編・はじめて学ぶリスクと保険（第 4 版）86 頁〔柳瀬典由〕（有斐閣，2014）。逆選択に関する経済学的分析として，飯田秀総「保険における逆選択と法学」損保 71 巻 2 号 103 頁（2009），保険法解説 247 頁〔後藤元 = 三隅隆司〕。

70 第1部 第2章 保険契約

相等原則の要請をどのように調和させるかが重要な課題となる。

(2) 給付反対給付均等原則の反映

保険契約成立時には個別保険契約者側に偏在しているその保険加入者に関するリスクを評価するための情報を保険者が入手するための法技術として，告知義務が保険契約者側に課される。保険契約者側に自らリスク評価に関する重要な情報を保険者に対して提供する義務を課して，この義務に違反すると保険者は保険給付義務を免れることとするというのが告知義務という法技術である。保険者が自ら情報を入手することはきわめて大きなコストを必要とし現実的ではないためこのような法技術が用いられる。また，保険契約成立後においても，リスクが契約成立時よりも増加した場合に保険料の増額や保険契約の終了など保険契約内容の変更が行われることが原則であるが（そうでないと保険者は契約成立後のリスク増加のリスクをあらかじめ織り込んで保険料を高めに設定するであろうが，危険の増加はさほど頻発するものではないので保険契約者全体にとって不利益になる），リスクの増加に関する情報も保険契約者側に偏在しているのが通例であり，ここでも保険契約者側にリスク増加に関する通知義務を課し，これに違反した場合には保険者は保険給付義務を免れるという法技術が用いられる。このように保険契約者側すなわち顧客の側に情報提供義務が負わされ，しかも義務違反があると保険保護の否定という厳しい制裁的効果が伴うという法的規律が不可欠なものとして存在していることが，保険契約に関する法的規律の著しい特徴である[51]。

これらの側面において，保険契約者側には求められる適正な情報を提供しない要因が存在する。まず第1に，告知義務の存在およびその内容自体に関する情報の偏在（これは消費者契約一般において見られる消費者側に情報およびその理解力がないというタイプの情報の偏在である）は保険契約者側の義務の遵守を困難にすることになりやすく，義務違反に対する法的効果をあまり厳格なものとすることは問題となる。しかし，第2に，リスクに関する情報が保険契約者側に偏在していることから，保険契約者側において必要な情報を適切に保険者に提供しないことにより本来保険に加入できないか，あるいはより高い保険料でしか

---

51) 情報提供義務という観点からの告知義務についての理論的な研究として，395頁注6の文献。

加入できないはずの者が保険に加入したり保険料をより安くしようとする誘因が常に保険契約者側に存在するという逆選択の問題があるので，このような保険契約者の行為をどのようにして抑制するかということも同時に問題となる。保険契約者の義務違反の場合における保険者の保険給付義務からの解放という制裁的効果がその手段となるわけであるが，告知義務や通知義務という保険契約特有の法的規律においては，この第1および第2の要請のせめぎ合いの場面となる。

(3) 保険の団体性

特に収支相等原則からは，保険は，同質のリスクに晒された多数の保険契約者が保険料を拠出し合いリスクが現実化した保険契約者に対して保険給付をするための資金を形成するという仕組みであるということができる。このことから，保険という仕組みは，個々の保険契約者と保険者との取引関係としてだけでとらえるのは適切ではなく，保険契約者全体があたかもリスク分散のための団体を構成するものと見て，個々の保険取引関係の規律においてもその団体的性格が反映されるべきであるという発想が生じる。前述の保険の定義（7頁）から見てもこの発想は自然なものである。

かつては，この団体性ということから保険契約者の団体に文字どおり社団としての性格を認めて，そこから直接的に解釈論的な帰結を導こうとする主張があった[52]。保険契約者の平等原則，保険約款の拘束力についての法規説などがそれである。しかし，少なくとも社団性までもストレートに認める解釈論は保険契約法学説では支持を受けていない[53]。

他方，1995年改正前保険業法10条3項が既存の保険契約（既契約）についても保険契約者の利益を保護するために特に必要なときは，主務大臣は，行政処分により保険会社に対して契約内容を変更することを命令することができるとして，契約法の一般原則では認めることが困難な既契約の変更制度を置いて

---

52) 田中耕太郎「保険の社会性と団体性」同・商法学特殊問題(中)107頁（春秋社，1956)，米谷隆三「保険法の根本問題——保険法に於ける主観主義と客観主義の対立」米谷選集2巻119頁。

53) 大森41頁。岩崎稜「保険契約者平等待遇原則ということ——その法的本質」所報7号第2分冊290頁（1960）は，保険の団体性を強調した学説の徹底的な批判を展開している。

いたことについて，判例は，このような制度は保険の団体的性格に基づき正当化できるとした[54]。問題となった行政処分は，第2次大戦後の激しいインフレによる事業費の高騰により生命保険会社が壊滅的な打撃を受けていたという状況下において既契約の保険料を増額するという内容のものであったが，既契約の保険契約者にとっては不利益な変更であっても保険団体から見れば破綻を回避することになり，結局は既契約の保険契約者の利益になるし，既契約と新契約の保険契約者との間の衡平も確保されるというのが判例の考え方である。この1995年改正前業法10条3項は1995年保険業法により廃止されたが[55]，1995年保険業法でも，保険契約の包括移転など保険契約上の地位の移転を，契約法の一般原則のように個別の保険契約者の同意に係らしめず，計算基礎を同じくする保険契約の保険契約者の集団的な異議申立手続を経るだけで実施できるという制度は，依然として保険契約の団体性ということで説明されている[56]。

保険契約法においては，かつての団体性理論のように，保険加入者が一種の社団を構成するというような意味において団体性を認めることは適当ではない。保険が多数の同質のリスクを集積して分散を図る仕組みであり，個別相対の保険契約なるものは本質的にありえないことは確かであるが，近代私法は，保険も契約を通じて実現される取引として位置づけたのであり，団体性が肯定できるとしてもそれは契約法の規律を介在して実現させなければならない。したがって，団体性はあくまでも保険契約に関する立法や解釈理論を構築する際にお

---

54)　最大判昭34・7・8民集13・7・911。同判決については，中西正明＝覚道豊治・民商41巻6号927頁（1960），川添利起・最判解民昭和34年度127頁（1960），竹内昭夫・保険海商百選（第1版）14頁，西島梅治・法協77巻2号230頁（1960），鴻常夫・生保百選18頁。

55)　1995年保険業法改正前の立法論として，中西正明「事業の監督」業法の在り方・下113頁。

56)　保険研究会編・保険業法コンメンタール218頁（財経詳報社，1996）は，包括移転の性質について，包括移転は，保険者（保険契約に関して債務者であり，債権者である）の交替であり，民法514条により個々の保険契約者の同意が必要であると考えられるが，保険契約の移転については，保険の団体性に基づき保険集団を維持するためには，個々の保険契約者を抽出して移転するのではなく，保険集団全体で移転する必要があるため，包括移転の単位を責任準備金の算出の基礎が同一である契約としているという説明をしていた。

ける実質的な考慮要素ということにとどまるものであり，直截的な法的効果を生み出すものではないというべきである（約款を修正する個別合意の問題への適用につき145頁）。

　これに対して，保険業法上は上述のように団体性という特性から一般私法には見られない集団的な手続を規定しており，団体性は保険契約法におけるよりも直截的な意味をもたされていることは否定しがたい。ただ，これを保険の団体性から導かれる保険特有の制度として理解すべきかについては異論の余地がある。このことは，社団のような団体は何ら存在しないにもかかわらず社債権者については個別的な権利行使が制約され，集団的権利行使をすべきこととされているという例（会社715条以下）があることからしても明らかであり，この例のように，契約の性質上集団的な性格に着目して契約一般にはない法的規律を設定することは立法論あるいは契約の自治的な仕組みの構築としては十分ありうるところであり，保険業法上の諸制度も，保険の経済的意義における団体性という特質に基づいた特別な規律の一つであると理解すれば足りるのではないかと思われる。そのことと，上記1995年改正前保険業法10条3項のように既契約にも不利益な変更を認めることとは問題の性格を異にするものである。前述の判例も一応は，遡及処分により破綻を回避することが既契約の保険契約者にも結局利益となるということと新旧保険契約者間の衡平の確保に資するという実質的理由をあげていたところであり，それは一つのありうる合理的な政策判断であったとは思われるが，それを保険の団体性の理論だけで根拠づけることには飛躍があったと思われる[57)58)]。2012年の保険業法改正においては，

---

57)　2003年の保険業法改正により新設された契約条件変更手続（保険業240条の2〜240条の13）についても，保険の団体性ということによる側面もないではないが，基本的には一種の倒産手続を定めたものと考えるべきである。

58)　東京高判平13・11・30判時1767・3は，日本機械保険連盟の行った競争の実質的制限により会員損害保険会社に対して命じられる課徴金の算定について，保険の団体性の考え方を参照した上で，営業保険料のうち現実に保険金の支払に充てられた部分は，経済的には保険団体内部での資金の移動と見るべきであり，この資金の移動を円滑・適正に行うことこそが保険会社の役務の中心となるもので，営業保険料のうち保険金の支払に充てられた部分は役務に対する経済的な反対給付（対価）と見ることはできないとし，営業保険料から支払保険金を控除した部分を役務の対価として課徴金算出の基礎である売上高を算定すべきものとする。保険業の特質に照らして営業保険料を売上高として一般事業者と同じ基準で課徴金を算出することの政策的合理性の問題は別として，保険の

74　第1部　第2章　保険契約

保険契約の移転について，責任準備金の算出の基礎が同一である保険契約は包括して移転しなければならないとする規制が廃止され，柔軟な保険契約の移転が認められるようになったが（保険業135条1項）[59]，これも保険の団体性の理論の意義の低下を象徴している。

第3款　モラル・ハザードと法的規律

1　モラル・ハザードの意義

道徳的な危険をモラル・ハザード（moral hazard）というが，これには，狭義のモラル・ハザードとモラール・ハザード（morale hazard）とが含まれる。狭義のモラル・ハザードは，人が制度を不正に利用する危険をいい，モラール・ハザードは人の注意力が弛緩する危険をいう（このことからモラール・ハザードは心理的危険と訳される）。保険は，この両方を含むモラル・ハザードが不可避的に発生する典型的な制度である。保険においては，リスクを多数の保険契約者の間に分散するという制度であるために，保険加入者は少額の保険料で高額の保険給付を受けることができるのが通例であり，また保険給付事由である保険事故の発生は保険加入者が意図的に招くことができるのが通例であり，これらの事情が保険加入者において保険事故を人為的に発生させたり発生を偽装したりして保険給付を不正に得ようとすることの大きな誘因となる。これが狭義のモラル・ハザードである[60]。そこまで悪質でなくとも，保険に加入したこ

団体性を基礎に保険会社の役務を保険団体内部の資金移動の管理にすぎないとする考え方は，保険という役務の中核的要素である保険契約者から保険会社への危険の移転という側面を無視するもので賛成しがたい（競争法的観点からも本判決の団体性についての考え方は正当でないとするものとして，川濱昇・リマークス26号110頁（2003）。上告審・最判平17・9・13民集59・7・1950は，独禁法7条の2所定の売上額の意義については，事業者の事業活動から生ずる収益から費用を差し引く前の数値を意味すると解釈されるべきものであり，損害保険業においては，保険契約者に対して提供される役務すなわち損害保険の引受の対価である営業保険料の合計額が独禁法8条の3において準用する同法7条の2の規定にいう売上額であると解するのが相当であるとした。

59)　玉川英資「保険業法等の一部を改正する法律」法令解説資料総覧379号11頁（2013）。
60)　保険論等におけるモラル・ハザードの概念については，中林真理子「モラル・ハザード」明大商学論叢85巻1号117頁（2002），堀田一吉「モラル・ハザードと保険取引」同・保険理論と保険政策・原理と機能57頁（東洋経済新報社，2003），田村祐一郎「モラル・ハザード——ある外国語の由来」伊賀隆先生学長退任記念論集115頁（流通

とによりリスクが現実化しても損失の補てんを受けられることからリスクの現実化を防止するための注意力は保険に加入していない場合よりも弛緩しがちであり，これがモラル・ハザードである。

　保険におけるモラル・ハザードを放置することは，保険給付の増大により保険料の高額化を招き，またモラル・ハザードの低い保険加入者が保険から離脱していくことにより保険のシステムを破壊することにつながるので，これを抑止するメカニズムを保険契約の中に組み込むことが不可欠となる。しかも，生命保険における殺人や火災保険における放火の例を見てもわかるように，狭義のモラル・ハザードのうちには明らかに反社会的な行為として位置づけられるものがある[61]。

2　モラル・ハザードと強行法的規律

(1)　総　　説

　保険契約においては，公益に基づく強行法的規律があるという契約一般には見られない特徴的な現象があるが，これは保険契約における保険契約者のモラル・ハザードに起因する。具体的な強行法規定とされてきたものとして，保険契約者側の当事者の故意の保険事故招致免責，ならびに損害保険契約における

　　科学大学，2004)，下和田編・前掲（注50）85頁〔柳瀬典由〕。狭義のモラル・ハザードの具体化にほかならない生命保険犯罪に関する研究として，月足一清・生命保険犯罪・歴史・事件・対策（東洋経済新報社，2001)。

61)　モラル・ハザードは保険論のみならず経済学においても重要な研究テーマとなっているが，そこでは狭義のモラル・ハザードとモラール・ハザードが区別されることは一般的ではないようである（経済学，保険学，保険法学などでの用語の使い方が多様であることについて，田村祐一郎「モラル・ハザードは倫理崩壊か？」日本リスク研究学会研究発表会講演論文集111頁（2003)）。これに対して，保険契約法学説においてモラル・ハザードが問題とされる場合には，主として保険給付の不正請求など狭義のモラル・ハザードに関してであったように思われる。これは，モラル・ハザードのうちでもモラール・ハザードにどのように対処するかについては法は直接は介入するような規律を置いておらず，保険契約に委ねていることによるものと考えられる（保険契約者に損害の一部の自己負担を求める各種の約定（免責金額等の約定）や個別保険契約者の事故歴の保険料率への反映（メリット・デメリット料率という）などは契約上の手法の一つである)。しかし，保険契約に関する法の規律もその理論的正当化根拠を考えていくと，モラール・ハザードとの関連が問題となるものは少なくない。広い意味でのモラル・ハザードに関する経済学等の研究成果を応用した保険契約に関する法的規律の分析として，保険法解説390頁〔後藤元＝三隅隆司〕。

被保険利益要件および利得禁止原則があげられる。

(2) 故意の保険事故招致と保険者の免責

狭義のモラル・ハザードのうちでも殺人や放火のようにそれ自体が犯罪に該当する行為である場合には，その行為に基づいて行為者が保険給付を受けるという利益を享受することは公益に反するものとして絶対的に禁止されなければならないということは特に説明を要しないと思われる。しかし，保険給付を受けることになる行為がすべて犯罪行為であるわけではない（車両保険の目的である自動車を自ら故意に破壊する行為を考えればよい）。それにもかかわらず，保険給付を受ける権利を有する者が故意に保険事故を発生させる行為をした場合には保険者は保険給付の義務を免れることとするのが保険契約に関する基本原則である。これは保険契約当事者間の関係では保険契約者等の信義則に反する行為として保険者を免責とするものであり，契約当事者間の私的利益調整の問題であるといえるが，同時に保険者を免責とすることは公益に基づく規制として強行規定であると考えられる。

もっとも，狭義のモラル・ハザードを文字どおりの意義に理解すると，公益の観点から絶対に許容すべきでないのは保険給付を受けることを目的として保険事故を故意に発生させる場合に限れば足りるという考え方がありうるところであるが，判例および多数学説は，保険給付取得を目的としているか否かを問わず故意に発生させた保険事故について保険者を免責とすることが公益上要請されると考えている。しかし，このことの理由づけはかなり難しい。学説では，故意に発生させた保険事故に基づいて保険金を取得することが公序良俗に反すると説明するのが一般的であるが[62]，これはそう考えることが社会通念であるからという理由によるのでなければ，同義反復の説明でしかないように思われる。実質的な理由を考えれば，犯罪行為でなく，かつ保険給付取得目的さえなければ故意の事故でも保険給付がされるということになる場合には保険契約者側のモラル・ハザードが飛躍的に高まり保険収支を悪化させ保険のシステムが破壊されるおそれがあり，そのことは保険給付取得目的の有無は立証が困難であることにより増幅されるので，保険のシステムを維持するために強行規定的

---

[62] 判例や学説の議論において一般的に念頭に置かれているのは放火，殺人などであるため，保険者免責が公益上要請されることは自明とされているものと思われる。

に保険給付取得目的の有無を問わず免責としておくことが必要であるということであると思われる。もっとも，このようにいうとすれば，故意の事故招致免責が強行規定であるということは相当に政策的な判断によるものであるということを意味することにもなるのであり，そのことは逆に故意の事故招致でも保険者免責としないだけの合理的な理由があれば強行規定性の例外を認めることを正当化することにもなろう（生命保険契約において被保険者の自殺を保険者免責事由とはしないことなど）。

(3) 損害保険契約における被保険利益要件および利得禁止原則

狭義のモラル・ハザードであれ，モラール・ハザードであれ，それらが保険のシステム運営のコストを高め，ひいては保険のシステムを破壊することにつながりうるとすれば，あらかじめモラル・ハザードが高まらないようにするためのメカニズムを保険契約に関する法的規律の中に織り込んでいくことが考えられる。損害保険契約においては，被保険利益の要件（保険3条）および保険給付に関する利得禁止原則（原則自体が保険法で明文化されているわけではないが保険法全体の趣旨から認められる）が強行規定的な規制として存在するというのが伝統的には支配的立場であるが，このような規制はその機能という面に着目すると，保険給付により利得が生ずる可能性を事前に排除することによりモラル・ハザードを抑止するための規制として説明することができる[63]。

損害保険に対して生命保険，傷害保険，疾病保険等の人保険では，被保険利益要件および利得禁止原則は妥当せず，定額保険として，保険給付は実際に生じる損害と切断した内容のものでも容認されるというのが現行法の立場であるというのも支配的な立場である。この点について，かつては，人の生死，傷害，疾病等による損害は評価が不可能またはきわめて困難であるから定額保険とすることが容認されると説明されていたが[64]，この説明だけで定額保険とするこ

---

63) もっとも，被保険利益がある者であって保険給付も利得が生じないようなものではあっても，建物所有者が売却困難な建物を現金化する目的で放火する場合のように，狭義のモラル・ハザードは完全には抑止できないのであって（Clarke p. 4），(2)で述べた故意の保険事故招致に対する免責のようにモラル・ハザードに対する直接的な規制も必要である。

64) 大森260頁（ただし，評価が不可能ということに加えて他に公序良俗違反にならないような手当があることにより定額保険が容認されるものとしているのであって，近時の学説と実質的には異ならない），田辺232頁（評価が不可能ということを強調する）。

とを正当化できるかについては現在ではかなり疑問がもたれている。むしろ，それに加えて，刑事法上の制裁や倫理によるモラル・ハザードに対する歯止め，人間の自己保存本能による自殺・自傷の歯止め，保険契約者と被保険者とが異なる場合における被保険者の同意要件による歯止め（保険38条・67条。これは定額保険契約固有の強行規定的規律である）などにより相対的には損害保険よりもモラル・ハザードの抑制が期待できること，保険者における保険給付内容の自主的制限や保険契約者における保険料負担の増大などによりモラル・ハザードをある程度は防止できることなどが定額保険が容認されることの根拠としてあげられていると思われる[65]。このように定額保険をどこまで認めるかはモラル・ハザードを抑止する有効な手段があるかどうかとの相関で決まるというような考え方をとるのであれば，モラル・ハザードに対して十分な抑止の手段が別途あるのであれば，損害保険についてすらも契約内容について被保険利益要件や利得禁止原則などの強行法的な制約を設けるという事前規制の必要も絶対的ではないという発想も生まれるのであり，現にこの点は最近の論争点となっている。また，逆に，モラル・ハザードが現実には効果的に抑止されていないという問題意識から，被保険利益要件や利得禁止原則の適用がない定額保険契約において契約内容に強行法的制約は不要なのかという観点からも論争のあるところである。

(4) 狭義のモラル・ハザード対策法理の拡充と問題点

保険法の設けている保険契約に関する強行法的規律は上記のようなところに限定されるが，実際には狭義のモラル・ハザードの現実化事例であるモラル・リスクと実務上よばれる保険契約の不正利用事例を防止することには限界がある。放火，保険金殺人，交通事故偽装，詐病による入院保険金の不正請求，自動車の盗難偽装など不正利用事例には枚挙にいとまがない[66]。故意の保険事故招致であれば上記のとおり保険者は保険給付義務を免れるので，これにより不正請求を防御できるはずであるが，故意の事故招致であることの立証責任が保

---

65)　洲崎博史「保険代位と利得禁止原則(1)」論叢129巻1号4頁（1991）。

66)　人保険のモラル・リスク事例については，西島梅治＝長谷川仁彦・生命・傷害保険にかかわるモラル・リスク判例集（生命保険文化研究所，2000），長谷川仁彦＝潘阿憲＝竹山拓＝岡田洋介＝金尾悠香・生命保険・傷害疾病定額保険契約法実務判例集成・下229頁（保険毎日新聞社，2017）。

険者にあり，この立証は必ずしも容易でないため，不正請求に対する防御はかなり難しい。詐病入院など保険事故の仮装・偽装による不正請求であれば，保険事故の発生の立証責任は保険契約者側にあるが，これも悪徳医師・医療機関との連携などにより請求を斥けるには相当の困難が伴うことが少なくない。

　このように，伝統的な保険契約法の装備だけでは不正請求を防御するのが容易でないことから，1980年代ころから不正請求に対する防御のための新たな法理が相次いで形成された。保険者の特別解約権（生命保険会社の約款ではこの法理を基礎として重大事由に基づく保険者の解除権として明文化され，さらに保険法では法律規定とされた。保険30条・57条・86条），道徳的危険の著しい増加による保険契約の失効，公序良俗違反による保険契約の無効（373頁），保険契約者の詐欺による保険契約の無効（365頁，現在は取消）などである。これは，結局，保険契約法である改正前商法がモラル・ハザードについて過小評価したままの状態であったことに原因があるものということができる。しかし，現実の必要に迫られて新たな不正請求対策法理が乱立した結果，保険契約法全体の理論的整合性に問題が生じているのではないかとの疑いがあり，乱立した諸法理を改めて整合的に整理していく必要が感じられる[67]。それとともに，これらの法理によらざるを得ないような不適正な保険契約の締結を事前に防止するための実務上の努力が必要である[68][69]。

---

67)　山下友信「モラル・リスクに関する判例の展開と保険法理論の課題」同・現代生命保険245頁ではこのことを指摘した。モラル・リスク対策法理を横断的に検討するものとして，長谷川宅司「保険金受取人の道徳危険の排除」三宅追悼182頁。

68)　人保険における保険の累積に対する法および実務のあり方を論ずるものとして，洲崎博史「人保険における累積原則とその制限に関する一考察」論叢140巻5＝6号224頁（1997）。

69)　2005年以降の保険金不払問題の発生後は，損害保険では現在でも放火や自動車の盗難をめぐりきわめて多数の裁判事例が見られるほかは，狭義のモラル・ハザード対策法理についての裁判例は激減しており，学会の関心も薄れているように見える。これは，保険契約の登録制度などが実効的となり，モラル・ハザード対策法理の必要性が減じているということであれば，大変結構なことであるが，もし悪質なモラル・ハザード事例が引き続き潜在しているとすれば，適正な法理に基づく対策をとることも必要不可欠である。

80 第1部 第2章 保険契約

第4款 保険契約の法的属性

1 総 説

伝統的な保険契約法の体系書では，保険契約の法的属性として，射倖契約性，善意契約性，有償契約性，双務契約性があげられることについては異論がない。また，これに加えて継続契約性をあげるものも見られる。団体性については，学説は総じて批判的であったためか，それに言及することはあっても保険契約の法的属性としてはあげられていないのが通例である。団体性については第2款2(3)で述べたので，団体性を除いた各属性について検討する[70]。

2 射倖契約性・善意契約性

(1) 射倖契約性・善意契約性の意義

わが国の実定民法・商法にはない概念であるが，欧州諸国では伝統的に射倖契約という契約の範疇があり，フランスのように実定民法にその範疇が明文化されている国もある（フランス民法典1108条2項・1965条以下）。射倖契約とは，一方または双方の当事者が負う給付義務の存否または給付額が偶然の事由の発生により確定する契約であると定義することができる。この意味での射倖契約の例として，くじ，賭博，終身定期金があるが，保険契約も保険者の給付義務が偶然の事由の発生の如何により発生およびその内容が確定するので射倖契約に属するものということができる。

射倖契約には賭博やくじが含まれるように，射倖契約という語には語感としては倫理的に好ましくないというニュアンスがあるが，射倖契約の概念自体は倫理的な観点からは無色である。したがって，保険契約が射倖契約であるとしても，そのことから当然に保険契約が倫理的に非難されるべき性格をもつということにはならない。しかし，「一般に射倖契約においては，それが偶然による不労の利得そのことを目的とする賭博的行為に悪用される危険があるため，これを防止する見地から特殊の法則がみとめられること，および偶然によって

---

70) 本文であげたもののほかに，諾成契約性，不要式契約性，商行為性，附合契約性等があげられるが，これらについては，当該属性それ自体は自明なことなので，本書では関係箇所の記述に譲る。

事を決すべきことを本質とする射倖契約においては，当事者のある種の行態によりこの本質に反する結果を生ずることを抑制するため，当事者間の衡平ないし信義誠実を特別に強調する必要がみとめられることなど，他種の契約には見られない特殊の法則が多くみとめられるのであって，この意味での保険契約の射倖契約性を認識することは決して無意味ではない。むしろ，保険契約の他の契約に対する特殊性の多くは，その射倖契約的性質に基因する，と云っても過言でない」[71] として，射倖契約性は，保険契約特有の私法的規律を説明するキー概念としての位置づけを与えられている。また，上の一節の中にあるように射倖契約性という性格から当事者，特に保険契約者の側に一般の契約以上に信義誠実が要請されるとされ，そのことをもって善意契約性という属性が射倖契約性から派生的に認められ，ここから上述したような保険契約特有の法的規律の存在理由が説明されている[72]。

　しかし，保険契約特有の法的規律が射倖契約性から導かれるものであるとすれば，同じような法的規律は他の射倖契約一般にも妥当しなければならないはずであるが，決してそのようなことはないのであって，このことは射倖契約性による保険契約特有の法的規律の説明には無理があることを明らかにするものである。現に諸外国でも保険契約特有の法的規律を射倖契約性から導く説明は一般には見られないところである。射倖契約にも様々な範疇があり，それぞれに法的規律は異なるのであって，保険契約特有の法的規律も保険契約の特質に応じて説明されるべきであり，それは上述のように保険技術，情報の非対称性，モラル・ハザードといった具体的な特質から説明されるべきであろう。

(2)　保険と賭博

　保険契約特有の法的規律のうち被保険利益要件，利得禁止原則，他人の生命の保険における被保険者同意要件といった強行法的規律については，保険の賭博化の防止ということが存在理由の一つとしてあげられるのが一般的である[73]。確かに，この本の著者である私が国会議事堂に火災保険を付したり，米国大統

---

71)　大森 84 頁。大森忠夫「保険契約の射倖契約性」同・法的構造 122 頁，棚田良平「保険契約の射倖性」50 周年論集 93 頁。
72)　大森忠夫「保険契約の善意契約性」同・法的構造 169 頁。
73)　保険と賭博との関係につき，大森・前掲（注 71）141 頁。

領に生命保険を付したりするようなことがあるとすれば，まさにそれは賭博であることは明らかである。したがって，上記のような強行法的規律が賭博防止の意味をもつことは疑いがない。

しかし，このことは強行法的規律に反する契約があれば，それは当然に賭博であるということを意味するかどうかは問題である[74]。従来の保険法学説は，保険と賭博についていずれも射倖契約であることから本質は同じであるとした上で，保険契約特有の強行法的規律が妥当することにより賭博性が阻却されると考えてきたのではないかと思われる。損害保険契約で損害を超える利得が生じる保険給付が行われるような場合は賭博であり，したがって利得禁止原則は賭博防止のための絶対的な強行法的規律であるという発想はそのようなものである。しかし，給付が偶然の事実に左右される取引をその外形だけからすべて賭博としてとらえるのは賭博概念の不当な拡張であって，刑事法上違法とされ，また私法上も違法とされる賭博と，現在問題なく適法なものとして認められている保険との間にはいわばグレー・ゾーンがあるというべきである。このグレー・ゾーンの存在を認めるべきかどうかがまさに問題となるのが前述したデリバティブと保険との関係の問題であるが（28頁），保険の内部においても，保険が賭博そのものとなることから導かれる強行法的規律と，賭博そのものにはなっていないが，それでも保険の特質，すなわちモラル・ハザードの存在などから導かれる強行法的規律とは区別されるべきである。このような区別ができるとすれば，賭博でない場合に保険契約をどこまで強行法的規律に服せしめるかは規律の目的であるモラル・ハザードの抑止などをどこまで重視するかという政策的判断の問題であるということができるようになり，強行法的規律の過剰規制の部分を緩和することが可能となるであろう。

74）　Clarke p. 4 は，被保険利益要件がなぜ存在するかという問題設定に関して，賭博の防止が最有力な理由とされてはきているが，なにがしかの価値を不確実な出来事の結果に賭けることという伝統的な賭博の定義では保険契約も含まれてしまい明らかに広すぎるという問題があり，賭博が禁圧されるべき弊害という観点から見ても諸説ありそこから明確な回答は得られないとし，金利スワップが賭博法に反しないとした判例もそれは賭博でないからという循環論法的理由しか述べておらず，保険契約でもそれは同様であって，賭博防止で被保険利益要件を説明することは困難であるとする。

3 有償契約性・双務契約性

　保険契約では，一方当事者としての保険契約者は必ず保険料を支払う義務を負うが，他方当事者としての保険者は保険事故が発生した場合には保険給付をする義務を負うものの，保険事故が発生しなければ保険給付をする義務を負わない。換言すれば，保険事故が発生しなければ保険者は何らの給付義務も負わないまま契約が終了することになる。このような現象は，売買契約などの有償双務契約一般には見られないところであり，そうであれば保険契約は有償双務契約以外の範疇の契約として位置づけることもできたはずである。しかし，ドイツ法圏では，保険契約を有償双務契約であるとして位置づけようとして，そのための理論的な説明に19世紀以来非常な努力が払われた。これは，とりわけ保険者が保険給付義務を負わないで契約が終了するとしても保険者による保険料の取得は不当利得とはならないということ（有償性の肯定）を理論的に根拠づける必要があるという考え方があったことによるものと思われる[75]。

　わが国でも，ドイツ法圏の理論を参考として，保険契約は有償双務契約であるとする理論の構築に力が注がれ，有償双務契約性を肯定するのが一般的である[76]。もっとも，有償双務契約の基本型である売買契約をとれば，売主の目的物引渡義務と買主の代金支払義務が対価的関係にあるし，相互の牽連関係もあるから，有償契約性と双務契約性とを考える場合の双方当事者の義務は同一であるのに対して，保険契約では保険者の契約上の義務は保険事故の発生を要件としてのみ具体化するので特別の配慮が必要となる[77]。

　学説では，有償契約性については，保険契約者の保険料支払義務と保険者の

---

75)　岩崎・保険料3頁は，問題の中心は有償契約性であり，双務契約性は付随的な問題にすぎず，これを肯定しても双務契約に関する民法の規定の適用はほとんど問題とならないと正当にも述べていた。

76)　有償双務契約性に関する学説の概観として，服部榮三「保険契約における保険者の給付の性質」北沢正啓編・商法の争点（第2版）234頁（有斐閣，1983）。

77)　保険契約の中には，養老保険契約や終身保険契約のように，保険契約が中途で消滅しない限り必ず保険給付がされるものがあり，その限りでは有償双務契約性を認めることに問題はなく，本文のような問題は短期の損害保険契約のようないわゆる掛捨ての保険契約に限って生ずる問題のようにも見えるが，掛捨てでない保険契約においても保険者の保険給付は保険事故発生率に基づいて計算される保険料と対立する関係にあるものであり，売買契約などとは契約の構造は異なるので，掛捨ての保険契約と同様に有償双務契約性を問題とする必要があると考えられる。

84　第1部　第2章　保険契約

危険負担とが対価的関係にあるとするのが支配的な立場であるが[78]，双務契約
性については，保険契約者の保険料支払義務と牽連関係にある保険者の義務に
ついて，保険事故の発生を停止条件とする保険金支払義務であるとする見解[79]
と，危険を負担するという義務であるとする見解[80] とが対立している。条件
付保険金支払義務とする見解については，保険者の義務を法律上の義務とする
点で双務契約性の一般原則には合致するが，条件付義務とすることが上記の売
買契約のような双務契約の一般原則に合致しないという問題があるし，有償契
約性の判断の対象である保険者の危険負担ということとずれが生じ，やはり一
般原則に合致しないという問題がある。保険者の義務を危険負担義務として双
務契約性を肯定するのであれば，有償契約性とのずれはなくなるが，危険負担
を法律上の義務とすることができるかという根本的な疑問がある[81]。

---

78)　大森忠夫「保険契約の有償契約性」同・法的構造 1 頁，同「保険者の危険負担につ
いて」同・研究 16 頁，同「保険契約における対価関係について」論叢 88 巻 1～3 号 1
頁（1970）。ここでいう危険負担とは，保険事故が発生すれば保険給付をする義務を負
っているという状態にあること自体を意味し，危険負担する法律上の義務を意味してい
るものではない。もっとも，危険負担自体を給付として説明する見解もある。この見解
では，約束された事故の発生を条件とする条件付の保険金支払義務を引き受けることに
より直ちに給付されることになるという。倉澤 30 頁。以上に対して，保険者の保険給
付義務と保険契約者の保険料支払義務との間に対価関係を見出すべきであるとする見解
（田中＝原茂 109 頁，服部榮三「保険契約の対価的構造」法学 23 巻 1 号 1 頁（1959）），
そもそも有償契約そのものと見ることに対する疑問を呈しつつ，類似有償契約であると
する見解（田辺康平「保険契約の類似有償契約性」50 周年論集 51 頁）がある。
79)　大森忠夫「保険契約の双務契約性」同・法的構造 39 頁。
80)　倉澤 35 頁。近時のフランスの同様の学説を紹介するものとして，松田真治「フラン
スにおける保険契約の法的構造——日仏比較法研究の基盤」保険学 638 号 45 頁（2017）。
81)　わが国の有償双務契約性の議論の本家であるドイツでは現在でもなお保険契約に基
づく保険者の義務をどのようにとらえるかについて議論がある（この議論はわが国の双
務契約性に関する議論に対応すると見てよい。ちなみにドイツでは少なくとも最近では
有償契約性に関する議論はあまりないようである）。保険者の義務を保険事故の発生を
条件とする金銭給付義務であるとする金銭給付説と，危険を負担する義務であるとする
危険負担説とが対立すると説明されるが，危険負担説を現在も支持する論者はほとんど
いないようである。Prölss/Martin, §1 Anm. 120 ff. しかし，ドイツでは，第 3 の説とし
て，保険契約を一種の委任契約として位置づける委任説がある。委任説は，保険契約に
基づき保険者は保険料の支払を受けるが，この保険料資金は保険給付をするために信託
の受託者として寄託を受けたものであり，保険者の固有財産としてではなく，受託者と
して管理し，保険事故が発生した保険契約者に保険給付をすることが委任事務の処理と
して説明される。もともと，古い時期の危険負担説では，危険負担をすることが保険者
の義務であるということを厳格に考えるため，保険団体を構築すること，責任準備金を

第2節　保険契約の特質と保険契約法　*85*

　もともと保険契約の構造が売買契約などとは根本的に異なる以上，有償双務契約に保険契約を当てはめて，有償双務契約に関する民法の一般規定を適用しようとしても無理が生ずるのは当然のことであり，1960年代に損害保険における保険料領収前免責条項がある場合の保険者の保険料請求の可否という具体的な問題に即して議論が展開されて以降，この問題に関する議論はほとんどなされなくなった。しかし，近時新たに生じている法律問題には，保険会社倒産の場合の保険契約の処理（双方未履行双務契約として扱われるか）や，保険契約が取り消された場合の原状回復のあり方（390頁）のように，有償契約性および双務契約性に直接関わるものが生じており，理論的な再検討の必要性が感じられるところである。しかし，問題は抽象的な保険契約の属性により解決されるべきではなく，具体的な問題ごとの合理的解決という視点がまずは重視されるべきである。

4　継続契約性

　保険契約には海外旅行傷害保険や一日だけの自動車保険のようにきわめて短期間のみ継続するものもないではないが，損害保険では保険期間を1年とするのが原則であるし，生命保険に至っては20年〜30年あるいはさらにそれよりも長い保険期間を有するものが少なくなく，その意味で継続的契約としての性質をもつことは疑いの余地はない。もっとも，保険法において保険契約に関する比較的詳しい規定が置かれているし，危険の増加など継続的契約であることに対する配慮もなされていることから，継続的契約であることにより何らかの具体的な契約法的規律を導くということの必要性は感じられておらず，保険契

積み立てること，再保険を確保することなどが保険者の保険契約に基づく法律上の義務であるという説明をせざるを得なくなり，これはいかにもナンセンスであると考えられて支持者がなくなったものと思われるが，委任説は危険負担説が認めていたような義務を保険契約が委任契約であるという法律構成をとることにより正当化しようとしたものと理解することができる。委任説も危険負担説と同様に過剰な擬制をする考え方であり問題が大きいが，近時でもなお生命保険契約における保険契約者配当に関する保険契約者の権利保護を主張する論者の理論的根拠として援用されている（35頁（注68）の清水耕一教授の2論文参照）。このように主張される原因は，生命保険契約に前述（33頁）したような貯蓄的あるいは投資的な性格が内在していることにあるが，保険契約全体を委任契約として説明することはやはり無理である。

82)　例外的に，田中 = 原茂112頁は，継続的契約であるとし，そこから保険契約の解除

約の法的属性として継続契約性をあげることはあまり多くはなかった[82]。

　しかし，近時は，保険法の規定が保険契約に関する規律としては不十分なことから，特定の契約法的規律を導く手段概念として継続契約性を用いて，他の継続的契約において一般的に見られる法理を保険契約にも類推することがある。保険契約者が保険金の詐取を企てる等の行為をした場合に契約当事者間の信頼関係を破壊したとして賃貸借契約や身元保証契約などで認められる解約権を類推した保険者の解約権ないし解除権を認める特別解約権ないし重大事由解除権の法理はその典型例である。継続的契約の法的規律に関しては近年理論的な研究が著しく進みつつあるところでもあり，今後もその成果は保険契約でも応用できるものがある可能性がある。しかし，近年の継続的契約に関する理論研究は，どちらかというと不完全契約としての継続的契約の柔軟な変更可能性を志向する傾向が強いように思われ，その限りでは，経済活動におけるリスクを計画的に除去するための契約である保険契約に単純に応用することには慎重であるべきである。もちろん，生命保険のように超長期の契約においては保険料と保険給付の計算基礎に大きな変動が生じて保険成立の基盤が揺らぐ可能性があることは，1990 年代終わりから 2000 年代はじめにかけてのいわゆる逆ざや問題を見れば明らかであるが，そのような保険の成立基盤の不安定化のリスクに対しては，一定期間ごとに計算基礎を見直すことを契約に盛り込むなどの方策で対処すべきであり，継続的契約の一般理論を直接適用するようなことがそう簡単にあってよいとは思われない。

は一般の継続的契約の場合の解除と同じく将来に向かってのみ生じ遡及効のないのが原則で，改正前商法 651 条・657 条 1 項などは注意的にこの原則を明らかにしたものと理解できるとする。金澤・上 43 頁も同旨。田辺 33 頁も，保険契約に基づく保険者による危険負担に着目し，危険負担が継続的に行われることから類似継続契約性が認められるとし，その帰結として，保険期間開始後の保険契約の解除は原則として将来に向かってのみ効力が生ずる解約告知と解すべきであるとする。

第3節　保険契約の当事者・関係者

第1款　保険契約者側の当事者・関係者

1　保険契約者

保険法では，保険契約者は，「保険契約の当事者のうち，保険料を支払う義務を負う者」と定義されるが（保険2条3号），実際の保険契約においては，保険契約申込書や保険証券上で保険契約者として表示されている者（以下，名義人という）とは別の者（以下，行為者という）が保険契約の締結行為，保険料の出捐，保険証券の保管等の全部または一部をしていることがあり，このような名義人と行為者のいずれが保険契約者としての地位を有するかが争いになることがある。

この保険契約者の確定問題は，ほとんどが生命保険契約に関して，解約権・解約返戻金請求権や保険金受取人変更権などが誰に帰属するかという争いとして表れているが[83]，その種の事案に関する裁判例としては，行為者を保険契約者と認めるべきであるとする一般論（以下，実質説という）を述べるもの[84]，保険契約では名義人を保険契約者と認めるべきであるとする一般論（以下，形式説という）を述べるもの[85]，原則として形式説によるべきであり，これを否定する当事者は実質的保険契約者が名義人ではないことを主張立証すべきであるとするもの[86]，一般論は述べず当該事案の諸事情から当該事案についての判断として名義人または行為者を保険契約者と認めるもの[87]があり，確立した判

---

[83]　保険契約者が誰かの確定問題は，本文で述べるような財産的権利の帰属に関する局面以外でも，たとえば，保険契約者の故意の保険事故招致免責の適用において名義人と行為者のいずれを保険契約者と認めるかといった局面でも生じるところで，この局面では判定基準も自ずから異なったものとなりうる。山下孝之「生命保険契約における当事者確定論」同・生命保険121頁は，保険契約における当事者確定問題についてわが国ではじめて論じた研究であるが，問題類型ごとに検討する必要があるとする。

[84]　大阪高判平7・7・21金判1008・25，岡山地判平15・2・3生判15・74。

[85]　福岡高判平9・11・27生判9・523，東京地判平24・2・14・2012WLJPCA02148007。

[86]　大阪高判平12・12・1生判12・608。

[87]　名義人を保険契約者と認めるものとして，大阪地判平8・2・6生判8・345と控訴審・大阪高判平9・1・29生判9・62，名古屋地判平15・5・14生判15・318と控訴審・

88　第1部　第2章　保険契約

例法理はないといってよい。なお，保険契約申込書には名義人の名前が記載されていたが，住所欄には行為者の住所が記載され「行為者方」とも記載されており，保険契約成立後もその行為者の住所で保険料の集金がされ行為者が支払っていたという事情がある特殊な事案について，本件は形式説に立つとしても保険契約者として特定の実在の人物が保険契約者として一義的に表示されたものとはいえず，保険契約成立後も行為者を保険契約者として保険者との間で契約関係が処理されてきたことから，行為者を保険契約者として認めた裁判例もある[88]。

　銀行預金の行為者兼出捐者と名義人が異なる場合については，出捐者が預金契約者として認められる傾向が強いが，これは銀行預金では，銀行は誰が預金契約者であるかについては，誰に預金を払い戻すかということ以外には利害関係がなく，一般論としては銀行には明らかでない出捐者が預金契約者とされたとしても名義人に対する払戻は受領権者としての外観を有する者に対する弁済（民478条）として銀行は容易に免責されることによる。これに対して，保険契約においては，解約権の行使，保険料の請求，保険契約者貸付など保険契約者の権利行使が多様であること，あるいは契約締結時の危険選択やモラル・リスク防止のための契約管理など，一個の契約に多様な法律関係が含まれており，その点では銀行預金とは事情が異なり，保険者に不明な行為者が保険契約者とされる実質説によることには問題がある。基本的には形式説がとられるべきであり[89]，銀行預金に関する判例法理を安易に参考とすべきではない。もっとも，裁判紛争の中には，紛争当事者が名義人と行為者であり，保険者は当事者ではないものがあり，そのような紛争では実質説によることで問題はない[90]。

　　名古屋高判平15・11・12生判15・725。行為者を保険契約者と認めるものとして，札幌地判平8・10・31生判8・693と控訴審・札幌高判平9・8・28生判9・384，前掲岡山地判平15・2・3（注84）の控訴審・広島高岡山支判平15・9・26生判15・584。

88)　東京高判平24・11・14金判1408・31。

89)　形式説により名義人を保険契約者と認める場合には，保険者との関係では名義人が保険契約者として扱われるが，名義人と保険料の出捐等をしていた行為者との間の法律関係は別にあり，委任契約に基づく費用償還や不当利得等を根拠として精算がされることになる事案が少なくないであろう（名義人が支払を受けた簡易生命保険の還付金相当額について，不当利得により行為者の名義人に対する支払請求が認められた事例として，前掲東京地判平24・2・14（注85））。

90)　前掲大阪高判平7・7・21（注84）はそのような事例である。

保険者が当事者になる紛争では，実際には，保険募集人は保険募集の過程で名義人と行為者が食い違っていることを知っている場合が少なくない。そうであれば，保険者が形式説を主張することの正当性が弱まるようにも考えられるが，生命保険では保険募集人は保険契約の媒介の代理権しか有しないので，保険募集人の認識を保険者の認識とは直ちにできないこととともに，行為者が名義人の名義を借用して行為者の契約とする趣旨か，名義人の契約とする趣旨かは，必ずしも明確でないことが少なくないと考えられるので，保険募集人が名義人と行為者が食い違うことを知っていることから直ちに保険者による形式説の主張を不当視することは相当でない。保険募集人が食い違いにかなり積極的に荷担しているような場合に限り，保険者による形式説の主張が信義則上許されないと解すべきであろう[91]。

2 被保険者

損害保険契約と，生命保険契約その他の人保険契約とでは，同じく被保険者という用語が用いられているもののその意味はまったく異なる。

(1) 損害保険契約における被保険者

保険法上は，損害保険契約では，被保険者とは，「損害保険契約によりてん補することとされる損害を受ける者」と定義されており（保険2条4号イ），被保険利益の帰属主体であると同時に保険給付請求権の帰属主体であることを意味している。損害保険契約では，利得禁止原則が妥当し，この原則を貫徹する手段として，保険契約の有効な成立・継続のためには，保険事故の発生について経済的な利害関係の存在が必要とされる。この経済的利害関係を被保険利益として概念化し，その帰属主体を被保険者とする。また，同じく利得禁止原則から，保険給付は保険事故発生により経済的損失を被った者に対して，被っただけの損害をてん補するものでなければならないとされるが，被保険利益の上記定義から保険事故の発生について被保険利益を有する者のみが損害を被る可能性があることになり，したがって，被保険利益の帰属主体としての被保険者

---

[91] 無断契約，借名契約（名義借り契約），架空名義契約（作成契約）の当事者および契約の成否を検討するものとして，吉澤卓哉＝安田和弘＝宮根宏一・保険実務における異例事態の法的解決指針118頁（保険毎日新聞社，2015）。

は保険給付請求権の帰属主体ということになる。

保険契約者と被保険者とは同一の者が兼ねることも，そうでないことも可能である。後者の保険契約者と被保険者が異なる者である保険契約を他人のためにする損害保険契約とよび，第三者のためにする契約の性質を有する（詳細は，318頁）。

(2) 人保険契約における被保険者

保険法は，被保険者について，生命保険契約では，「その者の生存又は死亡に関し保険者が保険給付を行うこととなる者」（保険2条4号ロ），傷害疾病定額保険契約では，「その者の傷害又は疾病（以下「傷害疾病」という。）に基づき保険者が保険給付を行うこととなる者」（同号ハ）とそれぞれ定義する。生命保険契約は，定額保険契約とされるので，契約の要素としての被保険利益は存在せず，したがって，損害保険契約における被保険者に対応する概念は存在しない。生命保険契約でも被保険者の概念は存在するが，上記の定義のとおり，これは生死という生命保険契約における保険事故の発生する客体としての意味を有する。要するに，その人の生存または死亡が保険事故とされる者のことをいう。この意味での被保険者は，保険給付請求権の帰属主体とは無関係である。もっとも，被保険者である者が同時に保険給付請求権の帰属主体となることはありうるが，これは，被保険者が次に述べる保険金受取人の地位を兼ねることによるもので，保険給付請求権の帰属主体となるのは保険金受取人としての地位に基づく。傷害疾病定額保険契約における被保険者の意義についても，生命保険契約と同じである。これに対して，傷害疾病損害保険契約の被保険者については，損害保険会社は，このような保険契約を損害保険契約そのものであるとする理解に基づき，被保険者は損害保険契約の被保険者の意味で用いており，したがってかかる保険契約では保険金受取人という概念を用いていない。もっとも，物・財産保険契約と異なり，保険事故の客体としての意味は付与されている。保険法でもこのような考え方によっていると考えられる。

保険契約者と被保険者とは同一の者が兼ねることも可能であるし，別の者であってもよい。前者を自己の生命，傷害疾病の保険契約，後者を他人の生命，傷害疾病の保険契約という。他人の生命等の保険契約については，保険契約の有効な成立につき特別の制限があり，その詳細については後述する（335頁，

345 頁）。

(3) 胎児の被保険者性

　損害保険契約，生命保険契約，傷害疾病定額保険契約いずれにおいても被保険者となりうるのは，出生により権利能力を取得した者（民 3 条 1 項参照）であることを当然の前提としているが，胎児である間に生じた事故に関して，出生後に保険給付の請求をすることができないかということが問題となることがある。自動車保険の搭乗者傷害保険に関しては，胎児であった間の事故により出生後に障害が生じていても，胎児は被保険者としては認められないとして保険給付請求を棄却した裁判例があるが[92]，無保険車傷害保険に関しては，同様の事例に関して，胎児であった者は記名被保険者の同居の親族に準ずる者として被保険者として認められ，出生後の保険給付請求が認められた[93]。無保険車傷害保険は，賠償義務者に代わって損害をてん補するという性格を有するから，不法行為による損害賠償義務に関しては，胎児は出生したものとみなされる（民 721 条）ことにより賠償義務者が賠償義務を負う損害はすべて保険金によるてん補の対象となるという意思で契約が締結されたものと解するのが相当であるという理由づけによるもので，無保険車傷害保険特有の性格に基づくものである。その射程距離がどこまで及ぶかは明確ではないが，加害者の損害賠償義務の肩代わりをするという機能では共通する人身傷害補償保険に射程が及ばないという理由はないように思われる。解釈論としては無理であろうが[94]，搭乗者傷害保険など定額保険においても，胎児であった時期の事故により出生後に障害が生じている場合に保険給付の対象とする合理的理由はあるので，胎児の被保険者性を認める約定の効力を否定すべきではないであろう。

92）　岐阜地大垣支判平 6・7・29 判タ 872・281。
93）　最判平 18・3・28 民集 60・3・875。
94）　定額給付の傷害保険でも胎児を被保険者として認める解釈を試みるものとして，肥塚肇雄「自動車傷害保険契約の『被保険者』の意義と『胎児』の法的地位――定額給付型傷害保険契約に絞って」賠償科学 32 号 75 頁（2005），肥塚肇雄「無保険車傷害保険の保険事故と被保険者の意義――自動車傷害保険という視点からの一考察」損保 69 巻 1 号 1 頁（2007）。

3　保険金受取人

生命保険契約および傷害疾病定額保険契約においては，保険給付請求権者を保険金受取人として表す。保険法でも，保険金受取人は，「保険給付を受ける者として生命保険契約又は傷害疾病定額保険契約で定めるもの」と定義している（保険2条5号）。この意味での保険金受取人と上記の保険契約者または被保険者の地位を同一の者が兼併することは，保険者において引受実務上特段の制約を設けていない限りは可能である。保険契約者と保険金受取人が同一の者である保険契約を自己のためにする生命・傷害疾病保険契約といい，保険契約者と保険金受取人が異なる者である保険契約を他人のためにする生命・傷害疾病保険契約という。後者は第三者のためにする契約の性質を有する。

4　その他の関係者

損害保険契約における被保険者および定額人保険契約における保険金受取人という保険給付請求権者以外に保険者に対して保険給付を請求することができる者として，保険給付請求権に対して質権等の担保権を有する者および保険給付請求権を本来の保険給付請求権者から債権譲渡により譲り受けた者がある。改正前商法の規定では，「保険金額ヲ受取ルヘキ者」という用語が使われているものがあり，これらの者を含むものと解釈すべき場合があった（改正前商680条1項2号など）。保険法では，このような語を用いていないが，被保険者や保険金受取人という語に解釈上上記のような者も含むとすべきかどうかを検討する必要がある場合がある。

損害保険契約である責任保険契約では，法律の定めまたは保険契約上の約定により，被保険者のほかに，被保険者に対して損害賠償請求権を有する第三者（被害者）が直接保険者に対して保険給付を請求することができるとされている場合がある。

5　保険募集主体

保険募集主体のうち保険仲立人は，保険契約者となるべき者の委託を受けて保険者との間で保険契約締結の媒介を行うことを業とする者であり，保険契約者の側の関係者ということができるが，保険仲立人は，仲立に関しては中立の

立場で媒介をするので，単純に保険契約者側の関係者ともいえない（詳細は233頁）。

第2款　保険者側の当事者・関係者

1　保　険　者

(1)　総　　説

保険者は，保険契約者に相対する保険契約の当事者で，保険法の定義では，「保険契約の当事者のうち，保険給付を行う義務を負う者」とされている（保険2条2号）。この意味での保険者となりうる者は，保険業法では，保険会社，少額短期保険業者，「外国保険会社等」，英国のロイズの会員またはこれに相当する者を意味する特定法人の引受社員および認可特定保険業者（97頁）に限定されており（保険業3条1項・272条1項・185条1項・219条），保険会社および少額短期保険業者には株式会社および相互会社がある（保険業5条の2・272条の4第1項1号）。

(2)　**保険業法の規制を受ける保険者**

(ア)　保険株式会社　　わが国の会社法に基づいて設立された株式会社であって，損害保険業の免許を受けたものが損害保険株式会社，生命保険業の免許を受けたものが生命保険株式会社である。

保険株式会社においては，保険契約は営利の手段として位置づけられ，会社と保険加入者の関係は，保険者と保険契約者との間の保険契約関係という債権契約関係として現れることになる。保険株式会社の締結する保険契約は商行為として（商502条9号，会社5条），商行為総則規定（商504条〜521条）の適用を受ける。また，保険株式会社は商行為を業とする者として，固有の意義の商人となり（商4条1項），商法総則の規定と基本的に共通する内容の会社法総則（会社1条〜24条）の適用がある。

(イ)　相互会社　　(i)　相互会社の意義　　相互保険を行うための企業主体として保険業法に基づいて設立される会社が相互会社であり（保険業2条5項），免許の種類により損害保険相互会社，生命保険相互会社，少額短期保険業者である相互会社とがある[95]。相互会社は，社員に対する保険の提供自体を目的と

94 第1部 第2章 保険契約

する会社であり，その意味で構成員である組合員の経済的利益の助長を目的と
する協同組合などと同様の講学上の中間法人である。

(ii) 相互会社における会社と保険加入者の法律関係　相互会社は，非社
員契約を除いて，保険加入者が社員となる社団法人であるが，会社と社員との
間の法律関係が保険という取引関係により形成され，保険と別に出資行為があ
るわけではないので，会社と社員の法律関係をどのように法律構成するかが相
互会社制度創設時以来争われてきた。わが国の相互会社法制の母法とされたド
イツ法における論争を継受したものであるが，有力であったのは，社員関係の
みが存在し保険契約という関係は存在しないとする社員関係説と，社員関係と
保険契約関係という関係が結合されているとする結合説であった。1995年の
保険業法改正前には，相互会社では保険金支払義務について定款の定めるとこ
ろにより削減することができるとする規定（1995年改正前保険業46条）や，社
員の保険金請求権等の保険関係上の債権は会社の清算時に一般債権に劣後する
という規定（1995年改正前保険業75条）が置かれており，このような法規制が
ある以上，保険関係を保険契約として構成することは不可能であって結合説に
は無理があり，社員関係説が支配的であった（実務上は，これらの法規定が適用
されるような事態は生じなかったこともあり，相互会社も保険関係については約款等に
おいて「保険契約」として構成してきた）[96]。

しかし，1995年保険業法では，相互会社の保険加入者についても可及的に
保険株式会社の保険契約者と同様な法的地位を認めるという観点から，保険金
額の削減に関する規定を削除し，また清算時における財産分配の順位も一般債
権と社員の保険関係上の債権を同順位とした（保険業181条）。さらに2000年
の保険業法改正により生命保険会社の保険契約者の保険契約上の権利について
は一般先取特権が法定され（保険業117条の2），この先取特権は相互会社にも

95) 第2次大戦後には損害保険相互会社が2社あったが，近年1社は経営破綻による消
滅，1社は組織変更による株式会社化があり，現在では損害保険相互会社はわが国では
存在しない。生命保険の分野では，第2次大戦後大手を中心に16社の相互会社があっ
たが，経営破綻，株式会社化，合併により2018年3月現在は5社となっている。

96) その他の説も含めて，1995年改正前保険業法下での議論については，服部榮三「相
互会社における保険契約者の地位(1)(2・完)」法学24巻3号1頁，4号47頁（1960），
大澤康孝「相互会社と生命保険契約との関係」ジュリ951号74頁（1990）。1995年改
正に向けた立法論については，山下友信「相互会社」業法の在り方・上349頁。

適用があるので，一般債権よりも優先することになった。このことから，保険契約関係と社員関係が併存するという法律構成にも無理がなくなったのであり，今日では結合説が一般に支持されているのではないかと推測されるが，いずれにせよこの理論的問題を論ずる実益はほとんどなくなっている[97]。

　(iii)　相互会社と保険法・商法の適用　　相互会社の保険である相互保険については，改正前商法では，商法の保険契約に関する規定を準用するという規定が置かれていた（改正前商664条1項・683条1項・815条2項）。その趣旨は，相互会社は上記のとおり非営利法人であり，その行う相互保険も商行為としての保険ではないから商法の規定を適用することはできないが，相互保険も保険事業として行われるものである以上，営利保険と保険取引の実質はほとんど異ならないということから，商法の保険契約と同じ規律に服させるのが適切であるということにあった。保険法は，商法から独立した単行法とされ，保険事業主体である保険者が営利原則・非営利原則のいずれにより事業を行うかにかかわらず保険契約には同法を適用するという考え方により立法されているので，相互保険にも同法が当然に適用される。上記のとおり，相互保険における保険関係も保険契約関係として位置づける結合説が支配的になっていることも，相互保険にも保険法が当然に適用されることを基礎づけることになっている。

　このようにして相互保険にも保険法が適用されるが，相互会社の行う保険取引やその他の取引に商法の商行為に関する規定の適用があるかという問題が別にある。この点については，相互会社が非営利法人である以上は商行為に関する規定を適用することは不可能であるが，大規模事業活動として様々な取引を行う限りでは，商行為に関する規律を適用することに合理性があるので，1995年保険業法では，相互会社の行う保険取引その他の取引については，商行為の規定を準用するという規定が置かれた（保険業21条2項による商法504条～521条の商行為総則，売買，交互計算，仲立営業，問屋営業，寄託の規定の準用）。

　相互会社は，一定の範囲で保険契約者の社員資格を認めない非社員保険契約

---

97)　1995年保険業法の下での議論として，中島伸一「相互会社における保険加入者の法的地位——通説の再検討」香川大学経済論叢68巻1号1頁（1995）（結合説をとる），大塚英明監修・住友生命保険相互会社企画調査部・コンメンタール新相互会社法195頁〔丸山高行〕（青林書院，1997）（社員関係説が現行法下でもとりえないわけではないとする），山下友信「相互会社の法的構造」商事1436号37頁（1996）。

96 第1部 第2章 保険契約

を締結することができるが（保険業 63 条），この非社員保険契約にも保険法の規定が当然に適用される。

(ウ) 少額短期保険業者　　1995 年改正前の保険業法の時代においては，共済は同法の適用対象外であるとされ，そのことを前提に各種の共済が保険業法の規制を受けることなく生成発展してきた。1995 年保険業法においても，この点に変わりはなく，保険業の定義において不特定の者に対して提供されるということを要件とし（2005 年改正前保険業 2 条 1 項），これにより共済は特定の属性を有する者を相手方とするのであるから保険業ではないという整理がされ，共済は保険業法の規制を受けない状態が続いた。1995 年保険業法制定当時には，共済は各種協同組合法その他の何らかの法令の規制を受けるもののほかに，まったく規制を受けないものもあったが，詐欺的な取引や事業の破綻といった事象があまり見られず，規制をしなければならないという認識が社会的にはまだ醸成されていなかった。ところが，1995 年保険業法の施行後には，保険業法が共済を規制対象としていないということに着目して，共済を標榜して実質的な保険業を何らの規制を受けずに行う事業者が続々と現れるようになり（無認可共済とよばれた），それらの中にはマルチ商法まがいの問題のある事業を展開するものも見られるようになり，保険業法が共済を一律に規制対象外とすることの問題が目立ってきた。そこで，協同組合法その他の法令の規制を受ける共済については，引き続き保険業法の適用対象外とするという立場は維持しつつ，法令の規制のない共済については保険業法の規制対象とすることとされたが，その際に既存の共済が保険株式会社または相互会社に移行することは負担が重すぎて廃業せざるを得なくなるという問題があり，また，理論的にも，保険業法の厳重な規制を適用しないでも保険契約者等が被る不利益があまり大きくない保険業者については，保険会社とは別の緩やかな規制を設けることにも合理性があるという考え方が有力となった。この考え方に基づき，2005 年の保険業法改正により，新たに緩やかな規制を受ける保険業者の種類として新設されたのが少額短期保険業者である[98][99]。

---

98)　2005 年改正法については，新川浩嗣編著・端本秀夫＝赤平吉仁・無認可共済の法規制（金融財政事情研究会，2005）。

99)　2005 年の保険業法の改正では，保険業の定義から不特定性の要件が削除されたこと

少額短期保険業は，保険期間が2年以内の政令で定める期間以内であって，保険金額が1000万円を超えない範囲内において政令で定める金額以下の保険のみの引受を行う保険業である（保険業2条17項）。政令では，保険期間は，損害保険は2年以内，その他の保険は1年以内とされ（保険業令1条の5），保険金額は，損害保険は1000万円，生命保険は300万円等，保険種類ごとに上限が定められている（保険業令1条の6）。また，生存保険金を支払う人保険，保険期間満了により満期返戻金を支払う保険，特別勘定を設ける保険，外貨建保険などは少額短期保険業としては行うことができない（保険業2条17項，保険業令1条の7）。

　少額短期保険業については，免許制とされる保険会社と異なり登録制とされること（保険業272条1項），資本金・基金が1000万円以上の株式会社または相互会社であること（保険業272条の4第1項1号・2号，保険業令38条の3），生損保兼営禁止の適用がないこと，事業方法書等の変更については届出制とされること（保険業272条の19・272条の20），保険契約者保護機構による保険契約者保護制度の対象とならないことなど，保険会社に対する規制よりは緩やかな規制の下に置かれるが，反面で，収受する年間保険料が50億円以下でなければならないこと（保険業272条2項，保険業令38条），資産運用は預金，国債等に限定されること（保険業272条の12），保険契約者保護のために事業規模に応じて供託または責任保険契約等の締結が義務づけられること（保険業272条の5・272条の6）など，保険会社には見られない規制が適用される。保険募集規制や財務規制等については，基本的には保険会社と同じである。

　㈢　認可特定保険業者　　上述の2005年の保険業法改正法（以下，本項にお

から，実質が保険業に該当する事業が幅広く保険業法の規制の対象となったが，保険業法以外の法令に基づく監督が行われている事業，規模が小さい事業，自治的な加入者保護が期待される事業など，保険業法に基づく保険契約者保護のための規制を適用する必要がないと考えられる事業の適用除外規定が設けられた。具体的には，他の法律に特別の規定のあるもの（協同組合法に基づく共済など。保険業2条1項1号），地方公共団体が住民を相手方として行う事業，会社等が役職員等を相手方として行う事業（企業内共済），労働組合が組合員等を相手方として行う事業，学校が学生等を相手方として行う事業，政令で定める人数以下の者を相手方とする企業（少人数の共済。保険業令1条の4第1項により1000名以下）などである（保険業2条1項2号・3号，保険業令1条の2・1条の3）。

いて2005年改正法という）施行時までに保険業法の適用がなく，2005年改正法により保険業法の規制下に入ることとなる事業を特定保険業とし，特定保険業を行う者は，2005年改正法の施行後も2年間（2008年4月1日まで）は，金融庁に届出をすることにより特定保険業者として保険募集規制など限られた保険業法の規制を受けるだけで事業を継続することが認められるという経過措置が規定され（下記2010年改正法による改正前の2005年改正法附則2条1項），この期限までに事業を廃止しないのであれば期限までに保険会社または少額短期保険業者への移行をすることが求められた。また，公益法人であって共済を行っていたものは，公益法人制度改革により2013年11月30日までに新法人（公益社団法人・公益財団法人または一般社団法人・一般財団法人）に移行しなければならないことを考慮して，当分の間，公益法人の主務官庁の監督の下に，保険業法300条1項1号～3号の適用を受けるのみで特定保険業を行うことができることとされた（2010年改正法による改正前の2005年改正法附則5条1項・3項）。

　ところが，新法人への移行の期限である2013年11月の期限までに保険会社または少額短期保険業者に移行することが困難と見込まれる公益法人等が多く，移行を強行することが困難と考えられ，その結果として，2010年の保険業法改正法（以下，本項において2010年改正法という）により新設されたのが認可特定保険業者の制度である。認可特定保険業者となることができるのは，2005年改正法公布日に特定保険業を行っていた者であり，この者は当分の間認可特定保険業者として特定保険業を行うことができる（2010年改正法により改正された2005年改正法附則2条～4条の2）。認可およびその他の監督を行う行政庁は，公益法人については公益法人移行日の前日の主務官庁，任意団体については内閣総理大臣である（2010年改正法により改正された2005年改正法附則34条の2第1項）。この監督は，少額短期保険業者に対する監督よりも緩やかなもので，2005年改正法の経過措置をさらに延長する性格のものであるが，2010年改正法施行後5年を目途に特定保険業に係る制度の検討が行われることとされている（2010年改正法により改正された2010年改正法附則4条)[100]。しかし，2018年3月時点では，検討は行われていない。

100）　2010年改正法の認可特定保険業者の制度については，川村基寿「共済事業に係る保険業法改正について」生保178号233頁（2012）。

（ｵ）　外国保険会社等　　保険業法上の「外国保険会社等」は，外国の法令に準拠して外国において保険業を行う者である外国保険業者（保険業2条6項）のうち，わが国で損害保険業または生命保険業の免許を受けて保険業を営む者をいう（保険業2条7項）。これには，株式会社，相互会社とともに，有限会社その他の営利会社や組合，個人事業者も含まれる（保険業187条1項参照）。これらの外国保険会社等は日本国内で支店を設置して保険業を営むことになる（保険業185条1項）。

　外国保険会社等のうち営利の目的で日本において保険業を営む者については，商法にいう商人に該当し，日本以外の国の法を準拠法とする合意がない限り，保険契約等その者が日本において行う契約については商法の総則や商行為の規定が適用されると考えられるので，保険業法では外国保険株式会社等営利保険業者に関しては商法の適用に関する特段の規定を置いていない。これに対して，外国相互会社（保険業2条10項）については内国相互会社と同様に会社法総則および商行為の総則的規定を準用する旨が規定されている（保険業198条）。外国相互会社が行う保険契約についても保険法の適用がある。

　（ｶ）　特定法人とその引受社員　　英国のロイズとよばれる独特の保険企業形態またはこれと同じ仕組みをとるものがわが国の保険市場に参入するために創設されたのが，特定法人とその引受社員の制度である。ロイズの組織では，組織運営のためにロイズ保険組合という一種の組合的法人が設立されているが，保険契約の引受はあくまでもネームとよばれる会員（伝統的には資産家の個人が会員となっていたが最近では法人会員も認められている）を法的主体として行われる（複数の会員がシンジケートを組んで保険を引き受ける）。このため保険業法上は，各会員がそれぞれ保険業者となるが，それでは実際上の監督は不可能であり，ロイズの日本市場への参入は不可能であった。1995年の保険業法は，参入を可能とするために，日本国内ではロイズ保険組合を特定法人，保険の引受を行うその会員を引受社員とよび，引受社員の日本国内における保険業の引受の代理ならびに日本国内における保険業に係る特定法人および引受社員の業務を代理する総代理店を定めて（ロイズ保険組合の100％子会社が総代理店として設立されている），引受社員が日本国内において保険業を行うことについて特定法人が免許を受けることができるものとされている（保険業219条1項）。このスキー

ムでは，保険業の主体は引受社員であるにもかかわらず，引受社員に対する直接の監督はせずに，特定法人および総代理店の監督を通じて保険契約者の保護を図ろうとしているのである。

保険契約の当事者はあくまでも引受社員であるから，保険契約者の保険給付請求は引受社員を相手方として行わざるをえない。引受社員は営利の目的で保険を引き受けるのであるから，日本国内で締結する保険契約は商行為となり，引受社員は個人商人となると考えられる。したがって，その行う保険契約その他の契約については商法の商行為に関する規定の適用がある。引受社員はシンジケートを組んで引き受けるのであるから，商行為の一方当事者が複数の場合として，各引受社員の債務は連帯責任となるところであるが（商511条1項），この点については分割債務とする特約が行われている。

引受社員と保険契約者との間の保険契約から生ずる民事訴訟について，シンジケートを組む多数の引受社員全員を訴訟の当事者として訴訟を追行することは実際的でない。ロイズが日本に参入する以前の事案であるが，ロイズの引受社員が保険金を支払って被保険者の第三者に対する損害賠償請求権を代位取得し，これに基づいて当該第三者に対してわが国の裁判所で求償訴訟を提起した事案において，引受社員のうちの筆頭保険者について他の引受社員のための任意的訴訟担当として当事者適格が認められるとされた裁判例がある[101]。ロイズの本拠地国である英国では筆頭保険者による訴訟担当が慣習上認められていること，保険者全員が英国の慣習に従う意思を表明していること，筆頭保険者と他の保険者との実体法上の利害が一致していること，任意的訴訟担当を認めることの弊害が認められないとともに外国の多数の個人・法人が保険者であって日本での訴訟追行が困難であることを理由とするものであり，解決としてはきわめて合理的なものである。1995年保険業法では，特定法人と引受社員の制度を法制化するに当たってこの問題を立法的に解決することはせず解釈論に委ねたが，引受社員が原告，被告のいずれとなる訴訟においても，上記裁判例の考え方により筆頭保険者の任意的訴訟担当を認めるのが最も合理的な解決であると考えられる[102]。

101）　東京地判平3・8・27判時1425・100。本判決の国際民事訴訟法上の問題については，道垣内正人・損保百選200頁，早川吉尚・国際私法百選（第2版）216頁（2012）。

⑶　**共済事業者**

　前述のように，2005 年保険業法改正により，共済も他の法律に特別の規定
があるもの等の適用除外に該当しない限り保険業法の監督の下に置かれること
となった。この共済に関する他の法律の主要なものとして，農業協同組合法，
水産業協同組合法，消費生活協同組合法，中小企業等協同組合法があり[103)104)]，
これらの法律では近時，共済事業の監督についての法改正が行われており，規
模が大きな共済事業を営む協同組合については保険業法ほど厳格ではないが，
財務規制や募集規制が整備されている。

　共済事業を行う協同組合は，共済事業以外の事業との兼営が認められ，生命
共済と損害共済の兼業も認められる。協同組合においては，組合員の利益に資
する事業を行うという法人としての特質から，事業の利用をするために組合員
となることが原則として必要であり，組合員以外の者による事業の利用（員外
利用）については，法律上の制限がある（農協 10 条 17 項，水協 11 条 8 項，生協
12 条 4 項，中協 9 条の 2 の 3 等）。組合員は社団法人としての協同組合の構成員

---

102)　数千名にも及ぶことのある引受社員全員を当事者とすることが実際的でないことは
　　いうまでもなく，また選定当事者の制度（民訴 30 条）の利用についても，選定当事者
　　の選定手続がいたずらに煩瑣となるおそれがあるという問題がある。特定法人の総代理
　　店は引受社員の国内での業務について代理するが，この代理権に訴訟追行の代理権は含
　　まれていないというのが特定法人の実務上の立場である。ロイズという英国独特の保険
　　業の形態の国内での営業を認めようとするのであるから，英国の慣習に特定法人および
　　引受社員全員が従う意思が明確にされている限りでは英国の慣習を国内でも尊重し，こ
　　れに対応する任意的訴訟担当による訴訟手続を認めるのが最も合理的な解決であると考
　　えられる。

103)　本文にあげる各協同組合法のほか，共済事業について法律の特別の規定があるもの
　　として，生活衛生関係営業の運営の適正化及び振興に関する法律（生活衛生同業組合）
　　がある。1 被共済者当たりの共済金額を 10 万円以下に限っている共済事業に関する法
　　律として，中小企業団体の組織に関する法律（同法 17 条 2 項 3 号，3 項，同法施行規
　　則 77 条），商店街振興組合法（同法 13 条 1 項 4 号，2 項，同法施行規則 1 条）。

104)　2010 年には，PTA・青少年教育団体共済法が制定され，PTA である一般社団法
　　人・一般財団法人，青少年教育団体である一般社団法人，一般財団法人，特定非営利活
　　動法人等は，事業範囲により文部科学大臣または都道府県教育委員会の認可を受けて児
　　童生徒，保護者等の災害に係る共済事業を行うことができることとされた。PTA や青
　　少年教育団体は，共済を行ってきたが，2005 年改正保険業法に基づく少額短期保険業
　　者に移行することが適切でないとして，議員立法により特別法による共済を可能とした
　　ものである。同法については，石引康裕「PTA 共済等を制度共済として存続させるた
　　めに（PTA・青少年教育団体共済法）」ジュリ 1412 号 2 頁（2010）。

となるので，組合の組織運営に参加することになる。この点では，保険加入者が社団法人の構成員として法人の組織運営に参加する相互会社と類似した面がある。

協同組合と共済に加入する者との間の法律関係は，社団法人における社員である組合員としての地位に基づく社員関係と，共済契約に基づく契約関係とが併存する関係にある。共済契約については，保険法の適用がある（保険2条1号）。しかし，協同組合は非営利原則により事業を行い，その取引行為は商行為ではないので，商法の商行為に関する規定の適用はない。

2 共同保険

一個の保険契約について複数の保険者がある場合があり，これを共同保険契約という。共同保険契約では，契約上格別の約定がなければ，一方当事者が複数の商行為として各保険者の債務は連帯債務となるが（商511条1項），実務では連帯債務とせず分割債務とする特約があるのが通例である。

3 保険募集主体

保険者のために保険契約の締結の代理または媒介をする保険募集主体として，保険業法上は，損害保険募集人，生命保険募集人および少額短期保険募集人が認められている（詳細は，214頁）。

4 その他の保険者の業務補助者

保険契約の維持管理や保険金の支払等に関する業務の全部または一部について保険者の委託を受けて行う事業者がある。このような業務補助者は，ことがらの性質に応じて，保険者の代理人である場合もあれば，事実行為である事務の代行者にすぎない場合もあるので，たとえば，ある業務補助者の知不知がどのような場合に保険者の知不知と同視されるかなどは問題ごとに個別に検討する必要がある。

第3章　保険契約に関する法令と保険約款

第1節　法　令　等

第1款　総　　説

　保険契約の私法的側面に関して規律する法令を，講学上，保険契約法という。わが国では，保険契約に関する保険法がこれに当たるが，保険契約に関しては，このほかにも相当数の特別私法があり，また保険業の公法的監督について規定する保険業法その他の講学上の保険監督法（共済事業監督法も含む）も様々な意味で保険契約に対して規制を及ぼしており，保険契約の法律関係を考えるに当たってはその知識を有しておくことが不可欠である。本節では，これらの広い意味で保険契約に関する法令について概観する。

第2款　保　　険　　法

1　2008年保険法制定前

　保険契約に関する私法という意味での保険契約法に該当するのは，2008年の保険法制定前には，商法であり，第2編「商行為」第10章「保険」の部分において損害保険契約（629条〜672条）と生命保険契約（673条〜683条）に分けて規定していたほか，海上保険契約については損害保険契約に対する特則として第3編「海商」第6章「保険」の部分に規定を置いていた（815条〜841

条)[1]。

　商法の保険契約に関するこれらの規定は，1899年（明治32年）の制定以来ほとんど改正されなかった。そして，損害保険における被保険利益の要件や，生命保険における被保険者の同意要件など公益に基づく規律であるため解釈上絶対的強行規定であるとされる少数の規定を除き任意規定であった。

　これに対して，法典主義をとる欧州大陸法系の国々では，海上保険を除いて，20世紀前半に商法典とは切り離した単行法として保険契約法が制定され，それらは法律の規定よりも保険契約者側に不利益な特約は無効とする片面的強行規定を大幅に含むものとされた。欧州諸国のこれらの保険契約法は，19世紀後半における保険契約の実情に鑑み，商法が理念とする契約自由の原則に立脚したのでは保険加入者の合理的な利益保護ができないという立場に立ち，単行法化と強行規定化を図ったものであり，保険契約者はすなわち消費者とは限らないものの，後の時代の消費者保護法の先駆け的な立法であったということができる。

　わが国の商法制定の準備が進められた時期には，このような立法モデルはいまだ存在していなかったし，保険制度が草創期にあった当時には立法関係者にも消費者保護法的な発想はなかったであろう。このため，主として参考に供されたのは，ドイツの1861年旧商法典の海上保険の規定であり，既に欧州諸国では時代遅れのものとなりつつあった立法が商法に取り入れられた。現に商法の規定でドイツ旧商法典の規定と酷似するものが少なくなかったのはそのためである。

　1899年の商法制定後，欧州諸国のような強行規定化を図った保険契約に関する法規定の現代化が望ましいという考え方は，学説上は広く支持されており，1935年の法制審議会総会決議「商法商行為編及海商編中改正ノ要綱」でもそのことがうたわれていた。しかし，基本法典ゆえの改正の困難さ，保険実務における保険契約者利益のある程度の考慮などの事情が相まって商法の規定がそのまま維持されてきた[2][3][4]。

---

　　1)　1890年（明治23年）の旧商法典では第1編第11章（625条〜698条）で保険について規定していたが，このうちには保険事業の行政的監督についての規定も含まれていた（689条〜698条）。

2 2008年の保険法制定と施行

⑴ 保険法の制定

近年推進されているわが国の私法基本法の現代化の一環として，商法の分野では，2005年に会社法が全面的に現代化された上，商法から独立し単行法化されたが，このように着手された商法の現代化作業の継続作業として，保険に関する規定の現代化に取り組むこととなった。2006年9月の法制審議会第150回会議では，見直しを諮問するに当たってのポイントとして，①商法が定める保険の類型の見直しおよび傷害・疾病保険契約についての典型契約としての規律の創設，②損害保険契約に関し，物保険契約の規律の見直しおよび責任保険についてのルールの整備，③生命保険契約に関し，高齢化社会等に鑑みて多様

---

2) 商法の保険契約に関する規定は，1911年（明治44年）の商法改正により一部改正が行われたにとどまる。1911年の改正は，①告知義務違反の効果について無効としていたものを解除権の付与に改めたこと（改正前398条・399条・429条，改正後399条ノ2・399条ノ3・429条〔2008年改正前644条・645条・678条〕），②他人の生命に関する保険契約の規定を新設したこと（改正後428条〔2008年改正前674条〕），③他人のためにする生命保険契約に関して，保険金受取人を親族に限定していたのをそのような限定を廃止するとともに他人のためにする生命保険契約に関する一連の規定を新設したこと（改正前428条，改正後428条ノ2〜428条ノ4〔2008年改正前675条〜677条〕），④生命保険契約の保険者免責事由として保険契約者の故意を追加したこと（改正後431条〔2008年改正前680条〕），⑤被保険者のために積み立てた金額の返還請求権の消滅時効期間に関する規定を新設したこと（改正後432条ノ2〔2008年改正前682条〕）などである。そのほかに，1922年（大正11年）の破産法制定に際して，保険者破産の場合に関する405条（2008年改正前651条）の改正が行われた。なお，1938年（昭和13年）の商法改正により条文番号の修正のみが行われて，2008年の保険法制定に至った。

3) 松本烝治博士の業績を中心とした第2次大戦前における保険法改正論の動向については，鴻常夫「松本烝治博士の保険法改正論」同・諸問題129頁。

4) 1960年代から保険契約法立法の研究は行われていた。最終的な立法提案として，損害保険法制研究会・損害保険契約法改正試案・傷害保険契約法（新設）試案理由書（1995年確定版）（損害保険事業総合研究所，1995），同・海上保険契約法改正試案理由書（1995年確定版）（損害保険事業総合研究所，1995。この試案のみは片面的強行規定化を図っていない），生命保険法制研究会（第2次）・生命保険契約法改正試案（2002年修正版）理由書（生命保険協会，2002）。傷害保険契約法試案については，損害保険法制研究会による試案と生命保険法制研究会による試案とがあり，前者は主として損害保険会社の傷害保険を念頭に置き，後者は主として生命保険会社の傷害保険を念頭に置いた内容となっており，内容に相当の隔たりがあるため，両者を調整統合する試案として，傷害保険契約法試案（2003年版）が作成された。傷害保険契約法研究会・傷害保険契約法試案（2003年版）理由書（生命保険協会・日本損害保険協会，2003）。初期の損害保険契約法改正試案と保険法との比較につき，山下友信「損害保険契約法改正試案と保険法」損保75巻4号1頁（2014）。

なニーズに応えられるようにする規律の見直し，④その他保険契約者保護等に配慮した保険契約の成立，変動，終了に関する規律の見直しをあげていた。

諮問を受けて 2006 年 11 月に保険法部会の審議がスタートし，2008 年 1 月まで合計 24 回の会議が開催された。この間，2007 年 8 月 8 日には，「保険法の見直しに関する中間試案」が決定され，パブリックコメントに付された。2008 年 1 月 16 日の第 24 回会議において「保険法の見直しに関する要綱案」が承認された。その後同年 2 月 13 日の法制審議会第 155 回会議で最終的に承認され，ここに「保険法の見直しに関する要綱」が確定された[5]。

要綱に基づき法務省により作成された「保険法案」が 2008 年 3 月に国会に提出され，衆議院・参議院両院の審議を経て 5 月 30 日に「保険法」が成立し，6 月 6 日に法律第 56 号として公布された。施行は，公布の日から起算して 2 年を超えない範囲内において政令で定める日からとされており（附則 1 条），2009 年 7 月 3 日公布の政令第 176 号により 2010 年 4 月 1 日から施行された[6]。

保険法の現代化の意義として，次の 4 点があげられる。

第 1 に，規定対象の拡大である。保険法では，商法に規定のあった損害保険と生命保険という契約類型に加えて，傷害疾病保険に関する類型が追加された。

---

5)　制定過程の資料等を収録するものとして，保険法資料。制定段階のシンポジウムとして，洲崎博史ほか「保険契約法の現代化と保険事業——［日本保険学会］平成 19 年大会共通論題」保険学 599 号 59 頁（2007）。

6)　保険法についての立案担当者の解説の主なものとして，萩本修編著・一問一答保険法（商事法務，2009），萩本修ほか「保険法の解説(1)～(5・完)」NBL883 号 12 頁，885 号 23 頁，886 号 43 頁，887 号 86 頁，888 号 43 頁（2008），萩本修「新保険法——立案者の立場から」生保 165 号 1 頁（2008）。シンポジウムとして，「有斐閣法律講演会 2008・保険法現代化——到達点とこれからの課題」ジュリ 1368 号 60 頁（2008），竹濵修ほか「新保険法の課題と展望——平成 21 年度日本保険学会大会シンポジウム」保険学 608 号 1 頁（2010）。筆者の保険法に関する著作として，山下友信「法の大変動と保険法の課題」ア・ジャーナル 60 号 1 頁（2006），同「保険法と判例法理への影響」自由と正義 60 巻 1 号 25 頁（2009），同「保険法制定の総括と重要解釈問題（損保版）」損保 71 巻 1 号 25 頁（2009），同「保険法制定の総括と重要解釈問題（生保版）」生保 167 号 1 頁（2009）。保険法では立法が見送られた事項について検討するものとして，梅津昭彦ほか「保険法特集号：立法化されなかった論点」保険学 607 号 1 頁（2009）。保険法の解説書として，凡例所掲のもののほか，上松公孝＝北沢利文監修・改正保険法早わかり（大蔵財務協会，2008），嶋寺基・新しい損害保険の実務（商事法務，2010），福田弥夫＝古笛恵子編・逐条解説改正保険法（ぎょうせい，2008），桜井健夫ほか・保険法ハンドブック（日本評論社，2009）。

現代では傷害疾病保険が国民に広く普及して重要性を有していることに応える
ものである。また，保険法では，保険会社以外の各種協同組合などにより提供
される共済も，実質的な契約内容が保険と同じである限りでは，適用対象とさ
れている[7]。

　第2に，現代の保険実務の反映ということである。商法の規定は，1899年
の制定以来ほとんど改正を経ておらず現代の発達した保険の実務との食い違い
が大きなものとなっていた。保険法は，全般的に現代の保険の実務を反映した
ものに改められた。

　第3に，保険契約者保護の強化である。保険法では，告知義務をはじめとす
る多くの規定において，商法の規定よりも保険契約者の保護を強化した規定内
容に改められた。また，商法の規定は，保険契約の性質上絶対的強行規定とさ
れる若干の規定を除いて任意規定とされていたが，保険法は，保険契約者など
保険加入者側の関係者保護の必要性の高い規定については，片面的強行規定と
され，保険契約者などに不利益な特約が禁止されている。

　第4に，契約外の第三者との法律関係の規律の整備である。保険契約当事者
間における保険契約者保護は保険業法に基づく認可などの行政規制や業界ない
し業者の自主規制で相当のレベルに達しているが，保険契約の当事者以外の第
三者との関係における法律関係については，立法措置がなければ合理的なもの
を形成することが困難である。このような側面について保険法は懸案を解決し
ている。責任保険における被害者の保険金請求権に対する先取特権や生命保険
等における保険金受取人の介入権などがその例である。

(2)　**保険法の施行**

(ア)　経過措置　　保険法の規定は，施行日以後に締結された保険契約につい
て適用されるという不遡及適用を原則としつつ（保険附則2条本文），以下の各
規定（網羅的ではない）は，施行日以前に締結された保険契約（以下，旧契約とい
う）にも遡及して適用される（保険附則2条ただし書・3条〜6条）[8][9]。遡及適用

---

7)　共済にとっての保険法の意義について論じるものとして，吉田均「保険法と共済事
　　業」法律のひろば61巻8号40頁（2008）。

8)　一問一答216頁（なお，222頁に各条の適用関係が網羅的にチェックシートとして整
　　理されている），保険法解説787頁〔萩本修＝嶋寺基〕。

9)　保険契約の更新や復活も施行日以後に締結された保険契約と解される。一問一答217

108　第1部　第3章　保険契約に関する法令と保険約款

があるとされる規定は，遡及適用しても契約関係者に不合理な不利益を及ぼさ
ず，保険契約者等の保護やモラル・リスク防止の趣旨から遡及適用が適当と考
えられることによるものである。

　　(i)　すべての旧契約に適用される規定　　10条（保険価額の減少），11条・
48条・77条（危険の減少），30条・31条2項3号・57条・59条2項3号・86
条・88条2項3号（重大事由による解除），96条（保険者の破産）。

　　(ii)　保険事故や給付事由が施行日以後に発生した場合にのみ適用される規
定　　15条（損害発生後の保険の目的物の滅失）・21条・52条・81条（保険給付の
履行期），22条1項・2項（責任保険契約についての先取特権）。

　　(iii)　保険給付請求権の質入れが施行日以後にされた場合にのみ適用される
規定　　47条・76条（保険給付請求権の質入れについての被保険者の同意）。

　　(iv)　保険給付請求権の譲渡等が施行日以後にされた場合にのみ適用される
規定　　22条3項（責任保険契約についての先取特権）。ただし，施行日前に発生
した保険事故に係る保険給付請求権の譲渡等は除かれる（保険附則3条4項）。

　　(v)　保険契約の解除が施行日以後にされた場合にのみ適用される規定
60条〜62条・89条〜91条（介入権）。

　以上の各規定が遡及適用される場合には，各規定の強行規定性・片面的強行
規定性を定める規定も同時に遡及適用される旨が定められている。

　(イ)　保険約款の保険法適合化のための改定　　保険法の施行日に先立ち保険
約款を保険法に適合させるための改定が行われた。改定に当たっては，認可等
の権限行使という立場から金融庁によるチェックも行われた。個々の改定内容
の詳細は省略するが，比較的大きな改定内容としては，損害保険会社・生命保
険会社共通のものとして，告知義務，保険給付義務の履行期，重大事由による
解除，保険金受取人の変更に関する条項，損害保険会社のものとして，超過保
険，重複保険，危険の増加に関する通知義務，他人の傷害疾病に関する保険契
約についての被保険者による保険契約解除請求，損害発生の通知義務，損害に
ついての不実申告に関する条項，保険給付請求権の消滅時効，生命保険会社の
ものとして，保険金受取人の介入権等である[10]。

───────────────
　　頁。
　10)　損害保険会社の約款につき，浅湫聖志「保険契約法の改正について──実務面への

3 保険法の適用範囲

保険法は，保険契約の定義に合致する共済契約を含む私保険に係る保険契約に適用される。社会保険のみでなく産業保険も，私法上の契約として構成されているとしても，保険法の適用はない[11]。公保険に係る法令もそのことを前提として立法されている。もっとも，産業保険の中には，私保険としての損害保険と保険の仕組み・契約内容が共通しているものがあり，そのような保険には保険法の規定が類推適用されることが合理的な解決となることはありうるであろう[12]。

産業保険の性質を有する保険契約，共済契約に関する法律である農業保険法，漁業災害補償法，漁船損害等補償法，森林保険法では，保険法の一部の規定を準用するものとする規定を置いている[13]。

4 保険法の適用関係

保険法は，損害保険，生命保険および傷害疾病定額保険の3つの契約類型に

影響を中心に」損保 70 巻 1 号 47 頁（2008），須藤芳樹＝木津英勝＝内山浩一「標準約款における保険法対応について」損保 72 巻 3 号 19 頁（2010），山下信一郎「保険法施行にともなう損害保険約款の改定と実務の対応——自動車保険・火災保険・傷害保険を中心に」生保 175 号 139 頁（2011），堀川泰彦「標準約款の改定」保険学 610 号 167 頁（2010）。生命保険会社の約款につき，井上享「保険法施行に伴う生命保険約款の改正——法施行後の契約に適用される旧法主義条項を中心に」生保 171 号 115 頁（2010），井上享「保険法施行に伴う生命保険約款の改正——既契約にも適用される新法主義条項を中心に」生保 174 号 181 頁（2011），織田貴昭ほか「特集・新法施行後における保険実務の論点研究」金法 1898 号 16 頁（2010）。そのほか，保険法施行に伴う実務対応について，卯辰昇＝仁科秀隆＝長谷川靖＝松原功「新保険法下のコンプライアンス——保険約款と態勢整備のあり方を中心に」金法 1872 号 16 頁（2009）。

11) 一問一答 29 頁。公保険は，契約に該当しないこと，保険料が一定の事由の発生の可能性に応じて支払われるものではないことを理由としてあげている。

12) 保険法解説 138 頁〔洲崎博史〕は，産業保険タイプの公保険への保険法の類推適用の可能性を示唆する。なお，同頁では，郵政民営化前に引き受けられ，廃止された簡易生命保険法が現在も適用されている簡易生命保険契約に保険法の規定が適用されるかについて，簡易生命保険法は簡易生命保険契約について自足的な法律として制定され，改正前商法は適用されないことを前提としていたという性格は維持されており，保険法の適用はないとするが，合理的な解釈であろう。

13) 農業保険法 134 条は，農業共済組合の行う共済事業には，保険法の損害保険契約に関する多くの規定を準用すると規定している（同趣旨の規定として，農業保険法 163 条 4 項・174 条・187 条，漁業災害補償法 102 条・125 条・137 条等，漁船損害等補償法 107 条・111 条の 5・113 条の 8 等，森林保険法 17 条）。

ついての規定を置いているが，一個の保険契約として締結されている保険契約
が2つ以上の契約類型に該当する保険契約を含む複合的な内容となっているこ
とは少なくない。たとえば，自動車保険が，賠償責任保険，人身傷害補償保険，
搭乗者傷害保険，車両保険をセットしたものとされている場合に，搭乗者傷害
保険は傷害疾病定額保険に該当し，その他の保険は損害保険に該当するという
ような場合である。このような複合的な保険契約に対しては，各構成部分とな
る保険ごとに当該保険の属する保険契約類型に係る保険法の規定がそれぞれ適
用される。

　この場合に，構成部分の一つの保険について，たとえば，告知義務違反があ
ったとして，当該各構成部分の保険契約を解除するためには当該各構成部分の
保険契約について適用される保険法の規定が重畳的に適用される。複合的な保
険契約の各構成部分が可分である場合には，告知義務違反のあった構成部分の
みが告知義務違反として解除されることとなる。しかし，保険実務では，複合
的な保険は各構成部分を可分とするのではなく全体が一体として契約が構成さ
れていると見るべきであるのがむしろ一般的であり，そのような場合には解除
も契約全部についてされることとなる。契約全体を解除する場合には，各構成
部分の解除についての保険法の規定に従う必要がある。保険法では，契約類型
が違っても，告知義務に関する規定の内容は基本的には共通のものとされてい
るので，各契約類型の規定が重ねて適用されるとしても，それにより特に困難
な問題は生じないであろう。

5　保険法の片面的強行規定・強行規定・任意規定

⑴　片面的強行規定

　保険法では，多くの規定が片面的強行規定とされ，片面的強行規定に反する
特約で保険契約者等に不利なものは，無効とされる（保険7条・12条・26条・33
条・41条・49条・53条・65条・70条・78条・82条・94条）。ここで片面的強行規
定に反するか否かは，特約と片面的強行規定の内容を比較して判断するが，比
較は文言についてのみならず，片面的強行規定の保険契約者等の保護の趣旨に
照らして実質的な内容面についても着目して行う。たとえば，告知義務違反に
よる保険者の解除権は，保険契約者に軽過失がある場合でも認められる旨の特

約は，保険者の解除権は保険契約者に故意または重過失がある場合に認められるとする片面的強行規定（保険28条1項）に文言の上で明らかに反するので無効となるが，保険者の保険給付義務の免責事由（これについては片面的強行規定はない）として告知義務違反がある場合を定めることも，告知義務違反による保険者の免責は告知義務違反に関する諸要件を満たした保険者の解除が認められる場合にそれに伴う効果として認められるという片面的強行規定（保険28条1項・2項1号・31条2項1号）に反するので無効となる[14]。

特約としての約款の条項が，ある点をとって見れば，片面的強行規定よりも保険契約者等に不利であるが，別の点をとって見れば，片面的強行規定よりも保険契約者等に有利であり，両者を総合的に見れば片面的強行規定よりも保険契約者等に不利ではないとして特約の有効性を認めることができるか否かという問題を設定することができる。自動車保険において，告知義務の対象事実である免許証の色については，告知義務違反による解除による保険者の免責を全部免責とせず部分免責とすれば，片面的強行規定である因果関係不存在特則（保険31条2項1号ただし書）を適用しないとする特約が許容されるかという問題（445頁）がその一例であるが，このように総合的に判断して有効性を認める可能性を一概に否定すべきではないと考える。

特約が片面的強行規定よりも保険契約者等に不利であることは否定できないが，そのような特約について当該契約の個別の諸事情から合理的な理由があるといえる場合に，例外的に有効性を認めることができないかも問題となる。借地借家法に関する判例には，当該契約の諸事情を総合的に考慮して合理的な理由があるといえる特約については有効性を認める余地があるとするものがある[15]。合理的な理由があれば例外が認められると単純にいうことは片面的強行

---

14)　一問一答22頁。片面的強行規定違反となるか否かの判断のあり方について検討するものとして，宮根宏一「片面的強行規定の『趣旨』との抵触に関する判断と脱法行為論——保険法との関係を中心にして」保険学614号1頁（2011）。片面的強行規定性の意義について検討するものとして，嶋寺基「保険法立法時の想定と異なる実務の現状と今後の課題——片面的強行規定に関する問題を中心に」保険学638号87頁（2017）。

15)　最判昭31・6・19民集10・6・665は，借地契約の期間の満了と同時に借地権者の建物を賃貸人に贈与する特約が片面的強行規定である借地法11条に反して無効かに関して，借地人は，「契約の始めにおいて賃貸人所有の建物を取壊すという通例では困難と思われる条件を特に承諾してもらった代りに20年の期間満了と同時に贈与することを

規定とする趣旨に反するので適切ではないが，上記のように保険契約者等にとって不利か否かの判断は実質的なものであるから，個別の保険契約あるいは同種の保険契約一般についての全体的な事情を考慮して有効性を認めることがむしろ合理的な解決をもたらすといえる特段の事情があれば有効性を認める余地は残しておくべきであろう。

(2) 片面的強行規定の適用除外

海上保険契約，航空保険契約，原子力保険契約および「法人その他の団体又は事業を行う個人の事業活動に伴って生ずることのある損害をてん補する損害保険契約」（傷害疾病損害保険契約を除く）については，損害保険契約に関する各規定を片面的強行規定とする規定の適用が除外されている（保険36条）。保険法では，保険契約者が消費者であるか事業者であるかを問わず，保険契約者等の保護の必要がある規定は片面的強行規定としているが，損害保険契約であって事業リスクに関するものについては，事業リスクの巨大性や複雑性といった性格から，片面的強行規定に従った処理を強制されると，保険者の保険の引受や損害の査定等が適切にできなくなり，ひいては保険料が高く設定されたり，保険の提供も困難になるという考え方により適用除外とされているものである[16][17]。告知義務は，保険法では質問応答義務とされ，保険契約者等は保険者の質問した事項について回答する義務を負うとされるが，事業リスクに関する保険では，リスクが複雑なため保険者があらかじめ質問事項として定型化することは困難で，保険契約者等による自発的な重要事実についての告知を求める必要があり，そのために質問応答義務とする片面的強行規定の適用を除外する必要があるというのが典型的な例である。

海上保険契約，航空保険契約，原子力保険契約は，契約種類により当然に事

　　約したと認められるこのような場合には必ずしも借地権者に不利益な条件を定めたものとは認められない」として有効性を認めた。保険法解説237頁〔萩本修＝嶋寺基〕は，この判例の考え方は保険法についても妥当するとする。

16)　加えて，海外の再保険者との再保険契約の締結においても片面的強行規定どおりの内容の元受保険契約では支障が生ずるといわれている。一問一答146頁。

17)　消費者契約法のように保険者の契約相手方が消費者か事業者かという基準を採用しなかったのは，事業者でも保険契約に関しては消費者と変わらず保険者との間で情報力と交渉力の格差がある場合が少なくなく，消費者と同様の保険契約者保護が必要であるという意見が多いことによる。

業リスクに関する保険として列挙され，その他の種類の保険契約については
「事業活動に伴って生ずることのある損害をてん補する損害保険契約」である
か否かという一般的基準により適用除外となるか否かを判断することになる。
事業活動に伴うリスクであるか否かという実質基準によるので，保険契約者が
事業者であるというだけで適用除外となるわけではなく，いささかトートロジ
カルではあるが，保険者において片面的強行規定に反する約定の下でしか保険
契約の引受等ができないような性質をもったリスクであるといえるかどうかで
判定される[18]。自動車保険は事業者が締結するものであっても基本的には事業
活動に伴うリスクを対象とするとはいえないと考えられる。これに対して，店
舗の火災保険等は，個人事業者の店舗であっても，通常は事業リスクとしての
評価が行われているとすれば，事業活動に伴うリスクということができると考
えられる[19]。生命保険契約，傷害疾病定額保険契約，傷害疾病損害保険契約で
は，会社の従業員を被保険者とする団体保険のように事業に関連する保険であ
ってもリスクは人の生死等に関わるもので，事業に関連しない人の保険とリス
クの性格が大きく異なることはないので，片面的強行規定の適用除外は規定さ
れていない。

(3) 強 行 規 定

私法立法の一般的なスタイルとして，ある法律規定が強行規定（絶対的強行
規定）である場合には，片面的強行規定と異なり，強行規定であることは法文
上明記されない。保険法でも，明記はされていないが，以下の各規定が強行規
定である。

(ア) 公益を理由とする強行規定　　3条（損害保険の目的），5条1項・39条
1項・68条1項（遡及保険で保険契約者等が保険事故発生を知っている場合），18条
2項ただし書（評価済保険で約定保険価額が保険価額を著しく超える場合），38条・
47条・67条・76条（他人の生命・傷害疾病の保険契約の締結等についての被保険者
の同意），58条・87条（他人の生命・傷害疾病の保険契約における被保険者の解除請

---

18)　一問一答147頁は同旨。
19)　実務上の各種損害保険における区分の取扱いと片面的強行規定の適用除外に基づく
　　約款条項については，柴田健「保険法第36条の片面的強行規定適用除外の考え方」損
　　保73巻1号35頁（2011）。

求）。17 条 1 項前段・51 条 2 号・3 号・80 条 1 号～3 号中の保険契約者，被保険者または保険金受取人の故意の保険事故招致免責については，理論的に争いがある。

(イ)　保険契約当事者以外の第三者の権利義務に関わることを理由とする強行規定　22 条（責任保険についての被害者の先取特権），60 条～62 条・89 条～91 条（保険金受取人の介入権）。

(ウ)　制度の趣旨を理由とする強行規定　28 条 4 項・29 条 2 項・55 条 4 項・58 条 2 項・84 条 4 項・85 条 2 項（保険者の解除権の除斥期間），34 条・58 条・87 条（被保険者による解除請求），43 条 2 項・3 項・44 条 2 項・72 条 2 項・3 項・73 条 2 項（保険金受取人変更の意思表示の方法），95 条（消滅時効），96 条（保険者の破産）[20]。

(4)　任 意 規 定

以上の片面的強行規定および強行規定とされている規定を除いて，保険法の規定は任意規定である。任意規定であるということは，これと異なる内容の合意をすることは契約自由の原則により可能であるということを意味する。しかし，任意規定は，それと異なる合意がない場合に契約内容を補充するという機能しかないというわけではなく，近時は，任意規定が合理的な契約内容を示すものとして，これを不当な約款や契約条項の規制の基準として活用するという考え方が有力であり（任意規定の指導形象機能），立法でもそのような考え方が具体化されている。消費者契約における不当条項を無効とする一般条項である消費者契約法 10 条および定型約款における不当条項・不意打ち条項を組入合意から排除することを規定する民法 548 条の 2 第 2 項がそれである[21]。

---

20)　各条の強行規定性については一問一答 222 頁。なお，同書では 9 条ただし書（超過保険についての保険契約者の取消権は評価済保険の場合には適用されないものとする）も強行規定として整理し，17 条，51 条，80 条は任意規定として整理している。

21)　任意規定の機能については，理論法学的研究が進んでいるが，その成果を踏まえ保険法における任意規定の機能を検討したものとして，榊素寛「保険法における任意規定と強行規定」江頭憲治郎先生古稀記念・企業法の進路 607 頁（有斐閣，2017），得津晶「生命保険契約における任意法規の意義——消費者契約法 10 条と無催告失効条項・免責条項」生保 198 号 67 頁（2017）。

6 主要国の保険契約立法と最近の動向

⑴ 大陸法諸国

20世紀初頭に制定されたものとして，ドイツの1908年保険契約法，スイスの1908年保険契約法，スウェーデンの1927年保険契約法[22]等がある。フランスでは1930年に保険契約法が制定されたが，保険監督法とともに1976年保険法典に統合された[23]。ドイツ，スイス，スウェーデンの各法は，多くの規定が片面的強行規定とされているのに対して，フランス法は，強行規定は絶対的なものとされているという特色がある。ECでは，1970年代から1980年代にかけて将来のEC領域内でのサービス提供の自由化（支店等の営業拠点を有しないで本国以外のEC全領域で営業活動することの自由）をにらんで，加盟国の保険監督法とともに保険契約法の調整を進めようとする作業が行われ，1980年代はじめに保険契約法指令案が作成されたが[24]，この調整作業はその後頓挫して作業はそれ以上進められていない[25]。

1980年代終わりから1990年代にかけて，欧州諸国において保険契約法の制定が相次いだ[26]。スウェーデンの1989年の消費者保険法の制定[27]，ノルウェーの1989年の保険契約法の制定[28]，ベルギーの1992年の保険契約法の制定な

---

22)　翻訳として，山下丈「スウェーデン保険契約法」広島法学6巻2号259頁（1982）。

23)　翻訳として，武知政芳＝今井薫監訳・フランス保険研究会訳・フランス保険法典 I 保険契約法（法律・政令・省令，1997年段階）（生命保険文化研究所，1998）。近年の動向につき，笹本幸祐「フランス保険法の現状分析」保険学615号167頁（2011），山野嘉朗「フランス・ベルギー保険契約法──憲法規範・条約規範の影響」保険学637号83頁（2017）。

24)　解説および指令案の翻訳として，山下丈「EEC保険契約法の調整について」広島法学5巻3＝4号479頁（1982）。

25)　保険契約法の調整に代えて，準拠法についての強行法的規律により自国の保険契約者の保護を図っていることについては，198頁。

26)　山下丈「現代保険契約立法の比較」保険学496号38頁（1982）。EU加盟各国の保険契約法の比較研究（法文の英・独・仏訳付）として，J. Basedow und T. Fock (hrsgn.), Europäisches Versicherungsvertragsrecht Bd. 1-Bd. 3 (Mohr, 2002-2003)。

27)　解説および翻訳として，山下丈「スウェーデン消費者保険法について」民商82巻6号737頁（1980），同「スウェーデン消費者保険法その後」広島法学6巻2号183頁（1982）。

28)　解説および翻訳として，山下丈「1990年ノルウェー保険契約法について」損保52巻3号1頁（1990），同「1990年ノルウェー保険契約法（人保険の部）について」文研98号1頁（1992）（なお，1990年は施行された年である）。

どである。その後，保険契約法整備の動きは，ドイツにも及び，約 100 年ぶり
に保険契約法の総合的な見直し作業が行われ，2007 年に新保険契約法が制定
された[29)30)]。

(2)　コモンロー諸国

　英国では，陸上保険契約に関しては，1774 年生命保険法（Life Assurance Act
1774)，1845 年賭博法（Gaming Act 1845)（いずれも被保険利益に関する)，2010 年
第三者（保険者に対する権利）法（Third Parties〔Rights Against Insurer〕Act
2010)（責任保険における被害第三者の保護に関する）などの特定の事項に関わる制
定法を除くと保険契約に関する一般的な制定法は存在しなかった。海上保険契
約に関しては，判例法を基礎に成文法化した 1906 年海上保険法（Marine Insur-
ance Act 1906）があり，同法は，ロンドン市場が海上保険の分野では国際的な
センターとしての地位を維持していることから，現在に至るまで国際的にきわ
めて重要な意味をもっている。また，1906 年海上保険法の定める規律の多く
は陸上保険でも同様に妥当するものである。

　しかし，このような英国の保険法の現状は，海上保険に関してすら保険者の
利益を過剰に保護しすぎるものとして判例により修正されつつあるし，まして
陸上保険については消費者保護の観点から大きな問題をかかえている。告知義
務やワランティという保険契約者保護の観点から問題の多い事項については，
1950 年代から判例法を修正する法律の制定の提案が繰り返しされてきた。こ
れに対して，保険業界では，法の制定に代わるものとして，自主規制によるべ
きであるとの立場から，判例法よりも保険契約者に有利な自主コードを定め，
オンブズマンなどの裁判外紛争手続でもこれに依拠した解決が行われてきた[31)]。
しかし，問題の抜本的な解決のために告知義務やワランティに関する法制定を

---

29)　立法資料および法文の邦訳として，日本損害保険協会 = 生命保険協会・ドイツ保険
　　契約法改正専門委員会最終報告書(2004)（訳）（日本損害保険協会 = 生命保険協会，
　　2006)，新井修司 = 金岡京子共訳・ドイツ保険契約法（2008 年 1 月 1 日施行)（日本損
　　害保険協会・生命保険協会，2008)。

30)　スウェーデンでも 2005 年に新しい保険契約法が制定されている。The Nordic Asso-
　　ciation of Marine Insurer（Cefor）のウェブサイト（http://www.cefor.no/Industry-
　　Policy/Nordic-Insurance-Acts）で，北欧諸国の保険契約法にアクセス可能である。

31)　マルコム・A・クラーク（木下孝治訳）「英国における保険オンブズマンの機能と将
　　来」損保 60 巻 2 号 161 頁（1998)。

求める動きがあり，2012 年には，消費者保険における開示・表示（わが国の告知義務に対応する）について後述（120 頁）のプロ・ラタ原則を導入するなど消費者保護を図る 2012 年消費者保険（告知・表示）法（Consumer Insurance〔Disclosure and Misrepresentations〕Act 2012）が制定された[32]。その後も，立法の検討が継続され，2015 年保険法（Insurance Act 2015）が制定された。同法は，事業者保険における告知・表示について，質問応答義務とした 2012 年法と異なり，被保険者の自発的申告義務とするが，違反の効果についてはやはりプロ・ラタ原則を導入するなど告知義務の規律を現代化することに加えて，消費者保険も含めワランティの効果，保険金の不正請求等について既存の判例法および制定法の規律を変更している。これにより 1906 年海上保険法も改正された[33]。

　コモンローを継受している諸国では，英国とはかなり状況が異なっており，制定法が整備されている。カナダの各州の保険契約法（オンタリオ州では，1980 年保険法〔Insurance Act, RSO 1990 c.I. 8〕）やオーストラリアの 1984 年保険契約法（Insurance Contracts Act 1984）などがこれであり[34]，コモンローを大幅に修正している。

　米国でも，コモンローの継受が出発点となっており，基本的には各州の判例法が保険契約に関するルールを提供するが，米国特有の事情として，各州の保険制定法により保険契約の内容についての規制が大幅に行われているということがある。各州の保険制定法は，基本的には保険監督法であるが，その中において，使用すべき保険約款を直接規定し，あるいは各種保険契約に関する標準条項を定めてこれよりも保険契約者に不利益な約款条項は認可しなかったり使用を禁止するなどの形で，実質的には保険契約の内容に対する規制が行われて

---

32)　消費者保険（告知・表示）法の制定経過と内容については，中村信男「イギリス 2012 年消費者保険（告知・表示）法の概観と比較法的示唆」保険学 622 号 21 頁（2013），清水太郎「英国における保険法改正」生保 194 号 209 頁（2016）。

33)　中出哲「イギリス 2015 年保険法の概要」損保 78 巻 2 号 173 頁（2016），中出哲「イギリス保険契約法の改正とわが国への示唆」保険学 637 号 31 頁（2017）。なお，さらに保険金支払の遅延に関して 2016 年に 2015 年保険法の改正が行われ，また被保険利益に関する新たな法の制定の動きがあることについて，同論文 43 頁。

34)　1995 年生命保険法（Life Insurance Act 1995）も，生命保険に関する監督法規定とともに契約法規定を含んでいる。

いる。また，州法統一法や全米保険監督官会議（National Association of Insur-ance Commissioners：NAIC）のモデル法の作成を通じて，各州の保険法の相当程度の統一化が図られている。保険監督の一環として保険契約に対する規制が行われることから，保険契約に関する規定は保険種類ごとにきわめて具体的であり，いったん制定されると改正が容易でないため抽象的な規定が一般的である大陸法諸国の保険契約法とは対照的である[35]。

7 国際的比較から見た保険法

保険法の現代化は，わが国の実定法の体系の下で，法制審議会保険法部会その他で関係各方面の意見を集約しながら実現したものであるが，国際的な保険法の動向に照らしてどのような特徴を有するものであろうか。

上述のように，欧州諸国では，1980年代から最近まで多くの国で保険法の現代化が進行した。この現象の大きな要因となっているのは，EUにおける保険市場の統合と保険約款の行政認可制の廃止ということである。域内での自由な保険市場を作るに当たり行政認可制による保険契約者保護に頼るのではなく，私法規定により保険契約者の権利を保障して保険契約者保護を図るという思想は，わが国でも，2000年の消費者契約法の制定において，規制緩和を進める上で行政依存の消費者保護から消費者自らが権利主張をできるための私法規定を整備する消費者保護への移行という正当化がされた際の思想と基本的には共通する。

各国の保険法の現代化のうちでも最も新しく最も野心的な試みをしているのが2007年のドイツ新保険契約法である。ドイツでもこの新法の制定は1908年以来文字どおり100年ぶりの改正であるが，たんにドイツ国内の必要性というだけでなく，今後における欧州の保険法の統一といった可能性に向けてドイツがリーダーシップをとれるようにするという大きな視野の下にいくつかの戦略的・野心的な試みが取り入れられている。

ここでいう欧州の保険法の統一とは，保険法にとどまらない契約法の統一と

---

35) 現在，米国法律協会（American Law Institute）により責任保険に関するリステイトメントの作成作業が行われている。深澤泰弘「防御義務の有無に関する判断基準の検討——アメリカ法の近時の動向」保険学632号147頁（2016）。

いう大きなトレンドの一環でもある。欧州の契約法の統一に向けての研究は，民法学者を中心としたグループによりヨーロッパ契約法原則（Principles of European Contract Law）[36] を経て，ヨーロッパ契約法共通参照枠草案（Draft Common Frame of Reference〔DCFR〕）の作成作業として進められているが[37]，これと連携して各論的分野としての保険法の統一を研究するヨーロッパ保険契約法リステイトメント・プロジェクトグループという研究者のグループがあり，同グループがヨーロッパにおける保険契約法のモデルを示す提案として，「ヨーロッパ保険契約法原則」（Principles of European Insurance Contract Law〔PEICL〕）の第1版を2009年に公表し[38]，第2版を2016年に公表している[39]。契約法原則は，わが国の民法債権法の改正にも大きな影響を及ぼしているものであり，その保険版である保険契約法原則もその意味では比較法的には重要な意義をもつものである。

　これら新法や原則案とわが国の保険法を見比べた場合に，まず規定してある事項についてはそれほど大きな違いがあるわけではない。保険という仕組みは，大数の法則などの保険技術に立脚して行われる以上，基本的なところでは普遍的な仕組みとなり，それに関する契約ルールも基本的なところでは共通することにならざるをえない。ところが，その中で，規定内容に大きな違いがある部分がある。これが告知義務違反等の保険契約者の義務違反に対していかなる法的効果を生じさせるかに関する部分である。

　わが国の告知義務に関する規定は，重要な事項に関する不告知，保険契約者の故意・重過失という要件が備わると，保険者は保険契約の解除により保険給

---

36) オーレ・ランドーほか編・潮見佳男ほか監訳・ヨーロッパ契約法原則Ⅰ・Ⅱ・Ⅲ（法律文化社，2006〜2008）。

37) クリスティアン・フォン・バールほか編・窪田充見ほか監訳・ヨーロッパ私法の原則・定義・モデル準則──共通参照枠草案（DCFR）（法律文化社，2013）。

38) Project Group "Restatement of European Insurance Contract Law", Principles of European Insurance Contract Law（PEICL）, 1st ed.（2009）. 邦訳として，小塚荘一郎ほか訳・ヨーロッパ保険契約法原則（損害保険事業総合研究所，2011）。原則の意義等についての解説として，小塚荘一郎「ヨーロッパ保険契約法原則（PEICL）の公表と日本にとっての意味」損保72巻3号1頁（2010）。

39) Project Group "Restatement of European Insurance Contract Law" Principles of European Insurance Contract Law（PEICL）, 2nd ed.,（2016）. 第2版では，責任保険，生命保険および団体保険に関する規定が追加されている。

付義務を全部免れることになるというオール・オア・ナッシング原則を採用し
てきたし，保険法でもこれは維持されている。これに対して，ドイツの新保険
契約法やヨーロッパ保険契約法原則では，詐欺的ないしは故意の義務違反の場
合に全部解除・全部免責とされることは除いて，それ以外の告知義務違反があ
ったとしても，正しく告知されていたとすれば保険者は引受をしていたであろ
うといえる場合には，引き受けていたであろう契約内容に従って減額された保
険金を支払うべきものとされている。たとえば，告知義務違反がなければ100
円の保険料，1万円の保険金額で生命保険契約が成立していたであろうところ，
告知義務違反があったため危険が小さく見積もられて50円の保険料，1万円
の保険金額で生命保険契約が成立したという場合には，あるべき保険料の2分
の1しか保険料を支払っていなかったので，保険金は1万円の2分の1の
5000円のみを支払うというルールである。あるべき保険料と実際に支払った
保険料とに比例して保険金額を削減するこのルールをプロ・ラタ原則とよぶ。
これは1930年のフランス保険契約法以来現在では欧州の多数の国で採用され
ているルールである。もっとも，告知義務がなかった場合に保険者がどのよう
な契約を締結していたかということを考えると，保険料の額で調整する方法以
外にも，たとえば告知された病気による死亡だけは免責とする，一定期間は免
責期間を置くなど，高いリスクに応じて引受をするためのテクニックは多様で
ありうるということから，新しいプロ・ラタ原則の立法では，保険料比例とい
う定式化ではなく，告知義務違反がなかったとすれば保険者が引き受けたであ
ろう契約内容に従い保険金を支払うとしているものもある。

　欧州ではこのようなプロ・ラタ原則がほぼ共通ルールになってきたことを受
けて，わが国でもこの原則に移行するかどうかが保険法部会でも議論の対象と
なった。しかし，保険業界，消費者，研究者，立案担当者のどこからもあまり
多くの支持を受けずに，オール・オア・ナッシング原則を維持することとされ
た。ルールが複雑でわかりにくいこと，義務違反の制裁が弱くなるので告知義
務違反が誘発されるおそれがあること，故意の告知義務違反と重過失による告
知義務違反とで効果が異なることになるが，故意と重過失の判定基準が明らか
でないこと，告知義務違反がなければどのような契約が成立するかを事後的に
確定することが技術的に困難であることなどが理由である[40][41]。

プロ・ラタ原則が国際的には先進的なルールであるという前提に立つとすれば，わが国の保険法は現代化したとはいえ先進的なルールに乗り損なった遅れた立法だという評価になる。プロ・ラタ原則の評価は理論・実務の両面で断定しがたいところがあり，保険法を遅れた立法という評価をすることは適切でないが，欧州諸国の保険法との大きな相違があるということは確かな事実である。

次に米国との比較であるが，米国では，日本や欧州諸国のように公法としての保険監督法と区分された私法としての保険契約法という法体系によっておらず，両者が一体化した保険法が各州で制定されている。その意味では，体系的な私法立法は存在しないが，逆に各種の保険契約で契約者保護上問題となる事項についてきわめて具体的な規制が保険法に盛り込まれている。このようなモデルはわが国に移すとすれば，保険業法と保険法を一体化して，法律案の作成は金融庁が担当するようなことになるであろう。これは実際に保険会社の監督，特に約款の認可をしている当局が私法的な面でも役割を果たすというシステムであり，それなりに合理性をもったシステムではないかと考えられるが，実現可能性はない。しかし，保険法では規定を置くことが見送られた未成年者の保険の保険金額の上限規制や疾病保険における責任開始前不担保条項の適用要件をはじめ，金融庁の監督指針等またはそれを背景とした業界のガイドラインにより保険契約の内容についての規制が及ぼされている場合は少なからずあり[42]，

---

40)　改正作業前の研究として，山下友信「告知義務・通知義務に関する立法論的課題の検討」江頭憲治郎先生還暦記念・企業法の理論・下巻383頁（商事法務，2007）。実務の立場からプロ・ラタ原則の問題点を整理したものとして，田口城「生命保険契約の告知義務に係るいわゆるプロ・ラタ主義の導入について」生保158号1頁（2007）。保険法制定後の総括として，小林道生「告知義務違反の効果とプロラタ主義」保険学607号39頁（2009）。最近のドイツの状況につき，潘阿憲「ドイツ保険契約法上のプロ・ラタ主義と告知義務違反」保険学637号53頁（2017）。

41)　ドイツ保険契約法改正過程における告知義務，通知義務以外の責務違反および重過失免責の効果のあり方に関する議論の研究として，石上敬子「保険契約者の行為義務違反をめぐる原理（Alles-oder-Nichts-Prinzip）の現代的意義──ドイツ保険契約法改正における議論を契機に（その1）（その2・完）」損保68巻2号107頁，3号211頁（2006）。

42)　行政による保険約款の規制として歴史的に大きな意義があったのが1970〜1980年代に行われた経済企画庁の国民生活審議会の下での約款適正化作業であり（生命保険約款について第8次国民生活審議会消費者政策部会報告「消費者取引に用いられる約款の適正化について」(1981)，損害保険について第9次国民生活審議会消費者政策部会報告「消費者取引に用いられる約款の適正化について」(1984)），わが国で消費者保護の観点

その点では米国の規制と似た面はあるということができる。ドイツでも新保険契約法では，損害保険，生命保険といった基本的な保険類型のみでなく，所得補償保険，権利保護保険といった新しい契約類型についてどのような給付が行われるべきかにも立ち入って規定しているし，わが国とは違って社会保険と代替的な位置づけをもつということではあるが疾病保険についても相当詳細な契約内容についての規定を置いているということはあり，私法規定を契約者保護にもっと活用する可能性を考えてもよいのではないかと思われる。

このように比較法的な検討をしていくと，保険法は既存の法体系のパラダイムの下で，保険契約に関する私法基本法として，規定すべき事項を粛々と規定した法律であるということができるが，世界の大きな流れの中で見ていくと，新しいパラダイムによる立法の展開というものも次世代の研究課題となっていくのではないかと考えられる。

第3款　保険法以外の保険契約に関する私法

1　商　　法

陸上保険契約に関する2008年改正前商法第2編第10章の保険の規定は保険法の制定に伴い削除されたが，商法の第3編第6章の海上保険に関する規定は，保険法制定に際しても若干の技術的な改正がされた点を除いて維持された。これは，海上保険に関する規定については，第3編の海商の規定の改正と切り離して検討するのは相当でないためであり[43]，改正は先送りされたものである。その後，2014年に商法の運送および海商の規定の現代化を図るための改正を行うこととなり，法制審議会商法（運送・海商関係）部会が設置され[44]，その

からの約款規定の見直しがこれを契機に本格的に行われた。

[43]　一問一答219頁。

[44]　審議結果は，「商法（運送・海商関係）等の改正に関する要綱」（2016年2月12日）。中間試案における海上保険の改正提案については，商事法務編・商法（運送・海商関係）等の改正に関する中間試案（別冊NBL152号）21頁，61頁（2015）。損害保険界の対応につき，高野浩司「『商法（運送・海商関係）等の改正に関する中間試案』に対する損害保険業界のスタンス」損保77巻3号145頁（2015）。改正作業に先立ち海上保険の規定の改正のあり方を提言したものとして，海上保険法制研究会「わが国の海上保険法制のあり方について——標準的な海上保険実務を踏まえて」損保75巻4号311

審議結果に基づき，「商法及び国際海上物品運送法の一部を改正する法律案」
が国会で審議されているが（2018年3月現在），海上保険に関する規定の改正も
含まれている。海上保険では実務上は約款の定めにより処理されており，商法
の規定が適用されることは稀であるが，現代の実務を踏まえて商法の規定の現
代化を図っている。最も重要な意義があるのは，告知義務に関して，保険法が
保険契約者等の質問応答義務としていることに対する特則として，保険契約者
等の自発的申告義務とする規定を新設するということにある（405頁）。

2　個別保険契約種類に関する特別私法

　個別の保険契約種類については特別法が制定されており，その中で保険契約
法に該当する私法規定が置かれている場合がある。特定の責任保険に関するも
のとして，自動車損害賠償責任保険・共済に関する自動車損害賠償保障法，原
子力損害賠償責任保険に関する「原子力損害の賠償に関する法律」，タンカー
および一般船舶の油濁損害賠償責任保険に関する「船舶油濁損害賠償保障法」
がある。これらは，事故による被害者の保護の観点から，危険な行為・活動を
する者の特別に強化された民事責任を法定するとともに，この責任に関する責
任保険を強制保険とし，かつ保険法の保険契約に関する一般原則からは認めら
れない特則，とりわけ被害者保護を目的とした特則を法定するものである。

　物保険の分野では，直接的な私法規定は含んでいないが，「地震保険に関す
る法律」がある。地震国であるわが国においては火災保険では地震火災につい
て免責とされているが，地震被災者の復興資金を確保する保険の導入が望まし
いということから，政府が再保険を引き受けるという仕組みにより保険会社の
引受リスクを解消した特別の私保険として地震保険が1966年に創設され，そ
の根拠法が地震保険に関する法律である[45]。

　頁（2014）。同報告では，とりわけ，保険法においては，告知義務について保険契約者
等の質問応答義務とされた点に関して，海上保険の分野では英国法をはじめ告知義務は
依然として自発的申告義務とされており，日本法でも告知義務を自発的申告義務とする
ことが海上保険の引受実務には不可欠であって，保険法に対する特則として商法の規定
においてこれを明示すべきであるということを強調している。同前334頁以下。ほかに，
吉澤卓哉「海上保険法現代化について——国際競争と抵触法の観点から」損保77巻1
号1頁（2015）。

45)　2011年3月の東日本大震災発生前の，地震保険制度の創設とその後の制度改正等に

124　第1部　第3章　保険契約に関する法令と保険約款

3　保険監督法等における特別私法

　保険監督法である保険業法にも保険契約に関する私法規定が一部含まれているほか，最近では「金融商品の販売等に関する法律」（金融商品販売法）のように新しいタイプの保険契約にも適用される私法規定が生まれている。

(1)　保 険 業 法

　保険業法は保険業についての公法的監督に関する法律であるが，例外的な私法規定として，保険募集人の募集に関する不法行為に係る所属保険会社等の損害賠償責任を定める規定（保険業283条）があげられる（259頁）。また，保険会社の破綻処理にも関わるが，生命保険会社の保険契約に基づく保険金請求権や解約返戻金請求権その他の保険契約者等の権利については，保険会社の総財産上に民法306条1号の先取特権に次ぐ順位の一般先取特権があることが規定されている（保険業117条の2）。

　保険業法では，保険会社の保有する保険契約を一括して他の保険会社に移転する保険契約の移転の制度があるが（保険業135条〜141条），これは契約上の地位の移転を一般原則である個別保険契約者の同意に係らせるのではなく，集団的な手続として行うことを認めるもので，私法上の効果を伴う特別な制度である。なお，保険業法では，保険株式会社および相互会社に関する組織法的な規定も多数含まれている。

(2)　金融商品販売法

　金融商品の販売等に関する法律は，幅広い金融商品の販売における金融商品

ついては，坂口光男「地震保険——立法史序説」倉澤康一郎＝奥島孝康編・昭和商法学史569頁（日本評論社，1996），日本地震再保険株式会社・日本地震再保険50年史（日本地震再保険株式会社，2016）。地震保険契約については，竹濵修「震災と地震保険契約」民商112巻4＝5号732頁（1995）。外国を含めて地震保険についての研究として，黒木松男・地震保険の法理と課題（成文堂，2003）。東日本大震災と保険に関わる諸問題については，「東日本大震災特集号」保険学619号（2012），日本損害保険協会「東日本大震災に対する損害保険業界の対応」損保74巻1号211頁（2012）。東日本大震災前に規制改革の一環として地震保険特別会計の廃止を求める声があり，財務省の下で地震制度の見直しの検討が行われつつあったが（高橋康文・地震保険制度（金融財政事情研究会，2012）参照），東日本大震災の発生により特別会計の廃止は見送られ，これまでどおり特別会計に基づく政府の再保険が維持されることとなった。同大震災の発生を受けて，財務的な強靱性の強化，商品性の見直し，保険料率区分の見直しなど様々な見直しが行われている。「地震保険制度に関するプロジェクトチーム報告書」（2012年11月30日）。

販売業者等に顧客に対する説明義務を課し，金融商品販売業者等が説明義務に違反した場合には，顧客に対して損害賠償責任を負うという私法上の効果を規定する。保険契約および共済契約も同法上の金融商品として，それらの販売には同法の適用がある（287頁）。

4　商慣習法・商慣習

　商事に関して商法に規定がないときは商慣習法が民法に優先して適用される（商1条2項）。保険契約に関して商慣習法として認められたほぼ唯一の例として，元受保険者が再保険者から再保険金の支払を受けた場合でも元受保険者は再保険者が保険代位により取得した第三者に対する損害賠償請求権を自己の名で再保険者のために行使することができるとするローン・フォームの慣習がある[46]。

　商慣習は商慣習法と異なり事実としての効力しかなく，契約当事者の意思表示により契約内容に取り込まれてはじめて契約を規律する効力をもちうるが，同種の契約で広く行われている慣習がある場合には，黙示にその慣習に従うという意思表示が認められる可能性がある[47]。もっとも，保険契約のように保険約款により詳細な契約内容が規定されている場合には，商慣習により契約内容を補充する必要性は一般的には乏しいし，商慣習として主張されるものがたんに保険者のサイドにおける一方的な実務慣行で保険契約者サイドの納得を得たものではない可能性があるので，商慣習による契約の補充の例があまり見られないのも合理的な理由がある。

---

46)　大判昭15・2・21民集19・273。

47)　保険契約に関して商慣習の存在が認められたものとしては，任意自動車責任保険のてん補額について，自賠責保険の保険金額を超える金額ではなく，自賠責保険の支払額を超える金額とする旨の商慣習に準ずるものがあるとした名古屋地判昭48・11・2判タ310・245があるにとどまる。同判決が商慣習に準ずるものとしているのは，商慣習に準ずるものとされた保険業界の取扱いがはじまって2年程度しか経過していないことを考慮したもののようであるが，この取扱いは約款改定により明確に規定されていたもので，商慣習を問題とするまでのこともない事案であったとされている（伊藤文夫・損保百選108頁）。

126 第 1 部 第 3 章 保険契約に関する法令と保険約款

5 一般私法

(1) 民　法

保険契約に関して保険法等に特別の規定がない限りでは，保険契約にも民法および商法の契約に関する一般規定が適用される。商法は民法に対する特別法であるから，商法と民法の規定が相互に抵触するときは商法の規定が優先的に適用される（商 1 条 1 項）。商法の規定がない問題について，民法がどのように適用されるかに密接に関わるのが，前述（83 頁）の保険契約の有償双務契約性に関する議論である。

民法のうちの債権法に関する部分を制定以来はじめて本格的に見直し現代化する民法改正が 2017 年に実現した。この改正は保険契約にも大きな影響を及ぼすことが予想される[48]。

(2) 消費者契約法

2000 年制定の消費者契約法は，その定義する消費者契約に該当する限りあらゆる契約に適用があり保険契約にも適用されるが，詳細については，159 頁（不当条項規制）および 379 頁（消費者の取消権）[49]。

消費者契約法には，2006 年の改正により，適格消費者団体による差止請求の制度が新設された。これによれば，事業者が同法上の取消権の対象となる行為を不特定多数の消費者に対して現にこれを行いまたは行うおそれがあるとき，および，事業者が同法上の不当条項を含む消費者契約の締結を現に行いまたは行うおそれがあるときは，適格消費者団体は，その事業者に対し，当該行為の停止もしくは予防または当該行為に供した物の廃棄もしくは除去その他の当該行為の停止もしくは予防に必要な措置をとることを請求することができる（消費契約 12 条 1 項・3 項）。保険契約に関しては現在までのところ差止請求の裁判

---

[48]　改正法成立前に保険契約との関係を検討したものとして，松本恒雄「債権法改正論議の動向と損害保険への影響」損保 74 巻 1 号 29 頁（2012），山本哲生ほか「保険取引から見た債権法改正——平成 25 年度日本保険学会大会シンポジウム」保険学 624 号 1 頁（2014），山本敬三「民法（債権関係）の改正に関する要綱と保険実務への影響」生保 191 号 1 頁（2015），山下友信「民法（債権関係）改正と保険——改正の意義，重要論点及び今後の保険実務」損保 77 巻 2 号 139 頁（2015），保険業法に関する研究会・債権法改正と保険実務（損保ジャパン日本興亜福祉財団叢書 No.87）（同財団，2016）。

[49]　このほか，電子商取引として保険契約が締結される場合については，2001 年に制定された「電子消費者契約に関する民法の特例に関する法律」の適用がある（297 頁）。

例は知られていない。

　また，消費者の取消権および不当契約条項の規律が消費者被害に十分対応できていないこと，および民法（債権法）改正においては消費者契約に関する規定を置くという立法論は実現できないこととなったことから，消費者の取消権および不当条項規制による消費者の保護を強化する改正が 2016 年に行われた[50]。しかし，なお十分でないとして近く再度改正が行われる見通しである[51]。

6　民事手続法

　保険契約に関する手続法的な問題については，民事訴訟法，民事執行法，民事保全法のほか，破産法をはじめとする各種の倒産処理法が適用されるが，保険契約に関する特則があるのは倒産処理法の側面であり，「金融機関等の更生手続の特例等に関する法律」に保険会社についての特別規定が置かれている。このほか，保険業法にも，経営が破綻した保険会社の破綻処理手続についての規定があるが，これは行政手続の形をとった実質的な倒産処理法ということができる（保険業 241 条～271 条の 2 の 3）。

　2013 年に制定された「消費者の財産的被害の集団的な回復のための民事の裁判手続の特例に関する法律」は，特定適格消費者団体による消費者集合訴訟制度について定める[52]。本法に基づく共通義務確認の訴えが利用できるのは，消費者契約に関して相当多数の消費者に生じた財産的被害について，事業者が，これらの消費者に対して負う金銭の支払義務であって，契約上の債務の履行請求，不当利得に係る請求，契約上の債務の不履行に基づく損害賠償請求，不法行為に基づく損害賠償請求（民法によるものに限る）に係るもので，消費者に共通する事実上および法律上の原因に基づくものであるが（消費者被害回復 2 条 4

---

50)　改正の概要につき，須藤希祥「消費者契約法の一部を改正する法律の概要」金法 2045 号 38 頁（2016）。改正法と今後の課題に関する研究として，山本敬三ほか「特集・消費者契約法の改正」法時 88 巻 12 号 4 頁（2016），松本恒雄ほか「特集・検証改正消費者契約法」現代消費者法 34 号 4 頁（2017）。

51)　消費者委員会消費者契約法専門調査会「消費者契約法専門調査会報告書」（2017 年 8 月）。2018 年 3 月現在，改正法案が国会で審議中である。

52)　消費者庁消費者制度課編・一問一答消費者裁判手続特例法（商事法務，2014），TMI 総合法律事務所編・髙山崇彦著・Q＆A 消費者裁判手続特例法・消費者契約法（金融財政事情研究会，2014），伊藤眞・消費者裁判手続特例法（商事法務，2016）。

号・3条1項），保険契約に関しては，保険約款のある条項が消費者契約法10条に反して無効であるとする主張に基づき保険金等の支払請求や既払保険料の不当利得返還を請求するというような事例が考えられる。

なお，保険契約に関する裁判外紛争手続については，第1部第4章（189頁）参照。

第4款　保険監督法等

1　保　険　業　法

(1)　総　　　説

保険は現代社会が成り立つための不可欠な仕組みとなっており，保険を提供する保険業者の経営が健全に行われることには大きな公益が認められる。保険業の健全な経営のためには高度の技術的な基盤と経営者の良心が不可欠であるが，歴史上はこれに反する事態が頻繁に発生してきており，その苦い経験を通して各国とも保険業に関する監督制度を整備してきたのであり，その基礎となる法を講学上は保険監督法といい，基本的には公法に属する。主要国では，一つの業種に対する公法的な監督制度で保険監督制度は最も複雑・膨大なものの一つとなっているのが通例である。保険監督制度は，とりわけ，保険業者の財務の健全性とともに保険取引の公正を確保するということが目的とされている。

わが国でも，商法とほぼ同じ時期である1900年（明治33年）に最初の保険業法が制定された。この保険業法は，数度の改正を経た後，戦時色の濃くなった1939年（昭和14年）に全部改正が行われ，この保険業法が戦後も基本部分の改正を経ないまま1995年の保険業法全部改正までわが国の保険監督法の基幹法としての地位を占めた。しかし，戦後顕著な発展を遂げてきた保険業を監督する基幹法としては限界が目立つようになり，1980年代後半から進められた金融市場改革，規制緩和，消費者保護といった諸課題に対応するべく，1995年に全部改正が行われ，これが現行の保険業法である。なお，戦後には，保険業法に加えて，保険監督制度に関するものとして，「保険募集の取締に関する法律」（1948年）[53]，「損害保険料率算出団体に関する法律」（1948年）および「外国保険事業者に関する法律」（1949年）[54] が制定されたが，1995年の保険業

法では，このうち外国保険事業者に関する法律および保険募集の取締に関する法律を保険業法に統合した[55]。

　保険業法による保険業の監督は，上記のように財務の健全性と保険取引の公正という主目的を実現するために，保険業者の開業規制と継続的規制を行うものとし，具体的には，財務の健全性に関しては，一般の商品・サービスでは価格に相当する保険料率の規制，資本や諸準備金等に関する経理の規制，業務の規制等を行うものとし，保険取引の公正に関してはやはり保険料率の規制に加えて保険約款の規制，保険募集の規制等を行うものとしている。規制をするための手段として，保険会社の定款，普通保険約款等の書類（実務上，基礎書類とよばれる）の免許に際しておよびその後の変更に際しての認可・届出による行政規制や内閣総理大臣の行政命令権などが規定されている[56]。また，保険業の特性に基づき，保険会社の組織法的側面について規定している。保険株式会社に関する会社法等の会社の規定に対する特則および保険業法に基づき設立される特殊な会社形態としての相互会社に関する自足的規定がこれに当たる。さらに，保険株式会社および相互会社の合併，株式交換，株式移転，組織変更など保険会社の組織再編行為に関する規定や行政的な破綻処理手続に関する規定が置かれている。

　保険契約に直接関連する規制をさらに抜き出すと，以下のような規制がある

---

53)　募取コメ，落合誠一「募集制度」業法の在り方・下 211 頁。

54)　青谷和夫監修・コンメンタール保険業法（下）619 頁（千倉書房，1974），損保講座1・138 頁，落合誠一「外国保険事業者」業法の在り方・下 249 頁。

55)　1995 年保険業法制定直後の解説として，保険研究会編・最新保険業法の解説（大成出版社，1996），保険研究会編・コンメンタール保険業法（財経詳報社，1996），損保講座補巻。制定後の改正まで織り込んだ解説として，安居・業法，石田満・保険業法2017（文眞堂，2017），関西業法。保険業法の付属法令として，保険業法施行令，保険業法施行規則等があり，また，保険業法に基づく行政の運用につき，保険会社向けの総合的な監督指針，少額短期保険業者向けの監督指針，認可特定保険業者向けの総合的な監督指針および保険検査マニュアル（保険会社に係る検査マニュアル）等がある。1995年改正前保険業法の解説として，三浦義道・改正保険業法の解説（巌松堂，1940），海原光輝「保険業法」高橋俊英編・金融関係法 II 241 頁（第一法規，1964），青谷監修・前掲（注 54），鴻常夫監修・保険業法コンメンタール（安田火災記念財団，2001〔1987〜2001 刊行の第 1 巻〜第 7 巻を合本したもの〕）。

56)　監督に関する諸規定については，1995 年改正法についてであるが，損保講座補巻136 頁。

130 第1部 第3章 保険契約に関する法令と保険約款

（保険募集の規制については第2部第1章〔209頁〕参照）。

(2) 保険約款等の規制

(ア) 規制の概要　普通保険約款は保険業の免許に際して免許申請書の添付書類として審査の対象となる（保険業4条2項3号。普通保険約款の記載事項につき，保険業則9条）。審査基準として，①保険契約の内容が，保険契約者，被保険者，保険金を受け取るべき者その他の関係者の保護に欠けるおそれのないものであること，②保険契約の内容に関し，特定の者に対して不当な差別的取扱いをするものでないこと，③保険契約の内容が，公の秩序または善良の風俗を害する行為を助長し，または誘発するおそれのないものであること，④保険契約者等の権利義務その他保険契約の内容が，保険契約者等にとって明確かつ平易に定められたものであること[57]，⑤その他内閣府令で定める基準があげられている（保険業5条1項3号，保険業則11条）。⑤の基準として，内閣府令では，保険契約一般に共通する基準に加えて，近時は個別具体的な保険種類において保険約款が定めるべき内容についての基準が規定されるようになり，規定事項の数が増加している[58]。

---

57) 約款の平明化は本文で述べたように保険業法上の認可基準とされているが，外国ではより具体的に文章の平明度を判定する基準により一定以上の平明さを要求する例がある。小松原章「米国生保の保険約款簡明化への対応」ニッセイ基礎研 REPORT（冊子版）2007年12月号14頁。ニューヨーク州保険法3102条は規制の一例であり，米国の保険約款では，保険者を We，保険契約者を You と表記するなど平明化には相当の努力の跡がある。ドイツでも近時の約款では意図的な平明化が行われている。わが国でも，2006年の金融庁の保険商品の販売勧誘のあり方に関する検討チーム最終報告書「ニーズに合致した商品選択に資する比較情報のあり方」が約款の平明化・簡素化を求めたことを契機に，各生命保険会社により平明化のための見直しが行われた。一社の例として，山本英人「約款平明化への取組み」生経77巻2号89頁（2009）。会社によっては，約款の体系が全面的に見直されている。また，損害保険については，日本損害保険協会が「保険約款のわかりやすさ向上ガイドライン」，「保険約款および募集文書等の用語に関するガイドライン」を定め，各損害保険会社もこれに従い保険約款の見直しをしている。竹井直樹＝柴田文明「保険約款と保険商品のわかりやすさの向上について」損保72巻2号109頁（2010）。

58) 具体的な保険類型の契約内容に関する基準として，他人の生命の保険契約の締結等に関して被保険者の同意につき書面による方式その他これに準じた方式であること（保険業則11条2号。原則的に書面によることを要するという点において明らかに保険法38条・67条1項等よりも規制を強化している），保険会社が保険料率その他の契約内容の変更をすることができる場合には，保険契約者が不利益を受けることなく保険契約を将来に向かって解除できるものであること（保険業則11条7号ロ。ただし，変更の要

保険業の開業後においても，保険契約者等の保護に欠けるおそれが少ないものとして内閣府令で定める事項を除いて普通保険約款を変更するには認可を受けなければならない（保険業123条1項）。認可の審査基準は免許の際と同じである（保険業124条1号）。規制緩和の一環であるが，認可を要しない事項として，内閣府令では保険契約者が事業者である各種保険契約を列挙しており，段階的に列挙されるものの数が増加している（保険業則83条1号・3号）。これらの保険契約の普通保険約款の変更については届出をすれば足りる（保険業123条2項）[59]。

内閣総理大臣は，保険会社の業務もしくは財産の状況に照らして，または事情の変更により，保険会社の業務の健全かつ適切な運営を確保し，保険契約者等の保護を図るため必要があると認めるときは，当該保険会社に対し，その必要の限度において，普通保険約款の変更を命ずることができる（保険業131条）。もっとも，この変更命令は，将来に向かって保険会社に約款を変更して使用することを命ずる行政処分であり，既存の契約の内容を変更する効力をもつものではない。

普通保険約款のほか，事業方法書の記載事項としても「保険契約の特約に関する事項」等の事項が含まれており（保険業則8条1項6号等），講学上保険約款とよんでいるものには，保険業法上の普通保険約款と事業方法書の記載事項とがある。事業方法書の記載の変更についても普通保険約款に準ずる規制が行われる。

(イ) 保険約款の規制と私法的効果 保険業法の以上の規制に違反して保険約款が使用され保険契約が成立した場合に，保険契約ないしは保険約款の条項の私法上の効力がどうなるかという問題がある[60]。無認可約款に関して，伝統

件，変更箇所，変更内容および保険契約者に内容の変更を通知する時期が明確に定められている場合にはこの限りでない。同号イ）がある。

59) 届出の受理の後，原則として90日以内に内閣総理大臣は届出内容が認可基準に合致するか否かを審査し，適合しないときは届出事項について変更を命じまたは届出の撤回を命ずることができる（保険業125条）。

60) 甘利公人「保険業法第1条に違反する保険契約の私法上の効力」損保55巻2号81頁（1993），山下友信「主務大臣の認可のない船舶海上保険約款の変更とその有効性」倉澤康一郎教授還暦記念論文集・商法の判例と論理689頁（日本評論社，1994）。歴史的・比較法的な研究として，吉川吉衞「保険契約に対する国家規制——普通保険約款に

132 第1部 第3章 保険契約に関する法令と保険約款

的には保険業法の認可は講学上の許可であり，認可を受けていなくとも私法上の効力には影響がないと解するのが一般であった。ところが，最高裁昭和45年12月24日判決（民集24・13・2187）は，船舶保険普通保険約款中の免責条項の適用除外規定部分が無認可で抹消された（したがって，保険契約者にとっての不利益変更に当たる）という事例に関して，船舶保険では火災保険や生命保険のように保険契約者が保険者に比べて経済的に弱者であるとはいえないということを理由に，上記の免責の範囲を拡大する無認可の抹消の有効性を認めたことから，生命保険や火災保険などの家計保険で無認可で保険契約者に対する不利益変更が行われた場合には，最高裁はその条項を無効とするのではないかという推測の余地が生じることになった。もっとも，保険者と保険契約者との経済力の格差をいう部分は傍論であって，家計保険に関しては判例の立場は明らかでないという評価をするのが一般的である。

　一口に無認可約款の私法的効力といっても，問題の類型を分けて考える必要がある。上記判例のように，既存の約款中の一部の条項が無認可で変更されたという類型でも，変更が保険契約者側に有利な場合と不利な場合とがありうる。また，まったく新しい種類の保険を無認可で販売する，したがって約款全体が無認可であるという事例もありうるし，認可を受けた普通保険約款と特約が使用されているのであってもその組合せ方が認可を受けていないという事例もありうる。これらの事例ごとに問題状況は同じではないので，画一的な判断は適切でないが，基本的には，無認可であっても私法上の効力には影響がないというべきである。保険業法の認可は，行政法学上は許可に当たる行政行為であるのみでなく，実質的に見ても保険市場に提供される保険商品について行政により統制を加えるという目的を有するものではないから，無認可であることをもって当然に私法上の効力を否定しなければならないほどの強い意味をもつものと考えるべきでない。認可の目的である保険契約者の保護という観点からは，約款全部が無認可の新商品であった場合に無認可約款を当然に無効とすると逆に保険契約者が意図した保険保護を受けられなくなることは問題である。保険契約者の保護の観点から問題となりうるのは，上記の類型のうちでは既存の約

　　　対する許可・認可を中心として(1)〜(4)」法学新報80巻10号1頁，12号55頁，81巻8号97頁，9号37頁（1973〜1974）。

款の一部を無認可で保険契約者の不利益に変更したというような場合であるが，このような場合についても無認可であることが約款の不当条項規制における不当性の判断要素としては相当程度に考慮され，認可を受けていた場合以上に厳しい不当条項規制に服すると考えることにより対処するのが適切であろう。無認可約款の使用は行政罰である過料の対象となるが（保険業 333 条 1 項 40 号），そのことをもって保険会社が保険契約者との関係において約款の規定に従い義務を履行することまで違法とするものではない[61]。

(ウ) 保険約款の共同作成と独占禁止法　　1995 年改正前の保険業法の下では，損害保険一般に関して，保険会社間で共同して保険約款を決定することについては保険料率の決定に係るものを除き原則として独占禁止法の適用が除外されており（1995 年改正前保険業 12 条ノ 3 第 2 号ロ），これが保険会社間での共同の保険約款の決定を全面的に適用除外とするものであるか否かについては明確ではなかったものの，実際上は損害保険の約款は共同で作成され，それが業界で統一的に使用されるのが通例であった。これは，次頁の損害保険料率算出団体による料率算定の前提でもあり，また損害保険に関しては共同行為を大幅に認め損害保険を安定的に提供することが公益に合致すると考えられていたことによるものであったと思われる。保険料率についても同様の理由で損害保険料率算出団体の算出するいわゆる算定会料率に事実上張り付いた価格競争のない状態であった。

---

61)　本文で述べたような無認可約款の効力をどう考えるかという問題は，従来は前掲最判昭 45・12・24 の事例のように無認可約款の内容が保険契約者にとって不利益であり，かつ無認可約款の使用が保険会社の組織的な意思決定に基づくものであることを暗黙の前提としていたように思われる。しかし，無認可約款による契約という問題は，それにとどまるものではなく，実際には保険会社の組織的な決定を経ずに保険会社の使用人や保険募集主体の過誤により認可されない内容の保険契約が締結されるという場合もありうる。このような場合も結果的には無認可約款による契約ということになるが，保険契約の内容が認可されたとおりの本来あるべきところよりも保険契約者に不利益であれば保険契約を締結し直すことで容易に問題は解消されるので，紛争が生じるとすれば本来あるべきところよりも保険契約者に有利な内容で契約が締結されてしまった場合であろう。このような場合には，募集主体の代理権との関係や約款の内容と矛盾する個別合意の成否の可能性という観点からも検討しなければならない。この点については，145 頁で検討する。なお，現行の保険業法では，届出制の対象となる保険約款については，無届出約款の効力如何という問題が生じるが，無認可約款以上に私法上の効力には影響しないことになろう。

134　第1部　第3章　保険契約に関する法令と保険約款

　しかし，約款・保険料率とも各社共通というような保険市場は国際的にはき
わめて異例なものであり，1995年保険業法では，損害保険市場における競争
促進の観点から，独占禁止法の適用除外の範囲が大幅に狭められ，保険業法で
適用除外が認められているのは，航空保険，原子力保険，自賠責保険，地震保
険に加えて，共同再保険をすることが保険契約者等の利益のために必要な保険
に限られることになり（保険業101条1項），これらの場合に限り保険約款の内
容を共同して決定することができることとされたが，決定および変更について
は内閣総理大臣の認可を要し（保険業102条），内閣総理大臣は認可しようとす
るときはあらかじめ公正取引委員会の同意を得なければならないこととされた
（保険業105条1項）。これ以外の損害保険に関しては，保険約款の内容を共同し
て決定することについての適用除外規定はなく，独占禁止法の一般原則に服す
ることになる[62]。この場合，保険会社が共同して保険約款を作成することが全
面的に禁止されるわけではなく，他業界でも行われているように，モデル約款
等の形で採用するかどうかが各保険会社の自由な判断に委ねられるのであれば
共同作成をもって当然に独占禁止法に違反することにはならない。1998年の
損害保険料率算出団体に関する法律の改正により損害保険料率算出団体は純保
険料率についての参考料率を算出することだけができるにとどまることになり，
その算出する保険料率についての会員保険会社に対する拘束力がなくなったが，
それに伴い，参考料率を算出する前提となるものとして各種の保険についての
標準約款を損害保険料率算出団体としての損害保険料率算出機構が作成するよ
うになっている[63]。

　生命保険に関しては，もともと独占禁止法の適用除外規定がなかったので，
約款も共同して決定するということはなく，各生命保険会社により保険約款は
異なるものが使用されてきた。もっとも，生命保険に関しても，生命保険協会

　62）　1995年保険業法の独占禁止法適用除外については，大胡勝「保険制度改革と独占禁
　　　止法」公正取引537号32頁（1995），損保講座補巻86頁，小塚荘一郎「保険業に対す
　　　る競争法の適用」上智法学論集42巻3=4号9頁（1999）。立法政策につき，岩崎稜
　　　「共同行為とその取扱い」業法の在り方・下163頁。
　63）　火災，任意自動車，傷害，介護費用，家計地震の各保険で損害保険料率算出機構が
　　　標準約款を作成している。自賠責保険については，保険業法の適用除外規定に基づく共
　　　同行為として共通約款が作成されている。

においてモデル約款が作成されることがあり，2008年保険法の施行時に改正
事項に関連してモデル約款が作成されたほか，反社会的勢力への対応のための
重大事由解除についての約款例が作成されている。

2 損害保険料率算出団体に関する法律

損害保険の分野では，損害保険料率の算出のためには保険会社の事故発生に
関するデータを可及的に多く集積することが有益であることから，そのような
データを集積しこれに基づく保険料率を算出して保険会社に提供する業務を営
む機関が各国にあるのが通例である。わが国では，「損害保険料率算出団体に
関する法律」を根拠に損害保険料率算出団体として，損害保険会社を会員とす
る損害保険料率算出機構が設立されている[64]。同法の1995年改正前には，損
害保険料率算出団体の算出する営業保険料率は会員保険会社を拘束する効力を
有しており，原則的に独占禁止法の適用を除外されていたが，1995年の同法
の改正以後規制緩和が段階的に進み，1998年改正以後は，損害保険料率算出
団体の業務は，純保険料率部分についてのみ会員保険会社の料率算定において
参考として使用できる参考純率を算出することに限定されている。ただし，自
賠責保険および地震保険に関しては，それらの保険の特殊性から会員保険会社
が使用につき認可または届出があったものとみなされる営業保険料率に係る料
率である基準料率を算出することができるものとされ，これらの保険に関して
は実際上も各保険会社は基準料率をそのまま採用している[65)66)]。

3 船主相互保険組合法

船舶の運航に伴い生ずる事故等により船舶所有者または船舶賃借人に発生す

---

64) 2002年までは，損害保険料率算出団体として，損害保険料率算定会と自動車保険料
    率算定会の2つの団体があったが，これらが統合されて現在の損害保険料率算出機構と
    なった。

65) 損害保険料率算出団体の行う行為については，1998年の改正以後は基準料率を算出
    することができる自賠責保険および地震保険に関してのみ独占禁止法の原則的適用除外
    の対象となる（損害保険料率算出団体に関する法律7条の3）。

66) 1998年改正後の同法の解説として，石田満・損害保険料率算出団体に関する法律
    （新版第1版）（損害保険事業総合研究所，2003）。1995年改正法については，損保講座
    補巻256頁。

る費用および責任に関しては，海上保険業者による保険の引受が不可能ではないものの十分な付保ができないことから，船舶所有者等による相互保険が世界各国で行われていることが一般的である。この相互保険をP&I（Protection and Indemnity）保険といい，わが国でも船主相互保険組合法を根拠法として，船主責任相互保険組合および小型船相互保険組合という相互保険企業形態が認められている。同法では，船主相互保険組合等の企業組織的側面についてのみ規定するにとどまるので，保険の内容に関しては組合の契約規定による[67)68)]。

4 共済監督法

保険法では，保険業法の規制を受ける保険業者の行う保険契約と各種共済事業者の行う共済契約を一元的に保険契約として適用対象としているが，事業者の行政的監督の面では，共済は各種の協同組合法その他の共済を行うことの根拠法令に基づく監督を受けることとなっており，法令ごとに監督の内容は多様である[69)]。近年までは，これらの共済監督法令に基づく監督は緩やかなものであり，保険業法に基づく保険会社等の監督との不均衡が問題視されていた[70)]。そして，共済でも事業規模が拡大し，共済契約の内容も保険会社の保険契約と実質において変わりがないものが増加してきたことから，共済についても財務規制や保険募集等の行為規制を行わないことは共済契約者保護の観点からもはや社会的に許容できない状況となってきた。そこで，2004年の農業協同組合法の改正[71)]以来，2006年に中小企業等協同組合法の改正[72)]，2007年に消費生

---

67) P&I保険につき，小林友次「P&I保険」日本海法会創立百周年祝賀・海法大系581頁（商事法務，2003），木村ほか・海上保険361頁〔今泉敬忠〕。定款および保険契約規定につき，今泉敬忠・日本船主責任相互保険組合の新定款および保険契約規定の研究（損害保険事業総合研究所，1998）。

68) 漁船についても，船主等の相互保険組織として，漁船損害等補償法に基づく漁船保険組合がある。

69) 概要については，日本共済協会・やさしい共済入門2017年度版（日本共済協会，2017）（消費生活協同組合法版，農業協同組合法版，水産業協同組合法版，中小企業等協同組合法版がある）。共済事業の根拠法・監督法の沿革については，江澤雅彦「保険と共済の『境界』について」保険学605号15頁（2009）。

70) 竹内昭夫「保険と共済」同・理論253頁。

71) 明田作・農業協同組合法（第2版）207頁（経済法令研究会，2016）。

72) 中小企業庁経営支援部創業連携推進課「中小企業等協同組合法の一部を改正する法律」法令解説資料総覧303号11頁（2007）。中小企業等協同組合の共済事業については，

活協同組合法の改正，2008 年に水産業協同組合法の改正[73] が行われ，主要な共済についての行政的監督が整備された。これらの共済の監督は，保険業法の監督に比較すると緩やかなものであるといえるが，この改正では，前述（95頁）のとおり無認可共済を保険業法の規制対象とするが，少額短期保険業者となるものについては緩やかな規制にとどめるという規制の分化が図られたのと同様に，共済金額，組合員数，共済事業の規模等により規制の分化が図られており，これにより規模が大きい事業については保険業法の規制に相当に近づいた水準のものとなっている一方で，規模が小さい事業については規制が緩やかなものとされ，共済が過度に厳しい規制を受けることにより事業の利点を発揮することを阻害しないような配慮がされている。

保険会社の普通保険約款に対応する共済約款（実際の名称は一様でない）については，監督官庁の承認ないし認可を要するとされている（農協 11 条の 17，水協 15 条の 2，生協 26 条の 3・40 条 5 項，中協 9 条の 6 の 2・9 条の 7 の 2）。

5　保険業・共済事業にも適用されるその他の法令

(1)　金融商品取引法

2006 年の金融商品取引法の改正（法令名も証券取引法から改称）過程では，投資リスクのある投資物件を幅広く同法の適用対象とすべきであるとして，銀行や保険会社をはじめとする各種金融機関の販売する金融商品でも顧客が投資リスクを負うものは適用対象とする方向が目指された。しかし，これを実現するために，銀行や保険会社等が販売する金融商品を金融商品取引法上の有価証券として位置づけて同法を直接適用するのではなく，銀行法や保険業法などの金融機関の監督についての法令の中で，顧客が投資リスクを負う金融商品に該当するものについては，金融商品取引法の金融商品販売業者の販売に関する行為規制に関する規定を準用するという仕組みがとられた。保険業法では，保険募集規制に関する規定における特定保険契約の募集について金融商品取引法の規定を多数準用する保険業法 300 条の 2 がこれに当たる（詳細は 250 頁）。共済事

2012 年にも法改正が行われている。伊藤慎一郎「中小企業等協同組合法の一部を改正する法律」法令解説資料総覧 375 号 31 頁（2013）。
73)　千原啓「現代社会における生協の再定義」時の法令 1805 号 36 頁（2008）。

業に係る協同組合法についても同様のものがある（農協 11 条の 27，水協 15 条の7，生協 12 条の 3，中協 9 条の 7 の 5 第 2 項）。

(2) 個人情報保護法

個人情報の有用性に配慮しつつ，個人の権利利益を保護することを目的として 2003 年に制定され 2015 年に改正された個人情報の保護に関する法律（以下，個人情報保護法という）は，個人情報取扱事業者の義務等について規定しているが，保険業を行う保険業者も個人情報取扱事業者として同法の適用を受ける。保険業を含む金融・信用分野は，医療分野，情報通信分野とともに個人情報の保護の重要性に鑑み，個人情報保護法制定に際しての閣議決定「個人情報の保護に関する基本方針」（2004 年 4 月 2 日，2016 年 2 月 19 日一部変更）に基づき，同法の下で個人情報取扱事業者の講ずべき具体的な措置についてのガイドラインを定めることとされ，個人情報保護委員会および金融庁が「金融分野における個人情報保護に関するガイドライン」（2017 年 2 月 28 日）および「金融分野における個人情報保護に関するガイドラインの安全管理措置等についての実務指針」（2017 年 2 月 28 日）を定めている。それと同時に，各種金融機関の監督法令において金融機関の個人情報管理体制のあり方についての規制を規定し，金融庁がその遵守を監督するという仕組みがとられている。保険会社についていえば，保険業法 100 条の 2 に基づき保険会社が講じるべき措置として保険業法施行規則 53 の 8～53 条の 10 に個人情報保護に関して講じるべき措置が定められている。また，監督指針が講じるべき措置の指針を定めている（監督指針Ⅱ－4－5）。さらに，生命保険協会，日本損害保険協会，外国損害保険協会は，個人情報保護法上の認定個人情報保護団体（個人情報 47 条以下）として，個人情報保護指針を定めるとともに[74]，個人情報管理についての保険会社への指導や苦情受付などを行っている。保険募集人についても，保険業法 294 条の 3 により保険募集人が講じるべき措置として保険業法施行規則 227 条の 9・227 条の 10 に個人情報保護に関して講じるべき措置が定められている。また，監督指針が保険会社に準じた措置を講じるべきものとしている（監督指針Ⅱ－4－2－

---

[74] 生命保険協会「生命保険業における個人情報保護のための取扱指針について」（2017年 4 月 21 日改定），日本損害保険協会「損害保険会社に係る個人情報保護指針」（2017年 5 月 30 日改定）ほか。

9(2))。

　保険業に対する個人情報保護法の適用上，特に問題となるのは，第1に，人保険における告知義務や保険金支払のために身体に関する情報などきわめてセンシティブな情報を保険業者は取り扱うことになるので，高い水準の情報管理が必要になるということ，第2に主としてモラル・リスク対策として，保険加入者の保険加入状況についての契約登録制度（326頁）や，保険金支払状況についての照会制度[75]など保険業者間での相互情報提供制度が行われ，これについても高い水準の情報管理が必要になるということである[76]。

(3)　犯罪収益移転防止法

　2007年制定の「犯罪による収益の移転防止に関する法律」（犯罪収益移転防止法）は，マネー・ローンダリングおよびテロ資金供与の目的での犯罪による収益の移転の防止のために，保険業者や共済を含む特定事業者に，顧客等の本人特定事項等の確認，取引記録等の保存，疑わしい取引の届出等の措置を義務づけている。保険会社についてみれば，保険契約の締結や保険金・解約返戻金の支払等について，上記各措置をとらなければならないが，犯罪収益の移転防止という法の目的に照らして，犯罪による収益の移転に利用されるおそれがない取引については適用が除外されており（同法施行令7条1項1号ホ〜チ，同法施行規則4条1項2号・3号），その結果として，適用があるのは，満期保険金，満期返戻金，年金等の支払をする保険契約の締結，保険金の支払等，および200万円を超える大口現金取引等ということとなっている[77]。

---

75)　生命保険協会では，全国共済農業協同組合連合会，全国労働者共済生活協同組合連合会（全労済）および日本コープ共済生活協同組合連合会の3団体とともに，支払査定時照会制度を共同で運営している。日本損害保険協会でも，一部の共済事業者とともに各種の保険契約，事故，保険金支払等に関する情報交換制度を実施している。

76)　改正法の下で損害保険実務上問題となりうることの検討をするものとして，浅井弘章「改正個人情報保護法が損害保険会社の業務に与える影響」損保78巻4号285頁（2017）。

77)　金融庁総務企画局企画課調査室「犯罪収益移転防止法に関する留意事項について」（2012年10月），金融庁「疑わしい取引の参考事例」（保険会社）（2016年10月），生命保険協会・マネー・ローンダリング／テロ資金供与ハンドブック（2016年7月改訂）。2014年犯罪収益移転防止法改正等について，橋爪隆ほか「特集・マネロン対策・反社対応をめぐる動きと実務」ジュリ1481号13頁（2015）。なお，2018年2月に「マネー・ローンダリング及びテロ資金供与対策に関するガイドライン」が公表された。

140 　第1部　第3章　保険契約に関する法令と保険約款

⑷　**暴力団対策法・暴力団排除条例等**

　暴力団の活動を規制する法令としては，「暴力団員による不当な行為の防止
等に関する法律」（暴力団対策法）が制定されており[78]，政府においても，犯罪
対策閣僚会議幹事会申合せ「企業が反社会的勢力による被害を防止するための
指針について」（2007 年 6 月 19 日）により暴力団をはじめとする反社会的勢力
に対して企業がとるべき対応について具体化している。この中では，企業に対
して暴力団をはじめとする反社会的勢力との関係の遮断として，反社会的勢力
とは取引関係を含めて一切の関係をもたないこととともに，取引先が反社会的
勢力であることが判明した場合には，取引関係を解消することとし，契約書や
取引約款には暴力団排除条項を導入することを求めている。保険業者，共済事
業者も，この反社会的勢力との関係遮断が求められるが，保険業者については，
監督指針（Ⅱ―4―9）において，反社会的勢力との関係遮断のために保険業者
がとるべき措置が具体化され[79]，その遵守が求められる。また，生命保険協会，
日本損害保険協会においては，反社会的勢力への対応に関する指針等を定め[80]，
また，暴力団排除条項のモデルを定め，各社の保険約款の重大事由解除に関す
る規定にこれが盛り込まれている。

第5款　事業者団体の自主規制

　金融商品取引法では，金融商品取引業協会および金融商品取引所が自主規制
機関としての位置づけを有することが法律上規定されており（金商 68 条の 2・

---

78)　各都道府県でも，いわゆる暴力団排除条例が制定され，規定の仕方は一様でないが，
企業に暴力団関係者との関係遮断を求めている。一例として，東京都暴力団排除条例で
は，事業者は，その行う事業に係る契約が暴力団の活動を助長し，または暴力団の運営
に資することとなる疑いがあると認める場合には，当該事業に係る契約の相手方等の関
係者が暴力団関係者でないことを確認するよう努めるべき旨，および取引の相手方が暴
力団関係者であることが判明した場合には事業者が契約を解除することができること等
の約定をすることに努めるべき旨が規定されている（同条例 18 条）。

79)　金澤浩志「金融機関における反社会的勢力との関係遮断に向けた取組み」ジュリ
1481 号 28 頁（2015）。

80)　生命保険協会「生命保険業界における反社会的勢力への対応指針」（2014 年 2 月改
正），日本損害保険協会「損害保険業界における反社会的勢力への対応に関する基本方
針」（2013 年 11 月改定）。

78条・84条等），それらが重要な自主規制機能を果たしている。保険業法では，保険業者等の自主規制についての規定は置かれていないが，保険業者の構成する団体が実質的には重要な自主規制機能を果たしている。現在では，一般社団法人生命保険協会，一般社団法人日本損害保険協会，一般社団法人外国損害保険協会，一般社団法人日本少額短期保険協会があるが，行う自主規制の内容は大きく違いがあり，多くの指針やガイドラインを定めているのは，生命保険協会，日本損害保険協会にとどまり，その他の団体では相談・苦情処理業務，紛争解決業務等の一部を行うにとどまっている[81]。また，いずれの団体も構成員業者が自主規制に違反したことに対して制裁金を課すなどの制裁的機能は有していない。しかし，生命保険協会，日本損害保険協会の指針，ガイドラインは事実上強制力を有しており，法令や金融庁の監督指針を補完する機能を果たしている。

第2節　保 険 約 款

第1款　保険約款の意義

　保険契約においては，保険者と保険契約者との間の個別交渉により契約内容が取り決められることが皆無でないにしても，保険者があらかじめ定めた約款により契約内容が決定されるのが原則となる。これは，契約内容を約款により定型化することが企業経営の合理化に資するというあらゆる企業取引に共通する事情にもよるが，保険契約においてはそれだけでなく，保険の仕組みを合理的に実現するにはプールするリスクが保険加入者を通じて均質になっていなければならないという特別の事情があることにもよるものである。保険約款も約款ではあるから，約款一般に妥当する法理が基本的には妥当するが，このような画一性へのより高い要請があることは念頭に置いて約款に関する法律問題を考える必要がある[82]。

---

　81)　共済事業者の団体としては，一般社団法人日本共済協会があるが，やはり自主規制機能は相談・苦情処理業務に限定されている。

142　第1部　第3章　保険契約に関する法令と保険約款

　保険約款にもいくつかの類型がある。講学上は，保険契約に使用される約款
をすべて普通保険約款ということがあるが，実務上は，普通保険約款とは各種
の保険契約における基本約款をいい，普通保険保約款よりも保険保護の範囲を
拡大あるいは縮小したり，または普通保険約款の一部の条項の適用除外等を定
める約款を特約ないし特約条項とよんでいる。保険業法上は，普通保険約款は，
実務上の意味での普通保険約款と一部の特約ないし特約条項であり，その余の
特約ないし特約条項は事業方法書の記載事項である（保険業4条2項2号，保険
業則8条1項6号）。普通保険約款の語はこのように文脈的に多様であるから，
本書では，普通保険約款とは実務上の意味での基本約款をさすこととし，特約
ないし特約条項も併せて保険約款ということとする。特約ないし特約条項とい
えども，約款であることには変わりはない。ただ，これらが普通保険約款と異
なるのは，多様な特約ないし特約条項を契約内容とするかどうかについては，
保険契約者の自由な選択に委ねられているのであり，その選択についてまで附
合契約現象が及んでいるわけではないという事情があるということである[83]。

第2款　民法改正による定型約款に関する規定の新設と本節の記述

　2017年に成立した民法（債権関係）改正法により民法に定型約款に関する

---

82)　約款一般に関する法的諸問題については，河上正二・約款規制の法理（有斐閣，
1988），谷口知平＝五十嵐清編・新版注釈民法(13)（補訂版）173頁〔潮見佳男〕（有斐
閣，2006），大村敦志・消費者法（第4版）200頁（有斐閣，2011）に譲る。特に保険
約款に焦点を当てた研究として，いささか古くはなったが，吉川吉衞「普通取引約款の
基本理論(1)～(3・完)」保険学481号1頁，484号98頁，485号99頁（1978～1979），
同「普通取引約款の内容的限界づけ——約款解釈のこんにち的課題」田辺康平先生還暦
記念・保険法学の諸問題323頁（文眞堂，1980），山下友信「普通保険約款論(1)～(5・
完)」法協96巻9号1121頁，10号1199頁，12号1569頁，97巻1号37頁，3号331
頁（1979～1980）。

83)　札幌地判昭54・3・30判時941・111は，自動車保険の若年運転者不担保特約は重要
な特約であるから契約締結時にその存在を説明すべきであり，契約成立後に同特約の明
記された保険証券を送付しただけでは特約の成立は認められないとして保険者の同特約
に基づく免責の主張を斥けている。これは，特約条項という約款の拘束力の問題ではな
く，契約当事者間で特約条項を付帯するかどうかの意思表示の合致があったかどうかの
問題である。

規定が新設された（民548条の2〜548条の4）。保険約款も，後述（171頁）のように基本的には定型約款に該当するものと考えられるので，保険約款に関する本節の解説も民法の規定に即して展開するのが本来の姿であろう。しかし，改正民法の定型約款に関する規定は，約款に関して確立されてきた解釈理論や立法論とはかけ離れた規律をするものであり，それが今後どのような解釈をされていくのか，またそれにより既存の約款に関する学説や判例にどのような影響が及ぶかは現時点では容易に見通せないところがある。そこで，以下では，従来の保険約款に関する判例・学説がどのようなものであったかを，基本的には本書旧版の記述を残して明らかにし（第3款〜第5款），その後に定型約款に関する新規定について解説し，またそれが従来の判例・学説にどのような影響が及ぶかの私なりの見通しを述べることとしたい（第6款）。

第3款　保険約款の拘束力

1　拘束力の発生根拠

わが国では，リーディング・ケースである大審院大正4年12月24日判決（民録21・2182）において，保険者の定める保険約款に基づき契約する旨の文句がある保険契約申込書に保険契約者が任意に署名して申込をした以上，約款により契約する保険契約者の意思が推定されるということにより拘束力の発生を肯定し[84]，これが基本的には今日に至るまで約款一般に関する拘束力の根拠についての判例である[85]。ここでいう推定は推認の意味にすぎないから，最終的

---

84)　この判例も，厳密には，普通保険約款によらない旨の意思を表示しないで契約したときは反証がない限り約款による意思で契約したものと推定するという部分と，保険契約申込書に当該保険会社の約款による旨の記載があり保険契約者が任意にこれに調印して契約を締結した場合においては保険契約者が約款の内容を知らなくても一応約款による意思をもって契約したものと推定されるという部分の2段階から成り，その関係をどう見るかにつき議論がある。上柳克郎・損保百選（第1版）10頁，大塚龍児・保険法百選6頁。また，保険業法による約款の認可があることを理由中で指摘していることの評価も問題となりうる（この点は次注にあげる判例も同様である）。

85)　同趣旨として，大判大5・4・1民録22・748，大判昭2・12・22新聞2824・9など。戦後の裁判例でも同趣旨を説くものとして，大阪地判昭42・5・13判時500・63，東京地判昭56・4・30判時1004・115，函館地判平12・3・30判時1720・33など。地震免責条項の事前開示は要件ではないとするものとして，神戸地判平11・4・28判時

な拘束力の根拠は顧客の側が約款を契約内容とする意思表示をしていることであるとしていることにほかならない。

この判例の確立の後，第2次大戦の前後を通じて普通取引約款の拘束力に関しては華々しい学説上の論争が展開されたことは周知のとおりであるが，これは約款一般の問題なので，ここでは立ち入らない。私見としては，約款一般について，上記の判例の考え方で十分であると考えるものである[86]。

保険事業においてはすべての保険契約を保険約款により画一的に規律することの経営的な要請は一段と高いことは否定しがたい。しかし，そのことが保険約款について特別扱いをして法規説のような当然の拘束力を認めることの根拠とはなりえないというべきであるし，上述のように拘束力を容易に認めるのであれば実務上の支障もない[87][88]。

なお，生命保険会社の個人保険の実務では，約款全文と解説を併わせた「ご契約のしおり」を保険契約申込時までに交付し，保険契約申込書のしおりの受領欄に申込者の受領印を押捺させる取扱いをしているのが通例であるが，近時は，ご契約のしおりと約款をDVDで交付したり，保険業法の規制に基づく重要事項を説明する文書と一体化するなどの実務も見られる。これに対して，損

1706・130。

[86] 約款の拘束力に関する華々しい論争にもかかわらず，実務に対する影響力はあまりなかったといってよい。裁判実務では，上記の意思の推定説が維持されていると思われ，顧客の側が拘束力がないという主張をしてもそれが認められる可能性はほとんどないということができる。

[87] いかなる意味でも約款使用の指示が事業者によりなされないまま契約が締結された場合に約款の拘束力を認めるべきかという問題は残るが，保険のような取引分野に関する限りは，学説のいう約款による旨の白地商慣習により約款使用の指示が補充されるといってよいと考えられる。仕組みそのものが詐欺的な契約の場合には，詐欺的な要素が約款に盛り込まれていることが多く，白地商慣習説によりそのような約款の拘束力を認めることは問題であることはいうまでもないが，詐欺的な契約については約款の拘束力以前に詐欺や不実表示による契約の効力を否定することにより解決されるべきであろう。

[88] そもそも，顧客側から拘束力を否定する主張がされるのも実際上は約款中の特定の条項についての拘束力に関してであるのが通例であり，約款全部の拘束力なるものは実際の紛争では問題とはなりえない（約款全部の拘束力を否定すると保険契約そのものが無効となる可能性が大きく，保険金請求に関する限り保険契約者側の権利主張の基礎がなくなる）。たとえば，地震免責条項について保険者に事前の開示や説明の義務が必要か，その他不意打ち的な免責条項についても同様のことがいえるか，告知義務や通知義務違反等による制裁的効果について事前の開示や警告が必要かなどといった問題であり，これらの問題についてはそれぞれ個別的に解決のあり方が検討されるべきである。

害保険会社の実務では，損害保険代理店が保険契約締結の代理権を有しており，顧客との交渉時に多様な種類の保険契約の中から選択されて直ちに契約が成立するという事情にあるため，約款やそれを含むしおりをその場で交付することが困難であることから，生命保険会社ほど徹底された形では約款の交付がルール化されているわけではないが，保険業法の規制に基づき重要事項を説明する文書の交付は実施されている。

2 個別合意による約款の修正

ある保険契約が，契約当事者間の交渉により，または保険募集主体の過誤により当該契約に予定された保険約款の内容と異なる内容の契約として締結された場合に，その契約の効力ないし内容をどのように判断するかという問題がある。この問題を約款の修正の問題と仮に名づけることとすると，約款の修正がなされる原因は一様でなく，類型化して考える必要がある[89]。

(ア) 保険者自身が約款の修正の意思を有していた場合　　実際はほとんどありえないことではあるが，保険者が当該種類の保険契約について認可を受けまたは届出をして使用すべき約款を修正し保険契約者側に有利な内容の合意をする意思を有していた場合には，その修正の内容のとおりの契約が有効に成立するというべきである[90]。この場合，一種の無認可約款ないし無届出約款による

---

89)　山下（友）・前掲（注82）(5)法協97巻3号334頁は，約款と異なる内容の個別合意の成立の可能性を認める旨述べているが，以下で見るようにこの問題はさらにきめ細かく考える必要がある。様々な問題類型について検討するものとして，吉澤卓哉「保険約款規定内容と異なる個別合意の成否と効力」保険学618号57頁（2012）。

90)　約款に関する一般理論としては，約款を使用する取引であるというだけで特定の顧客との間で約款と異なる個別合意の成立する可能性自体を否定することはできず，そのことは保険約款についても当てはまるというべきである。そのような立場に立つものとして，木下孝治「ドイツ法における保険約款を変更する個別的合意の効力について」文研121号161頁（1997）。この点に関して，神戸地判平9・6・17判タ958・268は，地震保険契約が本来適用されるべき約款の規定に反する内容で締結されてしまった事例において，普通保険約款は大量の定型的な保険契約を合理的かつ平等に処理するためのものであるから，約款の条項と異なる内容が保険契約で定められた場合でも，それが直ちに契約内容となるとするのは相当でなく，約款の条項に沿う範囲に修正するか約款の条項に反する部分を無効とすべきであるとするが，本件は，約款に反する内容で保険証券も発行されている事例であり，後述の(イ)の類型に該当するのであって，そのような事例まで約款による取引であるということだけで約款の修正の合意が一律に効力をもちえないという趣旨であれば賛成しがたい。やはり同判決の上記判示について批判的なものと

契約となるが，前述のように（131頁），そのことにより契約の私法的効力がなくなるわけではなく，保険者が保険業法上の制裁を受けるにとどまる[91]。

ただし，約款の修正が特定の保険契約者にとって有利な内容のものであるということから，これは保険業法で禁止される特別利益の提供（252頁）に該当する可能性がある。特別利益の提供の禁止もそれ自体ですべて私法上の効力に影響を及ぼすものではないが，保険契約者にとって軽微とはいえず著しい利益を与えるようなものである場合には，収支相等原則や給付反対給付均等原則に基づいて運営されるべき保険制度の趣旨に著しく反することになり，これは法的には公序良俗違反として評価されるべきであると考える[92]。その結果として，約款を修正する合意の部分だけが一部無効となるか，保険契約全部が無効となるかは約款の修正の内容がどの程度のものかによることになろう。保険契約全部が無効となる場合に，それにより発生した保険事故に関して保険契約者が約款の修正がない契約であれば受けられたであろう保険給付を受けられなかった

して，木下孝治「地震保険における保険金限度額を超過した保険金額約定の効力」損保60巻1号41頁（1998），山本豊・保険法百選10頁。なお，当該事案の約款の修正は地震保険法および同法施行令に違反する疑いがあるものであり，その点が私法上いかなる意味をもつかは別途問題となりうる。

91)　吉澤・前掲（注89）75頁は，団体保険契約では，保険契約者である団体と保険者との間で，保険約款とは異なる被保険者にとって不利な個別合意が成立しうるかという問題も指摘し，明文の契約上の規定がない限りこれを否定する東京地判平6・9・30判タ890・236（日本医師会医師賠償責任保険において，保険契約者である日本医師会と保険者との間で取り交わされた協定書において，保険者の設置する賠償責任審査会の回答が出される前に示談や賠償金支払がされた場合には，保険者は損害をてん補しない旨が定められたが，この合意は，無断承認をした場合には損害賠償責任がないと認められる部分を控除して損害をてん補する旨の保険約款よりも被保険者にとって不利益であるという事例）に反対し，内容が不合理で被保険者等の保護に欠けるような場合を除き，実質的な合意があるのであれば個別合意の成立の可能性を認めるべきものとする。団体保険契約でも被保険者が保険料を支払って加入するようなものでは，被保険者は実質的には保険契約者としての地位に準じて考えるべきものであり，普通保険約款その他の文書で被保険者に開示されない保険契約者と保険者との間の合意の効力を認めるのは不当である。

92)　保険契約が契約ではあるとしても，保険制度全体を前提として締結される契約であるということは否定できないので，保険制度の立脚する基盤である保険技術，すなわち特に収支相等原則や給付反対給付均等原則に著しく反する合意は公序良俗違反としての評価を受けることがありうると考える。保険の団体性に約款の修正を一律に否定するような法的効果を認めるべきではなく，保険技術に立脚する契約であることは公序良俗違反の判断要素として考慮されるということで足りる。

ことによる不利益は，保険契約者自らが利益を得ようとして約款の修正を慫慂したなどの事情がない限りは，無効な保険契約を締結させ保険給付を受けられなくさせてしまったことについての保険者の不法行為責任または契約締結上の過失責任による損害賠償の問題として処理されるべきであろう。

⑷ 保険者自身が約款の修正をしたが修正につき錯誤があった場合　約款を修正した契約内容で契約が締結されたが，保険者の過誤によるもので錯誤があった場合が考えられる。約款の修正とは異なるが，実際にありうる事例として，保険料率表につき誤ったものが適用され本来あるべき保険料よりは保険契約者に有利な内容の保険料による契約が成立してしまったような場合がこれに当たる。この場合には，保険者に錯誤があることになるが，原則的には保険者に重過失があったものとして修正された内容で契約が成立したと考えるべきであろう。ただし，ここでも修正された内容が保険契約者にとって著しく有利な内容のものであれば，⑺の場合と同様にその修正または保険契約が無効となるというべきである。

⑼ 保険募集主体が無権限で約款の修正をした場合　損害保険代理店が無権限で当該保険契約に使用すべき約款を修正して保険契約を締結した場合を考えると，損害保険代理店は保険契約締結の代理権は有するが，適用すべき約款を修正する代理権までは付与されていないので，これは一種の無権代理（越権代理）に該当し，約款の修正は無効となるのが原則であり，表見代理（民 110 条）についても，約款の修正されることが保険契約者に対して示されている限りでは，原則的に保険契約者に修正の権限を信頼する正当な理由（保険契約者の善意・無過失）がないとして否定的に考えるということでよいと思われる[93][94]。

93）森本滋編・商法総則講義（第 3 版）117 頁〔洲崎博史〕（成文堂，2007）。この類型に該当する裁判例には，保険の団体性を根拠に約款の修正の合意の効力を否定するものがある。札幌地判平 2・3・29 判タ 730・224 は，傍論であるが，損害保険代理店と保険契約者の双方が当該契約に適用される約款ではてん補されない損害についててん補されるものと誤解してその誤解どおりの内容で契約を成立させようとしても，それは契約の内容たりえないとし，その理由として保険の団体性を強調する。また，東京高判平元・12・21 判時 1341・92 は，直接は，共済組合の使用人がてん補範囲について不実の説明をして共済契約を締結させたことを理由に契約者が組合に対して損害賠償を請求している事例であり，説明どおりであるとすればそもそも組合が販売していない内容の共済契約となることから，損害賠償請求が斥けられている事例であるが，判決は，傍論として，組合が販売していない内容の契約を締結しようとしても，それは団体性の要件をみたさ

また，代理店が約款そのものを修正するのではないとしても，独断で約款の特定の条項について本来あるべき解釈とは異なる解釈をして保険契約者に示したような場合も，原則的には同様と考えてよいであろう。特定の約款が使用されることが明らかにされて契約がなされる以上，約款の解釈は客観的に定まるはずのものであり，代理店が解釈権限を有していないことは保険契約者にとっては明らかなことであるから，そのことにより約款を修正することについての表見代理が成立するための正当な理由はないと考えられるためである。ただし，この場合には，契約内容の不実告知として消費者契約法に基づく保険契約者の取消権が認められる可能性はあるし，また，代理店および所属保険会社の不法行為責任の成立の余地はある。

ところで，上記のように，代理店が本来適用すべき約款があるにもかかわらず当該保険契約者に対して特別にこれを修正するということを示した場合と異なり，代理店の過誤により本来適用すべき約款とは異なる約款が適用されるとして契約が締結されたような場合を考えると，通常の保険契約者にとっては何が本来適用されるべき約款であるのかは容易に判断しがたいことであるから，誤った約款を適用したという無権代理に関して，保険契約者側に代理権を信頼したことについての正当な理由がないと一概に断定することも適切ではなく，表見代理が成立する可能性は認めておくことが適切であると思われる。ただし，ここでも仮に表見代理が成立するとしても，結果的に保険契約者に著しい利益を特別に与えるような結果となるときには，(ア)の場合と同様に，そのことにより約款の修正または契約が無効となると考えるべきである。

ずそもそも有効な共済契約ではありえないという趣旨の判示をしている。吉澤・前掲（注89）68頁以下は，この類型をさらに保険約款規定内容に関する保険募集人と保険契約者の誤認や誤解によるもの，保険募集人の独断による個別合意であって保険約款の誤認・誤解でないものに分けた上で，いずれについても個別合意の成立を否定すべきであるとする。

94) ドイツでは，保険代理商が約款等について誤った説明をした場合には，保険契約者はその説明を信頼してよく，保険者は代理商の説明のとおりに義務を履行する責任ないしは履行利益的損害賠償責任（283頁）を負うという，保険代理商の信頼的地位とよばれる判例法理が古くから確立していたが，2007年保険契約法の制定で保険者および保険仲介者の助言義務による損害賠償責任が法定されたことにより，この判例法理が否定されたことになるというのが多数説の立場となっている。清水耕一「保険募集に関わる損害賠償責任の内容」保険学607号172頁（2009）。

第2節　保険約款　*149*

　生命保険募集人については，実務上損害保険代理店のような契約締結権限は付与されておらず，そのことが保険契約者側にも示される限りでは，上記のような表見代理の成立する余地はほとんどないであろう。

3　保険約款の変更

　保険者が保険約款を変更する場合に，変更後の約款は，保険契約者にとって有利な変更の場合も含めて変更後の新契約についてのみ適用される[95]。もっとも，既契約の当事者間で変更後の約款を適用する合意があるか，免責条項の縮小など保険契約者にとって有利な変更の場合に保険者において変更前の約款による権利主張を放棄するときには，変更後の約款が既契約にも適用されるのであり，このように保険者が権利放棄をする例は実際にもある[96]。

　保険約款に契約成立後に保険者が約款または保険料を変更することができる旨の変更留保条項を置くことが考えられる。わが国の現在の実務では，疾病保険契約において，手術給付金等の支払事由に関わる法令等の改正または医療技術の変化があり，その改正または変化が手術給付金等の支払事由に関する規定に影響を及ぼすと認めたときは，主務官庁の認可を得て，保険契約の保険料および給付金額を変更することなく手術給付金等の支払事由に関する規定を，2か月前までの通知を要件として変更する旨等の変更留保条項が置かれていることが多い[97]。約款規制という観点からは，変更留保条項の効力については厳しく判断されるべきであるが，変更留保条項がすべて当然に無効というわけではない[98]。

---

　95)　大判大6・12・13民録23・2103。
　96)　保険契約者に有利な約款変更に際して保険者が旧約款による権利を放棄したが，約款変更時よりも遡る遡及適用まではなかったとされた事例として，神戸地判昭62・2・24判タ657・204。
　97)　かつては，疾病保険契約において，保険事故の発生率が著しく増加した場合に保険料を変更することができる旨の変更留保条項が置かれていたが，現在ではこのような条項は置かれていない。団体年金保険では，返戻金，保険料および責任準備金計算基礎の変更留保条項が置かれている。
　98)　保険業法施行規則11条7号は，普通保険約款または事業方法書において保険料その他保険契約の内容の変更ができる旨の約定を置く場合について，①変更の要件，変更箇所，変更内容および保険契約者に内容の変更を通知する時期が明確に定められていること，または②保険契約者等が不利益を受けることなく当該保険契約を将来に向かって解

150　第1部　第3章　保険契約に関する法令と保険約款

第4款　解釈方法

1　客観的解釈の原則

　約款の法規範性を肯定するか否かにかかわらず，ドイツやわが国では約款は多数の契約を画一的に規律するという性格をもつことから，個々の顧客の意思や理解を基準に解釈するのではなく，画一的な解釈をすべきであるとされてきた。個々の顧客の意思や理解を基準にする解釈を主観的解釈というとすれば，それに対するという意味で客観的解釈ということになる。約款の拘束力について契約説をとる論者も，解釈方法については，論拠については一様でないが，客観的解釈がなされるべきであるという結論には違いはない[99)100)]。

　判例は，保険約款に関するものも含めて，解釈方法についての一般論を述べることはほとんどないが，基本的には学説がいうような客観的解釈方法に従っているものと見ることができる。もっとも，一口に客観的解釈とはいっても，学説は，合理的あるいは平均的な顧客の理解可能性を基準とするということ以上には解釈方法論について明らかにしていない。そこで，以下では判例における解釈方法論を具体例を通じて検討してみる。

2　判例の検討

　客観的解釈をするに当たっては合理的・平均的な顧客の理解可能性を基準とすべきであるといわれるが，これを文字どおりに受けとめれば，約款を作成した保険者が約款により実現しようとしたその意思や理解は考慮すべきではなく，むしろ約款について顧客がどのように理解するであろうかが基準とされるべきことになるであろう。この観点からは，約款の文言を重視する文言解釈が基本となりそうである。現に，文言解釈を重視する裁判例があるし，約款解釈の補

　　除できるものであることのいずれかの要件をみたすことを要するものとしている。

99)　約款の解釈方法論については，河上・前掲（注82）257頁，上田誠一郎「約款による契約の解釈」同志社法学42巻4号49頁（1990），河上正二「約款の解釈」平井宜雄編・民法の基本判例（第2版）19頁（有斐閣，1999），谷口＝五十嵐編・前掲（注82）188頁〔潮見佳男〕。

100)　契約成立過程で客観的解釈と異なる合意がなされうるかという問題については，147頁。

助的原則としてあげられることの多い，免責条項については制限的に解釈するという原則も文言解釈から派生するものであろうと思われる。

しかし，保険約款の解釈に関する裁判例を全体的に見るときは，文言以外の事情も考慮して合理的な意味内容を探究しているという意味では契約一般とそれほど異ならないように思われる。しかも，意味内容の探究に当たっては，決して生身の平均的な保険および法律に無知な顧客が理解するであろうような意味を問題にしているのではなく，法律家の知識を前提とした上で，その保険契約全体および各約款条項の趣旨を考慮しつつ合理的な意義を探究しているのが通例であるということができる[101]。ここでは，文言解釈を徹底する立場では重視されるはずの文言にどう書いてあるかに必ずしも絶対的な位置づけが与えられているのではなく，文言からは直ちにうかがえない事情についても考慮した上で意味が付与されているのであり，その事情には場合により約款作成の趣旨（＝保険者の意思であるのが通例である）や沿革といった事情も含まれているのである[102]。このようにして意味を探究する場合に決定的な基準となるのは，保険契約の特質を考慮した上で，当該条項が置かれている趣旨を問題とするとともに，他方で保険契約者側の合理的な利益を考慮した合理的な意味内容は何かということであるということができる。

---

101)　もちろん，約款条項の趣旨等を考慮して合理的な解釈をするといっても，一般的な保険契約者にとっては当該約款条項の文言からはそのような解釈がされることがおよそ予測しがたいような解釈をすることは許されない。

102)　約款条項の趣旨・目的を考慮するに当たり，約款規定の沿革を考慮すべきか否かは難しい問題であるが，これを考慮している裁判例は少なくない。例として，東京地判昭45・6・22下民21・5＝6・864（火災保険の地震免責条項），佐賀地判昭58・4・22判時1089・133（生命保険の廃疾給付金〔現在の高度障害保険金〕の支払事由）など。とりわけ，高度障害保険金に関しては生命保険業界内部の約款作成や改定の経緯が参照される傾向が著しい。従来の約款解釈方法に関する学説では，約款の作成趣旨や沿革は，保険約款の背後にある事情で，このような事情は顧客側にはわからないものであるから，これらを約款解釈において考慮に入れることについては否定的に考えられてきたのではないかと推測されるが，約款条項の趣旨・目的を考慮して解釈するためには，作成趣旨や沿革を考慮に入れることをいっさい認めないというのは逆に硬直的で妥当な解釈をすることの障害となると思われる。もちろん，作成趣旨や沿革から約款条項の文言からは導けないような保険者に有利な解釈を導くことは認められるべきではない。なお，高度障害保険金請求権と死亡保険金請求権の関係につき文言解釈を強調した裁判例（大阪高判平12・10・31判時1752・145）を解釈方法論の面から批判するものとして，米村滋人・ジュリ1252号181頁（2003）。

次に掲げるような最高裁の具体的な判例も概ねこのような解釈方法により説明可能である[103][104]。

① 最高裁昭和58年2月18日判決（判時1074・141）　自動車保険の自損事故条項の免責条項である「正当な権利を有する者の承諾を得ないで被保険自動車を運転しているとき」の意義について，自損事故条項においては，保険契約の当事者が保険契約当時被保険自動車を使用することを予定しその者にも保険によりてん補するのが相当と考える記名被保険者およびこれに準ずる正当な使用権限を有する者に保険保護を与えようとする趣旨であるから，正当な権利を有する者には記名被保険者から承諾を得た借受人から転借して使用中の者は含まれないとする。

② 最高裁平成7年5月30日判決（民集49・5・1406）　自動車保険の搭乗者傷害条項において保険事故の要件である被保険者が「正規の乗車用構造装置のある場所に搭乗中」であることの意味について，搭乗者傷害条項がてん補する目的という観点から，本来の装置の機能を果たしえない状態での搭乗中の事故まではてん補しないこととした趣旨であるとし，貨客兼用自動車の後部座席の背もたれ部分を前方に折り曲げて荷台部分と同一平面となった状態の上に横になって乗車していた状態での事故は上記の条項に該当しないとする。

③ 最高裁平成7年11月10日判決（民集49・9・2918）　自動車保険の賠償責任条項において保険者免責事由とされる「配偶者」に対する損害賠償責任の意味について，この免責事由は夫婦間では賠償請求がされないことが通例であることを考慮したもので，この点では内縁の配偶者でも同じであるとして，

---

103)　下級審裁判例でも，同様の解釈手法がとられているものということができる。若干の例として，大阪地判昭63・3・29判タ671・225（賠償責任保険のゴルファー特約にいう「練習」の意義），神戸地判平10・2・24判時1661・142（盗難保険における地震に際しての盗難による損害につき免責とする規定の意義），東京地判平9・3・13判時1596・110（自損事故条項の「法令に定められた運転資格を持たないで運転している間に生じた事故」という免責条項の意義）など。

104)　本文のように約款条項の解釈において条項の趣旨・目的をも考慮するというのが判例の一般的な立場であるとすると，地震免責条項の解釈について文言解釈をきわめて強調し，免責条項の趣旨についてほとんど考慮していない感のある前掲東京地判昭45・6・22（注102）は，いささか異例な裁判例というべきではないかと思われる。なお，この裁判例で問題となった地震免責条項はその後改定され保険者の主張していたとおりの免責が認められる文言になっている。

内縁の配偶者も含まれるとする。併せて，同一約款においては同じ配偶者という語が被保険者の範囲を定める条項で使用されており，そこでは内縁の配偶者を含めることには何ら問題がなく，同一約款では同一の語は同一の意義に解釈すべきであるということもあげる。

④　最高裁平成 9 年 9 月 4 日判決（判時 1624・79）　　自動車共済契約の被共済自動車の「譲渡」についての通知義務を課す規定における「譲渡」の意義については，かかる通知義務は保険者が危険の変動の有無を勘案して承認するか解除するかを決するために課されるのであるから，引渡しにより現実の支配が移転すれば足り，所有権移転時期，売買契約上の義務履行の完了の時は問題とすべきでないとする。

⑤　最高裁平成 18 年 3 月 28 日判決（民集 60・3・875）　　自動車事故発生時には胎児であったが，事故による後遺障害をもって出生した者が自動車保険の無保険車傷害保険の被保険者として保険給付を受けることができるかについて，同保険は賠償義務者に代わって損害をてん補するという性格を有することから，賠償義務者が賠償義務を負う損害（民 721 条参照）はすべて保険金によるてん補の対象となるとの意思で締結されたものと解するのが相当であるとし，上記の者は記名被保険者の同居の親族に準ずる者として同保険の被保険者に該当し保険給付請求ができるとした。

⑥　最高裁平成 19 年 7 月 6 日判決（民集 61・5・1955）　　傷害共済契約の保険事故の要素である外来の事故の意義について，共済規約の文言および免責規定として被共済者の疾病によって生じた傷害については補償費を支払わない旨の規定を置いているという規約の構造に照らせば，被共済者の身体の外部からの作用による事故をいうものであり，共済金請求者は，外部からの作用による事故と被共済者の傷害との間に相当因果関係があることを主張，立証すれば足り，被共済者の傷害が被共済者の疾病を原因として生じたものではないことまで主張，立証すべき責任を負うものではないというべきであるとする。

これらの事例では，少なくとも制限的な解釈や疑わしきは作成者に不利益に解釈するという原則（ドイツでは，Unklarheitenregel＝不明確原則とよばれる）[105] か

---

105)　上田誠一郎「不明確条項解釈準則の法的構造」民商 118 巻 6 号 745 頁（1998）。

ら解釈の帰結を導くという手法はとられていない[106]。むしろ，①～⑤では，約款の文言だけではわからない規定の作成趣旨を実質的に考慮していると見たほうがよい。しかし，同時に文言の通常もつ意味から保険契約者側に不利益に逸脱していることはないという意味で，文言は解釈の範囲を画するものとして機能しているということができる。これに対して，⑥は，実質的な規定の作成趣旨ということには言及がなく，約款の文言から結論を導いている色彩が濃く，その意味で①～⑤とはいささか肌合いが異なるように感じられるが，疾病により生じた傷害は共済者免責事由として規定されている以上は，外来の事故の意義として疾病によらないという要件を織り込む解釈は保険契約者側に不利益に逸脱しているという評価が含まれているのであろう。

判例では，逆に，文言の通常もつ意味を保険契約者に有利に逸脱する解釈を採用している事例は少なくない[107]。この点をとれば，制限的解釈という手法があるかのように見えるが，これは，実質的には不当条項として無効としていると見てよく，不当条項規制で取り上げる（次頁）。

また，約款条項には故意の保険事故招致のように免責とすることが公益の要請に基づくものがあるが，このような場合には，契約当事者の合理的な意思の

---

106)　不明確原則の考え方をとるものも見られるが（大阪地判昭 59・11・8 判タ 548・244，大阪地判昭 60・2・28 判タ 553・240），いずれも生命保険会社の災害関係特約中の免責事由である「飲酒運転中の事故」の意義に関するもので，不明確原則の考え方などから酒気帯び運転全般をいうのではなく酒に酔って正常な運転ができないおそれのある状態での運転という危険性の高い状態での運転中の事故に限定されるべきであるとしたものである。しかし，これはそもそも免責事由が文言上広きに失する事例であり，実質的には不当条項規制の適用事例というべきであろう。そのほか，最高裁判例の補足意見においては，不明確原則の考え方に基礎を置くと見られる考え方が示唆されているものがある。前掲最判平 7・5・30 の千種秀夫裁判官の補足意見，最判平 13・4・20 民集 55・3・682 の亀山継夫裁判官の補足意見参照。不明確原則は，ドイツ約款規制法や EU の消費者契約不公正条項指令（93／13／EEC）において明定されている解釈原則であり，わが国でも消費者契約法の制定過程では同様の解釈原則を明定することが消費者サイドや民法研究者により強く主張されたところである。保険約款においても相互の関係がきわめて不明確で拙劣な条項があり不明確原則の適用が望ましいと思われるものも確かにあるが，不明確原則には約款条項の趣旨・目的の考慮を怠り文言の明確性に拘泥して結論を導くような濫用的適用の危険があることも忘れてはならない。

107)　広すぎる免責事由を制限して解釈した事例として，自動車保険約款（1947 年〔昭和 22 年〕約款）中の「法令又は取締規則に違反して運転されているとき」の意義に関する最判昭 44・4・25 民集 23・4・882。

探究というだけでなく，公益という法律上の制約の趣旨を考慮した解釈がなされるべきこととなる。次の判例は，そのようなものである。

⑦　最高裁平成5年3月30日判決（民集47・4・3262）　　自動車保険の賠償責任条項における被保険者の故意によって生じた損害を免責とする条項について，傷害の故意に基づく行為により予期しなかった死亡の結果を生じた場合には，保険者は免責されないとする。ここでは免責の範囲がどのようなものとして合意されているのかという保険契約当事者の意思解釈の問題であるとした上，上記の場合には免責としないことが一般保険契約当事者の通常の意思に沿うとするとともに，そのように解しても故意の保険事故招致の場合に保険金請求権を認めることが保険契約当事者間の信義則あるいは公序良俗に反するものであるという免責条項の趣旨を没却するものではないとする。

⑧　最高裁平成13年4月20日判決（民集55・3・682）　　生命保険契約に付加された災害割増特約において，一方で保険金支払事由に偶発性という被保険者の故意によるものではないことという要件が規定されており，他方で被保険者の故意を保険者免責事由として規定しており，約款の文言上は矛盾がある場合に，保険事故が被保険者の故意によるものではないことの主張立証責任を保険者，保険金請求者のいずれが負担するかについて，保険金請求者の側であるとする。理由として，支払事由が不慮の事故とされているから偶発的な事故であることが保険金請求権の成立要件であるというべきで，そう解さなければ保険金の不正請求が容易となるおそれが増大する結果，保険制度の健全性を阻害し，ひいては誠実な保険加入者の利益を損なうからであるとする。その上で，故意免責規定については保険金が支払われない場合を確認的注意的に規定したものにとどまるとする[108]。

第5款　不当条項規制

1　総　　説

約款は事業者の一方的な作成に係るものであることから，顧客にとって不利

---

[108]　本判決が保険金の不正請求が容易となるということを考慮して主張立証責任の所在について導いた解釈については，批判がある。

益な内容となる危険があり，これを規制する必要性があることには異論はない。しかし，いかなる根拠をもって，またいかなる基準に従って規制されるべきかについては，判例は明らかであるとはいえないし，また，学説も諸説紛々とはしているものの決定的なものはないのが現状である[109]。大きな流れとしては，約款条項が著しく顧客の利益を害する場合に，公序良俗違反として無効となりうることには異論はないであろうが，約款学説は，公序良俗違反という契約条項一般の規制よりは厳格な規制がなされるべきであることを主張してきた。その際に，最も参考となりうるのは，約款条項の規制の根拠を信義則に求めるドイツの判例・学説であるが，わが国では，信義則をこのような契約条項の無効の根拠とすることについて，とりわけ裁判官において抵抗感があるようであり，判例でも信義則を根拠に約款条項の無効を導いているものはほとんど見当たらない状況が続いた。

　このように約款条項の規制の根拠に関する議論は迷走したままであるが，そのことはわが国で約款条項に対する規制が行われていないということを意味するものではない。これは約款条項の解釈という作用を通じて不当性を除去するという手法がわが国の判例では好んで用いられることによるものである。しかし，このような手法は，ケース・バイ・ケースの妥当性の確保にはつながるが，規制の基準を一般化しえないため著しく予見可能性に欠けることになっている。

　このような状況の下で，約款条項規制を正面から根拠づける立法の必要性がようやく認識されるようになり，これが2000年の消費者契約法の制定という成果につながった。消費者契約法の制定に際しては，不当条項規制の対象を約款に限るか，契約条項一般とするかの論争があり，後者が採用されたため，不当条項規制の部分は約款条項ではなく契約条項ということになっているが，実際上適用の中心が約款条項であることには疑いの余地はなく，わが国でも消費者契約である限りは，約款条項規制は実定法の解釈問題となったのである。もっとも，消費者契約法の不当条項規制は，少数の類型の具体的な契約条項を無効とするとともに（消費契約8条・8条の2・9条），立法過程での議論の混迷も原因していささかわかりにくい一般条項（消費契約10条）を置くというもので

---

109)　消費者契約法制定前の不当条項規制につき，河上・前掲（注82）295頁，谷口＝五十嵐編・前掲（注82）191頁〔潮見佳男〕。

あるので，立法内容については批判が強いが，ひとまずは不当条項規制の実定法上の手がかりができたことになり，施行後 15 年を超える間に判例による解釈法理も形成され，不当条項規制として定着している。

2　保険約款の不当条項規制

⑴　消費者契約法制定前の判例

保険約款に関しても，他の取引分野の約款と同様に，ある条項が不当性のゆえに無効であるとされることは稀であるが，解釈を通じた不当性の除去の手法はしばしば用いられており，約款条項の文言が大幅に修正されている事例が少なくなかった[110]。消費者契約法制定前の代表的な判例として次のようなものをあげることができる[111]。

①　最高裁昭和 62 年 2 月 20 日判決（民集 41・1・159）　　自動車保険の約款

---

110)　保険約款に関する判例につき，安永正昭「保険契約の解釈と約款規制」商事 1330号 29 頁（1993）。1970 年代後半までのドイツおよび米国における保険約款の司法的規制については，山下（友）・前掲（注 82）(1)〜(4)参照。そこで紹介した米国で司法的規制の有力な手段である合理的期待保護の理論のその後の展開については，梅津昭彦「アメリカ法における保険証券解釈ルールの動向——責任保険法リステイトメント制定企画を契機として」保険学 637 号 5 頁（2017）。このような司法的規制の理論的分析として，Abraham, K., Judge-Made Law and Judge-Made Insurance, in, Distributing Risk: Insurance, Legal Theory, and Public Policy, p. 101（Yale University Press, 1986）。英国の保険法学者から見た米国理論について，Clarke p. 15.

111)　以下の判例の不当条項規制の評価については，山下友信「消費者契約法と保険約款——不当条項規制の適用と保険約款のあり方」生保 139 号 19 頁（2002）。なお，消費者契約法 10 条の不当条項規制にせよ一般私法上の不当条項規制にせよ，約款条項が不当とされた場合に，その効果として一部無効とすべきか（当該条項の不当な部分を除外して効力が維持される），全部無効とすべきかについては議論のあるところである（落合誠一・消費者契約法 153 頁（有斐閣，2001），山本敬三・民法講義 I 総則（第 3 版）322頁（有斐閣，2011））。全部無効とする立場が学説では優勢なのは，一部無効とすれば事業者にだめでもともとの精神で不当条項を置く誘因となることが問題視されること，および全部無効という効果により不当条項が約款に置かれるのを予防することが有意義であるということに大きな理由があるが，常に全部無効の処理をすることが合理的な解釈といえるかは疑問の余地がある。保険約款に即していうと，保険契約に関する任意規定が置かれている事項は基本的事項に限られるので，現代の保険約款において約款条項が全部無効となった後を任意規定で合理的に補充することは困難である。従来の保険約款に関する判例が解釈の手法を使うことにより実質的には約款条項の一部無効を認めるのが通例であることには合理的な理由があるというべきであろう。ただし，いずれにせよ，具体的な不当条項の態様を無視して画一的な答えが出されるべきではない。

所定の損害発生通知義務違反の場合に保険者は保険金支払義務を免れるとする条項について，保険金の詐取など信義則に反する目的で義務に違反した場合には，保険者は保険金支払義務を免れるが，それ以外の場合には，保険者が保険金支払義務を免れるのは，通知義務違反により損害を被った場合に，取得する損害賠償額の限度にとどまるとした。

② 最高裁平成9年3月25日判決（民集51・3・1565） 火災保険の約款中の保険金の支払時期に関して，約款所定の書類の提出等の要件を備えた請求の時から30日以内に支払うが，この期間内に必要な調査を終えられないときは調査を終えた時から支払うという条項について，損害てん補を目的とする損害保険契約の性質上30日の猶予期間を与えることには合理性があり有効であるが，30日を超える期間に関する部分は，不明瞭なだけでなく，30日の猶予期間内に必要な調査を終えられなかった場合の不利益を一方的に保険契約者に負担させるもので，迅速な損害てん補という保険契約の目的・趣旨と相容れないことから，この部分は保険者における事務処理の準則を定めたものにすぎず，猶予期間に関する特約と解することはできないとし，そう解することが当事者の衡平にかなうし保険契約当事者の意思に沿うものであるとする。

　これらの判例はいずれも解釈という作用を通じて結論を導いているが，実質的には約款条項の効力を部分的に否定しているものであり，本来の約款の解釈の域は超えているといえよう。ただ，①のように判断の理由がほとんど示されていないのと異なり，②では判断の理由といえるものが示されており，判例の考え方がかなり明瞭にうかがえるようになっているということができる。そこからうかがえるところを不当条項規制の準則として整理すると，以下のようなことが指摘できる。

　第1に，伝統的な公序良俗違反による無効よりは厳格な基準で条項の効力が否定されていることは疑問の余地はない。

　第2に，消費者契約法10条を先取りして，任意規定を基準としてこれよりも合理的な理由なく不利益な条項を実質的に無効としていると評価できるものがある。①②いずれもこれに当たる。すなわち，①で通知義務違反が詐欺的であるとはいえない場合についての解釈による結論とされているところは，損害発生の通知義務について規定する改正前商法658条の解釈として一般的に認め

第2節　保険約款　*159*

られていたところと同じである。また，②で30日の猶予期間を超える部分が効力をもたないとしている点については，保険金支払義務は期限の定めのない債務であるとすると民法412条3項により請求時から履行遅滞となるのであり，当該約款条項はこれよりも保険契約者に不利益で，30日の合理的な猶予期間を超えて履行遅滞の開始時期を遅らせることには合理性がなく効力を有しえないとしていると見ることができる[112]。

　第3に，②のように契約当事者の意思という理由づけがなされていることがある。契約当事者の意思という理由づけは，前掲最高裁平成5年3月30日判決の故意免責条項における故意の意義に関する判例のように約款条項の解釈においても見られる理由づけであり，②も解釈として結論を導いているから同じような理由づけになるのは当然のことなのであろう。しかし，②における契約当事者の意思は，見ようによっては，保険契約者の意思に沿わないような約款規定は文言どおりの効果を有しえないという意味で不当条項規制の基準として機能していると見ることは可能である。

(2)　消費者契約法10条と保険約款条項[113]

　消費者契約法10条は，「消費者の不作為をもって当該消費者が新たな消費者契約の申込み又はその承諾の意思表示をしたものとみなす条項その他の法令中の公の秩序に関しない規定の適用による場合に比して消費者の権利を制限し又は消費者の義務を加重する消費者契約の条項であって，民法第1条第2項に規定する基本原則に反して消費者の利益を一方的に害するものは，無効とする」という一般条項である。法令中の公の秩序に関しない規定とは任意規定を意味し，消費者の不作為をもって当該消費者が新たな消費者契約の申込またはその承諾の意思表示をしたものとみなす条項は不当条項の例示である[114]。民法1

---

112)　もっとも，任意規定基準によらず直接的に条項の合理性を問題としている事例がある。たとえば，最判平5・3・30民集47・4・3384は，火災保険の目的物の譲渡に関する通知義務を定めた条項に関して，根拠は明らかにしていないが通知義務違反の効果としての保険者免責について不合理で効力がないとはいえないとする。

113)　消費者契約法には，10条の一般条項に加えて，8条（事業者の損害賠償責任を免除する条項），8条の2（消費者の解除権を放棄させる条項），9条（消費者が支払う損害賠償の額を予定する条項等）という特定の契約条項を無効とする，いわゆるブラックリストが規定されている。これらの中には保険契約中の条項にも適用される可能性があるものがあるが，これについては本書の各関係箇所で述べることとする。

条2項に規定する基本原則とは信義則を指すので，この一般条項は，①法律の任意規定よりも消費者にとって不利益であること，および②信義則に反して消費者の利益を一方的に害するものであることという2つの要件の下に契約条項を無効とするものであるということができる。しかし，①と②の要件の関係をどのように見るのか，②の要件の具体的な判断基準はどのようなものか，など消費者契約法制定時から議論があるところであるが，近時はこの消費者契約法10条に関する最高裁判決も現れており，同条の適用のあり方に関する実務の指針もかなり明らかになっている[115]。

判例による消費者契約法10条の適用の判断枠組みは，まず問題となる契約条項が法令の任意規定と比較して消費者である当事者にとって不利益な内容か否かという①の要件の存否を判定し，これが肯定されるときには，その不利益が信義則に反し消費者にとって一方的に不利益なものか否かという②の要件の存否を判定し，これも肯定される場合には，当該契約条項は無効とされるという2段階の判断を経るというものである[116]。①の要件については，消費者契約法制定時から，①にいう任意規定は法令の規定のみを意味するのか，それのみならず契約条項が約定されなかったとすれば適用されるであろう一般的な法理等も含むのかについて意見が分かれていたが，判例は後者も含むという立場を明確にした[117]。②の要件の判定基準については，判例は，「消費者契約法の趣旨，目的……に照らし，当該条項の性質，契約が成立するに至った経緯，消費者と事業者との間に存する情報の質及び量並びに交渉力の格差その他諸般の事情を総合考量して判断されるべきである」としている[118]。

①および②の要件の関係については，①の要件で任意規定よりも消費者に不

---

114) 後述のように，任意規定は法律に明文の規定があるものには限らず，一般的な解釈論上の法理なども含むとすることが判例により明らかにされたことから，10条においても法律に明文の規定がない条項にも10条の適用があることを明示する趣旨で，2016年の改正に際して，申込または承諾の意思表示を擬制する条項を例示したものである。

115) 後藤巻則＝齋藤雅弘＝池本誠司・条解消費者三法104頁〔後藤巻則〕（弘文堂，2015）。

116) 最判平23・3・24民集65・2・903（賃貸借契約の敷引特約），最判平23・7・15民集65・5・2269（賃貸借契約の更新料条項）。

117) 前掲最判平23・7・15（注116）。

118) 前掲最判平23・7・15（注116）。

利益であるということが確定されれば，②の要件により任意規定からの不利益な乖離に合理的な理由があるかどうかを検討し，合理的な理由がない場合には不当条項として無効とされるというのが判例の判断構造であると考えられる[119]。①および②の要件の主張立証責任についても，一般論は示されていないが，いずれの要件も無効を主張する消費者が主張立証責任を負うということが当然の前提とされており，①の要件が備わることを消費者が主張立証することができたときには，②の要件が備わらないことを事業者が主張立証しなければならないという立場はとられていないと見られる。もっとも，消費者契約法10条に限らず同法8条・8条の2・9条の適用においても，不当でないことの立証の負担は，証明がより容易な事業者に負わせていることが少なくないのが裁判実務の現状ではないかと思われる。

このような判例に続いて，生命保険約款中の保険契約者による継続保険料不払の場合の無催告失効条項が消費者契約法10条により無効となるか否かに関して，最高裁平成24年3月16日判決（民集66・5・2216）が判断を示した。消費者契約法10条との関係では，無催告失効条項は，催告なくして契約が失効するとするもので，債務不履行による契約の解除のためには相当の期間を置いた催告を要するものとする民法541条の任意規定によるよりも消費者である保険契約者にとって不利益であるとして，①の要件の充足を認めた上で，民法による場合の催告期間よりも長い猶予期間が置かれていること，保険料自動振替貸付が行われることとされていることに加えて，当該保険契約締結当時，保険者においては払込期月内に払込みがなかった保険契約の保険契約者に対して失効前に督促を行う態勢を整え，これを確実に運用して約款を適用するとすれば，②の要件が充足されないとした。

ここでも契約条項と法律の任意規定の比較という①の要件を第一段階として行い，約款条項が不利益である場合には，その不利益であることについて相当の理由があるか否かという②の判断を第二段階として行うという方法がとられ

---

119)　消費者契約法10条の解釈として同旨を説くものとして，山本豊「消費者契約法10条の生成と展開――施行10年後の中間回顧」NBL959号18頁（2011），後藤巻則「消費者契約法10条の前段要件と後段要件の関係について」松本恒雄先生還暦記念・民事法の現代的課題83頁（商事法務，2012）。

ている。

このような判決にも，消費者契約法 10 条の適用の方法論という面では，なおいくつかの問題が残されている。

第 1 に，消費者契約法の不当条項規制が約款の不当条項規制ではなく消費者契約の不当条項規制とされたことから，保険約款条項のような約款条項について消費者契約法 10 条を適用する場合に，約款条項としての顧客一般にとっての不当性を問題とすべきか，それとも約款が使用される取引でも個別契約の事情に即して特定顧客にとっての不当性を問題とすべきかが問題となる。消費者契約法が約款の不当条項規制としていないとはいえ，約款条項は多数の顧客との間の契約を定型的に規律するという性格を有する以上は，約款条項として顧客一般にとっての不当性の有無を判断すべきものと考える。

第 2 に，信義則に反して不当に消費者にとって不利益かという②の要件の存否の判断について，契約締結時の事情に基づいてすべきか，契約締結時以後の諸事情も考慮に入れてすべきかという問題がある。この点に関して，上記最判の事例は，保険料払込みの督促をする態勢を整え確実に運用するということが②の要件がみたされないとするための重要な考慮要素とされているが，この態勢の整備と確実な運用がされていたか否かということについては，当該保険契約締結当時を基準時として判断するとするようであり，そうだとすると，②の要件の判断の基準時は契約締結時とする立場に立っているということができる。しかし，督促をするというようなことはそれが契約成立後も継続的にみたされなければ意味がないということがいえるのであって，判決もそのことは当然の前提としていると見られるので，その点からは実質的には契約締結後の事情を考慮しているという見方もできなくはない。しかし，督促をすることは約款には規定しないが無催告失効を定める約款条項と一体とした実務として対社会的に公約されているものであり，実質的には約款条項と一体と見るべきものである。その意味では，督促に係る態勢の整備と運用を考慮したことをもって契約成立後の事情を考慮したものと見ることは適切ではないと考えられる。

一般論として，不当性の判断につき契約成立後の事情も考慮すべきか否かについて考えると，上記のように，契約成立後の事情も考慮することは企業取引についての予測可能性を損なうので原則的には否定的に考えるべきであるが，

法令の改正や社会通念の変化等により不当性の判断基準も変化させる必要がある場合もありうるので，契約成立後の事情は考慮しないと断定することは適切ではないと考える。

第3に，第1の問題について，顧客一般にとっての不当性の有無を判断すべきであるとし，それによれば約款条項の有効性が肯定されるとしても，さらにその上で，個別の顧客との間の契約の諸事情に基づいて約款条項が無効とされる可能性がないといえるか否かという問題がある。判決についても，督促をする態勢の整備と確実な運用により無催告失効条項の不当性は否定されるが，特定の保険契約者には督促がされなかったことが証明される場合には，その事情を考慮して約款条項を無効とすることができるかという問題がある。この点については，約款条項の無効の問題としてではなく，有効性の認められる約款条項でも，個別契約の事情に基づき事業者が約款条項を援用することが信義則に反する等の事情により許されない場合があるか否かという問題として考えるべきである[120]。

(3) 保険約款条項の類型と不当性判断の視点

(ア) 総説　　保険約款の各種の条項には，保険契約に特有の条項と他の契約類型における約款条項にも共通して見られる条項があり，不当条項規制の適用においても条項の類型ごとに規制の視点を考えることが有益である[121]。

(イ) 担保条項・免責条項　　保険金支払事由である保険事故および保険給付基準を定める約款条項を担保条項といい，担保条項の例外として免責事由を定める条項を免責条項ということとすると，これらの担保条項および免責条項の特性は，保険契約における主要な給付内容を定めるという性格をもつ部分であるということにある（中心条項とよばれる）。ドイツの約款規制法では，物やサービスおよびその対価である価格については，競争的な市場での自由な取引に

---

120)　本判決を素材に，②の要件についての判断方法論のあり方を論ずるものとして，山本豊「契約条項の内容規制における具体的審査・抽象的審査と事後的審査・事前的審査——生命保険契約における無催告失効条項を検討素材として」松本還暦・前掲（注119）23頁。

121)　保険約款における不当条項等を幅広く検討するものとして，神作裕之「保険・金融関連の契約条項の現状と問題点」消費者契約における不当条項研究会・消費者契約における不当条項の実態分析（別冊NBL 92号）58頁（2004）。

委ねられるべきであって司法による介入をすべきでないという思想から，契約における主要な給付や価格を定める約款条項については，不当条項規制の対象とはしないものとされており[122]，EU の消費者契約不公正条項指令においても同様の立場がとられている。保険約款における担保条項および免責条項は主要な給付を定める条項の典型とされ，特に同指令では前文で保険契約の担保条項および免責条項については同指令の不当条項規制の対象とはならない旨が明記されている。わが国の消費者契約法でも明文化はされていないが，立法過程においては，主要な給付および価格に関しては同法の不当条項規制は適用すべきでないという立場が一般的であったと思われる[123]。もっとも，わが国の民法学説では，高利の消費者金融や原野商法をはじめとする暴利行為などによる切実な消費者問題を視野に入れて不当条項規制を考える傾向が強く，不当条項規制から主要な給付および価格に関する部分をアプリオリに除外することについては批判的な立場が有力である[124]。

　担保条項や免責条項について約款規制法の不当条項規制の対象とはならないと当初は考えられていたドイツにおいても，判例は，担保条項や免責条項について次第に不当条項規制を適用して条項の無効を認めるようになってきた。この場合に，不当性の判断基準として主に機能するようになったのが，契約の性質から明らかになる本質的な権利または義務を契約の目的の達成を危うくするように制限するかどうかという約款規制法の不当性の判断基準であり，免責条項が広すぎたり，担保条項においても保険給付事由を限定することにより一般的な保険契約者が当該保険に加入する意味を大幅に減じてしまうような場合に，契約目的の危殆化という観点から無効とされるのである[125]。さらに，最近で

---

122)　約款規制法制定後間もない時期のこの問題に関するドイツの状況につき，吉川吉衞「普通保険約款に対する内容コントロール」同・保険事業 99 頁。

123)　国民生活審議会の下に置かれ消費者契約法の基本的内容をとりまとめた消費者契約法検討委員会「消費者契約法（仮称）の具体的内容について」（1999 年 11 月 30 日）では，「契約の主要な目的及び価格に関する条項など(1)から(9)〔消費者契約法 8 条・9 条に相当〕に当てはまらない条項の効力については，民法（公序良俗違反，信義則違反，権利濫用等）による」としていた。

124)　この問題の総合的検討として，山本豊「不当条項規制と中心条項・付随条項」河上正二ほか・消費者契約法——立法への課題（別冊 NBL 54 号）94 頁（1999）。

125)　この点に関する近時のドイツの判例につき，山下（友）・前掲（注 111）34 頁，小林道生「消費者契約法における内容規制の対象と保険約款」落合誠一先生還暦記念・商

は，不当性の判断基準として，任意規定および契約目的の危殆化という基準に加えて，約款条項が明確でないこと自体が不当性の根拠となるという透明性原則（Transparenzgebot）の考え方が確立しつつあり，約款規制法を取り込んだ民法典でも明文化され，これが担保条項や免責条項を無効とする根拠として利用される例も見られるようになっている[126]。

　担保条項や免責条項について不当条項規制の対象とすべきでないという考え方は，契約一般において主要な給付や価格について司法的な介入をすべきでないという発想とともに，保険は担保条項や免責条項で確定されたリスクについて保険料率を算出して運営される制度であるから，不当条項規制により担保条項や免責条項について無効とするとリスクと保険料の均衡関係を破壊し，保険制度の運営を不可能にするおそれがあるという発想に基づくものであり，その

事法への提言 695 頁（商事法務，2004）。主たる給付の内容を制限，変更，形成または修正する条項は内容的な規制の対象となり，逆に対象とならないのはその存在なくしては本質的な契約内容の確定性ないし確定可能性が欠如することとなるため有効な契約がもはや認められない場合に限られるというのがドイツの判例の基本的考え方である。これによれば，保険の本質的内容を変えるような不当条項規制はすべきでないが，保険事故や免責事由を定める規定において細かい制約や一般的保険契約者には容易にわからない技術的制限を設けているような場合には不当条項規制の対象となる。この規制を，本文で述べるように契約目的達成の危殆化という基準で行う場合には，米国で保険約款の解釈および不当条項規制として機能している保険契約者の合理的期待保護の理論（山下（友）・前掲（注 82）(3) 法協 96 巻 12 号 1603 頁）ときわめて類似した規制となるのではないかと思われる。

126)　ドイツにおける約款一般の透明性原則を根拠とする不当条項規制については，倉持弘「約款の透明性について」奥田昌道先生還暦記念・民事法理論の諸問題・下巻 437 頁（成文堂，1994），石原全「約款における『透明性』原則について」一橋大学研究年報法学研究 28 号 3 頁（1996），ユルゲン・プレルス＝金岡京子（訳）＝阿部満（監）「約款のわかりやすさ——ドイツ法における不明確準則と透明性原則」明治学院大学法学研究 91 号 233 頁（2011），鹿野菜穂子「約款の透明性と組入要件・解釈・内容コントロール——民法および消費者契約法の改正へ向けて」長尾治助先生追悼論文集・消費者法と民法 3 頁（法律文化社，2013）。近時の生命保険における保険契約者配当に関する条項について透明性原則違反の観点から問題とする団体訴訟については，金岡京子「ドイツにおける生命保険約款の内容規制」早稲田法学会誌 52 巻 93 頁（2002），同「ドイツにおける生命保険約款改正——透明な生命保険約款実現の動向」早稲田大学大学院法研論集 101 号 107 頁（2002）。解約返戻金に関する不当条項規制については，金岡京子「ドイツにおける生命保険約款規制の新たな展開」生保 186 号 1 頁（2014）。フランス法につき，山野嘉朗「保険約款における免責条項の明確・限定性」愛知学院大学論叢法学研究 39 巻 4 号 128 頁（1998），山野嘉朗「保険約款と不当条項——フランスの法制度を参考に」損保 65 巻 3 = 4 号 247 頁（2004）。

166　第1部　第3章　保険契約に関する法令と保険約款

こと自体には一面では合理性がある。しかし，他方では，主要な給付であるとはいえ約款条項として作成されるのであるから，技術的かつ難解な規定により顧客である保険契約者に理解が困難なまま契約が締結されるということや，これに乗じて保険契約者の期待に反する保険保護しか与えない客観的に見て効用の低い保険契約を提供するという，約款全般に共通する病理現象は等しく存在するのであり，担保条項や免責条項を無条件に不当条項規制の対象外とする特権化を認めることの当否も疑わしい。

担保条項や免責条項に対する不当条項規制の適用は，この両面のバランスをとって考えられるべきものであり，アプリオリに不当条項規制の適用がないという前提に立つべきではない。不当条項規制を適用するとすれば，ドイツでいわれる契約目的の危殆化という観点が参考とされるべきである。しかし，不当性の判断に際しては，保険制度であることによる担保範囲の拡大や免責範囲の縮小の限界も認識されるべきであり，収支相等を根幹から崩すような規制まですべきものではない。また，契約目的の危殆化という観点によるとする場合にも，契約締結時における担保条項や免責条項の開示や免責部分の特約による担保の選択可能性の提示などの事情を考慮すべきである。

わが国の判例で，担保条項や免責条項の不当性の有無について唯一正面から問題とされたのは地震免責条項であり，地震リスクの巨大集中性ということを考慮して公序良俗に反せず有効であるというのが一貫した判例であるが[127]，仮に公序良俗基準よりも厳格な不当条項規制が適用されるとしても，上記のところから見て有効とする判断は正当である。

これに対して，保険約款の解釈に関して取り上げた自動車保険の法令違反免責（154頁注107）や生命保険の特約の酒酔い運転免責の事例（154頁注106）は，まさに文言どおりであれば免責条項が広すぎて保険に加入する目的が危うくされるという事例であると見ることができ，判例は制限解釈により救済を図っているが，実質は免責条項の一部無効を認めているものとして評価することが可能である。

---

127)　大判大15・6・12民集5・495，大判昭2・12・22新聞2824・9，大判昭9・1・17判決全集1・25，神戸地判平11・4・28判時1706・130，函館地判平12・3・30判時1720・33，大阪高判平13・10・31判時1782・124。

（ウ）　義務条項　　告知義務や通知義務のような保険契約者側に義務を課す条項は，一定の要件をみたす保険契約者側の義務違反は保険者免責による保険保護の喪失という甚だ不利益な効果をもたらすものであることから，保険契約者側から見れば不当性を感じやすい約款条項であり，裁判でもしばしば問題となる。この類型の約款条項で実質的に一部無効としているのが，保険事故発生の通知義務違反に関する前掲最高裁昭和62年2月20日判決（(1)①判例）であり，義務違反の効果としての全部免責を原則的に不当であり無効としていると評価できるものである。他方で，自動車保険における被保険自動車の入替の場合に，30日以内に承認裏書請求をしないと入替後の自動車による事故に関して保険者は免責とする条項については，有効性が肯定されている[128]。また，最高裁平成5年3月30日判決（民集47・4・3384）も，火災保険の目的物の譲渡に関する通知義務違反の効果として保険者の全部免責を定める条項について，譲渡があった場合において有するものとされる保険者の解除権行使を可能とするために通知義務違反の場合の保険者の全部免責を定めることは合理的であり有効であるとする。ただし，保険契約者側の責に帰すべき譲渡の場合にはあらかじめ通知すべきものとする部分については，通知は譲渡後遅滞なくされれば足りるとして実質的に一部無効を認めている[129]。このほか，義務違反の効果が発生するための約款所定の要件を厳格に解釈適用して保険契約者側の救済を図っている裁判例も少なくない[130]。

　義務条項は，他の契約類型にはあまり類例がない保険契約特有の条項であるが，上記の担保条項や免責条項のように契約の主要な給付を定める条項ではなく，不当条項規制の対象となることにはそもそも問題はない。しかし，告知義

---

[128]　大阪高判昭62・10・30判時1278・139，神戸地判平2・5・25判時1379・123，東京地判平4・9・24判時1440・104。ただし，入替により危険が増加しない場合には承認裏書請求があれば軽減されたと認められる部分を除き保険者は免責を主張できないとするものとして，前掲大阪高判昭62・10・30の一審・大阪地判昭61・3・28判タ590・89。

[129]　通知義務違反があれば危険の増加の如何を問わず保険者免責とする条項は，改正前商法650条の趣旨に反し無効とするものとして，盛岡地判昭45・2・13下民21・1＝2・314。

[130]　事故発生通知義務につき，事故発生後3か月経過後の通知でも通知に遅滞ありとはいえないとされた事例として，東京地判昭47・6・30判時678・26。

務や通知義務は，情報の保険契約者側への偏在という状況の下で，私保険制度のよって立つ基盤である給付反対給付均等原則を妥当させたり，適正な損害査定をするために必要不可欠な手段であり，これを実効的たらしめるために何らかの制裁的な効果を伴わせることも保険制度の運営上やむをえないことであり，そのことを踏まえて不当条項規制を適用する必要がある。

　㈐　その他の条項　　担保条項・免責条項および義務に関する条項は保険契約に特有の性格をもつ条項であるといえるが，その他の条項は，基本的には保険契約における付随的契約条件を定めるものであって，他の取引類型における約款条項と共通の性格をもつといってよく，不当条項規制においても一般原則を適用することでよい。もちろん，保険契約という契約類型における約款条項であり，そのことを踏まえた不当性の判断をする必要がある。既に取り上げたもの以外でこの範疇に属する約款条項に関する不当条項規制と見られるものには以下のものがある。

　　(ⅰ)　保険契約者側の権利行使に関する条項[131]　　正面から無効かどうかがしばしば争われるものとしては，専属的裁判管轄を保険会社の本店所在地の裁判所と定める条項あるいは実質的に専属的裁判管轄を定めることに等しい保険金支払場所を保険会社の本店所在地とする条項がある。

　　(ⅱ)　保険金支払義務に関する条項　　自動車責任保険における保険金請求権は被保険者（加害者）と被害者との間での訴訟等による損害賠償額の確定によりはじめて発生するという条項があるにもかかわらず，被保険者に対する損害賠償請求と併合してされる被害者の保険者に対する保険金の債権者代位請求を認めた最高裁昭和57年9月28日判決（民集36・8・1652）も，債権者代位請求を排除するために条項を置いた保険者の意図に反して実質的に条項を無効としたものと評価することができる。これに先立つ保険金の債権者代位請求に関する1970年代の判例の展開は，責任保険に関する立法がきわめて不備なわが国において，被害者の直接請求権を約款で認めるなど自動車保険における被害者救済の改善を実現する契機となったものであり，判例がきわめて重要な役割を担った例である。

---

131)　中島弘雅「保険金支払義務履行地の裁判籍──生命保険契約を中心に」菅原菊志先生古稀記念論集・現代企業法の理論 407 頁（信山社，1998）。

第6款　定型約款の規律と保険約款

1　総　　説

2017年の民法改正により定型約款に関する同法548条の2から548条の4までの3か条の規定が新設された。法制審議会民法（債権関係）部会（以下，部会という）の審議でも，定型約款に関する事項は，紆余曲折を経て最終段階でようやくとりまとめられたものである。

定型約款は，定型取引とともに，改正民法の創設的概念であり，従来の約款概念よりも狭い新たな概念であること，拘束力発生要件としての組入要件から定型約款の事前開示は外され，定型約款使用の表示のみによっても組入が認められること，定型約款の内容の顧客に対する開示は定型約款の表示として契約の事前または事後に相手方の請求により認められるにすぎないこと，定型約款中の不当条項の規制は，不意打ち条項の観点も取り込んだこと等の結果として不当条項は無効ではなく契約内容とならないという効果とされたこと，および定型約款の変更という規定が設けられたことにおいて，定型約款に関する新規定は，従来支配的であった研究者の約款立法論からは，いずれも大きく逸脱する内容となっている。このため，従来の約款に関する判例・学説理論との接合が困難であるといわざるをえず，各規定の解釈も，今後の議論を待つところが大きい。以下では，各規定について現時点で最大公約数的に認められているところに従い解説するとともに，保険取引への適用で問題となりうる点を中心に検討する[132]。

132）　改正民法の定型約款に関する新設規定の制定経緯と立法論上および解釈論上の論点を幅広く検討するものとして，山本豊「改正民法の定型約款に関する規律について」深谷格＝西谷祐介編著・大改正時代の民法学（成文堂，2018）。その他にも多数の文献があるが，個別の論点に関してそれぞれの箇所で参照する。なお，改正過程における定型約款関連の諸資料を収録するものとして，「改正民法における定型約款について（河上正二解説）」消費者法研究3号247頁（2017）。保険約款との関係について言及するものとして，山本敬三「民法（債権関係）の改正に関する要綱と保険実務への影響」生保191号23頁（2015），山下友信「民法（債権関係）改正と保険——改正の意義，重要論点及び今後の保険実務」損保77巻2号165頁（2015），木下孝治「定型約款」保険業法に関する研究会・債権法改正と保険実務81頁（損保ジャパン日本興亜福祉財団叢書No.87）（同財団，2016）。

2 定型約款の意義

(1) 定義規定とその趣旨

「定型約款」は,「定型取引において,契約の内容とすることを目的としてその特定の者により準備された条項の総体」と定義される。この定義中の「定型取引」は,「ある特定の者が不特定多数の者を相手方として行う取引であって,その内容の全部又は一部が画一的であることがその双方にとって合理的なもの」と定義され,定型取引を行うことの合意が定型取引合意と定義される（以上,民548条の2第1項柱書）。講学上は一般に,約款は,使用者である事業者が多数の契約に画一的に使用するための契約条項として作成されるものであると定義され,そのような約款を使用することが事業者にとって合理的であるという説明がされている。これに対して,上記の定型取引の定義と併せた定型約款の定義では,契約の内容とすることを目的としたものであること,不特定多数の者を相手方とする取引に関するものであること[133],取引の内容が画一的であることという要素は,基本的には上記の約款の定義とそれほど異なるものではない。しかし,画一的であることが事業者にとってのみならず相手方にとっても合理的であることを要するものとされていることは大きな相違である。これが何を意味するかはそれ自体では容易に理解しがたいが,立案の経緯から見ると,主として事業者間で使用される契約書式,ひな型,モデル条項などに定型約款の規律を適用しないということを主眼とするものである。事業者間取引でも,契約書式,ひな型,モデル条項などがそのまま使用されて契約内容となることがあるが,そうではあっても当事者間において交渉により独自の契約内容を取り決める可能性がある限りは,それらを定型約款としては取り扱うべきでないという考え方によっている。これに対して,保険,運送,預金などの取引は,相手方が消費者である場合のみでなく事業者であっても定型取引であり,

---

133) 定型取引が多数の者を相手方とする取引ではなく,不特定多数の者を相手方とする取引とされているのは,制定の経緯から見ると,労働契約を定型取引の定義から除外することに主眼がある。したがって,特定の団体構成員を相手方とする取引であっても定型取引であって,そのための約款は定型約款に該当しうるものと説明されている（筒井健夫＝村松秀樹編著・一問一答・民法（債権関係）改正244頁（商事法務,2018)）。特定の属性をもった組合員のみを対象とする共済の共済規約等の約款についても定型約款である。

そのための約款が定型約款であることには異論がないようである。このことは，これらの取引では交渉により契約の内容を決定し合意をするのではなく，画一的な取引をすることが双方の当事者にとって合理的であると考えられているということを意味する。しかし，相手方にとっても合理的であるのか否かを理論的に説明することは困難であり，法文からはいささか無理があるものの，事業者間で少しでも交渉の可能性がある場合の契約書式等を定型約款から除外するという趣旨の定義であると解すべきである。

　このように，定型約款は講学上の約款よりは狭い概念とされたため，定型約款ではない約款が存在しうることとなり，そのような約款についての組入要件や不当条項規制について定型約款の規定がいかなる意味をもつかということは問題となり得るところである。反対解釈と類推解釈の2つの相反する方向で民法の規定が参照されることが考えられるが，これは一律に決められるべきことではなく，各規定ごとに考えられることとなろう。

(2) 保険約款等への適用

　保険取引は，その性質上，不特定多数の者を相手方として行う取引であって，その内容の全部または一部が画一的であることがその双方にとって合理的なものという定型取引の定義に合致する取引であるということができるから，保険取引に使用される約款である普通保険約款および特約条項は，定型約款に該当するということができる。消費者向けの保険のみならず企業保険向けの保険の約款についても，定型約款の定義をみたす[134]。

　企業保険の分野で，普通保険約款や特約条項を個別の保険契約の状況に合わせて修正し，あるいは補充する特約書や協定書などとよばれる取決めがされる場合は，約款による取引の枠内で個別の契約当事者間での取決めをするものであり，特約書や協定書などは定型約款といえないこととなろう。定型取引の定義において，取引の「内容の全部または一部が画一的であること」として，一部が画一的でもその一部が定型約款となることとしているのは，たとえば，普

---

134)　普通保険約款の条項を修正することを内容とする特約（条項）を付帯することは，とりわけ損害保険では広く行われているが，特約条項を付帯するかどうかが保険者と保険契約者の間で交渉されるからといって，普通保険約款および特約条項が定型約款でなくなるわけではない。

通保険約款の一部の条項を修正する特則を特約書により合意した場合に，特約書で修正されない普通保険約款の部分が定型約款となるということを意味する。

団体保険の保険約款が定型約款であるかどうかは，契約相手方である保険契約者，すなわち法人等の団体と保険者との間の保険契約に即して判断されることとなる。団体保険であっても，保険である以上は，普通保険約款や特約条項は画一的に契約内容とすることが予定されており，部分的に特約書等で個別合意をするということであろうから，法人等の事業者が保険契約者となる場合でも普通保険約款や特約条項は定型約款に当たると考えてよい。

団体保険では，保険契約者である団体構成員が被保険者となり，被保険者が保険契約に関して実質的な利益を有していることから，定型約款に関する規定を保険契約者に即してのみ適用してよいかという問題があるが，これは，定型約款に関する個別の法律規定ごとに考える必要がある。また，団体保険といっても，全員加入型のものと任意加入型のものがあり，また団体と付される保険の態様も多様なので，被保険者の利害状況は同じではなく，被保険者の利益の考慮が問題となるのは，基本的には任意加入型のものであろう。

以上に対して，保険者の内部で，保険契約の対象や事務的な取扱いについて定めた取扱規定等の内規やマニュアル等は，契約の内容とすることを目的とするものではないので，定型約款ではない。

保険会社等と保険代理店との間の代理店委託契約については，保険会社等が委託契約書の内容を定めて，これにより委託契約を締結する場合に，委託契約書が定型約款に当たるかどうかが問題となる。代理店でも小規模なものは委託契約書どおりの契約が締結されるであろうが，規模が大きくなれば契約内容について交渉が行われるであろうから，全体としては交渉の可能性があるものとして，委託契約書は定型約款であるとはいえないであろう[135]。

以上の定型約款の意義に関連して，約款の条項を，契約による主たる給付の目的や対価について定める条項（以下，中心条項という）とそれ以外の契約の付随的事項について定める条項（以下，付随条項という）に分けた上で，中心条項

---

135) 銀行取引約定書やコンビニエンスストアー・チェーンにおけるフランチャイズ契約は定型約款ではないとされている（松尾博憲・Q&A民法改正の要点60頁（日本経済新聞出版社，2017））のと同様であろう。

第2節　保険約款　*173*

も定型約款に含まれるかということが論じられることがある。保険約款においては，保険事故や保険給付内容を定める条項が中心条項に当たる。上記の定義では中心条項と付随条項を分けておらず，中心条項も含めて定型約款となる。ただし，定型約款に関する各規定の適用において，中心条項と付随条項を区別して論じることが必要となることはありうる。

3　定型約款の個別の条項についてのみなし合意

(1)　規律の概要・趣旨と解釈上の論点

定型取引を行うことの合意（定型取引合意）をした者は，次の①または②の場合には，定型約款の個別の条項についても合意をしたものとみなされる（民548条の2第1項）。

①　定型約款を契約の内容とする旨の合意をしたとき（同項1号）。

②　定型約款を準備した者（定型約款準備者）があらかじめその定型約款を契約の内容とする旨を相手方に表示していたとき（同項2号）。

約款による取引を一般的に考えると，約款の内容である個別の条項まで説明や交渉が行われた上で合意して契約締結に至るわけではないので，約款の個別の条項について相手方との合意があって契約内容となっているかどうか，換言すれば約款の個別の条項が契約内容に組み入れられているかどうかが問題となる。従来の約款理論では，意思の推定理論や白地商慣習理論などにより，約款の個別の条項も契約内容に組み入れられると説明されてきたが，これについては研究者からは原理論的な強い批判がある。そのことから約款の組入要件について実は法的根拠は確実なものではなく，取引実務の障害となり得るので，組入要件を明確化して，企業取引を安定的なものとする必要があるというのが立案担当者の問題意識であり，そこから，約款の個別の条項が契約内容となる根拠を法定することとされたというのが，みなし合意の規律である。

①または②の要件が備われば，相手方は個別の条項が契約内容となることについての合意をしたものとみなされることとなる。従来，講学上，約款の契約内容への組入といわれてきたことに該当する。

①は，定型約款の個別の条項を一括して契約内容とする合意があったといえる場合であり，曲がりなりにも相手方の合意があったといえる場合である。こ

れに対して，②は，定型約款準備者があらかじめ定型約款を契約の内容とする
旨を相手方に表示していただけの場合であり，①とは別に置かれていることか
ら見れば，①により相手方の合意に根拠づけられない個別条項についての合意
を擬制するものという理解が生じうる。しかし，②の要件がみたされる表示が
され，相手方がそれに対して異議を述べないで契約を締結したのであれば，定
型約款の個別の条項を一括して契約内容とする合意をしたものと推認できるの
で，②も個別条項を契約内容とすることは相手方の合意に基づくものとして説
明できる[136)137)]。その意味で，民法548条の2第1項が，みなし合意という規
定の仕方をしたことが適切であったかどうかは問題があるところで，文字どお
りの擬制と理解するのは疑問である。ただ，定型取引合意において定型約款の
個別の条項について逐一説明されたり交渉されたりするわけではないし，事前
開示も不要とされているので，個別の条項について実質的な合意があるといえ
るかどうか疑問の余地があるということからみなすという表現となっていると
理解すべきものであり，このことが，同条2項の個別条項のみなし合意からの
除外という規律とも結びつくこととなる。

　①の合意は，明示の合意に限られるものではなく，黙示の合意も含まれると
考えられる。もっとも，そうであるからといって，保険取引のように約款を使
用して取引がされることが通例で，相手方である保険契約者にもそのことが自
明であるような場合において，白地商慣習説のような考え方により黙示の合意
を認めてよいかは問題となる。そのような黙示の合意を認めると，②において
定型約款を契約内容に組み入れるために定型約款を使用することの表示をする
ことを最低限の要件としたことが意味を失うので，黙示の合意を認めることに
は慎重であるべきである[138)]。また，定型約款準備者が②の表示をしたが，相

---

136)　②では，表示があらかじめされないとみなし合意が認められないとされているのも，
　　あらかじめの表示でないと組入について合意する意思を推認することができないためで
　　ある。
137)　沖野眞巳「『定型約款』のいわゆる採用要件について」消費者法研究3号122頁
　　(2017)，山本（豊）・前掲（注132）398頁。
138)　沖野・前掲（注137）124頁は，①と②の関係について，①は積極的同意型，②は
　　消極的同意型を意味し，両者には重複はなく，①が基本となり②は付加的なものである
　　と整理する（もっとも，①を基本とする実情があるということではなかろう）。これに
　　対して，山本（豊）・前掲（注132）398頁は，①は定型取引成立後に定型約款を組み入

手方が定型約款の組入について異議を述べたときは，②によりみなし合意は認められず，契約は不成立となると考えられる[139]。

②において定型約款を契約内容とする旨の表示として，どこまでのことが要求されるのかについては，定型約款の内容の表示についての民法548条の3の規定が別途置かれていることから見れば，定型約款の内容を表示することが求められるわけではないことは明らかであり，定型約款を契約内容とする旨の表示があれば足りるということになる。当社所定の約款によるという表示でも足りるが，民法548条の3により相手方は定型取引合意の前でも定型約款の内容の表示を請求することができるのであるから，定型約款準備者において使用される約款は内容の確定されたものが特定されていることは当然の前提となっていると考えられる。

表示は，みなし合意を導く要件であるという位置づけからは，相手方にとってあらかじめ定型約款使用の旨が明らかになるようにされる必要がある。ホームページ上で定型約款の使用される旨が表示されているなど，公表があるだけでは足りず，個別の相手方ごとに表示される必要がある[140]。また，ネット取引においては，相手方の申込が完結するまでの過程で約款使用の旨が表示されることが必要となる。画面の目立たないような場所で表示されているだけで，②にいう表示があったといえるかは疑問である。電話だけで契約が締結される場合には，定型約款準備者が②の表示を口頭でするしかないであろう。

(2) 保険約款への適用

保険取引では，定型約款準備者である保険者の作成する保険契約申込書に保険契約者となる者が署名をして申込がされるのが一般的であるが，この申込書に当社所定の約款による旨の記載がしてあれば，①によるみなし合意があるものと考えることができ，②によるみなし合意を持ち出すまでのこともない。も

れる場合も対象とする包括的規定，②は，実務上最も典型的に現れる場合の一つである黙示の合意による組入形態に焦点を当てた部分的規律であるとする。

139) 沖野・前掲（注137）122頁，山本（豊）・前掲（注132）398頁。

140) ②の表示すら実際上は現実的でない旅客運送取引等については，運送事業等の行政的監督等に関する法令において，定型約款を契約の内容とすることをあらかじめ公表することによってもみなし合意があるものとする旨の特則を置いている（鉄道営業18条ノ2，道運87条，電通事167条の2等）。

っとも，②にいう表示の要件もみたされていることにはなる。新たな保険契約の締結の場合のみでなく，契約内容に変更のない自動更新の場合以外の保険契約の更新の場合も，契約の締結には変わりがないので，①のみなし合意を適用できるような場合でなければ，②にいう表示の要件をみたしておくしかない。

　団体保険契約では，契約相手方は法人等の団体である保険契約者であるので，組入要件も保険契約者との間でみたされれば，保険約款の内容が契約内容に組み入れられることとなり，被保険者も保険約款に拘束されることにならざるをえない。これは，任意加入の団体保険の被保険者のように，定型約款の内容について実質的利害を有する被保険者にとっては問題もあるが，定型約款の組入要件が厳しいものではなく，みなし合意という組入要件を被保険者に拡張して適用することの必要性は小さいといえるので，不当条項規制において団体保険の仕組みにも着目した解釈をすることで対応すれば足りよう。

4　定型約款の内容の表示

(1)　規律の概要・趣旨および解釈上の論点

　定型取引を行い，または行おうとする定型約款準備者は，定型取引合意の前または定型取引合意の後，相当の期間内に相手方から請求があった場合には，遅滞なく，相当な方法[141]でその定型約款の内容を示さなければならない（民548条の3第1項本文）。ただし，相手方からの定型約款の内容の表示請求の前に既に相手方に対して定型約款を記載した書面を交付し，またはこれを記録した電磁的記録を提供していたときは，既に定型約款の内容が表示されていたので，改めての表示義務はない（同項ただし書）。

　定型約款の内容を定型取引合意の前に相手方に示すこと（事前開示）を個別条項についてのみなし合意の要件とすることは，取引類型によっては困難であることがあるということ，一律に要件とすることは過剰なコスト要因となる反面で実質的な効果がどの程度あるか疑わしいことなどの理由で反対が強かったため，みなし合意の要件とはせず，相手方からの請求により定型約款の内容を示す義務（内容を表示する義務）を定型約款準備者に負わせるという別の規律と

---

141)　相当な方法については，筒井＝村松・前掲（注133）255頁。

して規定が設けられた。定型約款の内容の事前開示をみなし合意の要件としな
かったことには，やはり研究者からの強い批判があるところであるが，定型取
引合意の前の内容表示請求に対する表示義務を認めていることには相当の意味
があるということもできる。

定型約款準備者が定型取引合意の前において，相手方からの内容表示請求を
拒絶したときは，定型約款の個別の条項のみなし合意（民548条の2第1項）の
規定は適用されない（民548条の3第2項本文）。取引前に内容表示の請求がさ
れたにもかかわらず，定型約款準備者が内容表示を拒否する場合にまでみなし
合意の効果を認めるのは相当でないからである。この規定における拒絶は，請
求があったにもかかわらず相当期間を経過しても何の回答もせず表示をしない
ことを含む[142]。

定型取引合意の前の内容表示請求がされたが，一時的な通信障害が発生した
場合その他正当な事由により内容表示が拒絶される場合は，みなし合意の適用
排除は認められない（民548条の3第2項ただし書）。

定型取引合意の後の内容表示請求は，定型取引の後相当の期間内にされなけ
ればならず，この場合には，定型約款準備者は遅滞なく相当な方法で定型約款
の内容表示をすれば足りる。ここにいう相当の期間とは，継続的契約において
は，契約が終了した後の相当の期間経過時までとされている[143]。

定型取引合意があり，民法548条の2第1項によるみなし合意があるときに
は，その後の定型約款の内容表示請求に定型約款準備者が応じなかったことを
もって，みなし合意の効力を否定することはできない。このことをもって，定
型取引合意の後の内容表示義務は，一種の行為規範としての効果しかなく，損
害賠償請求および内容表示の履行強制が認められるにとどまるとするのが一般
的な説明である。しかし，契約内容となっている定型約款の内容を表示するこ
とを拒絶することに合理的な根拠があるということはまず考えられず，定型約
款準備者は定型約款の条項を自己に有利な権利主張のために契約内容として主
張することはできなくなると解すべきである[144]。

---

142) 筒井 = 村松・前掲（注133）256頁。
143) 沖野・前掲（注137）149頁。
144) 沖野・前掲（注137）150頁は，正当な理由のない拒絶の場合には，信義則上，約

(2) 保険約款への適用

　生命保険会社の実務では，保険契約者が申込をする時までには保険約款を含む契約のしおりが冊子やCD-ROM等で交付されるのが通例であり，この場合には保険契約者からの請求を待つまでもなく定型約款の事前の表示がされていることになる。これに対して，損害保険会社の実務では，保険約款を保険契約成立時までに交付その他開示することが行われているわけではないので，保険契約者から保険約款の内容の表示を求められた場合には，保険会社がこれを表示しないと組入のみなし合意は認められないこととなる。もし保険会社またはその代理店が保険約款の内容の表示の請求を受けたにもかかわらず，表示をしない場合には，契約の締結そのものが見送られることとなるのが通例と考えられる。しかし，保険会社が内容表示請求に応じないにもかかわらず，保険契約者の希望に応じて保険会社の責任を即時に開始させる必要があるなどということから，契約が締結された場合にどのような効果が生じるかは問題である。契約が締結されているのであるから契約が不成立あるいは無効ということは無理であろうから，そのような場合には，定型約款の組入がない契約が成立したと考えることになりそうであるが[145]，この解決も保険契約のような契約で保険約款の定めなく合理的な権利義務関係を確定できるかは疑問である。このように考えると，民法548条の3第1項および2項はその性質上強行規定であろうし，その脱法を容易に認めるべきではないが，合理的な理由があって，かつ相手方も十分理解した上であれば，相手方が取引前の内容表示請求の権利を撤回したものとすることまで禁止しているものではないと解釈することにより解決すべきであろう。

　団体保険契約においては，任意加入の団体保険の被保険者には定型約款の内容の表示を請求することを認めるべきであるが，保険契約者である団体を通じて表示をすれば足りよう。

　　　款内容たる契約条項の採用が否定されるとする。
145)　沖野・前掲（注137）148頁（ただし，相手方が定型約款に含まれる契約条件を主張し，定型約款準備者がこれを認めるなら，それは両当事者の事後の合意により当該条件を定めたということになろうとしている）。

5　不当条項規制──みなし合意からの除外

(1)　規律の概要・趣旨および解釈上の論点

　民法548条の2第1項の定型約款の個別の条項についてのみなし合意の規定にかかわらず，定型約款の個別の条項のうち，相手方の権利を制限し，または相手方の義務を加重する条項であって，その定型取引の態様およびその実情ならびに取引上の社会通念に照らして民法1条2項に規定する基本原則（信義則）に反して相手方の利益を一方的に害すると認められるものについては，合意をしなかったものとみなされる（民548条の2第2項）。

　この規定は，一見してわかるように，消費者契約法10条の不当条項の無効に関する一般条項をベースとして立案されている。しかし，消費者契約法10条は，その要件をみたす条項を無効としているのに対して，民法548条の2第2項は，「合意をしなかったものとみなす」としているという大きな違いがある。部会の審議では，不当条項は無効とするという規定として検討されていたが，最終段階となって，不当条項はみなし合意から除外されるという規定に変更されたのは，不当条項とは別に不意打ち条項については約款の組入から除外するという趣旨の規定を新設すること，および民法に不当条項を無効とする新たな規定を新設することのいずれについても経済界の反対が強いことを受けて，不意打ち条項と不当条項のいずれについてもみなし合意から除外するという構成をとること，および新規定で新たに従来よりも厳しい不当条項規制を導入するものではないと説明することにより妥協による意見集約が目指されたという経緯による。このような経緯によるものであるから，研究者からは，理論的には克服されたはずの前時代的な隠れた約款の司法的規制を甦らせるものとして批判が強いところである[146]。この批判にはもっともなところがあり，みなし合意からの除外という規律に積極的な理念があるとはいいがたいと考えるが，そうではあっても，課題となってきた不意打ち条項を含む不当条項の規制について新たな規定が新設されたのであるから，これを活用していく解釈理論を構築することが考えられてよいであろう。ただ，立法論として十分練り上げられ

---

146)　山本（敬）・前掲（注132）28頁は，「50年を超えるこれまでの約款法学の成果をあえて無視した構成」とし，山本（豊）・前掲（注132）403頁は，「時計の針を数十年巻き戻したような意味合いを持つ規定」とする。

180 第1部 第3章 保険契約に関する法令と保険約款

てできた規定ではなく，不意打ち条項規制と不当条項規制を十分な検討を経ることもなく一体化した規定とされたことなどから，この規定をどのように解釈するかはきわめて難問であり，いまだ明確な解釈論も提示されているとはいいがたいので，以下の解説も暫定的なものである。なお，以下では，条項の内容が不当である条項を「狭義の不当条項」といい，狭義の不当条項と不意打ち条項を併せて「不当条項」ということとする。

みなし合意から除外される可能性があるのは，相手方の権利を制限し，または相手方の義務を加重する条項である。消費者契約法10条は，同法の制定時には，法令の任意規定と比較して，権利の制限または義務の加重があるかどうかを問題とする規定とされていたが，法令の任意規定に限定すべきでないことは既に同条に関する判例[147]も認め，2016年の同法の改正により同条の文言にも反映されているところとなっており（160頁），民法548条の2第2項でも当該条項が合意されない場合，すなわち法令の任意規定や任意規定的な意義をもつ判例や解釈理論が適用される場合よりも権利を制限しまたは義務を加重する条項であれば，この要件はみたされる。

みなし合意から除外されるかどうかは，その定型取引の態様およびその実情ならびに取引上の社会通念に照らして，信義則に反して相手方の利益を一方的に害するものであるかどうかにより判断される。その定型取引の態様およびその実情としては，特に定型取引では，相手方が具体的な定型約款の条項を認識しようとはしないという事情があげられると説明されている[148]。これは，定型約款の内容の事前開示が組入要件とされなかったことから，不意打ち条項や狭義の不当条項についてもみなし合意が認められるという批判に対応するものであると考えられる。定型約款であっても事前に相手方に開示された上で契約が締結されたとすれば，そのことは不意打ち性や狭義の不当性を認めにくくする事情として考慮されることとなろう。もっとも，事前に開示されたところで，消費者である相手方にとって定型約款の内容を理解することは容易でないのが通例であるから，定型約款の内容の事前開示により直ちに不当性が解消されるわけではなく，定型約款以外の契約締結過程における様々な情報提供の態様も

---

147) 前掲最判平23・7・15（注116）。
148) 筒井＝村松・前掲（注133）253頁。

考慮する必要がある。その定型取引の態様およびその実情としては，ほかにも消費者取引か事業者間取引かの区別など契約当事者間の情報力や取引力などの諸事情を考慮することとなる。

取引上の社会通念は，改正民法の様々な規定において用いられている新しい概念であるが，取引の実情を十分踏まえて判断すべきことを意味しているという程度のことであると理解すべきである。定型約款が使用されており，それについて通常は相手方が異議を述べずに取引をしているというような実情があることから定型約款が不当条項ではないというような判断を正当化することが認められるわけではない。

以上の諸事情に照らして，信義則に反して相手方の利益を一方的に害することがみなし合意から除外されるためには必要である。消費者契約法 10 条のこれに対応する要件については，前述（159 頁）のように，任意規定等よりも顧客にとって不利益なことに合理性が認められるか否かという判断をすることとなるが，これと同様に考えてよいかは，効果を無効とする消費者契約法 10 条とは異なり，みなし合意からの除外ということであることからは問題となりうる。みなし合意からの除外ということは，要するに契約の合理的解釈をしているということになるので，定型約款の条項の内容だけに着目するのではなく，契約締結時の諸事情ほか契約に関する事情を幅広く考慮することとなるのであろう。立案担当者は，条項の不当性の判断にあたっては，個別具体的な相手方ごとに諸事情が考慮され，特定の相手方との関係でのみ合意をしなかったものとみなされるということもありうると説明している[149]。しかし，定型約款の個別の条項の規制をしているのであるから，狭義の不当条項については，信義則に反して相手方の利益を一方的に害するか否かの判断について，個別の契約の事情を考慮して相手方ごとにみなし合意から除外されるか否かが分かれるというような判断はすべきではないと考える。

信義則に反して相手方の利益を一方的に害することという要件は，消費者契約法 10 条の要件を参照しているので，文言から見れば狭義の不当条項に即した要件となっており，不意打ち条項にそのまま適用できるかは問題である

149）　筒井 = 村松・前掲（注 133）252 頁。

が[150]，不意打ち条項も結果的には相手方に不利益な効果をもたらすのであるから，不意打ち的であることも相手方の利益を一方的に害するという要件に含まれると考えられる。不意打ち条項についても，個別具体的な契約の相手方との契約の事情に即して判断するのかどうかは問題となりえよう。

具体的な民法548条の2第2項の適用のイメージとしては，部会の審議では，合理的意思解釈の手法で約款の条項の効力を否定した事例として，最高裁昭和62年2月20日判決（民集41巻1号159頁。損害保険約款中の損害発生の通知義務違反の効力として保険者の給付免責を規定していた条項の適用範囲を大幅に縮小解釈した事例。157頁)，最高裁平成5年3月30日判決（民集47巻4号3262頁。故意によって生じた損害をてん補しない旨の責任保険の約款条項は，傷害の故意に基づく行為により被害者を死亡させたことによる損害賠償責任を被保険者が負担した場合には，適用されないとした事例。155頁)，最高裁平成15年2月28日判決（集民209号43頁。ホテルの宿泊客がフロントに預けなかった物品等で事前に種類および価額の明告のなかったものが滅失，毀損するなどしたときにホテルの損害賠償義務の範囲を15万円の限度とする宿泊約款の定めは，ホテル側に故意または重大な過失がある場合には適用されないとした事例）があげられ，契約書に署名押印して規約が締結されたとしても，特定の条項については合意があったとはいえないとして約款の条項の拘束力を否定した事例として，最高裁平成17年12月16日判決（集民218号1239頁。賃貸借契約の通常損耗についても賃借人が補修するものとする特約が契約書に規定してあったが，契約書における明確な記載や相手方への説明がされなかったことから，当該条項についての合意は成立していないとした事例）があげられた。最初の3つの判決は，狭義の不当条項に関する事例，最後の判決は不意打ち条項に関する事例と見ることができるが，これらを参考としながら，今後の民法548条の2第2項の解釈論が形成されていくこととなろう[151]。

消費者契約法10条については，同条が中心条項にも適用があるかが議論されるが，民法548条の2第2項についても同様の議論がされることとなる。消

150）　山本（豊）・前掲（注132）404頁。
151）　山本（豊）・前掲（注132）404頁は，本文であげる最判平15・2・28等は，条項の制限的ないし合理的解釈という手法によるもので，民法548条の2第2項の不当条項規制とは手法が異なるとするもののようである。

費者契約法 10 条は，不当条項を無効とする規定であるので，中心条項についてこれを適用することは行き過ぎた司法的規制として認められるべきでないという考え方に相当の理由があるが，民法 548 条の 2 第 2 項は，不当条項をみなし合意から除外するという効果を定めた規定であるので，消費者契約法 10 条と同様に考えてよいかが問題となる。民法 548 条の 2 第 2 項も，不当条項規制に関する規定であるということからは，中心条項には適用すべきでないというのがオーソドックスな約款理論の認めるところであろうが，同項は，不意打ち条項規制も含んでいるとすれば，少なくとも不意打ち条項に関する限りでは，中心条項に適用がないとすることは相当ではない。狭義の不当条項規制についても，任意規定等との比較という基準による以外の契約目的危殆化や透明性原則という基準による規制（164 頁）はありうるのであって，これらの基準による不当条項規制は中心条項にも及んでくる。契約目的危殆化や透明性原則による規制まで民法 548 条の 2 第 2 項に織り込んで解釈できるのかについては，それは同項の趣旨には合致しないという考え方があろうが，不当性の意義を柔軟に解することも検討されてよいであろう。

　民法 548 条の 2 第 2 項が，みなし合意からの除外という手法による不当条項規制とされたことから，消費者契約に使用される定型約款については，同項と消費者契約法 10 条との適用関係という問題が生じる。民法 548 条の 2 第 2 項により不当条項とされる条項は，契約に組み入れられていないから，消費者が消費者契約法 10 条により当該条項の無効の主張ができなくなるということは明らかに不合理であろうから，消費者としては，民法 548 条の 2 第 2 項と消費者契約法 10 条を選択的に主張できると考えざるを得ないであろう。

(2) 保険約款への適用

　保険約款の条項について，民法 548 条の 2 第 2 項がどのように適用されるかを考えると，狭義の不当条項をみなし合意から除外するという同項の手法は，合理的な意思解釈という手法により不当な約款条項を実質的に無効としてきた保険約款に関する判例（157 頁）の手法とほぼ一致するものであるし，任意規定等を不当性判断の実質的な基準として考慮するという手法も，やはり保険約款に関する判例の手法とほぼ一致するものであり，保険約款に関する判例は，民法 548 条の 2 第 2 項による不当条項か否かの判断に参照されることになろ

う。これに対して，不意打ち条項については，わが国では不意打ち条項規制というものが理論および判例実務では十分確立しているとはいいがたく，民法548条の2第2項の下で今後どのように不意打ち条項規制が適用されていくかは不明確である。保険約款では，保険契約者の期待を裏切るような内容で，保険給付義務の発生要件が限定されていたり，保険者免責事由が設けられる場合が問題となりうるが，前述（164頁）のように，これを契約目的危殆化や透明性原則違反として狭義の不当条項として処理していくのか，不意打ち条項規制が立法化されたことから不意打ち条項の問題として処理していくのかが問題となろう。

　団体保険契約，特に任意加入の団体保険契約においては，不当条項や不意打ち条項であるかどうかは，保険契約者の立場よりは被保険者の立場の方に着目してする必要があり，団体保険契約への加入勧奨における情報提供も含めて不当性や不意打ち性を考えるべきであろう。

6　定型約款の変更

⑴　規定の趣旨・概要および解釈上の論点

　定型約款準備者は，次の①または②の場合には，定型約款の変更をすることにより，変更後の定型約款の条項について合意があったものとみなし，個別に相手方と合意をすることなく契約の内容を変更することができる（民548条の4第1項）。

　①　定型約款の変更が，相手方の一般の利益に適合するとき。

　②　定型約款の変更が，契約をした目的に反せず，かつ，変更の必要性，変更の内容の相当性，民法548条の4の規定により定型約款の変更をすることがある旨の定めの有無およびその内容その他の変更に係る事情に照らして合理的なものであるとき。

　従来の約款理論では，約款の変更をすることは，契約内容の変更であるから，約款使用者が一方的にすることはできず，相手方の個別的な同意によることを原則とし，例外的に約款にあらかじめ変更留保条項を置くことによっても変更することができるが，変更留保条項によっても無限定の変更までができるわけではないとされてきたということができる[152]。

第2節　保険約款　　*185*

　民法 584 条の 4 は，継続的な契約関係においては，様々な事情の変更から約
款を変更する必要が生じるところであり，変更した事情に適合する約款の変更
を，上記のような相手方の個別の同意や効力の定かでない変更留保条項により
行うよりも，変更の合理性が確保されることを要件として，変更をすることが
できることとする法的根拠を規定することが合理的であるという考え方に基づ
いている[153]。比較法的には例のない規律をするものであり，研究者からは批
判的な評価も少なくないところである。

　①は，変更が相手方にとって有利な場合を意味している。変更が相手方に有
利である場合には，そもそも相手方の同意がなくとも変更の効力を認めてよい
と考えられるし，約款使用者が変更後の約款に従い契約関係を処理することに
より問題なく変更はできていたものである。なお，ここでは，相手方の一般的
な利益に適合することが要件とされており，不特定多数の相手方の一部の者の
利益のみに適合する場合を含まない。

　これに対して，②は，変更が相手方に有利とはいえない場合であっても，相
手方の個別の同意を要さず，また変更留保条項がなくても法律の規定に基づき
変更の効力を生じさせるものである。②では，変更が合理的か否かの判断にお
いて考慮すべき事情が列挙されていることとなる。変更留保条項をあらかじめ
置いていることは変更が認められるための要件ではないが，変更の合理性が認
められる事情としては考慮されるものとされている。

　このような変更の合理性とともに，変更について相手方に周知するという手

---

152)　民法改正前に変更留保条項が置かれていなかったにもかかわらず変更が認められた
　　裁判例として，銀行取引約款において暴力団排除条項を追加する変更を有効と認めた事
　　例がある（福岡地判平 28・3・4 金判 1490・44，控訴審・福岡高判平 28・10・4 金判
　　1504・24，東京地判平 28・5・18 金判 1497・56）。変更留保条項が置かれていた場合に
　　変更が認められた裁判例として，携帯電話の利用に係る通信サービス契約において，窓
　　口支払をする利用者は手数料を支払う必要がなかったところを変更して手数料の負担を
　　しなければならなくなることとした変更を有効と認めた事例（東京地判平 27・1・16
　　LEX/DB25524293），クレジットカード会員のポイントプログラム規定に関して，ポイ
　　ントを利用してサービスの提供を受ける際の手数料の値上げを有効と認めた事例（東京
　　地判平 28・10・7 LEX/DB25537885，控訴審・東京高判平 29・2・22・2017WLJPCA
　　02226015）があり，これらは民法 584 条の 4 による定型約款の変更についても参考とな
　　るものとされている。
153)　民法 548 条の 4 第 1 項により変更するために，変更の時点において相手が不特定多
　　数であることは要しない。

続的要件が規定されている。すなわち，定型約款準備者は，上記の要件に従い定型約款の変更をするときは，その効力発生時期を定め，かつ，定型約款を変更する旨および変更後の定型約款の内容ならびにその効力発生時期をインターネットの利用その他の適切な方法により周知しなければならない（民548条の4第2項）。上記②の要件による定型約款の相手方に有利とはいえない変更は，上記周知した約款の効力発生時期が到来するまでに上記の周知をしなければ，その効力を生じない（民548条の4第3項）。

　以上のところに従い，定型約款の変更の効力が生じるが，この変更については，民法548条の2第2項のみなし合意の除外（不当条項規制）の規定は適用されない（民548条の4第4項）。変更の効力が生じた条項は，合意があったものとみなされるが，そのためには変更の合理性が要件とされているので，改めて民法548条の2第2項の不当条項規制を適用するまでもないという趣旨である。

　②により合理的な変更として認められるのはどのような場合かは，抽象的な考慮事情があげられているだけなので，難しい問題となる。解釈上の問題としては，まず，②による変更は，中心条項についても適用できるかということがある。実務の観点からは，給付内容や対価[154]を定める中心条項について適用できなければ②を認める意味が大幅に失われることになろうし，定型約款の定義上も中心条項が除外されているわけではないので，中心条項にも適用があるということになる。しかし，変更の要件として契約をした目的に反しないということがあるので，その点からの制約がかかる。

　②は基本的には相手方にとって不利益な約款条項の変更であるから，契約法の一般原則からは相手方の同意なくしては認められないはずのものであり，それにもかかわらず②による変更が認められるためには，②にいう合理性とは定

154）　定型約款において対価自体を定める条項が置かれている場合に，その対価条項を変更すること（それにより対価も変更される）はここでいう定型約款の変更に当たるが，対価は定型約款とは別に契約内容として合意して決定されている場合に，その対価を変更することは定型約款の変更ではなく，定型約款に対価を変更することができるとの条項が置かれて，それに基づいて対価を変更することも定型約款の変更ではない。団体年金保険において契約内容の一部変更条項を置いて，これに基づいて予定利率を変更することも定型約款の変更には当たらない事例と考えられる。

型約款準備者にとっての合理性だけではなく，相手方にとっても合理性が認められることを要するというべきである。この意味での合理性が認められるのは，暴力団排除条項の追加の変更のように公益性が高い場合や，変更される条項だけをとれば不利益な変更であるかもしれないが，それと同等以上の利益が変更に伴い相手方にも与えられる場合に限定されるというべきであろう。このように考えると，たとえば，定型約款により締結されていた契約種類の顧客が少数となったため，事業者の契約管理，経費節減等の観点から，類似の契約種類に合わせるための変更といったものは，それによる顧客の不利益が社会通念に照らしてきわめて軽微であればともかく，そうでなければ相当の代償的利益を与えなければ認められるべきではないであろう。相手方の個別の同意を得ることが困難であるという事情や，変更に伴い相手方に契約の解除権を付与するという事情は合理性を認める一つの事情ではあろうが，解除権の付与だけで合理性を認めてよいかは疑問である。

(2) 保険約款への適用

保険取引では，保険約款中の付随条項の変更について適用されることはありうるが，ある種類の保険の収支が悪化したために保険給付事由を保険契約者側に不利益に変更するというような変更も②により認められるかということが問題となりうる。事業者にとっての収支の改善を図るということだけであれば，合理性を導く事情として考慮されるとは考えがたい。収支の悪化が保険者の支払能力全体を危うくし，経営破綻の危険が生じているような場合には，破綻するよりは変更を認めることが保険契約者側にとっての利益になるということは考えられなくはないが，そのようなケースは保険業法上の契約条件変更制度（保険業 240 条の 2 以下），破綻処理制度（保険業 241 条以下）または各種の倒産手続により処理されるべきであろう[155]。

団体保険契約において，保険契約者にとっては不利益とはいえないが，被保険者にとっては不利益な変更というものがあるとすると，これも変更のためには②の要件を要するものというべきである。民法 548 条の 4 の規定が設けられたことにより，定型約款準備者が相手方の同意を得て定型約款の変更をするこ

---

155) 同趣旨と見られるものとして，木下・前掲（注 132）102 頁。

188 第1部 第3章 保険契約に関する法令と保険約款

とが認められなくなるわけではないが，保険者が保険契約者との合意だけで被保険者にとって不利益な変更をすることができるとすることは問題であり，変更をするとしても民法548条の4の要件をみたして行われるべきである[156]。

7 経過措置

2017年の民法改正法附則33条1項は，民法548条の2から548条の4までの定型約款に関する規定は，改正民法施行日までに締結された定型取引に係る契約についても適用されるが，改正前民法の規定によって生じた効力は妨げないものとしている。しかし，同附則33条2項・3項は，契約当事者の一方（契約または法律の規定により解除権を現に行使することができる者を除く）が，改正法施行日までに，反対の意思表示を書面によりする場合（その内容を記録した電磁的記録によってされた場合を含む）には，同附則33条1項の規定が適用されないものとする。立法における経過措置の一般原則は，改正法施行後に締結された契約にのみ適用されるというものであるが，定型約款に関する新設規定については，適用を望まない契約当事者が書面により反対の意思表示をする場合，または契約の解除権を行使して契約関係から離脱することができる場合を除いて，改正法施行前に締結された契約にも遡及的に適用することとするものである。定型約款に関する民法の規定内容から見て，定型約款の変更に関する民法548条の4について定型約款準備者にとって遡及適用の実益があろう。

---

156) 集団扱定期保険契約の保険者が集団扱契約の代表者との集団扱契約に係る約定に基づき集団扱契約を解除した場合に，個々の保険契約者に対してもその同意を要せず解除の効力は生ずるが，集団扱契約から保険料の払込方法が変更された個人扱契約となるため，この契約条件の変更は保険契約者に通知しなければ保険契約者に変更を対抗することができないとした上で，保険者が普通郵便で発送した変更についての通知が保険契約者に到達したことの証明が保険者によりされていないとして，保険料の不払による保険契約の失効を保険者が保険金受取人に対して主張することができないとされた裁判例がある（東京地判平17・1・14判タ1230・272）。保険者は集団扱契約を保険契約者の同意を得ないで解除できることが約款で規定されていた事案で，団体保険契約に関する事例ではないが，利害状況は団体保険契約と類似しており，団体保険契約において定型約款の変更をする場合における変更の合理性があるといえるためには，被保険者の利益に十分配慮されていることを要するということを示唆するものである。

第4章　保険契約と苦情処理・裁判外紛争解決

第1節　総　　説

　保険契約は，構造的に抽象的かつ複雑な内容の契約であることや，契約締結の勧誘が積極的に行われることから，契約の勧誘の段階から保険金の支払，さらに保険契約の終了までのあらゆる段階で，保険契約者と保険者との間でトラブルが生じやすい。契約当事者間で発生したトラブルの解決のために最終的には裁判による解決が用意されているが，裁判による解決は，当事者，特に保険契約者側にとっては費用，労力，時間の面で負担が大きく，この負担にもかかわらず裁判手続を使う決断をしなければ，正当な権利を有する場合でも泣き寝入りに終わらざるを得ないことになる。裁判のそのような問題から，近時は，簡易迅速，低コスト，柔軟な紛争解決の手段としての裁判外紛争解決（Alternative Dispute Resolution：ADR）制度の重要性が認識されており，保険を含む金融サービスについても裁判外紛争解決制度の重要性が高まってきている。

　裁判外紛争解決制度には多様なものがあるが，保険に関する紛争も対象となりうる一般的な裁判外紛争解決制度としては，裁判所の民事調停，各地の弁護士会の紛争解決センター，国民生活センターの紛争解決委員会，自治体の消費者生活センター等の紛争処理機関等がある。専門的に自動車保険も関連する自動車事故に関する紛争を対象とするものとして，公益財団法人日弁連交通事故相談センターおよび公益財団法人交通事故紛争処理センターがあるほか，特に自賠責保険・共済の支払を対象とするものとして，一般財団法人自賠責保険・

共済紛争処理機構がある[1]。

　以上のような裁判外紛争解決制度とともに，保険を含む金融サービスについては，金融業態ごとに設置された苦情処理・裁判外紛争解決制度である金融ADRの制度が2010年に発足し，保険ではこれが次第に大きな役割を果たしつつある。次節では，保険に関する金融ADRについて解説する。

第2節　金融ＡＤＲ

1　総　　説

　金融ADRは，2009年の金融商品取引法等の一部を改正する法律（金融ADR法とよばれる）により保険業法を含む金融各業態に関する16の法律に新設された紛争解決制度の通称であり，保険に関する金融ADRは，保険業法第4編308条の2〜308条の24に基づくものである[2]。現在，具体的に，保険業法に基づく指定紛争解決機関として指定を受けているのは，一般社団法人日本損害保険協会（そんぽADRセンター），一般社団法人生命保険協会（生命保険相談所），一般社団法人日本少額短期保険協会（少額短期ほけん相談室），一般社団法人保険オンブズマン（外資系損害保険会社および保険仲立人が会員）があり，いずれも相談・苦情処理・紛争解決を行っている[3]。

　なお，金融ADR法により，金融庁の所管に属する金融各業態に関する法律

---

1)　裁判外紛争解決の諸制度については，日本弁護士連合会編・消費者法講義（第4版）471頁（日本評論社，2013），大森泰人＝中沢則夫＝中島康夫＝稲吉大輔＝苻川公平・詳説金融ADR制度（第2版）（商事法務，2011）253頁。

2)　金融ADR全般については，大森ほか・前掲（注1），山本和彦＝井上聡編著・金融ADRの法理と実務（金融財政事情研究会，2012）。

3)　損害保険に関する金融ADRについては，坂本仁一「日本損害保険協会における取組み」山本＝井上編著・前掲（注2）259頁，生命保険に関する金融ADRについては，竹中肇「生命保険協会における取組み──金融ADR制度と『裁定審査会』の活動について」山本＝井上編著・前掲（注2）233頁，権藤幹晶「生命保険業務における裁判外紛争解決制度について」生保174号143頁（2011），北河隆之ほか「生命保険協会『裁定審査会』の現状と課題(1)〜(7・完)」法律のひろば65巻10号67頁，12号56頁，66巻4号66頁，5号50頁，8号58頁，11号56頁，67巻2号53頁（2012〜2014）。各指定紛争解決機関の苦情処理・紛争解決手続の関係規則や処理件数等のデータ，紛争解決事例の内容については，各機関のウェブサイト上で詳細が公表されている。

のほか，農業協同組合法，水産業協同組合法，中小企業等協同組合法にも指定紛争解決機関の制度が新設されたが，現在のところでは，主要共済事業者は，指定紛争解決機関制度を利用しておらず，一般社団法人日本共済協会が「裁判外紛争解決手続の利用の促進に関する法律」（いわゆる ADR 促進法）に基づく法務大臣の認証を受けて設置している共済相談所を相談・苦情処理・紛争解決機関として利用している[4][5]。

　金融 ADR の新設までには，日本損害保険協会，生命保険協会を含めて金融各業態の事業者団体において相談，苦情処理，紛争解決支援を行うものもあったが，十分に機能しているとはいえない状況が続いてきた。これは，金融商品取引法上の自主規制機関である日本証券業協会を除き法律上の自主規制機関ではない事業者団体が行う業務であることから，中立性・公正性に対する顧客サイドの信頼感が生まれてこなかったことに大きな原因があったと考えられる。しかし，金融市場の規制緩和が推進され，金融サービスも多様化してくる中では，利用者との間で増加するトラブルについて効果的に解決できる制度が構築されることが金融市場に対する信頼性を確保するためにも不可欠となる。諸外国でも共通の課題があり，解決策として，事業者団体とは独立し，また業態横断的に金融サービスを対象とする苦情処理・紛争解決機関を設けている例がある[6]。わが国でも，中立性，公正性に対する信頼感のある機関としては，事業者団体とは独立した機関や自主規制機関としての性格をもたせた事業者団体による苦情処理・紛争解決制度を設けるべきであるという意見は有力にある。しかし，わが国でこれらを一挙に現実化するにはハードルが高いという事情があり，金融 ADR を創設するに当たっては，業態ごとの事業者団体を活用することとし，事業者団体が苦情処理・紛争解決業務を行うこととするが，その業務について，中立性・公正性が確保されるように事業者団体の苦情処理・紛争解

　4）　共済相談所では，仲裁による解決も利用可能となっている。

　5）　金融庁は，金融サービス利用者相談室で相談を受け付けているが，利用者と金融機関との間の個別トラブルの解決のあっせん等は行わない。

　6）　たとえば，英国の金融オンブズマンサービス（Financial Ombudsman Service）は，金融機関やその事業者団体から独立した銀行，証券，保険等の業態横断的な紛争解決機関である。その他欧米諸国の裁判外紛争解決制度については，大森ほか・前掲（注1）241 頁。

192 　第1部　第4章　保険契約と苦情処理・裁判外紛争解決

決業務について法律による規制・監督を行うこととし，これと同時に事業者に
はそれぞれの監督法上，原則として事業者団体の苦情処理・紛争解決を利用す
ることを義務づけるという仕組みがとられることとなった[7]。以下，保険業法
に即してその概要を説明する。

　内閣総理大臣から紛争解決等業務（苦情処理手続および紛争解決手続）を行う
者として指定されたものが指定紛争解決機関であり（保険業2条28項・308条の
2第1項），金融各業態の事業者団体が原則として想定されているが，これに限
らない。指定については，法定の要件をみたす必要があり（保険業308条の2第
1項），また指定紛争解決機関が定めなければならない業務規程は法定の基準を
みたすものでなければならない（保険業308条の7）[8]。保険に関する指定紛争解
決機関は，生命保険，損害保険，少額短期保険の業態ごとに設けられ指定を受
けるものとされ（保険業308条の2第4項）[9]，各保険業者はそれぞれの機関の利
用をするために機関と手続実施基本契約を締結しなければならない（保険業
105条の2・105条の3・199条・240条1項3号の2・3号の3・272条の13の2）[10][11]。

---

7)　金融ADRの創設の趣旨については，金融審議会金融分科会第一部会・第二部会合同
　会合「金融分野における裁判外紛争解決制度（金融ADR）のあり方について」（2008
　年12月17日）。

8)　指定紛争解決機関の金融庁による監督については，指定紛争解決機関制度の創設時に，
　金融庁の指定の申請に対する審査基準を定めた「金融分野における裁判外紛争解決制度
　（金融ADR）に関する留意事項（金融ADRガイドライン）」が発されていたが，2013
　年8月に「指定紛争解決機関向けの総合的な監督指針」が定められたことにより金融
　ADRガイドラインは廃止された。

9)　厳密には，紛争等解決業務の種別として，生命保険に関しては，生命保険業務，外国
　生命保険業務，特定生命保険業務，損害保険に関しては，損害保険業務，外国損害保険
　業務，特定損害保険業務があり，これらと少額短期保険業務および保険仲立人保険募集
　の種別ごとに指定紛争解決機関を設けることができる（保険業2条41項）。

10)　指定紛争解決機関が存在しない場合に保険会社等がとるべき措置についての規定も
　あるが（保険業105条の2第1項2号等），保険ではこれに該当する保険業務の種別は
　現在のところない。

11)　損害保険代理店，生命保険募集人等の保険募集主体に対する苦情・紛争もあるが，
　これらの苦情・紛争も所属保険会社等に対する苦情・紛争として処理・解決するものと
　され，保険募集主体の事業者団体を指定紛争解決機関とすることとはされておらず（保
　険業2条29項の生命保険業務の定義等を参照），保険業務についての指定紛争解決機関
　は保険募集主体に対する苦情・紛争も対象としなければならない。なお，銀行が保険募
　集人として保険を販売した場合の苦情の内容が銀行に対する損害賠償請求を求めるもの
　であり，銀行側で解決可能なものについては，銀行の指定紛争解決機関に対して苦情を
　申し出る方法があることを申出人に教示し，申出人が申出人先を選択できるようにする

この手続実施基本契約の内容については，法定の事項を定めなければならないものとされ（保険業308条の7第2項），そのような契約の締結を通じて，保険業者は，指定紛争解決機関が業務規程で定める苦情処理手続，紛争解決手続の規律に同意して，これに服することになる。

　このような法律の枠組みに基づいて設置されている保険に関する指定紛争解決機関による苦情処理手続および紛争解決手続については，苦情処理手続と紛争解決手続を共に実施するものとされていること，顧客の側から苦情処理，紛争解決の申立があった場合には事業者は正当な理由がない限り応諾しなければならず（保険業308条の7第2項2号），また，指定紛争解決機関の紛争解決委員は，和解案の受諾の勧告によっては当事者間には和解が成立する見込みがない場合において，事案の性質，当事者の意向，当事者の手続追行の状況その他の事情に照らして相当であると認めるときは，特別調停案を理由を付して当事者に提示することができ，顧客がこれを応諾する場合には，原則として事業者は受諾しなければならないと定めていること（保険業308条の7第2項5号・6項）が特徴的である。具体的な手続のあり方については，法律上は中立性・公正性・専門性を確保するための基準・要件を定めつつ，各指定紛争解決機関の自主的な定めに委ねている。これにより以下に見るように日本損害保険協会の紛争解決業務と生命保険協会の紛争解決業務とでは手続のあり方に違いが見られる[12]。

2　苦情処理手続

　顧客は保険会社との間で生じたトラブル等について，苦情の解決の申立をすることができる。これを受けた機関は，保険会社に苦情を取り次ぎ，解決を依頼する。保険会社は苦情の解決に努めなければならず，顧客が納得する解決が得られれば苦情処理は終了し，そうでない場合には顧客は紛争解決手続への移行を求めることができることになる。

　　運用が行われている。北河ほか・前掲（注3）(1)法律のひろば65巻10号69頁。
12)　監督指針II−4−3では，保険会社のサイドにおける苦情処理等への対処についての指針を示しており，その中で金融ADR制度への対応についての指針も示されている（II−4−3−3）。

194　第1部　第4章　保険契約と苦情処理・裁判外紛争解決

3　紛争解決手続

(1)　紛争解決手続の概要

　日本損害保険協会の紛争解決手続は，他業態の指定紛争解決機関でも一般的なように，和解のあっせんを主眼とする調停型の手続であり，紛争解決委員（同協会では手続実施委員という名称）は両当事者の主張を聞いた後，和解案を提示しその受諾を勧告することができるが，両当事者間で和解が成立しない場合には手続は終了となる。しかし，手続実施委員は，適当と認めるときは特別調停案を提示することができ，実際にも特別調停案を示していることがある。

　これに対して，生命保険協会の紛争解決手続は，他の指定紛争解決機関では例のない裁定型の手続である[13]。両当事者の書面による主張や当事者の事情聴取による審理の結果，紛争解決委員に当たる委員の構成する裁定審査会が申立に理由がないと認めるときは，裁定書の形で裁定結果を両当事者に通知するものとされている。また，裁定審査会は，両当事者に和解を勧告することもできるが，和解が成立しない場合で，和解による解決が相当であると認めるときは，法律上の特別調停案に該当する裁定書による和解案を両当事者に受諾勧告することができる。顧客がこれを受諾するときは，保険会社は，業務規程に基づき，和解案や会社に対応を求める裁定結果を受諾することを義務づけられているので，顧客が和解案を受諾すれば和解が成立することとなる。もっとも，法律上は，保険会社の裁判を受ける憲法上の権利保障との関係で，会社は顧客の受諾後1か月以内に訴訟提起をすることにより和解の成立を拒否できることとされているが（保険業308条の7第6項2号参照），その実例はない。

(2)　紛争解決の基準（紛争解決規範）

　裁判外紛争解決手続に一般的にいえることとして，紛争解決の基準が裁判所の判決手続とは異なり必ずしも法律に基づく基準によらない解決をすることも排除されていない。法律において紛争解決の基準について規定するものとして，裁判所の調停については，民事調停法1条では，「当事者の互譲により，条理にかない実情に即した解決を図る」ものとされ，この条理はきわめて柔軟なも

---

　13)　2015年度から運用方針が修正され，裁定審査会の紛争解決手続への移行件数が増加し，和解の成立件数も増加している。生命保険協会生命保険相談所・相談所レポートNo.92（平成27年度版）52頁。

のと考えられている。また，ADR 促進法3条では，「法による紛争の解決のための手続」であることが規定されているが，ここにいう法とは，実体実定法や裁判予測に拘束されるといった狭い意味の法ではなく，法の支配という場合におけるような，広義の法であると説明されており[14]，このようなことは金融 ADR についても当てはまるものと考えられる。このように裁判外紛争解決手続における解決基準はきわめて柔軟なものであり，和解案や特別調停案を提示するに当たり法令や判例の規範にそのまま従う必要はないが，保険法や保険業法などが保険契約者保護を目的として規定していることの趣旨や，民法や消費者契約法により消費者の保護を図る規律や解釈理論が構築されていることを十分に踏まえた解決が提示されるべきであり，他方で，法令や判例が保険契約者保護の目的からは必ずしも十分でない場合には法令や判例を一歩進めるような解決の提示も許されるものと解すべきである[15]。

(3) **時効の完成猶予効**

紛争解決手続によっては当事者間に和解が成立する見込みがないことを理由に紛争解決委員が紛争解決手続を終了した場合において，紛争解決手続の申立をした当事者がその旨の通知を受けた日から1か月以内に当該紛争解決手続の目的となった請求について訴えを提起したときは，時効の完成猶予に関しては，当該紛争解決手続における請求の時に訴えの提起があったものとみなされる（保険業308条の14）。ADR 促進法上の認証紛争解決事業者の行う紛争解決手続についてと同様の時効の完成猶予効を認めるものである（裁判外紛争解決25条）。

(4) **訴訟との関係**

金融 ADR の紛争解決手続は，当事者間に同一の紛争について訴訟が係属している場合においても利用することができるが，その場合には，2つの手続が

---

14) 山本和彦＝山田文・ADR 仲裁法（第2版）77頁（日本評論社，2015）。

15) 生命保険協会の裁定審査会では，裁定型の手続であることから，紛争解決基準についての問題意識が比較的明確であり，法令や保険約款に基づく解決を基本方針としつつ，たとえば，こども保険から終身保険への転換をした保険契約者が，転換後契約が終身保険であることの説明がなかったとして被転換契約への復旧を求めた事案について，転換の錯誤無効は認められないとしつつ，保険募集人の募集行為の不適切さは見過ごせないとして，保険会社が少額の解決金を支払うこと，転換後契約が有効に存続していることを確認することを内容とする和解案（特別調停案）を提示し，これにより和解が成立した例が紹介されている。北河ほか・前掲（注3）(3)法律のひろば66巻4号69頁。

196　第1部　第4章　保険契約と苦情処理・裁判外紛争解決

同時に係属することから調整が必要となる。そこで，紛争解決手続の当事者間に訴訟が係属する場合において，当該紛争について紛争の当事者間において紛争解決手続が実施されている場合のほか当事者間に紛争解決手続によって当該紛争の解決を図る旨の合意がある場合には，当事者の共同の申立により，受訴裁判所は，4か月以内の期間を定めて訴訟手続を中止する旨の決定をすることができる（保険業308条の15第1項）。これもADR促進法と同様の手続の調整を定めるものである（裁判外紛争解決26条）。

第5章　国際的保険契約と法

第1節　保険契約と準拠法

第1款　一 般 原 則

1　一 般 原 則

保険契約も契約である以上，契約の準拠法については，当事者自治の原則に従い，保険契約当事者間で日本法やその他の外国法を選択することができる（法適用7条）。もっとも，日本国内で締結される保険契約では，海上保険をはじめとする一部の企業リスクに関する保険を除いて，日本法が準拠法であることが自明のこととされており，保険契約に関する準拠法が実務上問題となることはほとんどなく[1]，理論上の議論もあまりない[2][3]。

---

1)　損害保険会社の約款においては，準拠法は日本法であることを定める規定が置かれているのが通例であるが，生命保険会社の約款においては準拠法を定める規定は置かれていないのが通例である。

2)　日本で営業する外国保険業者と外国会社（いずれも米国会社）との間で締結された信用保険契約について日本法を適用した事例として，最判昭39・10・15民集18・8・1637がある。もっとも，この事件では日本法が準拠法として指定されていたようである（安倍正三・最判解民昭和39年度397頁（1965））。

3)　日本で営業する米国保険業者と米国人との間で締結された自動車責任保険契約（約款は米国の自動車保険約款と同じものが使用されていたようである）における被害者・加害者間での損害賠償責任の確定までは保険者に対する保険金請求訴訟等を提起することはできない旨のノー・アクション・クローズの効力については，かつて裁判例の立場が分かれていたが（債権者代位権は訴訟上の権利であるとして法廷地法である日本法によ

198　第1部　第5章　国際的保険契約と法

　理論的な問題として考えると，2006年の「法の適用に関する通則法」（以下，本章では通則法という）が制定される前の「法例」（1898年〔明治31年〕法律第10号）の下では，当事者自治の原則により保険契約当事者間で準拠法を自由に選択することができるが（法例7条1項），選択がない場合については行為地法が準拠法となるとしていた（同条2項）ので，これにより国内で保険契約が締結される場合には日本法が準拠法となった。もっとも，学説は，保険契約の準拠法に関する欧米諸国の立法や学説理論を参考にして，当事者自治の原則が制約を受けるべきで，準拠法は保険会社の本店または支店所在地法とする見解[4]や，契約当事者の黙示意思の推定により準拠法を判断すべきであり，その場合には財産保険については財産の所在地，生命保険については被保険者の常居所，責任保険については責任が通常発生する場所というように，リスクの所在地が最も重視されるべきであるとする見解[5]が唱えられていた。もっとも，これらの諸学説によっても行為地法が準拠法となるとする法例と結果的にはほとんど同じことになる。また，とりわけ欧州諸国の保険契約の準拠法に関する議論は，各国で保険契約者を保護するための強行規定を多く含む保険契約法が制定されている中で，準拠法の指定により保険契約法の適用が回避されることが阻止されなければならないという要請に応えるものであったが，わが国の保険契約法である改正前商法は保険契約特有の強行規定を除けば任意規定であったので，欧州諸国のような問題は生じてこなかった[6]。

　　りこれが認められるとし，ノー・アクション・クローズは，被害者の出訴権を制限する合意であって日本の民事訴訟法上無効であるとして，債権者代位請求を認める東京地判昭37・7・20下民13・7・1482と，ノー・アクション・クローズは実体法上の合意を含むものであり，日本の実体法上有効であるとしてその有効性を認め代位請求を斥けた東京地判昭40・4・26下民16・4・739，控訴審・東京高判昭41・8・29下民17・8・719）。これらの裁判例については，国際私法学説上，債権者代位権の準拠法如何という問題として議論されている（学説の状況につき，楢﨑みどり・国際私法百選〔第2版〕96頁（2012））。その後の自動車保険では債権者代位権による保険金請求が認められているので，仮に現在でもこのようなノー・アクション・クローズが国内で使用された場合には文字どおりの効力を認めるべきではないであろう。

4)　山戸嘉一「保険契約に関する準拠法」私法9号130頁（1953）。

5)　松岡博「責任保険契約における国際私法問題」阪大法学62号64頁（1967）。

6)　保険契約の準拠法についての国際的に支配的な考え方は，保険契約者の常居所ないしはリスクの所在地の法を原則とするというものである。EUでは，2008年のローマⅠ規則（Regulation (EC) No. 593/2008 of the European Parliament and the Council of 17

第1節 保険契約と準拠法 *199*

　このような状況は2006年の通則法の制定および2008年の保険法の制定により大きく変わった。通則法では，法律行為の成立および効力は，当事者が当該法律行為の当時に選択した地の法による（法適用7条）としつつ，当事者間による準拠法の選択がない場合の準拠法の決定についての規律が大きく変わり，最密接地法によることとし（法適用8条1項），最密接地法の決定については，特徴的な給付を当事者の一方のみが行うものであるときは，その給付を行う当事者の常居所地法と推定するものとしている（法適用8条2項）。保険契約については，保険給付という特徴的な給付を行う当事者は保険者であると考えられるから[7]，国内で保険業を行う保険者が締結する保険契約については，日本法が準拠法と推定されることとなる[8]。

　他方で，通則法では，消費者契約の特例として，通則法7条により選択された準拠法が消費者の常居地法以外の法であっても，消費者がその常居所地法中の特定の強行規定を適用すべき旨の意思を事業者に対し表示したときは，当該消費者契約の成立および効力に関しその強行規定の定める事項については，その強行規定をも適用することとし（法適用11条1項），通則法7条による選択がないときは，通則法8条の規定にかかわらず，当該消費者契約の成立および効力は，消費者の常居所地法によるものとされ（法適用11条2項），強行規定が存在すればその強行規定が適用されることとなる[9]。保険契約については，2008年に制定された保険法では，その制定前の商法と異なり，保険契約者の保護のために多くの片面的強行規定を置いたことから，仮に消費者契約に当たる保険契約について外国の法が準拠法として選択されたとしても，日本国内の保険契

　　June 2008 on the law applicable to contractual obligations（Rome I ））7条により，保険契約の準拠法の選択について，大規模事業リスクの保険については，当事者自治による選択を認めるが，その他の保険契約については，契約締結時におけるリスク所在地加盟国，保険契約者が常居所を有する国の法等列挙された国の法の中からのみ選択ができるものとする。米国の抵触法リステイトメントでも，生命保険契約については保険契約者の常居所地，損害保険契約についてはリスクの主たる所在地の法が準拠法となると推定する。Restatement of the Law, 2nd, Conflict of Laws, §192, §193（1971）。

7）　櫻田嘉章＝道垣内正人編・注釈国際私法第1巻209頁〔中西康〕（有斐閣，2011）。

8）　外国居住者を保険契約者兼被保険者とする生命保険契約の準拠法について検討するものとして，吉澤卓哉「外国居住者を保険契約者兼被保険者とする生命保険契約の準拠法──東京地判平成25年5月31日を素材として」生保199号35頁（2017）。

9）　通則法11条6項において，11条1項～5項の適用除外が規定されている。

約者は保険法の適用を求めることができることとなる。

　もっとも，保険法の片面的強行規定は，消費者契約に当たる保険契約についてのみ適用されるものではなく，保険契約者が消費者・事業者いずれであっても適用される（ただし，海上保険，航空保険，原子力保険および事業リスクに関する損害保険を除く。保険 36 条）。これにより保険契約者の利益を保護することが保険法の目的であるとすれば，保険法の片面的強行規定は，国際私法理論における強行法規の特別連結の理論により，法廷地の絶対的強行規定として契約当事者の準拠法の選択を排除するか否かが問題となる。この問題は，国際私法学説ではいかなる法律が絶対的強行規定とされるかの見解が一致しておらず[10]，保険法についてどのような解釈がされるかはいまだ不明である。消費者契約に関しては，上記のように，消費者は保険法の強行規定の適用を求めることができるので，そのことに照らせば，保険法の片面的強行規定を絶対的強行規定とする必要性は大きくないように思われる。

2　個 別 問 題
(1)　保険法の強行規定

　保険法の規定の中には，公益に基づく強行法的規律をするものがあり，これは国際私法上の絶対的強行規定と考えられる。これに当たるものとして，損害保険契約の成立要件としての被保険利益の存在（保険 3 条），損害保険契約における保険契約者もしくは被保険者の故意の保険事故招致の場合の保険者免責（保険 17 条 1 項前段）または生命保険契約における保険契約者もしくは保険金受取人による故意の保険事故招致の場合の保険者免責（保険 51 条 2 号・3 号），傷害疾病定額保険契約における被保険者，保険契約者もしくは保険金受取人による故意の保険事故招致の場合の保険者免責（保険 80 条 1 号〜3 号），法律に明文の規定がないが損害保険契約における利得禁止原則が考えられる。

(2)　請求権代位

　請求権代位に関する法律関係については，保険契約の当事者以外の第三者（代位により移転する権利の債務者）との間の関係が問題となるので，保険契約の

---

　10)　学説の状況につき，櫻田＝道垣内編・前掲（注 7）267 頁〔西谷祐子〕。

準拠法とは異なる配慮が必要となる可能性がある。この点につき，保険契約の準拠法によるとする裁判例が一般的である[11]。もっとも，同じく保険契約の準拠法によるとしつつ，代位による権利者の変更があるため，債務者の利益に若干の配慮を示すべきことを示唆する裁判例もある[12]。国際私法学説上は，債務者の利益に考慮を払うべきか否かということにつき，債権譲渡や債権者代位権等との対比も含めて議論があり，現在では，請求権代位の成立やその保険契約当事者間の効力の問題と，債務者その他の第三者に対する効力の問題とを区別した上で，前者については保険契約の準拠法により，後者については対象債権準拠法によるという見解が有力となっている[13][14]。もっとも，このような法律問題の切り分けをした場合に，法定代位としての請求権代位が成り立ちうるのかについては疑問がないわけではない[15]。

(3) 責任保険の保険給付請求権上の先取特権

これについては，責任保険の箇所（下巻第3部予定）で述べる。

第2款　海上保険の英国法準拠条項

外航向けの海上保険では，ロンドン海上保険市場で使用される保険証券様式および保険約款にならった英文保険証券様式および保険約款が使用されるというのが国際的に広く見られる慣行であり，わが国の損害保険会社でもこのような慣行によっている。そして，英文保険証券様式においては，「Notwithstand-

---

11) 東京地判昭39・6・20判時382・42，東京高判昭44・2・24高民22・1・80，神戸地判昭45・4・14判タ288・283，東京地判平3・8・27判時1425・100。ほかに，日本・中国間の海上運送に関して発生した代位求償権の行使につき，実質法的指定と準拠法の分割指定のいずれであっても法例7条2項により日本法を準拠法とした事例として，東京地判平22・6・4・2010WLJPCA06048007。

12) 神戸地判昭58・3・30判時1092・114。

13) 石黒一憲・損保百選202頁，高杉直・国際私法百選（第2版）98頁（2012）。

14) なお，保険の目的物に対する残存物代位についても，法例7条2項により保険契約締結地法が準拠法となるとするものとして，東京高判平12・2・3判時1709・43。しかし，学説では，残存物代位は物権の移転の効果をもつものであるから，物権変動についての準拠法の問題として考えるべきであるとする見解が有力である。高杉・前掲（注13）99頁。

15) 保険契約の準拠法によるべきものとして，増田史子・保険法百選223頁。

ing anything contained herein or attached hereto to the contrary, this insurance is understood and agreed to be subject to English law and practice only as to liability for and settlement of any and all claims. （この保険証券に記載または添付されているいかなる規定にもかかわらず，この保険はいっさいのてん補請求に対する責任およびその決済に関してのみ，イギリスの法律および慣習に従うことが了解されかつ合意される）」という英国法に準拠する旨の条項が置かれている（法的性質については後述のように議論があるが，以下，準拠法条項という）[16]。保険者の責任およびその決済に関してのみ英国法に従うということからわかるように，保険契約について全面的に英国法を適用するのではなく，保険金の支払義務の有無およびその金額の決定についてのみ英国法に従うこととし，それ以外の，たとえば保険契約の成立および効力に関しては日本法が適用されるという趣旨である。このように部分的に英国法に従うこととされているのは，保険証券の国際的な流通性を確保すること（貨物保険の場合）や，再保険取引を円滑に行うために必要であることによる。契約の成立や効力については，日本国内で日本の損害保険会社と保険契約者との間に締結されるので，そのような渉外的事情に配慮する必要がなく，日本法に服することで差し支えない。

　この準拠法条項については，国際私法学説上，実質法的指定であるとする立場と，準拠法の指定（抵触法的指定）であるとする立場との鋭い対立がある[17]。

---

16)　沿革については，加藤修・貿易貨物海上保険改革111頁以下（白桃書房，1998）。なお，最近では船舶保険でも英文保険証券による引受が行われるようになっているが，貨物保険と同様に英国法準拠法条項が保険証券上に記載されている。ただし，貨物保険の準拠法条項と同様の規定に続けて，「保険契約の存在および有効性を含むその余のすべての事柄については日本の法と慣習に従う」との規定が置かれているという相違がある。

17)　実質法的指定の合意とする立場として，折茂豊・国際私法（各論）（新版）130頁（有斐閣，1972），石黒一憲「国際運送保険契約」遠藤浩＝林良平＝水本浩監修・現代契約法大系8巻247頁（有斐閣，1983）。この立場をとるものと見られる裁判例として，東京控判昭7・12・27新聞3531・15。準拠法指定の合意とする立場として，高桑昭・国際商取引法（第3版）194頁（有斐閣，2011），道垣内正人・ポイント国際私法・各論（第2版）232頁（有斐閣，2014）。いずれも実質法的指定と解する場合に準拠法である日本法の下で英国の制定法および判例を適用することの問題を指摘する。この学説の立場では，同じ立場をとるものと見られる裁判例として，東京控判昭15・4・24新聞4587・12，東京地判昭52・5・30判時880・79があげられる。池原季雄＝高桑昭＝道垣内正人「わが国における海事国際私法の現況」海法会誌復刊30号56頁（1986）。大判

前者の実質法的指定とは，ある国における契約自由の原則に基づいて契約の内容として外国法を指定することをいう。海上保険における英国法準拠の合意についてわが国で実質法的指定とする立場が比較的有力であったのは，国際私法学説上，かつては一国の法の部分的指定（分割指定）の可否に疑問がもたれていたことによるものと推測されるが，近時は，分割指定も可能であって，当事者自治の原則に基づく分割指定の合意であるとする見解が有力であり[18]，準拠法条項は分割指定の合意であるとする裁判例も現れている[19]。

この問題については国際私法学説の議論に委ねざるをえないが，むしろ問題なのは，この準拠法条項で英国法の適用があるのは，保険契約に関して生ずるどのような法律問題であるのかということである。裁判例では，保険契約自体の有効性と航海事業の適法性については日本法に準拠するが，保険金請求に関する保険者のてん補責任の有無と保険者にてん補責任があるとするならばその決済について英国法に準拠すると述べるものがある[20]。この裁判例では，貨物保険における保険金請求権の譲渡について英国法に準拠するものとするが，傍論としては，保険期間中に保険事故によって損害が発生したか，発生したとすればその損害は損害てん補の範囲に関する条項によって保険者のてん補すべき損害であるかという，明らかに損害てん補に直接関する事項のほかに，保険契約者側の告知義務違反，損害防止義務違反等も英国法に準拠すべきものとする。これに対して，最近の裁判例には，準拠法条項は保険契約が担保する危険の種類と実体的損害などのてん補責任の内容について英国法によることとしたものであり，保険の対象となる航海事業の適法性（英国法上は，適法性のワランティの問題となる）についてまで定めたものではないとし，米国法の輸入規制法に違反していることは日本法の公序良俗の判断において考慮されれば足りるとして，結論としては違法な被保険利益を対象とするものとして公序良俗に違反す

昭13・8・31新聞4323・16についての理解は分かれる。池原ほか・同前は，趣旨が必ずしも明瞭ではないが全体として英国法を適用していることから見て準拠法の指定と解しているように思われると評価し，石黒・前掲259頁は実質法的指定と解するものと評価する。

18) 小出邦夫編著・逐条解説・法の適用に関する通則法（増補版）83頁（商事法務，2014），道垣内・前掲（注17）227頁。

19) 東京地判平14・2・26 LEX/DB28082189。

20) 前掲東京地判昭52・5・30（注17）。

るものではないとされたもの[21]，英国法準拠条項は，保険者のてん補責任と保険金決済に関する限り英国法に準拠するが，それ以外の一切の事項・法律問題については，日本法に準拠すべきであるとするものであると解され，いかなる危険（risk）による損害が保険により担保されるか（保険事故該当性），どのような損害（loss or damage）が保険によりてん補されるか（てん補される損害の範囲），保険金支払の方法，保険金請求権の消滅時効，遅延損害金，損害防止義務の問題には英国法が適用されるが，告知義務違反の問題は，契約締結段階の問題であるから，日本法が適用されるとするものがある[22]。海上保険の専門家の間では，ワランティや告知義務の問題について日本法を適用し，英国法の適用を認めない立場に対しては批判が強い[23]。企業保険の問題であるから，実質論としてこの批判に反対すべき理由はないが，準拠法条項が果たしていかなる法律問題まで英国法に準拠しようとするのかが明確とはいえないところに問題があるように思われる。

第 2 節　海外直接付保の規制

日本国内にある者が日本国内のリスクについて日本国内に事業拠点を有しない外国保険業者との間で保険契約を締結することの規制（以下，海外直接付保規制という）は，資本自由化に対する国内保険会社の防衛という意味合いで 1963 年の外国保険事業者に関する法律の改正により導入され，現行保険業法にも受け継がれているものであるが（保険業 186 条），制度の趣旨は日本の保険監督法

---

21)　東京高判平 12・2・9 判時 1749・157。被保険利益の点については 310 頁。

22)　前掲東京地判平 14・2・26（注 19）。保険の目的物の譲渡に伴う保険契約上の地位の譲渡について，前掲東京地判昭 52・5・30（注 17）は，準拠法指定条項により英国法が準拠法となるとする。藤井卓治「英文船舶保険契約における『準拠法分割指定条項』について」損保 78 巻 1 号 109 頁（2016）は，貨物保険については英国法が，船舶保険については日本法が準拠法となると解すべきであるとする。

23)　大谷孝一「英法準拠条項と海上保険者の責任——取引規制対象品の不着事件に関する高裁判決を中心に」鈴木辰紀先生古稀記念・現代保険論集 339 頁（成文堂，2001），平田大器「貨物海上保険証券の英国法準拠条項及び英国における遅延損害金について」忽那海事法研究会編・国際取引法および海商法の諸問題 II 179 頁（忽那海事法研究会，2011）。

の規制を受けないで日本国内の保険契約者を相手方として保険事業を行うことは，日本国内の保険契約者保護の観点から問題があること，および日本国内の免許を受けた保険業者との不公正な競争によりわが国の保険市場が攪乱されるので，これを防止するということにある[24]。もっとも，そのとおりであるとすれば外国保険業者に対する規制とすれば足りそうであるが，保険業法では，日本に所在する者が事業拠点を有しない外国保険業者に対して保険契約の申込をすることも内閣総理大臣の許可制に服せしめて規制している[25]。この保険契約者側の規制により直接付保規制の実効性が確保される[26]。外国保険業者は懲役等の刑事罰を受けるが（保険業 316 条 4 号），執行は困難であろう[27]。

　直接付保規制は，属地主義の原則に従うとすると日本国内での行為に対してのみ適用があることになる。そうであるとすると，日本に住所を有する人を対象とする生命保険契約等でも，当該人が外国にある間に契約の締結を外国で行う場合には規制に反するものとはいえないということになる。もっとも，そのような外国での保険契約の締結をすることの勧誘を日本国内で行えば，国内保険会社等のための保険募集など登録を受けて行う以外の保険募集を禁止する保険業法の規制に違反し刑事罰の対象となる（保険業 275 条・317 条の 2 第 4 号）[28]。

---

24) インターネット等を通じた海外直接付保が容易になっている現状における国内外の法規制のあり方について検討するものとして，吉澤卓哉「通信による保険の越境取引に関する規制の在り方(1)(2・完)」損保 78 巻 1 号 1 頁，78 巻 2 号 1 頁（2016）。同論文は，法規制を強化すべきであると提言するが，その必要性と規制の実効性については議論の余地があると考える。1995 年保険業法による直接付保規制については，木下孝治「外国保険会社規制の目的と海外直接付保規制」阪大法学 52 巻 3 = 4 号 239 頁（2002）。1995 年保険業法改正前のものとして，山下友信「保険事業者の国際的事業活動と法規制」60 周年論集 563 頁。

25) 現行規制の詳細については，損保講座補巻 171 頁。なお，この禁止は，保険業を営むことの禁止ではなく保険契約の締結の禁止であり，反復的ではない 1 回限りの保険契約の締結も禁止の対象となる。日本に事業拠点を有しない外国保険業者がインターネット等の通信を通じて日本に住所を有する者に保険契約の締結の勧誘をして保険契約を締結することも以上の禁止の対象となる。

26) 許可を得ないで保険契約を締結した保険契約者は過料の制裁を受ける（保険業 337 条 1 号）。ちなみに外国保険事業者に関する法律の時代は罰金であった。

27) 直接付保規制の適用を除外される保険契約としては，再保険，外航船舶保険，外航貨物保険，航空機機体保険，航空貨物保険，海外旅行傷害保険等がある（保険業 186 条 1 項，保険業令 19 条，保険業則 116 条）。

28) 保険募集とは，保険契約の締結の代理または媒介を行うことと定義されるので（保険業 2 条 26 項），無免許外国保険業者のための募集についても上記保険募集の規制の適

直接付保規制に違反して締結された保険契約については，この規制が強度の経済政策的なものであることは否定できないが，規制に対する違反が刑事制裁の対象とされていること等に照らして私法上も無効といわざるをえないであろう[29)30)]。

　用がある。

29)　日本企業が海外で活動する場合には，進出先の国の法令で海外直接付保規制が行われていると，進出先の国のリスクについて日本の保険会社の保険を付保することは，規制に違反することとなりうる。近時は，D&O保険に関して，日本の保険会社により企業の海外の子会社等の役員についても包括的に被保険者とする保険契約の引受が行われるようになっているが，子会社の所在地国で直接付保規制が行われている場合に，その規制に抵触しないための方策が模索されている。山越誠司「グローバルD&O保険プログラムの構造と限界」商事2139号40頁（2017）。

30)　第三国の海外直接付保規制の日本法上の特別連結について検討するものとして，吉澤卓哉＝横溝大「外国居住者を保険契約者兼被保険者とする生命保険契約への当該外国の海外直接付保規制の適用可否」生保202号1項（2018）。

第2部　保険契約の成立

第1章　保 険 募 集
第2章　保険契約の成立
第3章　告 知 義 務

第1章　保 険 募 集

第1節　総　　説

1　保険業法と保険募集規制

　保険契約が成立するためには，保険契約の当事者である保険契約者と保険者との間で申込と承諾の意思表示が合致することを要するが，保険契約では保険契約者が申込をし，保険者が承諾をすることになるのが通例である。この保険契約者（厳密には保険契約申込者）の申込の意思表示は，保険契約者が自発的にすることもあるが，大部分の場合は，保険者側から申込の誘引をし，これにより保険契約者が申込をすることになる。この保険者側からの申込の誘引は，保険加入の勧誘行為であるが，保険の性質上保険加入のニーズを直ちには感じていない者に対してもニーズを喚起する必要があること，保険が複雑な契約であるが保険契約者側には理解能力が乏しいこと，勧誘従事者の収入が保険加入の勧誘の成否に依存していることなどから，往々にして不適正な勧誘が行われる危険がある。これは，情報格差・理解力格差がある者の間での契約については普遍的に見られる危険であるが，保険の勧誘ではそのような危険が他の取引分野に先んじて現実化してきた。そして，このような危険に対する法的対応として，特別の監督法的な規制や自主規制がわが国では第2次大戦前より行われてきていた[1]。第2次大戦後は，1948年制定の「保険募集の取締に関する法律」

　　1）　保険募集の規制は，明治期以来，競争の激化の中で不適正な募集行為が横行したことから大正期より損害保険業界，生命保険業界いずれにおいても自主規制として行われる

（以下，本章では募取法という）に基づいて行われてきたが[2]，1995年保険業法（以下，本章では業法という）では，募取法を廃止し業法の中で保険加入の勧誘行為を規制することとした。この1995年業法では，生命保険募集人の一社専属制の例外の許容，保険仲立人制度の新設など重要な改正が行われたものの，募取法の規制の骨格は受け継がれた。その後，1990年代後半から，保険を含む金融・証券取引全般についての規制緩和の制度改革とともに投資者・消費者保護規制の整備が必要となり，保険募集規制も情報提供規制を中心に業法改正および監督指針，自主ルールの整備が漸進的に進められたが[3]，その結果，情報提供規制の体系が著しく複雑なものとなってきた。また，近年，伝統的な保険募集が前提としてきた保険募集主体とは異なる銀行等の金融機関や多店舗展開を図る来店型保険ショップなどの保険募集主体，および保険比較サイトや様々な事業者の顧客紹介ビジネスなどの保険募集の周辺ビジネスが発展してきたことから，業法の保険募集規制全体について見直しをする必要も生じてきたため，2014年に業法の保険募集規制について大規模な法改正等が行われた[4]。

ようになったが，生命保険募集に関しては，1931年に商工省令として保険募集取締規則が制定され，これが法令による保険募集規制の嚆矢となった。1948年に，生命保険・損害保険の双方に関する募集規制法として「保険募集の取締に関する法律」（募取法）が制定された。保険募集規制の沿革については，青谷和夫監修・コンメンタール保険業法(下)425頁（千倉書房，1974），募取コメ2頁〔鴻常夫＝山下友信〕，木下孝治「保険募集規制の展開」倉澤康一郎＝奥島孝康編・昭和商法学史647頁（日本評論社，1996）。

2) 募取法全般については，前注の文献のほか，米谷隆三「保険募集取締法」米谷選集第2巻145頁，生保講座7・331頁，損保講座1・171頁，落合誠一「募集制度」業法の在り方・下211頁。1995年業法の募集規制につき，保険研究会編・コンメンタール保険業法423頁（財経詳報社，1996），損保講座補巻216頁，洲崎博史「新保険業法のもとでの保険募集」保険学552号47頁（1996），河井健志「生命保険募集制度」金判1135号45頁（2002）など。2014年改正前の業法の募集規制に関する規定の注釈として，関西業法（XXIV）・生保172号（2010）以降連載中。

3) 2006年〜2007年の監督指針の改正により情報提供規制の整備が行われたが，これについては，金融庁保険商品販売勧誘のあり方に関する検討チーム「中間論点整理——保険商品の販売・勧誘時における情報提供のあり方」（2005年7月8日），「中間論点整理——適合性原則を踏まえた保険商品の販売・勧誘のあり方」（2006年3月1日），「最終報告——ニーズに合致した商品選択に資する比較情報のあり方」（2006年6月19日），錦野裕宗「保険商品の販売・勧誘ルールの整備」金法1810号99頁（2007）。この時期の比較法的・理論的研究として，木下孝治「保険募集における重要事項説明ルールの考え方について」生保152号75頁（2005）。

4) 改正の基礎となった報告書として，金融審議会保険商品・サービスの提供等の在り方

このような発展の結果として，現行の業法の保険募集は監督指針や自主ルールのレベルまで含めると膨大な体系となっている。

2　保険募集の概念

業法上，保険募集とは，「保険契約の締結の代理又は媒介を行うこと」と定義されている（保険業 2 条 26 項）。この定義では，保険募集を勧誘行為というよりは契約の締結に直接関係した行為として捉えているが，代理または媒介には通常前段階として勧誘行為が伴うのであり，保険募集を規制する趣旨からは勧誘のプロセスも含めて保険募集の意義を確定する必要がある。

現在では，監督指針により保険募集の意義についての解釈のガイドラインとして，①保険契約の締結の勧誘，②保険契約の締結の勧誘を目的とした保険商品の内容説明，③保険契約の申込の受領，④その他の保険契約の締結の代理または媒介をあげ，④については，一連の行為の中で，当該行為の位置づけを踏まえた上で，ⓐ保険会社または保険募集人などからの報酬を受け取る場合や，

に関するワーキング・グループ「新しい保険商品・サービス及び募集ルールのあり方について」（2013 年 6 月 7 日）。改正全般につき，細田浩史「保険業法等の一部を改正する法律の概要──保険募集・販売に関するルールの見直しに関する部分を中心に」金法 1999 号 124 頁（2014），井上享「平成 26 年保険業法改正における保険募集規制の見直し」生保 188 号 91 頁（2014），山下徹哉「保険募集に係る業法規制について──平成 26 年保険業法改正を中心として」生保 193 号 71 頁（2015），吉田桂公「改正保険業法における保険代理店の実務対応上の留意点(1)～(5・完)」金法 2021 号 33 頁，2022 号 48 頁，2023 号 84 頁，2024 号 25 頁，2026 号 26 頁（2015），吉田桂公・新しい保険募集と販売ルールまるわかり・募集ルール編（近代セールス社，2016），石田勝士・なるほど保険業法・平成 26 年保険業法改正の解説（保険毎日新聞社，2016），早稲田大学保険規制問題研究所編・保険販売の新たな地平（保険毎日新聞社，2016），吉田和央・詳解保険業法 560 頁（金融財政事情研究会，2016），山本哲生ほか「特集・保険募集と保険業法改正」ジュリ 1490 号 13 頁（2016），中原健夫＝山本啓太＝関秀忠＝岡本大毅・保険業務のコンプライアンス（第 3 版）66 頁（金融財政事情研究会，2016），栗山泰史・保険募集制度の歴史的転換（保険教育システム研究所，2017），栗山泰史ほか「保険募集特集」保険学 635 号（2016），安居・業法 961 頁，錦野裕宗「改正保険業法施行後の販売勧誘上の諸問題」損保 78 巻 4 号 309 頁（2017），錦野裕宗＝稲田行祐・保険業法の読み方・実務上の主要論点一問一答（3 訂版）123 頁（保険毎日新聞社，2017），樽川流＝佐藤寿昭＝錦野裕宗＝大村由紀子・改正保険業法の解説（金融財政事情研究会，2017）。2014 年改正業法に基づく政府令および監督指針案に対するパブリック・コメントに対する金融庁の詳細なコメント http://www.fsa.go.jp/news/26/hoken/20150527-1/01.pdf）が実務上は参考となる。

保険会社または保険募集人と資本関係等を有する場合など，保険会社または保険募集人が行う募集行為と一体性・連続性を推測する事情があること，および⑥具体的な保険商品の推奨・説明を行うものであることに照らして総合的に判断するものとしている（監督指針Ⅱ－4－2－1(1))[5][6]。

これに対して，契約見込み客の発掘から契約成立に至るまでの広い意味での保険募集プロセスの諸行為のうち上記保険募集の要件に照らして保険募集に該当しないものを，監督指針上の概念であるが「募集関連行為」とし，保険商品の推奨・説明を行わず契約見込み客の情報を保険会社または保険募集人に提供するだけの行為，比較サイト等の商品情報の提供を主たる目的としたサービスのうち保険会社または保険募集人からの情報を転載するにとどまるものが例示されている（監督指針Ⅱ－4－2－1(2))[7]。

保険募集を定義することの法的意義としては，①業法の登録または届出制の対象となり，行政的な監督を受ける行為を確定するということ，②業法の情報提供規制等の行為規制の適用を受ける範囲を確定するということ，および③業法により所属保険会社等が不法行為責任（保険業 283 条）を負う範囲を確定することにある。もっとも，①～③では，それぞれ規定の目的が異なるので，保険募集の意義も法規定の目的に即して相対的に解釈する余地はある。②に該当する法規定では，保険募集「に関し」（保険業 294 条 1 項・294 条の 2 第 1 項・300

---

5) 改正業法における保険募集および募集関連行為については，山下友信「保険募集の意義・団体保険加入勧奨行為の規制」ジュリ 1490 号 33 頁（2016)，若狭一行「保険業法改正後における募集関連行為に関する諸論点 —— 保険募集以外の事業を営む者との業務提携における着眼点」商事 2106 号 41 頁（2016)，細田浩史「『募集関連行為』に関する新たな基準と『募集関連行為』概念の新設」保険学 635 号 105 頁（2016)。生命保険協会の自主ルールとして，「募集関連行為に関するガイドライン（2017 年 3 月 8 日改正)」。

6) ドイツ法との比較で，保険募集の意義について検討するものとして，伊藤雄司「保険業法 2 条 26 項にいう保険募集の意義」江頭憲治郎先生古稀記念・企業法の進路 717 頁（有斐閣，2017)。

7) かつて生命保険会社により紹介代理店とよばれる見込み客の紹介をし，対価として手数料を受け取る事業者が利用されていたが（生保講座 7・352 頁)，現在では監督指針にいう募集関連行為を行う事業者として位置づけられることとなる。なお，監督指針Ⅱ－4－2－1(3)③では，生命保険会社に法人等に対する無登録の保険代理店委託などの法令等潜脱行為の排除の措置を求めるが，その例示として，法人等に対する紹介代理店委託などにより，紹介料等の名目で対価性のない金銭の支払その他の便宜供与を行うことをあげている。

条1項柱書），③に該当する法規定では保険募集「について」という規定の仕方をしており（保険業283条1項），②および③については柔軟な解釈を検討してよい。また，募集関連行為については，保険募集には該当しないが，保険会社または保険募集人が保険募集のために募集関連行為を利用することにより，保険会社または保険募集人について②または③に該当する法規定の適用の可能性が生じる。

　このほか，保険募集には該当しないが，②の規制を保険募集と同様に受ける行為として，団体保険[8]の加入勧奨行為があり，2014年の業法改正で新たに規定されたものである[9]。任意加入型の団体保険では，保険募集は，保険会社または保険募集人から法人その他の保険契約者となる団体に対して行われ，その上で団体構成員に対して被保険者として加入するよう勧奨が行われるのが一般的である。この団体構成員への加入勧奨は，保険契約の締結の代理または媒介という保険募集の定義には該当しないが，団体構成員にとっては保険契約の締結の勧誘を受けるのと同じ意味がある。そこで，加入勧奨行為についても②の行為規制の適用対象とするために，加入勧奨行為は保険募集とともに②に属する規定の適用対象として明記されている（保険業294条1項・294条の2等）。実際上は，加入勧奨行為は団体が行うことが多いが，②の規制の適用される主体は保険会社または保険募集人とされている。この点については後述する（243頁）。加入勧奨行為についても，後述のように，③の適用ということは問題となりうる（243頁）。

---

[8]　情報提供義務，意向把握・確認義務，不実表示禁止との関係では，団体保険は，団体またはその代表者を保険契約者とし，当該団体に所属する者を被保険者とする保険と定義されている（保険業294条1項）。

[9]　山下（友）・前掲（注5）36頁，古田一志「団体保険の被保険者に対する募集規制の明確化と実務上の留意点」保険学635号83頁（2016）。

第2節　保険募集人

第1款　総　説

　業法では，保険募集を行うことができる主体を限定している（保険業275条）。これは，保険募集においては保険契約者の利益を侵害する不適正な勧誘等が行われる危険があるので，募集主体の資格を限定しておく必要があるためである。募集主体としては，保険会社または少額短期保険業者（以下，両者を合せて本款において保険会社等という）の内部または外部にあって保険会社等のために保険募集を行う者と，保険会社等の外部にあって保険会社等と保険契約者との間で中立的な立場から保険募集を行う者とに分けられる[10]。

　保険会社等のための募集主体としては，生命保険募集人，損害保険募集人および少額短期保険募集人がある。業法の用語として，生命保険募集人，損害保険募集人および少額短期保険募集人を総称して保険募集人というものとしている（保険業2条23項）。保険募集人のうち生命保険募集人，損害保険代理店または少額短期保険募集人は，業法の定めるところにより内閣総理大臣の登録を受けなければならず，この登録を受けた保険募集人を特定保険募集人という（保険業276条）。損害保険募集人，生命保険募集人または少額短期保険募集人が保険募集を行う保険契約の保険者となるべき者（保険会社のほか外国保険業者等または少額短期保険業者）を所属保険会社等[11]というものとしている（保険業2条24項）。次款では保険会社の保険募集人に即して説明し，少額短期保険業者の保険募集人については，第6款で説明する。

---

10)　保険会社も，他の保険会社のために保険募集を行うことができる（保険業98条1項1号・2項，保険業則51条2号）。

11)　「所属保険会社等」の「等」は，外国保険業者等（保険業2条7項）および少額短期保険業者を意味している。

第2款　損害保険募集人[12]

1　損害保険募集人の種類

　損害保険会社（外国損害保険会社等〔保険業2条9項〕を含む）のために保険募集を行うことができる主体として，業法は，損害保険会社の役員および使用人のほか，損害保険代理店ならびにその役員および使用人をあげており（保険業275条1項2号），以上の損害保険会社の役員または使用人，損害保険代理店および損害保険代理店の役員または使用人を包含して損害保険募集人という（保険業2条20項）。

　①　損害保険会社の役員　　業法上，募集主体として明定されている損害保険会社の役員は，代表権のある役員（代表取締役・代表執行役）ならびに監査役，監査等委員会の委員および監査委員会の委員を除いた者であり（保険業2条19項），業務執行として保険募集を行う代表権のない取締役または執行役をいう。代表権のある取締役または執行役が募集主体から除外されているのは，これらの者の会社のためにする行為は保険会社自身の行為とみなされ業法上の意味における保険募集ではないという理由による。監査役，監査等委員会の委員，監査委員会の委員が除外されているのは，これらの者は，その職務の性格（会社381条1項・399条の2第3項1号・404条2項1号）や会社法上，使用人との兼務が禁止されていること（会社335条2項・331条3項・4項）の趣旨から募集主体として適切でないという理由による。

　②　損害保険会社の使用人　　損害保険会社の使用人が募集に従事する場合をいう。募集にもっぱら従事する使用人も内勤職員が付随的に募集に従事する場合も区別はない。

　③　損害保険代理店　　損害保険代理店は，業法上，「損害保険会社の委託を受け，又は当該委託を受けた者の再委託を受けて[13]，その損害保険会社のた

---

12)　損害保険の募集の実務については，損保法務401頁。

13)　保険募集人が他の者に保険募集の再委託をすることは，委託保険会社の再委託を受けた保険募集人に対する監督が及びにくくなるという理由で，募取法以来禁止されてきたが，たとえば，生命保険会社が親子会社等の密接な関係にある損害保険会社の損害保険の募集業務を行うために当該損害保険会社から委託を受けて募集業務をするが，実際の募集業務は自己の委託する生命保険募集人に再委託をするような場合には，再委託を

めに保険契約の締結の代理又は媒介を行う者……で，その損害保険会社の役員又は使用人でないものをいう」と定義されるが（保険業2条21項），いずれも会社法にいう代理商（会社16条〜20条）に該当する。保険契約の締結の代理を行う代理店は締約代理店で，媒介を行う代理店は媒介代理店である。損害保険代理店については，乗合制とよばれる，1つの損害保険代理店が2以上の損害保険会社から同時に募集の委託を受ける制度が普及しており，業法もそれを禁止していないが[14)15)]，2014年の業法改正では，後述（227頁）のように，乗合代理店に関する固有の規制が新設された。

損害保険代理店は，業法上，登録制の下に置かれており（保険業276条以下），無登録で損害保険代理店として募集行為をすることはできない。これに対して，①および②の損害保険会社の役員・使用人は募集行為に従事していても登録は不要である。この点で，保険会社の役員・使用人についても募集に従事すれば

認めても委託保険会社による監督が及ぶと期待できるということから，2012年の業法改正で再委託者が保険募集人である保険会社であり，所属保険会社等と親子会社等の密接な関係にある場合に限り，内閣総理大臣の認可等を要件として認められた（保険業275条3項〜5項）。

14) 損害保険代理店については，自己契約の禁止という業法上の規制がある（保険業295条）。これは，自己または自己を雇用している者を保険契約者または被保険者とする保険契約の募集をすることを主たる目的とする損害保険代理店を禁止するもので，保険契約者自身またはその使用人を損害保険代理店として，代理店手数料の名目で加入する保険の保険料の割引を行うことを禁止しようとする規制である。また，監督指針により，特定契約（損害保険代理店と人的または資本的に密接な関係を有する者を保険契約者等とする保険契約）の規制も行われている（監督指針Ⅱ−4−2−2(6)②）。

15) 2014年の業法改正前より，損害保険代理店業務をフランチャイズ方式で行うビジネスが普及してきた。このシステムでは，フランチャイザーとフランチャイジーがいずれも損害保険代理店としての登録を受けるが，フランチャイザーとフランチャイジーの所属保険会社は一致しないこともある。そのような場合には，保険会社としては，自身が所属保険会社となるフランチャイジーがそうでないフランチャイザーの指導の下に保険募集業務を行うこととなり，保険会社のフランチャイジーに対する管理・監督が十分に及ぼせないおそれが生じるという問題があった。2014年の業法の改正では，業法上，フランチャイザーに当たる事業を保険募集人指導事業として法制化し（保険業294条の3第1項），同事業を行う保険募集人は，同事業について体制整備義務として，同事業の的確な遂行を確保するための措置を講じることが義務づけられた（保険業則227条の15）。また，この場合に限らないが，自己の商標，商号その他の表示の使用を他の保険募集人に許諾した保険募集人は，顧客が業務主体を誤認することを防止する措置を講じる義務を負う（保険業則227条の13）。フランチャイズ方式において，フランチャイザーとフランチャイジーとで事業主体が異なることや，委託を受けている保険会社・保険商品が異なることがありうるので，顧客が誤認するおそれがあることを念頭に置いている。

登録を要するものとする後述（223頁）の生命保険会社の募集主体の規制と区別される。

④ 損害保険代理店の役員・使用人　損害保険代理店がその役員（代表権のある役員および監査役，監査等委員会の委員，監査委員会の委員を除く）や使用人に保険募集を行わせようとするときは，内閣総理大臣に届け出ることを要する（保険業302条）。損害保険代理店の役員または使用人が募集行為に従事する場合には，損害保険代理店の行為としての募集を行うものであり，保険会社と直接的な関係に立つものではないが，業法では，監督当局が実際に募集に従事する者を把握しておくために損害保険代理店の役員・使用人で実際に募集を行う者については届出を要するものとしているのである[16]。

2　損害保険会社と損害保険代理店との間の法律関係

⑴　総　　説

損害保険代理店は，損害保険会社のための代理商に相当するので，両者の間の法律関係については，代理店委託契約で詳細な契約内容が取り決められるのが通例であるが，特約がなければ会社法の代理商に関する規定（会社16条～20条）が適用される[17]。

⑵　損害保険代理店の報酬（手数料）請求権

代理または媒介によって保険契約が成立したことにより，損害保険代理店は保険会社に対して報酬請求権を取得する。報酬額については，代理店委託契約において定められるところによる。従来一般的であった契約締結代理権を付与されている損害保険代理店は，保険契約者から保険料の支払を受ける権限も有し，これにより受領した保険料を一定期間まとめて報酬額を控除の上，保険会

---

16)　2014年の業法改正前の実務では，登録を受けた損害保険代理店の使用人として届出がされているが，実態としては損害保険代理店の事務所に勤務することなく，使用人としての管理・監督を受けていない委託型募集人と称される者が存在していた。このような者を認めることは保険募集の再委託を認めていなかったこととの関係でも問題であることから，2014年の業法改正後は，損害保険代理店の使用人としての実態のない募集行為従事者は認めない行政運用とされている（監督指針II－4－2－1(3)①エ）。

17)　損害保険代理店委託契約書については，大塚英明＝東京損害保険代理業協会法制委員会・損害保険代理店委託契約書コンメンタール(上)(中)(東京損害保険代理業協会，2001，2002)，(下)(保険教育出版社，2005)。

社に引き渡すという形で精算が行われる。

このことに関して，募取法においては，損害保険代理店が保険契約者から収受した保険料については，保険会社に引き渡すまで保険料保管用の専用預金口座を開設してその口座で保管することを義務づける規定が置かれていた（募取12条）。これは，損害保険会社間の損害保険代理店の獲得競争などから損害保険代理店が強い立場に立ち，損害保険会社にすみやかに引き渡すべき保険料を引き渡さず流用したりすることにより損害保険会社の保険料の確実な収納が困難となって，これにより損害保険会社の経営の健全性が阻害される事態が生じていたことから，募取法制定時から設けられていた規制であった。現行の業法では，このような規制は法律上の規制としては過度な規制であるとして廃止されたが，実務上は委託契約に基づいて同様の処理が行われている[18]。

この専用口座に係る預金債権の法的帰属者は代理店か損害保険会社かという問題がある。代理店が破産したケースで損害保険会社が預金債権者として取戻権を有するかどうかが争われ，「○○保険会社代理店××」というような名義の専用口座の預金は損害保険会社に帰属するとした裁判例がある一方で[19]，代理店について倒産手続が開始されていない状況下で損害保険会社が直接銀行に対して専用口座の預金払戻を請求した事案について，損害保険代理店に帰属するものとした裁判例もあった[20]。

このような状況下で，最高裁平成15年2月21日判決（民集57・2・95）は，募取法の上記規定が廃止された後の，保険会社が信用組合に対して専用口座である普通預金の払戻を請求している事案について，口座を開設したのは代理店であり，口座名義が保険会社を表示しているとは認められないし，保険会社が

---

18)　監督指針では，保険代理店に対して，領収した保険料を自己の財産と明確に区分し，保険料等の収支を明らかにする書類等を備え置かせること，領収した保険料を領収後，遅滞なく，保険会社に送金するか，または別途専用の預貯金口座に保管し，遅くとも保険会社における保険契約の計上月の翌月までに精算するよう指導することを求めている（監督指針Ⅱ−4−2−1(4)②ウエ）。現行実務につき，大塚ほか・前掲（注17）（上）37頁。

19)　東京地判昭63・3・29判時1306・121（普通預金），東京地判昭63・7・27金法1220・34（普通預金・定期預金）。後者は複数の乗合保険会社分について一括保管していた口座について原告保険会社の収受分についての取戻権を認めている。

20)　千葉地判平8・3・26金法1456・44（普通預金）。

代理店に預金契約締結の代理権を授与していた事情もうかがわれないこと，通帳および届出印は代理店が保管しており，入金・払戻を行っていたのは代理店のみであり口座の管理者は名実共に代理店であったこと，さらに，金銭については，所有権は常に金銭の受領者（占有者）である受任者に帰属し受任者は同額の金銭を委任者に支払うべき義務を負うことになるにすぎないから，代理人である代理店が保険契約者から収受した保険料の所有権はいったん代理店に帰属し，保険会社は代理店が信用組合から払戻を受けた金銭の送金を受けることによって初めて保険料に相当する金銭の所有権を取得するに至るから，預金の原資は代理店が有していた金銭であることを理由に当該預金は代理店に帰属するとした。最後の金銭の所有権に関する判示は，他人名義の預金の帰属に関する判例の立場である客観説（名義人ではなく実質的な出捐者に預金が帰属するとする立場）[21] により専用口座の預金が保険会社に帰属することになることを示唆する立場[22] を否定し，出捐者は保険料の精算が行われる前は依然として代理店であるから客観説と本判決の立場は矛盾しないことを明らかにしたものと思われるが，本判決はこの問題についてはそもそも客観説の枠組みにはよっていないという理解も有力である。

　形式論理をたどる限りでは，本判決の判示するところは十分ありうる判断であるのに対して，預金が保険会社に帰属するという立場は，相当に政策的な判断に立脚する解釈であるから，保険料の専用口座での保管が業法の下では法律上の規制としては廃止されているということは本判決の判断に大きな影響を及ぼしていると思われる。もともと専用口座の預金については，利息は代理店が取得できるなど独特の商慣行として行われてきたものであって，保険会社に預金が帰属するということにはいささか無理があったことも否定しがたいものがある。しかし，本判決のように金銭の所有権ということから出捐者が誰かを判

---

21)　最判昭57・3・30金法992・38。客観説は定期預金に関していわれていたもので，決済性のある普通預金に関しても同様の法理が妥当するかどうかは問題となるが，専用口座のように保険料のみが管理される口座については定期預金と区別する必要はないとも考えられる。

22)　たとえば，前掲東京地判昭63・3・29（注19）は，預金は実質的には保険会社が出捐したのと同視しうべきものとする。本判決（最判平15・2・21）の原審判決もその点は同様である。

220 第2部 第1章 保険募集

断するという手法は，マンションの管理費等を原資とする管理業者名義の預金や資産流動化におけるサービサー名義の預金など，他人のための事務処理上預託を受ける金銭を預金の形態で一時的に保管する事業者が破産した場合に，この預金口座の預金債権等が破産財団に属するのか，当該他人の固有財産に属するのかという今日様々な取引分野で生じている問題の解決に混迷をもたらしかねないという問題をはらんでいると思われ，預金の帰属に関する客観説が問題とするような出捐関係からは預金の帰属について本判決よりも実質的に判断する余地は十分あると思われる[23]。いずれにせよ，判例の立場が明らかになったので，保険会社としてはこれを前提として，預金債権に対する質権設定など代理店に対する債権回収保全措置を強化していくことになろう[24]。

⑶ 損害保険代理店委託契約の終了

　損害保険会社と損害保険代理店との間の委託契約関係については，特約がなければ会社法の代理商委託契約の終了に関する規定（会社19条）が適用される。この会社法の規定によれば，期間の定めがあれば更新の拒絶も当然に可能であるし，また，2か月の予告期間を置けば当然に解除ができる（会社19条1項）[25]。また，損害保険代理店の側に重大な債務不履行や信頼関係破壊行為があれば期間の定めの有無を問わずやむをえない事由があるものとして即時に契約を解除

---

23)　最判平15・2・21の諸問題に関しては，岩原紳作＝森下哲朗「預金の帰属をめぐる諸問題」金法1746号24頁（2005），加毛明・民法百選Ⅱ（第7版）148頁（2015）。

24)　前掲最判平15・2・21後の代理店委託契約書では，代理店が領収した保険料および専用口座は保険会社の所有物であり，会社に帰属する，ただし，利息については代理店の所得として取得することができるとの条項が置かれている。大塚ほか・前掲（注17）（上）37頁。このような約定を第三者に対抗できるかどうかが問題となる。信託を利用した保険会社の債権保全策の構想として，田爪浩信「自己信託を利用した保険料保管専用口座の実務――コミングリングリスクの回避を目的とした自己信託の活用」保険学603号49頁（2008）。近時の損害保険会社の実務では，保険料支払のキャッシュレス化や現金領収の場合でも専用口座への保管期間を短縮するためのデイリー精算の推進などの対応策によりリスク軽減に努めるものとされている。損保法務456頁。

25)　横浜地判昭50・5・28判タ327・313は，委託契約において2か月の予告期間を短縮することも可能であるとした上，損害保険会社のした解除を有効とする。東京地判平10・10・30判時1690・153は，無期限とされる委託契約について，法定の2か月前の予告をすればやむをえない事由がなくとも保険会社は契約を解除することができるとする（ただし，保険会社の解除が権利濫用とはいえないともしている）。反社会的勢力との保険契約を成立させたことによる委託契約の解除が認められた事例として，東京地判平27・1・16・2015WLJPCA01168004。

できることになる（会社19条2項）。しかし，継続的商取引関係一般に関する近時の判例では，一方当事者に重大な債務不履行や信頼関係破壊行為があるような場合は別として，特段の理由なく更新を拒絶したり，相当の予告期間なく，あるいは相当の補償なく契約を一方的に解除することについては制約があるとされる傾向があり，損害保険代理店委託契約についてもこのような一般法理が適用されると考えられる[26]。もっとも，損害保険代理店には乗合代理店や副業代理店など多様な実態のものがあり，単純に代理店が弱者で保護されるべきであるというような発想で解決されるべきでもない[27]。

⑷ 損害保険代理店の権限

損害保険代理店については，業法上，保険契約締結の代理権を有する場合と，保険契約締結の媒介のみを行い代理権を有しない場合とがありうる。主流は代理権を有する者である。いずれにせよ，代理権の範囲は保険会社と代理店との間の委託契約でどこまでの代理権が授与されているかにより決まるが，顧客が権限について誤認しないように，保険募集に際して権限の有無を明示することを義務づけている（保険業294条3項2号）[28]。契約締結の代理権が付与されている通常の場合には，保険契約締結時の保険料受領の代理権や告知義務に関連して告知を受領する代理権も付与されているとみなしてよい（約款を修正する権限まではないことについては，147頁）。

保険契約が契約締結の代理権を有する損害保険代理店の募集により成立した場合に，当該代理店が契約成立後も一定の範囲で保険会社のために法律行為等についての代理権を有するかどうかは一概には決まらない。契約内容の変更，保険契約に関連した保険契約者側からの通知や解除（解約）の意思表示の受領

---

26) 継続的売買取引関係を中心に論じるが，中田裕康・継続的売買の解消（有斐閣，1994）は，保険代理店委託契約の解消についても参考となる。代理商に関しては会社法に解除に関する規定が置かれており，これは委託契約の解消について比較的契約自由を尊重する内容となっている。前注にあげた裁判例はこのような会社法の規定の文言に比較的忠実に保険会社からの解除を認めている印象があるが，判旨の一般論は，当該事件の事案との関連で理解する必要がある。

27) 髙橋美加・ジュリ1187号102頁（2000），山野嘉朗・商法(総則・商行為)百選（第5版）64頁（2008）参照。

28) 業法294条3項2号に違反して権限の有無を明示しない場合でも，契約締結の代理権が擬制されるわけではないが，保険者側の帰責性が大きいこととの関係で表見代理の成立を容易化する要素としての意味はあろう。

222 第2部　第1章　保険募集

などが問題となるが，現在の実務では，保険契約の変更・解除などの申出の受付（クーリング・オフの申出の受付は除く）の業務について委託されるものとされている。

媒介のみを行う損害保険代理店の場合には，当然のことながら保険契約締結の代理権を有しない。保険料の受領や告知の受領の代理権を有するかはやはり代理店委託契約の内容次第であるが，権限を当然に認めることは困難である。

3　損害保険代理店と顧客との間の法律関係

損害保険代理店は保険会社と委任関係にあるものであり，損害保険代理店と顧客との間に委任その他の契約関係はない。しかし，損害保険代理店は，保険募集の過程において保険契約者となる者に対して保険契約に関する様々な説明や助言をし，顧客の保険契約の締結に関する意思決定に重要な影響を及ぼすものであるから，それが適切でなく顧客が不利益を被った場合には，顧客に対して損害賠償責任を負う可能性がある。この点は，保険募集に関する損害賠償責任の問題として後述する（第7節）。また，保険契約の締結に関して損害保険代理店に過誤があり，保険契約者の利益を損なった場合には，やはり不法行為責任が成立し，業法283条1項により所属保険会社等も不法行為責任を負う[29]。

さらに，保険契約の締結後においても，顧客である保険契約者は，保険料の支払や保険契約の更新などについて損害保険代理店のサポートに依存するような状況が生じうる。そのような状況下で，損害保険代理店が保険契約者の利益を十分に図ることができなかった場合に保険契約者が損害保険代理店の責任を追及することができるかという問題が生じる。裁判例として，保険契約成立後の保険料の不払に関して，保険契約者と損害保険代理店の具体的関係から代理店に信義則上の保護義務違反があったとして，保険契約者が保険料不払のために保険金の支払を受けられなかったことによる損害について損害保険代理店が不法行為による賠償責任を負うとされた事例がある[30][31]。

---

29)　保険会社・損害保険代理店の過誤があった場合の契約法上の問題については377頁，379頁。

30)　東京地判平6・3・11判時1509・139。この場合に，所属保険会社も業法283条1項により不法行為責任を負うか否かについては，261頁。

第3款　生命保険募集人

1　生命保険募集人の種類

　生命保険会社のために保険募集を行うことができる主体は，以下の①から⑤の者に限られ（保険業275条1項1号），この①から⑤までを包括して「生命保険募集人」という（保険業2条19項）[32]。

　①　生命保険会社の役員　　損害保険会社の募集主体と異なり，生命保険会社自身の役員も生命保険募集人として登録を要する。ただし，生命保険会社の代表権のある役員（代表取締役・代表執行役）については，生命保険会社自身の行為であると見て，生命保険募集人に含めておらず，登録制の対象とならない点は損害保険会社の代表権のある役員と同様である。監査役，監査等委員会の委員および監査委員会の委員も損害保険会社と同様に生命保険募集人からは除外されている。

　②　生命保険会社の使用人　　生命保険募集人のうち最も数が多いのは，営業職員であるが，現在では，その大部分は法律上は生命保険会社の使用人の形式をとっている。もっとも，歩合給が大きな比率を占めるなど，内勤職員とは処遇上相当の相違がある。なお，ここでいう使用人とは（③〜⑤についても同じ），雇用関係にある者に限られるものではなく，雇用関係にある使用人と実質的に同じような態様で生命保険会社の指揮監督下にある者であれば形式上は委任などの形態も含まれる。もっとも，その場合には④の者との境界が不明確になるが，いずれであっても業法上は生命保険募集人となるので実際上の相違はない。

　③　生命保険会社の役員・使用人の使用人　　現在ではほとんどないものと思われるが，生命保険会社の役員・使用人がさらに使用人を用いて募集に従事させている場合，その使用人も生命保険募集人として登録を要する。この場合，生命保険会社の役員・使用人の使用人は，下請人として募集に従事することに

31）　保険契約者と損害保険代理店との取引関係から損害保険代理店が保険契約者に責任を負う場合があるかについては，山野嘉朗「損害保険代理店の義務・責任と賠償責任保険」愛知学院大学論叢法学研究41巻4号134頁（2000），山下典孝「満期管理に関する法的責任」ほうむ49号42頁（2003）。

32）　各種の生命保険募集人の採用，教育，登録等の実務については，生保法務554頁。

なるが，その募集行為は生命保険会社のための行為とされることになる。

④　生命保険会社から募集の委託を受けた者またはその者の再委託を受けた者[33]　生命保険代理店とよばれ，会社法上の代理商に該当する法人・個人がこれに該当するが，そのほか，嘱託職員とよばれる生命保険会社と雇用契約のない者（生命保険会社の要求する挙績基準をみたさないような者など）もこの範疇に含まれる[34]。

⑤　④の者の役員・使用人　④の者の役員（代表権のある者ならびに監査役，監査等委員会の委員および監査委員会の委員を除く）・使用人も募集に従事する者は生命保険募集人として登録を要するものとされており，役員・使用人については届出だけでよい損害保険代理店と異なる[35][36][37]。

---

33)　再委託を受けることができる者の規制は，損害保険代理店について上述したところ（215頁）と同じである。

34)　損害保険代理店に関して解説したフランチャイズ方式で代理店業務を行う保険募集人指導事業に関する規制（216頁）は，生命保険代理店にも同様に適用がある。

35)　法人である生命保険代理店については，損害保険代理店についての業法295条のような自己契約の禁止は法定されていないが，募取法の時代に通達・自主規制により自己契約，特定契約（代理店の関係法人を保険契約者とする保険契約），構成員契約（代理店の役員・使用人その他代理店と密接な関係を有する者を保険契約者とする保険契約）が禁止ないし制限されていた。業法の下でも，自己契約および特定契約は，特別利益提供の禁止（保険業300条1項5号）に関連して監督指針による規制が行われ（監督指針Ⅱ－4－2－2(8)③），また，構成員契約については，業法施行規則234条1項2号による規制が行われている（同号の法人である生命保険募集人が，その役員または使用人その他当該生命保険募集人と密接な関係を有する者として金融庁長官が定める者に対して，金融庁長官が定める保険以外の保険について，生命保険会社を保険者とする保険契約の申込みをさせる行為がこれに該当する。密接な関係を有する者についての具体的な内容は，平成10年6月8日大蔵省告示第238号が定める。生保法務504頁，関西業法（XXIX）・生保187号235頁〔竹濵修〕(2014)。

36)　変額保険の募集に関しては，運用資産の相場変動による保険金額等の変動に基づく保険契約者の損失のリスク等について適正情報提供がなされる必要があることから，生命保険協会が自主的取組として変額保険販売資格制度（特別の試験に合格した者のみにこの資格が与えられる）を設けている。

37)　生命保険募集人については，第2次大戦後，募取法により導入されたものであるが，一社専属制とよばれる規制があり，生命保険会社の生命保険募集人は，他の生命保険会社の役員・使用人を兼ね，または他の生命保険会社の委託を受けて保険募集を行うこと，もしくは他の生命保険会社の委託を受けて保険募集を行う者の役員・使用人として募集に従事することが禁止され（保険業282条2項），また，生命保険会社の側についても，他の会社の生命保険募集人に対して保険募集の委託をすることは禁じられる（同条1項）。生命保険契約は保険会社ごとに内容が均一でない複雑で長期の契約であることから，生命保険会社による募集人の教育・監督が保険契約者保護のために重要であるが，

2　生命保険会社と生命保険募集人との間の法律関係

(1)　生命保険会社の使用人（営業職員）

　営業職員は，現在の実務上は生命保険募集人のうち生命保険会社の使用人に該当するとされる者が一般的であり，この場合，会社との間の関係は雇用関係と解されている。営業職員の大量採用・大量退職による募集秩序の乱れに対する対策として，雇用関係に置き，固定給を設けるなどの措置が求められ，今日のような実情に至ったものである。ただし，給与は固定給と募集成績による比例給とから成り，実質は，保険募集についての委任的色彩が強い。労働基準法等の労働関係法の適用についても適用があるという運用であるが，所得税法上は，報酬は事業所得として処理されており，法律関係ごとに一様ではない扱いがなされている[38]。

(2)　生命保険代理店と生命保険会社との間の法律関係

　生命保険代理店は会社法上の代理商に該当するので，会社法の代理商の規定の適用があることは損害保険代理店と同様である[39)40]。生命保険代理店では，損害保険代理店におけるような収受した保険料の保管専用口座は用いられていない。

　損害保険代理店のように乗合制を認めると教育・監督が十分できないという理由に基づくものである。もっとも，1995年の改正後の業法では，一定の能力があると認められる生命保険募集人（代理店）については例外が認められている（同条3項，保険業令40条）。

[38]　営業職員制度については，生保講座3・73頁，濱田盛一「生命保険外務員の地位」ジュリ959号79頁（1990），生保法務554頁。

[39]　反社会的勢力との保険契約を成立させたことによる委託契約の解除が認められた事例として，東京地判平27・1・16・2015WLJPCA01168004。保険会社が代理店委託契約の解約基準を定め，それにより行った解約が有効とされた事例として，東京地判平28・1・27 D1-Law.com 判例体系29016470。

[40]　生命保険代理店が，その受領する代理店手数料および保険契約者の受領する解約返戻金の合計額が保険料総額を上回る結果となるように，代理店手数料率の高くなる保険商品を意識的に選択した上，早期消滅契約とされることを回避しつつ保険料の支払を可能な限り圧縮し，25か月経過後の間もない時期に解約するとともに，代理店手数料を原資に直接または間接に保険契約者に対して保険の支払資金を環流させる仕組みを仕組んだ場合につき，このスキームでは代理店手数料は不正な利益であるとして，このスキームを機にこのようなスキームの利用を阻止する代理店手数料規定に変更したことには合理性があり有効とされた事例として，東京地判平26・6・24金判1450・46。

226　第2部　第1章　保険募集

(3)　生命保険募集人の権限

　生命保険募集人も，損害保険代理店と同じく，保険契約の締結の代理または媒介を行う者として業法上は定義されており，契約締結の代理権まで付与するかどうかは生命保険会社の自由であるが，伝統的に生命保険募集人は媒介のみを行う権限しか有していない。これは，生命保険の引受の判断には，保険契約者側の告知等に基づく医的危険選択判断や道徳的危険の防止の観点からの契約チェックが不可欠であり，生命保険会社本社またはそれに準ずる部署が専門的能力に基づいて中央集権的に判断することが不可欠であると考えられているためである。しかし，生命保険や第三分野の保険の多様化などから，生命保険会社の保険についても生命保険募集人に契約締結代理権を付与してよいものもありえないわけではないということにより，現行業法では，契約締結の代理権を有する生命保険募集人も認めることとし，顧客に対しては権限の誤認がないように，保険募集に際して権限の有無を明示することを義務づけている（保険業294条3項2号）。

　生命保険募集人が保険契約締結の代理権を有しないことは，生命保険業の性格上やむをえない。保険契約締結に関連して，当然には保険料の受領権や告知の受領権も有しないとするのが生命保険会社の立場であるが，これについてはかねてより保険契約者保護の立場から強い批判があった（契約締結の代理権も有しないことと併せてかつて「三無権」といわれていたことがある）。保険料の受領権については，現在では，集金担当者等に特に受領権を与えているほか，保険契約申込と併せて払い込まれることが多い第1回保険料相当額の受領に関する限りはすべての生命保険募集人に受領権を付与していることが多い。告知受領権については，依然として付与していないというのが生命保険会社の立場である（その問題については，401頁）。

　また，契約成立後の生命保険募集人の権限については，損害保険代理店についてと同様の問題（221頁）があるが，やはり，基本的には権限を有さないといわざるをえない。

3　生命保険募集人と顧客との間の法律関係

　生命保険募集人と顧客との間の法律関係についても，前述（222頁）の損害

保険代理店と顧客との間の法律関係と同様の問題が生じうる。

第4款　乗合代理店

　損害保険については，古くから2以上の保険会社等から保険募集の委託を受ける乗合代理店が普及してきた。また，生命保険についても1995年の業法改正により一社専属制の例外が認められたことから乗合代理店が普及してきた。これらの乗合代理店は損害保険と生命保険の募集を兼ねることも可能である。このような制度の下で，近年になり，従前から見られるタイプの乗合代理店だけでなく，銀行等の金融機関である乗合代理店や多数の保険会社等から保険募集の委託を受け，多数の営業所を設置して大規模な保険募集業務を行う来店型保険ショップなどとよばれる乗合代理店が急成長してきた。このような乗合代理店は，顧客に対して，複数の保険会社の保険を比較しながら顧客のニーズに合致する保険を推奨するというスタイルの勧誘をし，宣伝広告などでは中立的・専門家的立場から顧客本位の推奨をすることをうたい文句としていることが多かった。しかし，そのようなうたい文句が実態としても確保されているのかは明らかでなく，保険会社等から受け取る代理店の手数料開示規制もないので，多額の報酬を受けられる保険を推奨しているのではないかという疑問ももたれていた。

　2014年の業法改正では，保険募集における情報提供規制を整備したが，その中で，乗合代理店（業法施行規則および監督指針では，「二以上の所属保険会社等を有する保険募集人」とよんでいる）が比較しながら保険を推奨することを念頭に置いて，顧客の利益に反する推奨が行われないようにするための規制が複層的に整備されている。また，大規模乗合代理店については，後述（230頁）のように監督が強化された。しかし，乗合代理店に対する不信感の根源にある手数料についての開示規制は導入されなかった。ただし，後述のとおり（256頁），2016年10月以降，市場リスクのある特定保険契約を募集する銀行等および証券会社により手数料の開示が行われるようになっている[41]。

---

　41)　近時の英米における手数料開示規制については，田爪浩信「損害保険仲介者の報酬開示規制 ── ニューヨーク州における新規制を中心にして」保険学615号49頁（2011），

第5款　保険募集人としての銀行その他の金融機関

　銀行等の預金金融機関による保険販売（いわゆる保険窓販）は，金融機関の本来の業務との関連性が疑問であること，融資等を背景とした保険の圧力販売の危険があるということ，既存の保険会社支配下の保険募集チャネルが競争上不利益を被るおそれがあることなどから認められてこなかったが，1990 年代後半の金融制度改革の一環として，利用者利便の向上という観点から銀行等の保険募集解禁の主張が有力となり，銀行等の側のフィー・ビジネスへの関心の高まりとがあいまって，解禁のための業法改正が 2000 年に実現した。これにより銀行等の金融機関（保険業 275 条 1 項 1 号，保険業令 39 条）は，他の法律の規定にかかわらず，生命保険募集人，損害保険代理店または保険仲立人の登録を受けて保険募集を行うことができることとされた（保険業 275 条 2 項）が，同時に銀行等による保険募集に伴う弊害防止措置も導入された。銀行等が取り扱うことができる保険種類は当初は狭く限定されていたが，段階的に規制が緩和され，2007 年には保険種類の限定は撤廃された[42)43)]。

　銀行等が保険募集人または保険仲立人として保険募集を行う場合の現行の弊害防止措置としては，一般的な措置として，非公開情報保護措置（保険業則 212 条 2 項 1 号等），保険募集に関する指針の策定（同項 2 号等），法令等遵守責任者の設置（同項 3 号等），特別の措置として，融資先に対する保険募集の制限（保険業則 212 条 3 項 1 号等），適正な業務運営の確保（同項 2 号等），担当者の分離措置（同項 3 号等）がある[44)]。特別の措置が求められるのは，銀行等が販売しても弊害が小さいと考えられる住宅ローン関係の信用生命保険，貯蓄性の生命保

　　　損害保険事業総合研究所研究部・欧米主要国における保険募集・保険金の支払に係る規制と実態（同研究所，2012），小林雅史「英国における Retail Distribution Review による金融商品販売規制について」保険学 621 号 111 頁（2013）。

42)　規制の沿革および現行の規制・実務については，上原純「銀行等による保険募集に係る弊害防止措置の見直し」生保 179 号 213 頁（2012），関西業法（XXIV）・生保 172 号 202 頁，222 頁〔木下孝治〕（2010），生保法務 530 頁。

43)　銀行等の金融機関には証券会社は含まれず，証券会社は，金融商品取引法上の兼業業務として保険募集業務を行うことができる（金商 35 条 2 項 7 号，金商業 68 条 5 号）。

44)　地域金融機関および協同組織金融機関については，とるべき特別の措置を軽減する特例が規定されている（保険業則 212 条 3 項 1 号ハ・3 号等）。

険，住宅ローン関係の長期火災保険等（保険業則212条1項・212条の2第1項等）以外の保険である。

また，銀行等が行う保険募集に関する禁止行為として，銀行等が行う信用供与の条件として保険募集をする行為その他の当該銀行等の取引上の優越的な地位を不当に利用して保険募集を行う行為（保険業則234条1項7号），保険募集に係る取引が銀行等の当該顧客に関する業務に影響を与えない旨の説明を書面の交付により行わない行為（同項8号），募集制限先に該当するかどうかを確認する業務に関する説明を書面の交付により行わないで保険契約の締結等を行う行為（同項9号），顧客の資金貸付申込を知りながら行う保険募集（タイミング規制。同項10号），募集する保険契約に係る保険金が充てられるべき債務の返済に窮した場合の銀行等の相談窓口等についての説明を書面の交付により行わない行為（保険業則234条1項11号），特定関係者を通じた潜脱行為の禁止（同項12号〜15号）が規定されている[45]。

さらに，業法100条の2に基づく体制整備義務として，保険会社は銀行等である生命保険募集人または損害保険代理店に保険募集を行わせるときは，当該銀行等の信用を背景とする過剰な保険募集により当該保険会社の業務の健全かつ適切な運営および公正な保険募集が損なわれることのないよう，銀行等への委託に関して方針を定めること，当該銀行等の保険募集の状況を的確に把握することその他の必要な措置を講じなければならないものとされている（保険業則53条の3の3）。

第6款　少額短期保険業者のための保険募集人

業法は，少額短期保険業者のための保険募集主体として少額短期保険募集人の制度を設けている。少額短期保険募集人は，①少額短期保険業者の役員（代表権のある役員，監査役等を除く）もしくは使用人または②少額短期保険業者の委託を受けた者もしくはその者の再委託を受けた者もしくはこれらの者の役員もしくは使用人で，その少額短期保険業者のために保険契約の締結の代理また

45）　銀行代理業者についても銀行等についての弊害防止措置の一部と同じ規制が適用される（保険業則234条1項18号・19号・2項・3項）。

は媒介を行う者と定義される（保険業2条22項）。少額短期保険募集人も登録制の下に置かれるが，このうち特定少額短期保険募集人は登録制の下に置かれない（保険業276条）。特定少額短期保険募集人は，少額短期保険募集人のうち，損害保険または第三分野の保険のみに係る保険募集を行う者で，少額短期保険業者の委託を受けた者（すなわち代理店）またはその再委託を受けた者でないものである（保険業275条1項3号，保険業則212条の3）。少額短期保険業者は，生損保兼営を禁止されないので，少額短期保険業者の保険募集人は生命保険と損害保険の募集を併せて行うことができるが，損害保険会社の保険と同じ保険の募集のみを行う少額短期保険業者の代理店の役員または使用人については，損害保険代理店の役員または使用人が登録制の下に置かれず届出制の下に置かれていることとの平仄を合わせて，特定少額短期保険募集人として登録を要しないとする趣旨である（届出は必要である。保険業302条）。

第7款　保険会社・保険募集人の体制整備義務

　各種の金融関連の事業者の監督法においては，事業者の監督手法として事業者に体制整備義務を課し，法令遵守や利用者の保護を図るための措置を講じるべきことを義務づけている。業法でも，1998年の改正により保険会社には体制整備義務が課されてきた（保険業100条の2）が，保険募集人については，保険会社の体制整備義務を通じて保険募集人の業務の適正を確保するという考え方がとられて，保険募集人独自の体制整備義務は法定されてこなかった。しかし，2014年の業法改正では，大規模な乗合代理店などの登場という状況を踏まえて，保険募集人についても独自の体制整備義務が課されることとなった（保険業294条の3第1項，保険業則227条の7〜227条の15）[46]。保険募集人一般に体制整備義務が課されるので，小規模零細な損害保険代理店や生命保険会社の営業職員である生命保険募集人にも体制整備義務が課されていることとなるが，体制整備義務により保険募集人が講じなければならない措置は保険募集人の業務の規模，特性に即して決せられるものとされており，体制整備義務が大きな

---

46)　洲崎博史「保険募集人に対する規制の整備——乗合代理店を中心に」ジュリ1490号27頁（2016）。

意味をもつのは販売力の強い大規模な乗合代理店である。このことに関連して，2014年の業法改正では，内閣府令で定める規模の大きな特定保険募集人[47]については，帳簿書類の備置義務（保険業303条）および事業報告書の内閣総理大臣への提出義務（保険業304条）が新たに課され，金融庁による大規模な乗合代理店に対する監督が強化されている。

　保険会社および保険募集人の体制整備義務の具体的な内容は，下記の表のとおりであるが，主として保険募集における情報提供に関するものであり，情報提供規制を介して保険会社，保険募集人の情報提供に関する損害賠償責任のあり方にも影響が及ぶこととなる。

法令の規定	内　容	監督指針
	顧客保護等	Ⅱ－4－4
	顧客に対する説明責任，適合性原則	Ⅱ－4－4－1
	顧客保護を図るための留意点	Ⅱ－4－4－1－1
保険業100条の2	**保険会社の体制整備義務**	Ⅱ－4－4－1－2(1)～(3)(7)
保険業則53条1項3号	生命保険募集人または損害保険募集人の公正な保険募集を行う能力の向上を図るための措置	
保険業則53条1項4号	保険契約，保険募集または団体保険加入勧奨行為に際して，保険会社，生命保険募集人または損害保険募集人が保険契約者および被保険者に対し，保険契約の内容その他保険契約者等に参考となるべき情報につき，保険契約の内容のうち重要な事項を記載した書面の交付その他適切な方法により，説明を行うことを確保するための措置	

---

47)　業法施行規則236条の2では，毎事業年度末において，生命保険会社等，損害保険会社等，少額短期保険業者等別に，委託保険会社等の数が15以上であるものまたは当該事業年度において2以上の保険会社等から受けた手数料，報酬その他の対価の額が10億円以上であるものとしている。

保険業則 53 条 1 項 5 号	団体保険加入勧奨行為についての保険会社等の情報提供義務が除外された団体保険契約に関し，当該団体保険に係る保険契約者から当該団体に係る保険契約に加入する者に対して必要な情報が適切に提供されること，および当該保険契約者による当該保険契約に加入する者の意向の適切な確認を確保するための措置	
保険業則 53 条の 2	金銭債権・有価証券と保険契約との誤認防止	
保険業則 53 条の 3	投資信託委託会社等への店舗貸しによる受益証券等の取扱い	
保険業則 53 条の 3 の 2	保険会社と他の者との誤認防止	
保険業則 53 条の 7	(社内規則等) 顧客の知識，経験，財産の状況および取引を行う目的を踏まえた重要な事項の顧客への説明その他の健全かつ適切な業務の運営を確保するための措置（書面の交付その他の適切な方法による商品または取引の内容およびリスクの説明ならびに顧客の意向の適切な把握等の措置を含む）に関する社内規則等を定めるとともに，従業員に対する研修その他の当該社内規則等に基づいて業務が運営されるための十分な体制の整備	Ⅱ－4－4－1－2(9)～(12)
保険業則 53 条の 8	個人顧客情報の安全管理措置等	Ⅱ－4－4－1－2(13)，Ⅱ－4－5
保険業則 53 条の 10	特別の非公開情報の取扱い	Ⅱ－4－4－1－2(14)
保険業 294 条の 3	**保険募集人の体制整備義務**	Ⅱ－4－2－9
保険業則 227 条の 8	(社内規則等) 保険募集業務の内容および方法に応じ，顧客の知識，経験，財産の状況および取引を行う目的を踏まえた重要な事項の顧客への説明その他の健全かつ適切な業務の運営を確保するための措置（書面の交付その他の適切な方法による商品または取引の内容およびリスクの説明ならびに顧客の意向の適切な把握等の措置を含む）に関する社内規則等を定めるとともに，従業員に対する研修その他の当該社内規則等に基づいて業務が運営されるための十分な体制の整備	

保険業則 227 条の 8	団体保険加入勧奨行為についての保険会社等の情報提供義務が除外された団体保険契約に関し，当該団体保険に係る保険契約者から当該団体に係る保険契約に加入する者に対して必要な情報が提供されること，および当該保険契約者による当該保険契約に加入する者の意向の適切な確認を確保するための措置	
保険業則 227 条の 9	個人顧客情報の安全管理措置等	Ⅱ-4-2-9(2)，Ⅱ-4-5，Ⅱ-4-2-2(14)
保険業則 227 条の 10	特別の非公開情報の取扱い	Ⅱ-4-2-2(15)
保険業則 227 条の 12	2 以上の所属保険会社等を有する保険募集人に係る誤認防止	Ⅱ-4-2-9(4)，(5)③(注)
保険業則 227 条の 13	自己の商標等の使用を他の保険募集人に許諾した保険募集人に係る誤認防止	Ⅱ-4-2-9(6)
保険業則 227 条の 14	契約内容を比較した事項の提供の適切性等を確保するための措置	Ⅱ-4-2-9(5)
保険業則 227 条の 15	保険募集人指導事業の的確な遂行を確保するための措置	Ⅱ-4-2-9(7)

第3節　保険仲立人

第1款　総　説

1　意　義

　損害保険募集人，生命保険募集人および少額短期保険募集人が保険会社等の役員・使用人として，または委託を受けた代理店等として保険会社等のために保険募集を行うのに対して，保険会社等の外部にあって，保険募集を行う者として，業法は，保険仲立人を認めている。これは，諸外国では，保険ブローカーとよばれている募集主体に対応するものであり，1995 年の業法で新たに認められた保険募集主体である。

　業法では，保険仲立人は，「保険契約の締結の媒介であって生命保険募集人，損害保険募集人及び少額短期保険募集人がその所属保険会社等のために行う保険契約の締結の媒介以外のものを行う者」と定義される（保険業2条25項)[48][49]。

234　第2部　第1章　保険募集

保険仲立人は，保険契約の両当事者から独立して商行為に当たる保険契約締結の媒介を行う者であることから，商法上の商事仲立人（商543条以下）であるという理解を業法も前提としている[50]。もっとも，仲立人は，契約の両当事者の間にあって中立的な立場で契約締結の媒介をするという性格を有するものと解されるが，保険仲立人は，実務上は，保険契約者に対して保険に関するアドバイス（保険仲立人の機能としてはこの点がきわめて重要である）を含めて勧誘をした上で，保険契約者から委託を受けて保険会社との間で保険契約の締結の媒介をするのであり，他方，報酬（手数料）は保険会社から支払を受けるという独特の慣行もあり，業法では，登録制度（保険業286条〜290条）のほかそのような保険仲立人の業務の特性に応じた規制を設けている[51]。

2　保険仲立人特有の行為規制

保険仲立人も保険募集を行う募集主体であるから，情報提供義務（保険業294条1項），意向把握・確認義務（保険業294条の2），不実表示等の禁止（保険業300条），体制整備義務（保険業294条の3第2項）の行為規制は保険仲立人にも適用されるが，業法では，これらに加えて保険仲立人特有の行為規制を法定している。

保険仲立人は，顧客（保険契約者となろうとする者）から委託を受けて保険者との間で保険契約の締結の媒介を行う者であり，委託契約は，保険契約者と保険仲立人との間で締結される。業法では，委託契約の締結に当たって，委託契約に関する重要事項についての事前開示義務を課している（保険業294条4項5

---

48)　保険仲立人制度の創設の必要性等につき，落合・前掲（注2）226頁。業法の保険仲立人制度については，山下友信「保険仲立人」商事1438号17頁（1996），洲崎・前掲（注2）47頁，坂口光男「保険仲立人の法的地位」保住昭一先生古稀記念・企業社会と商事法201頁（北樹出版，1999）。

49)　保険仲立人は，保険募集人の業務を兼ねることはできない（保険業289条1項7号〜10号）。

50)　商人でない相互会社との間で媒介を行う保険仲立人もあることから，業法293条では，そのような媒介に商事仲立人に関する商法の規定を準用している。

51)　保険仲立人が保険募集の過程で保険契約者の利益を侵害する過誤行為を犯した場合に，保険会社は独立の立場にある保険仲立人の行為に関しては所属保険会社として損害賠償責任（保険業283条）を負うことはないので，保険仲立人については賠償資力確保のため，供託ないし賠償責任保険等への加入が強制されている（保険業291条・292条）。

項，保険業則 227 条の 3〜227 条の 5）。

　また，世界的な慣行として，保険仲立人は保険契約が成立した場合の報酬の支払を委託者である顧客からではなく，保険者から受けるということがある（商 550 条 2 項の適用は合意により排除されていることになる）。このことから，保険仲立人は，委託者である顧客の利益よりも自分がより多くの報酬の支払を受けることができることになる保険者の利益を優先して媒介をする危険があるので，業法では，このような利益相反に関する規制を加えている。具体的には，一般的な義務として誠実義務が規定される（保険業 299 条）とともに[52]，顧客から求められた場合に限るが，自己が受ける手数料，報酬のほか，取引関係にある主な保険者の名称と取引の状況を開示する義務も課されている（保険業 297 条，保険業則 231 条）[53]。

　保険仲立人は，その媒介により保険契約が成立したときは，結約書交付義務を負うが（商 546 条 1 項），業法では，その記載事項を特別に法定している（保険業 298 条，保険業則 232 条）。

第 2 款　保険仲立人の法的地位

1　総　　説

　前述のように，業法では，保険仲立人は，商事仲立人であるという理解の下に定義され，その規制が加えられている。私法上も商事仲立人に関する商法の規定が適用されるものと解することから出発してよいが，保険仲立人の行う仲立の特質に応じて関係者間の権利義務関係を考察する必要がある。

2　保険仲立人と顧客との間の法律関係

(1)　委　託　契　約

　保険仲立人は，見込保険契約者である顧客との間の委託契約に基づき，顧客

---

[52]　監督指針 V −5−3 では，業法の誠実義務を踏まえ，保険仲立人がその業務の遂行に関し遵守しなければならない事項を具体的に定めている。

[53]　保険仲立人は，業法施行規則 231 条 1 号，監督指針 V −5−1 に基づき，直近の複数事業年度において媒介を行った保険契約の保険者のうち，収受した手数料等の額の大きい上位 4 社程度を保険会社等別に開示するものとしている。

のために複数の保険会社との間で交渉を行い，保険会社の提示した条件を顧客に示すことになる。そして最終的には保険契約者がどの保険会社と契約を締結するかを決定する。顧客が特定の保険会社に対して保険契約を申し込むことを決定すると，顧客が申込書・告知書を記入し，保険仲立人はこれを保険会社に提出し，保険会社が承諾すると保険契約が成立するという事務的運びになるのが通例である。保険仲立人はこのような媒介を，顧客から委託を受けて行うものであり，委任の性質を有する委託契約上の受任者として事務処理をすることになる。媒介により保険契約が成立すると保険仲立人は保険会社から報酬（手数料）の支払を受けることになる。

　このような委託契約の締結に至る過程および保険契約締結の媒介をする過程の全部にわたり，顧客に対して専門家として保険に関して様々な助言をするというのが保険仲立人の通例果たす役割であり，顧客からもそのことが期待されている。したがって，保険仲立人は，委託契約に基づき顧客に対して善管注意義務に従い媒介の事務を実行する義務を負うが，この委任契約上またはそれに付随して，顧客に対して顧客の最善の利益を実現するように助言あるいは説明をする義務を負うものというべきである。その意味では，保険募集人が募集過程において負う説明義務よりは高次の義務を負うものというべきであり，助言・説明義務も契約上の義務またはそれに準じる義務として考えるべきである。また，報酬を委託者である顧客からではなく媒介により保険契約を成立させた保険会社から受けるということなどの独特の利益相反関係から，顧客の利益を優先させなければならないという意味での忠実義務を負うのであり，業法の定める誠実義務はこの忠実義務を監督法的な観点から規定したものということができる。したがって，業法の誠実義務の規定は決して創設的規定ではない。また，監督指針により求められる行為準則も善管注意義務および忠実義務の具体化を監督法的見地から試みたものであるということができる。

　もっとも，以上のような意味での忠実義務に仮に違反したとして，善管注意義務違反と異なり，当然に無過失責任を負うことになるかどうかは別問題であり，わが国の委任契約に関する一般法理上，無過失責任であるというのは無理であると思われる。

　保険仲立人が以上のような善管注意義務または忠実義務に違反した場合には，

債務不履行として，顧客が被った損害を相当因果関係にある限りで賠償する責任を負う。

(2) 顧客（保険契約者）のための代理

保険仲立人は，委託契約に基づいて媒介行為を行うが，それを超えて，顧客のために保険契約の申込等の代理行為を行うことができるか。諸外国では，保険ブローカーが顧客のために保険契約の締結を代理して行うことは禁止されておらず，実際上行われることがあるようである。わが国では，保険仲立人が顧客の代理人として行為することが禁止されているかどうかは明らかではないが[54]，通常は，保険仲立人は，顧客のために申込の手続を行うとしても，これはあくまでも使者として行っているという解釈がとられているようである。代理を認め，保険仲立人が一任的判断の下に保険契約を締結することまでできるとすると，顧客の利益が害される危険がないではなく，代理は認められないとすることも理由がないではない。しかし，もし顧客の利益が害されず便宜があるのであれば，代理を認めることを一概に禁止する必要はないものと思われる。

(3) 保険仲立人と保険会社との法律関係

(ア) 法律関係の態様　　保険仲立人と同人が媒介をする相手方である保険会社との間には，委託契約関係は存在しない。ただし，媒介をする以上，事前に保険仲立人と保険会社との間には媒介をするための準備的交渉はあるのが通例であり，また，報酬についても事前に取り決めることが行われ，そのために実務上両者間に協定書が取り交わされているのが通例である。

ところで，保険仲立人は，仲立人であることには変わりはなく，商事仲立人・民事仲立人一般についていわれているように[55]，委託者ではない保険会社に対しても，仲立人として善管注意義務に従い媒介事務を実行する義務を負うものというべきである。もっとも，たとえば，顧客の告知義務違反があることを知っている保険仲立人は，この情報を保険会社に対して告げる義務を負うかという事例で考えると，顧客との間で負う守秘義務との衝突をどう解決するか

---

54)　一律に代理を禁止する必要はないとするものとして，山下（友）・前掲（注48）22頁，坂口・前掲（注48）230頁，関西業法（XXIX）・生保177号269頁〔洲崎博史〕（2011）。

55)　江頭225頁。

というような問題に遭遇せざるをえず，解決は困難である。

(イ) 保険会社のための代理　諸外国では，保険ブローカーは，保険会社から保険契約の締結や保険料の支払を受ける代理権を付与されていることが少なくないし，保険監督法上もこれを禁止することは一般には行われていないようである。ところが，わが国の監督実務では，保険仲立人は業法上，保険会社のための代理行為をすることは禁止されているという解釈をしているようである。形式的には，業法275条1項4号が，保険仲立人は，保険契約の締結の媒介であって保険募集人がその所属保険会社等のために行う保険契約の締結の媒介以外のもののみを行うことができるとすることが根拠とされるのであろう[56]。代理を禁止する実質的理由があるとすれば，保険仲立人が顧客（保険契約者）のために媒介をする義務を負うのに，保険会社との関係においても代理人として保険会社の利益を守る義務を負うとすると，利益相反関係に立ち顧客本位の媒介ができなくなるということであろうと思われる。しかし，そのような利益相反関係による弊害が考えられない保険料の領収行為や通知を受ける程度であれば代理行為を認めることを排除する必要はないと思われる[57]。

第4節　共済事業者のための募集主体とその規制

近年の各種協同組合法の改正による共済事業に対する監督・制度の整備の一環として，共済の募集についての規制も業法を参照して整備されている。次頁の表は，保険募集についての業法の主要な規制に対応する主要協同組合法の規制を整理したものである。現状では，業法と同様の情報提供義務および意向把握・確認義務は農業協同組合法においてのみ規定されている。

---

56) 洲崎・前掲（注2）53頁。
57) 関西業法（XXIX）・生保177号270頁〔洲崎博史〕（2011）は，現に保険会社が保険仲立人に何らかの代理権を授与しており，顧客側も保険仲立人にそのような代理権があることを前提として行動していたような場合には，私法上は有効な代理として取り扱うべきであろうとする。

	農業協同組合法	水産業協同組合法	中小企業等協同組合法	消費生活協同組合法
代理店登録等	97 条 1 号（届出）	126 条の 2 第 1 号（届出）	9 条の 7 の 5 第 1 項（業法準用）・106 条の 3 第 1 号（届出）	12 条の 2 第 1 項・2 項（委託できる者を政令で労働金庫に限定）
情報提供義務	11 条の 20			
意向把握・確認義務	11 条の 21			
不実表示禁止	11 条の 24	15 条の 5	9 条の 7 の 5 第 1 項（業法準用）	12 条の 2 第 3 項（業法準用）
組合の体制整備義務	11 条の 31	15 条の 9 の 3		50 条の 6
代理店の行為についての組合の損害賠償責任	11 条の 28	15 条の 8	9 条の 7 の 5 第 1 項（業法準用）	12 条の 2 第 3 項（業法準用）
特定共済契約についての金商法の準用	11 条の 27	15 条の 7	9 条の 7 の 5 第 2 項	12 条の 3
共済代理店の体制整備義務	11 条の 22			

第 5 節　無登録者による保険募集と私法上の効果

　損害保険代理店，生命保険募集人，特定少額短期保険募集人以外の少額短期保険募集人，または保険仲立人としては登録した者のみが保険募集を行うことができる（保険業 275 条 1 項）。無登録で保険募集行為をした者は，刑事罰に処せられる（保険業 317 条の 2 第 4 号）。

　無登録者が，登録をした保険募集人または保険仲立人と同様の募集行為を行った場合において，このことが成立した保険契約にいかなる影響を及ぼすか。この問題は，無登録者の募集により成立した保険契約者と保険会社との間の保険契約に関する関係と，無登録者と保険会社との間の関係とを分けて考える必要がある。

　保険契約者と保険会社との間の関係については，まず成立した保険契約を保

険契約者が無登録募集によることを理由に無効であると主張できるかということがある。通常の保険契約では，法的紛争となるのは保険契約者が保険契約の成立を前提に保険金の請求をするケースであるのが通例であろうから，保険契約者が無効の主張をすることは想定しにくいが，変額保険のような投資性の濃厚な保険であれば，無登録募集を理由として無効の主張がなされるおそれがある。しかし，従来の学説上無登録募集であることのゆえに保険契約が無効となるものではないとすることに異論はないし，変額保険に関する裁判例でもこのような主張を認めるものはない。

別の可能性として，無登録の保険募集であることを根拠に，保険契約の締結により顧客が損害を被った場合に無登録で保険募集をした者の不法行為責任を問えるかという問題もある。変額保険の保険料払込金の融資をした銀行の使用人が無資格で保険募集を行ったとして，そのことの違法性のゆえに銀行および当該使用人の不法行為責任が認められるかのごとく判示する裁判例がある[58]。現在では，前述のように（211 頁），保険募集に当たる行為が監督指針上明らかにされているが，無登録でも保険募集に当たる行為を行った以上は，無登録者の不法行為責任が成立することは当然であり，銀行も使用者責任を負う。また，無登録者の保険募集ではあれ，保険募集人による募集の結果として保険契約者との間で有効に保険契約が成立した以上は，保険会社も業法 283 条 1 項の不法行為責任を負う。

無登録者と保険会社との間の関係については，無登録者ではあれ委託契約等の契約が締結された場合に，当該契約等が無効となるわけではないが，無登録者の保険会社に対する報酬請求は認められないというべきである[59]。

---

58)　富山地判平 8・6・19 判時 1576・87，横浜地判平 8・9・4 判時 1587・91。もっとも，実質的に説明義務違反がないにもかかわらず無登録募集のみで責任が発生すると考えているわけではなかろう。

59)　宅地建物取引業を無免許で行った者の仲介により成立した売買契約について，委託者には報酬支払債務が発生するとしても，その債務は自然債務であり，無免許業者は裁判上報酬請求権を行使することができないとされている（東京地判平 10・7・16 判タ 1009・245）。無免許営業は刑事罰の対象となることを理由とするものであるが，無登録の保険募集も刑事罰の対象とされており（保険業 317 条の 2 第 4 号），同様に考えてよい。無登録の者が生命保険の募集を行い成立した保険契約が取り消された場合に，保険会社による無登録者に対する支払済の手数料相当額の不法行為による損害賠償請求が認められた事例として，東京地判平 21・2・20・2009 WLJPCA02208001。

第6節　保険募集についての行為規制

第1款　総　　説

　業法では，保険会社および保険募集人等の保険募集に関する行為について様々な行為を義務づけ，あるいは様々な行為を禁止する規定を設けている。このような事業者に対する規制を行為規制というが，監督法上の規制であり，違反したことの直接的な効果は刑事罰，行政罰，行政処分等であり，私法上の効果は規定されていない。しかし，行為規制の各規定に関しては以下に見るように私法上の問題も生じることから，次款では，特に私法上の問題という観点を意識しながら行為規制の概要について解説する[60]。

第2款　具体的な規制

1　情報提供行為の規制

(1)　総　　説

　保険募集は，目に見えないが複雑な商品である保険への加入を勧誘する行為であるから，保険募集の過程においては適正な情報が提供されるようにする必要がある。募取法が制定された時代には，詐欺的な話法による保険募集の取締が主眼の規制にとどまっていたが，金融関連取引，消費者取引全般についての事業者による情報提供行為の規制が発展する中で，保険募集に関する情報提供規制も漸進的に整備されてきた。ただ，業法の規定上は，募取法の時代からの不実表示を禁止する規定（保険業300条1項1号）があるにとどまり，監督指針や自主ルールにより行われるようになった情報提供規制と著しく齟齬のある状態となってきていた。保険募集の実態の変貌に対応した保険募集規制を整備した2014年の業法改正に際して，業法自体の情報提供規制も現代の保険募集の実態に適合するものとする整備が図られた[61]。ただし，依然として，情報提供

---

60)　ネット取引等の電子商取引としての側面の法律問題については，297頁。
61)　改正のあり方を策定した報告書として，金融審議会保険商品・サービスの提供等の

規制はかなり複雑である。

(2) 情報提供義務

2014年の業法改正前には，保険会社，保険募集人[62]に対して保険募集に関して積極的に情報提供を義務づける法律規定は存在していなかったが，2007年以来，積極的な情報提供義務が課されてきた。これが，「契約概要」および「注意喚起情報」の両書面による情報提供である。そのような義務を課すことの法令上の根拠は，保険募集に関する不実表示を禁止する業法300条1項1号および保険会社の体制整備義務を定める業法100条の2であり，両書面の記載事項等については，業法施行規則，監督指針，損害保険・生命保険両協会の自主ルールが複層的に規定してきた。

このように実質的には情報提供義務は存在していたといえるが，近年金融商品取引法，銀行法など各種金融関連業態において金融商品の販売に関して顧客に対する積極的な情報提供義務が法定されてきたこと（金商37条の3，銀行12条の2第1項等）との関係で，業法の規制は時代遅れの様相を帯びてきたことから，2014年の業法改正では，保険会社，保険募集人に対して保険契約の募集に際しての情報提供義務を課す同法294条1項が新設された。もっとも，「契約概要」および「注意喚起情報」による情報提供の実質的な内容についてはそれほど大きな変化があったわけではない[63]。

具体的には，保険会社，保険募集人は，保険契約の締結，保険募集に関し，保険契約者等の保護に資するために内閣府令で定めるところにより，保険契約の内容その他保険契約者等に参考となるべき情報の提供を行わなければならない（保険業294条1項本文）。内閣府令の定めとして業法施行規則227条の2第3項1号は，保険契約の内容その他保険契約に関する情報のうち同号に列挙する事項を記載した書面を用いて行う説明および書面の交付によるものとしている。

在り方に関するワーキング・グループ「新しい保険商品・サービス及び募集ルールのあり方について」（2013年6月7日）8頁。情報提供規制を含む2014年改正全般については，前掲（注4）の文献を参照。

[62] 以下の行為規制のうち，情報提供義務，意向把握・確認義務，不実表示等の禁止は，保険会社等もしくは外国保険会社等，これらの役員（保険募集人である者を除く），保険募集人または保険仲立人もしくはその役員もしくは使用人が適用主体とされるが（保険業294条1項等），以下では保険会社および保険募集人に即して述べる。

[63] 山本哲生「顧客への情報提供義務」ジュリ1490号14頁（2016）。

この法令の定めをさらに監督指針（監督指針Ⅱ－4－2－2(2)）および生命保険協会・日本損害保険協会のガイドライン[64]が補完して「契約概要」および「注意喚起情報」の記載事項・内容が確定されている[65][66]。

業法294条1項の情報提供義務は，団体保険の加入勧奨行為についても課されている（保険業294条1項本文）[67]。同項での義務の主体は保険会社，保険募集人であるから，保険会社，保険募集人は，自己の責任で情報提供義務を履行しなければならない。この規制が主として念頭に置いているのは，金融機関やクレジットカード会社が保険契約者となり，預金者やカード所持人を被保険者とする団体保険である[68]。これに対して，団体自治が機能しており，団体自治

---

64) 生命保険協会「契約概要作成ガイドライン」，「注意喚起情報作成ガイドライン」（いずれも2016年2月16日），日本損害保険協会「契約概要・注意喚起情報（重要事項）に関するガイドライン」（2017年4月改定）。

65) 業法294条1項ただし書で内閣府令により情報提供義務の適用除外を規定することができるものとされており，これにより，(i)保険契約者以外の者に対する情報提供の場合で，①被保険者の負担する保険料がゼロである保険契約，②保険期間が1か月以内であり，かつ，被保険者が負担する保険料の額が1000円以下である保険契約，③被保険者に対する商品の販売もしくは役務の提供または行事の実施等に付随して引き受けられる保険契約，④公的年金・共済制度を運営する団体等を保険契約者とし年金加入者が被保険者となる保険契約，(ii)既契約の一部を変更することを内容とする保険契約で，①当該変更に伴い既契約に係る情報提供事項の内容に変更すべきものがない場合，または②業法施行規則227条の2第3項3号（後掲（注66））により情報提供が行われている場合（当該変更に係る部分を除く）が規定されている（保険業則227条の2第7項）。(i)は被保険者に対する情報提供についての適用除外であり，団体保険への加入勧奨をする場合に意味のある適用除外である。

66) 情報提供義務は，保険契約の内容その他保険契約に関する情報のうち業法施行規則で規定する事項を記載した書面を用いて行う説明およびそれを記載した書面の交付の方法によることを原則とするが（保険業則227条の2第3項1号），保険契約の締結または保険契約に加入することの判断に参考となるべき事項についてはその事項の説明で足りるとされている（同項2号。保険契約の内容ではないという位置づけとされているロードサービスなどが念頭に置かれている）。また，事業者の事業活動に伴って生ずる損害をてん補する損害保険契約等，1年間の支払う保険料の額が5000円以下である保険契約，団体保険契約，既に締結している保険契約の一部の変更をすることを内容とする保険契約については，保険契約者または被保険者との合意に基づく方法その他当該保険契約の特性等に照らして，当該保険契約の保険契約者または被保険者の理解に資する他の方法によることができるとされている（同項3号）。

67) 山下（友）・前掲（注5）36頁，古田・前掲（注9）83頁。

68) 監督指針Ⅱ－4－2－2(4)は，カード会社や金融機関等が保険契約者となる団体保険について加入勧奨が行われる場合の保険会社，保険募集人等の情報提供の体制整備について，業法300条1項に規定する禁止行為の防止など，募集規制に準じた取扱いとして，募集規制の潜脱が行われないような適切な措置を講じることを求めている。

244　第2部　第1章　保険募集

の中で団体構成員に対する情報提供が適切に行われることが期待できると認められるときとして内閣府令で定めるときにおける加入勧奨行為については，保険会社，保険募集人の業法294条1項による情報提供義務の適用の除外が規定されている（保険業294条1項，保険業則227条の2第2項[69]）。この適用除外についても，保険会社の体制整備義務および保険募集人の体制整備義務の一環として，団体保険の締結保険会社および団体保険の募集をする保険募集人は，団体から加入する者に対する情報提供を確保するための措置を講じなければならないとされている（保険会社につき，保険業則53条1項5号。保険募集人につき，保険業則227条の8。両者につき監督指針II－4－2－2(2)⑩キ）。

変額保険等の特定保険契約の募集については，後述のように（250頁），業法294条1項の情報提供義務は適用されない（保険業294条2項）。

(3)　乗合代理店特有の情報提供義務

乗合代理店は，上記(2)の事項に加えて次の事項の提供を義務づけられる（保険業則227条の2第3項4号[70]）。

（i）　当該所属保険会社等が引き受ける保険に係る1つの保険契約の契約内容につき当該保険に係る他の保険契約の契約内容と比較した事項を提供しようとする場合は，当該比較に係る事項

（ii）　2以上の所属保険会社等が引き受ける保険に係る2以上の比較可能な

---

69)　同項では，地方公共団体を保険契約者として，その住民を被保険者とする団体保険に係る保険契約者から当該団体保険に係る保険契約に加入する者に対して当該加入させるための行為ほか14種類の団体保険の加入勧奨行為を列挙するとともに，15号として「当該団体と当該加入させるための行為の相手方との間に，当該団体保険に係る保険契約に関する利害の関係，当該相手方が当該団体の構成員となるための要件及び当該団体の活動と当該保険契約に係る補償の内容との関係等に照らし，一定の密接な関係があることにより，当該団体から当該加入させるための行為の相手方に対して必要な情報が適切に提供させることが期待できると認められるとき」という包括条項が置かれている。この15号該当性についての金融庁の考え方は，「保険業法施行規則第227条の2第2項に該当する場合を判断するための基準について」（金監第72号，2016年1月26日）により明らかにされている。櫻川ほか・前掲（注4）133頁。

70)　洲崎・前掲（注46）27頁。自主ルール等として，生命保険協会「保険募集人の体制整備に関するガイドライン」（2017年12月13日改正），日本損害保険協会「お客さまからの信頼を高めていくための募集コンプライアンス〔追補版〕」（2015年6月19日）。生命保険会社の実務につき，中村健＝松原千春「保険商品の比較推奨販売に係る規制の導入と実務対応」生経84巻4号29頁（2016）。

同種の保険契約の中から顧客の意向に沿った保険契約を選別することにより，保険契約の締結をすべき1または2以上の保険契約（提案契約）の提案をしようとする場合には，当該2以上の所属保険会社等を有する保険募集人が取り扱う保険契約のうち顧客の意向に沿った比較可能な同種の保険契約の概要および当該提案の理由

　　(iii)　2以上の所属保険会社等が引き受ける保険に係る2以上の比較可能な同種の保険契約の中から(ii)による選別をすることなく，提案契約の提案をしようとする場合には，当該提案の理由

　(i)は，比較するときは比較した情報を提供することを義務づけるものであり，(ii)および(iii)は，比較して推奨する場合にその推奨理由の開示を義務づける趣旨であるが，(ii)は，顧客の意向を探りながらそれに合致した保険契約を選別して比較しながら提案する場合である。(iii)は，(ii)以外の態様で保険契約を提案する場合であり，顧客の意向以外に保険料が安いなどといった理由による推奨をする場合のほか，保険募集人の経営方針で特定の保険会社の特定の保険を選別して推奨するなど，保険募集人の利益が推奨の理由とされることも可能であるが，そのような場合にはその理由を示さなければならないとするものである（以上に関して，監督指針II−4−2−9(5)）。

　また，乗合代理店は，体制整備義務として，2以上の所属保険会社等の保険契約の契約内容を比較するときは，保険契約者等を誤解させるおそれのあるものを告げ，または表示することを防止する措置，および2以上の比較可能な同種の保険契約の中から提案契約の提案をする場合には，当該提案に係る必要な説明を行うことを確保するための措置を講じなければならない（保険業則227条の14）。

(4)　保険会社の体制整備義務としての情報提供義務

　業法100条の2は，保険会社の顧客の利益の保護のために体制整備義務を規定しており，その義務の一環として，保険会社は，その業務に関し，業法または他の法律に別段の定めがあるものを除くほか，内閣府令で定めるところにより，その業務に係る重要な事項の顧客への説明のための措置を講じなければならないとしている。内閣府令として業法施行規則では，これに基づき情報提供に関して保険会社が講ずべき措置として，特定の保険種類の特定の事項等につ

246　第2部　第1章　保険募集

いての書面を交付しての説明（保険業則 53 条 1 項 1 号・2 号），金銭債権等と保
険契約の誤認防止のための説明（保険業則 53 条の 2）を規定するとともに，保
険会社は，顧客の知識，経験，財産の状況および取引を行う目的を踏まえた重
要な事項の顧客への説明その他の健全かつ適切な業務の運営を確保するための
措置（書面の交付その他の適切な方法による商品または取引の内容およびリスクの説明
ならびに顧客の意向の適切な把握ならびに犯罪を防止するための措置を含む）に関す
る社内規則等を定めるとともに，従業員に対する研修その他の当該社内規則等
に基づいて業務が運営されるための十分な体制を整備しなければならないもの
とされている（保険業則 53 条の 7 第 1 項）。この体制整備義務を具体化する事項
も監督指針の情報提供義務に関する事項の中で定められている（監督指針Ⅱ－
4－2－2(2)⑩）。

(5)　不実表示の禁止等

　募取法制定時からある規制で，保険会社または保険募集人等の保険募集等に
関する以下の行為が禁止される。禁止規定の形をとっているが，実質的には情
報提供のあり方を規律する意味もある。なお，団体保険の被保険者に対する加
入勧奨行為については，①のみが適用される（保険業 300 条 1 項柱書の 2 番目の
かっこ書）。

　①　「保険契約者又は被保険者に対して，虚偽のことを告げ，又は保険契約
の契約条項のうち保険契約者又は被保険者の判断に影響を及ぼすこととなる重
要な事項を告げない行為」（不実表示等。保険業 300 条 1 項 1 号）。2014 年改正前
には，「保険契約者又は被保険者の判断に影響を及ぼすこととなる」という限
定がなかったが，業法 294 条 1 項の情報提供義務の新設に伴い限定を加えて，
両規定の関係を整理した。これは，300 条 1 項 1 号違反は刑事罰の対象となる
ことから（保険業 315 条 8 号・317 条の 2 第 7 号），同号の適用される情報を限定
しようとするものである[71]。

　71）　保険取引に関する不実表示は，優良誤認表示の禁止，有利誤認表示の禁止，その他
　　誤認されるおそれがある表示を禁止する不当景品類及び不当表示防止法 5 条にも該当し
　　うる。保険取引についての適用事例として，がん保険について，医師からがんの疑いが
　　あるとして入院を指示され入院中にがんと診断確定された場合に，入院期間の 1 日目に
　　遡って入院給付金が支払われるようにリーフレット等で表示していたが，実際はがんと
　　診断確定された日またはがん治療を目的とする手術が行われた日のいずれか早い日から

② 保険契約者または被保険者が保険会社に対して重要な事実につき虚偽のことを告げることを勧める行為（保険業 300 条 1 項 2 号），および重要な事実を告げるのを妨げ，または告げないことを勧める行為（告知妨害。保険業 300 条 1 項 3 号）[72]。

③ 保険契約者または被保険者に対して，不利益となるべき事実を告げずに，既に成立している保険契約を消滅させて新たな保険契約の申込をさせ，または新たな保険契約の申込をさせて既に成立している保険契約を消滅させる行為（不当な乗換勧誘。保険業 300 条 1 項 4 号。なお，これに関して監督指針 II−4−2−2 (7)）[73]。

④ 保険契約者もしくは被保険者または不特定の者に対して，1 つの保険契約の契約内容につき他の保険契約の契約内容と比較した事項であって誤解させるおそれのあるものを告げ，または表示する行為（誤解をさせるおそれのある比較情報提供。保険業 300 条 1 項 6 号。なお，これに関して監督指針 II−4−2−2(9)）[74]。

⑤ 保険契約者もしくは被保険者または不特定の者に対して，将来における

支払われるものであったという事例（公正取引委員会命令平 15・5・9・平 15(排)第 12 号・公正取引委員会排除命令集(24)47 頁），がん診断一時金・生活習慣病一時金と称する給付金を支払う内容の医療保険について，新聞広告およびパンフレットにおいて，被保険者が上皮内新生物に罹患した場合に支払われる上記一時金は，上皮内新生物に罹患していると診断され，かつ，その治療を目的とした入院中に所定の手術を受けたときに支払われるにもかかわらず，あたかも上皮内新生物に罹患していると診断されれば支払われるかのように表示していた事例で，パンフレットの欄外等では給付要件を記載していたものの，パンフレットの記載と同一視野に入る箇所に記載されたものではなく，かつ，パンフレットの記載と比して小さい文字であったから，見やすく記載されたものではないとされたもの（公正取引委員会命令平 19・10・19・平 19(排)第 35 号・公正取引委員会排除命令集(26)137 頁）がある。保険業への景品表示規制上の問題につき，山本裕子「保険業への景品表示法適用」舟田正之先生古稀祝賀・経済法の現代的諸問題 437 頁（有斐閣，2017）。

72) 保険法の告知妨害等の規定との関係につき，関西業法（XXXV）・生保 183 号 180 頁〔木下孝治〕（2013）。

73) この規制の沿革と問題点の詳細な検討として，関西業法（XXXVI）・生保 184 号 188 頁〔木下孝治〕（2013）。

74) 比較情報の提供のあり方についての考え方を整理したものとして，金融庁保険商品の販売勧誘のあり方に関する検討チーム・前掲（注 3）2006 年 6 月 19 日。実務ガイドラインとして，生命保険協会「保険募集人の体制整備に関するガイドライン」6 頁（2017 年 12 月 13 日改正），日本損害保険協会「損害保険商品の比較ガイドライン（自動車保険）」（2017 年 4 月改定）。

契約者配当または社員に付する剰余金の分配その他将来における金額が不確実な事項として内閣府令で定めるものについて，断定的判断を示し，または確実であると誤解させるおそれのあることを告げ，もしくは表示する行為（誤解をさせるおそれのある配当予測。保険業 300 条 1 項 7 号。なお，これに関して監督指針Ⅱ－4－2－2(10)）。

⑥　その他保険契約者等の保護に欠けるおそれがあるものとして内閣府令で定める行為（保険業 300 条 1 項 9 号）として，業法施行規則 234 条 1 項 4 号が，保険契約等に関する事項であってその判断に影響を及ぼすこととなる重要なものにつき，誤解させるおそれのあることを告げ，または表示する行為を禁止している（監督指針Ⅱ－4－2－2(12)。なお，Ⅱ－4－10 も参照)[75]。

(6)　意向把握・確認義務

広義の情報提供規制に属する規制として意向把握・確認義務があり，保険会社または保険募集人は，保険契約の締結，保険募集に関し，顧客の意向を把握し，これに沿った保険契約の締結の提案，および当該保険契約の内容の説明および保険契約の締結に際しての顧客の意向と当該保険契約の内容が合致していることを顧客が確認する機会の提供を行わなければならないとされている（保険業 294 条の 2）。保険募集においては，保険募集人と顧客との間の契約内容に関する情報格差から，顧客は保険募集人の推奨に依存して保険加入の判断をすることが多いが，保険募集人が必ずしも顧客の保険に対するニーズに合致した顧客にとって最も有利な保険を推奨するとは限らず，保険会社や保険募集人の販売政策に従った保険の推奨や，手数料収入が高い保険の推奨など顧客の利益よりも自己の利益を優先して推奨するおそれがある。このような危険を防止するための規制としては，保険会社，保険募集人は顧客に対して最も有利な保険を推奨する法的義務（ベスト・アドバイス義務）を負うとすることが考えられ，顧客のための保険募集主体である保険仲立人については，顧客に対して負うことが法定されている誠実義務（保険業 299 条）の内容として，そのような義務を負うとされているが，保険会社のための保険募集主体による保険募集につい

---

75)　関連する自主ルールとして，生命保険協会「生命保険商品に関する適正表示ガイドライン」（2013 年 6 月 20 日），日本損害保険協会「募集文書等の表示に係るガイドライン」（2017 年 4 月），日本損害保険協会「広告倫理綱領」（2012 年 4 月改定）。

ては，他の取引分野の契約締結勧誘行為についてそのような規制を課す例はないことに照らしても，いまだ義務を法定するに至ることができない状態である。意向把握・確認義務は，そのような状況下での次善の策として法定されたものである。保険の選択と契約の締結はあくまでも顧客の自己責任に基づく行為であるが，その行為の意味を顧客に明確に確認させようとする規制である。この義務は，2007 年に保険会社の体制整備義務に基づく意向確認義務として，監督指針の定めるところにより導入されていたが，その実効性に疑問ももたれていたことから，2014 年の業法改正により，業法上，意向把握・確認義務として法定された。情報提供義務とは異なり，意向把握・確認義務の具体的内容は，業法 294 条の 2 の規定が置かれているだけで，内閣府令で義務の内容を具体化する規定を置くものとはされていないが，保険募集の実務を安定的に行うことができるようにするという観点から監督指針において，この義務の内容を具体化する指針を定めている（監督指針Ⅱ−4−2−2(3)）[76][77]。

　監督指針では，意向把握・確認の方法の基本型として，①意向把握型，②意向推定型，③損保型を示している。①は，まず保険会社，保険募集人が特定の顧客の意向を把握した上で，当該意向に基づいた個別プランを提案し，当該プランについて当該意向とどのように対応しているかも含めて説明し，その後最終的な顧客の意向が確定した段階において，その意向と当初把握した主な顧客の意向を比較し，両者が相違している場合にはその相違点を確認するという方法である（監督指針Ⅱ−4−2−2(3)①ア）。②は，保険会社，保険募集人は，個々の顧客向けの個別プランを提案する都度，どのような当該顧客の意向を推定して個別プランを設計したかを説明し，その後最終的な顧客の意向が確定した段階において，その意向と保険会社，保険募集人が把握した主な顧客の意向を比

---

76)　実務については，生保法務 489 頁，514 頁，損保法務 432 頁参照。義務の履行のあり方につき，木下孝治「顧客の意向の把握義務」ジュリ 1490 号 20 頁 (2016)，山本啓太「意向把握義務と推奨販売における顧客の意向——顧客のニーズに合った商品が販売されるために」損保 78 巻 3 号 81 頁 (2016)。

77)　業法 294 条の 2 ただし書では，内閣府令で適用除外を定めることができるとしており，これに基づき，情報提供義務について適用が除外される保険のほか，保険業法以外の法律により保険契約の締結または保険契約への加入を義務づけられている保険契約，勤労者財産形成促進法 6 条の規定する保険契約が適用を除外されている（保険業則 227 条の 6)。

較し，両者が相違している場合にはその相違点を確認するというものである（監督指針Ⅱ－4－2－2(3)①イ）。③は，自動車や不動産購入等に伴う補償を望む顧客に対し，主な意向・情報を把握した上で，個別プランの作成・提案を行い，主な意向と個別プランの比較を記載するとともに，保険会社または保険募集人が把握した顧客の意向と個別プランの関係性をわかりやすく説明し，その後契約締結前の段階において，当該意向と契約の申込を行おうとする保険契約の内容が合致しているかどうかを確認するというものである（監督指針Ⅱ－4－2－2(3)①ウ）[78]。意向把握・確認の対象の例示として，生命保険については，どのような分野の保障を望んでいるか，貯蓄部分を必要としているか，保障期間，保険料，保険金額に関する範囲の希望，優先する事項がある場合はその旨（監督指針Ⅱ－4－2－2(3)②ア），損害保険および保険期間1年以下の傷害保険等については，どのような分野の補償を望んでいるか，顧客が求める主な補償内容，補償期間，保険料，保険金額に関する範囲の希望，優先する事項がある場合はその旨があげられている（監督指針Ⅱ－4－2－2(3)②イ）[79][80]。

団体保険の加入勧奨行為についても，情報提供義務と同じく，保険会社，保険募集人は上記意向把握・確認義務を負うが（保険業294条の2），情報提供義務についてと同じ適用除外（243頁）が規定されている（保険業294条1項かっこ書）。

(7)　特定保険契約についての情報提供規制

変額保険・年金や外貨建保険・年金など有価証券や通貨等の相場変動により保険契約者が投資損失を被るリスクを負う保険契約は，金融商品取引法の規制対象となる集団投資スキーム持分に該当すると考えられるが，金融商品取引法自体で規制するのではなく，投資リスクのある保険を特定保険契約として定義

---

78)　1年間に支払う保険料の額が5000円以下である保険契約については，商品内容・特性に応じて適切に行うことができ（監督指針Ⅱ－4－2－2(3)①エ），事業者の事業活動に伴って生ずる損害をてん補する保険契約は，顧客の保険に係る知識の程度や商品特性に応じて適切な意向把握・確認を行うことができる（監督指針Ⅱ－4－2－2(3)①オ）。

79)　既存契約の更新や一部変更の場合において，実質的な変更に該当する場合は，当該変更部分について適切に意向把握・確認を行うものとされている（監督指針Ⅱ－4－2－2(3)③）。

80)　監督指針Ⅱ－4－2－2(3)④では，意向把握・確認義務に係る保険会社，保険募集人の体制整備義務のあり方として，意向確認書面の記載内容等について定める。

した上で，特定保険契約の募集については，業法により金商法の情報提供規制等の金融商品取引業者の行為規制に関する規定を準用して規制することとしている。業法300条の2がこれであり，これに基づき内閣府令で金融商品取引法の金融商品取引業者等の行為規制にならった詳細な規制が規定されている（保険業則234条の2～234条の28）。その中には，各種の情報提供規制が含まれているので，特定保険契約の募集については，業法294条1項の情報提供義務ならびに業法300条1項1号のうち保険契約者等の判断に影響を及ぼすこととなる重要な事項を告げない行為および同条1項9号に掲げる行為の禁止は適用されない（保険業294条2項・300条1項柱書2つ目のかっこ書）[81]。しかし，その他の上記の情報提供規制は特定保険契約の募集についても適用される。また，意向把握・確認義務は特定保険契約についても適用される[82][83][84]。

(8) 情報提供規制違反の私法上の効果

業法300条（募取法16条）1項1号違反の虚偽の告知または不告知があった場合でも，そのことのみにより成立した保険契約が私法上無効となるものではないと解するのが一般であった[85]。それ以外の上記の各規制についても同様に考えられよう。もちろん，虚偽の告知や不告知により保険契約者の意思表示について民法の詐欺や錯誤の要件が備わることになれば，詐欺や錯誤の効果が発生する[86]。また，違反行為は情報の不提供または不適切な情報の提供というこ

---

81) 監督指針では，特定保険契約についても，契約締結前交付書面として「契約概要」および「注意喚起情報」の形で作成・交付すべきものとしている（監督指針Ⅱ－4－2－2(2)③）。

82) 監督指針の特定保険契約に関する事項として，Ⅱ－4－4－1－3（適合性原則），Ⅱ－4－2－2(2)。

83) 意向把握・確認の対象として，生命保険契約一般についての事項のほか，変額保険等の投資性商品については，投資資金の用意の有無，預金とは異なる中長期の投資商品の購入の意思の有無，資産価額が運用成果に応じて変動することの承知の有無，市場リスクの許容の有無，最低保証の希望の有無等の投資に関する情報を含むとされている（監督指針Ⅱ－4－2－2(3)②ア(ウ)の注）。

84) 特定保険契約に関する生命保険協会の自主ルールとして，「契約締結前交付書面作成ガイドライン」（2016年2月16日），「市場リスクを有する生命保険の募集に関するガイドライン」（2010年5月31日）がある。

85) 変額保険に関する裁判例では，募取法16条1項1号違反があっても保険契約が無効となるものではないとされている。たとえば，東京地判平7・3・24判時1559・63（②）。

86) 融資話法による募集が詐欺に当たるとして取消が認められた事例として，神戸地判昭26・2・21下民2・2・245。

252 第2部 第1章 保険募集

とにより保険者側の契約締結上の過失または不法行為となりうる。契約締結上の過失により保険契約者が契約を解除できるかどうかは契約締結上の過失の効果をどう考えるか次第であるが，現状では解除はできないというのが民法学説の大勢であろう。また，約款条項等について募集主体により虚偽の告知や不告知があった場合については，契約内容となるかどうかという約款論の問題にもなりうる。しかし，これらを除いて，規制違反ということだけで当然に契約の無効をもたらすかどうかは，慎重に解すべきである[87]。

2　特別利益の提供

(1)　禁止行為

保険契約者または被保険者に対して，保険料の割引，割戻しその他特別の利益の提供を約し，または提供する行為が禁止される（保険業300条1項5号，保険業則234条1項1号）[88][89]。一般の商取引では，独占禁止法上の規制（不公正な取引方法3項〈差別対価〉，6項〈不当廉売〉，9項〈不当な利益による顧客誘引〉等）に違反しない限り禁止されない値引やリベートに相当する保険料の割引や割戻しの行為が保険募集においては禁止されている[90]。これ自体により当該保険契約者の利益が害されるわけではないが，他の保険契約者との間で不公平が生じ

---

87)　業法違反の契約の私法上の効力一般については，131頁。

88)　業法300条2項は，保険会社が基礎書類（保険業4条2項）に基づいて行う場合には，同条1項5号の適用はないものとしている。具体例として，生命保険・損害保険の団体扱契約に対する集金事務手数料割引，生命保険の団体保険における高額割引，損害保険の自動車保険の示談代行，優良割引，無事故戻し等があげられる（募集コメ231頁〔江頭憲治郎〕）。しかし，これらすべての事例が基礎書類に基づく例外であって本来禁止される特別利益提供行為であるというべきかは，甚だ疑問であり，そういう解釈になるというのであれば，5号の規定のあり方は見直されるべきであると思われる。

89)　このほか，グループ会社を使った5号の脱法禁止として，業法300条1項8号がある。また，保険会社の属する企業グループにおけるファイアー・ウォール（業務の障壁）を設ける規制の一環としての特別利益の提供禁止規定として，業法301条・301条の2。

90)　不当景品類及び不当表示防止法4条の景品類の制限・禁止の規制は保険取引にも適用がある。同条に基づく総付景品は，業法上の特別利益の提供にも該当しうるので，特別利益の提供に関する実務では，総付景品の金額制限（取引価額200円未満では200円，200円以上では取引価額の10分の2。「一般消費者に対する景品類の提供に関する事項の制限」（昭和52年3月1日公正取引委員会告示第5号））が上限を画することとなっている。

ること，保険会社の事業および保険市場全体の健全性が害されるおそれがあることによる。そのほか，保険会社間における不公正な競争の防止という趣旨があげられることもある[91)92)]。その意味では，直接的に保険契約者の利益が害される行為に関する他の禁止行為の類型と性格を異にする。

保険料の割引[93)]，割戻し以外の特別利益の提供の例としては，保険契約の締結を条件として保険会社が融資をする行為や[94)]，変額保険等の特定保険契約で損失補てんや利回り保証をするなどの行為が考えられる[95)]。一般には，特定の保険契約者に対するあらゆる利益の提供が禁止されるのではなく，保険料の割引，割戻しと同程度に重要な利益の提供のみがこれに当たるのであり，隣接業界で行われていること等も勘案し，世間一般の常識を超えない程度の物品提供

---

91) 比較法も含めて特別利益の提供の規制の存在理由と規制のあり方について論じるものとして，榊素寛「保険料のリベート規制の根拠に関する批判的考察——保険料の割引・割戻し・特別利益提供の禁止は必要か？(1)(2・完)」損保67巻4号29頁，68巻1号177頁 (2006)，潘阿憲「特別利益の提供に関する法規制」保険学587号23頁 (2004)。

92) 金融商品取引業者についても特別利益の提供約束および提供は禁止されているが（金商38条9号，金商業117条1項3号），その立法趣旨は，顧客間の公正取扱いの確保（資本市場の健全性確保の観点）および顧客の適正な投資判断の確保（投資者保護の観点）であり，金融商品取引業者の健全性の確保やその公正な競争確保の趣旨ではないとされている。松尾直彦・金融商品取引法（第5版）432頁（商事法務，2018）。

93) 保険料の割引に該当するとされた事例として，いわゆるテーブル・ファイア事件があった（東京地判昭34・4・9判時190・11，控訴審・東京高判昭38・4・23高刑16・4・314）。これは，損害保険会社が架空の火災に対する保険金支払資金として捻出した資金を損害保険代理店の顧客に対する保険料割引資金に充てさせていたという事案について刑事罰が科されたものである。

94) 東京高判昭38・11・5生保協会報45・1・80。

95) 特別の利益の提供に該当するかどうかが問題となるものとして，損害保険代理店等による保険料の立替払や責任持ち特約（保険料未収でも約款規定にかかわらず保険会社が責任を負う旨の特約）があり，立替払については当然に特別利益に該当するものではないが，責任持ち特約については原則として特別利益に該当すると考えられている（募取コメ229頁〔江頭憲治郎〕）。なお，米谷隆三「『特別の利益の提供』の考察」米谷選集第3巻331頁。近時の事例として，前掲東京地判平26・6・24（注40）で認定されている生命保険代理店が代理店手数料を不正に取得するスキームと同様のスキームを仕組んだ代理店が保険契約者に対して保険料相当額を立て替えた上で，保険契約者の解約後に保険契約者に立替金の返還を請求した場合において，保険契約者が当該保険料の立替えは特別利益の提供に違反し，不法原因給付（民708条）に当たるから返還義務を負わないと主張したが，特別利益の提供に当たるか否かについては判断せず，不法原因給付ではないとして代理店の請求が認容されたものがある（東京地判平28・7・5 D1-Law.com判例体系29019478）。

等は禁止される特別利益には当たらないとされている[96]。

なお，かつては，この特別利益の提供禁止規定の趣旨として，保険契約者平等原則に対する違反であるといわれていたことがある。特別利益の提供禁止規定と保険の団体性ということを結びつけて，保険契約者団体に妥当すべき法原則としての保険契約者平等原則の根拠規定として，この特別利益の提供禁止規定を援用したものである[97]。しかし，業法上，保険契約者間の公正・衡平ということが監督の基本理念であるということがあり，保険契約法上も，保険契約である以上，保険契約者間の公正・衡平ということが当然に契約の基礎に置かれることが前提とされているということがあるにせよ，株主平等原則など法人・団体における社員平等原則と同じような意味における具体的法規範としての保険契約者平等原則は存在しないと考えるべきである（71頁）。

(2) 違反の私法上の効果

募取法の下では，特別利益の提供を約した場合でも，それにより成立した保険契約は私法上は有効であると解するのが一般であった[98]。特別利益の提供禁止を保険契約者平等原則に基づくものとする立場からは，違反する契約は平等原則違反として無効となるという主張がなされるのが自然であるが，そこまでの主張もされていなかったようである[99]。もっとも，新しい学説としては，保

---

96) 募取コメ228頁〔江頭憲治郎〕。監督指針Ⅱ－4－2－2(8)①が禁止される特別利益の提供の意味について抽象的ながら一応の基準を明らかにしている。これによれば，当該サービス等の経済的価値および内容が社会的相当性を超えるものとなっていないか，当該サービス等が換金性の程度と使途の範囲等に照らして，実質的に保険料の割引・割戻しに該当するものとなっていないか，当該サービス等の提供が保険契約者間の公平性を著しく阻害するものとなっていないかに留意するものとするとともに，保険会社が当該サービス等の提供を通じ，他業禁止に反する行為を行っていないかについても留意するものとする。また，ポイント制については，ポイントに応じた生活関連の割引サービス等を提供している例があるが，その際，ポイントに応じてキャッシュバックを行うことは，保険料の割引・割戻しに該当し，基礎書類に基づいて行う場合を除き禁止されていることに留意するものとしている。金融庁の近時の解釈の再整理につき，樽川ほか・前掲（注4）324頁。実務上の問題につき，大野徹也＝関秀忠「近時の保険募集における特別利益の提供と実務的な検討視点」金法2051号30頁（2016），大野徹也＝関秀忠「保険募集に関する特別利益の提供の『新整理』」金法2062号6頁（2017）。

97) 米谷隆三「保険制度」米谷選集第2巻18頁。

98) 特別利益の提供を禁止していた戦前の保険募集取締規則18条4号違反の事例に関する大判昭13・10・13新聞4335・16。

99) 米谷・前掲（注97）18頁も，特別利益の提供禁止を無効とまでは主張していない。

険契約の効力と特別利益提供の約定の効力を分けて考え，前者については有効であるが，後者については，保険契約者側が違法な特別利益の提供であることを知りまたは知ることをうべかりしときは，提供の約定は無効であるとするものがある[100]。

特別利益提供の禁止という規制が，直接保険契約者を保護することを目的とするものではなく，保険会社の健全性の確保，保険市場における公正な競争の確保といった経済法的規制であるし，現行業法では刑事罰の対象ともされていないから（募取法では刑事罰の対象とされていた），禁止に違反するというだけでは反社会性の程度は高いものではなく，提供の約束も，保険契約自体も，原則としては無効とならず[101]，ただ，特別利益の内容が保険制度に内在する保険契約者間の衡平を著しく害するような不合理なものであるときには，提供の約束が公序良俗に違反して無効となると解すべきである。たとえば，通常の保険で，保険料率表上は存在しない著しい割引や割戻しをする旨の約定，あるいは変額保険で利回りを保証する約定や損失を補てんする約定はそのようなものとして無効であり，保険契約者が履行を請求することはできないと解すべきである。もっとも，その場合でも，特別利益の提供に係る保険契約自体は，当然に無効となるものではないが，特別利益の提供が保険者の側からの勧誘材料とされ，それが保険契約者にとって契約締結の重要な動機となっている場合には，詐欺または錯誤に該当することはありうるであろうし，そうでなくとも，一種の不実表示があるものとして，説明義務違反による損害賠償責任の追及が可能であるというべきである。この問題は，証券取引における利回り保証や損失補てんの私法上の効力の問題と対比して考えることができよう[102]。

---

100)　募取コメ 237 頁〔江頭憲治郎〕。保険契約者側が違法性を認識しなかったことについて過失がない場合は，提供を約した行為者（募集主体等）にその権限があれば有効，権限がなければ不実表示のあった場合の効力の問題に帰着するとする。

101)　もちろん，所属保険会社が認めない特別利益の提供を保険募集主体が無権限で約定した場合には，無権代理・表見代理の問題となる。

102)　最判平 9・9・4 民集 51・8・3619 は，1991 年改正前の証券取引法の下でされた損失保証約束の履行が顧客から請求された事例に関して，損失保証約束は公序良俗違反で無効とするが，最判平 9・4・24 判時 1618・48 は，断定的判断の提供および損失保証があったことによる不当勧誘に基づく不法行為責任の発生の余地は肯定しており，利回り保証による勧誘に基づく不法行為責任の発生の余地を肯定する（なお，責任の発生が民法 708 条により排除されるものではないとする）。

256　第2部　第1章　保険募集

3　顧客本位の業務運営に関する原則

　金融庁は，2017年3月30日に，「顧客本位の業務運営に関する原則」を公表した[103]。同原則は，プリンシプル・ベースの規制のアプローチとして，金融事業者（定義されないが，保険会社も含まれる）が顧客本位の業務運営におけるベスト・プラクティスを目指す上で有用と考えられる原則を定めるものであり，各金融事業者が同原則を採択する場合には，各金融事業者が顧客本位の業務運営を実現するための明確な方針を策定し，当該方針に基づいて業務運営を行うことが求められるというものである。同原則は，顧客本位の業務運営に関する方針の策定・公表，顧客の最善の利益の追求，利益相反の適切な管理，手数料等の明確化，重要な情報のわかりやすい提供，顧客にふさわしいサービスの提供，従業員に対する適切な動機づけの枠組み等の7つの原則を定めている。顧客本位の業務運営は，「フィデューシャリー・デューティー」の語が当てられており，既存の金融事業者の法令上の規制を超え，顧客の実質的な利益を実現する義務を課す方向に一歩進んだ規制であるということができる。保険会社でも，これに基づき業務運営の方針を公表しているが，その実効性は未知数である。

　このような規制を導入したことの金融庁の問題意識の中には，運用商品と保険商品を複雑に組み合わせた一時払保険の販売手数料が投資信託等の金融商品と比べて高水準かつ不透明であるということが含まれている。これを受けて，原則の公表に先立ち，市場リスクのある特定保険契約を募集する銀行等および証券会社は販売手数料を開示するようになっている[104]。

4　その他の規制

　以上のほか，業法300条1項9号に基づき業法施行規則234条1項で禁止される行為として，法人である保険募集人等と密接な関係のある者に対する募集（構成員契約規制）その他の保険契約者等に対する威迫，業務上の地位利用，保

　103）　基礎となる考え方について，金融審議会市場ワーキング・グループ報告「国民の安定的な資産形成に向けた取組みと市場・取引所を巡る制度整備について」2頁（2016年12月22日）。
　104）　生命保険協会「市場リスクを有する生命保険の販売手数料を開示するにあたって特に留意すべき事項」（2016年9月1日）。

険契約の締結を条件とした信用の供与，保険の種類および保険会社の商号等について誤解させるおそれのある告知，クーリング・オフが利用できない場合についての書面の不交付がある（保険業則234条1項2号～6号）[105][106]。

このほかに，監督指針により，高齢者に対する保険募集についての規制（監督指針Ⅱ−4−4−1−1(4)）は，保険会社の体制整備義務として，たとえば保険募集時に親族等の同席を求める方法，保険募集時に複数の保険募集人による保険募集を行う方法，保険契約の申込の検討に必要な時間的余裕を確保するため，複数回の保険募集機会を設ける方法，保険募集を行った者以外の者が保険契約申込の受付後に高齢者へ電話等を行うことにより，高齢者の意向に沿った商品内容等であることを確認する方法をとることを求めるものである[107]。また，電話による募集についても，非対面で顧客の予期しないタイミングで行われることによるトラブル防止のため，顧客から今後の電話を拒否する旨の意向があった場合はその後の電話を行わないこと，通話内容を記録・保存することなどの措置をとることが求められている（監督指針Ⅱ−4−4−1−1(5)）。

---

105) 業法施行規則234条1項7号～15号は，銀行等による保険販売に関する禁止行為である。

106) 業法に規定のない規制として広告の規制がある（特定保険契約についてのみ，金融商品取引法の広告規制〔金商37条〕が準用されている。また，業法施行規則234条1項4号では，不特定の者に対して，保険契約等に関する重要な事項について，誤解させるおそれのあることを告げ，または表示する行為を禁じており，これは広告にも適用される。監督指針でも業法300条1項各号に関連して広告に言及されている事項が若干ある）。広告が消費者に与えるインパクトを考慮すれば広告規制の導入も検討されてよいと考えられる。米国の広告規制について，潘阿憲「米国の保険募集における広告規制——NAIC広告モデル規則およびNY州法を中心として」生保179号103頁（2012）。

107) 自主ルールとして，生命保険協会「高齢者向けの生命保険サービスに関するガイドライン」（2014年10月24日），日本損害保険協会「高齢者に対する保険募集のガイドライン」（2016年4月26日改定）がある。

第7節 保険募集と保険会社および保険募集人の
　　　　　 義務および責任

第1款 総　説

　保険は目に見えない商品であり，自分が加入しようとする保険の内容や様々な属性について十分に理解した上で保険に加入する者は多くない。ましてや保険募集主体がセールス実績を上げようとして勧誘する保険について不適切な情報を提供し，保険加入者の目が曇らされることもある。このような事情から，保険契約の成立後に，保険契約者としては自分の契約締結時の判断が誤っていたことに気づいて，自分が受けたと感じる不利益を解消する要求をすることがある。このような要求は，大きく分ければ2つの方向を向いたものとなる。

　第1は，あくまでも契約法上の問題として不利益を解消する要求であり，これはさらに契約内容を自分に有利な方向に持ち込もうとするものと，契約を解消しようとするものに分けられる。前者の方向を向いた試みとしては，約款条項の解釈や約款条項に対する不当条項規制によるものがこれに当たる（150頁）。後者の試みとしては，意思表示の瑕疵を理由に契約を解消しようとするものがあり，詐欺による契約の取消，錯誤による契約の取消，さらに現在は消費者契約法による契約の取消がこれに当たる（365頁）。

　保険契約者が不利益を解消するために援用する第2の方向が，保険者や保険募集主体の損害賠償責任を追及するというものであり，第1の方向に係る法制度や法理論と比較して，第2の方向の損害賠償責任の追及は，その主たる根拠としての不法行為の制度的枠組みが柔軟であることから，従来はこちらの方向での保険契約者の救済が志向されることが多かったということができる。しかし，体系だった損害賠償ルールが確立しているというよりは，ケースの積み重ねによりルールが形成される途上にあり，現状はなお相当に流動的であるといった方が正確であると思われる。さらに，2014年の保険募集に関する業法改正により行為規制も大きく変更されたことから，それが損害賠償責任の問題にどのように波及していくのかという問題が生じている。

第2款　所属保険会社等の不法行為責任

1　総　説

業法 283 条 1 項は，所属保険会社等（保険会社，外国保険会社等，少額短期保険業者）は，保険募集人が保険募集について保険契約者に加えた損害を賠償する責任を負うものとする[108]。これは，保険募集人が保険募集に関して保険契約者に対して不法行為をした場合[109] に所属保険会社等が民法 715 条の使用者責任と同様の責任を負うべきであるとする特別の不法行為責任である[110]。保険募集人には，民法 715 条の適用のある所属保険会社等の使用人も含まれているが，生命保険代理店や損害保険代理店のように所属保険会社等の使用人とはいえず民法 715 条の適用がないものがある。しかし，所属保険会社等がこれらの者の募集行為により保険事業を展開する以上，使用人であるか否かを問わず使用者責任と同じ責任を負うべきものとされているのである[111]。

民法の使用者責任は，現在の民法理論では報償責任および危険責任の考え方に基づく代位責任として説明されているが，業法 283 条 1 項の責任についても同様の説明がされることとなろう。すなわち，所属保険会社等は，保険募集人の募集行為により保険契約を成立させることができるという利益を受けており，また保険募集の過程では保険契約者の利益を害する行為が行われるおそれがあ

---

108)　保険募集の再委託が一定の要件の下に認められたが（215 頁），所属保険会社等は，保険募集の再委託を受けた保険募集人の行為についても責任を負う（保険業 283 条 2 項 4 号参照）。また，保険募集の再委託をした委託者も再委託を受けた者が保険募集について保険契約者に加えた損害を賠償する責任を負うものとされている（保険業 283 条 3 項）。

109)　これが当然の前提であることについては，大阪高判昭 33・5・30 高民 11・4・288，東京地判昭 57・3・25 判タ 473・243。

110)　沿革・趣旨につき，募取コメ 150 頁〔落合誠一〕。農業協同組合法 11 条の 28，水産業協同組合法 15 条の 8，中小企業等協同組合法 9 条の 7 の 5 第 1 項（業法の準用），消費生活協同組合法 12 条の 2 第 3 項（業法の準用）も同趣旨の規定である。このほか，銀行代理業者（銀行 52 条の 59），金融商品仲介業者（金商 66 条の 24），信託契約代理店（信託業 85 条），旅行業者代理業者（旅行 14 条の 3 第 5 項）の行為についても同趣旨の委託事業者の不法行為責任を認める規定がある。

111)　募集主体が保険会社の使用人である場合には，業法 283 条の責任と民法 715 条の責任は競合的に発生すると考えられる。関西業法（XXVIII）・生保 176 号 121 頁〔竹濵修〕（2011）。反対もある。募取コメ 153 頁〔落合誠一〕。

ることから保険募集人を指導・監督すべき所属保険会社等は保険募集人の行為について責任を負うこととされるのである。しかし，募取法において業法 283 条 1 項の前身の規定が置かれたことの実際上の意味としては，使用人ではない小規模な事業者である保険募集人を念頭に置いて，保険会社にも不法行為責任を負わせることにより保険契約者に対する賠償資力を確保するということがあったと考えられる[112]。ところが，近時は，銀行等や大規模保険ショップなど規模が大きく，かつ販売力も強い新しいタイプの乗合代理店という保険募集人が現れてきたことにより業法 283 条 1 項の責任規定の存在意義に関する議論がされるようになっている。

2 責任の成立要件および効果

(1) 保険募集人の不法行為責任の成立

民法の使用者責任と同様に，保険募集人が保険契約者に対して不法行為責任を負うことが所属保険会社等の責任の成立の前提となる。

(2) 「保険募集について」

業法 283 条 1 項の責任は，「保険募集について」保険募集人が不法行為をしたことが要件とされる。ここでいう「保険募集について」とは，募集に当たる行為自体に限定されず，募集と密接に関連する行為も含む趣旨である。募集と密接に関連する行為であるかどうかは，使用者責任についてと同様に，いわゆる外形理論により，保険募集人の行為が外形上所属保険会社等の事業の範囲内に含まれるか否かにより判断される[113)114]。保険募集人の行為が所属保険会社等から付与された権限の範囲内にあるか否かを問わないし，所属保険会社等との間で有効な保険契約が成立したことも必要ではない[115]。また，保険募集人

---

112) 安居・業法 991 頁は，保険契約者がより資力のある保険会社に対して損害賠償を求めることを認めるものと説明する。

113) 前掲東京地判昭 57・3・25（注 109）。

114) 前掲大阪高判昭 33・5・30（注 109）は，募集に密接に関連する行為につき保険会社から権限を与えられていないことを理由に責任を免れることはできないとし，2 回目以降の保険料受領権限がないのに第 1 回保険料受領と同時に 2 回目以降の保険料の支払に充てるために保険契約者から株券の交付を受けてこれを騙し取った生命保険募集人の行為は，保険募集についてされた行為であるとする。

115) 保険代理店が保険契約者となる者に利益を供与することを約しながら，自己の利益

が勧誘行為はしたが保険契約が成立しなかった場合の相手方も保険契約者に含まれうると解すべきである[116]。たとえば，保険募集人が誤った説明により，顧客が正しい説明があれば加入していたであろう保険に加入しなかったと認められる場合が考えられる。もっとも，損害賠償責任が認められるためには，因果関係の問題として正しい説明があれば保険に加入していたであろうと認められることを相手方で立証する必要がある。これに対して，募集により保険契約が成立した後に保険募集人が保険契約に関連して保険契約者に対して不法行為責任を負う場合においては，募集についてのものとはいえない[117]。

保険募集の周辺的な行為として，募集関連行為や団体保険の加入勧奨行為に従事する者に不実表示等の過誤行為があった場合に，それら行為も「保険募集について」に該当するとして所属保険会社等も責任を負うかも問題となる。募集関連行為従事者や加入勧奨行為従事者は保険募集人の保険募集についての補助者として位置づけて，保険募集人の「保険募集について」の行為があったものとして，所属保険会社等の責任が成立しうると考える[118]。

保険募集人が乗合代理店である場合の「保険募集について」の意義については裁判例もなく，解釈論上も明確でない問題が多い。たとえば，Ａ・Ｂ・Ｃの

を図るための権限濫用に当たる保険契約を勧誘した場合（東京高判平 20・11・5 判タ 1309・257），架空の保険への加入を勧誘し保険料を詐取した場合（松山地判平 26・12・2 自保ジャ 1959・146），保険契約を成立させるとして保険料名目で金銭を詐取した場合（山口地萩支判平 27・3・23 判時 2278・119）のいずれについても外形理論により「保険募集について」の要件をみたすとされている。

116)　募取コメ 156 頁〔落合誠一〕。

117)　保険契約成立後の保険料の不払に関して，保険契約者と損害保険代理店の具体的関係から信義則上の保護義務違反に基づいて，保険契約者が保険料不払のため保険金の支払を受けられなかったことによる損害について損害保険代理店が不法行為責任を負う場合であっても，損害保険代理店の義務違反は保険契約成立後のものであって保険募集を行うにつき損害を加えたことにはならないとして業法 283 条に相当する所属保険会社の募取法 11 条に基づく責任を認めなかった裁判例がある（東京地判平 6・3・11 判時 1509・139）。この裁判例については賛否分かれる。行澤一人・損保百選 40 頁，出口正義・損保 58 巻 2 号 227 頁（1996），木下孝治「保険料の不払と保険会社による保険免責の主張の可否」ほうむ 49 号 69 頁以下（2003），竹濵・前掲（注 111）125 頁。

118)　山下（友）・前掲（注 5）35 頁，38 頁。これに対して批判的な伊藤・前掲（注 6）737 頁は，業法 283 条 1 項の責任が成立する前提として募集関係行為従事者の責任が成立するのかが検討されるべきであり，募集関係行為従事者が顧客の契約締結の意思決定に不当な働きかけをしたとすれば，その行為は保険募集人の行為として論じられるべきものであるとする。

3つの保険会社の乗合代理店甲が顧客に3社の保険を比較推奨せずにAの保険を推奨して契約を締結させたが，その過程で過誤行為があり責任を負う場合には，Aが責任を負い，B・Cが責任を負わないことについては異論がないところであろう。ところが，甲が顧客にA・B・Cの各保険を比較した上Aの保険を推奨して契約を締結させたが，その推奨に誤りがあり，あるいは顧客の保険需要に合致しない推奨であって，本来はBが販売している保険を推奨して締結させるべきであったとした場合に，Aのほかにも責任を負うべきかは判断するのが難しい。Bの保険について不実表示的な説明が含まれていたとすればBも責任を負うといってよいであろうが，そのような場合以外にBに責任を負わせることは難しいように思われる。

「保険募集について」の要件をみたしたとしても，保険募集人の権限に属しない行為であることを相手方が知っておりまたは重過失により知らなかった場合には，取引的不法行為に関する民法715条の責任についての判例と同様に[119]，所属保険会社等が責任を免れると解すべきである[120]。

(3) 所属保険会社等の免責の可能性

民法の使用者責任と同じく，所属保険会社等は自ら過失がなくとも業法283条1項の責任を負うが，保険募集人の選任および監督について注意を怠らなかったことを証明することにより免責される。業法283条2項1号〜4号は，所属保険会社等が役員，使用人，委託に基づく特定保険募集人またはその役員もしくは使用人である保険募集人，保険募集再委託の場合の再受託者に分けて，選任，委託等について相当の注意をし，かつ，それらの者の行う保険募集について保険契約者に加えた損害の発生の防止に努めたことをもって所属保険会社等は責任を免れるものと規定する。また，業法283条3項は保険募集の再委託者の再受託者の行為について同様の免責の要件を規定している。従来は，業法283条の責任を民法の使用者責任と同様の責任として位置づけてきたことから，民法の使用者責任と同様に，所属保険会社等についてもこの規定により免責と

---

119) 最判昭42・11・2民集21・9・2278参照。

120) 募取コメ156頁〔落合誠一〕。前掲東京高判平20・11・5（注115）は保険契約者の重過失を肯定したのに対して（同判決につき，山本哲生・損保72巻2号129頁（2010）），前掲松山地判平26・12・2（注115）および前掲山口地萩支判平27・3・23（注115）のいずれも保険契約者の故意および重過失を否定した上で，過失相殺をしている。

なることは実際上あり得ないと考えられてきた。

(4) 損害賠償請求権

業法283条1項による賠償請求権者は法文上保険契約者と規定されている。しかし，被保険者や保険金受取人も募集に関して損害を被ったのであれば賠償請求権者となりうると解すべきである[121]。たとえば，保険契約者が他人である被保険者のための損害保険契約を締結する際に，損害保険代理店が不実表示をし，あるいは説明義務に違反し，これにより被保険者が保険給付を受けられず損害を被るような場合は，被保険者も損害賠償を請求しうるとすべきであろう。これに対して，自動車保険の直接請求権を行使する被害者が本条に基づいて賠償請求することはできないとする裁判例がある[122]。自動車保険における被害者の直接請求権については，第三者のためにする契約に基づく権利として説明されることが一般であるが，そうであるとすると，上記の被保険者と区別する理由があるのかどうか疑問の余地がないわけではないが，保険契約の募集に関して契約の相手方を保護しようとする業法283条の趣旨に照らせば，保護される相手方も保険契約の締結について直接利害関係を有する者に限定され，直接請求権者は同条の保護範囲には含まれないというような区別をすることは可能であろう。業法283条1項による損害賠償請求権の消滅時効については，民法724条が準用される（保険業283条5項）。

(5) 所属保険会社等の保険募集人に対する求償

業法283条に基づいて保険契約者に対して責任を負いこれを履行した所属保険会社等は保険募集人に対して求償することができる（保険業283条4項）。従来は，民法715条の使用者責任について，使用者の使用人に対する求償が信義則上制限されるという判例[123]の考え方は，業法283条の責任についても当てはまり[124]，保険募集人の詐欺行為は別として，保険会社が不正行為を慫慂したり，不正行為の監督を怠っているような場合は，求償は制限されるべきであると考えられてきた[125]。しかし，同様の求償の制限が規模の大きな乗合代理

---

121) 竹濵・前掲（注111）129頁。
122) 山形地酒田支判昭62・5・28判時1252・95，名古屋地判平19・9・14交民40・5・1175。
123) 最判昭51・7・8民集30・7・689。
124) 募取コメ159頁〔落合誠一〕。

店についてもそのまま妥当するかという問題が生じている。

3 業法283条についての検討課題

前述のように，業法283条の所属保険会社等の不法行為責任は，使用人ではない保険募集人の行為について，使用者責任と同様に所属保険会社等に厳しい責任を負わせることにより所属保険会社等の保険募集人に対する指導監督を促進するとともに，損害を被った保険契約者に対する賠償資力を確保することに主眼がある。ところが，近年登場してきた銀行等の金融機関や保険ショップなどの大規模乗合代理店などは，業法283条が前提としてきた使用人と同列に置いてよいような保険募集人とは実態が全く異なり，多数の所属保険会社等の保険を比較推奨しながら独自の経営判断により顧客に対して保険加入を勧誘するという保険募集を行っている。所属保険会社等は，保険募集についての委託者として保険募集人に対する指導監督をする義務を業法上は負っているが，保険募集人の販売力が強いと保険会社による指導監督にも限界が生じることが明らかであり，そうであるからこそ2014年の業法の改正では，保険募集人，特に乗合代理店についての規制が強化されたものである。このような状況であるにもかかわらず，業法283条の責任をこれまでの解釈論のまま適用しようとしても，上述の乗合代理店が比較推奨して勧誘した場合の問題など，解釈論上の結論が容易に導けない問題が生じるほか，保険契約者からの責任追及が所属保険会社等に向けられ，乗合代理店には向けられないこととなると，責任を負わせることにより保険募集の適正を確保しようとする業法283条の趣旨には沿わない状態が生じるおそれがあると考えられる。また，乗合代理店が大規模なものであるとすれば，賠償資力の点でも問題がないので，その点でも業法283条の前提としていた状況とは異なる状況が生じている。

このような状況を踏まえると，業法283条に関する上述の解釈論を修正する可能性が生じる。たとえば，所属保険会社等の業法283条2項による免責の可

---

125) 保険会社の取締役の指示で融資話法による募集を行った生命保険募集人に対して保険会社が不法行為として損害賠償を請求したが，生命保険募集人は保険会社の職務行為として行ったものであり保険会社に対する不法行為は成立しないとされた事例として，東京地判昭32・3・22下民8・3・542。

能性を使用者責任よりは認めやすくする，責任を履行した所属保険会社等から保険募集人に対する求償を制限しないなどの解釈である。さらには，立法論としても，大規模な乗合代理店については業法283条の適用対象から外して，乗合代理店を第一次的な責任主体とすることも考えられる[126]。

　このような方向の議論は傾聴に値するものであるが，問題はもう少し根本に立ち返って検討する必要があるように思われる。すなわち，一方では，不法行為責任に関する問題で，使用人と同列には置けない代理店等の販売仲介者を利用して事業活動を行う事業者が販売仲介者の過誤行為についてどのような責任を負うべきかという問題を明らかにする必要がある。代理店等が大規模なものであって，所属保険会社等の監督が使用人に対するようには及ばないとしても，所属保険会社等は代理店等を販売チャネルとして利用している以上は，代理店等の過誤行為について責任を負うこととすることは合理性があると考えられる。業法283条は，制定時には所属保険会社等に責任を負わせることにより賠償資力を確保することに大きな意味があったことは確かであろうが，同条の存在意義をそのようなものとしてのみとらえるべきではない。しかし，所属保険会社等が代理店等の行為については責任を負うとしても，大規模乗合代理店や銀行代理店等が行うような比較推奨販売に関して，乗り合う所属保険会社等がどのような責任を負うかは別途の考慮が必要で，乗り合っている所属保険会社等がすべて責任を負うことは適当ではないであろう。ただ，その場合にどの所属保険会社等がどのような責任を負うかはきわめて難解である[127]。

---

126)　2014年の業法改正前に，保険会社による実効的な監督指導が期待できず，かつ販売業者が自ら賠償資力を有する場合につき，業法283条1項の広範な適用を原則とする必要はなく，このような場合には同条2項を活用すべきことが立法によりまたは少なくとも解釈論上明確にされることが望ましいと主張していたものとして，木下孝治「募集チャネルの多様化と保険募集規制の課題」保険学588号74頁（2005）。2014年改正後に，特に乗合代理店が比較推奨する場合における業法283条の責任を検討するものとして，山下（徹）・前掲（注4）99頁，遠山聡「大規模乗合代理店と所属保険会社の責任」保険学635号43頁（2016），安田和弘「乗合代理店における比較・推奨に関する情報提供義務とその影響──他の金融商品の販売主体に課された義務との対比から」保険学635号61頁（2016）。

127)　乗合金融商品仲介業者がある場合の所属金融商品取引業者等の損害賠償責任について，「金融商品取引業者等向けの総合的な監督指針」XI−2−1(2)①は金融商品仲介業者の登録申請の審査事項として，事故の発生状況等を類型化し，当該類型のすべてについて，当該損失の補てんを行う所属金融商品取引業者等の商号または名称が明確に特定さ

266 第2部 第1章 保険募集

このように考えると，問題をそもそも業法283条の問題として解決すること
だけではなく，保険募集主体の制度的位置づけに関する問題として，大規模な
乗合代理店をこれまでどおり保険会社等のための募集主体として位置づけるこ
とでよいのか，むしろそのような乗合代理店は保険契約者のための募集主体と
して位置づけるべきではないのかという問題を改めて考える必要があるのでは
ないか。保険契約者のための募集主体というのが直ちに保険仲立人であるかは
別として，保険契約者のための募集主体として位置づけることにより，代理店
等は顧客に対して受任者的地位に立ち，推奨内容についても保険仲立人と同様
の誠実義務を負うことが根拠づけられることとなる。業法における大規模乗合
代理店等に対する行政監督の強化，フィデュシャリー・デューティー概念に基
づく顧客本位の勧誘といった近時の動き（256頁）は，保険募集主体を保険契
約者のための募集主体として位置づけるのと方向性を同じくするもののように
思われる。

第3款　情報提供に関する損害賠償責任

1　総　　説

第2款で見たように，募取法は制定時から保険募集に関する所属保険会社等
の損害賠償責任に関する規定を置いてきたが，長らく実際に保険会社や保険募
集人の保険募集上の行為に関して損害賠償責任追及がされることは稀であった。
しかし，1990年代に入るころから，締結した損害保険では保険給付を受ける
ことができなかった保険契約者側による損害賠償請求訴訟や，変額保険の加入
により投資損失を被った保険契約者による損害賠償請求訴訟が提起されるよう
になった。特に多発した変額保険に関する訴訟は，当時多発したワラントに関
する訴訟とともに，各種金融機関の説明義務による損害賠償責任に関する判例
法理を形成することとなり，以後これらが基礎となり，多様な金融商品取引に
関する説明義務に関する法理やその隣接問題として適合性の原則違反の投資勧

れているか，いずれの類型にも該当しない場合，またはいずれの類型に該当するかが明
確でない場合についても，当該事故による損失の補てんを行う所属金融商品取引業者等
の商号または名称が特定されているかという事項をあげている。

誘についての損害賠償責任に関する法理が確立され，さらにはより一般的に消費者取引をはじめ取引全般における事業者の情報提供義務という概念も確立されて今日に立っている[128]。保険も，変額保険のように投資損失をもたらすリスクがある特定保険契約に関する責任である限り，金融商品取引に関する一般的法理に基本的には従うこととなる[129]。これに対して，損害保険に関する損害賠償責任は，金融商品取引一般では見られない保険特有の問題に関するものであり，近時は投資リスクのない生命保険なども含めて，より一般的な保険についても同様の問題を生じている。本款では，保険特有の情報提供に関する損害賠償責任問題に力点を置いて現状と課題を整理する。

2 裁判例の整理[130]

(1) 損 害 保 険

(ア) 保険者免責事由　　約款に基づく保険者免責事由に該当し保険給付を受けることができない保険契約者が，保険会社側の免責事由についての説明義務違反を理由に損害賠償請求をすることがあるが，このような説明義務違反の主張が認められた事例は見当たらない。保険契約者には深刻な事態をもたらす火災保険の地震免責条項についても，一般的な募集文書で説明が記載されていれば，説明義務違反は否定されている[131]。

(イ) 免責効果を伴う特約の付帯等　　損害保険では，普通保険約款によれば保険給付がされるにもかかわらず保険給付を限定する特約を付帯する場合や，一般的な保険よりも対象リスクを限定した保険契約が締結されたところ，そのような特約や保険契約では保険給付がされない事故が発生し保険給付を受ける

---

128)　より一般的に取引関係における不法行為責任について，窪田充見編集・新注釈民法（15）786 頁〔後藤巻則〕（有斐閣，2107）。

129)　金融商品取引法の金融商品取引業者等の行為規制と民事責任につき，黒沼悦郎・金融商品取引法 523 頁（有斐閣，2016）。

130)　2005 年ころまでの裁判例の状況については，竹濱修「保険契約と説明義務・告知義務」判タ 1178 号 92 頁（2005）。近時までの裁判例の状況については，山下友信「保険募集過程上の保険者の情報提供と民事責任」曹時 66 巻 7 号 1 頁（2014），小林道生「生命保険を利用した資産運用と募集時の情報提供義務——貯蓄性商品を対象として」静岡大学法政研究 20 巻 3 号 146 頁（2016）。

131)　函館地判平 12・3・30 判時 1720・33。

268 第2部 第1章 保険募集

ことができない保険契約者が，保険会社側がそのような特約等の説明を十分に
しないで契約を締結させたとして説明義務違反の主張をすることが少なくない。
代表的な事例として，保険契約者が若年運転者不担保特約を付した自動車保険
契約を締結していたが，更新時には若年の家族が運転免許証を取得したことか
ら同特約を付帯することは不適切となっているという状況の下で，保険会社側
が同特約が付されることの説明義務を負うこと自体には疑いはもたれていない
が，通常の更新案内文書で同特約が付された契約の更新であることを記載して
あればそれで十分かが問題となる。これを肯定する裁判例がある[132]一方で，
更新を取り扱った代理店が保険契約者の子が新たに免許証を取得したことを知
っていたという認定事実の下で，代理店には同特約についての説明義務違反が
あったとする裁判例がある[133]。しかし，控訴審では，代理店が子の運転免許
証取得の事実を知っていたという認定はせずに，説明義務としては通常の更新
はがきの記載で尽くされており，それ以上に保険契約者にとってふさわしい保
険を推奨することは代理店のサービスないし営業上の配慮にとどまり，法的義
務ではないとされた[134]。

　近時の裁判例でも，保険給付事由を限定する特約が付されたために保険給付
を受けることができなかった保険契約者が当該特約についての説明義務違反を
主張しても，これは斥けられている[135]。例外的に説明義務違反が認められた

---

132)　東京地判昭57・3・25判タ473・243，控訴審・東京高判昭57・11・30判タ490・
152。

133)　東京地八王子支判平2・5・25判時1358・138。

134)　東京高判平3・6・6判時1443・146。自動車の使用状況からドライバー保険を契約
することは適切でない事情があったにもかかわらず同保険を契約した場合に，代理店は
通常の募集手続で同保険の説明をすれば説明義務違反は認められないとされた事例とし
て，東京高判平7・4・28判タ887・226（ただし，一審・東京地判平4・10・27金判
941・26は責任を肯定している）。そのほか，任意自動車保険が付されなかった場合に
おいて，代理店の任意保険を有効に成立させる義務および保険契約が現状に照らして適
切であるか否かを説明すべき義務の主張を斥けたものとして，名古屋地判平19・9・14
交民40・5・1175。また，事業者向けの事業包括保険に販売した製品のリコールのため
の回収費用をカバーする特約を付帯することが新たに可能となったとしても，損害保険
代理店がその点について説明する義務までは負わないとされた事例として，東京地判平
27・12・22自保ジャ1970・167。説明義務違反ではないが，自賠責保険が付保されてい
ない自動二輪車について任意保険を募集した保険会社および代理店が自賠責保険の付保
について確認する義務はないとした事例として，大阪地判平24・2・29自保ジャ1878・
159。

裁判例は，自損事故については保険金が支払われないという特約を車両保険に付すことについての説明義務違反が認められたものであり，代理店の担当者が当該保険契約者が体調がよくないことを告げられており，特約の説明がされていれば特約を付帯しない契約が申し込まれた可能性が高いとしたものである[136]。

　(ウ)　地震保険の不付帯　　地震保険については，火災保険に付帯して契約するか否かを保険契約者に選択させる仕組みとなっているが，その選択についての説明が十分ではなく地震保険に加入する機会を失ったとして，説明義務違反による損害賠償請求が火災保険の保険契約者によりされた事例がある。そのような事例で，火災保険の申込みをするに当たって，地震保険の内容および地震保険意思確認欄への押印の意味すなわち同欄への押印によって地震保険不付帯の法律効果が生じることについての情報提供・説明をすべき信義則上の義務違反があったとされることがある[137]。ただし，当該説明がされたとしても保険契約者が地震保険に加入していた蓋然性が高いとはいえないとして，地震保険に加入する自己決定の機会を喪失したことによる精神的苦痛に対する慰謝料として，地震保険契約を締結していたならば得られたであろう地震保険金額と保険料との差額などを総合考慮して，差額の10分の1をもって相当と認められた。これに対して，上告審では，このような地震保険に加入するか否かについての意思決定は，生命，身体等の人格的利益に関するものではなく，財産的利益に関するものであることにかんがみると，この意思決定に関し，仮に保険会社側からの情報の提供や説明に何らかの不十分，不適切な点があったとしても，特段の事情が存しない限り，これをもって慰謝料請求権の発生を肯認しうる違

---

135)　車両損害について被保険自動車と衝突または接触した相手自動車の登録番号，車両番号，運転者等の要確認事項が確認された場合に限り保険金が支払われるとする特約についての説明義務違反が否定されたものとして，札幌地判平15・1・23交民36・1・106。インターネットを通じて締結された自動車保険において，付帯された運転者家族限定特約の意味についての説明義務違反が否定されたものとして，東京地判平18・2・27金判1255・24および控訴審・東京高判平18・9・13金判1255・16。

136)　名古屋地判平18・3・3交民39・2・305（代理店のみが被告の事例。また，保険者の定める保険料支払の要件をみたさず保険契約は不成立であったが，代理店には必要な手続をとって契約を成立させる義務があり，代理店はこの義務に違反した債務不履行または不法行為責任を負うとした上で，特約についての説明義務違反を認めている）。

137)　大阪高判平13・10・31判時1782・124。

270　第2部　第1章　保険募集

法行為と評価することはできないとして請求が棄却された[138]。

(2) 特定保険契約以外の生命保険

(ア) 解約返戻金・保険契約者配当等　保険期間が長期にわたる生命保険は,死亡等の保障目的とともに,あるいはそのような目的以上に資産運用方法として利用されることから,説明義務違反等が保険契約者側から主張されるのも資産運用方法としての生命保険についての説明に関してのものであることが多い。

生命保険募集人による不実表示の事例として,養老保険の募集に際して「3年経てば元本割れしない」旨の事実に反する説明をしたことから不法行為責任の成立が認められたものなどがある[139]。

保険契約期間が長期にわたる生命保険では,満期時の積立配当金や積立保険金の支払額が募集時に例示された額よりも大きく下回ることが少なくないが,募集文書では金額は例示であることが記載されているので,通常は説明義務違反や断定的判断の提供による責任は認められないこととなる。たとえば,保険募集時の保障設計書で65歳時の解約返戻金と積立配当金額から成る一括受取金額が約2171万円と記載されそれにより説明がされたが,65歳時の一括受取金は約1032万円であった場合において,一括受取金額が減少するリスクの説

---

138)　最判平15・12・9民集57・11・1887。同判決により,説明義務違反により自己決定の機会を逸したことに対する慰謝料請求が一切認められないこととなるのかについては,同判決後の最判平16・11・18民集58・8・2225が説明義務違反による慰謝料請求を認めていることとの関係で問題となる。後者は,住宅・都市整備公団が団地の建替事業の実施に当たって,賃借人との間で明渡しの代わりに建替後の分譲住宅について優先購入契約を締結したが,その契約の覚書では優先購入者への分譲後公団は一般公募を直ちにすること,および一般公募における譲渡価格は優先購入者に対する譲渡価格と少なくとも同等とする条項が含まれていたところ,公団は分譲価格が高すぎて買い手が現れないことを認識していたため一般公募を直ちにする意思はない一方で,優先購入者が各優先購入契約締結の時点において,優先購入者に対するあっせん後未分譲住宅の一般公募が直ちに行われると認識していたことを少なくとも容易に知ることができたにもかかわらず,一般公募を直ちにする意思がないことの説明をしなかったことが説明義務違反となるとし,慰謝料請求を認めた。同判決では,その判断は前掲最判平15・12・9に抵触するものではないとしている。実質的には,公団の事例は,説明義務違反とはいいながら詐欺的な色彩を帯びたものであること,および優先購入者に明らかな財産的実害が生じているといえることにより地震保険の事例とは区別できるように思われる。

139)　奈良地判平11・4・26金判1070・34。ほかに簡易生命保険の5年後の中途解約の場合の利回りについて不実表示があったとされた事例として,東京地判平15・2・21判時1820・66。

第7節　保険募集と保険会社および保険募集人の義務および責任　*271*

明義務違反および断定的判断の提供がなかったとされたものがある[140]。

　しかし，説明義務違反が認められた事例もある。契約締結後3年以後の毎年の生存保険金が積み立てられ満期時に支払われる仕組みの教育保険の募集に際して，貯蓄機能を重視している保険契約者に対して，積立利率は変動するため満期時の支払額も変動しうるという契約の仕組みについての説明をしなかったことについての説明義務違反があるとされたものがある[141]。また，保険契約者から有利な資産運用を相談された生命保険募集人が40歳代の保険契約者に年払保険料額約300万円，保険料払込期間30年の終身保険を推奨するとともに，3年経過後に解約して別の保険に加入することにより有利な運用ができるとして同保険契約を締結させた場合について，保険契約の内容そのものについての説明義務違反はなかったが，当該終身保険は当該保険契約者には必要性に乏しいものであることが明らかであることに加えて，長期間継続せず途中で変更することを前提とした資産運用の提案であったところ，生命保険募集人は，3年経過後に解約し新たに加入する保険に基づく解約返戻金や配当金の額などについての具体的シミュレーションもせずに契約させ，有利な資産運用となると誤解させたことが説明義務違反に当たるとされたものがある[142]。さらに，保険契約者の加入していた7件の生命保険の保険証券の調査を任された生命保険募集人が，相続紛争回避のための生前贈与の趣旨として2件の終身医療保険契約を推奨して締結させ，保険料の支払には他の保険契約の保険契約者貸付を受けて充てたという事案について，解約返戻金の額が長期間継続しても支払保険料累計額よりは相当に低いこと，また保険契約者貸付を受けてまで保険加入することの利害得失の具体的な説明がなかったことが説明義務違反になるとされたものがある[143]。

　（イ）　保険契約の乗換・転換　　保険期間が長期にわたる生命保険や疾病保険

　140）　東京地判平27・3・30 LEX/DB25525077。
　141）　大阪地判平25・4・18 LEX/DB25501481。
　142）　東京高判平16・10・19判時1878・96。一審・東京地判平15・11・27生判15・765は，保険募集人は保険契約者にとって経済的合理性がある保険を選択するべく保険契約者の資産や収入を確認する義務を負わないなどとし，また説明義務違反もなかったとしている。
　143）　東京地判平24・3・29・2012WLJPCA03298018。

272　第2部　第1章　保険募集

では，生命保険募集人から保険契約の乗換や転換が勧誘されて新契約が締結されることが多いが，この場合には旧契約が解約等により終了し，その契約による保険保障を失うという乗換・転換に特有の問題があり，そのような問題による不利益が十分説明されなかったということから説明義務違反の主張がされる事例がある。うつ病に罹患していた保険契約者兼被保険者が生命保険募集人の勧めにより定期保険部分を解約して死亡保険金額は大差ない生命保険に加入するという乗換が行われた後に同人が自殺し，保険契約が保険会社により告知義務違反を理由に解除された場合において，保険金受取人であった保険契約者の妻が，乗換の勧誘に際して生命保険募集人には保険契約者の病状によっては保険給付を受けられないこととなることについての説明義務違反があったと主張したが，生命保険募集人は保険契約者の病気については知らなかったという認定の下で，保険契約者には新しい契約について必要な説明がされ，保険契約者もそれを理解の上で契約締結したもので説明義務違反はないとされたものがある[144]。また，重大な既往症による入院歴のある保険契約者兼被保険者の定期保険から死亡保障がわずかで医療保障中心の積立保険に転換されたという場合において，転換直後に死亡した保険契約者の遺族が，転換を勧誘した生命保険募集人は，転換前契約は既に存在しない商品であり更新ができない旨の虚偽の説明をした，また，死亡保障がわずかとなる保険への転換によるリスクの説明を怠ったと主張したが，虚偽の説明がされたとは認められず，生命保険募集人は保険契約者の入院歴を知らず，転換によるリスクについても保険設計書等により必要な説明はされていたとしたものがある[145]。これらから見ると，乗換・転換について一般的な保険募集文書による説明がされていれば説明義務違反が認められることは容易ではないようである[146]。

　他方で，乗換に関して説明義務違反が認められたものとして，高齢の収入の

---

144)　東京地判平17・1・26生判17・38および控訴審・東京高判平17・8・30生判17・641。
145)　東京地判平26・4・14判タ1413・322。
146)　大阪地判平12・11・8生判12・541および控訴審・大阪高判平13・5・25生判13・462では，定期保険特約付養老保険から増加生存保険特約・定期保険特約付終身保険への転換が行われた際に，配当率に左右される増加生存保険特約によるタイムリーボーナスの額が変動しうることについての説明義務違反があったという保険契約者の主張が斥けられている。

少ない女性に簡易生命保険を解約して積立利率変動型終身保険およびドル建終身保険等の契約を締結させた場合について，生命保険募集人は保険契約者が高齢の女性であったから乗換の募集に際して乗換の利害得失について理解しやすいように説明する義務があったところそのような説明をしなかった説明義務違反があったとされたものがあるが[147]，乗換特有の問題とともに，新契約一般についての説明義務および適合性の原則の問題がある事例である。

(ウ)　その他　　夫が加入していた保証期間付個人年金保険契約における被保険者死亡後の年金現価支払請求権の受取人が約款により被保険者の法定相続人と定められていたため，被保険者の妻が単独で同請求権を取得できなかった場合において，受取人は法定相続人であってこれを妻が変更できないこと，および未払年金を妻のみが取得する方法として，年金支払開始日以後保証期間の最後の年金支払日前に，残余年金支払期間の未払年金の一括払請求をし，支払われた現金を遺産として妻に取得させる方法があることの説明義務違反があったとする妻の主張が斥けられたものがある[148]。

(3)　特定保険契約

現行の業法および金融商品取引法の特定保険契約の募集および投資勧誘に関する規制が整備された後も，保険会社および保険募集人の不法行為責任を追及する裁判例が見られる[149]。これらの裁判例では，原告側は，適合性の原則違

---

147)　大阪地判平21・9・30 LEX/DB25462687。

148)　東京地判平27・4・20金法2033・86。内縁の妻に保険金を取得させることを意図していた保険契約者に対して法定相続人という保険金受取人の指定では内縁の妻が保険金を取得することはできないということの保険募集人の説明義務はないとされたものとして，東京地判平8・3・1金判1008・34。

149)　平成初頭までに販売された変額保険については，株式の相場下落等により損失を被った保険契約者が説明義務違反等による損害賠償請求をする訴訟がまず多数提起され，この種の訴訟では，相場変動により損失を被るリスクがあることは募取法16条1項1号・業法300条1項1号が重要な契約条項を告げない行為を禁止していることや行政通達が断定的判断の提供を禁止していたことなどから，保険募集人は私法上も説明義務を負い，この説明義務に違反した場合には不法行為責任が成立し，所属保険会社も募取法11条（業法283条）または民法715条1項により不法行為責任を負うという判例が定着した。その後，焦点は，相続税対策として銀行からの融資と一体として変額保険が勧誘された事案について，保険会社の説明義務違反の責任とともに銀行も何らかの説明義務違反の責任を負うかに移った。初期の裁判例では，保険と融資は別個の取引であり，銀行は説明義務違反の責任を負わず，例外的に銀行が保険募集に相当する勧誘をしていた場合には無登録の募集であるという法令違反を根拠として銀行の責任を認めた裁判例

274　第2部　第1章　保険募集

反および説明義務違反を主たる不法行為成立の根拠としているが，いずれも違反がないとして不法行為成立は否定されている[150]。

⑷　裁判例の小括

　責任が問題となる類型としては，不実表示，説明義務違反，断定的判断の提供，適合性の原則違反がある。断定的判断の提供は，将来不確実な事項についての一種の不実表示の問題であり，不実表示については損害賠償責任が生じうることはあまり異論がないところであろうし，また適合性の原則違反は特定保険契約についての金融商品取引法の情報提供規制の問題であり，保険法として検討すべき問題があるのは主として説明義務の問題であると思われる。

　損害保険および生命保険のいずれについても，保険契約の重要な内容については保険会社および保険募集人は説明義務を負い，この義務に違反した場合には不法行為として損害賠償責任を負うことは判例法理として確立しているということができる[151]。説明義務が認められる根拠としては，初期の裁判例では

　（前掲富山地判平8・6・19（注58），前掲横浜地判平8・9・4（注58））があるにすぎなかった。その後，銀行や融資金による変額保険加入が相続税対策として有利であることを説明していた場合には，そのシミュレーションに関して株式相場の下落の場合には相続税対策としてメリットがなく保険契約者に大きな損失が生じるリスクがあることを説明していなければ説明義務違反による不法行為責任が成立するなどとする裁判例が現れてきた（大阪地判平9・7・31判時1645・98）。また，同様で，かつ保険会社と銀行とが共同不法行為責任を負うとする裁判例も現れた（東京高判平14・4・23判時1784・76，東京高判平15・12・10判時1863・41，東京地判平20・6・13判時2029・60）。さらに新しい時期になると，保険契約および融資契約のいずれもが保険契約者の錯誤により無効であるとして，損害賠償請求の場合には一般的であった過失相殺による減額のない完全な原状回復の救済が認められる裁判例も現れた（東京地判平9・6・9判時1635・95，大阪高判平15・3・26金判1183・42，東京高判平16・2・25金判1197・45。融資契約のみが争われ無効とされた事例として，東京高判平17・3・31金判1218・35）。これらの裁判例は，1990年代末以降の業法および金融商品取引法の金融商品販売に関する行為規制の整備前に販売された事案に係るもので，説明義務に関する判例法理を定着させたという意義はあるものの，事案に対する判断としては歴史的な意義を有するにとどまるものということができる。判例の概観については，田澤元章・保険法百選116頁，論点体系1・40頁以下〔深澤泰弘〕。

150)　東京地判平23・8・10金法1950・115（変額個人年金保険。銀行代理店の販売に係るもの），東京地判平25・8・28判タ1406・316（変額個人年金保険），仙台地判平25・10・2金判1430・34（外貨建年金保険。銀行代理店の販売に係るもの），福岡地判平23・11・8金法1951・137（変額年金保険。銀行代理店の販売に係るもの）。

151)　説明義務違反による損害賠償責任を債務不履行責任として認めることができないかも問題となるが，近時の判例（最判平23・4・22民集65・3・1405）は，契約締結過程

募取法 16 条 1 項 1 号・業法 300 条 1 項 1 号の不実表示禁止規定をストレートに根拠としていたが，その後は同号のほか業法 100 条の 2 に基づく情報提供規制なども参照の上で，説明義務は私法上の信義則上の義務として認められるようになっているということができる。後述のように，学説上は，説明義務と区別される義務として助言義務という概念が提唱されているが，裁判例で助言義務を認めたものはない[152]。

　説明義務において説明すべき事項については，一般論は必ずしも明らかでないものの，保険会社，保険募集人の責任が認められている事案から見れば，当該事項の説明があったとすれば当該保険契約は締結しなかったか，または当該保険契約の内容のままでは締結しなかったであろうといえる場合であるといえるような事項であるということができる。業法その他の法令では，2014 年業法改正前でも情報提供規制は整備されていたものであって，規制を遵守していたとすれば保険契約者一般にとって重要な事項は各種文書の交付等により情報提供されていたはずであり説明義務違反が生じることはあまり考えられない。実際に裁判例では，そのように考えているものも多いと見てよいが，説明義務違反があったと認められた裁判例を見ると，法令等で提供すべき事項でなくとも説明義務が認められているものがある。

　そのような法令等に基づかない事項についての説明義務が認められているの

における情報提供義務違反を債務不履行責任として構成することを明示的に否定している（債務超過状態にある信用協同組合が，組合への出資契約を勧誘する際に，債務超過状態にあって経営破綻の現実的な危険があることの説明をせずに契約を締結させたことが，信義則上の説明義務違反となるとした事例）。同判決は，組合の説明義務違反により相手方が本来であれば締結しなかったはずの契約を締結するに至り，損害を被った場合における組合の責任を債務不履行責任として構成することは「一種の背理」であるとするものであるが，その射程には議論の余地があるといわれている。中田裕康・債権総論（第 3 版）124 頁（岩波書店，2013）。

[152]　狭義の適合性の原則違反による不法行為責任の成立の可能性を肯定した最判平 17・7・14 民集 59・6・1323 における才口千晴裁判官の補足意見は，証券会社は，顧客の取引内容が極端にオプションの売り取引に偏り，リスクをコントロールすることができなくなるおそれが認められる場合には，これを改善，是正させるため積極的な指導，助言を行うなどの信義則上の義務を負うものと解するのが相当であるという一般論を述べており，先物取引などデリバティブ取引の投資勧誘に関する下級審裁判例では，この意味での指導助言義務違反を認めている事例もある。しかし，これを金融取引一般における助言義務の承認につなげることは困難であろう。

276　第2部　第1章　保険募集

はどのような場合であるかを見ると，一つの類型は，情報提供規制が十分でなかった結果，保険契約者の保険契約を締結するか否かの判断が適切にできなかったといえるような場合である。かつての変額保険の投資リスクがあることについての説明義務違反はそのようなものである。

　もう一つの類型は，法令等に基づく事項の情報提供はされているが，それでは不足しているとされる場合であり，それは当該保険契約者の個別事情に即して考えると保険募集人が提供した情報だけでは当該保険契約者が適切に保険契約を締結するか否かの判断ができなかったと考えられる場合であるということができる。そのような場合に当たるとされているのは，当該保険契約者の保険に対する固有の保険需要について保険募集人が知っており，その保険需要から見れば推奨して締結させた保険契約は当該保険需要に合致するものとはいえない場合であるということができる。保険募集人がそのような固有の保険需要を知ったのは，たまたまのことである場合と，保険契約者から保険加入の助言を求められた場合などがある。そうであるとすると，一歩進めて，保険募集人としては，保険契約者の固有の保険需要について積極的に保険契約者に対して調査をすべきであるという考え方が生じうるが，乗換・転換に関する裁判例に見られるように，そこまでの考え方を認めたものはないというのが現状ではないかと思われる。

3　理論的検討

⑴　説明義務と助言義務

　契約一般に関して，情報提供に関する事業者の義務に関する学説上の基本概念として説明義務と助言義務という2つの概念がある[153]。説明義務は，事業者が顧客に対して契約に関する重要事項について知らせる義務であり，知らされた上で顧客が契約を締結するか否かは顧客が自己責任により自由に決定すべきものであることを前提とする概念である。この意味で，説明義務は，顧客の

---

153)　説明義務と助言義務の理論上の整理については，中田・前掲（注151）125頁，塚原成侑＝長谷川圭輔「金融機関の『助言義務』についての法的一考察――助言の法的位置付けをめぐる英国，ドイツの制度を手掛かりとして」金融研究36巻2号75頁(2017)。

自己決定の前提を整備する義務であるということができる。説明義務が事業者に課される根拠は信義則であり，事業者と顧客との間に情報格差があることから事業者は信義則を根拠として説明義務を負うとされるのである。

これに対して，助言義務は，事業者が問題となっている契約が相手方である顧客にとって有利なものかどうかについての情報を提供する義務であり，説明義務よりは積極的な顧客に対する支援行為であるとされ，顧客の自己決定を超えた顧客の利益を実現すべき情報提供をする義務であるということができる。助言義務が認められるのは，顧客が事業者の専門的能力に信頼する場合であるというのが近時の学説の有力な立場である。

保険募集に関する学説においても，以上の意味での説明義務と助言義務の概念を前提として，保険会社および保険募集人は説明義務を負うのみではなく，説明義務とは区別される助言義務を負うかどうかが論じられてきている[154]。

もっとも，説明義務と助言義務との学説上の概念的区別は，学説がいうほど明確なものかは疑問がある。学説がいう助言義務は，上述のように，顧客に対して有利なものとなるかどうかの情報を提供する義務とされるが，その意味内容は必ずしも明確ではない。たとえば，ベスト・アドバイス義務といわれるような，顧客にとって最善の利益となる助言をすることだけが義務となるのか，顧客の不利益になるような助言をしてはならないという義務となるのかは，一義的に断定はできない。また，助言義務は顧客の自己決定を超える義務とされるが，投資顧問業者が投資一任契約により顧客に代わって投資判断をするような場合とは異なり，事業者の助言を受けてそのとおりの契約を締結するかどうかの最終判断は顧客に委ねられているのが一般的であり，助言義務とはいっても自己決定を超えているかどうかは疑問の余地がある。

他方で，説明義務についても，金融商品一般について，金融商品販売法

---

154) 木下孝治「損害保険代理店の説明義務と顧客による商品選択」損保58巻2号171頁（1996）は，助言義務の概念がいまだ論じられていなかった時期の研究であるが，助言義務を認める立場からは助言義務の内容として認められる義務を，説明義務として認める立場である。山本哲生「保障型保険募集における助言義務・適合性原則」保険学607号139頁（2009）は，助言義務の概念は認めつつ，説明義務との差異は大きくないとする立場で，私見（山下（友）・前掲（注130））もこの方向性と共通するところが多い。

278　第2部　第1章　保険募集

（287頁）においては説明義務における説明は顧客の知識，経験，財産および契約目的を考慮してしなければならないものとされており（金販3条2項），これは広義の適合性の原則とよばれているが（290頁），この原則では当然のことながら説明は個々の顧客の事情に即したものでなければならないのであり，説明とはいえ助言としての色彩を帯びることは否定しがたい[155]。そして，広義の適合性の原則は金融商品販売法の説明義務にとどまらず金融商品一般についての一般私法上の説明義務についても妥当するものとすれば[156]，説明義務における説明も助言的色彩を帯びるのであり，要は説明義務と助言義務とは学説がいうように対立的な概念ではなく，連続的なものではないかと考えられる。保険に関しても，判例は，上述のように，助言義務という概念を認めていないが，説明義務の概念の下に実質的には学説がいう助言義務を認めているのに限りなく近いものがあることは，まさに説明義務と助言義務が連続的なものであることを反映したものではないかと考える。

　このように認識するとすれば，理論的には説明義務と助言義務の概念的区別ないしはネーミングにこだわるよりは，説明義務には助言義務に相当する義務も包含されうるということを前提として，どのような状況下でどのような説明義務があるのかを具体的に明らかにすることが重要であると考える。このような観点では，説明義務を，顧客一般に対する説明義務と，個別顧客の事情に即した説明義務とに区別して検討するのが議論を整理することになると考えられる。

　なお，広義の適合性の原則に対比される金融商品取引法40条1号の規定する狭義の適合性の原則は，顧客の知識，経験，財産の状況および金融商品取引契約を締結する目的に照らして不適当と認められる勧誘を行うことを禁止するという規制であり，顧客の自己決定を否定する規制であるということにより説

---

155)　広義の適合性の原則を助言義務と同視するないし一体化する学説があるのも（たとえば，後藤・前掲（注128）805頁），助言義務の意義のあいまいさを明らかにするものである。

156)　投資信託の投資勧誘における説明義務に関する東京高判平27・1・26判時2251・47は，顧客が自己責任による投資判断を行う前提として，対象となる商品の仕組み，特性，リスクの内容と程度等について，当該顧客の属性，すなわち，投資経験，金融商品取引の知識，投資意向，財産状態等の諸要素を踏まえて，当該顧客が具体的に理解することができる程度の説明をすべきものとし，ほぼ広義の適合性の原則に従っている。

明義務および助言義務とは概念上区別される。保険取引でも，特定保険契約に該当するものについては，狭義の適合性の原則が直接適用されるが（保険業300条の2による金商40条1号の準用），金融商品取引法の適用される金融商品取引について狭義の適合性原則違反が認められるのは，リスクがきわめて高いデリバティブ取引や仕組み金融商品であり，特定保険契約がそのようなものに該当することは現状ではあまり想定できないので，保険に関して狭義の適合性の原則について検討する必要性は小さいと思われる。もっとも，高齢者に対してさらに高齢になった場合に支給開始となる年金保険契約を勧誘する場合のごとく，勧誘それ自体に問題がありそうなものがあることに照らすと，保険一般についても狭義の適合性の原則の適用を考える必要がないかは問題となりうるが[157]，現状では説明義務のあり方を考える上で考慮していくことになろう。

(2) 顧客一般に対する説明義務

ここでは，保険募集により顧客に締結させようとする保険において保険契約者一般に対する説明義務を検討する。保険会社，保険募集人が顧客に対して信義則に基づき説明義務を負うことは既に確立した判例・学説である。保険という取引の性質上，保険会社，保険募集人と顧客との間には情報格差があり，顧客のみでの自己決定によることが困難であることが信義則に基づき説明義務が課されることの根拠となる。保険契約者が消費者である場合のみでなく事業者である場合も説明義務があるかは問題となるが，保険という契約の複雑性から見れば，保険契約者が事業者であっても説明義務は認められ，ただ事業者は消費者よりは理解力が高いし情報入手について自ら努めることにも期待できることから，説明義務の内容は消費者に対するよりは簡潔なものであってよい。

説明義務の対象となる事項は，説明があったとすれば保険契約者が保険契約を締結しなかったか，または当該保険契約とは別の保険契約を締結したということができるような事項である。裁判例もこの基準によっていると見ることができる。このような事項を「重要性のある事項」ということとする。

ここでの説明義務においては，重要性は保険契約者一般を基準にして判断されるが，顧客が日本語をよく理解できない外国人や高齢者である場合など，保

---

157)　この点を検討するものとして，野村修也「高齢社会における保険法のあり方」保険学584号58頁（2004）。

280　第2部　第1章　保険募集

険契約者の属性が保険契約者一般とは明らかに異なるようなものである場合には，当該保険契約者の属性に対応した説明が必要というべきである。保険がネット販売される場合には，対面で販売される場合と異なり，きめ細かい説明ができないので，汎用的な保険需要に合致しない保険や特約を販売する場合には十分注意を喚起する説明が必要というべきである[158]。

　説明義務の及ぶ事項か否かは，業法等の法令上の情報提供義務により文書に記載が義務づけられるべき事項であるか否かが重要な参考材料となるが，それで説明義務の対象事項が限定されるわけではなく，説明義務のある事項かどうかは，保険契約者が自己責任で契約締結をすることができたかどうかで判断される。新種の保険契約では，生じうる保険契約者とのトラブルが十分予見されておらず，業法等の情報提供規制が十分でないことがありうるので，業法等だけを基準とすべきではない。

　説明の方法については，原則としては業法の情報提供義務を具体化する契約概要および注意喚起書面により説明をすれば十分である。適用される約款には，免責条項など保険契約者に不利益な効果が生じうる事項も含まれているが，そのような事項を個別にすべて説明しなければならないというわけではない。しかし，契約概要および注意喚起書面による説明は，保険契約者が契約締結の意思決定をするに先立ち説明される必要があり，保険契約者に申込書に記載させた後で文書を交付するようなことでは足りない。また，生命保険会社の保険では，保険契約者の申込のすぐ前に契約のしおりが交付される実務がとられているのが一般的であるが，申込の意思決定が実質的にされた後に交付されるものであるから，説明義務の履行があったかどうかの判断では考慮すべきではない。

(3)　個別保険契約者に即した説明義務

　2にあげた裁判例から見ると，個別保険契約者の保険需要に合致しない保険を，そのことについて説明せずに契約を締結させている事例において説明義務違反の責任が認められている。これは(2)の保険契約者一般に対する説明義務からは導かれないものであるが，義務違反の意味を，保険需要に合致しないことについての説明を怠ったこととしていると理解すること（説明義務違反としての

---

158)　監督指針Ⅱ−4−2−2(2)⑩カは，電話，郵便，インターネット等の非対面の募集の場合の情報提供についての体制整備について定めている。

位置づけ）も，当該保険契約者の保険需要に合致する保険を推奨することを怠ったことと理解すること（助言義務違反としての位置づけ）も可能であり，説明義務と助言義務の連続性がここでも裏づけられる。ただ，裁判例で義務違反が認められているのは，個別保険契約者の保険需要に関わる事情を保険募集人が知っていた事案であることに留意する必要がある。もし学説がいう助言義務に相当する義務を認めるのであれば，助言の前提として当該保険契約者の保険需要に関わる諸事情を調査することが義務となるはずであるが，そこまでの義務を認めた裁判例はこれまでのところ存在しないということができる。

　しかし，業法において保険会社，保険募集人が顧客に対して意向把握・確認義務を負うことが法定されたということは，裁判例のいう説明義務を一歩進め，顧客の保険需要について調査の上で保険需要に合致する保険を推奨し，もしそういう保険でない保険を推奨する場合にはその旨を明確に説明する義務を負うという考え方を認める有力な法的基盤が整えられたと見るべきである。

　問題は，どのような局面でこのような義務を負うかであり，これはあらゆる保険募集において認められるものではなく，保険契約者の保険募集人の推奨に依存する状況がある場合，および締結させようとしている保険が汎用的な保険需要に応えるものとはいえず，当該保険契約者の保険需要を調査した上でなければ推奨ができない場合が考えられる[159]。しかし，保険募集の実情としては，保険募集人が顧客の意思決定に及ぼす影響はきわめて大きいものがあり，保険契約者の保険募集人の推奨に依存する状況がある場合は相当広範に認められるのではないかと考える。

　銀行等の金融機関や保険ショップなどの乗合代理店が比較推奨販売をする状況は，一般的に保険契約者の保険募集人の推奨に依存する状況がある場合に当たると考えてよい。前述（244頁）のように，業法上は，乗合代理店が比較推奨をする場合には原則的にその推奨の理由を顧客に対して説明しなければならないが，推奨の理由が誤っている場合や，さらに推奨が合理性を欠く場合も義

---

159)　情報提供義務として助言義務が認められることの根拠として，学説上は，（黙示の）契約（合意），専門家責任，信認関係があげられているが（塚原＝長谷川・前掲（注153）85頁），いずれも決定打を欠いているのが現状であり，このことが判例上も助言義務が認められていないことの原因であろう。

務違反が認められるというべきである。また，保険契約者の保険募集人の推奨に依存する状況がある場合には，保険契約者の保険需要に合致しない保険を推奨しない義務のみならず，原則的には保険契約者の最善の利益になるような保険を推奨する義務（ベスト・アドバイス義務）を負うと考えるべきであるが，選択肢を示したり，推奨理由を説明した上で，最終的には保険契約者の自己決定に委ねることも認められるというべきである。もっとも，このような義務違反を認めるとしても，推奨の理由が明白に誤っている場合や，当該保険契約者の保険需要に合致しないことが明らかな場合などを除けば，義務違反から生じる保険契約者の損害を立証することは容易でないので，顧客の利益保護は業法の募集規制を充実することにより解決されることが必要である。

このほか，個別保険契約者に即した説明義務が求められる場合として，生命保険等の乗換・転換の勧誘の場合があげられる。乗換・転換は，既存の契約による保険保障を喪失させる行為であり，保険契約者にきわめて大きな不利益をもたらしうるものであるが，個別の事情に即してのみ乗換・転換の適否が判断できるのであるから，利害得失については当該保険契約者の状況に即して丁寧に説明することが義務づけられると解すべきである[160]。

4　損害および因果関係

(1)　総　　説

3で検討した説明義務違反等の保険会社および保険募集人の義務違反が認められる場合に，これらの者の故意または過失，保険契約者の損害，義務違反と損害との間の相当因果関係が備わることによりこれらの者の不法行為による損害賠償責任が成立する。裁判実務では，説明義務違反等の義務違反の判断には故意または過失の判断が一体的に包含されており，故意または過失が特に判断されることは一般的にはない。以下では，損害および因果関係の要件について検討するが，因果関係の問題はどのような損害が賠償責任の対象とされている

---

160)　業法300条1項4号の乗換・転換の募集の規制の問題点を指摘するものとして，関西業法（XXXVI）・生保184号188頁〔木下孝治〕（2013）。また，説明義務のあり方につき，木下孝治・保険レポ288号20頁（2015）。なお，2015年に転換に関する情報提供規制が導入されている（保険業則227条の2第3項9号，監督指針II－4－2－2(2)④～⑦，⑩エ(ウ)，ク)

かと一体の関係にあるので，以下でも，両者を一体として検討する。

(2) 原状回復的損害賠償と履行利益的損害賠償

　情報提供義務違反の責任における損害賠償の類型として，原状回復的損害賠償と履行利益的損害賠償が区別されることがある[161]。保険に即していえば，原状回復的損害賠償とは，保険会社，保険募集人等が説明義務等の情報提供義務を適切に履行していたとすれば，保険契約者は保険契約を締結しなかったはずであるとして，支払保険料相当額の損害賠償が認められる場合をいい，履行利益的損害賠償とは，保険会社，保険募集人が情報提供義務を適切に履行した場合に保険契約者が得られたであろう利益相当額の損害賠償が認められる場合をいう。具体的には，履行利益的損害賠償は，典型的には，説明義務が適切に履行されていれば実際に締結した保険契約よりも有利な保険給付が得られる保険契約を締結していたはずであるとして，その有利な保険給付をうべかりし損害として賠償請求する場合である。

　一般に消費者取引や投資取引において事業者の情報提供義務違反による損害賠償請求がされる場合には，原状回復的損害賠償が請求されるのが通例である。これは，締結した契約が顧客に不利益をもたらす金銭的支出をしたという積極的損害を与えていることからその損害を回復することを目的としていることによる。保険取引についても，原状回復的損害賠償を請求することができることには問題はない。変額保険をはじめ特定保険契約により投資損失を被った保険契約者が責任を追及する場合には原状回復的損害賠償が請求されることになるのが通例であり，保障性の生命保険でも投資ないし貯蓄目的の場合には原状回復的損害賠償が請求されることがありうる。

　しかし，保険取引では，裁判例でも見られるように，説明義務等が適切に履行されていたとすれば成立していたであろう保険契約を措定し，それに基づく保険給付を請求することが少なくなく，これは履行利益的損害賠償を請求するものである。保険契約者に損害を発生させる保険事故が発生している場合には，保険料相当額の賠償を受けても意味はなく，保険給付相当額の賠償を受けることが救済としては必要となるためである。ただし，そのような救済を受けるた

　161）　潮見佳男「規範競合の視点から見た損害論の現状と課題(1)」ジュリ1079号94頁（1995）。

めには，説明義務等が適切に履行されていたとすれば保険契約者の主張する保険契約が成立していたといえる場合であることを要するというべきであり，これは義務違反と損害との間の相当因果関係の要件の問題であるということができる[162]。以下，さらに場合を分けて考える。

　まず，保険契約者の主張する保険契約がそもそも締結される可能性がない場合には履行利益的損害との間に因果関係がない。保険約款の保険事故等の担保範囲確定条項や免責条項により保険給付を受けられなかった保険契約者がそのような条項についての説明義務違反を理由に，保険給付相当額の損害賠償を請求する場合において問題となる。たとえば，火災保険で地震免責条項の説明がなかったとして，地震火災により損害を被った保険契約者が地震免責条項が存在しないかのごとく保険者に対して保険金相当額の損害賠償を請求するような場合を仮定する。この場合に，仮に説明がされていたとしても保険契約者の主張する内容の保険契約（上記事例では地震免責条項のない火災保険契約）は成立しうべくもなく，保険給付を受けられなかったという保険契約者の主張する情報の不提供と損害との間には因果関係が不存在であり，保険給付相当額の賠償責任が発生することはありえないことになろう[163]。

　しかし，たとえば，当該保険者は，保険契約者の主張するような保険給付をする保険を販売していないが，他の保険者はそのような保険を販売しており，情報が提供されていたとすれば，保険契約者は他の保険者と保険契約を締結する可能性があったと見られる場合は，その保険契約に基づいて保険給付額を得られなかったことを因果関係のある損害とする余地もある。もっとも，一般論としては，保険仲立人でない保険募集人としては，自分が所属する保険会社以外の保険会社の商品についてまで説明する義務を負うとは考えられないから，

---

162)　因果関係という視点からの考察については木下・前掲（注154）209頁。

163)　東京高判平元・12・21判時1341・92は，傍論としてではあるが，協同組合が販売していない共済契約を勧誘し，契約者がそのような共済であると信じて契約を締結したとしても，当該協同組合の共済商品上存在しない社会通念上不能なものを目的とするものであるからそれが効力を発生する余地はないとする。その上で，組合職員が詐欺により契約を締結させたとして，上記のような共済契約が可能であったことを前提に，それにより得べかりし利益として支払われるべき共済金相当額の賠償を求めることはできないとする。情報提供義務を理由とする損害賠償責任についても同様のことがいえるであろう。

販売しようとする保険の重要な内容について説明すれば，説明義務の履行としては十分といわざるをえないであろう。乗合代理店の場合は，乗り合っている保険会社の範囲の商品では説明する義務を負うというべきであろう。しかし，保険募集人が個別保険契約者に即した説明義務を負う場合は，保険仲立人と同様に，自分を通じては適合する保険は得られない旨の説明をして募集を中止する義務を負うものと考えるべきであり，これに違反し，かつ，もし別の保険者との間で別の適合する保険契約が締結されたであろうといえるのであれば責任を負う余地があるというべきである。

次に，保険契約者の主張する保険契約の締結の可能性があったとしても，当該保険契約者がその保険契約を締結したであろうという蓋然性が認められてはじめて，その保険契約で受けられたであろう保険給付を受けられなかったことについて因果関係のある損害とされることになろう。自動車保険の若年運転者不担保特約に関する前記（267頁）の事例では，特約について情報提供義務が履行されていれば特約なしの契約が成立する可能性は十分あるので，因果関係を認める余地がある。もっとも，その判断はあくまでも仮定的なものであり，実際は因果関係の認定は容易でないことが多いと思われる。上記特約の事例でも，特約について説明されてもやはり保険料節約のために特約を付すという行動を保険契約者がとることはありうるのであり，無条件で特約なしでの契約の成立を仮定すべきではなく，通常の保険契約者を仮定していかなる契約が成立したであろうかを基準に判断するしかない[164]。

(3) 損害額の算定

原状回復的損害賠償を請求する場合には，まず，保険契約が既に保険契約者により解約されている場合には，払込保険料額から解約返戻金額等の返還額を控除した金額が賠償額とされるのが通例である（差損説）。

もっとも，変額保険についての説明義務違反の責任が追及された裁判例で一

---

[164]　たとえば，別の保険の入手の可能性は確かにあるが，保険料が相当に高額であるというような事情から普及率は高くないというような場合に，特段の事情もないのに当該保険契約者がその保険に加入したであろうという仮定の下に因果関係を認めるのは適当ではないであろう。もっとも，割合が少ないとしても一定割合はあるという実態に照らすと，因果関係の割合的な認定として説明できる可能性があるが，この点は情報提供義務一般について検討される必要がある。

般的であったように，当然に払込保険料額と解約返戻金額の差額を賠償額とすることには問題がないではない。まず，この賠償額算定方法では，解約をいつしたかで賠償額が変動するという問題がある。本来は，不法行為が成立することを知った後相当期間経過した時点を基準時として賠償額を決定すべきものではないかと思われる。そうでないと，保険契約者は，相場変動により解約返戻金額が減少するとその損失を賠償額に算入し，解約払戻金が増加するとその利益を享受し，いずれにせよ損失を回避する可能性があるからである。もっとも，変額保険について責任が問われるような場合には，責任の有無はかなり微妙な問題であり，通常の場合では解約時を基準時として賠償額を算出することがさほど不合理であるともいえまいし，解約の時点が保険契約者に合理的に期待される時期以降まで引き延ばされている場合には，保険契約者側の損害軽減義務違反の問題として処理すべきであろう。

　次に，既に解約されている場合であっても，解約までは保険契約者は保険契約に基づく保険保護を受けていたという利益を享受しているのであるから，これを賠償額の算出において何らかの形で考慮しないでよいかという問題があることが指摘されている。変額保険の裁判例で認められたものはほとんどないが，定額保険に関する不実表示や説明義務違反に関する裁判例では，このような利益を損益相殺すべきものとした事例はあり[165]，理論的には確かにこのような損益相殺の可能性があることは否定できないであろう[166]。

---

165)　前掲奈良地判平11・4・26（注139）は，払込保険料と解約返戻金の差額の3割を損益相殺し，前掲東京高判平16・10・19（注142）は，保険利益を得ていたことと過失相殺とを合わせて4割の減額をしている。なお，変額保険に関し，東京地判平7・3・24判時1559・63（②）は，保険契約者側の軽率さに加えて，解約までの期間に死亡すれば死亡保険金を受け取れる地位にあったという意味で生命保険の本質的な点での利益を受けていたという，いわば損益相殺的な要素をも考慮して8割の過失相殺をする。ただし，控訴審・東京高判平8・1・30判時1580・111は，原審のごとき損益相殺的要素を考慮すべきでないとして6割の過失相殺をする。契約が無効とされた場合に関する前掲東京地判平15・2・21（注139）では，保険金取得の可能性を損益相殺的要素として認めるべきでないとする。

166)　これは，別に検討する（388頁）保険契約の無効・取消による原状回復義務の内容と本質的には共通の問題である。無効・取消の場合に言及するものとして，松岡久和「原状回復法と損害賠償法」ジュリ1085号95頁（1996）があり，基本的には不当利得返還請求として保険料の返還請求に際して保険保護を受けていたという状態給付との相殺を認めるべきでないとする。

以上に対して，保険契約者が解約をしないまま差損説により損害賠償を請求している事例については，解約しない以上いまだ損害が生じたとはいえないとして請求を棄却している裁判例がある[167]。賠償額の確定を，解約時ではなく，一定の時点を基準時としてするのであれば，このように賠償額が算出不能という必要はないのかもしれない。しかし，解約時を基準時とする以上は，上記裁判例の結論はやむをえないであろう。

原状回復的損害賠償，履行利益的損害賠償いずれの場合においても，保険契約者側の事情に基づいて過失相殺が行われ，損害賠償額が減額される。情報提供義務違反の損害賠償責任の場合には，5割を超えるような大幅な過失相殺もされることが少なくないのが特徴である。情報提供義務を認めるのは保険契約者側に自律的な情報収集が期待できないからであるとすると，大幅な過失相殺をすることには疑問の余地があるが，過失相殺の名の下に行われているのは本来の過失相殺ではなく，損害の公平な分担のための賠償額調整であると考えるべきであり，問題はそのような調整の当否という観点からも考えるべきである。

第8節　金融商品販売法

1　総　　説

日本版ビッグバン政策の一環として金融システム改革により金融市場の自由化・規制緩和が推進され，投資家には一層の自己責任が求められるようになったが，市場の機能を一層重視するとともに，投資家に自己責任を求める前提条件として英国の1986年金融サービス法（現在は2000年金融サービス市場法）を

---

167)　大阪高判平 8・4・25 判タ 921・243 と上告審・最判平 12・3・17 金判 1099・12。前掲富山地判平 8・6・19（注 58）では，保険会社と銀行の双方の責任が認められているが，保険契約が未解約のため賠償額は銀行融資の支払利息額のみの賠償を認める。損害が生じたことが認められる場合において，損害の性質上その額を立証することがきわめて困難であるときは，裁判所は，口頭弁論の全趣旨および証拠調べの結果に基づき，相当な損害額を認定することができるとする民事訴訟法 248 条に基づく損害額算出の可能性を肯定するものとして，内海博俊「変額保険契約未解約者の損害に関する手続法的視点からの若干の再検討──民事訴訟法 248 条がもたらす影響の有無について」生保 177 号 123 頁（2011）。

288 第2部 第1章 保険募集

モデルとして，業態横断的な投資家保護法を民事法規定も取り入れながら整備するという政策が必要であると考えられた。2000 年の金融商品の販売等に関する法律（以下，金融商品販売法という）の制定もその一環であり，投資リスクを伴う金融商品については保険・共済も含めて業態横断的に幅広く適用対象とし，金融商品の販売業者に対して，販売時に顧客に対するリスクについての説明義務を課し，この説明義務に違反した場合には顧客に対して特別の不法行為として損害賠償責任を負うという効果を定めている。

金融商品販売法の制定論議では，説明義務のみでなく，証券取引法の分野で確立した適合性の原則についても幅広い金融商品に適用し，違反については何らかの民事法的効果を生じさせるルールの確立も課題とされたが，説明義務と異なり，適合性の原則はその意味内容が必ずしも明確ではないとして，直接法定するのではなく金融商品販売業者が自主的に遵守すべきルールとしての位置づけを与えられるにとどまった。その後，2006 年の証券取引法（法令名も金融商品取引法と変更）の改正に際して説明義務の内容の強化等の改正が行われ，現在に至っている。もっとも，金融商品に関する不当勧誘に関する損害賠償請求は相変わらず多いが，民法の不法行為責任に根拠づけられるのが一般的であり，金融商品販売法が活用されているとは言いがたい状況である[168]。

2　説明義務違反による損害賠償責任

⑴　適用対象となる金融商品

金融商品販売法では，同法の適用対象を業態横断的な幅広いものとすることとされ，保険業法上の保険業者が行う各種保険契約のほか，保険または共済に係る契約で保険契約に類するものとして政令で定める契約も一種の金融商品として，金融商品販売法の適用対象とされた（金販2条1項4号）[169]。

---

168)　金融商品販売法制定の趣旨については，金融審議会第一部会「中間整理（第二次）」（1999 年 12 月 21 日），ホールセール・リーテイルに関するワーキンググループ報告「金融商品の販売・勧誘ルールの整備について」（1999 年 12 月 7 日）。金融商品販売法の解説として，池田和世・逐条解説新金融商品販売法（金融財政事情研究会，2008），神田秀樹＝黒沼悦郎＝松尾直彦編著・金融商品取引法コンメンタール4・735 頁〔行澤一人＝山田剛志＝青木浩子〕（商事法務，2011）。

169)　金融商品販売法施行令3条では，28 種類の保険・共済に関する特別法を列挙し，これらの法律の規定により締結される保険または共済（大部分は公保険・共済である）

第 8 節　金融商品販売法　　*289*

　保険契約には，経済的に投資の意味があることが明らかで，預金や有価証券などと同列に位置づけられることに疑問の余地のないものもあるが，短期の掛捨ての損害保険のようにリスクに対する保障を本質とし，常識的な感覚では投資とは考えられていないものも含まれることには立法論として議論の余地があるが，金融商品販売法では，キャッシュフローの移転とリスク負担の変更（リスクの転換）を取引内容とすることをメルクマールとして金融商品の販売の範囲を画するという考え方から，保険契約一般も適用対象とされている[170]。

　金融商品販売法は，このような金融商品の販売またはその代理もしくは媒介（顧客のために行われるものを含む）を「金融商品の販売等」と定義し（金販 2 条 2 項），この意味の金融商品の販売等を業として行う者を「金融商品販売業者等」と定義している（金販 2 条 3 項）。また，金融商品の販売の相手方を「顧客」と定義している（金販 2 条 4 項）。保険に対する適用を考えると，金融商品の販売に当たるのは保険契約の締結であり，保険契約の主体としての保険会社のほか，保険募集人，保険仲立人も金融商品販売業者等となる。もっとも，生命保険募集人のうち営業職員は，原則として保険会社の使用人という位置づけがなされており（223 頁），このような者は金融商品の販売等を「業として行う者」に当たらないと考えられ，また，営業職員のうち使用人ではなく保険会社から募集の委託を受けているという地位に置かれる者も実質的には保険会社の指揮命令下にあり，やはり「業として行う者」には当たらず，それらの者は自分自身では説明義務を負わず，所属保険会社だけが説明義務を負うことになると考えられている[171]。

(2)　説　明　義　務

　金融商品販売業者等は，金融商品の販売等を業として行おうとするときは，当該金融商品の販売等に係る金融商品の販売が行われるまでの間に，顧客に対

　に係る契約には金融商品販売法の適用がないものとしている。これは強制加入の保険・共済，元本割れが生じることが予定されていない保険・共済について金融商品販売法の適用を除外するものである。池田・前掲（注 168）63 頁。同条の定めに該当しない共済については，各種協同組合法等の法令の根拠のないものについても，金融商品販売法の適用があることになる。

　170)　池田・前掲（注 168）52 頁。

　171)　金融サービス法研究グループ「『金融商品の販売等に関する法律』における生命保険分野にかかる実務上の論点(上)(下)」金法 1592 号 13 頁，1593 号 11 頁（2000）。

し，重要事項について説明をしなければならない（金販3条1項）。これが説明義務であるが，説明すべき重要事項が以下のように限定的に列挙されている。

① 市場リスク（1号・2号） 金利，通貨の価格，有価証券市場における相場その他の指標に係る変動を直接の原因として元本欠損（金販3条3項で定義している）または当初元本を上回る損失が生ずるおそれ（金販3条4項で定義している）があるときは，その旨，当該指標および当該金融商品の販売に係る取引の仕組みのうち重要な部分が説明すべき重要事項となる。

② 信用リスク（3号・4号） 当該金融商品の販売を行う者その他の者の業務または財産の状況の変化を直接の原因として元本欠損または当初元本を上回る損失が生ずるおそれがあるときは，その旨，当該者および当該金融商品の販売に係る取引の仕組みのうち重要な部分が説明すべき重要事項となる。

③ その他政令で定める事由によるリスク（5号・6号） その他政令で定める事由を直接の原因として元本欠損または当初元本を上回る損失が生ずるおそれがあるときは，その旨，当該事由および当該金融商品の販売に係る取引の仕組みのうち重要な部分が説明すべき重要事項となるが，現在のところ政令で指定された事由はない。

④ 権利行使・解除権行使の期間制限（7号） 当該金融商品の販売の対象である権利を行使することができる期間の制限または当該金融商品の販売に係る契約の解除をすることができる期間の制限があるときは，その旨。①〜③と異なり，④だけは元本欠損等のリスク以外を説明義務の対象とするものであるが，顧客の権利の存続期間（たとえば，ワラントの行使期間）や契約解除権の制限期間（たとえば，預金や信託の解除の制限期間）は顧客の投資判断に重要な意味があるので，説明義務の対象とされている。

以上において金融商品の販売に係る取引の仕組みとは，保険契約については，契約の内容である（金販3条5項1号）。

また，以上による金融商品販売業者等による説明は，顧客の知識，経験，財産の状況および当該金融商品の販売に係る契約を締結する目的に照らして，当該顧客に理解されるために必要な方法および程度によるものでなければならないとされている（金販3条2項）。これは，顧客に対する説明は個別の顧客の属性や契約目的に即してされなければならないとするもので，金融商品取引法

40 条 1 号の規定する狭義の適合性原則とは区別される広義の適合性の原則として規定したものと説明されている[172]。

　保険契約についても，以上のところから，①または②による元本欠損のおそれがある限りでは，①または②のリスクについて説明する義務があるが[173]，保険契約についての特有の問題として，そもそも保険契約において元本欠損のおそれとは何を意味するのかという問題がある。たとえば，いわゆる掛捨ての損害保険を例にとれば，保険事故が生じないままで契約が終了すれば保険契約者には保険者から何らの給付もされないが，そのことをもって元本である保険料が欠損となるおそれがあるかどうかという問題である。保険事故が生じない場合に保険者が何も給付をしないということは保険契約の性格上当然のことであって，また保険契約者に対しては保険期間中は保険者が危険を負担しているのであり，その対価が保険料なのであるから，そこには対等の対価関係があるのであって，掛捨ての結果に終わっても元本欠損があるとはいうべきでないという考え方がありうる。そのような解釈がとれるとすれば，そもそも元本欠損のおそれがないので，①・②いずれのリスクについても説明義務はないということになる。保険業界では，そのような解釈の可能性はあるとしつつも[174]，実務的にはその解釈にこだわらず，保険一般について元本欠損の可能性はあるとされることを前提に，①または②のリスクがある場合には説明義務がある（ただし，①のリスクは変額保険や外貨建保険以外の通常の保険では存在しない）という解釈で説明を行っている[175][176]。

---

172)　池田・前掲（注 168）126 頁，神田ほか・前掲（注 168）766 頁以下〔山田剛志〕。

173)　①〜③にいう当初元本を上回る損失が生ずるおそれのある保険は現在では存在しない。

174)　金融サービス法研究グループ・前掲（注 171）（上）17 頁，（下）11 頁。

175)　生命保険会社の保険，損害保険会社の保険のいずれについても保険会社が破綻した場合には保険契約者保護機構による補償があるが，原則として責任準備金の 90％ までしか補償がなく，例外的に 100％ 補償のある自賠責保険等でも保険契約者保護機構の補償限度額による制約がありうるので，②のリスクについては保険契約者保護機構による補償があることは説明しつつそれで信用リスクがなくなるわけではないことの説明もすることとされている。

176)　有配当の生命保険や積立保険などにおける保険契約者配当は，保険会社の事業の成果次第でその有無や金額が変動するが，相場変動等①のリスクを直接の原因とするものではないから，保険契約者配当の不確実性を①の市場リスクとして説明する必要はないとされている。金融法サービス研究グループ・前掲（注 171）（上）17 頁。

保険契約で，保険契約者に解約権の行使期間の制限があるような場合は④についての説明義務もある。

保険契約では，前述のように保険会社，保険募集人（保険会社の使用人等を除く），保険仲立人も一個の保険契約の締結に関与する限りすべて説明義務を負う金融商品販売業者等となる。しかし，全員が説明する必要はなく，いずれかの業者が説明をすれば他の業者が説明をすることは不要である（金販3条6項）。

以上の説明義務は，顧客が金融商品の販売等に関する専門的知識および経験を有する者として政令で定める者（特定顧客）である場合および一部のデリバティブ取引に関するものを除き重要事項について説明を要しない旨の顧客の意思の表明があった場合には存在しない（金販3条7項1号）。政令（金融商品販売法施行令10条）では特定顧客としては金融商品販売業者等および金融商品取引法2条31項の規定する特定投資家をあげている。

(3) 断定的判断の提供の禁止

金融商品販売業者等は，金融商品の販売について，断定的な判断を提供することも禁止される（金販4条）。

(4) 説明義務違反・断定的判断の提供による損害賠償責任

金融商品販売業者等は，顧客に対して説明義務を負うにもかかわらず重要事項の説明をしなかったとき，または断定的判断の提供をしたときは，これにより生じた顧客の損害の賠償をする責任を負う（金販5条）。この責任は特別の不法行為責任であり，金融商品販売法に特別の定めがない事項については民法の不法行為責任に関する規定の適用がある（金販7条）。

金融商品販売法の特別の定めと考えられることとして，まず上記金融商品販売法5条の規定から明らかなように，金融商品販売業者等の説明義務違反等の責任は無過失責任とされている。また，金融商品販売法では，元本欠損額をもって，説明義務違反によって顧客に生じた損害額と推定するという特別の定めが置かれている（金販6条1項）。説明義務違反等による不法行為責任が不法行為の一般原則により認められる場合には，顧客の側において，説明義務違反等があったという事実，ならびにこれと損害発生との間の因果関係および損害額を立証しなければならないが，上記法律上の推定により，顧客としては説明義務違反等があったという事実および元本欠損額を立証するだけで損害賠償を請

求することができ，上記の因果関係の要件が備わらないことにより顧客の損害賠償請求が認められないことは金融商品販売業者等の側で立証しなければならないし，元本欠損額よりも顧客の損害が小さいことも金融商品販売業者等の側で立証しなければならない。説明義務違反と損害発生との間の因果関係の不存在は，たとえば，説明すべき重要事項について顧客が知っていた場合に認められる。顧客の側においても，元本欠損額よりも大きな損害賠償額を請求しようとすれば，元本欠損額を超過する額に関する限りで，説明義務違反との因果関係および損害額を立証しなければならない。

　元本欠損額は，一口でいえば，顧客の支払うべき金銭の合計額よりも顧客の受け取るべき金銭の合計額が少ない場合のその差額をいうものと定義される（金販6条2項）。変額保険に関する説明義務違反による民法または保険業法上の損害賠償を認める裁判例で払込保険料の額と解約返戻金として受領した額の差額が損害賠償額とされているのと，同じ基準を法定していることになる。

　このように顧客による損害賠償請求が推定規定により容易にされている点で，金融商品販売法の存在意義があるが，その他の点で不法行為責任に関する一般原則がどこまで適用されるかは解釈に委ねられる。たとえば，変額保険に関する不法行為責任については，顧客が解約しないままで損害賠償請求をすることを認めないというのが判例の立場になっているが（287頁），金融商品販売法の損害賠償責任も不法行為責任であることに変わりはないので，金融商品販売法の責任についてもやはり同じことが妥当するというべきであろう。

　また，変額保険に関する損害賠償責任については，解約までの保険による保障があったという事実を賠償額の算定で考慮すべきかという論点もあったが（286頁），この点についても金融商品販売法の責任でも同じかどうかははっきりしない。元本欠損額の推定規定においては，顧客が受け取るべき金額から顧客が取得すべき金銭に加えて取得した金銭以外の権利の市場価額も控除すべきものとしており，保険保護を得ていたことがこの金銭以外の権利に当たるかという問題であり，一般不法行為責任において保険保護の評価額を損害賠償額から控除するか否かと同様に考えることになる。

　損害賠償責任に関するその他の事項については，民法の規定による。したがって，過失相殺が可能であり（民722条2項），時効については，被害者が損害

および加害者を知った時から3年，不法行為の時（説明義務違反による販売の時）から20年となる（民724条）。

3　勧誘方針の策定義務

　適合性の原則については説明義務違反のように違反の効果を法定することが困難であるという事情から，金融商品販売法では，金融商品販売業者等は業として行う金融商品の販売等に係る勧誘をしようとするときは，あらかじめ当該勧誘に関する方針を自ら定め（金販9条1項本文），これを公表しなければならないものとしている（金販9条3項。方針の変更をした場合も同じである。金販9条1項・3項に違反すると過料の制裁がある〔金販10条〕）。そして，この勧誘方針において定めるべき事項として，①勧誘の対象となる者の知識，経験，財産の状況および当該金融商品の販売に係る契約を締結する目的に照らし配慮すべき事項，②勧誘の方法および時間帯に関し勧誘の対象となる者に対し配慮すべき事項（不招請勧誘の制限），③その他勧誘の適正の確保に関する事項が法定されている（金販9条2項各号）。このうち①が通常（狭義の）適合性の原則といわれている内容を表しており，これにより金融商品販売業者等は適合性の原則を具体化する勧誘方針を自ら策定し公表しているのであるから，これに違反するような勧誘をした場合には社会的な制裁が予想されるので，自ずから違反をしないようにするということが期待されているわけである。

第2章　保険契約の成立

第1節　総　　説

1　保険契約の成立要件

⑴　総　　説

　保険契約は，諾成契約であり，契約の一般原則に従い，申込と承諾の意思表示の合致により成立する（民522条1項）。危険選択を保険者がしない保険を想定しない限り，保険契約者となろうとする者が申込をし，保険者が承諾するという立場に立つことになる。申込を勧誘するための保険募集は，申込の誘引に当たる。

　保険契約は，諾成契約であって要式契約ではないから，保険契約者となろうとする者の申込に特定の方式は要求されないが，通常は，保険者の作成する保険契約申込書に保険契約者となろうとする者が必要事項を記載して申込がされる。危険選択が伴う以上，申込に際しては告知義務の履行が必要となる。

　申込は，直接は保険者側の保険募集主体に対してされることになる。損害保険代理店で通例であるように，募集主体が保険者のために契約締結の代理権を有しているときは，損害保険代理店が保険者のために承諾の意思表示をして，その時点で直ちに保険契約が成立する。生命保険募集人が現状ではそうであるように契約締結の代理権を有しないときは，保険者のために承諾の意思表示をすることはできないが，生命保険募集人は保険者の支配下にあり生命保険募集人が申込書を保険者の担当部門に提出しなかったことによるリスクは保険者が

負担すべきであるし，実務上も第1回保険料相当額の受領権限を生命保険募集人に付与していることから見て，申込の意思表示を受領する権限はあると解すべきであり，生命保険募集人に申込書を提出した限りで，申込としては効力を生じているとすべきである。

　保険契約が成立するためには，保険契約の要素が確定していなければならない。何が要素であるかは一概にはいえないが，損害保険契約であれば，保険契約者，被保険利益（保険の目的），被保険者，保険事故，保険金額[1]，保険期間および保険料が，人保険契約であれば，保険契約者，被保険者，保険金受取人，保険事故，保険金額，保険期間および保険料は少なくとも確定されていなければならない[2]。保険者の保険給付義務を確定するために必要な事項としての保険給付の確定基準も要素であるというべきであるが，これは申込書に印刷された記載事項により契約種類や適用される保険約款を特定することで確定されるであろう。これらの要素が確定できない場合には，契約は不成立である。

　申込と承諾による契約の成立に関しては民商法の一般原則に従うことになる

---

1)　名古屋高判昭35・10・15下民11・10・2201は，数個の目的物を含む火災保険において保険金総額のみは確定し，各個の目的物の保険金額の決定を損害保険代理店の裁量に委ねる旨合意したが，損害保険代理店が保険金額の決定をする前に保険事故が発生した事案について，保険金額の確定は保険契約の重要な要素であり，これが確定しうべきものでなければ保険契約の予約または準備契約としてはともかく保険契約としては成立していないとした。火災保険では各個の保険金額を確定しないで包括契約として保険契約を締結する商慣習はないことを前提とする。なお，現在の火災保険における包括契約（2以上の保険の目的を1つの保険金額で締結し，それぞれの保険価額の割合により保険金額を按分しその按分額をそれぞれの保険の目的の保険金額とみなす方式）につき，注釈火災保険127頁〔野村修也〕。より一般的に，複数の目的を対象とする保険契約には，包括契約とよばれるもののほかに集合契約および総括契約という概念がある。集合契約は，複数の目的を対象とする保険契約全般をいい，総括契約とは集合契約のうちでも通知保険のように保険契約の目的が変動可能なものと理解されている。大森59頁。集合契約については，目的物の一部について告知義務違反等があった場合にその効果はどの範囲で生ずるかというような問題が生ずるが，これは各保険契約の趣旨および告知義務違反等が生じた一部の範囲がどのようなものかなどにより具体的に判断するしかない。大森・同前。この問題がわが国でも具体化している例として，集合契約における損害の不実申告による保険者の免責がどの範囲で生ずるかという問題をあげることができる。

2)　人保険契約の保険金受取人については明示に確定がない場合でも，保険契約者の自己のためにする保険契約となると解釈されるので，確定は必須ではないように見えるが，契約の要素であることには変わりはない。

（申込につき，民523条・525条，商508条，承諾につき，民527条・528条等）。生命保険の約款では，保険者が承諾した場合には，その旨を保険契約者に通知するが，保険証券や契約締結時の書面の交付をもって承諾の通知に代えることがあると定めるのが通例であり，実際上も保険証券等の送付と別に承諾の通知がされるのは稀なことのようであるが，この場合も保険証券等の交付は承諾の意思表示そのものと評価してよい。

保険契約については，さらに，一定の効力発生要件が強行法的に法定されている。損害保険における被保険利益の存在（保険3条）や，生命保険が他人の死亡の保険である場合における被保険者の同意（保険38条）がそれであるが，これらについては別途述べる（307頁，335頁）。

以上の一般論のほか，保険契約の成立については，損害保険や生命保険においてそれぞれ特殊な成立形態が実務上発展してきている。次節以下では，これらを分説することとする。

(2) 電子取引（ネット取引）

インターネットによる電子取引として保険契約を締結することも今日では広く行われている[3]。郵便等で必要書類等を送付することなく，ネット上で申込者の申込が完了し，保険者が承諾することにより保険契約が成立することも増えている[4]。わが国の民法では，契約の成立について書面要件等は一般的には存在しないので，電子取引の成立についての法的障害はないが，特別法として，「電子消費者契約に関する民法の特例に関する法律」は，契約の申込等を内容とする送信において消費者にキー操作の過誤などにより錯誤があった場合に，事業者が画面を介して消費者の意思の確認をするための措置を講じていなければ当該錯誤につき消費者が民法95条3項にいう重過失があったこととしないという特則（電子契約特3条）を規定している[5]。

---

3) 電子商取引に関する法的問題一般については，松本恒雄＝齋藤雅弘＝町村泰貴編・電子商取引法（勁草書房，2013）。

4) ネット生保の取引実務等の実情につき，岩瀬大輔「ネット生保の実態と将来像」保険学617号179頁（2012）。

5) 古くなったが，電子保険取引に関する法的諸問題について検討したものとして，「電子保険取引における規制の現状と今後についての研究会報告書」（金融情報システムセンター，2000）がある。

298 第2部 第2章 保険契約の成立

　保険業法では，電子取引として保険取引を行うに当たっての情報セキュリティ，情報提供等の保険契約者保護を確保するために，保険会社等の事業方法書の行政審査基準として，電気通信回線に接続している情報処理の用に供する機器を利用して，保険契約の申込その他の保険契約の締結の手続を行うものについては，保険契約の申込をした者の本人確認，被保険者（当該保険契約の締結時において被保険者が特定できない場合を除く）の身体の状況の確認，契約内容の説明，情報管理その他当該手続の遂行に必要な事項について，保険契約者等の保護および業務の的確な運営が確保されるための適切な措置が講じられていることという基準が規定されている（保険業則11条2号の2）。監督指針ではこれを具体化すべく，上記基準についての行政審査における留意事項として，①確実な方法で申込者が契約手続を行う正当な当事者であることの確認の措置が講じられているか（なお，被保険者の身体の状況の確認については，被保険者の身体の状況に係る告知，診査または同意が必要な場合に行うものとする），②契約申込情報その他契約に関する情報の不備および変質を防止するための措置ならびに不備等が発生した場合にあっても，これが保険契約者等の保護に欠けることとならないようにするための措置が講じられているか，③同号に規定する手続の使用が契約または保険契約者等に係る情報の漏出を招くことのないようにするための防護の措置が講じられているか，④申込者が確実な方法で契約の申込その他の契約関係の手続の内容，契約内容および重要事項を確認し，かつ，保存できるようにするための措置が講じられているか，⑤当該手続を使用することが契約に関し申込者の保険会社との間の爾後の行為に対する制約とならないようにするための措置が講じられているか，という各事項をあげている（監督指針Ⅳ−1−12）。

　保険募集における情報提供等についての保険会社，保険募集人等の行為規制において書面によることが法定されている場合には，必要に応じて書面によらず電子的な方法で代替されることが個別に法定されている（たとえば，保険業法294条の情報提供義務につき，保険業法施行規則227条の2第3項1号は書面を用いて行う説明は，電磁的記録を電子計算機の映像面へ表示したものを用いて行う説明を含むものとする）[6][7]。

2 保険者の諾否の自由の制約

保険者は申込を受けた場合に承諾するか否かの判断を自由に下すことができ，特段の理由なく，承諾を拒絶することができる。保険業は，公益的要素を有するとはいえ，保険者に対していわゆる締約強制が法定されているわけではない。例外として，強制保険とされる自賠責保険においては，自動車の保有者に対しては付保を強制し（自賠5条），同時に保険者も正当な理由がない限り承諾しなければならないとされている（自賠24条）。しかし，その他の強制保険ではこのような保険者の承諾義務は課されていない。

一定の状況下では，承諾をしないことに法的制約が加えられる例として，平常取引をする者の間での申込に対して遅滞なく諾否を通知しなかった場合に承諾があったものとみなされるとする商法509条の規定があるが，継続的に付保が必要になるような場合については，後述の損害保険の例のように（305頁）別途合理的な契約締結方法が用いられているであろうから，商法509条が適用される具体的事例を想定することは困難である。保険者の申込の放置が申込者に他の保険者への申込の機会を失わせ，それにより保険保護を得られなかったなどの損害が生じた場合には，契約締結上の過失ないし不法行為による損害賠償責任の問題として考えればよい。

そのほか，生命保険では，いわゆる承諾前死亡の問題として論じられることは承諾の自由を制約することの一例であるが，これについては後述する（330頁）。承諾をしないことについての制約が契約に基づき加えられる例としては，保険契約者に当然に更新の権利を認めている場合がある。

---

6) 生命保険協会，日本損害保険協会の情報提供等に関する各自主ルールにおいても，インターネット等による取引の場合における取扱いについて必要な事項ごとに定めを置いている。

7) 電子取引における情報提供その他の行為規制等のあり方を検討したものとして，現行法令等となる前の時期のものであるが，小林道生「インターネットによる保険販売の規制と情報提供義務」損保72巻4号49頁（2011），鎌田浩「インターネット販売における保険募集行為規制の課題」保険学622号83頁（2013）。両論文とも，インターネットにより販売された自動車保険に運転者家族限定特約が付帯された場合における同特約についての説明義務違反がなかったとする東京地判平18・2・27金判1255・24および控訴審・東京高判平18・9・13金判1255・16を素材として，ネット取引における情報提供義務のあり方について検討している。

第2節　損害保険契約の成立

第1款　総　　説

損害保険会社の実務では，損害保険代理店が契約締結の代理権を付与されているのが通例であるため，保険契約者となろうとする者が申込をし，これに対して損害保険代理店が直ちにまたは時間を置いて承諾をして保険契約が成立するのが通例である[8]。実務では，初回保険料の領収前の事故については保険者は免責とする保険料領収前免責条項に基づいて保険者は責任を負わないものとされ，実質的には保険契約が保険料の支払により効力を生じるという要物契約化現象が生じていたが，近時は，初回保険料についても保険契約成立後の払込期日を決め，この払込期日までに初回保険料が払い込まれるときには，保険料領収前免責条項を適用しない旨の約定や，クレジットカードによる保険料の支払による場合には，保険者がクレジットカードの有効性および利用限度額内であること等の確認を行った上で，保険者がクレジットカードによる保険料の支払を承認した時に保険料の払込があったものとみなすなどとする約定が行われるようになっている[9][10]。

---

[8]　東京高判昭 43・3・11 下民 19・3＝4・128 および上告審・最判昭 43・11・15 判時 541・70 は，火災保険契約は諾成契約であって保険料の支払または書類の作成をまたず，合意だけで成立するが，保険者は火災保険約款において保険料の支払がない以上，保険の責に任じないと定め，その実質においては保険料の支払と同時に契約が成立すると同様の取扱いとし，その結果保険料領収証の交付をもって契約成立の証としているのが通常であるとした上で，火災発生後に日付を遡らせて領収証が作成交付された事例について，火災発生前における契約成立を認定するには上記取扱いに沿う相当の証拠がなければならないが，そのような証拠がないとして契約は不成立であったとする。やはり保険料の支払との関連で船舶保険の成否が問題となった事例として，東京地判昭 30・6・25 判時 57・20，控訴審・東京高判昭 32・6・27 判時 120・23。

[9]　クレジットカードによる保険料の支払の実務については，濱田裕介「損害保険料のクレジットカードによる支払いについて――保険料支払方法における普遍的要素との適合性」保険学 604 号 107 頁（2009）。

[10]　損害保険においては，損害保険代理店が契約締結の代理権を有していることから，保険契約者が保険事故発生後に損害保険代理店と通謀して事故発生前の契約成立を偽装するケースが生じやすい（これをアフロス契約という）。立証責任の一般原則からは，保険契約者側が契約成立後に事故が発生したことの立証責任を負うと考えられるが，損

第2款　遡 及 保 険

　保険期間を保険契約の締結時よりも前に遡らせる保険を遡及保険という。典型的には，荷主が海外からの輸入貨物について船積みされたという通知を受け取った後に船積み以降の期間についてわが国で貨物保険契約が締結されるような場合であり，もし保険契約締結時までに保険事故が発生していたとしても損害てん補をすることが約定される。保険契約における保険事故の要件としての偶然性とは，保険契約締結時に保険事故が発生するか否かが客観的に不確実であるということであるとすれば，上記のような事例では，保険契約締結時に保険事故が既に発生していたとすると保険事故の偶然性の要件をみたさないことになるが，上記のような事例のように実際にニーズがあり，かつ損害をてん補しても被保険者に不当な利得をさせるものとして公益に反することもない場合がありうるので，遡及保険の有効性を認めることには意義がある。

　改正前商法642条は，「保険契約ノ当時当事者ノ一方又ハ被保険者カ事故ノ生セサルヘキコト又ハ既ニ生シタルコトヲ知レルトキハ其契約ハ無効トス」という規定であった。この規定については，遡及保険の有効性を認めていることは明らかであるが，それと同時に保険事故の偶然性は主観的なもので足りるとする趣旨も含むのか否かが明確でないという問題，遡及保険についてのみ適用される規定であるのか否かが明確でないという問題，保険契約者または被保険者のみが保険事故の発生しないことを知っていた場合も保険契約が無効となるのかという問題，保険者のみが保険事故の既発生を知っていた場合も保険契約が無効となるのかという問題などが指摘されていた。保険法では，遡及保険についての合意を無効とすべき場合を明確に規定することとされ，これに該当しない場合には遡及保険は有効であることが間接的に明らかにされた[11)12)]。

　　害保険代理店が保険契約者と通謀して保険契約申込書や保険料領収書の日付を事故前に遡らせて作成すると，書証のもつ事実上の推定力により保険者においてアフロス契約であることの立証責任を事実上負担することになる（アフロス契約の疑惑が濃いにもかかわらずアフロス契約ではないと認定された事例として，東京高判昭53・1・23判時887・110）。なお，この種の事例では，保険料領収前免責条項に関して保険料の支払と事故発生との前後関係も重要な問題となる。

11)　立法趣旨につき，一問一答61頁。
12)　保険法5条1項・2項の適用される場合の詳細な場合分けについて，吉澤卓哉「保

302 第2部 第2章 保険契約の成立

第1に，保険法5条1項は，保険契約者が保険契約の申込またはその承諾を
した時において，当該保険契約者または被保険者が既に保険事故が発生してい
るということを知っていたときは，遡及保険に関する合意を無効とする。保険
事故の発生を保険契約者または被保険者が知っていたとすれば，遡及保険によ
り確実に保険給付を受けることができることになるが，そのような利得を与え
るべきではないという理由による[13)14)]。保険契約者の申込の時のほか，保険契
約者の承諾の時もあげられているのは，例外的ではあるが，保険者が保険契約
の申込をし，これに対し保険契約者が承諾をして保険契約が成立する場合（保

険法における遡及保険規整の構造——『不当な利得』の有無という判断基準について」
保険学 608 号 133 頁（2010）。同論文および吉澤卓哉「経済的な保険ではない保険法上
の『保険契約』について——不当利得が生じ得ない類型の遡及保険規整を手がかりに」
保険学 609 号 117 頁（2010）は，保険契約とはリスクの移転，集積および分散という保
険の経済的要件をみたすものであるべきところ，保険法5条の遡及保険の規律では，①
遡及期間に保険事故が既発生であるが保険契約者等がそれを知らなかったが保険者はそ
れを知っていた場合および②遡及期間に保険事故が発生しないことを保険者は知らなか
ったが保険契約者等は知っていた場合について，いずれも有効な契約ということになる
が，①の場合には保険者にとってリスクの移転，集積という要件が欠如し，②の場合に
は保険契約者等にとってリスク移転の要件が欠如するので，経済的な保険とはいえない
が，保険法はこれを同法上の保険契約として認めたものと整理する。しかし，リスクの
移転，集積および分散という3要件が保険の要素であるとしても，それは個別の保険契
約レベルの問題ではなく，保険契約の集合体についての保険の問題であると考えられる
ので，問題の設定そのものが誤っているように思われる。また，①のような保険契約を
実際に保険者が締結することは一般的には考えにくいし（吉澤・前掲保険学 609 号 129
頁のいうようにこのような保険取引は特別利益提供禁止〔保険業 300 条 1 項 5 号〕に違
反するおそれがある。他方，後述（330 頁）のように生命保険契約では承諾前死亡の問
題として検討する必要がある），②のような保険契約を保険契約者が申し込むこともな
いであろうから，このような問題を論じる意味は疑わしいであろう。

13) 損害保険では行われていないと思われるが，保険契約者が申し込む場合に申込の時
まで遡及させる合意も遡及保険であるが，このような遡及保険の合意については，申込
の時に保険契約者が保険事故の発生したことを知らない限り，保険法5条1項の適用は
ない。この点については，生命保険契約における遡及保険についての 328 頁。

14) 損害保険契約では，保険事故は複数回発生しうるため，たとえば，保険契約締結よ
り前の一定時点まで保険期間を遡及させるが，保険契約者の申込時までに甲という保険
事故と乙という保険事故が発生していたとして，保険契約者が甲の発生を知っていたが，
乙の発生は知らなかったとしても，保険法5条1項により，遡及保険の合意は全部が無
効とならざるをえない。保険法5条1項は，同項の規定する場合には保険契約者が不当
な利得を得るという理由で遡及保険の合意を無効とするものであるが，上記事例では，
甲の保険事故については確かに不当な利得を得ることになるが，乙の保険事故について
も不当な利得を得ることになるかは議論の余地がある。この問題を指摘するものとして，
吉澤・前掲（注 12）保険学 608 号 145 頁。

険契約者の申込に対して保険者が変更を加えた承諾をし，これが新たな申込とされる場合がこれに当たる）もありうるためである。保険契約者が申込をする場合には，申込の後に保険者が承諾する時までに保険契約者または被保険者が保険事故の発生を知った場合も遡及保険とすることの合意は無効とならない。保険契約者のみでなく保険者も保険事故の発生を知りながらあえて保険契約を締結するという場合も遡及保険とすることの合意は無効である[15]。

　ここで無効とされるのは，遡及保険とすることの合意であり，遡及保険とならない保険期間についての保険契約の部分まで全部が無効となるわけではない。もっとも，保険法では，保険事故の既発生を知りながら遡及保険の合意をした保険契約者は，不当な利得を目的として保険契約を締結したものとして，制裁的に保険者は保険料の返還義務を負わないとしている（保険32条2号本文）。これは保険料を全額返還しないでよいとするものであると考えられるが，既発生の事故が分損事故であったとすると，非遡及期間の保険契約は無効でなく，保険契約者は保険保護を受けるのであるから，実質的には遡及期間の保険料の返還をしないでよいということに等しいこととなる。これに対して，既発生の事故が全損事故であって，保険契約がその時点で失効する場合には，非遡及期間の保険料も返還しないということは保険法が定めた制裁的な効力という説明になろう[16]。ただし，保険者も保険事故の既発生を知って保険契約の申込または承諾をしたときは，保険者が保険料を取得する理由もないので，保険者は保険料を返還しなければならない（保険32条2号ただし書）。

---

15)　保険法の制定過程では，自動車保険のうっかり失効特約（契約の更新がされなかったとしても一定期間内に更新手続をとれば遡って更新されたものとする特約）は，更新までの保険契約の条項により効果が生ずるもので，遡及保険には当たらないとされ，また，請求事故（クレームズ・メイド）方式の責任保険で，契約成立前に発生した損害賠償責任についても保険者が責任を負う旨の特約は，損害賠償請求を受けることが保険事故とされるとする合意であって遡及保険ではないという整理がされた。「保険法の見直しに関する中間試案の補足説明」第2・1(5)（保険法資料98頁）。遡及保険に関する保険法の規律との関係で有効性が問題となりうる事例については，古笛恵子「遡及保険と保険事故の偶然性」新保険法と展開87頁。

16)　保険法解説221頁〔洲崎博史〕は，生命保険契約に即してであるが，遡及期間に被保険者が死亡した場合，したがって損害保険契約では全損失効の場合に対応するが，非遡及期間の保険料の返還がされないのは，不当利得の一般法理（民705条または708条）に基づくものであるとする。

304 第2部 第2章 保険契約の成立

　保険法5条1項は，次の同条2項と異なり，片面的強行規定とされていない。保険法5条1項が規定する場合は，保険契約者が遡及保険についての合意により保険給付を受けることが不当な利得であって，この利得を認めることは公益に反すると考えられているのであり，その意味で保険法5条1項は強行規定である。

　第2に，保険法5条2項は，損害保険契約の申込の時よりも前まで遡及させる旨の遡及保険の合意は，保険者または保険契約者が当該保険契約の申込をした時において，当該保険者が，保険事故が発生していないことを知っていたときは，無効とする。遡及する期間において保険事故の不発生が客観的には確定しているので，遡及保険とする意味はなく，その事実を知りながら保険者が遡及保険により保険料を取得することが不当な利得であるとして遡及保険の合意を無効とするものである。保険者または保険契約者の申込時を基準時としているので，この文言からは，たとえば，保険契約者の申込時には保険事故の不発生を保険者が知らなかったのであれば，申込時から保険者の承諾時までに申込の時に保険事故が発生していないことを保険者が知ったとしても，遡及保険についての合意は無効とならない[17]。しかし，保険事故の不発生を知りながら保険者が保険料を取得することが不当な利得となるとする保険法5条2項の趣旨からは，この場合にも同項の適用を認めるべきである[18]。

　保険法5条2項により遡及保険の合意が無効とされる場合には，無効となるのは遡及保険の合意の部分のみであるから，遡及保険とならない部分の保険契約は有効となり，保険者はその期間に係る保険料の支払を請求することができる。

　保険法5条2項は，片面的強行規定とされている（保険7条）。同項に該当するような場合に保険者が保険料の取得をすることが保険契約者との関係で不当な利得となるという考え方に基づく保険契約者の保護の趣旨であって，公益に基づく規定とはいえないことによる。これにより，同項に該当する場合でも遡

　17）　そのように解する見解として，新井修司「契約の成立と遡及保険」中西喜寿28頁。

　18）　保険法39条2項に関してであるが，保険法解説219頁〔洲崎博史〕。保険法39条2項は，保険契約者が当該死亡保険契約の申込をした時において保険事故が発生していないことを保険者が知って，承諾したときの意味に解釈すべきであるとする。

第2節　損害保険契約の成立　　*305*

及保険の合意を有効とし保険者はそれに係る保険料の支払を請求できる旨の合意は，無効である。

第3款　特　殊　形　態

　多数の保険の目的がある場合に，個々の保険の目的ごとに保険契約を成立させるのでは効率が悪いし，付保漏れも生じやすいという問題がある。この問題は，特に在庫品を抱える企業，物流関連業者，貿易関連業者などについて存在し，そのため，古くより保険契約の要素のうちの一部をあらかじめ特定しないまま保険契約を成立させる方法が定着している。

　火災保険の分野では，企業の所有する商品，原料等の在庫品について，保険金額をあらかじめ確定せず，その不断の変動にかかわらず，一定の約定の限度額の範囲内で，保険金額がその時々の在庫品の価額と常に同額となるものとして包括的に引受が行われることとするものとして通知保険の方式が行われている。通知保険に係る特約では，保険契約者は日報，週報，月報等あらかじめ約定された期間ごとに保険者に対して在庫品の価額を通知する義務を負うものとされている。通知保険では，契約時に暫定保険料が取り決められた上，上記の通知に従い確定された在庫品の価額に応じて保険料の精算が事後的に行われることとなっている[19]。倉庫の保管品の火災保険についての倉庫特約（第2方式）なども類似の方法である[20]。

　貨物海上保険においては，特定の貨物について，保険契約の要素の一部を未確定のままで契約を成立させる方式が古くから行われていた。これが予定保険とよばれるものである。

　商法改正案では，予定保険を，貨物保険契約において，保険期間，保険金額，保険の目的物，約定保険価額，保険料もしくはその支払の方法，船舶の名称または貨物の発送地，船積港，陸揚港もしくは到達地（以下，保険期間等という）につきその決定の方法を定めたときであるとし，この場合には，保険法6条1

---

19)　損保講座5・344頁。動産総合保険の分野でも商品，在庫を包括的に保険の目的とすることがある。

20)　損保講座5・363頁。

項に規定する保険契約書面には，保険期間等を記載することを要しないという規定（商改正案 825 条 1 項），および保険契約者または被保険者が，予定保険の場合に，保険期間等が確定したことを知ったときは，遅滞なく，保険者に対し，その旨の通知を発しなければならず（商改正案 825 条 2 項），保険契約者または被保険者が故意または重過失により遅滞なく通知をしなかったときは，貨物保険契約はその効力を失う（商改正案 825 条 3 項）とする規定を置いている。

実務上は，このような個別貨物ごとの予定保険によらず，貨物海上保険でも，一定の基準をみたす貨物はあらかじめ合意された基準で包括的に引き受けることとする包括予定保険が広く行われており，わが国の実務上はオープン・ポリシー（open policy）あるいはオープン・コントラクト（open contract）とよばれている[21]。わが国の包括予定保険に関する特約においては（貨物海上保険では期限を定めない特約とされるのが通例である），保険契約者は貨物と運送の内容が確定すると同時にその明細を通知する義務を負い，この通知を故意または重過失により怠ったのでない限り保険者は責任を負う旨の約定が行われている。包括予定保険に相当する保険は，期間建運送保険[22]や特約書による運送保険[23]などでも行われている（貨物の明細の通知義務の違反の効果は一様でない）。これらの運送保険では一定の期間を定めて契約が締結され，個別貨物の明細は 1 か月等定期的に通知するものとされている。

包括予定保険は，それ自体で集合的な保険契約が成立しているのであり，個々の目的物についての保険契約の予約がされているわけではなく，保険契約者による通知は保険契約の未確定部分を確定させるための行為にすぎない[24]。個々の貨物の通知が保険契約者・保険者の双方が保険事故発生を知った後になされたとしても，遡及保険に関する保険法 5 条 1 項により無効となるものではない[25]。

---

21) 損保講座 4・39 頁。
22) 損保講座 4・176 頁。
23) 損保講座 4・158 頁。
24) 大森 245 頁。包括予約保険の性質に関する学説等の詳細については，山下友信・判評 290 号 214 頁（1983）。
25) 東京地判昭 57・5・12 判時 1043・22（運送保険が包括予定保険に相当する方式で引き受けられた事例）。

第4款　被保険利益

1　総　説

　損害保険契約特有の契約の効力要件として被保険利益の存在ということがある。被保険利益とは，保険事故が発生することにより不利益を被ることのあるべき経済的利益として定義される。このような意味での被保険利益の帰属主体を被保険者という。近代の保険契約法においては，被保険利益の存在は損害保険契約の不可欠の要素であり，被保険利益の存在しない契約は保険契約ではなく賭博契約として無効とされてきた。保険法3条は，「損害保険契約は，金銭に見積もることができる利益に限り，その目的とすることができる」と規定するが，ここでいう利益が被保険利益であり，被保険利益こそが損害保険契約の目的であることが明らかにされ，その上で被保険利益の存在しない契約は無効であることを宣言しているのである。

　なぜ被保険利益の存在が損害保険契約の必須の要件であるかは，損害保険契約についての強行法原則である利得禁止原則と一体の関係にある。一言でいえば，保険給付が損害を超えないことが公益として要請されることから利得禁止原則が妥当するが，利得禁止原則が保険事故発生後の保険給付のあり方についての原則であるのに対して，被保険利益の存在の要求は保険契約成立段階において利得が生じる可能性を事前に排除するための原則であるということができる。なぜならば，被保険利益が存在しないということは，そもそも損害の発生する可能性がないということにほかならないことから，被保険利益が存在しない保険契約を無効とすることにより，損害が発生しないにもかかわらず保険給付を受けようとする試みを事前に排除できるからである。このような意味で，被保険利益の要求は，利得発生の事前予防的規制であるということができ，利得禁止原則と同じく賭博の禁止とともにモラル・ハザードの抑止が目的であるということができる（77頁）。

　しかし，利得禁止概念と被保険利益の概念が過剰に厳格なものであると保険加入者・保険者の実務的なニーズを充足できないことになり，利得禁止原則と被保険利益の概念は柔軟化を迫られざるをえない。さらに進んで被保険利益の存在を損害保険契約の要素とすること自体を否定する見解も主張された[26]。そ

れにもかかわらず被保険利益を損害保険契約の要素とする原則を廃棄している国は世界的にも見られないところである。いずれにせよ，被保険利益の要件自体は相当に柔軟に解釈されているので，実際の損害保険のニーズがあるにもかかわらず被保険利益の要件のゆえに実現できないことは現在ではほとんどないといってもよく，かつてのような被保険利益に関する大論争は今日では意義を失っている。

---

26) わが国では，1960 年代ころまでは，損害保険契約における被保険利益の地位如何という形で論争が激しく展開された（学説の概観として，田辺 87 頁）。すなわち，損害保険契約は損害てん補を本質とする契約であることの論理的な帰結として，被保険利益は契約の目的であり，その目的の存在は損害保険契約が有効であるための絶対的な要件であるとする絶対説に対して，被保険利益の存在は絶対説がいうような意味での論理必然的な要件ではなく，射倖契約である損害保険契約が不労の利得獲得のために悪用されることを防止するための公序政策的判断から要請される外面的前提にすぎず，公序良俗に反しない限りでは被保険利益の存在しない損害保険契約も有効に成立する余地があるとする相対説（大森忠夫「保険契約における被保険利益の地位」同・法的構造 81 頁，大森 73 頁）が主張された。この論争は，評価済保険など厳密に絶対説の主張を貫徹すると説明できない現象についてどう正当化するかに主眼があったが，絶対説も評価済保険など商法に規定のあることがらについては量的に多少の例外は認められるとするため，実際に両説で差異が生じていたわけではない。両説で差異が生じえたのは，新価保険のように商法にも規定がなく，厳密な絶対説からは説明がつかないような保険給付をする保険契約についてであったろうが，この点も，絶対説でも大きな利得の発生の防止措置をとる限りでは被保険利益の存在を認め，他方，新価保険が生成途上であったためか相対説の側からも新価保険として具体的にどのような内容のものまでが認められるのかについての具体的な議論は展開されておらず（大森忠夫「新価保険の効力について」同・続法的構造 140 頁），結局，論争の実益がなくなり，両説の対立は論争に参加していた世代の交替とともに終息した。ちなみに，このような損害保険契約の本質に関する論争が，被保険利益の地位という形で展開されたのは日本独特の現象で，日本の論争の議論のベースとされたドイツ法では，少なくとも第 2 次大戦後においては，利得禁止原則の存否という形の論争があるだけである（ドイツ法では利得禁止原則に関する論争があるが，それを絶対的強行規定とする立場でもわが国における相対説と同様の理解に立っていることにつき，洲崎博史「保険代位と利得禁止原則(1)」論叢 129 巻 1 号 13 頁 (1991)）。わが国でも，損害保険契約の損害てん補契約性あるいは利得禁止原則の存否という角度からも議論はなされていたが，それも被保険利益の位置づけが主眼であった色彩が濃い。1980 年代以降は，絶対説・相対説という枠組みの論争ではなく，利得禁止原則の存否という形の論争にようやく移った。利得禁止原則の新たな枠組みを提唱する論者による絶対説，相対説の評価として，中出・損害てん補 3 頁）。なお，近時のドイツの被保険利益に関する学説の概観として，木村栄一「被保険利益の概念と海上保険」損保 65 巻 1 = 2 号 1 頁 (2003)。

2 被保険利益の契約内容確定機能

以上のように，被保険利益は，損害保険契約を賭博から峻別するとともにモラル・ハザードを抑止するという機能を果たすが，被保険利益概念は，同時に損害保険契約における保険の目的や保険給付が何かを確定するという機能を果たしており，これも重要な被保険利益の機能である。

たとえば，ある建物についての火災保険を考えると，この建物については，所有者のほかにも，賃借して営業し利益を得ている者，建築資金を貸し付けて同建物に抵当権を設定している者など，1つの建物について火災で焼失しないことについて多様な経済的利益が存在している。被保険利益概念を確立することにより，このような多様な利益ごとに別々に保険契約が成立しうることが理論的に説明可能となったし，保険契約の内容の設計も可能となったのである。損害保険契約では，被保険利益こそが保険契約の目的（ここでの目的とは客体の意味である）とされるのは，このような意味においてである。

また，被保険利益は，その経済的評価をすることにより保険給付の額を決定することをも可能とするという機能をも有する。被保険利益の評価額である保険価額を基準とする保険給付額の決定はその具体化である。

3 被保険利益の法的要件

ある利益が被保険利益として法的に認められるための要件として，以下のようなものがある。

⑺　金銭評価可能性　　保険法3条は，被保険利益は金銭に見積もることができること，すなわち金銭的に評価可能な利益でなければならないものとしている。ここでの金銭的な評価の可能性とは社会通念上客観的に評価が可能であることを意味し，ある者にとってはきわめて高い価値がある利益であっても（たとえば肉親の遺髪），そのような主観的な評価しかできない利益は被保険利益としては認められない。

⑷　確定可能性　　通常被保険利益の要件としてはあげられていないが，被保険利益の概念は保険の目的を確定するという機能を果たすのであるから，確定可能であることは当然の要件とされるべきである。もっとも，保険契約成立時に被保険利益の内容がすべて確定している必要はなく，保険事故発生時まで

310　第2部　第2章　保険契約の成立

に確定しうるものであれば足りる[27]。

　㈡　**確実性**　　保険契約成立時に存在せず将来発生する利益でも被保険利益たりうるが，将来発生することが確実であることが必要であるとされている。後述（316頁）の未必利益などで問題となる。

　㈢　**適法性**　　適法な利益でなければ被保険利益としては認められない。たとえば，麻薬・覚醒剤や密輸品についての利益を被保険利益として損害保険契約を締結することはできない。この麻薬・覚醒剤等の例を考えれば適法性の要件を設けることにまったく問題はないが，ことはさほど簡単なものではなく，そもそもここでいう適法性ということの意味が問題である。一般的には，適法性がなく被保険利益の要件をみたさないとされる場合として，法令によりある利益を保険に付すことが特に禁止される場合と，その利益に関して保険により損害てん補をすることが公序良俗に反する場合とがあげられる。

　前者の例としては，たとえば，かつてのドイツ商法780条（現在は削除）においては，船長・船員が海難の発生に際して船舶等の救助に努めないことになるおそれがあることを理由として，船長・船員が給料請求権に関する利益を保険に付すことを禁止していたという例があげられる[28]。これは，被保険利益があるものとして付保を認めることが当然に次に述べるような公序良俗に反するものとはいえないが，国の政策的判断に基づき公法または私法上特定の被保険利益の付保を禁止しようとするものである。このドイツ商法の例のように私法規定による禁止はおそらく強行規定であり，違反して締結された保険契約は無効となるであろう。

　後者の損害てん補が公序良俗に反する場合にいかなるものが該当するかは保険契約法の解釈問題であるが，ある利益の存在自体が犯罪行為となる場合（たとえば，上述の麻薬や密輸品等）のほか，犯罪行為ではないがその利益について

---

　27)　物保険契約では契約の目的とされた被保険利益が何かを特定する必要がある。たとえば，火災保険で，建物を目的物とする場合に門，へい，各種設置設備などが建物に含まれるのか，家財を目的とする場合に，家財とはどの範囲を含むのかなどが問題となるが，このような問題に関して約款で目的物の意味ないし範囲を特定しておくのが通例である。火災保険につき，注釈火災保険91頁〔松村寛治〕（自動車車両保険，船舶保険などでも同様の趣旨の約款規定がある）。

　28)　木村42頁。

の保険による損害てん補が私法上も公序良俗違反として評価される場合があげられる（たとえば，不倫関係の対価）。さらに，行政的取締法や私法の規定の趣旨からある利益が適法な被保険利益とは認められない場合もありうる[29]。

　この点に関する裁判例として，米国の法律により禁止されていたイラン製のペルシャ絨毯のわが国から米国への輸出に関して締結された貨物海上保険契約について，被保険利益の適法性の要件が認められるかどうかが争われたものがある。一審判決では米国法が刑事罰を伴うものであり公序良俗に反する利益であって被保険利益とは認められないとしたのに対して[30]，控訴審判決[31] は，米国法の規制が行政上の一時的な取締法であり現に当該目的物の輸入につき結果的に米国当局により刑事罰を科されていないことから，法廷地法である日本法上は，公序良俗に反する利益であるとはいえず保険契約は有効であるとした。一審判決と控訴審判決とでは米国法の理解について差異があるので必ずしも対立する判決とはいえないが，外国法上犯罪となるような行為に係る利益に関しては，法廷地法である日本法上は違法ないし公序良俗に反するのでなくとも，日本の保険契約法上も公序良俗に反する利益として被保険利益の適法性の要件をみたさないというべきである[32)33)]。

4　被保険利益の類型

(1)　総　　説

　上記のような被保険利益の要件をみたせばどのような利益でも被保険利益として認められる[34]。利益は積極利益と消極利益に大別するのが通例であり有益

---

29)　札幌地判平 7・11・30 判タ 916・200 は，他人の知的財産権（商標権，特許権，不正競争防止法上の権利）を侵害する商品についても被保険利益はあるとしつつ，市場価格の 20 分の 1 のみであると評価した事例である。

30)　東京地判平 10・5・13 判時 1676・129。

31)　東京高判平 12・2・9 判時 1749・157。

32)　この事案においては，被保険利益が違法なものであるがゆえに保険契約が公序良俗に反するか否かということが主として争われているが，海上保険契約であり英国法準拠法条項が含まれているので，1906 年海上保険法 41 条の航海の適法性の黙示ワランティ違反による保険者の免責も問題となりうる。この点については，203 頁。

33)　この点を検討するものとして，吉澤卓哉 = 横溝大「外国居住者を保険契約者とする生命保険契約への当該外国の海外直接付保規制の適用可否」生保 202 号 11 頁（2018）。

34)　被保険利益の類型については，多様な被保険利益の形態が認められてきた海上保険

である。ここで積極利益とは，積極財産が失われることについての利益をいい，たとえば建物の所有者が建物を火災保険に付す場合の所有者としての利益がこれに当たる。消極利益とは，消極財産が増大し財産状態が悪化することについての利益をいい，たとえば自動車保有者が自動車事故を起こして損害賠償責任を負い財産状態が悪化することに備えて責任保険を付す場合の，自動車保有者の財産状態について有する利益がこれに当たる。このような分類をすることの意味は，積極利益については，被保険者とされる者が積極利益を有しなければ損害保険が成立しえないこととなり，また保険価額の概念を通じる保険給付の確定方法が適用されるのに対して，消極利益については，財産状態の如何にかかわらず（したがって債務超過状態にある者でも）損害保険が成立し，また保険価額の概念の適用がないという点にあることになる。さらに，そもそも消極利益は被保険利益としての意味があるのかが疑問とされるという相違を導くということにある。

(2) 積 極 利 益

(ア)　所有者利益　　特定の物に対する所有者としての利益，換言すれば所有者としてある物について使用収益処分を自由にできることによる経済的利益が被保険利益たりうること自体は問題がない[35)36)]。この意味での所有者利益は所有権を有する者が有する[37)]。法律論として問題となりうるのは，所有権の移転

　　の分野で詳細に論じられてきた。加藤由作・改訂海上被保険利益論（新紀元社，1951）。
35)　保険契約成立時にはいまだ所有権を取得していないが，将来取得することが確実である場合にも所有者利益が認められる。
36)　所有者利益は，有体物を前提とするが，特許権のような知的財産権についても所有者利益に準じた被保険利益を認めることができる。
37)　所有者利益の本質を法律上の権利としての所有権を有することと見るか，所有者としての経済的利益と見るかという論争があるが（この論争については，野村修也「損害保険契約における所有者利益と所有権」西南学院大学法学論集22巻2＝3号261頁（1990）），被保険利益が経済的利益を問題とする概念である限り所有者としての経済的利益と見るべきである。しかし，所有者としての経済的利益があるといえるためには所有権という法律上の裏づけがなければならないので，両説の対立にどれだけの意味があるかは疑わしい。いずれにせよ，この論争は，売買等による所有権移転過程や譲渡担保・所有権留保などの所有権の担保的利用の場合の被保険利益をどのようなものとしてとらえるかという問題に関するのであり，それらの問題については個別具体的に検討すべきである。売買契約における危険負担との関連で被保険利益の所在につき考察するものとして，田辺康平「不動産の売買における被保険利益の所在——民法の危険負担と関連しての考察」同・理論と解釈41頁，山本哲生「保険と契約上の権利の調整」北大法

第2節　損害保険契約の成立　*313*

がある場合の被保険利益の所在についてである[38)39)]。

建物についての所有権を原始取得した者はいうまでもなく，他人から譲り受けた者が未登記の場合でも，所有者利益を認めることの障害にはならないとされている[40)]。わが国の物権法上は，所有権は合意により移転し，ただ所有権移転登記は第三者対抗要件であるにすぎず，所有者としての経済的利益を有することを認めて何ら差し支えないからである。この場合に，保険者は登記が対抗要件となる第三者には当たらない。

しかし，他人から所有権を譲り受けたが，その他人が別人にも所有権を二重譲渡し，別人の方が登記をして対抗要件を備えた場合には，登記のない譲受人は結局所有権を取得できないことになり，被保険利益を有しないことになってその者の締結した損害保険契約は無効となるという結果となる[41)]。二重譲渡があったがいずれの譲受人も登記をしていない場合は，いずれの譲受人も将来他方が登記することにより遡及的に消滅する解除条件付の被保険利益を有しており，これが保険契約の目的とされていると説明される。

　(ｲ)　債権利益　　債権者は，債務の履行を受けること，換言すれば債務不履行により回収不能が生じないことについての被保険利益を有する。信用保険や保証保険は債権者としての利益を被保険利益とする保険である。

　(ｳ)　担保利益　　(ⅰ)　法定担保権　　ある物について，抵当権や質権等の法定担保権を有する担保権者としての利益，すなわち担保により債権の実現が確実なものとなるという経済的価値のある利益も被保険利益となりうるが，ここでの特別の問題は，被担保債権と切り離しては担保利益を問題とすることはできないということであり，担保利益を具体的にはどのような形で保険に付すか，あるいは損害てん補をどのような仕組みで実現するかという難問がある。

　　学論集52巻4号1019頁（2001）。
　38)　所有権の放棄による被保険利益の喪失事例として，横浜地判平4・11・30判時1457・145。
　39)　会社所有の建物を目的物としているのに同会社の代表取締役が共済契約者兼被共済者となった共済契約に関して，東京高判平11・7・28金判1077・42は，建物についての被保険利益は会社に帰属するので，上記共済契約は被保険利益を欠く契約として無効とする。
　40)　大判昭12・6・18民集16・940。
　41)　最判昭36・3・16民集15・3・512。

（ii）非典型担保権 ① 譲渡担保 担保目的で所有権が移転される譲渡担保の行われる場合の被保険利益をどのようなものとしてとらえるかという難問がある。かつて譲渡担保設定者（債務者等）は設定により所有権を失ったことにより所有者利益を失い，譲渡担保権者（債権者）のみが所有者利益を有するから，譲渡担保設定者の締結した火災保険契約は無効であるとした裁判例があり[42]，これについては，譲渡担保が担保にすぎないことを無視するものであるとして学説が強く批判した[43]。その後，譲渡担保に関する判例・学説が担保的構成をとることで固まってきたことから，現在では譲渡担保権者のみでなく譲渡担保設定者も所有者としての被保険利益を有するというのが判例の立場となっている[44]。もっとも，譲渡担保権者・譲渡担保設定者がいずれも所有者利益を有するとして両者がそれぞれ独立に保険に付した場合に双方が損害てん補を受けるとすれば1個の物について2個分の保険金が支払われることになり，両者を合わせれば利得が生じていることは明らかである。そこで，両者が被保険利益を有するとした判例は，重複保険と類似の状態が生じているとして同時重複保険に関する改正前商法632条の規定の趣旨に鑑みて（類推適用ということであろう）各保険契約の保険金額の割合によって各契約の保険者の負担額を決定すべきものとした[45]。保険法では，改正前商法632条は廃止されたので，この判例が現在も生きているとはいいがたい。強いて保険法の規定を類推するとすれば，独立責任額に従い保険者間での負担部分を按分する同法20条2項の規定に求めることになるのかもしれないが[46]，断定はできない。

---

42) 岐阜地判昭34・3・23下民10・3・528。第2次大戦前の判例も，譲渡担保権者のみが所有者利益を有するものとしていたようである。大判昭8・12・19民集12・2680，前掲大判12・6・18（注40）。

43) 竹内昭夫・損保百選（第1版）18頁。

44) 最判平5・2・26民集47・2・1653。譲渡担保設定者も所有者利益を有するものとして，ほかに大阪高判昭63・9・22判時1331・129。

45) 前掲最判平5・2・26（注44）。一審判決・京都地判昭63・2・24判タ674・196は，両者の被保険利益を認めた上で，保険者間の保険金支払の分担は，約款で定められている独立責任額による分担によるべきものとしていた。最高裁がこれを否定したのは，両者の保険が被保険者を異にするため本来の重複保険ではないという理由による。そのこと自体は誤りではないが，最高裁判決については，そもそも両者の被保険利益が何かという点を明らかにしていないという問題が指摘される。上柳克郎・損保百選14頁。

46) 洲崎博史・保険法百選13頁，論点体系1・66頁〔中出哲〕は，いずれも保険法20条2項の類推を示唆するが，結論はいずれも判例自体に批判的である。

しかし，そもそも譲渡担保の担保的構成を徹底するのであれば，両者が所有者利益を有するとしてよいのか疑問の余地がある。担保的構成の下では，譲渡担保設定者と譲渡担保権者の関係は，抵当権を設定した所有権者と抵当権者との関係が類推されるべきであり，この立場からは譲渡担保設定者の所有者利益が肯定されるのに対して，譲渡担保権者の所有者利益は否定されるべきである。そして，譲渡担保権者のための保険は，抵当権付債権者のために用意されているのと類似の保険とされることが望ましい[47]。しかし，実務上は，譲渡担保権者についても所有者利益の保険が利用されているので，現状ではこれを前提に保険金の支払方法を考えざるをえない。譲渡担保の趣旨が譲渡担保権者に所有権を形式上移転させ目的物の価値を一応譲渡担保権者に把握させて担保としての効力を強化したものと考えるとすれば，譲渡担保権者が自己の保険から優先的に保険金の支払を受けるとすることが，両当事者の担保設定に関する合理的な意思に合致するというべきである（譲渡担保権者が清算義務を負う場合には保険金から清算が行われる）[48]。

② 所有権留保　　譲渡担保と同様の問題は，所有権留保売買の目的物の保険（自動車車両保険で特に問題となる）でも生じうる。もっとも，車両保険に関しては，譲渡担保の場合と異なり，担保権者と担保設定者の双方が所有者利益について付保するという事態は一般にはないようであり，担保設定者である買主のみが所有者利益を対象とする保険を付しているのが通例である。裁判例には，車両保険の約款では被保険者は所有者すなわち売主であるとされているが，買主も被保険利益を有し，買主を被保険者として締結した車両保険契約を有効としつつ，所有権は売主と買主に分属するとして買主は既払金額の代金総額に対する割合分のみの損害てん補を受けられるとした事例があった[49]。しかし，

---

47) この立場をとるものとして，竹内・前掲（注43）18頁。

48) 譲渡担保権者の保険契約が優先して支払われるべきであるとする見解として，上柳克郎「譲渡担保と保険」同・商事法論集153頁（有斐閣，1999）は，判例の按分処理では，譲渡担保権者が被担保債権額の範囲内でも保険による保護を十分受けられない場合も生じることが被保険者間の公平の観点から適当でないとし，権鍾浩・法協112巻7号1016頁（1995）も，譲渡担保権者と設定者間の公平の観点から判断されるべきで，保険者間の公平に関する改正前商法632条や約款の規定を類推適用すべきではないとする。

49) 大阪地判昭55・5・28判時980・118。なお，前掲最判平5・2・26（注44）の原審判決・大阪高判平元・6・20判時1328・46も，譲渡担保の場合に所有権は譲渡担保権

この例のように，買主が保険に付している場合には，買主には完全な所有者利益があるのであって，上記裁判例のように所有権の分属を認めることは誤りであり[50]，買主は自動車の交換価値全額についての被保険利益を有するとして，所有権の分属を基礎とした損害てん補をすべきでないとする裁判例が正当である[51]。売主としては，自己のための保険を独自に付すか[52]，または保険金で債権保全を図るために保険金請求権上に質権を設定するなどの措置をとることが必要であろう。

　㈢　収益利益　　広く将来において収益を得ることが期待される場合に，この期待される収益は被保険利益として認められる。この類型にも，民法上の果実収取権者が有する利益，企業が将来の事業活動により将来得べき利益（利益保険とよばれる保険の目的とされる利益），特定の労務の提供等により将来得べき利益（運送賃等）など多様なものがありうる。海上保険で，保険価額の 10% を運送中の貨物が目的地に到達した場合に転売により得べかりし利益として所有者利益とは別の未必利益という被保険利益として認めているのもこの範疇に属する被保険利益である。収益利益は将来得られる収益に関する利益であるから

　　　者と譲渡担保設定者に分属しているという説明をするが，そこでは両者が所有者利益を有するということだけを認め，前掲大阪地判昭 55・5・28 のような量的な分属までは認めていない。車両保険の実務につき，米塚茂樹「車両保険」裁判法大系 378 頁以下。
　50)　小林登・ジュリ 820 号 98 頁 (1984)。
　51)　名古屋高判平 11・4・14 金判 1071・28，大阪地判平 13・9・27 判時 1773・149（所有権留保付の割賦販売の買主が売主のためにすることを明示しないで付した車両保険契約は売主のため，または買主と売主の双方のためにする保険契約ではなく，買主のためにする保険契約であるとする），名古屋地判平 17・10・26 判タ 1216・277。車両保険の約款では，車両保険の被保険者は被保険自動車の所有者をいうものとしているが，所有権留保による買主も所有者に当たると解されることになる。なお，所有権留保売買契約において買主が自動車を他へ譲渡することが禁止されている場合に買主が禁止に違反して自動車を転売したときに，転売による買主は約款にいう所有者には当たらないとされた裁判例がある（名古屋地判平 17・11・30 判タ 1218・302）。
　52)　譲渡担保と同様に考えれば，所有権留保売主にも所有者利益を認めることになろう。名古屋地判平 18・12・18 判タ 1240・315 は，買主が自らを保険契約者として締結した保険契約であっても，保険契約申込書および保険証券の車両所有者欄に所有権留保売買の売主（ローン会社）の名称が記載されている場合には，被保険者は売主であると解さざるをえないから，買主がこの車両保険による保険金請求をすることはできず，保険金請求権を行使するためには売主から同権利を譲り受けることが必要であるとしている。契約解釈としてはこのようにいわざるをえないであろうが，自動車の所有権留保売買における付保の実務においてこのような混乱が生じないようにする配慮が望まれる。

第2節　損害保険契約の成立　　*317*

保険契約成立時に存在するとはいえないが，将来確実に得られる利益であれば被保険利益として認められている[53]。

(ｵ)　代償利益　　海上保険の分野において被保険利益の範疇として認められてきたもので，たとえば，船舶所有者が他人の物を運送して運送賃を稼得するために船費（燃料，食料品，船員に対する前渡金等）を支出するが，海上危険により運送賃が得られなくなることに備えて，支出した船費を被保険利益として保険に付すような場合の船費についての利益を代償利益とよんでいる。船費の支出自体は確定的な費用の支出で損害保険の目的となりえないが，船費の支出があってはじめて運送賃という収益が得られるという関係にあり，運送賃が船費の代償をなすという意味で代償利益とよばれていた。もっとも，今日の海上保険の実務では，船費を被保険利益とする保険は，このような運賃保険の代替としてではなく，船舶保険の保険料を節約するために，船舶保険の保険価額を低くして分損担保条件で付保し，不足分について船費保険を全損のみ担保条件で付すという方法で行われている[54]。

(3)　消　極　利　益

(ｱ)　類型　　(ⅰ)　損害賠償責任の負担についての利益　　他人に対して損害賠償責任を負担することにより消極財産が増加するので，損害賠償責任を負担する可能性があることをもって被保険利益があるものと考えることができ，このような被保険利益を目的とする保険が責任保険である。いかなる原因により損害賠償責任を負担するかは多様であり，どの原因による責任を保険の対象とするかは保険契約で確定される。すべての原因による責任を包括的に対象とするものもあれば，個別の原因による責任のみを保険の対象とするものもある。

(ⅱ)　費用の負担についての利益　　疾病や傷害により医療を受けたことにより医療費用がかかるという例が最もわかりやすいが，このように何らかの原因により費用を支出しなければならないことにより消極財産が増加するので，費用の支出をする可能性のあることをもって被保険利益があるものと考えるこ

---

53)　被保険利益の類型として使用利益というものがあげられることがある。物の賃借人が賃借した物を使用することにより得られる利益が例示されるが，実質は賃借した物の利用により得られる収益や賃借した物が滅失したことにより生ずる費用のような利益で，収益利益や費用利益と別に使用利益なるものがあるかどうかは疑わしい。

54)　木村 75 頁，損保講座 3・122 頁。

318　第2部　第2章　保険契約の成立

とができる。このような費用利益を目的とする保険を，費用保険ということがある。医療費用に関する保険をはじめ，遭難者の救援費用に関する保険，興行が中止となったために興行主等にかかる費用の保険などがこのような費用利益を目的とした保険の範疇に属する。訴訟や仲裁等の手続にかかる費用をてん補する訴訟費用保険もこの範疇に属する。

　(イ)　消極利益も被保険利益か　　責任保険や費用保険の例を見るとわかるように，これらの保険は，消極財産の増加による財産状態の悪化に備えた保険であり，もともと被保険者が損害賠償金や各種費用を支払うのに十分な財産を有しているかどうかに関わりなく，保険契約は有効に成立しうる。その点で，積極利益を目的とする損害保険と区別する意味があるわけであるが，区別した上で消極利益も被保険利益であることには変わりはなく，責任保険や費用保険でも消極利益を目的として損害保険契約が締結されていると理解する立場と，消極利益も経済的な利益であることは否定できないにしても，消極利益については保険価額を問題とする余地がなく，保険給付の決定に関しては被保険利益の概念が具体的に機能する法的局面がないことから，消極利益を対象とする保険ではそもそも被保険利益概念は存在しないとする立場が対立している[55]。いずれにせよ概念的な問題にすぎず実益がある議論ではないが，いずれかと問われれば後者の立場を支持する。

第5款　他人のためにする損害保険契約

1　総　　説

　倉庫業者が他人の貨物の保管を引き受けている場合に，その保管貨物について，所有者利益を有する寄託主が自ら火災保険契約を締結するのではなく，倉庫業者が寄託主の所有者利益を被保険利益とし，寄託主を被保険者として火災保険契約を締結することが一般である。このように自己以外の者の被保険利益

---

　55)　消極保険では積極保険におけると同じ意味での被保険利益概念は存在しないとする立場として，田辺康平「責任保険をめぐる被保険利益本質論の吟味」同・理論と解釈17頁，田辺200頁。積極保険におけるように発生可能な損害の限度となるという機能はないにしても賭博から区別するという機能において被保険利益は存在するとする立場として，西島梅治「責任保険の被保険利益」保険学432号25頁 (1966)。

を保険の目的とし，したがって自己以外の者を被保険者として保険契約を締結することがあり，これを他人のためにする損害保険契約という。保険法では，このような保険契約が有効であることを明文の規定で確認する（保険8条）。また，保険法の規定する以外の事項でもこの種の保険特有の法律問題がある。

2　成　立

(1)　効力発生要件

　上記の倉庫業者が寄託主のために保管貨物について火災保険を付すような場合（運送業者が荷主のために運送保険を付すような場合も同様である）を考えれば他人のためにする損害保険契約の有効性を認めることについて問題はないが，保険法では他人のためにする損害保険契約を保険の種類や状況等で限定することなく認めようとするので，何も制約を付さないと，他人の被保険利益を無断で保険の目的とする保険契約が締結されるおそれがある。損害保険では被保険者が保険給付請求権を有するので保険契約者となった者が利得を得る可能性は法律上は排除されているが，実際上は保険契約者が保険金を取得することになるおそれがあるし，それがひいては保険給付の詐取の手段となる可能性も否定できない。被保険利益の帰属者が自分の被保険利益について望まないにもかかわらず保険が付されているという事態は社会的にも望ましいものとはいえない。

　改正前商法では，このような配慮から，保険契約者が被保険者となる者から委任を受けないで損害保険契約を締結する場合において，委任を受けていない旨を保険者に告げないときは，保険契約は無効であるとしていた（改正前商648条前段）。ここでは被保険者からの委任を受けないことを当然に保険契約の無効事由とするのでなく，保険者の判断でモラル・ハザードのおそれのある保険契約の成立を阻止させるべく保険契約者に委任を受けていないことの告知義務を課していたものと考えられる。しかし，保険法では，委任を受けないで締結される保険契約がすべて不正行為につながるものではないという理由から，この規律は廃止された[56]。したがって，他人のためにする損害保険契約は，保険契約者が被保険者から委任を受けていたか否かを問わず有効に成立する。

---

56)　一問一答149頁。

320 第2部 第2章 保険契約の成立

　また，損害保険の約款では改正前商法648条前段のごとき内容の約款条項は置かれていなかったが，他方で，他人のためにする保険契約である場合にその旨を保険者に告げなかったときは，保険契約は無効とする条項が置かれていることが多かった[57]。この約款条項では，委任を受けていないことではなく，他人のためにする保険契約であること自体を告知することを求めているわけであるが，約款条項の趣旨は被保険者という保険契約の要素を特定することに主眼があり，併せて保険者の危険選択のための情報を提供させようとするものと考えられる。しかし，保険法制定後の約款ではこのような定めは置かれていない。

(2)　不特定の他人のためにする保険

　甲が乙の建物について甲を保険契約者，乙を被保険者として火災保険契約を締結する場合においては，保険契約の締結時に被保険者が明示的に特定されるが，そのように被保険者を明示的に特定することが不可能な場合が少なくない。上述の倉庫業者が締結する火災保険契約でも，倉庫業者が，多数のしかも不断に変動のある寄託者を包括的に被保険者とする保険契約を締結するのはまさにそのような場合であるが[58]，このように，被保険者を明示的には特定しないままでの他人のためにする損害保険契約の有効性を認める必要がある。そこで，被保険者を保険事故発生時までに特定することができるような基準が確定されていれば，そのような保険契約も有効に締結できると解されており，これを不特定の他人のためにする保険契約という[59]。自動車責任保険で，記名被保険者のほか記名被保険者の承諾を得て被保険自動車を運転する者も許諾被保険者として被保険者とされているのも不特定の他人のためにする保険契約の一形態である[60]。

---

57)　約款条項の沿革につき，南出弘「わが国普通保険約款における他人のためにする保険契約の告知——その存在意義を中心として」法学新報75巻11号33頁（1968）。

58)　倉庫業者と寄託者との間では寄託契約で倉庫業者が寄託者のために火災保険に付すことが約定される。倉庫業法14条は，寄託者が反対の意思を表示した場合または国土交通省令で定める場合を除いて，倉庫業者は倉庫証券を発行する場合においては寄託者のために受寄物を火災保険に付さなければならないものとしている。

59)　歴史的な側面については，木村栄一「不特定人のためにする保険の生成と発展」大森先生還暦記念・商法・保険法の諸問題384頁（有斐閣，1972）。

60)　一部の損害保険会社では，火災保険の特約として火災保険加入者が失火により近隣者の家屋に類焼等の損害を与えた場合に法律上の責任の有無を問わず近隣者の損害をてん補する（近隣者自身の加入する火災保険等により損害てん補がなされる場合にはこれ

3　契約の効力

(1)　第三者のためにする契約としての他人のためにする損害保険契約

他人のためにする損害保険契約は，民法上の第三者のためにする契約の特殊形態であると考えられている[61]。したがって，保険法に特則がない限りでは，一般規定である民法の第三者のためにする契約の規定の適用がある。

保険法は，被保険者は当然にその契約の利益を享受するという規定を置くが（保険8条），これは，第三者の利益の享受の意思表示が権利取得の要件となっている民法の規定（民537条3項）の特則を定めるものである。その他の点では，民法の規定の適用があるから，保険者は保険契約者に対する抗弁事由をもって当然に第三者である被保険者に対抗することができる（民539条）。これに関して，保険者が保険契約者に対する保険料請求権等を自働債権とし被保険者に対する保険金支払義務を受働債権として相殺できるか否かについては，被保険者は保険者に対して自己固有の権利として保険金請求権を取得したということから，この相殺について否定的に解する見解がある[62]。このような相殺を可能とする旨の特約の有効性については疑われていないが，保険料請求権という保険契約自体に起因する債権に基づく相殺に関する限り，特約がなくとも相殺の抗弁を否定する理由はないというべきである。

第三者である被保険者は，このように当然に保険契約の利益を享受し，保険事故が発生し保険給付請求の要件が備わったときは，保険者に対して直接保険給付を請求することができる（民537条1項）。

被保険者は契約の当事者ではないから保険料支払義務を負うことはない。しかし，被保険者は被保険利益の帰属者であり保険給付請求権者であるから保険契約に関しては重大な利害関係がある。このことから，保険法では（約款でも

を控除する）保険が行われているが，これも一種の不特定他人のためにする保険契約ということができる。

61)　ドイツ保険契約法では，総則中に他人の計算の保険（Versicherung für fremde Rechnung）という類型の規定が置かれている。わが国の他人のためにする損害保険もこの類型に属するものとされており，単純に第三者のためにする保険とは説明されていない。この点について考察するものとして，今井薫「他人のためにする保険契約は，本当に第三者のためにする契約か？──ドイツVVG改正を契機として」保険学613号253頁（2011）。

62)　大森100頁。

同じである），被保険者は告知義務や通知義務等を負うものとされているほか（被保険者の告知義務については，398頁），被保険者の善意・悪意と法律効果の発生を結びつけていることがある（保険5条1項等）。

(2) 保険契約者による保険給付請求権の行使

他人のためにする損害保険契約においては，被保険者が保険給付請求権者であるが，被保険者が自ら保険給付を請求せずに，保険契約者が自己の名において請求することを認めることが必要ないし便宜なことがあるとして，これを認めている外国立法例がある。たとえば，ドイツ保険契約法45条3項は，保険契約者は，被保険者が当該保険契約の締結について同意していれば，保険契約者が自己の名で保険金を請求することができるものとする[63]。保険法では，このようなことを認める規定がないが，立法論としてこれを認める必要があることには大方の意見の一致がある[64]。

わが国でも，たとえば標準的な倉庫寄託契約においては，寄託者は倉庫業者を経由して火災保険金の支払を受けなければならないことが約定されており，契約により保険契約者による請求を根拠づけている[65]。

このように他人のためにする損害保険契約において，保険契約者が自ら保険金を請求することが行われることの理由としては，保険契約者が被保険者との関係において保険金請求権を実質的な担保視していることに最大の理由があると思われる。倉庫業者の例でいえば，倉庫業者は寄託者に対する保管料請求権等の債権につき，寄託物に対して民法・商法上の留置権（民295条，商521条）

---

63) 同条1項は，保険契約者は保険契約に基づき被保険者に帰属する権利を自己の名において処分することができるともしている。

64) ドイツを中心とした他人のためにする損害保険契約の法律関係と立法論については，岩崎稜「他人のためにする保険立法論の中心問題——保険金請求権の帰属と行使」日本保険学会創立30周年記念論文集203頁（日本保険学会，1971）。

65) そのほか，寄託者が罹災当時の価格および損害の程度ならびに損害てん補額を保険者と決定するに際しては，それぞれの金額について倉庫業者の承認を得なければならないこと，寄託者と保険者の協議が調わないときは，倉庫業者は保険者と協議決定できることが約定され，保険金支払に保険契約者である倉庫業者が介入できるものとしている。もっとも，損保講座5・361頁は，寄託契約に対応して保険契約でも倉庫業者を経由して保険金の支払がされるものとするが，これは保険金支払の確認，倉庫保管料の回収，質権者のための質権の保全等，倉庫業者の便宜を図った規定で，経由してということの意味は立会程度の意味であり，ことさらに保険金を倉庫業者に支払い，倉庫業者が改めて寄託者に支払うということではないとする。

等の担保権を有するが，寄託物が滅失した場合には保険給付請求権が寄託物に代わる担保としての意味をもつのであり，その意味で保険契約者が自己の名で保険給付請求をすることは物上代位と同様の意味があるものということができる[66]。

このように他人のためにする損害保険契約は，保険契約者と被保険者との間の法律関係が保険契約に直接反映するような形で生成されてきたものであり，そのゆえにドイツでもわが国の他人のためにする損害保険契約に相当する契約は，「他人の計算における損害保険（Versicherung für fremde Rechnung)」として概念化され，わが国のように純粋な第三者のためにする契約としては必ずしも位置づけられていないのである。わが国の保険法では，第三者のためにする契約と位置づけていると考えられるので，法律関係は単純化されているが，そのゆえにかえって保険契約者と被保険者との間で自然発生的に生ずる保険契約者の自己の名における保険金請求へのニーズに応えることが保険法上は難しくなっているということができる。

したがって，保険契約者の名による保険金請求は保険契約者，被保険者および保険者間の約定に根拠づけるしかないが，これらの者の間での明示の約定ないし商慣行を基礎とした黙示の約定の効力を否定すべき理由はない。保険契約者と被保険者との間には，一種の信託的法律関係があるものとして説明することになろう[67]。この場合，保険契約者は，訴訟手続上も自己の名において当事者となることができ，これは任意的訴訟担当として説明することができる[68]。

---

66) 保険契約者が自己の名で保険金請求をすることができることの意味は，本文で述べるような保険契約者の利益のほかに，保険者にとっても直接取引関係のない被保険者ではなく，取引相手方であり正体の判明している保険契約者と保険金請求に関して交渉すればよいという利益があるといわれる。岩崎・前掲（注64）222頁。

67) 前述のように保険契約者が自己の名で保険金請求権を行使しうることが実質的には担保であるとしつつ，保険契約者の立場を信託の受託者として位置づける考え方は，通常の権利移転型の譲渡担保のような場合には見られないものであるが，保険契約では，この場合に限らず，担保の趣旨で債権者が保険契約者の立場に立つ各種の保険契約（団体信用生命保険契約もこの類型である）に共通して問題となるものである。

68) 他人のためにする損害保険契約に相当する契約において，保険契約者が被保険者のために任意的訴訟担当として原告となって請求することを否定した裁判例がある（東京地判平7・10・3判時1579・138，控訴審・東京高判平8・3・25判タ936・249）。この事例は，コンピュータの保守サービス会社が，自己を保険契約者，ユーザーを被保険者

324 第2部 第2章 保険契約の成立

4 保険契約者と被保険者との間の法律関係

保険法は保険契約者と被保険者との間の法律関係について特段の定めを置いていないが，この関係は第三者のためにする契約における対価関係にほかならず，この対価関係と保険契約者と保険者との間の関係である補償関係とは別個の法律関係である。対価関係の態様は多様であり，たとえば，被保険者が保険契約の締結を保険契約者に委任している場合には委任契約が対価関係となる。これにより保険契約者は委任事務処理としての保険契約の締結のためにかかった費用としての保険料額の償還を被保険者に請求することができる。もっとも，倉庫業者や運送業者が荷主のために保険を付す場合には，付保に関しても保管契約や運送契約の一部とされ，格別に委任契約が締結されるまでのこともなく，保険料についても保管料や運賃に含まれていることも多いであろう。保険契約者と被保険者との間にこのような契約関係が何もないにもかかわらず保険契約者が被保険者のために契約を締結する場合もありえ，このような契約も当然に無効とはならず，対価関係としては事務管理として説明されることになろうし，保険契約者が保険料の償還を求める意思がないような場合には贈与類似の関係として説明されることもありうる。

対価関係は，あくまでも保険契約者と被保険者との間の法律関係であり，保険契約者と保険者との間の補償関係とは独立のものである。しかし，他人のためにする損害保険契約においては，上述のように，保険契約者が自己の名で保

として締結した動産総合保険契約で，保険契約者はユーザーのコンピュータが故障した場合の修理を行うが，その費用を同保険契約の保険金により回収しようとしたもので，このスキーム自体は合理性があり，任意的訴訟担当を認めるための判例の一般基準である，弁護士代理の原則および訴訟信託の禁止の脱法でなく，かつ任意的訴訟担当を認めることの合理的理由があることという基準（最大判昭45・11・11民集24・12・1854）に照らしても，任意的訴訟担当を認めてもよい場合であると思われる。しかし，この事例では，保険契約者と被保険者との間の保守サービスに関する契約が杜撰であったためか，保険契約者による付保および請求について被保険者の同意が得られておらず，この点が判決の結論に決定的な意味をもっているので，任意的訴訟担当を否定する先例としての意味はないと思われる（同判決に否定的なものとして，潘阿憲・ジュリ1141号177頁（1998）〔一審判決〕，石田清彦・ジュリ1168号133頁（1999）〔控訴審判決〕，上村明広・判評459号222頁（1997）〔一審判決〕。被保険者と保険契約者との間の法律関係が明確にされないまま任意的訴訟担当を認める場合に生じる困難な解釈問題を回避するという観点から，本判決について否定的とはいえない評価をするものとして，森田果・保険法百選20頁〔控訴審判決〕）。

険金請求をすることができるというような法律関係により対価関係が直接的に保険者との間の法律関係に反映することがあり，両者の関係の独立性は若干弱まっている。

第三者のための契約では対価関係が不存在であると第三者の権利取得は要約者である保険契約者との関係で不当利得となる可能性があるが，他人のためにする損害保険契約では被保険利益を有しない保険契約者が保険給付請求権を取得することはありえず，対価関係が不存在でも，保険契約が有効に成立した以上は，被保険者は保険給付請求権を保険契約者との関係でも保持しうるというしかなく，たかだか保険契約者は事務管理として保険料の償還を被保険者に請求できるにすぎないというべきであろう。

第3節　生命保険契約の成立

第1款　総　　説

生命保険契約の実務では，保険契約者となろうとする者が申込書に記入し，これを生命保険募集人に交付するが，申込書は本店等の引受審査部門に回付され，その部門で集権的に承諾するか否かの判断をするのが損害保険の実務と大きく異なる。これは，被保険者の身体の状態が危険選択に決定的な影響を及ぼす生命保険では引受の判断に医的知識を要することによる。また，わが国の生命保険会社では契約内容登録制度を利用するなどして引受審査に当たって道徳的危険を排除する実務がとられていることからも，集権的に承諾の可否を決定することになる。これらのことから，保険契約者となろうとする者の申込行為と保険者の承諾との間に時間的なずれがある。実務上は現在の生命保険では，以下に見るように責任開始と関連づけた独特の契約の成立のさせ方が行われているのが通例である。

第2款　契約内容登録制度

　1976年に従前の災害保障特約を傷害特約と災害入院特約に分離し，同時に入院給付金の日額最高限度を2万円に引き上げたことを契機として，重複加入した上での詐病等による入院給付金の不正請求問題が顕在化してきたため，1980年に生命保険協会において契約内容登録制度が創設された[69]。この制度は，生命保険協会内の登録センターと各生命保険会社がオンラインで結ばれ，各保険会社は，自社の生命保険契約に関する情報をセンターに登録するとともに，保険契約の申込等があった場合にはセンターの登録情報にアクセスして引受の判断や保険金の支払において参考とするというものである。制度発足時以来，モラル・リスク事案の社会問題化などから次第に制度が強化され，現在では，保険契約者および被保険者の氏名・生年月日・性別・住所（市・区・郡まで），死亡保険金額・災害死亡保険金額，入院給付金の種類・日額，契約日，取扱会社名が登録内容とされており，契約日から5年間（被保険者が満15歳未満の保険契約等については，契約日から5年間と契約日から被保険者が満15歳に到達するまでの期間のいずれか長い期間）登録される。登録する保険金額の下限は次第に引き下げられている。また，登録は，当初は成立した契約についてのみ対象とされていたが，現在では契約の申込についてもされることとなっているので，短期集中的に多数の生命保険会社の保険に加入するという保険の悪用もかなりの程度防止できるようになっている。2002年からは，生命保険協会と全国共済農業協同組合連合会（全共連）との間で契約内容照会制度が創設され，生命保険会社と全共連との間で契約データの相互照会が行われるようになっている。

　このほか，和歌山毒カレー事件を契機として，日本損害保険協会においても2001年から傷害保険契約等についての契約内容登録制度を創設しているが，生命保険協会とのデータ交換はいまだ実施されていない[70]。

---

69)　創設の趣旨につき，満田正一郎「生命保険とプライバシー」ジュリ968号114頁（1990）。契約内容登録制度の機能について，洲崎博史「人保険における累積原則とその制限に関する一考察」論叢140巻5＝6号241頁（1997）。

70)　契約内容登録制度とは別に，保険会社等による保険金支払状況についての情報交換制度が行われている（139頁）。

第3節　生命保険契約の成立　*327*

第3款　責任開始と契約成立

1　約款条項の内容

個人向けの生命保険の約款では，近時は保険会社によりバリエーションが増えているが，責任開始と契約成立に関しては，次のような条項が基本型である。

（ⅰ）　保険者は次の時から契約上の責任を負う。

①　契約の申込を承諾した後に第1回保険料を受領した場合　　第1回保険料を受領した時[71]。

②　第1回保険料相当額を受領した後に契約の申込を承諾した場合　　第1回保険料相当額を受領した時。ただし，告知の前に受領した場合は告知の時。

（ⅱ）　以上の①②により保険者の責任が開始される日を契約日とする[72]。

2　責任開始条項

まず，（ⅰ）①においては，保険者による第1回保険料の受領が承諾よりも後となるときは，保険者の責任は第1回保険料の受領の時から開始する。この①は，責任開始の要件を定めたものであり，責任開始条項といわれる[73]。この場合に，（ⅱ）により責任開始日を契約日とする定めがあるので，契約成立時を一般原則による保険者が承諾をした時ではなく第1回保険料の受領日とする特約がなされているかのごとくであるが，（ⅱ）の趣旨は保険契約に関わる法律規定または約款条項で契約成立時が問題となるものの適用の基準時を責任開始日とするもので（保険期間の計算など），法律規定でも任意規定である限りにおいてはそれとは異なるこのような特約も有効である。これに対して，意思表示の瑕疵や行為能力等に関する民法の規定の適用については，（ⅱ）により修正できるものではなく，実際の契約の成立時が基準時となる。

---

71)　①②いずれの場合もデビットカードやクレジットカードで第1回保険料ないし保険料相当額を支払う場合には，保険会社端末で利用限度額内であること等の確認がされて手続がされた時を受領時とする取扱いが行われている。

72)　保険料のキャッシュレス化と保険者の責任開始規定のあり方を検討するものとして，井上享「保険料のキャッシュレスと約款の責任開始規定」生保160号197頁（2007）。

73)　保険料領収前の保険事故については保険金を支払わない旨を定める損害保険の領収前免責条項と異なり，文言どおり責任開始条項と解されるので，保険料支払後に保険事故が発生したことについての主張・立証責任を保険契約者側が負うことになる。

3 責任遡及条項

(1) 総　説

1の約款条項例の(i)②は，保険者の承諾があった時，すなわち本来の契約成立時期よりも前である第1回保険料相当額受領時か告知時のいずれか後の時まで保険者の責任開始を遡らせる意味があり，このゆえに②のような条項を責任遡及条項という。第1回保険料相当額受領時より告知が後のときには告知時までしか責任が遡及しないのは，告知のない申込は実質的に申込としての意味をもたないことによる。

②のような特約は，第1回保険料の収納を確実にするとともに申込者が申込を撤回するのを防止するという保険者の営業政策上の判断により，申込に際して第1回保険料相当額の支払を受けることを原則としようとすることから形成されるようになったものである。なぜならば，申込をするのに本来第1回保険料相当額の支払は必要でないにもかかわらず保険者の上記のような営業政策上の判断により第1回保険料の支払をなかば強制するのであるから，申込者にも支払に伴うメリットを与えなければ申込者の納得感を得られないことになるし，知識のない申込者にとって支払をした以上は保険保護が及んでいるのであろうという期待感を生ぜしめ，もし責任開始が遡及せず保険者の承諾による契約成立までに保険事故が発生した場合に保険保護が与えられないとすると深刻な苦情が生ずるおそれがあるからである。しかし，いくら責任が遡及するとしても，②の特約の文言だけを見れば保険者の承諾があることが遡及の要件とされているのであり，ここから(3)で検討する承諾前死亡の取扱いという難解な法律問題が生じることになる。

近時，一部の保険会社では，第1回保険料相当額の支払を要件とせず，保険者が保険契約者の申込を承諾した場合には，申込または告知のいずれか遅い時から責任が開始する旨を規定し，第1回保険料相当額の支払を責任遡及の要件としない実務が行われている。この場合に，責任遡及を認める理由としては，申込が終了したことにより保険保護が生じているという期待感が生じているということになろうが，保険者の側でも保険料支払方法の多様化により第1回保険料相当額の受領を条件としないでも責任を遡及させることで事業運営に問題はないという経営判断がされているものと見られる。

⑵ 遡及保険としての有効性

生命保険契約（その性質上死亡保険契約に限る）における遡及保険とする合意については，保険法39条が，損害保険契約における遡及保険とする合意についての保険法5条と同趣旨で，遡及保険の合意が無効となる場合を規定している（損害保険契約では被保険者とされるところが保険金受取人とされている）[74]。

上記②の定めによれば，保険契約者が第1回保険料相当額の支払と告知をするのと同時に申込をした場合においては，保険者が承諾をするときは申込の時に遡って保険者は責任を負うことになる。この点からは，②の定めは遡及保険の定めということになりそうであるが，遡及させるのは申込時までであり，合意による保険期間の開始時である申込時よりも前に被保険者が死亡していたとしても，そもそも保険期間開始前の事故であるから保険契約者が遡及保険の定めにより保険給付を受ける関係にないので，保険契約者が申込時に被保険者の死亡を知っていたとしても，この遡及保険の定めは保険法39条1項により無効となるものではない。もっとも，遡及する期間を含めた保険期間の開始前に被保険者が死亡しており，保険の対象となる危険が存在しないので，結果的には保険契約は全体が無効となる。保険法39条1項と関係なく保険契約が無効となるので，保険法39条1項により遡及保険の合意が無効となる場合の保険者の保険料返還義務を否定する保険法64条2号の適用はなく，保険者は保険料を受領していたとすれば不当利得としてその返還義務を負う。もっとも，保険契約者が被保険者の死亡を知りながら保険契約を申し込んだのであれば，民法705条または708条により保険者は保険料返還義務を負わないこととなる[75]。

②によれば，保険者が承諾する場合に責任を遡及させるのは申込時までとしているので，責任の開始を保険契約者の申込の時よりも前に遡らせる場合に関する保険法39条2項が適用されることはない。

---

74) 改正前商法683条1項・642条では，その文言によれば保険契約者または保険金受取人が保険契約の成立時（保険契約者が申し込む一般的な場合は保険者の承諾時）に被保険者の死亡を知っていたときは，保険契約は無効となることとなっており，保険契約者が申込後，保険者がその承諾までの間に被保険者の死亡を知ると②の責任遡及条項の有効性が否定されるという問題があった。以下に見るように保険法39条1項ではこのような問題は生じなくなったというのが，生命保険契約についての保険法による法改正の意義である。

75) 保険法解説221頁〔洲崎博史〕。

(3) 承諾前死亡

(ア) 総説　　責任遡及条項の適用がある場合において，申込後，保険者がいまだ承諾していない間に被保険者が死亡したとしよう。この場合，保険者の危険選択基準に照らして問題がない限り被保険者死亡の事実を知らなければ保険者は承諾をするであろうが，その場合には，保険者の責任は遡及することになって保険金が支払われ，遡及保険に関する保険法39条1項との関係でも問題はない。ところが，保険者が被保険者死亡の事実を知った場合を考えると，保険者はいまだ承諾はしていないのであるから，みすみす保険金の支払をしなければならなくなるような承諾をすることはしないのが自然である。しかし，責任遡及条項について，第1回保険料相当額の支払により保険料支払と近似する状況が生じているがゆえに，保険者は遡及して責任を負うべき実質的理由があると考えると，たまたま被保険者の死亡を保険者が知ったことから保険者が自由に承諾をしないことができるということは疑問視されることになる。このように，承諾前に被保険者が死亡した場合に，保険者は承諾しないことができるかどうかという問題が，いわゆる承諾前死亡の問題である。

　現在の多数学説は，被保険者が保険適格体（保険可能体ともいう。その意義については333頁）であり，保険者として承諾を拒絶する実質的理由がない以上は，信義則上，承諾を拒絶できないということを認めている[76]。第1回保険料相当額の支払がある以上，保険保護が直ちに開始しているであろうという申込者の期待が保護されるべきであるし，保険保護を与えることが公平であること，承諾を拒絶できるとすると責任遡及条項を置くことの意味がなくなることを理由として，保険者の承諾の拒絶を認めるべきではないとするのである。信義則が援用されるのは，約款の文言との関係では承諾する義務を約款の解釈として認めることに躊躇があることによると思われる。被保険者が保険適格体であることを要件とするのは，保険者の危険選択をする権利は留保してしかるべきであるからである。保険者の実務もこのような学説と同様の立場で処理されている

---

　76)　承諾前死亡の問題については多数の文献があるが，代表的なものとして，大森忠夫「生命保険契約における『遡及条項』について」同・続法の構造177頁，中西正明「生命保険契約にもとづく保険者の責任の開始」所報47号1頁 (1979)，中西正明「生命保険契約の成立および責任の開始」ジュリ734号32頁 (1981)。

と見られる。

　裁判例では，学説の見解を一般論として認めつつ，具体的事案においては保険者の承諾の拒絶について信義則に反しないと判示しているもののみが見られる[77]。保険適格体である場合には保険者の実務上は承諾がなされていると見られるので，裁判例では拒絶が正当化される事案だけが現れてくるのは自然なことである。他方，保険者の承諾がないという形式的理由だけで承諾前死亡の事案について保険金請求を斥けている裁判例も見られるが，信義則により保険者が承諾する義務を負うとはいっていないものも，事案をみると保険者が承諾しなかったことにつき何らかの合理的理由があり，信義則に基づき承諾する義務を負うとする立場からも結論は同様になるものと推測されるものがほとんどである[78]。

　被保険者が保険適格体である限り保険者が承諾を拒絶できないという結論は妥当であると考えるが，根拠を信義則に求めることについては，なお議論の余地があると思われる。信義則に根拠づけることで，多様なケースについて柔軟な処理ができるというメリットはあるものの，承諾の拒絶ができないという契約法の一般原則からは導かれない強い効果を信義則により導くことは問題である。

　私見としては，端的に，責任遡及条項により保険者は承諾前死亡の場合に関する限り承諾するかどうかの自由を放棄し，被保険者が保険適格体である以上は承諾する義務を自ら負ったものと解すべきものと考える。これに対しては，②の文言にその趣旨が現れていないという批判が考えられるが，約款を作成し

---

[77] 東京地判昭 54・9・26 判タ 403・133（被保険者が広範囲の湿疹の症状があり治療を受けていたことから，保険者がその引受基準に照らして承諾しなかったことが信義則に反するものではないとされた事例），札幌地判昭 56・3・31 判タ 443・146（被保険者の医的診査前に被保険者が死亡し，診査を受けなかったことにつきやむをえない特段の事情がなく，保険者の承諾拒絶は信義則に違反しないとされた事例），東京地判平 2・6・18 金判 875・26，控訴審・東京高判平 3・4・22 生判 6・345（他に高額の保険契約に加入していたことや被保険者が経済的に苦境に置かれていたことから道徳的危険の防止の観点により承諾を拒否したことは正当であるとされた事例。保険者が通常準拠している基準により判断できるとしている）など。

[78] 東京地判昭 62・5・25 判時 1274・129（指定された保険金受取人が保険者の 2 親等内の親族以外である場合には原則として引き受けないという当該保険者の内部規定に反する指定をして申込がされ保険者が照会中に被保険者が死亡したという事例）など。

た保険者においては保険適格性を条件として承諾するという意思を有しているのであり，その意思どおりの効果を認めることには問題はないというべきである（保険契約者側にも有利な効果を認めるものであり，その点でも問題はない）[79]。

なお，以上の承諾前死亡の場合の解決については，2017年民法改正による契約成立に関する規定の改正との関係で検討を要することとなっている。2017年改正民法526条は，申込者が申込の通知を発した後に死亡したした場合において，相手方が承諾の通知を発するまでにその事実が生じたことを知ったときは，その申込はその効力を生じないとする。これがそのまま適用されると，保険契約の申込がされた後，保険者が承諾をする前に被保険者となる者が死亡し，保険者がこれを知った場合には，申込は効力を失い，承諾前死亡について保険者の承諾義務を認めることができなくなるかのごとくである。この点は，対応する規定である2017年改正前民法525条についても同じ問題があったが，同条については，申込が相手方に到達する前に申込者が死亡した場合にのみ適用があるという解釈をすれば，同条が承諾前死亡について保険者の承諾義務を認めることの支障にならないということができた。しかし，同条は，申込が相手方に到達後承諾前に申込者が死亡した場合にも適用されるとする有力な学説があり，改正民法526条は，この学説の立場を明文化したので，同条が保険者の承諾義務を認めることの支障にならないかが問題となる。同条が任意規定であるとすれば，承諾義務を認めることは問題がなくなるが，仮に強行規定であるとしても，死亡保険契約についても遡及保険とする合意を原則的に有効とする

---

79) 学説には，信義則により承諾義務を根拠づけるのではなく，第1回保険料相当額の支払を伴う申込により直ちに生命保険契約が成立するとするいわゆる即時契約成立説を主張するものがある（諸学説につき，中西・前掲（注76）ジュリ36頁）。このような学説も一様ではないが，たとえば一つの学説として，申込とともに第1回保険料相当額の払込をした時（有診査保険では払込か診査のいずれか遅い時）に，その時点で被保険者が保険適格体であることを前提として保険者の承諾を停止条件とし，または保険者の拒否を解除条件とし，生命保険契約が即時に成立するとし，ここでの承諾ないし拒否とは自由な諾否ではなく申込時において保険適格体であったか否かの確認としての諾否であるとするものがある（吉川吉衞「契約の成立と保険料の払込み──『承諾前死亡』と保険者の責任」同・保険事業147頁）。しかし，承諾前死亡という全体の中では稀なケースの処理のために，通常の契約成立のケースについての保険者の諾否の自由を否定するとすればその点からも妥当でなく，承諾前死亡の場合の諾否の自由だけを制約して責任遡及条項の文言どおり責任が遡及するという解決で足りるというべきである。同趣旨として，古瀬村邦夫・生保百選49頁。

ことを前提とする保険法 39 条 1 項は，改正民法 526 条の特則として理解でき
ること，承諾義務を認めることは保険契約の申込者の保険保護に対する合理的
な期待を保護するものであり，申込の効力を失わせないことこそが申込者の合
理的な意思であると解することができることから，改正民法 526 条が承諾義務
を認めることの障害とはならないと解すべきである。

　(イ)　承諾義務の成否の判断基準　　保険者が承諾すべきか否かの分かれ目と
なる被保険者が保険適格体であるか否かの判断については，まず，判断の基準
時は責任遡及条項による責任開始の時であるとされているが，その基準時後に
保険者に知られた事実も判断において考慮に入れてよいとされる[80]。

　実質的判断基準としては，当該保険者の有する引受基準により引き受けてい
たかどうかによるべきであり，保険者一般に共通する客観的引受基準のような
ものによるのではないとされている[81]。身体の状況以外に道徳的危険に関する
諸事情も，保険者における引受では考慮されていることから承諾拒絶を正当化
する要素となりうるというべきである[82]。もっとも，引受基準については保険
者しか知りえない事情であるから，保険者は承諾を拒絶しようとするのであれ
ば，自らの引受基準に従えば承諾の拒絶が相当であることの立証をすべきであ
り，その立証が尽くされない限り承諾を拒絶できないというべきである[83]。道
徳的危険を理由とする場合でも引受基準を立証すべきである。なお，承諾前死
亡の問題がない通常の契約については，保険者は自己の有する引受基準に絶対
的に従わなければならないわけではなく諾否の自由を有すると考えられるが，
承諾前死亡の場合には事後判断とならざるをえず諾否の自由を認めると責任遡
及条項を置く意味がなくなるのであり，保険者としてはこの場合に限っては自
己の引受基準に拘束されることを自ら容認したものというべきである。

---

80)　中西・前掲（注 76）ジュリ 34 頁。
81)　中西・前掲（注 76）ジュリ 34 頁。
82)　中西・前掲（注 76）ジュリ 34 頁は反対。
83)　中西・前掲（注 76）ジュリ 35 頁。東京高判平 22・6・30・2010WLJPCA06306005
　　は，傍論ではあるが，保険者内部の引受基準が開示されていないことに照らし，保険契
　　約者において，健康，モラル・リスク等の観点から危険が一般的に当該保険が引受可能
　　と推認される危険の範囲内にとどまることを立証した場合には，保険者において内部の
　　引受基準をみたしていないことを立証しない限り，保険者に承諾を拒否する合理的な理
　　由がないものと認めるべきである，とした原審判決を支持した。

334 第2部 第2章 保険契約の成立

　保険者の引受基準によれば，申込の内容どおりでは承諾することはできない
が，特別条件付契約など申込内容に変更を加えれば承諾する余地がある場合は
どうか。近時，保険契約者の申込後に保険者が特別条件付であれば引き受ける
旨の内部的な決定をしたが，保険契約者にこれを伝える前に被保険者が死亡し，
保険者は支払済の第1回保険料相当額を返還したという事案について，特別条
件を保険契約者が承諾する蓋然性が高いときは，特別条件付の保険適格性を有
するものとして保険者は信義則上特別条件付で承諾する義務を負い，保険者は
保険金を支払う義務を負うとする保険契約者側の主張を斥けた裁判例がある[84]。
判決は，当該被保険者の健康状態は相当悪化していたものであったことから，
被保険者の危険は特別条件を付せば当然に当初から保険適格性を有すると見る
ことができるものではなく，保険者内部の決定をもって特別条件を付したこと
により特別条件付の保険契約における保険適格性があるものとして特別条件付
の新たな提案として提示し，保険契約者がこれを承諾してその内容で新たに保
険契約の申込がされるべきものであり，また保険契約者は変更後の第1回保険
料相当額を支払っていないことからも，保険者は特別条件付で承諾する信義則
上の義務を負わないとしているものである[85]。

　被保険者の健康状態から，特別条件の内容として保険料の増額および保険金
額の減額の程度が大きいというやや異例な事案に係るもので，特別条件が提示
されたとすれば保険契約者が受け入れたであろうと簡単には認められない場合
であることが考慮されているのであろうが，特別条件付でも保険適格性が認め
られる場合である以上，承諾前死亡の場合における信義則上の承諾義務を認め
ない理由はないというべきである。私見は，上記のとおり，保険者は承諾する
義務を負っているのであり，特別条件付となる場合でも特別条件付での変更承
諾をする義務を負っており，保険契約者は保険事故発生後であってもこれを承
諾して保険契約を成立させ保険金の支払を受けることができるというべきであ
る。この場合には遡及保険となるが，保険法39条1項が防止しようとする弊

　84）　前掲東京高判平22・6・30（注83）。

　85）　前掲東京高判平22・6・30（注83）についての賛否は分かれる。賛成するものとし
　　て，潘阿憲・保険レポ247号1頁（2010），反対するものとして，山下典孝・保険レポ
　　253号12頁（2011）。

害は生じない場合であり，遡及させる合意も無効というべきではない。

第4款　他人の死亡の保険契約（個人保険契約）

1　総　説

　生命保険契約は，定額保険契約とされることから，損害保険契約のように被
保険利益の要件により保険の賭博的利用や道徳的危険のある契約を成立段階で
抑制することができない。そこで，被保険利益の要件に代えて，保険契約者が
自己以外の者の死亡に関する保険契約（以下，これを他人の死亡の保険契約とい
う[86]）が効力を発生するための要件として，被保険者の同意を規定している
（保険38条）[87]。これに対して，保険契約者が自己の死亡に関する保険契約を締

---

[86]　保険契約者と被保険者とが異なる生命保険契約は，保険事故が人の生死いずれか，
またはその双方である場合がありうるが，これらを総称して他人の生命の保険契約とよ
ばれている。

[87]　他人の死亡の保険契約の弊害を防止するための法規制としては，保険法のように被
保険者の同意を契約が有効に成立するための要件とすること以外に，被保険者の死亡に
つき被保険利益を有する者のみが保険契約者として保険契約を有効に締結することがで
きるとする利益主義（英米では現在でもこの立場がとられている），被保険者の親族の
みが保険契約者として保険契約を有効に締結することができるとするか，または被保険
者の親族のみを保険金受取人とすることができるとする親族主義（外国では純粋にこの
立場がとられていることはないとされる）がある。わが国では，1990年（明治23年）
の旧商法は利益主義を採用し，1911年（明治44年）改正前の商法は親族主義（被保険
者の親族のみを保険金受取人とすることができるとしていた）を採用していた（1911
年改正につき，松本烝治「他人ノ生命ノ死亡保険ニ於ケル被保険者ノ同意ニ付テ」同・
私法論文集207頁。立法の沿革の研究として，千々松愛子「モラル・リスクの排除を目
的とした規定の沿革について──他人の生命の保険契約に関するわが国の法規制」生保
161号1頁（2007））。利益主義は，損害保険契約的な要素を生命保険契約にも残すもの
であるが，損害保険における被保険利益のように厳密な概念でなく，近親者については
当然に利益が認められるとか，契約の成立時に存在すれば足り，その後における存在ま
では必要でないとされるなど，利益の概念が曖昧で弊害防止にとって実効的でなく，米
国でも利益主義と同時に被保険者の同意を要求する立法の解決が一般的である（潘阿憲
「生命保険契約における被保険利益の機能について──英米法および中国法の視点から」
文研129号125頁（1999））。親族主義は親族以外の者の間での生命保険のニーズに応え
られない問題がある。さらに利益主義，親族主義いずれも被保険者の知らないところで
保険が付されるということが大きな問題である。したがって，保険法のような同意主義
がベストであるとされており，ドイツ，フランス，スイスなど主要国の保険契約法では
同意主義が採用されている。立法例の比較については，三宅一夫「他人の死亡の保険契
約」大森＝三宅・生命保険255頁，田辺康平「生命保険法に於ける利益主義と同意主

結するのであれば，賭博化のおそれはないし，道徳的危険についても，保険契約者自身はもちろん，保険金受取人による事故招致も保険契約者が保険金受取人の指定権を有する限り，一般的には懸念は小さく，契約成立段階での規制としてはそれで十分と考えられるので，契約締結につき特別の要件は不要とされる[88]。また，他人の生存に関する保険契約であれば，事故招致の危険の問題はないし，賭博化のおそれもないと考えられるので，やはり契約締結につき特別の要件は不要とされる。

　他人の死亡の保険契約について，被保険者の同意を効力要件とする理由について，上記のような賭博的利用や道徳的危険を事前に抑止するという理由以外に，自らの生命が他人により勝手に保険に付されないという人格権的な利益の保護を図るという理由も古くからあげられており，近時では団体定期保険に関する後述（345 頁）の問題を契機としてこの点が強調される傾向がある。

　保険法の制定においては，他人の死亡の保険契約に関して，保険契約の締結等につき被保険者の同意を要するという改正前商法 674 条の規律はいくつかの点の改正はあるものの基本的に維持されたが，いったん被保険者が同意して保険契約が成立した後に被保険者が同意を撤回することを認めるべきであるとの立法論や未成年者を被保険者とする死亡保険契約について規制が必要ではないかとの立法論を踏まえて，規定の新設や保険実務の変更が行われた[89]。

2　被保険者の同意

⑴　一　般　原　則

　保険法 38 条の被保険者の同意は成立した他人の死亡の保険契約の効力が生じるための効力発生要件であり，同意がなく締結された保険契約は無効である。また，この規定は，賭博保険の禁止，道徳的危険の防止という公益に関わるも

　　義」新潟大学法経論集 3 集 357 頁（1952），江頭憲治郎「他人の生命の保険契約」ジュリ 764 号 59 頁（1982）。

　88)　わが国では，近時，後述の団体定期保険等をめぐる紛争やモラル・リスク事例の頻発という現象を契機に，同意主義の限界が明らかになっているとして利益主義を併用すべきであるという主張がある（潘・前掲（注 87）151 頁）。利益主義をとる英米における被保険利益に関する混乱を見ると，この主張にはにわかに賛成できない。

　89)　改正については，江頭憲治郎「他人の生命の保険」同・商取引法の基本問題 63 頁（有斐閣，2011），福田弥夫「被保険者の同意」論点と展望 194 頁。

のであることから，強行規定である。

　同意を要するのは，死亡保険給付が含まれている生命保険契約のすべてであり，定期保険や終身保険のような死亡保険に限らず，養老保険のような生死混合保険についても同意を要する。同意が不要なのは純粋の生存保険のみであり，わが国では個人保険でそのような例は実際には存在しない。

　同意は，契約の成立に向けられた意思表示ではなく，自己の生命に関して保険契約が締結されることについて同意するという意思を表明するにとどまり，準法律行為に該当する。準法律行為にも法律行為に関する民法の規定が準用されるので，同意についても，錯誤や詐欺による取消は認められる。同意は保険者に対してされるのでも保険契約者に対してされるのでもよい。

　改正前商法では，被保険者の同意を要するという一般原則の例外として，被保険者が保険金受取人の場合はこの限りでないとされていた（改正前商674条1項ただし書）。この場合には被保険者の相続人が保険金を取得することになるので，賭博保険や道徳的危険の問題はないと考えられていたことによるものであるが，死亡保険契約では，被保険者が保険金受取人ということは被保険者の相続人が保険金を取得することにほかならず，相続人が被保険者を殺害する危険を否定できないことから，この例外を認めることについては批判的な意見が有力で，保険法ではこの例外は認めないこととされた（傷害疾病定額保険契約については，後述のように（354頁）この例外が認められている）。

　同意は，保険契約成立時までにあることが原則となるが，同意のないまま契約が締結された場合でも，事後的に被保険者が同意すれば保険契約の有効性を認めてよく，事後的に同意があれば成立時に遡って契約は有効であると説かれてきた[90]。この解釈によれば，成立時に同意がない場合に，保険契約は確定的に無効なのではなく，浮動的無効の状態にあると説明されることとなる。しかし，このような解釈論は，保険契約の成立までに被保険者の同意が得られないことがあり，それにはやむをえない理由もありうる団体生命保険を念頭に置いて形成されてきたものであり[91]，個人保険契約では，告知義務は被保険者も負

---

　90)　かつては，同意は契約成立時までにされなければならないという見解が有力であった（松本245頁）。ドイツの解釈の影響が大きいと思われる。ドイツでは現在でもそのように解されている。

っていることなどに照らせば，保険契約成立後に被保険者の同意を得るような契約締結態様を認める必要は基本的にはないと考えられ，事後の同意でよいとしても，成立と同意の時期が多少前後してもかまわないという程度のことであるというべきである。

保険法38条は，同意について書面によることを要求していないので，保険法上は口頭の同意その他同意と見られる行為があれば同意の要件に欠けることにはならない。立法論としては，書面によることを要求することが望ましいといわれてきたが，保険法の制定に当たっては，書面によらずに被保険者が同意しているにもかかわらず，書面要件により保険契約が無効となることは被保険者や保険金受取人の利益にも反するという理由により保険法で書面要件を法定することは見送られた[92]。

実務上は，保険契約申込書の被保険者の同意欄に被保険者が署名捺印することによりするのが原則とされてきたし，保険業法施行規則によっても原則として書面による同意を得ることが求められている（保険業則11条2号）[93]。実務上同意は書面によることとされているとしても，被保険者本人でなく，保険契約者などが被保険者に無断で署名捺印をしている場合がありうるが，そのような場合はもちろん同意としては無効である。実務上は，被保険者の2親等内の血族および配偶者以外の者が死亡保険金受取人となっているような場合には，被保険者に対する調査をするなどの慎重な取扱いが行われている[94]。

被保険者の同意は，保険契約の基本事項について了知の上されることが必要であり，漠然と保険に付すということだけを了知しての同意は有効な同意とはいえない。かつては比較的ルーズに保険契約者および保険金受取人について了知されていればよいとされていたようであるが，保険金額および保険期間についても，厳密な額や期間まで特定されることまでは必要でないとしても，およ

---

91) 大阪地判昭54・2・27判時926・115は，保険事故発生前に被保険者の同意がなかったとされた事例である（団体傷害保険契約に関する事例であるが，保険契約者である会社が雇用した使用人について自動的に被保険者となる旨の特約はなかった）。

92) 一問一答175頁。

93) 同号では，事業方法書の認可の審査基準として，保険法38条等により保険契約の締結等につき必要な被保険者の同意の方式について，書面により同意する方式その他これに準じた方式が明瞭に定められていることがあげられている。

94) 江頭・前掲（注89）63頁。

その金額や期間など同意の可否を判断するに足りる程度の事項は基本的事項に属するというべきであろう[95]。

被保険者が同意して保険契約が有効に成立した後に，被保険者は同意を撤回することができるかという問題については後述（342頁）。

⑵　**未成年者を被保険者とする生命保険**

未成年者の生命の保険契約において，被保険者である未成年者の同意の要件をどのようにみたすかについては，改正前商法には規定がなく，解釈論に委ねられており，諸説が主張されていた[96][97]。実務上は，意思能力のある未成年者（実務上は15歳以上）については本人が同意をした上，法定代理人（親権者等）がこれに同意することとし，意思能力のない未成年者（15歳未満）については法定代理人が代理して同意することとするのが通例である。親権者の代理権の根拠を考えると，被保険者の同意は身分上の行為，財産上の行為のいずれとも単純にはいいがたい性格があるため身上監護権（民820条），財産管理権（民824条）のいずれが根拠となるかは容易に決しがたい面があるが，未成年者の死亡の保険もニーズがあることは否定できないということから後述のような保険金額の制限の下にこれを認めるという社会的な了解ができたことに照らすと，身上監護権，財産管理権の両面があるものとして法定代理人の代理権が認められるが，意思能力のある未成年者については本人の同意も得ることとすべきである。

法定代理人たる親が保険契約者兼保険金受取人，未成年者たる子が被保険者となる典型的な場合を考えると，これは実質的には利益相反関係に当たるとし

---

95)　江頭・前掲（注89）63頁。東京高判昭53・3・28判時889・91は，簡易生命保険契約に関して，被保険者の同意は多少の概括的同意で足りるとする。事案は，被保険者が保険をかけられるならいくらかけてもよいと言っており，それから間もなく多数口の契約が締結されたというもので，このような場合，同意要件を空洞化するものでなく有効な同意と見てよいとするが，ここまで同意要件を緩和する解釈は不当である。

96)　諸学説の詳細については，保険法解説195頁〔山本哲生〕。

97)　未成年者以外の制限能力者については，成年被後見人を被保険者とする保険契約については，後見人が被後見人を代表して締結することとなる（民859条1項）。被保佐人については，被保険者となることの同意は保佐人の同意を要する法定の事項には当たらないが（民13条1項参照。かつての準禁治産者については保佐人の同意を要しないとする見解があった。江頭・前掲（注89）64頁），実務的には慎重な取扱いをすべきであろう。被補助人についても同様の問題がある。

て，家庭裁判所の選任する特別代理人により被保険者の同意の代理がされるべきではないかということも問題となるが（民826条参照），実務上は，そのような取扱いがされないまま親が子のする同意につき同意したり，子を代理して同意することが認められている。形式論として典型的な利益相反関係にあるとはいいにくいし，親が子の教育資金のために死亡保険給付のある学資保険に加入するような場合を考えれば，そのためだけに特別代理人の選任を求めるということも実際的であるとはいえないという問題があるので，実務の取扱いもやむをえない[98]。

　保険法の制定においては，以上のような未成年者である被保険者の同意をどのようにして得るかという問題よりも，そもそも未成年者についての死亡保険契約の締結の可能性について厳しく規制すべきではないかという問題に焦点を当てた議論が行われた。わが国でも親が高額の保険金目当てで子殺しをするような事例も皆無ではないし，幼児を被保険者として死亡保険金数千万円の保険契約が，年齢が若いうちに保険加入した方が有利などといった話法により勧誘され締結される事例は少なくなく，これは道徳的危険の問題や倫理的な問題をはらむものという見方もできる。諸外国でも，特に年少の未成年者についての死亡保険契約については，これを禁止したり，保険金額について厳しい制限を課している立法例があることも参照された[99]。

---

98)　未成年者の被保険者同意につき法定代理人が代理することについての問題と共通の問題は，未成年者を保険契約者兼被保険者とする保険契約について法定代理人が代理して締結する場合にも存在するので，両者の法規制のあり方は一体のものとして検討する必要がある。

99)　諸外国では未成年者を被保険者とする保険および未成年者と親権者等法定代理人の関係についてわが国よりは厳しい規制を及ぼしている例がある。フランス保険法典L.132-3条が最も徹底し，12歳未満の未成年者，制限行為能力者等の死亡に関する保険契約を刑事罰付で禁止している。また，同L.132-4条は，12歳以上の未成年者については親権者等の承諾を要するほか，未成年者自身の同意も必要とする。ドイツ保険契約法150条2項では，後見人が保険契約者となる場合には後見人は行為無能力者または制限行為能力者を代理できないものとし，同条3項では，父母が未成年の子を被保険者とする保険契約を締結する場合には，被保険者が満7歳未満の死亡時に保険給付がなされるものであって通常の葬祭費用を超えるときは子の同意を要するものとし（同条2項により父母は代理できない），これにより満7歳未満の子の保険については葬祭費用の範囲内に保険金額がある限りでのみ被保険者の同意を要しないこととなっている。外国法の概要につき，菊地直人「未成年者を被保険者とする生命保険契約についての一考察」保険学626号127頁（2014）。

結論的には，未成年者を被保険者とする死亡保険契約については，それを制限するとしても，制限の内容は細かいものとならざるをえないことから，保険法でそのような制限を規定することは適当でないとされ，保険業法に基づく金融庁の保険業者の監督の下に保険業界の自主規制により制限することで解決することとされた[100]。これを受けて，保険業法施行規則53条の7第2項は，保険会社が定めるべき社内規則等において，被保険者が15歳未満である死亡保険の引受を行う場合には，死亡保険の不正な利用を防止することにより被保険者を保護するための保険金の限度額その他引受に関する定めを設けなければならないものとし[101]，生命保険協会では，「未成年者を被保険者とする生命保険契約の適切な申込・引受に関するガイドライン」（2009年1月29日）を定め，未成年者，特に15歳未満の者を被保険者とする死亡保険については，被保険者同意の取得が困難なケースがあることも踏まえ，モラル・リスクを排除・抑制する観点から，未成年者の死亡によって生ずる経済的需要を勘案した妥当な引受保険金限度額を社内基準として設定すること等が定められている。以上においては，具体的な引受保険金限度額は，各保険会社が定めることとされているが，未成年者の死亡保険の問題を検討した金融審議会での審議に基づき，他社と通算して1000万円（一時払養老保険等の貯蓄性の強い保険を除く）とされている[102][103]。

3　保険金請求権の処分等と被保険者の同意

他人の死亡の保険契約が被保険者の同意を得て成立した後においても，死亡

---

[100]　金融審議会金融分科会第二部会「保険法改正への対応について」（2008年1月31日）。

[101]　監督指針Ⅱ－4－4－1－2(9)が社内規則等のあり方について定めている。

[102]　具体的な引受限度額等の内容は，保険の基本問題に関するワーキング・グループ第45回会合（2010年7月3日）資料「未成年者・成年者の死亡保険について」。なお，15歳以上の未成年者については被保険者本人の同意を得ることから保険金額の限度を設けないこととしている。

[103]　未成年者を被保険者とする死亡保険に関連した未成年者の殺害事例や児童虐待・未成年者自殺問題などに照らして，未成年者を被保険者とする死亡保険の引受についての規制を強化すべきであると主張するものとして，石田清彦「保険契約における未成年者の同意に関する問題再考」青竹正一先生古稀記念・企業法の現在597頁（信山社，2014）。

保険金を取得しうる者の変動がある場合には，被保険者の同意の前提が消滅することから，改めて被保険者の同意を受けないと変更はできないとする必要がある。保険法では，死亡保険契約の保険金受取人の変更（保険45条），死亡保険契約に基づく保険給付請求権の譲渡または質権設定（保険47条。保険事故発生後の譲渡または質権設定は除かれている）については，被保険者の同意がないと効力が生じないものとしている[104]。死亡保険契約に基づく保険給付請求権の譲渡または質権設定に関する保険法47条は，保険契約者が被保険者を兼ねる生命保険契約において保険契約者以外の保険金受取人が保険給付請求権を譲渡しまたは質権を設定する場合にも適用がある。実務上は，このほかに，保険契約者変更の場合，保険金額の増額など保険者の責任を拡大する諸変更の場合にも被保険者の同意が必要とされるが，保険法38条・45条・47条の類推適用があることに基づくものというべきであろう[105]。

4　被保険者の保険契約者に対する保険契約解除請求権

改正前商法の下では，いったん同意をした被保険者は同意を撤回することはできないという解釈が支配的であり，実務上も認められていなかったが，いったん同意をした後で，保険金受取人が被保険者を殺害する可能性が生じた場合や，夫婦間で一方が被保険者，他方が保険契約者兼保険金受取人となる契約を

---

104)　契約成立後の保険金請求権の処分等について同意を要しないとする立法の代表例はドイツ保険契約法であり，同意を要件とする趣旨として保険契約成立段階で賭博的利用を防止するという点を重視する考え方によるものである。これによれば，契約成立後の道徳的危険のおそれについては故意の保険事故招致免責で対処すればよいということになる。立法論として同様とすべきであるという主張もあるが（大森270頁），わが国では，モラル・リスク事案が後を絶たないことに鑑み，保険法の考え方を維持することが望ましいというべきである。

105)　会社が保険金受取人である場合に当該会社の権利が合併や会社分割により包括承継される場合にも保険法47条を類推適用する必要がないかは問題となりうる。包括承継であることの一事だけで同条の類推適用がないということにはいささか疑問があるが，近時見られるような，団体信用生命保険の保険契約者兼保険金受取人である金融機関が合併したり，住宅ローン事業部門について会社分割により他の会社に移転し，これに伴い保険金請求権が移転されるような場合にも（このようなケースでは，保険契約者変更も問題となる），被保険者の同意を要するというようなことは実際的ではないことは明らかであり，定型的にモラル・ハザードが高まるおそれがない場合にまで類推適用があるとはいうべきでなかろう。

締結していたところ，不仲で離婚となったような場合を考えれば，被保険者の同意の撤回ができてしかるべきであると考える理由は十分ある。しかし，被保険者が同意を自由に撤回できるということにすると，保険契約の効力が不安定となるという問題もある。そこで，同意の撤回に代わる方法として，保険法では，被保険者が保険契約の継続を拒否できてしかるべき一定の事情が備わる場合には，被保険者は保険契約者に対して保険契約を解除することを請求することができることとし，被保険者のこの解除請求が認められる場合を保険契約の法定解除事由とするという規律が新設された（保険58条）。この規定は，強行規定である被保険者の同意要件を定める保険法38条を補完するものであるからやはり強行規定である。

　一定の事情が備わる場合においては，被保険者は直接保険者に対して保険契約の解除権を行使することができるとすることが簡明な解決となりうるが，被保険者は契約当事者でないという問題とともに，一定の事情は被保険者と保険契約者・保険金受取人との間の事情であることが一般的であるので，これらの者の関係の外部にある保険者において一定の事情の存在という解除権の発生要件を確認することが困難であるという問題から，いささか迂遠ではあるが，被保険者は保険契約者に対して解除請求権を有することとし，これが認められる場合には，保険契約者は保険者に対して解除権を行使するという仕組みがとられた。被保険者の解除請求が認められる場合であるにもかかわらず保険契約者がこれに応じて解除権を行使しない場合には[106]，被保険者は保険契約者に対して解除権の行使という意思表示をすべきものとする裁判を提起し，勝訴判決が確定すれば，確定の時に解除の意思表示をしたものとみなされ（民執174条1項）[107]，実質的に被保険者が解除権を行使したのと同じ結果が得られる。

　被保険者の解除請求が認められる事由は以下のとおりである[108)109]。

---

106)　保険法58条2項は，保険契約者は同条1項により死亡保険契約を解除することの請求を受けたときは，当該死亡保険契約を「解除することができる」と規定するが，これは，保険者と保険契約者との間では，保険契約者の法定の解除権を規定するという趣旨で「解除することができる」という文言とされているので，被保険者と保険契約者との間では，保険契約者は被保険者に対して「解除しなければならない」こととなる。

107)　勝訴した被保険者は確定判決の正本または謄本を保険者に送付または提示することにより解除の効果が発生する。保険法解説590頁〔洲崎博史〕。

108)　(i)～(iii)の道徳危険に関わる解除請求事由については，実際に解除請求に基づき解除

344　第2部　第2章　保険契約の成立

　(i)　保険契約者または保険金受取人が，保険者に保険給付を行わせること
を目的として故意に被保険者を死亡させ，または死亡させようとしたこと。

　(ii)　保険金受取人が，当該生命保険契約に基づく保険給付の請求について
詐欺を行い，または行おうとしたこと。

　(iii)　以上の(i)(ii)のほか，被保険者の保険契約者または保険金受取人に対す
る信頼を損ない，当該死亡保険契約の存続を困難とする重大な事由がある場合。

　(iv)　保険契約者と被保険者との間の親族関係の終了その他の事情により，
被保険者が保険法38条の同意をするに当たって基礎とした事情が著しく変更
した場合。

　以上の(i)〜(iii)は，重大事由による保険者の保険契約の解除権が認められる事
由（保険57条1号〜3号）と同じ事由であり，これらの事由は，被保険者と保険
契約者または保険金受取人との間においてもその間の信頼関係を損ない，保険
契約の存続を困難とするものであることから，被保険者の解除請求を認めてし
かるべき事由とされている。

　これに対して，(iv)は，被保険者の解除請求に固有の事由であり，被保険者が
同意に当たって基礎とした事情に大きな変更があった場合には，被保険者の同
意の効力をそのまま維持させることは適切でないという考え方により，事情変
更の原則の考え方を基礎として被保険者の解除請求を認めるものである。

　親族関係の終了は例示であるから，それ以外にも被保険者の同意の前提とな
っていた事情の著しい変更があれば解除請求事由となりうる。親族関係の終了
の具体例としては，離婚や離縁があり，その他の具体例としては，会社の役員
や使用人となった者が，会社経営上の必要性があるとして会社を保険契約者・
保険金受取人とする生命保険契約の締結について同意を求められ同意して保険
契約が締結されたが，役員や使用人から退任・退職をした場合などが考えられ

　　　される以前に，解除請求がされること自体（これは保険者にも通報されることになろ
　　　う）の保険金殺人等を企図する保険契約者や保険金受取人に対する牽制的な効果に実際
　　　上の意味があると考えられる。
109）　被保険者の解除請求の要件が備わらないにもかかわらず，保険契約者が要件が備わ
　　　ったものとして保険者に対して解除権を行使した場合について，保険契約者の任意解除
　　　権が保険契約で排除されていない限り，任意解除権の行使として効力を有するという見
　　　解がある。嶋寺基「被保険者の解除請求に関する一考察」金法1898号60頁（2010）。

る。もっとも，たとえば，離婚の事例でも，妻が保険契約者，夫が被保険者，幼児の子が保険金受取人とされている保険契約がある場合には，この保険契約の目的は夫に万一のことがあった場合の幼児の養育費用に充てることにあるということができるので，この目的を考慮すれば，他の方法による夫から妻への幼児の養育費用の支払が十分であるとはいえない限り，夫からの解除請求を認める事由には当たらないと考えられる。このように，事情の著しい変更の有無は，外形的な事情の変更のみではなく，保険契約の締結された目的等も総合的に考慮して判断されるべきである[110]。

　保険法 58 条 1 項各号の解除請求事由が備わり保険契約が解除される場合の解除の範囲については，保険事故が複合的であったり，特約が付帯されている場合に問題となる。保険法 58 条は，死亡保険契約についての被保険者の利益を保護しようとするものであるが，解除の効果は死亡保険契約に該当する一部だけに及ぶものではなく，保険者の保険の引受において不可分とされている範囲ではその全部が解除されることとなると考えるべきである。保険法 58 条 1 項・2 項は，強行規定である保険法 38 条の規定を補完する規定として，強行規定である。被保険者が保険者に対して直接解除権を行使することを認める約款の定めは，解除請求事由の存否については被保険者と保険契約者との間で確定されるという保険契約者の利益の保護も保険法 58 条の規定の趣旨に含まれていることから，強行規定に反するものとして無効である[111]。

第 5 款　他人の死亡の保険（団体保険契約等）

1　被保険者の同意

(1)　問 題 の 背 景

　改正前商法では，他人の死亡の保険について被保険者の同意を要するという同法 674 条の規定は団体生命保険にも適用があり，この点は保険法 38 条でも

---

110)　子が未成年者の間に親が子を代理して同意して成立した生命保険契約について，子が成年に達した後に事情の著しい変化を理由に解除請求することができるか否かについては，親子関係の状況や保険金額等の保険契約の内容如何では，解除請求を認めるべき場合はありうるものと考える。

111)　保険法解説 590 頁〔洲崎博史〕。

346 第2部 第2章 保険契約の成立

変わりはないので，団体生命保険についての被保険者の同意をどのように得る
かが問題となる[112]。

　団体に所属する者を包括的に被保険者とする定期保険として団体定期保険が
ある。会社が従業員を包括的に被保険者として締結するのが典型的な事例であ
る。この種の保険には，団体所属者が全員被保険者となる全員加入のタイプ
（実務上Aグループ保険とよばれている）と，団体所属者のうち自ら希望する者の
みが被保険者となる任意加入のタイプのもの（実務上Bグループ保険とよばれて
いる）とがある。このような団体定期保険は，会社等が保険契約者，従業員等
が被保険者となるので，他人の死亡の保険ということになり，保険法38条に
より被保険者の同意が必要であるが，任意加入の場合には被保険者が加入申込
書を記入するプロセスで必然的に被保険者の同意が得られることになり，問題
は生じない。これに対して，全員加入の保険では，従業員が多数に上りまた従
業員の入退社による変動が常にあるため，個人保険のように個々の被保険者の
同意を得ることが実務上困難であることが多い。このような全員加入の保険で
は，保険契約者が保険金受取人となることが通例であるが，それは被保険者が
死亡した場合に保険契約者がいったん保険金の支払を受けて，これを別途保険
契約者である会社等の定めている従業員の遺族への死亡退職金等の従業員福利
制度の原資とすることが一般であり，そのような実態を念頭に置いて，被保険
者の同意の要件を厳格に充足しなければならないとすることは，従業員の利益
に反することになるという観点から，被保険者の同意の要件を緩和する解釈論
が有力になった。労働組合等を通じて従業員に対して周知措置がとられ異議の
ある従業員は被保険者となることを拒否することを申し出られるようにしてお
けばよい，とか，就業規則で保険加入する旨が定められていればそれでよい，
というような解釈論がそれであり，生命保険の実務もこのようにして運用され

---

112)　団体生命保険契約の問題を，以下のように，被保険者の同意および保険契約者と被
　　保険者の遺族との関係という観点から検討するだけで十分かは問題があるかもしれない。
　　諸外国では，企業が従業員を被保険者とする団体生命保険契約では企業が死亡保険金受
　　取人となることはありえないことや，被保険者に保険金受取人の指定権限が付与されて
　　いるなど，被保険者には保険の客体ということにとどまらない権限が付与されているこ
　　となどを指摘するものとして，菊地直人「生命保険における被保険者の法的地位につい
　　て──他人の生命の保険契約を中心に」生保159号53頁（2007）。

るようになった[113]。

しかし，その後，実務において，会社等の保険契約者が従業員福利制度とのリンクをあまり念頭に置かず，税法上保険料が全額損金処理できることなどの企業財務上のメリットや生命保険会社との取引上の関係の維持がもたらす様々な利益に着目して団体定期保険が利用されるようになった[114]。生命保険会社としては，契約締結に当たっては保険契約者が受け取った保険金を死亡退職金等の支払に充当する旨の退職金規程があるか，あるいはそれがなくとも保険金は従業員福利のために使用する旨の確認書を差し入れさせることとしていたが，そのチェックは必ずしも厳格なものではなく，被保険者の死亡により保険契約者が相当高額の保険金の支払を受け，それと遺族に支払われる死亡退職金等の給付額に相当の差額が生じる事例が増加して，そのことが従業員や遺族に知られるようになり，保険契約者と遺族の間で被保険者の同意や保険金の帰属をめぐる紛争が多発するようになった。

また，団体定期保険については，加入できる団体の要件が実務上設定されているため，中小企業では団体定期保険に加入できないことが多いが，そのような中小企業のために，終身保険や養老保険等の個人保険を利用し，会社が保険契約者兼保険金受取人，役員や従業員を被保険者とする保険契約がしばしば利用される。このような生命保険を事業保険などといい，ここでは，団体定期保険の場合と異なり，被保険者の同意を得ることは必ずしも困難ではないものの，

---

113) 大森忠夫「いわゆる事業保険と被保険者の同意」大森＝三宅・生命保険220頁は，「被保険者となるべき者が十分に知悉し得るような状況の下において団体保険契約が締結され，しかも被保険者とされた者がこれを知りかつ異議を述べ得る機会を与えられてしかも異議を述べない限り，被保険者の黙示の同意があったものとしてその保険関係が効力を生ずるものと解することが可能である」とする。西島梅治・保険法（新版）327頁（悠々社，1991）は，「団体保険では会社の労働組合の代表者による一括的同意の意思表示で足りると解すべきであり，また新入社員について個別的に団体保険の被保険者になることの同意書を徴求することは必ずしも必要でなく，就業規則ないし労働協約中に保険条項が挿入されていれば足りると解すべきである」としていた（ただし，同書の第3版ではこの記述は別の記述に差し替えられている）。

114) 団体定期生命保険の沿革および実務（現在では廃止された大蔵省通達も含む）の概要については，糸川厚生「団体生命保険契約」ジュリ746号122頁（1981），生保講座4・138頁，生保講座7・121頁。被保険者の同意に関する通達等の変遷については，名古屋地判平13・2・5判タ1093・264。現在の監督指針による規制については，後掲（注119）。

生命保険会社は，団体定期保険の場合と同様に，保険金の使途について退職金規程や付保規定の差入れによるチェックをしてきたが，保険契約者の実態としては保険金が遺族に対する死亡退職金等を大幅に超えている場合が少なくなく，やはり会社と遺族との間での保険金の帰属をめぐる紛争が頻発するようになった[115]。

(2) 被保険者の同意

全員加入の団体定期保険では，上述のように個々の被保険者の同意を厳格には要求しない実務が一般的になったが，保険契約者と被保険者の遺族との紛争においては，遺族側から被保険者の同意がなく保険契約は無効であるとの主張がされることがあり，実際に，個々の被保険者の同意が必要であるが，それがなかったとして，保険契約は無効であるとした裁判例がある[116]。もっとも，この事例は保険加入につき，従業員に対する周知措置がかなりルーズなものであったと見られる事案に関するもので（保険契約者である会社の各支社の統括部長に通知したにすぎないとされている），学説や実務が認めてきた緩和された方法を確定的に否定する先例とまではいえない。

保険契約者と被保険者の遺族との間での保険金の帰属をめぐる紛争では，保険契約者が受け取った保険金を遺族に引き渡す義務を負うかどうかという形になるのが通例である。被保険者の同意がなかったということを主張することは保険契約の無効という結果を招き，遺族の主張の基礎が失われるという問題があるので，団体定期保険をめぐる紛争では，被保険者の同意がなかったという主張をすることはあまりなく，判例上，同意要件の緩和がどの程度認められて

---

115) 団体定期保険・事業保険に関する紛争が頻発するようになって以降の論稿として，石田満「団体定期保険と被保険者の同意」上智法学論集 40 巻 2 号 1 頁（1996），今井薫「わが国における企業団体生命保険に関する一考察」産大法学 30 巻 3＝4 号 220 頁（1997），家田崇「従業員を被保険者とする『他人の生命の保険』——団体定期保険の考察を中心として」名古屋大学法政論集 174 号 79 頁（1998），山下典孝「他人の生命の保険契約」裁判法大系 28 頁。

116) 静岡地浜松支判平 9・3・24 判時 1611・127。本件では，遺族側は，被保険者の同意がないと主張することにより保険契約が無効となることを回避するために，実質的な保険金受取人は被保険者である従業員であるというべきで，その場合には改正前商法 674 条 1 項ただし書により被保険者の同意は不要であるから，保険契約は有効であると主張したが，判決はこれを斥けている。保険契約当事者の意思に明らかに反する契約解釈を前提とした法適用は困難であり，判決は支持することができる。

いるのかは判然としない。

　私見としては，団体保険の性質上，個々の被保険者の同意をあまり厳格に要求することは適当でなく，上記学説や実務のいうように同意要件をある程度緩和すること自体は合理的であると考えるが，同意要件の緩和をして，いわば同意を擬制するのは，仮に個々の被保険者の同意を求めたとしても同意が得られた蓋然性が高いことが当然の前提であるというべきで，そのような観点を考慮しないで緩和することは適切でないと考える。保険金額と死亡退職金等の差がきわめて大きな保険契約にあっては，被保険者の同意が得られた蓋然性はあまり高くなく，周知措置をとり同意の拒否の機会を与えたとしても同意を認めてよいかは疑問である。ここでは，保険契約者による生命保険の賭博的利用や道徳的危険のおそれは一般にはないとしても，被保険者の同意を要求する理由としての被保険者の人格権的な保護の観点が重要であり，少なくとも，保険の内容や従業員福利制度が被保険者全体に透明化されないまま同意を簡単に擬制することを認めるべきではない。団体生命保険における被保険者同意の要件を緩和してよいという解釈論の道を開いた論者が，その後の労使間のトラブルを頻発させた団体定期保険の実情を見たとしても同様の解釈論を主張していたかどうかは甚だ疑問であると思われる[117]。

　事業保険については，被保険者の個別の同意を得るのに特段の困難は存在しないので，個人保険と同様に考えればよく，同意要件を緩和する必要はない。

(3)　団体定期保険の実務の変更

　団体定期保険の保険金の帰属をめぐる紛争が多発したことを契機として，1996 年に生命保険業界では，団体定期保険の仕組みが変更された。新たな仕組みでは，全員加入の団体定期保険は，被保険者の遺族に保険金が帰属する主

---

　117)　損害保険会社によっても，会社を保険契約者，従業員を被保険者とする団体傷害保険契約が広く行われている。この場合に，やはり個々の被保険者の同意を得ることは実務上行われておらず，団体定期保険と同様に周知措置をとること等で同意に代える運用が行われているようである。ただ，団体定期保険のような会社と被保険者との間のトラブルはあまりないようであり，これは，会社の労災補償規定等により会社は支払を受けた保険金を全額本人または遺族に支給する仕組みが一般的にとられていることによる。このように保険金が全額本人または遺族に支給される仕組みがあるのであれば，仮に個々の被保険者の同意を求めたとしても同意が得られる蓋然性がきわめて高いといえ，このような場合には同意要件を緩和することも合理的である。

契約部分（総合福祉団体定期保険）と，保険契約者が保険金受取人となる特約部分（ヒューマン・ヴァリュー特約）とに分けられ，特約部分については，保険金額を主契約の保険金額以下とし，かつ 2000 万円以下とすること，保険契約者による特約の保険金の請求については被保険者の遺族の了知を受けてすることなどのトラブル防止のための措置が盛り込まれている[118]。また，事業保険も併せて被保険者の同意についてかなり厳格な方法によるべきことが監督指針により求められている[119][120]。このような措置が講じられることにより保険契約者と被保険者の遺族とのトラブルが回避されるようになっている。もっとも，ヒューマン・ヴァリュー特約は，保険契約者が被保険者の死亡により被る経済的損失（代替要員の雇用や教育育成のための費用支出など）を補てんする保険であることを正面からうたうものであり，そのような保険についてはなお批判もあるが，ヒューマン・ヴァリュー特約の保険金額が企業に生ずる経済的損失とあまりに乖離し企業に不当な利得を与えるようなものであればともかく，そうでなければ，そのような保険を容認すべきかどうかは，保険法の問題ではなく，労働法の問題として位置づけられるべきである。

---

118) 久保田秀一「総合福祉団体定期保険の開発」生経 65 巻 3 号 56 頁（1997）。同 62 頁によれば，被保険者の同意の徴求方法としては，被保険者となることに同意した者全員の記名・捺印のある名簿の提出または保険契約者となるべき者が被保険者となるべき者全員に保険契約の内容を通知した旨の保険契約者となるべき者および被保険者となるべき者の代表者の記名・捺印のある確認書ならびに被保険者となることに同意しなかった者の名簿の提出の方法のいずれかによるものとされる。

119) 監督指針では，被保険者の同意や保険金額の定め方等について定めている（監督指針Ⅱ－4－2－4，Ⅳ－1－16）。被保険者の同意の取得に際しては，たとえば，被保険者に対して契約の内容を記載した書面の交付などを保険会社から行う，被保険者がどのように契約の内容を認識できるようになっているかを保険会社が保険契約者から確認し，確認の結果は検証可能な具体的な記録として残すことにより，被保険者が保険金受取人や保険金額等の契約の内容を確実に認識できるような措置を講ずることを求めている。

120) 全員加入の団体生命保険契約に関しては，被保険者に対して保険契約の内容について知らせる手段として保険者ないしは保険契約者は被保険者に対して被保険者証を作成し交付することを義務づけるべきであるという立法論が主張されることがあるが，保険法では，一律に被保険者証の交付を義務づけるのは相当でない等の理由でこの立法論は採用されなかった（一問一答 161 頁）。現在の団体保険の実務では，被保険者や遺族の利益に相当に配慮するようになっていることに照らせば立法の必要性まではなかったといえよう。

第3節　生命保険契約の成立　*351*

2　保険契約者と被保険者の遺族との関係

　団体定期保険や事業保険における保険契約者と被保険者の遺族との間の保険金の帰属をめぐる紛争では，裁判例の大勢は，保険契約者は支払を受けた保険金の一部を遺族に支払うべきであるという立場をとってきた。そのような遺族の請求を認める法的根拠としては，保険契約者と被保険者との間で保険金の相当額を死亡退職金として遺族に支払う旨の黙示の合意があったとされるのが一般的である。そのような合意の認定においては，事業保険の場合については保険契約者が保険会社に契約締結時に差し入れていた付保規定を間接証拠としているものが多いし，団体定期保険では保険契約者が保険者に対して死亡弔慰金制度との関連で保険契約を申し込む旨等の表示をしていることを間接証拠としているものが多い[121]。そして，遺族に対して支払うべき金額については，あまり厳密な計算をすることなく腰だめ的に保険金額の一定割合などと決定している裁判例から，保険契約者の支払保険料の額，保険金に対する税金の額，保険金とは別に保険契約者から遺族に支払われていた死亡退職金等の額を保険金の額から控除した上で（何を控除すべきかも見解の一致があるわけではない），残額の一部のみとする裁判例や残額の全部とする裁判例まで多様なものがあり，一定の基準があるとはいいがたい。これは，もともと保険契約者と被保険者との間に明示の合意はないにもかかわらず，保険契約者が保険金を独占することが労使の関係として見れば不公正である（あるいは公序良俗に反するといってもよい）という評価に基づきやむをえず遺族の引渡請求を認めざるをえないことに起因するものであると考えられ，また当該保険契約者における被保険者の被用者としての地位の実態や死亡退職金や弔慰金制度なども千差万別で到底一律の基準を設定することは不可能であることによる。

　このような状況下で，最高裁平成18年4月11日判決（民集60・4・1387）[122]

---

121)　裁判例の概観として，山野嘉朗「他人の生命の保険契約」金判1135号66頁（2002）。

122)　本判決と同日付の最判平18・4・11労働判例915・26は，本判決と同じ保険契約者である会社の団体定期保険に関するものであるが，遺族の会社に対する信義則に基づく保険金引渡請求を否定する控訴審判決（注123）の結論を正当としているほか，改正前商法674条1項の同意を「被保険者となることの同意」と「保険金受取人の指定の同意」とに分け，後者のみが欠ける場合には，保険契約自体は有効であるが，保険金受取人の指定だけが無効になるという遺族の主張を独自の見解を前提とするものとして斥けている。

は，被保険者1名当たり6000万円を超えながら退職金，慶弔金等としては1000万円前後しか支払っていなかったというかなり特異な事案に関して[123]，このような運用が，従業員の福利厚生の拡充を図ることを目的とする団体定期保険の趣旨から逸脱したものであることは明らかであるが，他人の生命の保険については，被保険者の同意を求めることでその適正な運用を図ることとし，保険金額に見合う被保険利益の裏づけを要求するような規制を採用していない立法政策がとられていることにも照らすと，死亡時給付金として遺族に対して支払われた金額が，保険契約に基づく保険金の額の一部にとどまっていても，被保険者の同意があることが前提である以上，そのことから直ちに本件各保険契約の公序良俗違反をいうことは相当でなく，本件で，他に公序良俗違反を基礎づけるに足りる事情は見当たらない，また，会社が，団体定期保険の本来の目的に照らし，保険金の全部または一部を社内規定に基づく給付に充当すべきことを認識し，そのことを本件各生命保険会社に確約していたからといって，このことは，社内規定に基づく給付額を超えて死亡時給付金を遺族等に支払うことを約したなどと認めるべき根拠となるものではなく，会社が，社内規定に基づく給付額を超えて，受領した保険金の全部または一部を遺族に支払うこと

---

123)　本判決の会社の団体定期保険に関する別件訴訟の控訴審判決である名古屋高判平14・4・26判タ1140・233は，保険契約者と被保険者との間に保険金を遺族に支払う旨の黙示の合意は成立していないし，信義則上保険契約者の遺族に対する引渡義務もないとして，遺族の引渡請求を全面的に斥けているという点で従来の裁判例の流れから見ると特異な判断をしているものであったが，この判決では，この会社の団体定期保険では継続的に払込保険料総額が保険金支払総額と保険契約者配当金額の合計額を上回っていたという実態から，会社が不労な利益を得ていたものとはいえないとして遺族の公序良俗違反による受取人指定の無効の主張や信義則に基づく保険金の引渡請求を斥けている。大規模企業の団体定期保険ではこのように保険契約者にとっての収支をとって見れば赤字になっていることは決して異例なことではないようであるが，従来の団体定期保険に関する裁判例ではこのような実態はあまり認定されておらず，これが従来の裁判例との断絶をもたらしたのであろう。しかし，この考え方によれば，仮に大事故が発生して従業員の多数が死亡し保険金の支払総額が保険料額をはるかに超えたような場合でも，保険契約者は特別弔慰金の額を超える保険金全額を自らが取得できるとでもいうのであろうか。あるいは，保険契約者はその取得した保険金額で平常時の団体生命保険の赤字分を補てんしているだけで利得はしていないという反論がなされるかもしれないが，保険の収支と従業員福利制度の関係が明確に証明されているわけでもなく，不透明な福利制度の手段として，本来保険契約者と被保険者との間のきわめてデリケートな関係の上に成り立つべき他人の死亡の生命保険を利用することへの疑問がもたれてしかるべきであろう。

を，明示的にはもとより，黙示的にも合意したと認めることはできないというべきであるとして，遺族の保険金引渡請求を斥ける判断を示した[124]。

判決自ら団体定期保険の濫用的利用の事例と認めながら，黙示の合意を認める等による会社と従業員・遺族との間の利害調整の可能性を形式論ともいえる理由により否定した判断には大いに疑問があるが[125]，団体定期保険問題は実務の変更によりこの最高裁判決の時期には概ね収束していったようであるので，判決の意義は歴史的なものとなっている。

第4節　傷害疾病保険契約の成立

1　総　　説

保険法では，傷害疾病定額保険契約の成立について，損害保険契約および生命保険契約の成立に関する規定と同趣旨の規定を置いている（保険 66 条〜70 条，87 条）。また，傷害疾病損害保険契約の成立についても若干の規定が置かれている（保険 34 条・35 条）。実務上は，損害保険会社の傷害疾病保険契約については，損害保険契約の成立に関する約款および実務に基本的には従い，生命保険会社の傷害疾病保険契約については，生命保険契約の成立に関する約款および実務に従い行われている。

2　遡　及　保　険

傷害疾病定額保険契約の遡及保険についても，損害保険契約および生命保険契約と同趣旨の遡及保険に関する規定が置かれている（保険 68 条）。保険契約者側の関係者が保険契約の申込または承諾の時において保険事故が発生していたことを知っていたときの遡及保険についての合意の無効については，保険法の用語法に従い保険事故を「給付事由」とし，また，保険契約者，被保険者ま

---

124)　本最高裁判決には，そもそも本件保険契約は被保険者の同意が欠けるものとして無効であったという 2 名の裁判官の補足意見が付されている。

125)　山下友信「団体定期保険と保険金の帰趨──最三判平成 18・4・11 について」NBL834 号 12 頁（2006）。本最高裁判決に従い遺族の共済金引渡請求を斥けたものとして，福岡高判平 19・5・17 労働判例 945・40。

たは保険金受取人が知っていた場合に無効とされている（保険68条1項）。

3　他人の傷害疾病保険契約と被保険者の同意

(1)　傷害疾病定額保険契約

　改正前商法には傷害保険契約・疾病保険契約に関する規定が置かれていなかったが，これらの契約も人保険契約であることから，他人の死亡の保険契約に関する改正前商法674条が類推適用されると解釈されてきた。保険法では，傷害疾病定額保険契約に関する規定を新たに設けることとしたが，人保険契約としては共通の性格を有するので，傷害疾病定額保険契約についても，他人の死亡の保険契約に関する保険法38条と同趣旨の規定として，保険法67条の規定が設けられた。この規定も強行規定であるが，その意義と解釈については，他人の死亡の保険契約に関する第3節の解説が参照されれば足りる。しかし，保険法67条では，保険法38条にはない重大な例外規定が設けられている。以下ではこの点について解説する。

　上記のように，改正前商法674条は傷害保険契約・疾病保険契約にも類推適用されてきたが，その機能は，生命保険会社の保険と損害保険会社の保険とでかなり異なるものであった。生命保険会社の個人向け傷害保険契約・疾病保険契約は，生命保険契約に付帯される特約として発展してきたので，被保険者は主契約である生命保険契約の被保険者と同じであり，その被保険者が保険契約者と異なる場合には，主契約について被保険者の同意を得ることにより自動的に特約についての同意を得ることになり，これが確実に励行されていた。これに対して，損害保険会社の傷害保険契約・疾病保険契約については，保険契約者と被保険者が異なる場合にも被保険者の同意を得て契約が締結されることは稀であった。損害保険会社の傷害保険契約・疾病保険契約では，後遺障害，入通院など被保険者の生存中の保険事故に係る保険給付については被保険者自身が保険給付請求権者とされ，被保険者の死亡という保険事故に係る保険給付については保険契約者が死亡保険金受取人を指定することも可能ではあるが，実際にそうされることは稀で，死亡保険金受取人は約款の定めにより被保険者の相続人とされることが通例で，そうであると，改正前商法674条1項ただし書の被保険者が保険金受取人である場合は被保険者の同意を要しないとする規定

が類推適用でき，被保険者の同意は不要とすることができたのである。

保険法の制定に当たっては，他人の死亡の保険契約については，改正前商法674条1項ただし書の規定は廃止することに異論はなかったが，新設する傷害疾病定額保険契約に関する規定においても同様に例外を設けないこととするかどうかが問題となった。保険給付のうち，被保険者の死亡以外の給付事由に関しては，実務で一般的なように被保険者自身が保険給付請求権者とされるのであれば，道徳的危険，賭博的保険の問題はないと思われるので，被保険者の同意を必要とする理由はないと考えられるが，被保険者以外の者が保険給付請求権者とされる場合や，死亡保険給付については，被保険者の同意を要しないとする理由はないと考えられる。しかし，改正前商法の下における損害保険会社の実務では，被保険者の同意を得る必要はないという前提で，各種の団体保険契約や，家族を包括的に被保険者とする保険契約などが広く行われており，これらについて生命保険契約と同様に被保険者の同意を得なければならないこととすると，実務に対する影響が大きいという問題があった。保険契約の類型ごとに細かく同意の要否を分けて規律することも難しいことから[126]，保険法では，他人の傷害疾病定額保険契約については，被保険者の同意がなければ保険契約の効力が生じないことを前提としつつ，被保険者（被保険者の死亡に関する保険給付にあっては，被保険者またはその相続人）が保険金受取人である場合はこの限りでないとして，改正前商法674条1項ただし書と同趣旨の例外が設けられた（保険67条1項ただし書）。

しかし，この例外を残すと，保険金殺人を狙う保険契約が容易に締結できるという問題も残ることになる。そこで，保険法の制定と並行して，保険業法に基づく保険会社の監督および損害保険業界の自主規制により，被保険者の同意なくして締結される傷害保険契約・疾病保険契約については，死亡保険金額の上限を設けることとされた。具体的には，保険業法施行規則53条の7第2項では，被保険者本人の同意がない死亡保険の引受を行う場合には，社内規則等

---

126) たとえば，自動車保険で被保険自動車に搭乗中の者を被保険者とする場合や，イベントの主催者がイベント中に事故があった場合に備えてイベント参加者を包括的に被保険者として締結する傷害保険（不特定人の傷害の保険）では，そもそも保険の性質上，被保険者の同意を契約締結に際して得ることが不可能であり，被保険者の同意を要件とするとしても，少なくともこれらの保険のように例外を認めることは必要となる。

356 第2部 第2章 保険契約の成立

に，死亡保険の不正な利用を防止することにより被保険者を保護するための保険金の限度額その他引受に関する定めを設けなければならないとされ[127]，日本損害保険協会では，「傷害保険等のモラルリスク防止に係るガイドライン」（2017年4月）により損害保険会社は，各社において被保険者の同意を得ていない傷害保険等についての引受基準額を定めることとされた。これに基づき各社においては，他社と通算して1000万円，海外旅行傷害保険で，留学や海外駐在に係るもの等でモラル・リスクのおそれがないと認められる場合には3000万円という引受限度額を定めている[128]。なお，この自主規制は，15歳未満の未成年者についての傷害保険契約等についても適用されている。

　また，保険法においても，次の2点の対応策がとられている。

　第1に，給付事由が傷害疾病による死亡のみである傷害疾病定額保険契約については，保険法67条1項ただし書の例外規定は適用されない（保険67条2項)。この場合には，生命保険契約と変わりがないので，被保険者の同意を要しないとすることを正当化する理由がないと考えられるためである。この規定は，被保険者の同意に関するものとして，強行規定であるが，規定の趣旨から，形式的には死亡以外の給付事由がある契約であっても，その給付内容が些少である場合にも，脱法行為として被保険者の同意は必要となる[129]。

　第2に，保険法67条1項ただし書の例外規定により被保険者の同意を得ないで締結された傷害疾病定額保険契約については，被保険者の保険契約者に対する保険契約解除請求事由とされ（保険87条1項1号)，特段の理由なく解除請求する権利を被保険者に認めている。この規定も被保険者の同意要件を補完するものとして強行規定である。

　この解除請求事由は，他の解除請求事由が被保険者と保険契約者または保険金受取人との間の信頼関係の破壊や親族関係等の著しい変更などの実質判断を要する事由とは異なり，被保険者の同意を得ていないという外形的に明確な事実によるものである。したがって，保険者としても解除請求事由の存否は容易

---

127)　金融審議会金融分科会第二部会・前掲（注100)。監督指針Ⅱ−4−4−1−2(9)では，社内規則等のあり方について定めている。
128)　具体的な金額は，前掲（注102)の資料。
129)　一問一答174頁。

に判断できるので，この解除請求事由についてのみは，損害保険会社の約款において，被保険者は保険者に対して直接解除権を行使することができる旨が定められているのが通例である。保険契約者当事者でない被保険者が解除権を有することになるが，保険契約者が被保険者に対して解除権行使の代理権を付与しているものと解される。被保険者により解除権が行使された場合には，保険者は保険契約者に対してその事実を通知するということも定められている。以上のような約款の定めは，保険法87条1項1号の解除請求の方法について定めるにすぎないので，同号が強行規定であることに反するものではない。

(2) 傷害疾病損害保険契約

他人の傷害・疾病の損害保険契約については，被保険者の同意を要するという規律は設けられていない。これは，傷害疾病損害保険契約では，被保険者自身が損害てん補としての保険給付を受けることになるので，賭博保険や道徳的危険の問題はないということによるものであるが，傷害疾病損害保険契約でも傷害疾病による死亡も給付事由とされる場合には，被保険者の相続人が保険金を取得するので，被保険者の同意を要しないことには問題がないわけではない。しかし，上記のように，傷害疾病定額保険契約について，被保険者（被保険者の死亡に関する保険給付にあっては，被保険者またはその相続人）が保険金受取人である場合には被保険者の同意を不要としたことから，傷害疾病損害保険契約についても被保険者の同意は不要とせざるを得ない。

保険法34条1項は，被保険者が保険契約の当事者以外の者である場合には，被保険者と保険契約者との間で解除権を行使しない旨の別段の定めがされている場合を除き，被保険者は保険契約者に対して，いつでも傷害疾病損害保険契約を解除することを請求することができるものとしている。この解除請求については，生命保険契約および傷害疾病定額保険契約の場合（保険58条・87条）と異なり，被保険者と保険契約者との間の信頼関係を破壊する事情が生じていること，または同意の基礎とした事情の変更は要件とされていない。これは，上述のとおり，傷害疾病保険損害契約においては，保険契約者と被保険者が異なる者である場合でも被保険者の同意が保険契約の有効な成立のための要件とされていないことに基づく[130]。

第5節　クーリング・オフ

　保険契約は，保険募集主体が積極的に保険加入の勧誘をした上で締結される
のが一般的であるので，契約の締結について熟慮する機会を顧客に保障すると
いう趣旨で各種消費者契約等においてクーリング・オフを認めることが必要と
なるのと同じ事情は保険契約でも存在する。もっとも，クーリング・オフが実
質上詐欺的な契約からの消費者救済のために重要な手段となる訪問販売等と保
険の募集はセールスの実態が必ずしも同じではない。生命保険では見ず知らず
の生命保険募集人が突然訪問してきてその場で直ちに契約締結まで強引に勧め
るようなことは多くないであろうし，生命保険にせよ損害保険にせよ契約締結
後も保険契約者との接触は続くことが多く，その分強引に売りっぱなしという
こともそう多くはないであろう。現に，生命保険業界では，1974年から自主
的に保険契約者のクーリング・オフを認めてきたが，その行使事例はきわめて
少数にとどまってきた。しかし，契約締結について熟慮する機会を与えること
は，例外的な悪質な募集の場合に限らず保険契約者保護のためにはそれなりに
意味のあることである。

　そこで，1995年保険業法では，法律上の制度として保険契約者のクーリン
グ・オフの権利を規定することとなった（保険業309条)[130]。ただし，申込者等
が営業もしくは事業のため，または営業もしくは事業として締結する保険契約
として申込をしたとき，一般社団法人もしくは一般財団法人その他の法人が申
込をしたとき，保険期間が1年以下であるとき，保険契約が法令により申込者
等が加入を義務づけられたものであるとき（自賠責保険など)，および，申込者
等が保険会社等，特定保険募集人または保険仲立人の営業所，事務所その他の
場所において保険契約の申込をした場合その他の場合で申込者等の保護に欠け
るおそれがないと認められるものとして政令で定める場合には，撤回または解
除をすることができない（保険業309条1項2号～6号，保険業令45条)。営業・
事業関連の保険契約が撤回または解除できないこととされていることから，ク

---

　130)　一問一答143頁。

ーリング・オフは消費者契約である保険契約を対象とするものとなっている。保険期間が1年以下である保険契約について撤回または解除ができないことから，多くの損害保険契約ではクーリング・オフは認められないことになっているが，これは損害保険の募集でクーリング・オフを認めなければならないような事例が実際上考えにくいことなどによるものである。

　クーリング・オフ期間は，申込者等が，内閣府令で定めるところにより（保険業則240条），クーリング・オフに関する事項を記載した書面を交付された場合において，その交付をされた日と申込をした日とのいずれか遅い日から起算して8日である（保険業309条1項1号）。このクーリング・オフ期間の計算に関しては，保険契約者となる者が申込書に記載して申込をしたところ，保険者がその申込内容のままでは引き受けることができないが，申込内容を変更すれば引き受けられるとして，申込内容の変更を求めたことから，申込者が再度変更した申込書を提出した場合には，当初の申込の日から起算するのか，変更した申込書を提出した日から起算するのかという問題があるが，誤記の訂正や形式的事項の修正にすぎない場合を除けば，変更した申込書の提出が新しい申込であり，クーリング・オフ期間もその日から改めて起算されるものと解すべきである[131]。当初の申込に対する変更の求めにより保険者は承諾を拒絶したものであり，変更した申込を新たな申込と見てクーリング・オフ期間を計算しないと，保険契約を締結するか否かについての熟慮を申込者にさせようとするク

131）　東京地判平26・4・14判タ1413・322は，生命保険契約の転換の申込がされたが，保険者の求めにより申込内容を変更して再度提出した場合について，当該事案では，転換後の保険契約の主要部分を変更するものではないから，変更後の申込を新たな申込と見ることはできないとして，当初の申込の日からクーリング・オフ期間が起算されるとしている。しかし，保険料の額，特約の付加，保険料払込期間を変更するものであり，契約の主要部分を変更するものではないという判断は賛成しがたい。また，何が主要部分かということで判断することは基準が不明確であり，本文で述べたとおり，形式的な事項の修正等でない限りは，新たな申込と見るべきである。なお，同判決の事案は，10月18日に当初申込，11月2日に変更申込，11月5日に契約成立，11月7日に保険契約者兼被保険者が脳内出血発症，11月14日に死亡という時系列の中で，保険契約者の子である原告（死亡保険金受取人）が11月12日に保険契約者の代理人名義でクーリング・オフ書面を保険会社に提出している。ここでは，意識不明の保険契約者のために指定代理請求人である原告がクーリング・オフの権利を行使できるか，クーリング・オフ期間の進行について消滅時効の完成猶予に関する民法158条1項の類推適用ができるか，クーリング・オフの権利は相続の対象となるかという問題が生じている。

ーリング・オフの趣旨に反することとなるからである。

　クーリング・オフの権利が行使された場合の法律関係は，「特定商取引に関する法律」等におけるクーリング・オフについてのそれと類似するが，保険契約の特性を反映していくつかの特徴的な規定が置かれている。すなわち，保険契約の解除の場合には，保険者は，解除までの期間に相当する保険料として内閣府令で定める金額を請求することができ，また，受領した前払保険料の返還についても同じ額の保険料は返還する必要がない（保険業 309 条 5 項ただし書・6 項ただし書，保険業則 242 条〔日割計算によるものとする〕）。サービス取引に関するクーリング・オフについては，他の法令（たとえば，金商 37 条の 6 第 3 項・4 項参照）でも見られるように，顧客側の原状回復が不可能なため完全な遡及的撤回・解除が適当でないことを考慮したものである。特定保険募集人その他の保険募集を行う者は，申込の撤回があったときに当該保険契約に関連して金銭を受領しているときは，これを申込者等に速やかに返還しなければならない（保険業 309 条 7 項）。保険仲立人その他の保険募集を行う者が，保険会社等に申込の撤回等に伴い損害賠償その他の金銭を支払った場合にも，当該支払に伴う損害賠償その他の金銭の支払を，撤回等をした者に対して請求することができない（保険業 309 条 8 項）。

　また，申込の撤回等の当時既に保険金の支払事由が生じているときは，撤回等をする者が撤回等の当時そのことを知っている場合を除き，撤回等は効力を生じないものとされている（保険業 309 条 9 項）。これは，保険契約者が保険事故の発生を知らずに撤回等をしたために保険金の請求ができなくなることを防止する趣旨である。このような規律は，保険契約が新契約として締結された場合には合理的なものといえるが，保険契約の転換についてクーリング・オフの権利が行使された場合に適用されると，転換の前後で保険給付の種類や保険金受取人が異なることにより，クーリング・オフの効力を生じさせないことが保険契約者の利益となると単純にはいえないという問題が指摘されており[132]，立法論的な検討が必要である。

---

132)　木下孝治・保険レポ 288 号 11 頁（2015），中村信男・保険レポ 296 号 5 頁（2016）。

第6節　保険契約書面（保険証券）

1　総　　説

　保険契約は，要式契約ではないから，実質的な申込と承諾の意思表示の合致があればそれで有効に成立するが，保険契約の内容は書面化されることが両方の当事者にとって望ましいことは疑いがない。保険の実務では，保険契約の締結後に保険証券とよばれる書面が保険契約者に対し交付されるのが通例で[133]，改正前商法も保険証券としていたが，保険法では保険証券とはせず，たんに書面として，保険者は，保険契約を締結したときは，遅滞なく，保険契約者に対し，保険契約の内容に関する法定の事項[134]を記載した書面（以下，保険契約書

---

[133]　たとえば，輸入貨物の海上保険においては，貿易金融との関係で保険証券を要しないときは，保険料請求書で保険証券の代用としている場合が多いし，予定保険とする場合に保険証券に代えて保険承認状（certificate）というような保険証券よりも記載が簡素化された書類が交付されることが多い。木村ほか・海上保険 328 頁〔近内保利〕。

[134]　損害保険契約については，保険者の氏名または名称，保険契約者の氏名または名称，被保険者の氏名または名称その他の被保険者を特定するために必要な事項，保険事故，その期間内に発生した保険事故による損害をてん補するものとして損害保険契約で定める期間，保険金額または保険金額の定めがないときはその旨，保険の目的物があるときは，これを特定するために必要な事項，保険法 9 条ただし書に規定する約定保険価額があるときは，その約定保険価額，保険料およびその支払の方法，保険法 29 条 1 項 1 号の通知（危険の増加の通知）をすべき旨が定められているときは，その旨，損害保険契約を締結した年月日，書面を作成した年月日である（保険 6 条 1 項各号）。生命保険契約については，保険者の氏名または名称，保険契約者の氏名または名称，被保険者の氏名その他の被保険者を特定するために必要な事項，保険金受取人の氏名または名称その他の保険金受取人を特定するために必要な事項，保険事故，その期間内に保険事故が発生した場合に保険給付を行うものとして生命保険契約で定める期間，保険給付の額およびその方法，保険料およびその支払の方法，保険法 56 条 1 項 1 号の通知（危険の増加の通知）をすべき旨が定められているときは，その旨，生命保険契約を締結した年月日，書面を作成した年月日である（保険 40 条 1 項各号）。傷害疾病定額保険契約については，保険者の氏名または名称，保険契約者の氏名または名称，被保険者の氏名その他の被保険者を特定するために必要な事項，保険金受取人の氏名または名称その他の保険金受取人を特定するために必要な事項，給付事由，その期間内に傷害疾病または給付事由が発生した場合に保険給付を行うものとして傷害疾病定額保険契約で定める期間，保険給付の額およびその方法，保険料およびその支払の方法，保険法 85 条 1 項 1 号の通知（危険の増加の通知）をすべき旨が定められているときは，その旨，傷害疾病定額保険契約を締結した年月日，書面を作成した年月日である（保険 69 条 1 項各号）。以上に加えて，保険者（法人その他の団体にあっては，その代表者）が署名し，または記名押印しなけ

面という）を交付しなければならないという規定の仕方をしている（保険6条1項・40条1項・69条1項）。保険の実務では，保険法の施行後も引き続き保険証券と称するのが通例であるが，生命保険会社の中には「契約締結時の書面」といった名称を使っている例も見られる。

　保険者は，保険契約者の請求を待つまでもなく，契約成立後保険契約者に保険契約書面を交付しなければならないが，場合によっては保険契約書面の交付を省略している場合もある。保険法の規定は任意規定であるから，交付の省略も許される[135]。一部の記載事項が欠けていても保険契約書面の効力がなくなるものではない。保険契約書面は，保険契約者にとっては契約上の権利行使のためにはきわめて重要な意味をもつものであり，権利行使のために必要な事項である限り，記載を求めることができるし，誤った記載がある場合には，その訂正を求めうるものと解すべきである。その反面で，誤った記載のある保険契約書面が交付されたが，保険契約者が異議をとなえなかったことをもって契約内容が保険契約書面記載の内容であることを承認したと扱うのは[136]，保険契約者の一般的な理解力からみて妥当ではない。ただ，立証の面では，保険契約書面の記載には事実上の推定力はあるので，これと異なる契約内容を主張しようとすれば，その主張をする者がその旨を立証する必要がある。

　貨物海上保険等で用いられることのある指図式または無記名式の保険証券を

　　　ればならない（保険6条2項・40条2項・69条2項）。

135)　保険契約書面は保険契約者に交付されるものであるが，団体保険のように団体や代表者が保険契約者となる保険では，被保険者や保険金受取人が契約内容を確認したり，権利行使をすることを容易にするために，保険契約者に対して保険契約書面が交付されるだけでなく，被保険者等に対して被保険者証などとよばれる書面が交付される場合がある。もっとも，団体生命保険では，事務手続が煩雑である等の事情で被保険者証の交付は行われていないことが多いようである。生命保険法制研究会（第二次）編・生命保険契約法改正試案（2005年確定版）理由書・疾病保険契約法試案（2005年確定版）理由書164頁（生命保険協会，2005）では，団体生命保険契約においては被保険者証を交付することを義務づけるが，被保険者の同意に関する書面による通知や団体保険に関する規程集の交付などにより被保険者証の交付がなくても被保険者が保険の存在や内容について知ることができることから，交付義務に関する規定は任意規定としていた。もっとも，生命保険会社の実務では，Bグループ保険や拠出型企業年金保険については被保険者証（加入者通知書）の発行が行われていることが多い。

136)　ドイツ保険契約法5条等，外国では本文で述べたような立法例があり，かつてはわが国でもこれと同様の立法論が望ましいとされていた。大森140頁。

別として，保険契約書面は，保険給付請求権に関して，権利の行使・権利の移転のいずれかまたは双方について証券をもってすることを要するという意味での有価証券性を有しえないことについては今日異論はない[137]。したがって，保険給付請求権の行使のためには保険契約書面の提示と引換であることを要するとしたり（受戻証券性），保険給付請求権の譲渡につき保険契約書面の裏書・交付を要するというようなことを約定することも許されない[138]。このように有価証券性を認めないのは，損害保険契約にせよ人保険契約にせよ，保険契約においては，保険給付請求権を証券的に流通させる実際上の合理的ニーズがなく，また，証券的な流通を認めることは保険給付請求権者等保険契約関係者の個性を重視する法律の規定や保険契約の趣旨に反するためである。

このように有価証券性が否定されることから，保険契約書面は，証拠証券であって免責証券であるという性格のみが認められるとする見解が一般的である[139]。約款では保険金の支払を請求するために保険者に提出すべき書類の一つとして保険証券があげられるが，これも引換証券性を定めたものではなく，紛失その他の理由で保険証券を提出できない場合でも，請求者が自己の正当な権利を証明すれば保険者は保険金の支払を拒絶できないし[140]，紛失者が保険証券についての除権決定を求めることもできない。

2 貨物海上保険と指図式または無記名式保険証券

貨物海上保険では，運送中の貨物の売買，あるいは商業信用状や荷為替手形の仕組みによる貿易金融との関係で，保険証券は船荷証券等とセットで船積書類として扱われる必要がある。そのために，保険証券も伝統的に指図式または

---

137)　大森 139 頁，論点体系 1・85 頁〔金岡京子〕。生命保険証券の法的性質につき，山本爲三郎「生命保険証券」金判 1135 号 100 頁（2002）。

138)　設権証券性，文言証券性および無因性も，もちろん保険契約書面（保険証券）には認められない。

139)　通説は保険契約書面（保険証券）一般について免責証券性を肯定するようであるが，典型的な免責証券としての下足札のごときと異なり，書面を所持しているだけで権利者としての外観がそれほど強く生じるわけではなく，保険者としては請求者が権利者であることの実質的証明がなければ保険金の支払に応じないのが通例であり，免責証券性を認めることの意義は疑わしいように思われる。

140)　古い時代の判例は引換でなければ保険金を支払わないという特約を有効としていたが（大判大 12・1・24 新聞 2101・19），正当とはいえない。

無記名式で発行されることが一般である。このような指図式保険証券や無記名式保険証券については，かつては，有価証券であるかどうかが大いに議論されたが[141]，今日では，権利の行使および移転のいずれかまたはその双方に証券をもってすることを要するという意味での有価証券性は否定し，証拠証券・免責証券にすぎないとすることでほぼ決着をみたということができる[142]。これは，貨物保険といえども，被保険利益は物に対する所有権等の権利の所在と切り離しては移転しえず，指図式や無記名式の保険証券を被保険利益と無関係に保険金請求権を表章する有価証券と見ることはできないこと，保険者も被保険利益を確認しないで保険金の支払をすることはありえないことを理由とするもので，正当な見解であるというべきである。形式上，指図式または無記名式とされているのは，保険の目的物の譲渡について陸上保険の約款の規定のような扱いはせず，貨物についての権利の移転があれば保険契約上の被保険者の地位も保険者に対する通知や保険者の承認を要せず自動的に移転することを保険者が容認していることを明らかにするとともに（目的物である貨物は運送人の支配下にあり目的物の譲渡がなされても危険が増加することは一般には考えにくいことによる），指図式であれば裏書により，無記名式であれば証券の所持により権利の移転の証明手段として容易に利用することができるようにするためであると考えられる。したがって，保険証券を所持せず，または指図式の場合に裏書がなくとも，実質上の被保険利益を有する者は，そのことを証明すれば保険金請求権を行使することができるというべきである。

　もっとも，実際の外航貨物海上保険では，英国法準拠法条項に基づき譲渡についても英国法が準拠法となる結果，英国法に基づいて保険証券が発行されている場合には，その交付が保険金請求権の譲渡の要件となるので（英国1906年海上保険法50条3項），これにより有価証券性が認められるのと等しい結果になる[143]。

---

141)　大判昭10・5・22民集14・923は，船舶保険契約についての指図式保険証券の有価証券性を否定した。

142)　江頭71頁，446頁。判例・学説の展開については，島十四郎「保険証券——指図式運送保険証券——の有価証券性」石井照久先生追悼論文集・商事法の諸問題235頁（有斐閣，1974），野口夕子・保険法百選18頁。有価証券性肯定説として，坂口光男「指図式保険証券の有価証券性」法律論叢74巻4＝5号121頁（2002）。

143)　大判昭13・8・31新聞4323・16（保険金請求権について執達吏が保険証券を占有

第7節　保険契約の成立と法律行為の一般規定の適用　*365*

第7節　保険契約の成立と法律行為の一般規定の適用

1　総　　説

　保険契約も法律行為の一種であるから，民法の法律行為の一般原則が適用されるのであって，その点自体については特別の問題はない。本書では，それぞれの具体的問題に関連させながら，民法の規定の適用が問題となる事例について言及することとし，改めて法律行為の一般論を展開することはしない。ただ，保険特有の問題として，保険金の不正請求対策として，法律行為の一般規定，特に詐欺，錯誤および公序良俗違反が活用されることがあり，保険特有の判例が形成されている。また，主として消費者契約については，特に保険者の情報提供義務との関連で，民法の法律行為規定の活用による消費者保護が模索されている。以下では，この2つの視点から保険契約に対する法律行為規定の適用について検討する[144]。民法の法律行為に関する規定は，2017年に改正されたので，改正が影響を及ぼしうる点がある。

2　保険者の意思表示の瑕疵

⑴　保険契約者等の詐欺

　保険契約の締結が保険契約者またはその関係者の詐欺によるものであるときは，相手方である保険者は保険契約を民法96条1項により取り消すことができ，これにより保険事故が発生したとしても保険者は保険給付義務を免れることができるので，保険契約者等の詐欺は，保険者により保険金不正請求対策として活用されている。民法の改正では，同法96条については，同条2項の第三者の詐欺による取消は，相手方が，第三者が詐欺を行った事実を知っていた

　　しないにもかかわらず発された差押命令・転付命令を無効とした事例）。

144)　2017年改正民法では，法律行為の当事者が意思表示をした時に意思能力を有しなかったときは，その法律行為は無効とする3条の2の規定が新設された。ただし，意思能力の意義については，解釈に委ねられることとされている。保険に関しては，未成年者の死亡の保険についての被保険者の同意の問題や，保険金受取人変更をする保険契約者の意思能力といった問題に関連してくるが，いずれも具体的な問題の箇所で述べることとする。

場合のみならず知ることができた場合にも認められること，同条3項の取消の第三者に対する対抗について，第三者が善意であることに加えて無過失であったことも要するものとされたことという改正のみが行われたので，以下に見る改正前の民法の下での判例は改正後もそのまま意義をもつものと考えられる[145]。

　詐欺の成立が認められる要件としては，詐欺を行う者の側については，違法な欺罔行為という要件と故意によるという要件をみたす必要がある。故意の要件は，相手方を欺罔して錯誤に陥らせることの故意，および相手方にその錯誤により意思表示をさせようとする故意の双方が必要であるとされ，これをさして二重の故意が必要であるといわれている。次に，相手方の側については，欺罔行為により錯誤に陥ったこと，およびその錯誤により意思表示をした（錯誤がなければ意思表示はしなかった）という因果関係があることという要件をみたす必要がある。これらの諸要件のうち最も充足が困難なのが二重の故意，特に二段階目の錯誤により意思表示をさせようとする故意という要件であり，保険契約への適用でもこの点が難しい論点を提供する。

　これまでの判例において，保険契約者等の詐欺の成立が認められるかどうか

---

145)　保険法改正前の時期の生命保険会社の約款では，保険契約者の詐欺により締結された保険契約は無効とし，保険者は保険料を返還しないものとする旨の規定が置かれていた。これは，詐欺の効果は取消とする民法の規定を修正する定めである。このような定めについては，民法の意思表示に関する規定は強行規定ではないのか，民法の取消については，取消権者の法定追認による取消権の消滅（民125条）や取消権の時効消滅（民126条）のような取消権を制限する規律の適用を排除することに問題はないのかなどの問題の指摘があったが，保険契約者の行為が悪質なものであることを考慮して，かかる約款の定めも有効であるとする学説が支配的で，判例もその効力を認めてきた。しかし，保険法の制定を契機として，やはり民法の意思表示の規定を変更する定めの効力については疑問を免れないことや，後述のように（390頁），保険法では，民法の詐欺による取消の場合に保険料を返還する義務を負わないものとし，これを片面的強行規定としたため，民法上取消ができない場合にも保険料を返還しないものとする上記の定めは片面的強行規定に反することから，保険法の施行後の約款では詐欺の効果を無効とする定めを置くことには疑義があるとして（一問一答107頁），約款においても詐欺の効果を取消とする旨に改められた。なお，保険法制定前に，米国では保険契約者の詐欺による保険者の抗弁についても不可争期間の対象とされるか否かについて争われてきたことを参照しながら，詐欺の効力を無効とする約款の定めを批判する主張が見られた。大塚英明「不可争条項と詐欺抗弁——『替え玉抗弁』の意味するもの」生保163号71頁（2008），深澤泰弘「我が国の不可争条項の特徴に関する一考察——米国の『替え玉詐欺』事例を参考に」生保164号179頁（2008）。

が問題となる事案には大別すれば3つの異なる類型がある[146]。

第1の類型は，既往症や現症のある被保険者について替え玉を仕立て，診査を受けさせ保険契約を締結させるような事案である[147]。

第2の類型は，1980年代以降に現れてきたものであり，生命保険会社の疾病保険について短期集中加入の多重契約があり，かつ，不正請求が疑われる請求が反復されているような事案である。判例で詐欺の成立が認められた事案では，短期集中加入の多重契約があり，保険契約者の収入等に照らして合計した保険金額が著しく過大で，かつ保険料の合計額も著しく過大となっているという事実とともに，既に支払を受けている保険給付について不正請求によるものと疑われる等の諸事情から保険契約の締結は保険金の不正請求を目的とするものであると認定し，この場合には詐欺の成立が認められているというものである。

第3の類型は，1990年代後半くらいから多く見られるようになったもので，多重契約とはいえない生命保険や疾病保険において告知義務の対象となる既往症や現症を告知しないで保険契約を申し込み，成立させたことが詐欺に当たるとされる事案である。

これらの類型のうち，第1類型は，詐欺性が明白であり，二重の故意の要件もみたされて詐欺の成立が認められることに異論がない[148]。これに対して，

---

146) 保険契約者の詐欺についての研究として，中西正明「告知義務違反と錯誤及び詐欺」同・告知義務137頁，中西正明「詐欺による生命保険契約の取消とドイツ判例」同・告知義務179頁，潘阿憲「生命保険契約におけるモラル・リスクと『詐欺無効』の理論」生保145号55頁（2003），伊藤雄司「告知義務と詐欺，契約締結上の過失」岩原紳作＝山下友信＝神田秀樹編集代表・会社・金融・法・下巻645頁（商事法務，2013）。また，判例についての検討として，新井修司・保険レポ186号14頁（2004），江坂春彦・保険レポ187号1頁（2004），長谷川宅司・保険レポ201号1頁（2005）。

147) 損害保険の分野では，車検切れの自動車について，車検証が改ざんされたことを知りながら保険契約者が締結した保険契約についての詐欺の成立が認められた事例として，新潟地判平15・12・24交民36・6・1660および控訴審・東京高判平16・6・24交民37・3・585。

148) 替え玉を仕立てて告知された場合に詐欺の成立を認めたものとして，東京高判昭59・1・31生判4・16，東京高判平14・9・25生判14・624。そのほか，経営者保険で退職した従業員を保険契約者である会社の役員または幹部社員であるとして契約した事例として，京都地判昭63・10・26判時1323・148と控訴審・大阪高判平2・1・30生判6・160。

368 第2部 第2章 保険契約の成立

第2類型および第3類型は，保険金請求を斥けるという各裁判例の結論には大方の支持があるが，詐欺の成立が認められるかということについては議論のあるところである。

第2類型で問題となるのは，この類型の事案では，保険契約者は短期集中の多重契約が存在し，あるいは申込をしている事実や，不正請求が疑われるような保険金請求をしている事実を黙秘しているだけであり，そもそも欺罔行為があるのかという点である。民法学説では，沈黙の詐欺として論じられている問題に相当する。沈黙でも詐欺が成立するというためには，当該事案の下で沈黙せずに事実を告げることが欺罔行為として評価される事情が存在することが必要である（違法性の要件ともいわれる）。裁判例の中には，多重契約について告知する信義則上の義務があるとして，詐欺の成立を認めるものもあるが[149]，第2類型の多数の裁判例は，そのような法律構成をとることなく，短期集中の多重契約が存在すること，不正請求と疑われる請求がされていることなどの事実から保険契約者は不正な保険金取得目的を有していたことを推認し，そのような目的で保険契約を申し込んだことにより詐欺の成立が認められるとする[150]。その際には，欺罔行為とは何か，また二重の故意の要件がどのようにみたされるのかについてはほとんど明らかにするところがない。このことから学説には，第2類型の事案は，詐欺により解決すべきものではなく，不正な保険金取得を目的とした保険契約の締結は公序良俗違反により無効であるという法理により解決されるべきであるとするものがある[151]。

---

149) 東京高判平3・10・17金判894・27。約款にいう詐欺に係る欺罔とは，積極的に虚偽の事実を申し述べる場合のみならず，保険制度の趣旨目的に照らして信義則上当然相手方に告げるべき事実を秘匿するような消極的な行為も含むものと解すべきであり，この種の保険に同時に多数加入することは，本来この種の保険の趣旨目的に反するものであって，保険契約者はその有無を確認する保険者の担当者に対し，そのような意図または事実のないことを告げるべき信義則上の義務があるとした上で，当該事案において，保険契約者は高額の他保険が既にあり，また同時申込の保険もあるのにそれがないかのごとくに仮装したことが違法な欺罔行為に当たり，右仮装行為に加えて保険料が著しく高額であることや過去の保険金請求につき不正請求が疑われることから，保険契約者には詐欺の要件としての二重の故意が認められ，詐欺が成立するとする。

150) 東京地判平2・10・26判時1387・141，仙台高秋田支判平4・3・4生判7・34，大阪高判平6・6・22生判7・382，福岡高判平11・10・20判時1716・72，岐阜地判平12・3・23金判1131・43。詐欺の成立を否定した事例として，大阪地判平12・2・22判時1728・124。

第7節 保険契約の成立と法律行為の一般規定の適用　*369*

　第3類型については，重大な既往症等を告知しないで申込をしたことにより詐欺の成立を認めてよいかという問題であり，古くより告知義務違反と詐欺との関係として論じられてきたものである（445頁）。判例・学説は，告知義務違反は詐欺と併存しうるという点で一致しているが，それを前提としても，詐欺を故意の告知義務違反とどのように区別するのかという問題があることに加えて，保険契約者に二重の故意のうちの二段階目の相手方にその錯誤により契約を締結させることについての故意が認められるかという問題がある。後者の問題については，戦前の判例は，既往症を告知しなかったことがあったとしても，それにより保険者を錯誤に陥らせそれにより契約締結の意思表示をさせようとする意思があるとはいえないとし[152]，この判例は，錯誤により契約を締結させることの故意，すなわち二段階目の故意が認められない事例として位置づけられている。このこともあって，告知義務違反となる事実の不告知の事案についての詐欺が問題となる裁判例は稀であった。ところが，1990年代後半ころからそのような事案について保険会社が詐欺の主張をし，その主張を認める裁判例が急増した[153]。これらの詐欺の成立を認めた裁判例は，概ね告知されな

---

151)　木下孝治・保険レポ162号7頁（2001）は，「保険金詐取目的を仮に申込者が有する場合に，その真意が告知されると期待することができるのかについては疑問を挟む余地がある。換言すれば，情報操作が不当である以前に，保険金による利得という動機の不法を強く非難するからこそ，欺罔行為の要件を緩和しながら詐欺を積極的に認定して来たのだとすれば，詐欺の構成は民法90条の適用につきコンセンサスが得られるまでの過渡期的な法律構成であると捉え，動機の不法を直接に問題とする方が，民法規範の本来的な位置づけに適うのではなかろうか」とし，この種の事案は公序良俗違反による無効の問題として解決されるべきものとする。

152)　大判大6・9・6民録23・1319（慢性肥厚性鼻炎，前額神経痛症，蓄膿症），大判大11・2・6民集1・13（肺結核）。戦後にこの種の事案で詐欺の成立を否定したものとして，東京高判昭53・3・28判時889・91（保険契約者兼被保険者は重症の高血圧症および糖尿病等に罹患していた事実を告知しなかったが，保険契約者が「ことさらに保険者を錯誤により契約締結の意思を決定表示させる意思を以てしたというのではない」とした）。

153)　詐欺の成立を認めたものとして，札幌地判昭58・9・30生判3・397（いずれ外科的治療が必要な胆石症），熊本地判平6・11・10生判7・436（胃・十二指腸潰瘍で入院中），奈良地判平11・11・16生判1・654（糖尿病・肝障害，複数回入院歴），東京地判平11・12・1判タ1032・246（肺がんとの診断は保険契約締結日の数日後であるが，締結日の約1か月後に肺がんで死亡），佐賀地判平12・6・20生判12・342（胃潰瘍等による複数回の入院），東京地判平12・9・27生判12・466（慢性リンパ性白血病），東京高判平13・6・27生判13・524（交通事故による強い意識障害），金沢地判平14・8・

370   第2部　第2章　保険契約の成立

かったのはがんに罹患していることなど重症の既往症ないし現症がある事案であって，判決では，保険契約者はそれを告知したとすれば保険者は保険契約を締結しないことは認識していたといえるので，それにもかかわらず告知をしないで申込をした保険契約者には二段階目の故意もあるので詐欺であると認められるという判断をしている。このような裁判例については，上記のような事情がある場合には二段階目の故意を推認することができるとして賛成するものもある。しかし，故意の告知義務違反とどのように区別されるかという点については，明確な境界はいまだ見解の一致がないというのが現状である。

　このように第2類型および第3類型については，なお検討すべき課題があるが，2005年ころからの保険金不払問題以降，この類型に関する裁判例が見られなくなり，学説等の関心も薄れているのが現状である。

　第2類型および第3類型について，どのように考えるべきかは難問であるが，現在の私見は以下のとおりである。まず，第2類型については，裁判例は詐欺の要件に即した判断をしていないという問題を抱えていることは否定しがたく，また詐欺ではなく公序良俗違反として解決すべきであるという見解にも一理あると考えられるが，短期集中加入の著しい多重契約が存在しているという事実，および不正請求と疑われるような請求を反復的にしていること等の事実が保険者に知られていたとすれば保険者は保険契約を締結することはないということは保険契約者にも認識されているはずであり，そのように認識していながらそれらの事実を黙秘して保険契約の申込をする場合には，保険者を錯誤に陥らせ，その錯誤により保険契約を締結させるという二重の故意を認めることはできると考えるべきである。したがって，保険金の不正取得目的の契約として公序良俗違反となるという解決も否定はされないが，詐欺の成立を認めることは十分

---

　　22 生判14・498（諸種の疾病による入院反復），東京地判平14・11・26生判14・780（悪性線維性組織球腫），東京高判平14・11・28生判14・796（脳梗塞等），東京地判平15・1・16生判15・10（悪性線維性組織球腫），大分地杵築支判平15・3・12生判15・137（合計4回，通算1年以上の糖尿病による入院），大阪地判平16・8・31生判16・645（多発脳梗塞等），高知地判平17・10・24生判17・786（乳がん），東京地判平17・4・28生判17・358（S状結腸がん等），東京地判平18・3・1生判18・155（C型肝炎等），福岡地久留米支判平19・5・24生判19・216（肝細胞がん）。詐欺の成立を否定したものとして，東京地判平18・4・26生判18・302（アルコール性肝障害との診断は受けたが，アルコール性肝硬変との診断は受けていなかった事例）。

可能であるというべきである。

第3類型については，判例が重大な既往症や現症を認識しながらそれを告知しないで保険契約を申し込むという行為を間接事実として二段階目の故意を推認するという認定方法によるのは事実認定の方法としてはオーソドックスなものであり，基本的には支持できるものと考える[154]。その際には，そのような推認が経験則に照らして合理的なものでなければならないので，判例が重大な既往症や現症がある場合に限り詐欺の成立を認めているのは正当なものであるということができる。

このように，第2類型および第3類型の事案について詐欺の成立を認めることは可能であると一応はいうことができると考えるが，告知義務違反との境界という問題は依然として明らかでないところがある。第2類型については，生命保険会社は他保険契約の告知義務を課していないということとの関係をどのように考えるのか，第3類型については，故意の告知義務違反（その場合には不可争期間の適用がある）との区別の判断基準は明確になっているのかという問題が残されていることは否定しがたいところである[155]。これらのことが曖昧なままとされていることが，再び不当な保険金不払の温床となると同時に，詐欺の成立が正当に認められるべき事案であるにもかかわらず，保険会社がその主張を控えるという原因になっているとすれば問題である。

私見として結論に至っているわけではないが，検討課題と考えられるものをあげるとすれば，第1に，第2類型および第3類型は，理論的には沈黙の詐欺とよばれる範疇の問題であり，この問題については主としては消費者保護の観点からではあるが，民法学説では沈黙の詐欺を成立させる要件として情報提供義務を負うのはどのような場合かという角度から論じられており，この議論を参照して検討することが考えられる[156]。もっとも，民法学説もこの問題につ

---

154) 前掲（注153）の裁判例には，明瞭に二段階目の故意の問題に焦点があることを示すものと，あまりその点について言及しないで詐欺の成立を認めるものとがあるが，後者も実質的には二段階目の故意を問題としたものであると見てよい。

155) 前掲（注153）の裁判例においても，告知されなかった既往症等を「きわめて」重大なものという定式化をしたり，「あえて」告知しなかったという主観的なニュアンスのある表現をしているものがあることも，問題が微妙なことを物語っている。

156) 伊藤・前掲（注146）645頁は，ドイツにおいても問題が沈黙の詐欺の成立要件としての情報提供義務の成否という観点から論じられていることを参照している。

いてはまだ模索されているのが現状である。第2に，故意の告知義務と詐欺の境界は微妙なものがあることに鑑みると，とりわけ第3類型については，やはり告知義務と詐欺は単純に併存しうる関係にあるのかということを今一度考えて見る必要があるのではないかと考える。保険者は，告知義務という制度により保険契約者のモラル・ハザードに対する法的手段を与えられているのであり，そのことは保険契約者の沈黙の詐欺の成否の判断において重要な意味をもつものと考えられる。第3類型の詐欺の成立が認められるのは，重大な既往症や現症が黙秘される場合に限られるという感覚は共有されていると思われるのも，合理的な理由がある。詐欺の成立を認めた裁判例の事案を点検することも必要であろう。

なお，詐欺により保険者が保険契約を取り消した場合の効果については，後述する（390頁）。

(2) 保険者の錯誤

改正前民法95条についての判例法理を前提に，保険者が錯誤無効の主張をした事由として，保険契約者側が保険給付の不正請求目的を有していたという事情[157]，保険契約者側の属性に関する事情[158]，保険給付受給歴に関する事

---

157) 動機の錯誤が表示されていなかったとの理由で錯誤無効を認めなかった事例として，高知地判昭61・11・26判時1252・101，東京地判平6・6・27判タ879・244。異例のケースであるが，保険契約者兼被保険者が別人を保険金受取人として生命保険契約を締結したが，契約は当該保険金受取人の主導によるもので，同人は別件で複数の保険金殺人を犯したグループの首謀者であり，保険契約者はこれを知らなかったというような事情の下で，かかる場合には，保険契約者と保険者の双方に共通の動機の錯誤があり，この場合には動機の表示がなくとも要素の錯誤があるものとして保険契約は無効であるとした事例として，大阪地判昭62・2・27判時1238・143。

158) 被保険者が入れ墨をしていたことを知らなかった等の事情で保険者の錯誤無効の主張を認めた事例として，東京地判平16・6・15生判16・402。暴力団関係者であったことを知らずに共済契約を締結した共済者の錯誤無効の主張について，暴力団関係者との間で共済契約を締結しないことが当然の前提であったとの事実を認めるまでには至らないし，暴力団関係者であれば契約を締結しないという動機の表示もなく，要素の錯誤があるとはいえないとされた事例として，福岡地判平26・1・16金判1438・36。保険者の錯誤無効の主張を斥けた事例として，生命保険の被保険者と保険金受取人との間の親子関係ないし戸籍上の親子関係についての錯誤無効（広島高岡山支判平17・6・17生判17・486），事業保険の被保険者の死亡の場合の保険金の使用目的についての錯誤無効（東京高判平19・5・30生判19・244）の事例がある。

159) 生命保険の被保険者の入院歴について，被保険者の欺罔による錯誤で，保険者の重

情[159] などがある。いずれも動機の錯誤に属するものということができ，錯誤無効が認められた事例は少数である（告知義務違反と錯誤の関係については445頁）。

改正民法では，錯誤に関する民法95条について，①錯誤の効果を無効から取消に変更したこと，②要素の錯誤とされていたものを「法律行為の目的及び取引上の社会通念に照らして重要なものである」ことと置き換えたこと，③錯誤事由について，表示錯誤（意思表示に対応する意思を欠く錯誤）と動機錯誤（法律行為の基礎とした事情についてのその認識が真実に反する錯誤）を明示したこと，④動機錯誤は，「その事情が法律行為の基礎とされていることが表示されていたときに限り」取消事由となりうることを明示したこと，⑤表意者に重過失があったことにより取り消すことができないことの例外として，(i)相手方が表意者に錯誤があることを知り，または重過失により知らなかったとき，(ii)相手方が表意者と同一の錯誤に陥っていたとき（共通錯誤）を明示したこと，⑥錯誤による取消は，善意かつ無過失の第三者に対抗できないことを明示したこと，という改正が行われた。このほか，改正審議の過程では，錯誤とは別に，不実表示による取消権の規定を新設するかどうかについて検討され，そのこと自体は反対論が多く見送られたが，審議の途中では，相手方の不実表示があったことを動機錯誤の取消事由として明示するという提案がされ，それも見送られたが，解釈論上，上記の動機錯誤による取消を認める事情として考慮されることは了解事項とされたことから，相手方による不実表示は，錯誤取消の要件論の中で重要な意味をもたされることとなると見られる。上記の②③④もそれぞれ抽象的な要件であるが，改正前の要件を少なくとも文言上は変更するものであり，改正前の判例法理にどのような影響があるかは，今後の議論にまつところが大きい[160]。

(3) 公序良俗違反による保険契約の無効[161]

判例法理として，保険制度の悪用を公序良俗違反として位置づけ，保険契約

過失も認められないとして錯誤無効を認めた事例がある（高松高判平19・8・30生判19・372）。

160) 保険契約への適用について検討するものとして，榊素寛「錯誤・不実表示等」「保険業法に関する研究会」報告書・債権法改正と保険実務19頁（損保ジャパン日本興亜福祉財団，2016）。

161) 民法改正では，同法90条については，公の秩序または善良の風俗に反する「事項

374　第2部　第2章　保険契約の成立

を無効とするという法理がある。

　損害保険の分野でこれを認めたものは，保険金額が保険価額よりも著しく高
額であること，主張している保険事故について故意の事故招致を疑わせる様々
な間接事実が存在することがほぼ共通に見られる事情であり，これらの事情が
ある場合に保険契約が保険金の不正取得目的で締結されたものであることから
公序良俗に反して無効となるとするものである[162]。定額保険である生命保険
会社の疾病保険についても，保険契約の累積により保険金額の合計額が著しく
高額となるほか損害保険について公序良俗違反とされる場合ときわめて類似し
た事情がある場合に保険金の不正取得目的で締結されたものであることから公
序良俗に反するとするものがある[163]。

　以上に対して，傷害保険および生命保険でも公序良俗違反による無効を認め
るものがあるが，公序良俗違反をいかなる要素に見出すかについては損害保険
や疾病保険とは様相を異にする[164]。個人経営的な経営状態のきわめて悪い会
社の代表者につき契約の累積により保険金合計額が15億円超となっていた生
命保険契約とそれに付加する傷害保険があった場合において，社会通念上合理
的と認められる危険分散の限度を著しく超えるものであるから公序良俗違反で
あるとされた事例や[165]，経営が実質的に破綻している会社の名目的な取締役

　　　を目的とする」という文言を削除する改正が行われたにとどまる。法律行為の内容だけ
　　　でなく，法律行為が行われた過程その他の諸事情が考慮されるという従来の解釈を反映
　　　させるものである。保険契約への適用については，特に変化をもたらすものとは考えら
　　　れない。
　162）　京都地判平6・1・31判タ847・274，岡山地倉敷支判平7・5・11判タ884・238，
　　　名古屋地判平9・3・26判時1609・144，熊本地判平9・3・26判時1654・117，東京地
　　　判平10・3・3判タ992・227。公序良俗違反性が否定された事例もある。札幌高判平
　　　9・10・31判時1635・149，大阪地判平10・5・28判タ987・250。
　163）　大阪地判平3・3・26交民24・2・374。
　164）　人保険契約と公序良俗違反による無効に関する裁判例の検討として，潘阿憲「生命
　　　保険契約におけるモラル・リスクと公序良俗理論」生保137号第1分冊49頁（2001）。
　165）　東京地判平6・5・11判時1530・123。同判決は，全部の保険契約が無効となるの
　　　ではなく，当該訴訟の対象となった被告保険会社1社との間の3件の契約（保険金額合
　　　計額6億6000万円）のうちの少なくとも3件目の締結時に他社の契約と合わせると危
　　　険分散の限度を超えたことになるとして3件目の契約（保険金額1億8000万円）のみ
　　　の無効を認める。しかし，生命保険会社，損害保険会社の保険を合計すると災害死亡時
　　　の保険金合計額が57億円となる場合でも，加入について合理性があり公序良俗違反と
　　　ならないとした裁判例もある。東京地判平15・5・12判タ1126・240。

を被保険者，会社等を保険金受取人とする保険金額合計16億円余の生命保険契約があり，当該被保険者が自殺免責期間経過後間もなく自殺として処理される死亡の仕方をした場合において，偶然性の要求に反し不労利得を得る目的で保険契約が締結されたものと推認され，保険制度の悪用を許し射倖心を助長するもので公序良俗に反して無効とされた事例がある[166)167)]。この判決の説くところの理解は必ずしも容易ではないが，被保険者の死亡に対する保険契約者ないし保険金受取人の直接の関与の事実をうかがわせる間接事実は証明されていないようであり，主としては保険金額合計額の異常な過大性に着目したものと見ることができる。

　生命保険や傷害保険における死亡保険金給付や高度障害状態に対する保険金給付が問題となる場合には，損害保険や疾病保険のように保険事故が反復的に生じてその過程における様々な間接証拠から保険金の不正取得目的という主観的事情を推認しやすい事情があるのとは異なり，事故は単発的であり，その発生が巧妙に行われると不正取得の目的を推認することは相対的に困難であると思われ，そのことが保険給付の異常な過大性という客観的要素に着眼する色彩を濃くしているものと思われる。

　いずれの類型も過大契約や多重契約が問題となっているものであり，アンダーライティング（引受の可否判断）を適正に行うことや契約内容登録制度の活用により，公序良俗違反による無効を主張しなければならないような事例の発生は防止可能で，また防止されるべきものであり，公序良俗違反による保険契約の無効の法理が現在以上に肥大化することはあまり考えられない（諸外国でこのような法理が肥大化している例を知らない）。しかし，そのことを前提として，他の手段ではどうしても解決ができない場合の最後の手段として公序良俗違反による無効の法理を否定すべきでもないであろう。その場合の事の本質は，損

---

166)　大阪地判平8・12・25判時1625・111，控訴審・大阪高判平9・6・17判時1625・107。

167)　保険料の支払資金が不正リースによるものであった等の事情では公序良俗違反は認められないとした事例として，東京高判平16・9・29生判16・790。被保険者の死亡に犯罪行為が介在するなど公序良俗に反する特段の事情があれば無効となるが，保険者による特段の事情の主張立証がないとされた事例として，東京地判平17・4・15生判17・320。

害発生のリスク分散制度としての保険の濫用であり，それは，保険給付の不正取得目的で保険契約を締結するという主観的事情による場合とともに[168]，保険給付がいかなる意味でも損失の補てんとしては説明できない程度に異常に過大であるという客観的事情による場合（定額保険契約についても妥当する近時の学説がいう広義の利得禁止原則に反する場合）とがありうるというべきである[169]。客観的事情による無効の場合にすべての保険契約が無効となるのか，公序良俗に反しない範囲を超えた保険契約部分のみが無効となるのかはむずかしい問題であるが，公序良俗違反性は契約全部について認められるから全部無効とすべきではないかと考える。

　保険契約が上記の理由で公序良俗に反して無効となる場合には，不法原因給付（民708条）として保険者は保険料の返還義務を負わないと考えることができる。

　以上のような公序良俗違反による保険契約の無効は，民法90条に基づくものであるが，保険法制定前の生命保険会社の約款では，保険契約者が保険金を不正に取得する目的で保険契約が締結された場合には，保険契約は無効とし，保険者は，既に払い込まれた保険料を返還しない旨の定めが置かれるようになっていた。保険法制定後には，生命保険会社の約款のみでなく，損害保険会社の約款でも，保険契約者が保険金を不正に取得する目的または第三者に取得さ

---

168)　保険契約者の保険金不正取得目的という主観的事情により保険契約を無効とする考え方は，このような目的をもってする超過保険や重複保険は無効とするドイツ保険契約法74条2項や78条3項においても具体化されている。保険金の不正取得目的という主観的な状態を理由に公序良俗違反を認めることについては，動機の違法から法律行為の公序良俗違反を認めることは取引の安全の観点から制約を受けるという一般論との関係が問題となりうる。しかし，ここでいう取引の安全は，殺人目的で刀を買うとか賭博資金を得るために借金をするなどの状況を念頭に置いて売主や貸主にとっての取引の安全を問題としているのであって，保険契約のように取引の相手方である保険者がまさに保険契約の無効により保護されることになる場合には問題状況はまったく異なるので，一般論を適用すべきではない。保険契約は不正な利得を得るための手段そのものであって，その点で，上記の刀の売買や借金とは本質を異にする。

169)　竹濱修・保険レポ112号4頁（1995）は，保険金額合計額という客観的基準によるアプローチはどこで危険分散の限度を著しく超えることになるのかの判断がつきにくいことから，不法な目的という主観的基準によるアプローチをとるべきものとする。これに対して，大澤康孝「公序良俗と保険法」エコノミア51巻4号34頁（2001）は，主観的基準とともに保険の累積など客観的基準によるアプローチについても肯定的である。

せる目的で締結した保険契約は無効とし，保険者は払い込まれた保険料を返還しない旨が定められるのが通例となっている。このような定めは，表現は異なるが，公序良俗違反による保険契約の無効となる場合の一つを具体化したものと考えるべきである[170]。

3　保険契約者の意思表示の瑕疵

(1)　保険者の詐欺

　保険契約に関して保険者側による詐欺と認められた事例としては，第2次大戦後間もない時期に生命保険募集人が，保険に加入すれば保険者から特別に融資が受けられるという虚偽の説明をして契約を締結させたという，いわゆる融資話法の事例がある[171]。この裁判例では，保険者は，生命保険募集人には契約締結権限が付与されていないことから，当該生命保険募集人による詐欺は民法96条2項にいう第三者による詐欺であり，保険者はこれを知らなかったから保険契約者は取消ができないと主張したが，判決は，生命保険募集人は保険者の意思表示の代理人とはいえないとしても，保険者の保険募集事務に従事する機関であり，かかる生命保険募集人の行為はすなわち保険者の行為であるとして，上記主張を排斥している。代理人でなく契約締結の媒介だけを行う者の詐欺について民法96条2項の適用があるのかどうかについての民法解釈は必ずしも明らかではないが，その点がどうであれ，前述のように生命保険募集人も申込の意思表示を受領する代理権は有するのであり，その限りで代理人の詐欺として民法96条2項の適用はないと考えてよい[172]。

---

170)　団体保険契約において，被保険者資格のない者を被保険者があるものと偽って保険加入させた場合に，保険者の錯誤取消，保険契約者の詐欺による取消，公序良俗違反といった意思表示の瑕疵をどのように認めるべきかという難解な問題がある。損害保険代理店がその立場を悪用して無資格にもかかわらず被保険者とした者による保険金請求を権利濫用として斥けた事例に関連して，本文の問題を提起するものとして，榊素寛・損保72巻3号249頁（2010）。

171)　神戸地判昭26・2・21下民2・2・245。

172)　最判昭41・10・21集民84・703は，訴外Aが原告X生命保険会社の「生命保険募集外務員として……保険契約の締結の衝に当たったものであって，各保険契約者にとって民法96条2項にいう第三者に当たらない……」と判示し，生命保険募集人が第三者に当たらないのは当然のように考えているようである（原審・東京高判昭41・3・28東高民時報17・3・35によっても事案の詳細は不明であるが，Aが詐欺により募集し

378 第2部 第2章 保険契約の成立

　近年では，融資話法のような古典的な詐欺事例に代えて，変額保険の募集に関する多くの訴訟事例の中で，保険契約者側から変額保険の勧誘が詐欺に当たるという主張もなされたが，この種の事案で詐欺の主張が認められた事例は見られない。消費者契約一般について，不実表示や断定的判断の提供による勧誘など消費者の無知や判断能力不足につけこむ不当勧誘があった場合の消費者の救済が大きな法的課題となっており，詐欺による取消も救済の方策の一つとして模索されているが，変額保険の勧誘に際しても保険者サイドが虚偽の事実を述べるという意味での欺罔行為があったとはいいがたいこと，ならびに相手方を錯誤に陥れることおよびこの錯誤により相手方に意思表示をさせることという2点につき保険者サイドに故意があったことが詐欺による取消の要件とされるという古典的解釈論を揺るがすには至っておらず，この点で詐欺による取消を拡大する試みは将来の課題となっている[173]。ただ，消費者契約法の不実告知等による取消権の創設は，このような詐欺による取消の要件を緩和するものであり，今後はその拡張的な解釈論が展開されていくものと思われる。

(2)　保険契約者の錯誤

　民法改正前に変額保険以外の保険に関して錯誤無効が認められた裁判例としては，保険者側が保険契約者の意思を確認しないで配当金受取方式の選択をしている事例[174]，中途退職者の多い旅館業者に企業年金保険を勧誘する過程で，中途退職者に対する退職金の支給のためには特約を付す必要があるのに，保険者により説明が不十分なまま特約を付けない契約が成立した事例[175]，タクシー会社である保険契約者が自動車フリート契約を，成績計算期間を3年として締結して更新したが，成績計算期間は保険会社から変更不可であると説明されたため，実は1年に変更することは可能であったことを知らずに3年の期間として契約が成立した場合に3年の期間の合意の部分の錯誤が認められた事

　　た保険契約に関してXが歩合報酬を支払ったところ，保険契約者が詐欺を理由に保険契約を取り消したため，XがAに対して上記支払済みの歩合報酬の不当利得返還請求をすることができるとした事例で，被告はAの身元保証人の模様である）。

173)　沖野眞已「契約締結過程の規律と意思表示理論」河上正二ほか・消費者契約法──立法への課題（別冊 NBL 54号）23頁（1999）。

174)　浦和地判昭57・5・26判タ477・146。

175)　岐阜地高山支判昭59・4・13判時1129・101。

例[176] がある。いずれも動機錯誤の事例であるとともに，募集過程における保険者の情報提供行為に問題がある事例である[177]。

　変額保険に関しても錯誤無効の主張が認められた裁判例があるが[178]，錯誤無効が認められた裁判例は，いずれも銀行融資による資金で変額保険に加入したものであり，保険契約者において運用実績が一定以上となり，元本割れはなく保険料支払のために受けた銀行融資の元利返済に支障を来さないと誤信したことについて錯誤があったとされている。その限りで動機の錯誤に属するが，錯誤無効が認められているものということができる。

　錯誤に関する民法95条の改正については前述（373頁）したとおりである。保険契約者の錯誤は，上述のように，保険者・保険募集人の情報提供が不適切であったということを原因として主張されることが多く，改正民法の下ではさらに錯誤取消の主張が誘発されることが予想されるところである。

第8節　消費者契約法に基づく消費者の取消権

1　総　　説

消費者契約法では，消費者と事業者との間の情報の質および量ならびに交渉

---

176)　東京地判平24・1・31判時2162・74。実務の観点も含めた本判決の検討として，山本到・損保74巻4号241頁（2013）。

177)　生命保険契約についての保険契約者の錯誤無効の主張が斥けられた事例として，名古屋高判平15・12・9生判15・780，東京高判平17・6・28生判17・532，東京地判平18・1・12生判18・1，福岡地判平18・3・29生判18・232，東京地判平20・5・27生判20・288があるが，いずれも保険募集における保険募集人の虚偽説明ないし説明義務違反により錯誤に陥ったという主張がされている事例である。保険契約者の要素の錯誤はあったが，重過失があったことにより錯誤無効の主張が認められなかった事例として，山口地宇部支判平17・3・4生判17・187。

178)　東京地判平6・5・30判時1493・49，東京地判平8・7・30判時1576・103，横浜地判平8・9・4判時1587・91，東京地判平9・6・9判時1635・95。保険契約のみならず融資契約も無効としたものとして，大阪高判平15・3・26金判1183・42，横浜地判平16・6・25金判1197・14，東京高判平16・2・25金判1197・45。このほか，東京地判平8・7・10判時1576・61（④）は，保険契約者に要素の錯誤はあったが重過失があったとして無効の主張ができないとした事例である（なお，銀行との融資契約については誤信の内容が銀行に表示されていなかったとして無効の主張ができないとする）。

力の格差にかんがみ，契約内容としての不当条項規制とならんで，特に情報格差に着目した消費者契約における消費者の取消権を認めており，保険契約者が消費者である保険契約にもこの取消権の規定の適用がある[179]。消費者契約法制定前にも，保険募集過程における情報格差から保険契約者が不当に不利益を受けた場合の救済方法として，不法行為等を理由とする損害賠償請求をし，あるいは詐欺や錯誤を理由に保険契約者が保険契約を取り消したり無効を主張する可能性も排除されていなかった。しかし，損害賠償請求はともかく，契約の効力を否定することは容易でなかった。消費者契約法は，消費者契約一般について，情報格差から生ずる不当な不利益からの救済を，消費者に民法とは別の取消権を認めることにより図ろうとするものであり，民法の詐欺，錯誤等によるよりも容易に消費者が契約の拘束から免れることができるようにする意味がある。もっとも，消費者契約法の取消権は，一般的な事業者の情報提供義務違反による取消権を認めるものとはされず，基本的には不実表示による取消権を認めるにとどめられたため，消費者サイドからは不満が強いものとなっている[180]。さらに，消費者契約法の取消権の規定は保険契約に対しても適用があるが，取消による契約の遡及的解消により保険料の返還を受けることでは保険契約者の不満を解消する救済とならないため，金融商品的な性格をもつ保険契約以外ではそれほど大きな意味をもつものではない[181]。

---

179) 消費者契約法の一般的解説としては，落合誠一・消費者契約法（有斐閣，2001），消費者庁消費者制度課編・逐条解説消費者契約法（第2版補訂版）（商事法務，2015）（2017年12月版の逐条解説が消費者庁のウェブサイト上で公表されている。http://www.caa.go.jp/policies/policy/consumer_system/consumer_contract_act/aunotations.html），日本弁護士連合会消費者問題対策委員会編・コンメンタール消費者契約法（第2版増補版）（商事法務，2015），後藤巻則＝齋藤雅弘＝池本誠司・条解消費者三法（弘文堂，2015）。

180) 消費者契約法制定時の取消権に対する理論的評価については，山本敬三「消費者契約法の意義と民法の課題」同・契約法の現代化I 231頁（商事法務，2016），横山美夏「消費者契約法における情報提供モデル」民商123巻4＝5号551頁（2001），潮見佳男「比較法の視点から見た『消費者契約法』」民商123巻4＝5号613頁（2001）。

181) 取消が認められなかった事例として，東京高判平20・7・17生判20・368（養老保険についての不実告知を否定），東京地判平25・8・28判タ1406・316（変額年金保険につき，不実告知，断定的判断の提供，不利益事実の不告知をいずれも否定）。生命保険契約の転換について取消が認められた裁判例の研究として，遠山聡「転換契約の勧誘と消費者契約法4条2項による取消し」共済と保険53巻10号26頁（2011）。

2 不実告知等に基づく取消権

⑴ 取消権の発生要件

消費者契約法は，以下の場合に消費者の取消権を認める。

① 不実告知（消費契約4条1項1号） (a)「事業者が消費者契約の締結について勧誘するに際し」て，(b)「重要事項について事実と異なることを告げること」により，(c)消費者が「当該告げられた内容が事実であるとの誤認」をし，(d)それによって「当該消費者契約の申込み又はその承諾の意思表示をした」場合に消費者の取消権が認められる。たとえば，変額保険であるのに定額保険であると説明する場合，火災保険で一部保険であるため分損につき実損てん補がされないのに実損てん補であると説明するような場合が(b)に当たる[182]。保険契約の申込者から告知義務の対象となる事実を告げられたのにそれは告げなくてもよいと説明するいわゆる告知妨害の場合も，告知義務に関する契約条項について不実告知をしたものと考えるべきである。

(a)において(b)の行為があり，それにより消費者が(c)の誤認をし，それにより(d)の消費者の意思表示があったことが取消権の発生要件となる（この点は②および③においても同様である）。

不実告知については，事業者が不実のことを告げたことについて主観的な要件は要求されておらず，事業者に故意または過失がなく不実告知がされたとしても消費者の取消権が発生する。

民法上の詐欺による取消との比較では，事業者の故意という詐欺の成立の要件がここでは不要とされ，さらに過失さえ不要であるという相違があり，欺瞞的な契約勧誘のケースにおける消費者の取消を容易にする意味がある（ただし，後述⑵のように重要事項という絞りがかけられている）。

② 断定的判断の提供（消費契約4条1項2号） (a)「事業者が消費者契約の締結について勧誘するに際し」て，(b)「物品，権利，役務その他の当該消費者契約の目的となるものに関し，将来におけるその価額，将来において当該消

---

182) 以下，①〜③の具体例については，BSI エデュケーション編・松本恒雄＝上柳敏郎監修・金融商品販売トラブル事例集（BSI エデュケーション，2000），潮見佳男編著・消費者契約法・金融商品販売法と金融取引（経済法令研究会，2001）にあげられているものを参照した。

費者が受け取るべき金額その他の将来における変動が不確実な事項につき断定的判断を提供すること」により，(c)「当該提供された断定的判断の内容が確実であるとの誤認」をし，(d)それによって「当該消費者契約の申込み又はその承諾の意思表示をした」場合に消費者の取消権が認められる。たとえば，年金保険において基本年金額が 100 万円であり契約者配当金は運用実績により変動するにもかかわらず，契約者配当金が上乗せされて年金額が 150 万円となるのは確実であるというような説明をする場合，変額保険において将来の満期保険金額または解約返戻金額が○○万円となることは確実であるという説明をする場合が(b)に当たる[183]。

　ここでは，契約の目的に関して，その価額など将来における変動が不確実な事項について断定的判断を提供することにより消費者がその事項が確実であると誤認したことをもって取消事由とするものである。実質的には①に吸収できそうな事由であるが，②においては重要事項に関してという要件が規定されていないところに意義がある。②においても，事業者の故意または過失は要件ではない。

　このような断定的な判断による勧誘については，欺瞞的なものであっても故意の要件の点から民法上の詐欺の成立を認めることは，判例上はきわめて困難である。また，錯誤取消については，事業者の与えた情報が確実であるという誤認は動機の錯誤にすぎないのが通例で，そうであると動機の錯誤が表示されている限りで場合により要素の錯誤となり錯誤取消が認められる余地があるが，

---

183) 奈良地判平 11・4・26 金判 1070・34 は，養老保険の勧誘に際して，3 年たてば元本割れはしないという不実の説明をした事例について，生命保険募集人および所属生命保険会社の不法行為責任を認めている。この種の事例は，消費者契約法では，①と②のいずれを根拠としても取消が認められる可能性が高い。変額保険の勧誘において断定的な判断が提供されたことにより保険会社の損害賠償責任が認められる典型的な事例も，消費者契約法の下では，②による取消が認められる可能性がある。もっとも，いずれにおいても保険契約者の誤認があったことが要件となる。変額保険に関して損害賠償責任を認める裁判例では，保険契約者において変額保険であり満期保険金額や解約返戻金額が変動し一定の額が保証されたものではないという仕組みを一応認識していたが，生命保険募集人による断定的な判断の提供が強力であったことと株価が上昇中という経済情勢のためその気になり契約したと見られるものが少なくない。このような場合には，損害賠償責任に関する裁判例では大幅な過失相殺がなされるのが通例であるが，消費者契約法の適用においては，保険契約者が軽率であったとはいえ断定的な判断の内容が確実であると誤認していたと評価してよいであろう。

実際の判例ではやはり錯誤取消（当時は無効）が認められたケースは銀行融資と結合した変額保険の事例（273頁）などきわめて限られている。それとの対比で，②は詐欺の取消権を拡張する意味合いとともに，動機の表示という要件が問題とならないこと，要素の錯誤という不明確な要件に代えて(b)のような客観的要件となっていることという意味において，錯誤取消を拡張する意味もあるということができる。もっとも，②においても消費者の誤認の要件が厳格に認定されるようであれば，錯誤取消の成立範囲をそれほど拡張したことにはならない。

③　不利益事実の不告知（消費契約4条2項）　(a)「事業者が消費者契約の締結について勧誘するに際し」て，(b)「ある重要事項又は当該重要事項に関連する事項について当該消費者の利益となる旨を告げ，かつ，当該重要事項について当該消費者の不利益となる事実（当該告知により当該事実が存在しないと消費者が通常考えるべきものに限る。）を故意に告げなかったこと」により，(c)消費者が「当該事実が存在しないとの誤認」をし，(d)それによって「当該消費者契約の申込み又はその承諾の意思表示をした」場合に消費者の取消権が認められる。これは，契約のメリットの面だけを強調し，消費者が気がつかないようなデメリットを示さずに勧誘することを問題とするもので，たとえば，生命保険契約の転換の勧誘に際して，主契約や特約の保障内容が拡大される面だけを説明し，その反面として縮小される保障内容の別の面や保険料が増額されることなどの不利益な面について説明しない場合，既加入の自動車保険を満期前に新型の自動車保険に切り替えさせようとして新型保険の良い面だけを説明し，満期前の切替えの場合には新型保険の割引率が従来の割引率のまま据え置かれることを説明しないで勧誘する場合などがこれに当たると考えられる。①および②とは異なり，不実表示というよりは情報の不提供により取消を認めるということから，取消権が発生する場合が拡大されることを懸念する経済界からの強い要望により事業者の故意が取消権発生の要件とされている。また，事業者が告げようとしたにもかかわらず消費者がこれを拒んだ場合には取消ができないことが明記されている（消費契約4条2項ただし書）。

　不利益事実の不告知による取消権について，重要情報の不提供を取消事由としたと理解すべきか，本質的には①や②と同じで不実告知の一類型にすぎない

のかについての見方は分かれている。民法上の詐欺との対比では，沈黙による詐欺も理論的には成立可能であるとしても，詐欺の成立を認めることはきわめて困難な重要情報の不提供を，重要事項という絞りをかけているとはいえ取消事由としたこと，事業者の故意という要件は依然として残されているものの，詐欺の要件としての二重の故意に比べると，③の取消権についての事業者の故意は，消費者の不利益となる重要な事実があることを知っていれば足りると解され，これは二重の故意に比べれば容易に証明できることから，詐欺よりも取消事由を拡張したものということができる。また，重要事実が告げられなかったことにより消費者の錯誤が認められるケースがありうるが，錯誤取消の要件との対比でも，要件が客観化されているという意味で錯誤取消を拡張する意味がありうる[184]。

①〜③の取消権は，①〜③の各行為が消費者契約の締結の勧誘に際してされることが必要であるが，この勧誘については，近時の判例は，たとえば，事業者が，その記載内容全体から判断して消費者が当該事業者の商品等の内容や取引条件その他これらの取引に関する事項を具体的に認識しうるような新聞広告により不特定多数の消費者に向けて働きかけを行うときは，当該働きかけが個別の消費者の意思形成に直接影響を与えることもありうるから，事業者等が不特定多数の消費者に向けて働きかけを行う場合を上記各規定にいう「勧誘」に当たらないとしてその適用対象から一律に除外することは，上記の法の趣旨目的に照らし相当とはいいがたく，事業者等による働きかけが不特定多数の消費者に向けられたものであったとしても，そのことから直ちにその働きかけが消費者契約法にいう「勧誘」に当たらないということはできないというべきであるとしている[185]。

(2) 重要事項の限定

①および③において要件となる重要事項とは何かが消費者契約法4条5項により定義されている。これによれば，消費者契約に係る次の(a)，(b)または(c)の

---

184) 民法の詐欺および錯誤との関係については，前掲（注180）の文献のほか，四宮和夫＝能見善久・民法総則（第9版）278頁（弘文堂，2018）。なお，消費者契約法6条では，不実告知等による取消権の規定は，民法96条の詐欺の規定の適用を妨げない旨が注意的に規定されている。

185) 最判平29・1・24民集71・1・1。

各事項である。

　(a)　物品，権利，役務その他の当該消費者契約の目的となるものの質，用途その他の内容であって，消費者の当該消費者契約を締結するか否かについての判断に通常影響を及ぼすべきもの

　(b)　物品，権利，役務その他の当該消費者契約の目的となるものの対価その他の取引条件であって，消費者の当該消費者契約を締結するか否かについての判断に通常影響を及ぼすべきもの

　(c)　(a)および(b)のほか，物品，権利，役務その他の当該消費者契約の目的となるものが当該消費者の生命，身体，財産その他の重要な利益についての損害または危険を回避するために通常必要であると判断される事情[186]

　制定時には，重要事項は(a)および(b)に限定されていた。これは，取消権が認められるか否かが明確になるように，消費者契約の内容に直接関係する事項だけが重要事項となるということであり，事業者が勧誘に際して消費者の契約締結を誘引するために行う表示でも契約内容に直接関わらない表示からは取消権は発生しないという趣旨であった。したがって，床下にシロアリがおりこのままだと家が倒壊するという不実のことを告げて駆除契約を締結させるようなケースでも消費者の取消権は認められなかった。しかし，そのような場合でも取消権の行使を認めるべきであるとして，2016年の改正で(c)が追加された[187]。保険契約に関する事例としては，たとえば，既加入の保険契約についてその保険会社は近く破綻することは確実であるといって自社の保険に乗換を勧めるような場合や，既加入の更新可能な保険契約について，事実に反して更新はできないこととなったと告げて，新契約を締結させるような場合がこれに当たろう。

　上記のような重要事項の定義から，重要事項に当たるかどうかは，消費者の契約締結の判断に通常影響を及ぼすべきものでなければならないのであるから，

---

186)　③不利益事実の不告知については，(c)は適用がない（消費契約4条5項柱書かっこ書）。

187)　特定商取引法では，申込者等の契約取消権は，契約の内容，対価等とともに，顧客が契約の締結を必要とする事情に関する事項，および契約に関する事情であって，顧客の判断に影響を及ぼすこととなる重要なもの（特定商取引6条1項6号・7号）についての不実表示または故意の不告知の場合に認められる（特定商取引9条の3第1項）。これとの対比では，(c)の事由はなお限定的に過ぎるという問題がある。

386　第2部　第2章　保険契約の成立

重要性の判断は個別の消費者を基準に主観的に考えるのではなく，一般的な消費者を基準に客観的に考えることになる。また，契約を締結するか否かの判断に通常影響を及ぼすべきものかどうかを問題とするということから，当該重要事項に関する認識次第で通常の消費者であれば契約を締結するか否かの判断が左右されるという程度に重要な事項を意味するものであり，そうでない軽微な事項について不実告知等があっても取消権は発生しない[188]。

3　困惑に基づく取消権

　消費者契約法4条3項は，消費者契約の締結の勧誘において事業者の一定の行為に基づき消費者が困惑したことにより契約を締結した場合の消費者の取消権を規定している。広く事業者が契約勧誘において消費者を威迫し，または困惑させたことにより無理やりに契約を締結させられることから消費者を救済しようとするものであり，民法の強迫による取消権（民96条1項）を拡張したものということができるが，取消事由はかなり限定的なものとされている。すなわち，①事業者に対し消費者がその住居またはその業務を行っている場所（勤務先等）から退去すべき旨の意思を示したにもかかわらず事業者がその場所から退去しない場合（不退去），および②事業者が消費者契約の締結について勧誘をしている場所（事業者の営業所等）から消費者が退去する旨の意思を示したにもかかわらず，事業者がその場所から消費者を退去させない場合（監禁）のみにとどめられている。

4　過量な内容の契約の取消権

　高齢者の判断能力の低下等につけ込んで大量に商品を購入させる被害事案に対応するための取消権で，2016年改正で新設された（消費契約4条4項）。

---

　188)　生命保険等が節税になるということをセールス・ポイントにして勧誘することは少なくないが，課税関係に関する説明が不実であったというような場合に取消権を認めるべきかどうかが問題となる。重要事項についての消費者契約法4条5項の定義からすれば，課税関係は保険契約の内容や取引条件に該当しないので，説明が不実であったとしても取消権は認められないことになる。しかし，課税関係は保険契約それ自体がもつ契約の属性ともいえることがらであり，重要事項の拡張解釈を検討すべきであろう。

5 取消権に関するその他の事項

⑴ 第三者による契約の勧誘の場合

事業者が第三者（法文には定義がないが，使用人を含むものと解される）に対して消費者契約の締結について媒介をすることの委託をした場合において，その第三者が上記の不実告知等の行為をしたときにも，事業者本人が不実告知等をした場合と同じく，消費者の取消権が認められる（消費契約5条1項）。生命保険募集人に契約締結権限が付与されていない場合のように，第三者に契約締結の代理権が付与されていなかったことをもって取消権が否定されることにはならない。また，第三者がさらに別の第三者に対して媒介の委託をした場合，あるいはさらに何重にも及んで委託がなされた場合も同様である。事業者は自ら委託した第三者から別の第三者に委託されたことを知らなかったことをもって取消権を否定することはできない。

保険者が損害保険代理店に契約締結権限を付与している場合のように，事業者が第三者に対して契約締結の代理権を付与しているときも，第三者が不実告知等の行為をしたことをもって消費者の取消権が認められる（消費契約5条2項）[189]。

⑵ 取消権の行使期間

取消権は，追認することができる時から1年間行わないとき（2016年の改正により6か月から1年に改められた），または当該消費者契約の締結の時から5年を経過したときは，時効により消滅する（消費契約7条1項）。追認することができる時とは，取消の原因となっていた状況が消滅し，かつ取消権を有することを知った時であり（民124条1項），具体的には，不実告知等については不実告知等により誤認していたことを消費者が認識し，かつ消費者が取消権を有することを知った時，困惑については困惑する不退去または監禁の状況が止み，

---

189) 消費者契約法5条は，第三者に代理権が付与されているかどうかにかかわらず第三者の不実告知等があれば本人である事業者の知不知を問わず消費者の取消権が認められているという点で，第三者の詐欺は本人が悪意または過失があった限りで相手方が取り消せるとする民法96条2項とは異なる立場に立っている。もっとも，前述のように（377頁），判例上は，生命保険募集人のように代理権が付与されていない者による詐欺についても保険者の知不知を問わず相手方の取消を認めているので，それとの比較では消費者契約法5条が特に目新しいことを規定したわけではない。

388　第2部　第2章　保険契約の成立

かつ消費者が取消権を有することを知った時をいうことになる。

(3) 取消の効果

　取消の効果については，善意でかつ過失がない第三者に対しては対抗できない（消費契約4条6項）。これは，消費者が事業者に対して物を売却する契約を締結し，事業者が当該物を第三者に転売する場合のように，取消の対象となる法律行為を前提としてさらに別の法律行為が行われた場合の善意かつ無過失の第三者保護を目的とするものであり，取消の対象となる保険契約自体が第三者のためにする契約である場合の，保険金受取人等の第三者についてこの規定の適用がないことは当然である。

　取消の効果として，民法121条の2第1項の規定にかかわらず，契約に基づく債務の履行として給付を受けた消費者は，取り消した場合において，給付を受けた当時その意思表示を取り消すことができるものであることを知らなかったときは，当該契約によって現に利益を受けている限度において，返還の義務を負う（消費契約6条の2）。制定時には，民法の解釈として取消にはこのような効果が認められると解されていたが，民法改正により，契約が取り消された場合には，給付を受けた者は原状回復義務を負うとする121条の2第1項が置かれ，不当利得に関する民法703条は適用がないことが明確にされたことから，従来の解釈どおりの効果を維持するために民法に対する特別規定が新設されたものである。

第9節　保険契約の無効・取消の効果

1　無効の効果

　契約が無効である場合の効果は，既に給付を受けていた者は原状回復義務として給付を相手方に返還しなければならないというものであり（民121条の2第1項）[190]，保険契約の場合には，保険契約者はもし保険給付を受領していた

---

190)　この双方当事者の原状回復義務は不当利得によるものではないので，善意の受益者は現存利益の限度で返還すればよいとする民法703条の適用はない（無償行為の場合にのみ民法121条の2第2項に例外が置かれている）。

第9節　保険契約の無効・取消の効果　*389*

ときはこれを返還しなければならず，また保険者は受領していた保険料を返還
しなければならない。しかし，保険法では，保険者の保険料返還については，
保険法特有の考慮の下に民法に対する若干の特則を設けている。

　改正前商法では，損害保険契約の全部または一部が無効となる場合において，
保険契約者または被保険者が善意かつ重過失がないときは保険者に対して保険
料の全部または一部の返還を請求することができるという規定が置かれており
（改正前商 643 条。生命保険契約にも準用されていた。改正前商 683 条 1 項），裏返せ
ば保険契約者または被保険者に無効となったことについて悪意または重過失が
あったときは，保険者は保険料の返還義務を負わないものとしていた。これは，
無効となったことについて帰責性の強い保険契約者に対しては制裁的な効果と
して保険料の没収を定めていたものであった。しかし，無効事由といっても多
様なものがあり，無効となったことについて保険契約者の悪意または重過失が
あったとしても，それが保険契約を悪用するような目的に出たものとはいえな
いものもあるので，保険契約者の悪意または重過失がある場合について一律に
保険料の没収という効果を生じさせることは行き過ぎであると考えられること
から，保険法では，以下のとおり，保険契約の取消の場合も含めて，保険料の
没収という制裁的な効果を生じさせるのが相応しい事由による保険契約の取消
および無効の場合に限り，保険者は保険料の返還義務を負わない旨を定め
た[191]。

　保険契約の無効の場合に保険者が保険料返還義務を負わないとされているの
は，保険事故が既に発生していることを保険契約者等が知りながらされた遡及
保険の合意が保険法 5 条 1 項・39 条 1 項・68 条 1 項により無効とされる場合
である（保険 32 条 2 号本文・64 条 2 号本文・93 条 2 号本文）。この場合には，遡及
保険の合意は，保険給付をすることが不当な利得とされるため無効とされてい
るので，保険料の没収が認められるという趣旨であるが，保険者も保険事故の
発生を知って保険契約の申込またはその承諾をしたときは，保険者は保険料の
返還義務を負う（保険 32 条 2 号ただし書・64 条 2 号ただし書・93 条 2 号ただし書）。
保険者も保険事故の既発生を知りながら保険契約の締結がされたときは，保険

191）　一問一答 105 頁。

料を没収するだけの理由がないと考えられるためである[192]。

このように，遡及保険の場合についてのみ，保険契約の無効の場合に保険料の返還がされないという効果が法定されているが，これは不法原因給付に関する民法708条の適用を排除するものではなく，たとえば，前述の保険金の不正取得の目的による保険契約の締結が公序良俗違反による無効となる場合（373頁）にも，民法708条により保険者は保険料の返還義務を負わない。

2 取消の効果

保険契約が取り消された場合には，契約が遡及的に無効となるので，各当事者は，保険契約が無効の場合と同じく，受領済みの給付を返還しなければならないこととなり（民121条の2第1項），保険料の支払を受けていた保険者は，保険料を保険契約者に返還しなければならない。しかし，保険法では，保険契約者，被保険者または保険金受取人の詐欺または強迫を理由として保険者により保険契約が取り消された場合には，保険者は保険料を返還する義務を負わないものとされている（保険32条1号・64条1号・93条1号）。保険契約者の行為の不当性により保険者は保険料返還義務を負わず，保険料を没収することができることとするものである。

保険契約が取り消された場合には，保険契約者も受領済みの給付を返還しなければならないが，給付が役務である場合には，役務の現物返還は不可能であるので，給付済みの役務の金銭評価額を返還しなければならないと考えられる。保険契約の場合には，取消の時までに保険事故が発生し保険契約者が保険給付を受けていた場合にはその給付を返還すべきであるということは当然であるが，保険事故が発生せず具体的な保険給付は何もされていない場合にも，保険保護を受けていたという受益が役務に該当するとすればその金銭評価額を保険契約者は返還しなければならないということとなる。保険保護を受けていたという状態をもって果たして返還すべき受益があるといえるかは議論のありうるところであるが，保険保護を受けていた状態も経済的には価値のあるものとしてその金銭評価額を返還すべきものと考えるべきである[193]。そうでないと，保険

---

192) 一問一答106頁。
193) 保険法では，損害保険契約が契約締結の時に超過保険であった場合には，保険契約

事故が発生しないで保険期間が満了したことを確認して取消権を行使するような不当な選択権を有することとなる[194]。

　保険契約者が取消時までの受益という給付について金銭評価額を返還するとして，この給付をどのように評価するかが次の問題となる。保険業法によるクーリング・オフの場合に認められるような取消権行使までの保険料を日割計算して保険契約者が負担することとし，保険者はその額を控除して保険料を返還するという解決（保険業309条6項，保険業則242条）が簡便ではあるが，保険者の詐欺や消費者契約法に基づく取消について考えれば，事業者による欺罔行為や不実告知等により締結された契約そのものについての法律上の否定的評価に立脚しているのであるから，日割計算により解約の場合と同様に保険者に取消までの期間に対する保険料の取得を認めることは問題である。しかし，他方で，いくら契約についての否定的な法的評価があるとはいえ，保険契約が取消時までは現に存在したのであり，保険事故が発生したとすれば保険契約者も保険給付を請求することはできたという事実があったことは否定しえず，そのことの利益の経済的評価額をいっさい保険契約者に負担させないことは，取消権を一種の民事制裁としてしまうもので，取消権を認める立法趣旨にそこまでのことは含まれていないと思われる。

　この点については，保険契約に限らず，役務提供契約が取り消された場合の取消の効果についての民法解釈理論の発展をまたざるをえないが[195]，さしあたり，等しく取消が認められるといっても取り消された保険契約の態様により

　　者は，超過部分について保険契約を取り消すことができることとされており（保険9条本文），この場合には，たとえ契約締結時から取消時までの間に保険価額が変動し一時的に超過保険でない時期があったとしても，保険者は，取消時までの超過部分についての保険料全額を返還すべきであり，超過保険状態が解消されていた期間についての保険料額分が返還すべき額から減額されるものではないと解されている（一問一答117頁）。この立場は，保険契約の取消の効果としては保険事故の発生がなく保険給付がない限りでは保険者の一方的な保険料返還義務のみが生ずるように考えているようにも見えるが，取消の効果として一般的にこのようにいうことは正当ではないと考える。

194)　無効の場合と取消の場合の双方について，このような指摘をしたものとして，後藤徳司「継続的契約の無効と原状回復の範囲——保険契約における既払保険料を中心として」判タ874号47頁（1995）。

195)　この点について論ずるものとしては，松岡久和「原状回復法と損害賠償法」ジュリ1085号90頁，96頁（1996）。

類型化を図って解決することが考えられる[196]。すなわち，まず，保険契約が担保事由の限定や免責条項の存在等により当該保険契約者にとっては実質上保険に加入した意味がほとんどないような場合については，保険契約者は保険保護の対価を負担する必要はなく，保険者は保険料の全額を保険契約者に返還すべきである。また，保険者の側に詐欺かまたはこれに準ずる悪質な行為があった場合には，不法原因給付に関する民法708条により不当利得として保険保護の対価の返還を請求することができず，結局保険者は保険料全額を保険契約者に返還すべきであり，この意味で，融資話法による詐欺取消が認められた裁判例[197]において保険料全額の返還が保険者に命じられていることは結論として支持することができる。

これら以外の場合については，保険保護の対価を不当利得として返還請求することは認められるが，その場合の利得は，取消までは危険に対する保障を受けていたという事実に求められるのであるから，営業保険料を基礎に算出するのではなく，危険保険料を基礎に算出すべきであり，保険者は，付加保険料部分および貯蓄保険料部分は全額保険契約者に返還すべきである[198]。なお，このようにして保険契約者は危険保険料部分のみを負担すればよいと解する場合には，取消時までに保険事故が発生している場合には，保険契約者はその保険事故に関して保険金の支払を請求することができるというのが論理的な帰結となる。この結論は保険契約者にとって過剰に有利なように見えるが，不実告知等の取消原因は保険者の側が生じさせたのである以上やむをえないというべきである[199]。

---

196) 本文の記述については，中出哲「消費者契約法に基づく保険契約の取消と保険料の返還」損保63巻3号93頁（2001）が場合分けをして考えるべきであるとする示唆を参照した。

197) 前掲神戸地判昭26・2・21（注171）。

198) もっとも，消費者契約法の解釈としていわれている役務についても給付済みのものの価額を返還すべきであるとされる場合の給付済みの役務の価額がその役務の市場価額であるというのであれば，そこには適正な利潤は含まれているのであり，そうであるとすると保険契約の場合にも営業保険料を計算基礎とすることが考えられないではない。このあたりは民法上の解釈の展開に待つしかない。

199) 本文で述べたようなことは，不実表示など保険者側の情報提供に問題があったこと等により保険契約者が不法行為による損害賠償責任を追及する場合の損害賠償額の算定についても応用することができるのではないかと考える（286頁）。

第3章　告知義務

第1節　総　　説

第1款　告知義務の意義

　保険契約においては，保険契約者または被保険者は，保険者に対して，契約締結に際して危険に関する重要な事実を告げなければならず，または重要な事項について不実のことを告げてはならないものとされている。これを保険契約者または被保険者の告知義務とよんでいる。保険契約者または被保険者がこの義務に違反すると，保険事故の発生の前後を問わず保険者は保険契約を解除することができ，保険事故が発生しても保険者は保険給付義務を負わないことになる[1]。

　告知義務は，近時これを課さない終身保険の販売をしている保険会社も現れているものの，そのような例外を除いて，あらゆる保険契約で課されているが，被保険者の身体状態という複雑な条件により危険選択を行う生命保険契約においてより重要な意味をもち，また，告知義務に関する法的紛争も生命保険契約に関して生じることが圧倒的に多い。今日でも生命保険をめぐるトラブルとし

---

1)　告知義務に関する主要文献として，三浦義道・告知義務論（巌松堂，1924），松本烝治「告知義務に付て」同・商法解釈の諸問題 371 頁（有斐閣，1955），中西正明「保険契約における告知義務」総合判例研究叢書商法(8)（有斐閣，1962），同・保険契約の告知義務（有斐閣，2003）。

ては大きな比重を占めるものと推測される[2]。しかし，保険法の制定により損害保険会社の保険でも告知義務に関する問題点が生じている。

第2款　告知義務の存在根拠

告知義務の存在根拠については，保険事業は給付反対給付均等原則に従い，個々の保険契約の危険度に応じた保険料負担を求め，また，一定以上の危険度を超える場合には保険を引き受けないという基本原理に基づいて営まれており，そのためには危険度に関する情報を収集して危険度を判定する必要があるが（これを危険選択という），この情報は，保険契約者側に偏在しており，保険者としては情報入手のために保険契約者側からの自発的な告知を受けることが不可欠であるということから，告知義務は保険者による危険測定の必要のために特に法律が課した義務であるとする技術説が古くよりの判例の立場である[3]。学説には，技術説に対して，保険技術上の理由ないし保険者にとっての必要性を示すだけで，法的な義務として保険契約者側に告知義務が課されることの説明となっていないという批判があり，保険契約の射倖契約性に由来する保険契約の善意契約性に着目し，事故発生の偶然性を左右する情報を有する保険契約者側にこのような情報を開示する義務を課すことが保険契約者・保険者間の公平ないし公正の観点から正当化されるとする射倖契約説[4]などが主張されているが，いずれも説明の仕方の対立にすぎず，論争の実質的意義は乏しい[5]。

なぜ告知義務のような制度が必要かといえば，やはり保険という制度の本質

---

2)　船舶保険の目的物である船舶について典型的なように，保険者の側でもリスク選択に関する情報を自ら収集することが相当程度に可能である分野では告知義務の必要性は相対的に低下しており，それにもかかわらず伝統的な告知義務に関する法規整をそのまま適用することは，杜撰なアンダーライティングをした保険者に対して保険事故が発生した後で告知義務違反があったという不当な抗弁を援用させるだけの意味しかないという問題を生じさせる。1990年代の英国の海上保険市場ではそのような問題が現実化していたことについては，山下友信「海上保険法の動向」日本海法会創立百周年祝賀・海法大系517頁（商事法務，2003）。この問題は，近時の英国の保険法の改革（116頁）につながっている。

3)　大連判大6・12・14民録23・2112。学説として，松本107頁。

4)　大森119頁。

5)　諸学説については，坂口63頁。

に根ざしているものであり，保険者が危険選択をするために必要な情報は構造的に保険契約者側に偏在しているので，保険者はこれを何らかの手段で収集しなければならず，そのためには，保険契約者側からの情報提供を義務づける方法が最も低コストで実現できるのであり，これを法制度化したのが告知義務であるというべきである[6]。この意味では，告知義務の存在理由は，技術説のいうところに集約される。保険法は，このような保険者の側の技術的必要から情報提供義務としての告知義務を保険契約者側に課すことを容認しており，また，保険契約における合理的な契約内容として告知義務に関する規定を法定していると考えれば足りる。

これに対して，射倖契約説のように，強いて保険契約の善意契約性により告知義務の義務性を根拠づける必要はないし，適当でもない。確かに，射倖契約としての保険契約の性質から，保険加入者の側に逆選択（adverse selection）が生じやすく，告知義務はこれを防止するとともに，保険契約成立後の保険加入者のモラル・ハザードを事前に抑止する機能を有することは明らかである。また，告知義務の歴史的な確立過程では，告知義務を正当化する根拠として，射倖契約性説に相当する説明が強調されたことは疑いがない。これは，英米法では，今日に至るまで，保険契約の最高信義（utmost good faith）性ということから告知義務に相当する不実表示（misrepresentation）および不開示（non-disclosure）の法理が説明されていることにも表れている。しかし，英米法でもかつてほど最高信義性ということは強調されなくなっているし，大陸法諸国では告知義務を保険契約の射倖契約性・善意契約性から導く考え方は一般的ではなく，保険者の保険給付義務が偶然の事実の発生に係っているという保険契約の特殊構造によって，告知義務を課すことの根拠の説明となるかどうかは疑問である[7][8]。

---

6) 契約における情報開示を法と経済学の手法により分析する中で保険契約の告知義務について本文のような観点から説明するものとして，藤田友敬＝松村敏弘「取引前の情報開示と法的ルール」北大法学論集 52 巻 6 号 2086 頁（2002）。また，告知義務の存在意義についての新しい視点からの研究として，榊素寛「告知義務の意義とその限界」私法 66 号 177 頁（2004）。

7) 告知義務をその機能面から見ると，前述のように，保険契約者側に危険に関する情報提供義務を課すことにより保険者の危険選択を可能とすると同時に，保険契約者側のモラル・ハザードおよび逆選択から保険者を保護しようとするものであるということがで

第3款　告知義務の法的規整の基本的考え方と
　　　　　保険法による規律

1　総　　説

　保険契約者側により告知義務が適正に履行されることは，保険契約を締結し
危険を引き受ける保険者にとっては不可欠のことであり，履行確保のため，古
くは，保険契約者側に少しでもこの義務に違反した不告知ないし不実告知があ
ると，それだけで保険契約を無効とし，あるいは保険者の解除権行使ができる
ようなものとなっていた[9]。

　しかし，陸上保険の生成発展とともに，保険契約者も海上保険におけるよう

きるが，保険契約者の立場から見れば，告知義務が存在することにより危険の高い者が
排除され，またはより高い保険料負担を求められることにより，保険料の低減化が実現
されるとともに，リスク区分に関して保険契約者間の公平が確保されることになるとい
う意味がある。最後の点については，かつて，保険加入者全体より成る保険団体そのも
のの利益のための不良危険の排除ということを告知義務の存在理由であるとし，この観
点から保険契約者側の悪意・重過失のような主観的事情を告知義務違反の要件とするこ
とを疑問視し，また告知義務違反の効果を解除とするのでなく当然無効とすべきである
というような主張がなされたことがあったが（田中耕太郎「告知義務における客観主
義」同・商法学特殊問題(中)173頁（春秋社，1956)），同じような発想に基づくもので
あるということができる。この主張は，告知義務の機能の一面を過度に強調するもので
あり，告知義務を課される保険契約者側にとって義務違反は保険保護の喪失という重大
な効果をもたらす以上，合理的な要件・効果を設定する必要があるので，今日では一顧
だにされていないが，告知義務に関する法規整において告知義務の上述のような機能を
全く度外視してよいかはなお検討の余地があるものと考える。

8)　なぜ告知義務が課されるのかという根拠の側面の議論とは別に，ドイツやわが国では
告知義務の義務性に関する論争が古くより存在する（石田満「保険契約法における
Obliegenheit の法的性質に関する研究序説――ドイツ法を中心として」同・基本問題
61頁）。すなわち，告知義務は，「義務」と称されるが，金銭を支払う義務のような給
付義務や行為をする義務のような義務と同一の義務かどうかが争われ，真正の義務では
なく，保険契約者側が保険保護を受けるための前提要件であるという説明や，告知義務
や各種の通知義務を包括する概念としてのオブリーゲンハイト（Obliegenheit. わが国
では，「責務」と訳されることが多い）として位置づける説明などがある。強いていえ
ば，告知義務は契約締結過程上の情報提供義務の特殊形態であって，その「義務」の性
格を考えると，いわゆる付随義務の性格をもつということになるのではないかと思われ
るが，付随義務といわれる義務も多様なものがあり，そこから論理必然的になんらかの
帰結が導かれるものではない。

9)　1899年（明治32年）の商法では，告知義務違反により保険契約は無効としていた
（主観的要件は改正前商法と同じであった）。無効の効果を解除に改めたのは1911年
（明治44年）改正による。

な保険契約者とは異なり，保険の仕組みについては熟知していないことが一般
的となり，告知義務違反の効果を厳しく問うことは，平均的な保険契約者にと
って過酷な結果になりやすく，次第に告知義務違反の効果が発動できるように
なるための諸要件が法律上定められ，保険契約者の利益も配慮するようになっ
てきた。わが国の改正前商法も，保険者と保険契約者側の公平な利害調整とい
う観点から，告知義務に関する規律を定めてきたが，解除の効果などの点で規
律内容に理論的整合性が疑われるという問題や保険契約者側の利益が十分でな
いという問題があり，また任意規定であって改正前商法の規律よりも保険契約
者側に不利益な特約の効力を否定できないという問題があった。

　このような問題を踏まえて保険法で改正された事項は，①保険契約者になろ
うとする者等が告知義務を負うという行為規範を明文化したこと，②告知義務
を自発的申告義務から質問応答義務に改めたこと，③告知義務違反の効果につ
いて，保険契約の解除と保険者の免責の効果を切り分け，前者については，将
来効とし，後者については解除時までに発生した保険事故について保険者の免
責という効果を明文化し，両者の関係を明確化したこと，④保険者の解除権阻
却事由について，保険媒介者の告知妨害および不告知教唆を追加したこと，⑤
告知義務の規律を片面的強行規定としたことである[10]。

　これらの改正による規律については，改正の趣旨に即した解釈がされなけれ
ばならないことは当然であるが，そればかりでなく，改正はされていないが，
保険法の制定過程において改正前商法の告知義務の規律やその解釈運用上の問
題点，あるいは改正の主張もあったが見送られた事項との関係で既存の解釈論
に再検討の余地がある事項もあることに留意すべきであり，本章の以下の記述
でも従来の私見を修正している事項が少なくない。

2　保険法の規定の片面的強行規定性

　以下で解説する保険法の告知義務に関する規定は，その性質上法文には明示

---

10)　告知義務に関する重要な自主ルールとして，生命保険協会「正しい告知を受けるた
　めの対応に関するガイドライン」（2014 年 4 月 1 日）がある。また，同協会「保険金等
　の支払いを適切に行うための対応に関するガイドライン」（2011 年 10 月 24 日）Ⅱ6ｂ
　(1)が告知義務に関する留意点を定めている。

398 第2部 第3章 告知義務

されていないが，絶対的強行規定である告知義務違反による保険者の解除権の
除斥期間を定める規定（保険28条4項・55条4項・84条4項）を除いて，片面的
強行規定とされている（保険7条・33条1項・41条・65条1号2号・70条・78条・
94条1号2号）。以下では，特に片面的強行規定性に関して問題となりうる事項
はそれぞれの関係箇所で言及する。

第2節　告知義務の内容

第1款　告知義務および告知義務者

1　総　　説

　損害保険，生命保険，傷害疾病定額保険において，保険契約者または被保険
者になる者が保険契約の締結に際して告知義務を負うと規定される（保険4
条・37条・66条）。改正前商法では，告知義務が課されることを前提として，
告知義務違反の効果についての規律を設けるという規定の仕方であったが，保
険法では，保険契約者または被保険者になる者が告知義務を負うことを明文化
し，告知義務の保険法における位置づけを明確にした。告知義務を負うという
規定自体では義務を負うという効果だけが生ずるにすぎないので，この規定は
行為規範を定めたものということができる。この規定は片面的強行規定とされ
ている（保険7条・41条・70条）。このこととの関係で，告知義務の対象となる重
要な事項に関する事実以外の事実についても保険者が質問することが片面的強
行規定に反することにならないかが論じられている。保険契約の締結も契約の
締結であることには変わりはないので，保険者が保険の引受の参考材料とする
ために告知すべき事実以外の事実を質問することが片面的強行規定に反するこ
とにはならないといってよいが[11]，告知すべき事実を法が認めるもの以上に拡
大し告知義務に関する規律を潜脱することにならないかには十分注意を要する。
　告知義務は，保険契約が成立する前に課される義務であるから，保険契約者

---

11)　嶋寺基「保険法立法時の想定と異なる実務の現状と今後の課題——片面的強行規定
に関する問題を中心に」保険学638号91頁（2017）。

あるいは被保険者になる者の義務という表現になる。保険契約者になる者は，保険契約の申込をするのであるから，その過程で告知義務を負い，これを履行することは自然な流れであるが，被保険者になる者については，当然に保険契約の締結の過程に関与するとは限らないので，告知義務を負わされるということの意味が問題となりうる。この点については，告知義務の内容が質問応答義務とされたということとの関係で後述する（406頁）。

2 代理人による告知

　告知は，準法律行為であるが，法律行為に関する規定が準用されるので，告知義務を代理人により履行することは妨げられない。保険者の告知書様式では，被保険者の告知は本人がすべき旨が記載されていることが通例であり，被保険者の告知を他人が代理ですることが望ましくないことは確かであるが，性質上代理が不可能ということはいえず，代理による告知もありうると考える。

　代理人により告知をする場合には，告知義務者の指示により代理人が告知する場合を除いて，告知義務違反についての故意または重過失は代理人に即して判断される（民101条1項）[12]。したがって，たとえば，本人が告知すべき事実を知っていたとしても，代理人がその事実を知らなければ，告知義務に違反することとならない。しかし，このような結果が認められるとすれば，代理人を使うことで告知義務は容易に潜脱されることとなる。民法101条3項は，特定の法律行為を委託された代理人がその行為をしたときは，本人は，自ら知っていた事情について代理人が知らなかったことを主張することができず，本人が過失によって知らなかった事情についても，同様とするとしているので，この規定の趣旨からは，本人が告知すべき事実を知っていた場合には，代理人がその事実を知らなかったとしても，代理人が知らなかったから告知義務違反は成立しないという主張はできなくなる。もっとも，民法101条3項が適用されるのは，特定の法律行為をすることの委託がある場合なので，本人がまったく知らないままに代理人により保険契約が申し込まれる場合には適用がないことと

---

12)　東京地判平9・1・22判タ966・252（ただし，外務員が代理人による告知であることを知りながら被保険者に確認しなかったことにより保険者の過失を認めている），東京地判平12・5・31判時1726・167。

なるが，そのような場合はそもそも保険契約の申込は無権代理となるので保険契約の効力は生じない。夫婦間などで一方が他方に無断で他方を保険契約者および被保険者とする保険契約を申し込むことはありうるであろうが，そのような場合に他方が契約の申込を追認して保険契約が有効に成立する場合には，民法101条3項の適用を認めてもよいであろう[13][14][15]。

第2款　告知の相手方

1　総　　説

告知は保険者に対してされることにより効力を生じる。告知は法律行為では

---

13)　改正前民法101条2項（これが改正により3項となった）は，同項の適用があるのは，代理人が「本人の指図に従って」代理行為をしたときと規定されていたので，告知について本人が何らかの指図をしておらず，代理人の独自の判断により告知を代理して行う場合に同項の適用があるという解釈ができるかは問題となりえた。しかし，改正前民法の規定の適用要件は不当に狭く，本人のコントロールが及ぶべき場合には適用を認めてよいという解釈が有力であり，改正もそのような解釈の方向で適用範囲を拡大したものである。

14)　夫が保険契約者兼被保険者の生命保険契約を妻が夫に相談なく締結し，その際の告知も妻が行ったが，妻は夫の人間ドックにおける高脂血症の診断結果を知らず，これを告知しなかったという事案について，名古屋高判平16・1・28生判16・40は，告知義務違反の成否は保険契約者および被保険者本人を基準に判断すべきであるとした上で，告知義務は代理人または履行補助者を利用する方法によることもできるが，その場合にも告知義務者はあくまでも保険契約者または被保険者であり，代理人等の不適切な行為によって告知義務を履行することができなかった場合には，保険契約者等がその責めを負うべきであるとし，妻が夫に対して人間ドックの結果を確認しないで告知をしなかったという告知義務違反は，保険契約者側の事情により生じたものであり，保険契約者の重過失によるものであるとする。告知義務の履行が代理になじみ得ないというまでの必要はなく，改正された民法101条3項に基づいて本文のような解釈をすれば本判決のような回りくどい解釈によらずとも問題は合理的に解決できる。本判決については，榊素寛・保険レポ191号9頁（2004），金岡京子・保険レポ200号1頁（2005）。また，本判決のような事案で代理人である妻が保険契約者に事実を確認しないで告知をしたことが重過失による告知義務違反に当たるという解釈論も考えられるが，本文のような解釈をすれば，そのような解釈も不要である。

15)　代理人が本人に確認しないまま重要事実を知らずに告知をした場合についても，本人の告知がないことを生命保険募集人が知っていた場合に，保険者の解除権阻却事由としての保険者の悪意または過失が認められるかがさらに問題となりうる。生命保険募集人に告知受領権がない以上は，保険者の悪意または過失を認めることは難しいが，事実関係次第では告知妨害ないし不告知教唆に該当することはありうるであろう。

なく，準法律行為であるが，法律行為に準じて効力が判定される。保険者の代表権を有する者または告知を受領する代理権（告知受領権）を付与された者に対してされてはじめて告知としての効力を生じる。保険者の使用人にどこまで代理権が付与されているかは各保険者の意思次第である。

　実際上，保険募集主体を窓口として告知されるので，それらの者が告知の受領権を有するかどうかが問題となる。損害保険会社の保険では，損害保険代理店は契約締結権限を付与されているのが通例であり，そのような場合には当然に告知受領権も付与されていることになる[16]。

　これに対して，生命保険会社の保険では，保険契約締結権限は，本社等中枢部に留保されているのが通例であり，このため実際に保険の募集に当たる者の告知受領権の有無が問題となる。

2　生命保険募集人

　営業職員や代理店などの生命保険募集人については，契約締結権が付与されていないのみでなく，告知の受領権も付与されていないというのが保険者の立場である。生命保険においては告知の対象事実が人の身体に関わるものであり複雑であるが，危険選択の能力はない生命保険募集人に告知受領権を付与すると，申込者が口頭でのみ告げた事実も告知がされたことになるし，また，後述（430頁）の保険者の解除権阻却事由としての保険者の悪意・過失が生命保険募集人の悪意・過失により直ちに認められてしまうことが懸念されるからである。判例[17]・多数説もこれを容認しているが，保険契約者保護や保険募集の適正化といった政策的理由により告知受領権があるとする解釈論を展開する少数説もある[18]。

　しかし，解釈論として議論する以上，告知受領権は，代理権に準じて，付与するかどうかは本人たる保険会社の意思次第であり，付与の意思がないのに付与されたものと扱うことは，特別の法律の規定がなければ無理である。表見代

---

16)　大阪控判昭16・8・14新聞4741・11。
17)　大判大5・10・21民録22・1959，大判昭7・2・19刑集11・85，大判昭9・10・30新聞3771・9，東京地判昭26・12・19下民2・12・1458，東京地判昭37・2・12判時305・29，大阪地判昭47・11・13判タ291・344など。
18)　西島344頁。

理の適用は理論的には可能であるが，現在では約款および告知書において告知は書面（告知書）で行うべきことを明示している以上，適用は困難であろう。なお，無診査保険については生命保険募集人もそれが診査医と同様の機能を果たすということにより告知受領権があるという解釈もあるが，やはり無理である[19]。

　生命保険募集人に告知受領権がないことが問題視されてきたのは，生命保険募集人は保険契約の成立により報酬を得る立場にあるので，これが保険契約の不成立につながる適切な告知義務者の告知を妨害する誘因となるということによるものであるが，保険法では，後述のように（436頁），保険媒介者の告知妨害についての規律でこの問題の解決を図っている。

3　診　査　医

　生命保険募集人と異なり，判例[20]・学説とも診査医（社医と嘱託医とがある）は告知受領権を有するとする。しかし，その根拠については議論があり，診査医は保険者の機関であるという説明[21]，信義則上の要請に基づくという説明などもあるが，今日では支持されておらず，診査医はその職務の性質上，代理権としての告知受領権の付与が推定されるにとどまるという見解が有力である[22]。この場合の推定は，もちろん事実上の推定であり，告知受領権の付与はあくまでも保険者の意思に基づくことに変わりはない。そして，保険者の告知受領権付与の意思を強制する強行規定は，現行法上は存在しないので，告知受領権を有しない診査医も存在しうるが，生命保険会社の現在の認識としては診査医に告知受領権を付与しているというものであると思われる。

---

19)　川又良也・生保百選78頁参照。

20)　大判明40・5・7民録13・483，大判明45・5・15民録18・492，前掲大判大5・10・21（注17）など古い時代からの一貫した判例である。

21)　前掲大判明45・5・15（注20）など（ここでいう機関とは会社法等における会社の機関という場合の機関とは異なり，単なる比喩的な意味にすぎない）。

22)　大森忠夫「保険診査医の法的地位」大森＝三宅・生命保険183頁，大森283頁。古い判例には保険者は診査医の過失につき自らその責を負う意思を有すると解すべきであるとするものがある。大判大11・2・6民集1・13。

4 生命保険面接士

告知の窓口としては，以上のほかに生命保険面接士というものがある。これは，診査医の不足に対処するために 1971 年から導入された生命保険協会の認定する資格であり，生命保険面接士は被保険者に面接して告知書における告知の確認および外観観察をすることを任務とするが（医療資格は当然有しないので触診・血圧測定等も含めた診査はしない）[23]，告知受領権は付与されていないというのが保険者の立場である[24]。

5 その他の者

団体信用生命保険においては，住宅ローンの貸主となる金融機関（保険契約者となる）がローンに係る契約締結事務の一環として借主（被保険者となる）から告知書を取り付けることになるが，金融機関は告知受領権を付与された者ではない[25]。団体構成員に対して団体保険の加入勧奨を行う保険契約者である団体についても同様である。

第 3 款　告知を要する場合

生命保険・損害保険とも新契約の締結の場合に告知を要することは当然である。生命保険では，復活の場合にも告知が求められる。また，保険契約の復旧，

---

23)　生保法務 115 頁。

24)　岡田豊基「告知制度における生命保険面接士の法的地位」神戸学院法学 24 巻 2 号 371 頁（1994）。

25)　借主が不実告知をしようとしていることを金融機関の担当者が知りながらこれを止めないで不実の告知書が提出されたという事案であるが，一審判決（仙台地判平 18・9・7 金法 1877・56）は，担当者は告知事項に関する情報収集について保険者の履行補助者であり，担当者の過失は信義則上保険者の過失と同視できるとして，保険者の過失があり保険者は告知義務違反による解除ができないとした。控訴審・仙台高判平 19・5・30 金法 1877・48 は，当該担当者を保険者の履行補助者と位置づけたとしても同人に対する口頭告知をもって保険者に告知されたと信義則上見ることはできないとして，保険者の解除を認めた。告知受領権を付与されていない者を履行補助者とする一審判決の法律構成は，本件のごとき告知妨害・不告知教唆の事案の解決として工夫されたものであろうが，告知受領権を無理に擬制するという問題がある。保険法の下では，金融機関の担当者も告知妨害・不告知教唆の規律にいう保険媒介者に該当するか否かという観点から検討されるべきである（437 頁）。

404　第2部　第3章　告知義務

転換，保険金額の増額など保険者の義務を拡張する場合には，拡張部分について危険選択のために告知義務が課されるのが通例であるが，違反の効果は，たとえば保険金額の増額の場合は増額部分についてのみ生じるというように，それぞれのケースごとに約定される。

第4款　告知の時期

　保険法では保険契約の締結に際し告知すべきものとしている（保険4条・37条・66条）。保険契約の締結時は，保険契約者が申込をする通常の場合には，具体的には保険者が承諾の意思表示をする時ということになるので，保険者が承諾する時まで告知する義務があるように見える。しかし，告知義務は質問応答義務とされていること（次款）の結果として，申込時に質問され告知をするのであれば，その時点で告知義務は履行されたことになり，その後，保険者の承諾時までに告知すべき事実が生じたとしても，保険者が追加して告知を求める質問をしない限りで追加して告知する義務まではない[26]。告知義務者の側から既にした告知を補正することはできる[27]。

第5款　告知の方法

　保険法では，告知義務は，保険事故の発生の可能性（危険）に関する重要な事項のうち保険者になる者が告知を求めたもの（告知事項）について，事実の告知をしなければならないとされており（保険4条・37条・66条），これは，告

---

26)　改正前商法下の裁判例として，静岡地富士支判平14・6・27生判14・441および控訴審・東京高判平14・11・25生判14・776は，書面による告知の場合の告知義務の履行時期について，告知書が保険者に提出された時期であるが，ただし遠隔地の場合には，告知書を発信した後には告知書の訂正が不可能であるから，発信時をもって履行時期であり，その時期までに生じた事実については告知義務があるとする（復活に際しての告知の事例であるが，被保険者が1月29日に医師の診断を受けて入院を勧められたが，告知書の保険者支所への到達は2月2日であり，2月1日または遅くとも1月31日に発信されたものと推認できるので，被保険者は告知あるいは告知書の訂正をすることができる立場にあり，少なくとも重過失による告知義務違反が成立するとしている）。

27)　損害保険会社の保険では，保険契約成立後においても，保険契約者からの告知内容の更正を認め，補正内容により保険契約の変更がされることがある。損保法務266頁。

知義務は保険者の質問に回答する義務とされていることを意味する。保険法の下では，告知義務は質問応答義務とされたという言い方をすることが多い。改正前商法では，告知義務者が告知する義務を負うという規定であったので，告知義務は自発的申告義務であるといわれていたが，自発的申告義務とされると，告知事項が何かを告知義務者が自分で判断しなければならず，保険に不案内な消費者等にとっては酷な結果となりうるので，立法論としては質問応答義務とすべきであるということには異論がなかったところで，実務でも保険者が告知書という書面に具体的な質問を列挙し，告知義務者はこれに回答するという形で告知が行われることとなっている。保険法では，上記のように法律上も告知義務を質問応答義務にした。

　もっとも，海上保険などの企業リスクに関する損害保険では，保険者の危険選択のために必要な情報は複雑多様で，告知書の質問事項という形で告知事項を定型化することが困難であるという事情があり，依然として告知義務が自発的申告義務とされていることが多い。海上保険その他の企業リスクに関する損害保険では，告知義務に関する規定の片面的強行規定性が除外されているので（保険36条），自発的申告義務とすることが可能となっている。海上保険の実務でもこの適用除外により約款上は自発的申告義務とされていたが，国際的には海上保険では法律上も自発的申告義務とされているのが通例で，任意規定としてではあれ法律上質問応答義務とされることは実務の障害となりうるという懸念が実務界からもたれたため，商法改正案では海上保険については再び自発的申告義務とする特則が設けられている（商改正案820条）。

　生命保険では，申込保険金額の大小等により告知書扱（無診査扱），診査医扱，生命保険面接士扱のほか，診査医による診査に代えて，被保険者の勤務先の健康診断資料等（健康管理証明扱），健康診断書や人間ドック検査成績表（健康診断書扱）を利用する方法も行われている[28]。もっとも，団体保険で不要とされている場合を除けば，これらの場合も告知書による告知を要する。そして，いず

28）　保険医学的観点からの検討として，田中信正ほか「パネルディスカッション・健診書扱について──健診書の普及と健診書扱の公平性」保険医学109巻4号285頁（2011），中道洋ほか「パネルディスカッション・最近の危険選択手段の変化」保険医学112巻4号343頁（2014）。

れの場合も告知義務はやはり保険者のした質問に対する応答義務とされ，かつ，告知は書面（告知書）によりされることを要するものとされている。ただし，診査医扱の場合は，保険者の使用人たる診査医（社医）または委嘱を受けた診査医（嘱託医）が口頭で質問した事項については診査医に口頭で告知することを要する旨約款上明示されている（通例，診査医が告知書記載の質問を口頭で行いこれに対する回答を記載して告知書が作成され，その上で診査が行われる）。生命保険面接士扱の場合には，生命保険面接士は医的診査はできず，被保険者に面接して告知書の確認をして顔色など外観観察をするだけなので，約款上は特に規定はなく，無診査扱の場合と同じことになる。

　以上のように，告知義務が質問応答義務とされたこととの関係で，他人のためにする損害保険契約または他人の生命・傷害疾病の保険契約で保険契約者と被保険者が別人である場合において，被保険者の告知義務の履行のあり方が問題となりうる。抽象的に考えると，被保険者が関与せずに保険契約者による保険契約の申込がされる場合には，被保険者が告知をする機会がないまま保険契約が成立する可能性があり，その場合には，保険者は被保険者に対して質問をしなかったので，被保険者の告知義務違反を問えなくなるかのごとくである。もっとも，生命保険契約や傷害疾病保険契約において，被保険者の同意が保険契約の有効な成立のために必要な場合には，そのこととの関係で被保険者に告知をさせることができるので，基本的には問題は生じない。被保険者が申込手続の場に同席しないため，保険募集人が保険契約者に被保険者の同意を得るとともに告知させるよう依頼したが，保険契約者が被保険者に無断で同意と告知書の記入をし，その中に告知義務違反となる告知があったような場合には，同意が無効であることにより保険契約が無効となり，告知義務違反の問題とはならない。被保険者の同意が不要な保険契約でのみ，被保険者が告知をする機会がないまま保険契約が成立することとなりうるが，保険契約者を介して被保険者に告知を求める限りでは，被保険者自身が告知をしないのは保険契約者が被保険者に無断で被保険者の名で告知をする場合であろうが，この場合に，被保険者の告知義務違反を認めることができるか否かは別として，少なくとも保険契約者の告知義務違反を認めることができると考えられる。以上に対して，保険の対象となるリスクの態様や団体保険であることなどから，実務上あえて被

第2節　告知義務の内容　*407*

保険者には告知を求めないこととしている場合があり，そのような場合には，被保険者に告知のための質問をしていないということから被保険者の告知義務違反は成立しないということになろう。

第6款　告知すべき事実・事項

1　保険危険事実と道徳的危険事実

　告知すべき事実について，損害保険契約では，損害保険契約によりてん補することとされる損害の発生の可能性（危険）に関する重要な事項のうち保険者になる者が告知を求めたもの（告知事項）についての事実（保険4条），生命保険契約では，保険事故の発生の可能性（危険）に関する重要な事項のうち保険者になる者が告知を求めたものについての事実（保険37条），傷害疾病定額保険契約では，給付事由の発生の可能性に関する重要な事項のうち保険者になる者が告知を求めたものについての事実（保険66条）が告知すべき事実とされている。ここから，告知義務者が告知すべき事実とは何かということにつき，保険法では，危険に関する重要な事項に係る事実としていることがわかるが，これは抽象的な定義にとどまるので，その意義を解釈論で確定するには，まず，保険危険事実と道徳的危険事実との区別を知る必要がある。

　保険危険事実とは，保険者が保険給付義務を負うことになる保険事故の発生率の測定に関する事実であり，生命保険における被保険者の年齢や既往症または現症がその典型例である。これに対して，道徳的危険事実とは，保険契約者側の関係者が故意の事故招致等により不正な保険給付を受ける意図を有している事実をいう。保険危険事実と道徳的危険事実いずれについてもこの定義に直接該当する事実のみならず，その事実を間接的に示す徴憑事実も含むものとされる。道徳的危険事実についていえば，保険契約者が収入に比して著しく高額の保険に加入している事実や多数で多額の保険に重複加入しているというような事実がこれに当たる。

　このような区別をした上で，生命保険では，告知義務の対象となる事実は，保険危険事実に限定されるというのが判例の立場であると理解されている[29]。それによれば，生命保険において，告知義務の対象となるのは，被保険者の生

408 第2部 第3章 告知義務

命につき危険を測定するために必要な事実をいうのであり，これにより被保険者につき他の保険者との間で保険契約が存在していることは告知すべき事実ではないとされる。

しかし，道徳的危険事実も保険者の危険選択において考慮されていることがあるのであるから，これを告知すべき事実でないとすることについては，最近では学説の有力な異論もあり，また，損害保険会社の損害保険・傷害保険では道徳的危険事実の典型である他保険契約の存在について告知義務を課してきたが，これも他保険契約の存在が保険契約の引受判断に影響を与えるようなものである限りでは，告知義務の対象とすることも適法な実務とされてきた[30]。保険法の下でもこのことに変わりはないというべきである[31]。

もっとも，損害保険会社が他保険契約の存在についても告知義務を課してきたのは，まず，損害てん補の分担額を決定するための重複保険の存否の把握の必要という損害保険に固有の事情があるが，それとともに，他保険契約の告知義務違反を被保険者・保険契約者の故意の保険事故招致の疑いがあるがその立証が困難な場合に保険給付義務を免れるための代替的な根拠として利用するという目的があった[32]。しかし，他保険契約の告知義務違反により保険金請求を

---

29) 大判明40・10・4民録13・939，大判昭2・11・2民集6・593。

30) 改正前商法の下での他保険契約の告知義務・通知義務に関する主要文献として，中西正明「告知義務と道徳危険に関する事実――ドイツ法の紹介を中心として」同・傷害保険118頁以下，同「傷害保険契約における他保険契約の告知義務」同・告知義務229頁，山下友信「傷害保険契約と他保険契約の告知義務・通知義務」同・現代生命保険219頁，竹濵修「他保険契約の告知・通知義務」金判933号42頁（1994），洲崎博史「他保険契約の告知義務・通知義務」民商114巻4＝5号626頁（1996），笹本幸祐「他保険契約の告知・通知義務の再検討」関西大学法学論集44巻3号209頁（1994），山本哲生「他保険契約の告知義務のあり方」田村善之編・情報・秩序・ネットワーク43頁（北海道大学図書刊行会，1999）。

31) 洲崎博史「保険法のもとでの他保険契約の告知義務・通知義務」中西喜寿82頁，潘阿憲「道徳的危険事実と告知事項」損保73巻2号15頁（2011）。

32) 改正前商法の下の約款では，損害保険会社は，損害保険および傷害保険について他保険契約の告知義務を課し，告知義務に関する規律により保険契約者または被保険者が故意または重過失により違反した場合には，保険者は保険契約を解除して保険給付義務を免れるものとされていた。しかし，判例は，保険者の免責が認められるためには，保険契約者等の故意または重過失という要件では十分でないとして不文の加重要件を設けるのが一般的であった。加重要件としては，損害保険に関しては，解除は保険契約者または被保険者が不法な保険金の取得の目的をもって重複保険契約を締結するなど，その保険契約を解除するにつき公正かつ妥当な事由があることとするもの（東京地判昭

拒絶するためには，因果関係不存在特則（440頁）の適用を排除する必要がある。他保険契約の存在と保険事故の発生との間には因果関係は存在しないとするのが一般的な理解であるからである。そこで，損害保険会社の約款では，他保険契約の存在という告知事項については因果関係不存在特則の適用を排除してきた。これは因果関係不存在特則を定める改正前商法の規定は任意規定であったことによる。これに対して，保険法では，後述のように（444頁），因果関係不存在特則についても片面的強行規定としたので，他保険契約の告知義務違反をモラル・リスク対策として利用することは不可能となった。しかし，保険法施行後も，損害保険会社は引き続き他保険契約の存在を告知事項とする取扱いを行っている。これにより，保険契約成立後に，告知義務違反となる他保険契約の存在が明らかになった場合には，保険者は保険契約を解除することにより，将来に向かって保険契約を消滅させることはできることとなる。また，保険事故発生後においては，多重契約が締結されていることを理由に重大事由解除（保険38条3号）により対処することが想定される。

2　重要性の基準

告知義務者が告知事項，すなわち危険に関する重要な事項についての事実の告知をせず，または不実の告知をした場合に告知義務違反が成立する（以下，表現の煩雑さを回避するため告知事項について事実を告げないことおよび告知事項につ

61・1・30判時1181・146，東京高判平4・12・25判時1450・139，東京地判平15・5・12判タ1126・240），保険契約者等の不正利得目的または保険事故招致等の道徳的危険の存在がある程度具体的に推認される場合であることとするもの（仙台高秋田支判平4・8・31判時1449・142）があった。傷害保険に関しては，不告知が不正な保険金取得の目的に出たなど，告知義務違反として保険契約を解除することが社会通念上公平かつ妥当と解される場合であることとするもの（東京地判平3・7・25判時1403・108，神戸地判平13・11・21交民34・6・1538），保険金請求者の側で保険契約者等が当該保険契約によって保険金を不法に取得し，保険契約を濫用する目的を有していなかったという特段の事情を主張立証したときには契約解除ができなくなるとするもの（東京高判平3・11・27判タ783・235，東京地判平13・5・16判タ1093・205），不告知が不正な保険金取得目的に出た場合をはじめ事案の全体を眺めて解除権行使が解除権の濫用とならないと認められることとするもの（東京高判平5・9・28判時1479・140），保険契約者側に契約の締結の状況等において保険者が契約を解除することを正当化するだけの著しく信義に反する事情があることとするもの（大阪高判平14・12・18判時1826・143）などがあった。

いて不実の告知をすることを包括して「告知事項」について「告げない（こと）」または「不告知」という）。告知事項は，損害保険については損害の，生命保険については保険事故の，傷害疾病定額保険については給付事由の各発生可能性（危険）に関する重要事項を意味するので，告げない事実の重要性ということが告知義務違反成立の客観的要件である。

　保険者の危険選択に影響を与えたかどうか，敷衍すれば，ある事実を知っていれば保険者は保険を引き受けなかったであろう場合，または，より高い保険料による等，保険契約者側に不利な条件でのみ引き受けたであろう場合に，当該事実の重要性が認められる[33)34)]。

　重要かどうかの判断基準は，各保険者の危険選択基準により決まるのか（主観的基準説という），あるいは，あらゆる保険者に共通する客観的基準により決まるのか（客観的基準説という）について争いがある。大審院大正4年6月26日判決（民録21・1044）は，客観的に観察して危険選択に影響を及ぼすべきか

---

33)　生命保険における危険選択については，生保講座2・315頁，生保法務105頁。標準体契約として通常の料率で引き受けることはできないが条件を厳しくして引き受ける条件付契約の方法として，年増法（実際の年齢より数歳高い保険料率を適用する），保険金額削減支払法（数年の削減期間内の早期死亡の場合には保険金を減額して支払う），特別保険料領収法（特別保険料を加算する），割増保険料法（予定死亡表の死亡率を高くした死亡率に基づいて保険料を算出する）等が用いられている。

34)　浦和地判平8・10・25判タ940・255は，被保険者が胃痛等により総合病院において2度の診察・投薬を受けていたという事実があり，これを告知しなかった場合に関して（なお，2度目の診察・投薬の18日後に保険契約が締結され，その後の精密検査ではじめて胃がんの疑いがもたれ契約締結から30日後に胃がんという診断が下されている），診察・投薬を受けていた事実が告知されていたとすれば，保険者としては診察をした医師から事情を聴取したはずであり，その結果，受診・治療・検査等の状況を知ることができ，症状の原因の特定を待ってから契約を締結するか否かを判断したはずであることが十分推認され，その原因が胃がんであることが判明すれば契約を締結しなかったと認めるのが相当であるから，前記診察・投薬を受けた事実は重要事実であると判示する。このような判断基準によると，それ自体は必ずしも重要事実とはいえない診察・投薬の事実でもそこから調査を進めていけば重大な疾病が判明したであろうという仮定の下に診察・投薬の事実の重大性を肯定することになりかねず，これは，従来の判例や学説がとっていた重大性の判断基準についての考え方を逸脱するのではないか，また，保険契約者の知らない事実についても告知義務を課してしまうことになるのではないかという疑いがあり，支持しえない（もっとも，当該事件では，胃痛で診察・投薬を受けていたという事実自体が重要事実であった可能性が高いので結論は変わりがないかもしれない）。他方，前掲浦和地判平8・10・25と同趣旨の保険者の主張を斥けた事例として，熊本地判昭56・3・31判時1028・108。

どうか判断する旨を述べており，客観的基準説の立場に立ち，以来判例はこの立場をとるものと理解されている[35]。しかし，保険者はその経営判断により自由に危険選択ができるというのが原則であるとすれば主観的基準説が正当ということになる。

　危険選択をどの程度の厳しい基準で行うかは，保険者の引受政策・リスク区分政策の問題であるといえるから（保険業の規制緩和は保険者間の引受政策・リスク区分政策の多様化をもたらしていくものと思われる），主観的基準説の立場が合理的なように見える。しかし，外国でも，必ずしもそういう立場が支配的であるというわけではなく，合理的な保険者の危険選択基準（客観的基準）によるという立場も有力である[36]。これは，各保険者の危険選択基準が保険契約者側に知らされていない以上，特異な基準（特に，保険契約者に平均的な保険者よりも厳しい基準）を採用する保険者がその基準に即して告知義務違反を主張することは認められるべきではないということが考慮されているものと考えられる。しかし，そうであるとしても，危険選択基準が開示されている場合であれば，当該保険者自身の危険選択基準によることも問題はなさそうであり，今日のように告知事項が保険者の質問表で明示されている場合には，主観的基準説を採用してもよいのではないかと思われる。ただし，それにより社会通念に照らして過度に厳格な告知を求められることによる保険契約者側の不利益は告知義務者

---

35)　もっとも，最近の裁判例には当該保険者の引受基準に言及しているものもある。たとえば，福岡高判平19・11・8生判19・546は，健康診断の結果を告知事項としている場合に関して，保険者は，「本件告知書に対する回答内容を考慮して，独自の観点から被控訴人〔保険契約者〕の契約申込みに応じるか否かを選択することができる」とする。東京地判平25・5・21・2013WLJPCA05218007は，既往症が告知事項であったか否かの判断において，当該保険者の引受基準について詳細に認定した上で，当該既往症がある場合にはすべて引受不可とする取扱いとしているという当該保険者の引受基準を特に不合理と解すべき理由はないとしている。

36)　危険選択について保険者間での基準の差異がわが国よりは大きいと思われる英米でも，慎重な（prudent）保険者の基準が伝統的に確立している。英国の判例につき，中西正明「最近の英国告知義務判例」同・告知義務269頁。英国の判例を契機として，主観的基準説か客観的基準説かを検討するものとして，長崎靖「英米法圏における告知義務法理の再構築——日本法への示唆も含めて」保険学571号119頁（2000）。これに対して，ドイツの判例・学説に両説の対立があり，現在の判例は主観的基準説によっていることにつき，中西正明「ドイツ保険法における告知事項の重要性」同・傷害保険137頁。

412　第2部　第3章　告知義務

の悪意・重過失の要件のレベルで調整すべきであろう。

　主観的基準説によるとすれば，平均よりも緩やかな基準を採用している保険
者が，平均的な基準により告知義務違反の主張をすることは当然認められない
が（告知書で告知を求めていても，実際の危険選択では考慮していない場合も同様であ
る），客観的基準説によってもそのような場合はやはり告知義務違反の主張は
認めるべきではない[37]。いずれにせよ，ある事実の重要性は保険者において主
張・立証責任を負う。

3　保険者の質問とその効力

　保険法では，告知義務は質問応答義務とされ，実務では保険者が告知書とい
う書面に質問を列挙し，告知義務者はこれに回答するという形で告知義務が履
行される[38]。したがって，保険者が告知書において質問しなかった事項につい
ては，仮にそれが質問されれば重要性のある事項であったとしても，告知義務
の対象とすることはできない。

　告知書において質問された事項については，重要性が擬制されたり推定され
るかという問題がある。この点について，現在の学説は，保険者が書面で質問
した事項について重要性が推定されるという立場が支配的であるが[39]，この推
定はあくまでも事実上の推定にすぎない。生命保険では，書面による質問にお
いて，身体の部位ごとに既往症・現症等を病名をあげて具体的に質問するとと
もに，所定の期間内に医師の診療を受けているかどうか，投薬を受けているか
どうかなどといった質問項目があるのが通例であるが，このような事実があっ
てもそれが一般的に危険選択にとって重要であるということはいえないから，
そのような質問事項についてはこれに対して回答すべき事実の重要性は個別に

---

37)　告知義務も情報提供義務の一種であるから，情報の不提供があってもそれが相手方
　の意思表示の原因となっていないとき，すなわち違反と契約締結との間に因果関係がな
　いときは義務違反の効果は発生しないというべきである。

38)　生命保険業界では，1991年に消費者にとっても明確なものとすべく，告知書様式モ
　デルの作成を行ったという経緯がある。このモデルでは，診査医扱用と告知書扱用を区
　別しており，特に後者では告知の対象事実につき具体的な病名を列挙するなど申込者自
　身の判断により告知がなされる度合いが高いことを考慮して明確化が図られていた（医
　務委員会「『統一告知書』の改正について」保険医学90巻352頁（1992））。

39)　重要性が一応推定されるとするものとして，東京地判平3・4・17判タ770・254。

第 2 節　告知義務の内容　413

判断すべきであり，とりわけ抽象的な質問についてまで重要性の推定を容易に認めるべきではない[40]。

4　告知義務者の知らない事実の告知

告知すべき重要事実は保険契約者または被保険者が知っている事実に限定されるかという問題がある。学説では，①告知義務者にその知らない事実の探知義務を課すことは告知義務の存在理由を逸脱するとして，知っている事実のみを告知すれば足りるとする見解と，②知らない事実でも知らないことにつき重過失があれば告知義務違反が成立しうるとする見解が対立している。

判例は，たとえ告知義務者が保険契約締結の当時重要事実を思い浮かべなかったとしても些少の注意を用いればこれを思い浮かべることができた場合には重過失により告知しなかったことになるという定式化をしたものがあり[41]，これは②の立場を表明したものと評価されることも多いが，事案（3か月前の軽い脳溢血の事実を告知しなかった事例）との関係では，事実を知らなかったのではなく，知っていた事実が告知すべき重大な事実に該当するかどうかの判断に重過失があったにすぎないと評価する余地もあり，判例が②の立場にあるとは断定できない。

最近の裁判例でも，一般論として②の立場を述べているものが少なくないが，具体的事案との関連では告知義務者が知らず，その知らなかったことについて重過失を認めたといえるものはほとんどないと見てよいように思われる。比較法的には知っている事実に限り告知義務を課す例が多いという点も考慮すると，①の立場を支持すべきである[42][43]。

---

40)　監督指針Ⅱ－4－2－2(17)①アは，「その他，健康状態や病歴など告知すべき事項はないか」といったような告知すべき具体的内容を保険契約者等の判断に委ねるようなものとなっているものを禁じている。

41)　大判大 4・6・26 民録 21・1044。

42)　知っている事実のみについて告知義務が及ぶというのは英米法，大陸法共通の比較法的には支配的な立場である（例外として，スイス保険契約法 4 条 1 項）。保険者がすべきことになる告知義務者が事実を知っていたことの立証が困難であるから知らない事実でも重過失による告知義務違反が成立する余地を残しておく必要があるとされる場合に想定されているようなケースは，おそらくは告知義務者の悪意が認定されているものと推測される。

43)　近時は，健康診断の結果を告知事項としていることが多いが，そのような場合に健

414　第2部　第3章　告知義務

5　重要な事実・事項の具体例

(1)　生　命　保　険

　既往症・現症・その他身体の状態で生命の危険測定に影響の及ぶものが重要事実となる。既往症・現症はそれ自身生命に危険を及ぼすほど重いものに限定されないが[44]，軽微なものまですべて重要事実に当たるわけではない。第2次大戦前においては，きわめて多数の判例があった[45]。現在でも相当数の裁判例が恒常的に見られる[46]。

　ただし，これらの重要性が肯定された事例の多くも，告知義務者は病名は知らなかったと主張するのが一般で，そのような場合でも実はこれらの病気にかかっていたことにより身体になんらかの異常が生じており，それについては自覚症状があること，あるいは，それにより医師から検査や入院の必要性を説明されていたこと等の事実が重要事実とされるのが通例である。この場合も，当然のことながらあらゆる異常が重要事実となるのではなく，生命の危険測定に影響するもののみが重要事実に該当する[47]。

康診断の結果を意図的に見ないで異常等の結果を知らずに告知することがありうることを考慮して，そのような場合には告知義務違反を認めるべきであるという見解もある（池田雄哉・保険レポ274号19頁および竹濵修・追加説明・同20頁（2013））。しかし，そのような場合は，知らないことを保険契約者側が主張することが信義則に反して許されないというような例外的解釈によるべきで，一般原則を修正することは疑問である。

44)　大判大11・8・28民集1・501，大判昭10・12・10法学5・653。

45)　中西・前掲総合判例研究叢書商法(8)(注1)18頁以下。

46)　重要性が否定された事例として，ベーチェット病（大阪高判昭51・11・26判時849・88。ベーチェット病は，高度障害状態（失明）になるおそれはあるが，生命の危険測定には影響しないという理由による），低血圧・口内炎・歯根膜炎・急性咽頭炎（前掲熊本地判昭56・3・31（注34））。

47)　過去の医師の診察・検査・治療・投薬等についての質問では，「7日（間）以上にわたる」ものが質問される場合にその意味が問題となることがある。これについて，「7日以上継続して」または少なくとも「実通院7日以上」を意味するとする裁判例（東京地判平13・9・21生判13・741）もあるが，同じ告知書で別に「継続して7日間以上の入院」というように用語を使い分けていることも考慮して，「初診から終診まで7日間以上医師の管理下（観察下）にあった」ことを意味するとする裁判例（前掲東京地判平13・9・21の控訴審・東京高判平14・10・23生判14・703，福岡高判平18・9・27生判18・648）が正当である。ただし，「わたる」という用語が一義的ともいえないので，告知義務者が自己に有利な理解をして告知義務違反をすることを防止するために注記あるいは説明をすることが必要であるというべきであり，近時はそのような説明が行われるようになっているほか，「わたり」という語句を使わない質問としている例もある。

第2節　告知義務の内容　　*415*

　近時は，健康診断や人間ドックにおける検査数値の異常や，それによる要精密検査，要再検査，要治療の指摘が重要な事実であるとして告知義務違反を問われることが増加している[48]。要経過観察という指摘についても質問表において告知対象とされていることがあるが，その意義は医療機関によっても一義的ではなく，当然に重要な事実としてよいかは疑問である[49]。

　既往症等以外について，古い時代の判例では，身分関係[50]，職業[51]，保険料支払能力[52]については，重要性が否定されている。これらのうち，現在の生命保険の実務では，職業のみ告知事項としているが，重要事実に当たるのは危険性の高い職業に限られており，そのような職業である限り重要性を肯定すべきものである。

　古い判例では，血族（尊属親）の遺伝性疾患[53]も重要事実とされていたが，現在の生命保険実務では告知の対象としていない。また，古くは，配偶者の結核罹病の事実が重要事実とされていたが[54]，やはり現在では告知の対象とされていない。

⑵　被保険者の年齢

　生命保険においては，被保険者の年齢についても重要事実であるが，生命保険実務では古くより年齢の不実告知の場合に関しては約款で特則を設けている（実務上，年齢錯誤のケースとよばれている）。現在の約款では，契約日における実際の年齢が保険者の定める年齢の範囲内であったときは実際の年齢による保険料との差額を精算して保険契約を継続させ，保険者の定める年齢の範囲外であ

---

48)　東京地判平 11・12・7 生判 11・684，前掲福岡高判平 19・11・8（注 35），大阪地判平 24・9・13 判時 2174・120。

49)　宮崎地判平 17・4・27 生判 17・337 は要経過観察を，前掲福岡高判平 19・11・8（注 35）は要管理および要観察を，重要な事実に当たらないとしている。これらの事案は，告知書の質問は，検査異常の有無で，注意書において要精密検査，要再検査，要治療を含むと記載されていたというものであり，その点から要経過観察は告知事項ではないとすることができた。これに対して，要経過観察も含むと記載されていた場合が問題となるが，健康診断における要経過観察まで含めて当然に重要な事実であるとすることは疑問である。

50)　大判大 2・3・31 民録 19・185。

51)　前掲大判明 40・10・4（注 29）（小学校の教員であるのに貿易商と告知した事例）。

52)　前掲大判明 40・10・4（注 29）。

53)　大判大 4・4・14 民録 21・486。

54)　大判大 5・7・12 民録 22・1501。

416　第2部　第3章　告知義務

るときは保険契約を無効とし既払保険料が返還されると規定しているのが通例
である（ただし，保険者の定める最低年齢に達してから誤りの事実が発生したときは最
低年齢に達した日を契約日とし，実際の年齢による保険料との差額を精算する）。なお，
いずれの場合も保険契約者の悪意・重過失等告知義務違反の要件は必要でない。

　古い判例として，これと類似の約款がある場合に，これは保険者の錯誤によ
る無効についての特則を定めたもので[55]，有効性は認められるが[56]，約款では
規定していないものの改正前民法 95 条ただし書の補充適用はあるから，保険
者に年齢の誤りを見過ごしたことにつき重過失があれば保険者は無効を主張で
きないとしたものがあり[57]，約款の制限解釈をしていることになる。また，告
知義務に関する特則と理解した上，保険者に年齢の誤りを見過ごしたことに過
失があるときは，告知義務違反について保険者に過失があれば保険者は告知義
務違反を問えないとする規定の適用を認めて，無効を主張しえないとする見解
もある[58]。

　改正前商法の下では，告知義務に関する特則であるとしても，年齢という事
実の特質，約款に定める処理方法の合理性に照らして，約款全体の有効性を認
めてよいという見解が有力であったが[59][60]，保険法の告知義務に関する規定は
改正前商法とは異なり片面的強行規定であるので，年齢も告知義務の対象事項
であるとすると，約款の定める処理方法は保険法の告知義務に関する規定より
も保険契約者側に不利益な部分も含むので，有効性を認めることができるかど
うかが問題となる。私見としては，約款の定めを全体として評価すれば保険法
の定めよりも保険契約者側に不利益ではないので有効であると考える。あるい
はさらに進んで，年齢は，被保険者の基本的な属性を示す事実であり，損害保

　55）　三宅一夫・生保百選 75 頁。
　56）　大判大 6・3・20 新聞 1261・26。
　57）　大判昭 13・3・18 判決全集 5・18・22。
　58）　中西・前掲総合判例研究叢書商法(8)（注 1）47 頁。
　59）　江頭 503 頁は，年齢については不実告知と保険事故との間に因果関係を認めること
　　　が困難であること等一般の告知義務違反と同じに扱えないことを約款の有効性の根拠と
　　　する。
　60）　東京簡判平 21・3・30 生判 21・267（富田英将・保険レポ 264 号 13 頁（2012））は，
　　　錯誤無効の特則か告知義務の特則かについては言及せず，約款の定めに不合理性はない
　　　として有効とした。

険でいえば，自動車保険における車種，火災保険における建物の構造や面積などに比肩される事実であって，保険契約の要素でもあるということができ，告知義務に関する法律規定の射程の範囲外に置いてもよい事項ではないかと考える[61]。その場合には，かかる約款の定めは，年齢に誤りがあった場合の取扱いについてあらかじめ合意するものであり，そのとおりの効力を認めてよいが，強行規定である錯誤の規定の適用まで排除する効力は認められず，たとえば，年齢の誤りが大きなもので，保険契約者にとっては保険料が大きく増額することとなるため，要素の錯誤があるといえる場合には錯誤取消が認められると考えるべきであるが，そのようなケースは稀であろう。

なお，約款では性別の誤りについても年齢の誤りと同様の処理がなされるものとされている。

(3) 傷害保険・疾病保険

損害保険会社の傷害保険の実務では，被保険者の年齢，職業，現在の健康状態・既往症，過去における引受拒絶の有無，他保険の有無等が告知事項とされている[62]。生命保険会社の傷害保険・疾病保険では，生命保険と同様の告知事項とされている。

(4) 損 害 保 険

たとえば，火災保険では，保険の目的物，保険の目的物の所在地，保険の目的物の所有者，保険の目的物を収容する建物の種類・用途，重複保険の有無等が告知事項とされている[63]。火災保険において，建物の使用状態が告知したものと異なること[64]，運送保険において，目的物が模造品で他人の知的財産権を

---

61) ドイツ保険契約法157条では，年齢は告知義務の対象となるという前提をとりつつ，年齢の不実申告の場合について，告知義務の一般的効果とは別の特別の効果を定めている。このように，年齢については特別の配慮が必要であるということは明らかである。なお，中西正明「独・仏・スイス保険契約法における年令錯誤」所報10号111頁（1964）。

62) 腹部大動脈瘤が重要事実とされた裁判例として，大阪地判昭63・1・29判タ687・230。

63) 建物における職作業につき不実の告知がなされた事例として，大阪地判平9・11・7判時1649・162。

64) 建物を他人に売却した後に自己の所有として保険契約を締結した場合に，告知義務違反を認めるとともに，他人のために保険契約を締結する場合において，保険契約者がその旨を申込書に記載しなかったときは，保険契約は無効とする旨の約款条項により保

418　第2部　第3章　告知義務

侵害したものであることが重要な事実とされた裁判例がある[65]。

　自動車保険の告知書様式では，被保険自動車の用途（自家用・営業用），車種（乗用車・貨物車），自家用貨物車で対価を得て物品の運送の用に供することの有無，危険物の積載の有無，前契約における事故歴等[66]，重複保険の有無等が告知事項とされている[67]。このほか，自動車保険では，保険料率細分化との関係で，免許証の色がゴールドかブルーかという事実や走行距離などについても告知を求められるのが一般である。免許証の色により保険料の額が差別化される以上は，告知事項に該当することは明らかであるが，この告知事項についての告知義務違反については効果との関係で難しい問題がある（445頁）[68]。

6　遺伝子診断と告知義務

　現在ではすでにヒトゲノム解析が完了しており，遺伝子診断（検査）による疾病の発見・予測や治療のための技術が急速に発展しつつある。このことは，

　　険契約を無効とした事例として，水戸地判平24・6・29判時2180・133。

65)　札幌地判平7・11・30判タ916・200。

66)　前契約における保険金請求歴が重要事実とされた裁判例として，神戸地判昭62・6・30判時1253・132。

67)　車両保険において，車両の購入価格がいくらであったかは，直接保険事故発生の危険性に影響しない事実であり，告知義務の対象となる事実ではないとする裁判例がある（大阪地判平10・5・28判タ987・250）。事案は，購入価格が365万円であった外車中古車につき標準価格表に従い部品を合わせて800万円の協定保険価額とする価額協定特約が付されたというものであるが，判決の考え方は正当である。控訴審・大阪高判平10・12・16判タ1001・213では，適用される価額協定特約条項においては保険者が価額の評価のために必要な事項について照会した場合は，保険契約者は告知しなければならない旨の条項があり，これは告知義務に関する特則であるところ，本件では価額について保険者側が照会をした事実はないとして，この条項の適用はないとした。現在でも，この条項は維持されているが，保険契約者等の故意または重過失による違反の効果は，保険者の解除および価額協定特約が付帯されないものとしての保険給付をするものとされていることがある。損保法務260頁。

68)　保険料率細分化の自動車保険で，告知書では免許証の色について質問しており，保険契約者はゴールドと回答したが，実は交通違反により免許証の取消処分を受けており免許が失効中であったという場合において，告知義務違反が成立するか否かが争われ，告知義務違反の成立自体は認めた裁判例がある。一審・仙台地判平23・12・22判時2179・144および控訴審・仙台高判平24・11・22判時2179・141（本件では，因果関係不存在特則の適用の可否も問題となったが，その点については，445頁）。免許証の存否は当然の前提として明示の告知事項とはされてこなかったのであろうが，告知事項としておくべきであろう。

人の生死や疾病の発生が不確実であることを前提とする生命保険や疾病保険にとって致命的な影響を及ぼす可能性がある。遺伝子診断を受けることにより現在は発症していなくとも将来確実に疾病が発症することが明らかになれば，当該者は高額の生命保険や疾病保険に加入する誘因をもつ。当然のことながら保険者としてはこのような保険加入者の側における逆選択が保険のシステムを破壊することを防止するために，遺伝子診断の結果を告知義務の対象として危険選択に利用することを望むであろう。しかし，これに対する批判として，遺伝子診断による情報を有する加入者の側から，保険加入のために遺伝子検査を受けることを強制されることは自己決定権を侵害することになる，既に遺伝子検査を受けており何らかの異常があることが判明している場合に，自分自身では如何ともしがたい遺伝子情報を理由に保険への加入を拒絶されることは不当な差別である，また生存に不可欠な保険に加入する権利を脅かすものであるというようなものがある。このように私保険における遺伝子診断による遺伝子情報の利用のあり方も，遺伝子情報の利用のあり方に関する広汎な問題の一角を占めており，国際的にも盛んに議論が進められている[69]。既に私保険における遺伝子診断の利用について何らかの法規制を導入している国が少なくないが[70]，

---

[69]　早い時期の検討として，遺伝子問題研究会（代表・加藤一郎）「遺伝子問題についての報告」ジュリ 1069 号 91 頁（1995），小林三世治＝武部啓＝村田富生＝佐々木光信＝岡田豊基「遺伝子診断と保険業（日本保険学会平成 12 年度大会シンポジウム）」保険学 574 号 1 頁（2001）。他に，邦語文献として，山野嘉朗「保険の危険選択と遺伝情報──保険理論・法政策」賠償科学 25 号 22 頁（2000），石原全「遺伝子情報と生命保険契約」一橋大学法学部創立五十周年記念論文集・変動期における法と国際関係 263 頁（有斐閣，2001），佐々木光信「生命倫理と保険事業──遺伝子情報と保険に関する研究会の活動報告を中心に」保険医学 101 巻 3 号 273 頁（2003），佐々木光信「遺伝子検査と保険問題──アンジーの声明が意味するものは？」生経 82 巻 4 号 59 頁（2014），清水耕一・遺伝子検査と保険（千倉書房，2014），吉田和央「遺伝子検査と保険の緊張関係に係る一考察──米国及びドイツの法制を踏まえて」生保 193 号 257 頁（2015）。なお，保険金請求権の存否の判断において遺伝子検査の結果を利用することの問題点については，山野嘉朗「高度障害保険金請求権と遺伝子疾患の責任開始期前発症」愛知学院大学論叢法学研究 45 巻 1＝2 号 120 頁（2003）。関連する裁判例として，大阪高判平 16・5・27 金判 1198・48（遺伝子の異常を原因とする疾患であるクラッベ病に罹患した被保険者の高度障害保険金請求の可否が争われた事案であるが，クラッベ病への罹患が，被保険者が遺伝子検査に準じる血液の解析による高度医療検査を受けたことにより判明したものであることから，保険者が当該検査結果を保険金支払拒絶のために利用することは公序良俗に違反するという被保険者の主張が退けられた）。

[70]　遺伝子情報の利用を禁止ないし制限している国としてはベルギー，フランス，ノル

420　第2部　第3章　告知義務

わが国では遺伝子診断が急速に実用化されているにもかかわらず，遺伝子診断の利用について社会的な議論が起こるには至っていない[71]。

第7款　告知義務者の故意・重過失

1　故意・重過失の意義

　告知義務違反の効果として保険者が保険契約を解除し，また保険者の免責を主張することができるためには，義務違反について告知義務者に故意または重過失があったことを要する（保険28条1項・55条1項・84条1項）。そして，①重要な事実があること，②その事実が告知すべき重要な事実であること，および③告知をしないことを知っている場合に，故意が認められる。

　このような意味での故意はないが，②または③のいずれかの点を知らなかったことについて甚だしい過失があった場合に重過失があることになることは問題がない[72]。食道がんであった被保険者が病名は知らなかったが，胃部の異常は自覚しておりその異常が尋常一様の病症でないことを自覚していた場合にはそのことを告知しなかったことが重過失に当たるとする趣旨を判示する判例があるが[73]，これは②についての重過失を認めたものといわれている[74]。これに対して，①については問題があり，前述のように（413頁），告知義務は告知義務者が知らない事実にも及びうるとするのが判例であるかどうかは意見が分かれるが，これを肯定すると，容易に思い出せる事実について告知しなかった場

　ウェー，ドイツ等があり，社会保険に近い機能のある団体健康保険に限り利用を禁止する国として米国（連邦法。各州法ではその他にも利用の禁止または制限が行われていることが多い）がある。保険業界の自主規制が行われ，その中で遺伝子診断による情報の告知を求めることが容認されている例として英国の自主規制がある。外国法の概要については，山野・前掲（注69）賠償科学25号28頁以下，清水・前掲（注69），吉田・前掲（注69）。

71)　かつての生命保険業界の見解を明らかにしたものとして，遺伝子研究会「遺伝子検査と生命保険」保険医学95巻176頁（1997）。

72)　判例では，故意かどうかおよび重過失かどうかの判断を区分せず，認定事実に基づき故意または重過失があった，あるいは少なくとも重過失があったと判示するものが少なくない。

73)　大判大6・10・26民録23・1612。

74)　古瀬政敏・生保百選84頁。

合には，①についての重過失として，やはり重過失があることになる。

　前掲の少し注意すれば思い浮かべることができる重要な事実を告知しないのを重過失とする判例[75]は，①についての重過失を認めるようにも見えるが，3か月前の軽度の脳溢血を告知しなかったという事例に関するもので，その事実を知らなかったという事案ではなく，たんにその事実を告知すべき重要事実でないと考えたことから②についての重過失があったのであり，そうであるとすれば①についての重過失を認めた事例と評価すべきではない。

　そもそも，前述のように，告知義務者の知らない事実については告知義務は及ばないと解すべきであり，それを前提とすると，①についての重過失を問題とすることはできず，判例において少し注意すれば思い浮かべることができるような事実が問題とされている事案は，故意の事案として処理すれば足りる事案である。

2　重過失の存否

　告知義務者の故意の意義は上述のとおりであるが，重過失の意義については，告知義務に関して一般的な定義をしたものはない[76]。そもそも判例は，近年に至るまで，当該事案が故意の事案なのか重過失の事案なのかを截然と区別して判断を下していたとはいいがたく，当該事案において故意または重過失が認められる，あるいは故意または少なくとも重過失が認められるなどと判示するものも少なくなかった。これは，故意か重過失かにより告知義務違反の効果に差異があるわけではないということとともに，告知義務違反が争われる事案も，被保険者の相当深刻な既往症，現症あるいは自覚症状についての告知義務違反が争われていたのがほとんどで，基本的には故意を推認してもよいが，念のために重過失は問題なく認められるとしていたことによるのではないかと思われる[77]。

---

75)　前掲大判大 4・6・26（注 41）。
76)　古い判例で，保険者の保険給付義務の免責事由としての船員の重過失について，ほとんど故意に近似する注意の欠如を意味するという一般論を判示したものはあるが（大判大 2・12・20 民録 19・1036），同じ法律問題についての戦後の判例は特段そのような一般論を判示しておらず（最判昭 57・7・15 民集 36・6・1188），判例が重過失の意義をほとんど故意に近似する注意の欠如と定式化しているとはいえない。

422 第2部 第3章 告知義務

　保険法の制定過程において，告知義務違反の効果としてプロ・ラタ原則（119頁）を導入するか否かについて検討された際に，この原則では故意の告知義務違反と重過失による告知義務違反とでは法的効果が異なることになるが，実務のサイドからは，故意か重過失を区別することはきわめて困難であることがこの原則の導入の支障となるということと，実務では故意の場合にのみ告知義務違反の効果を発動しているという主張がされた。これも故意と重過失の区別が困難であるとともに，実際上もあまり区別されてこなかったことを裏づけるものである。判例の各事案も故意を認めても問題ない事例がほとんどであったということができる。

　しかし，少数ながら重過失を否定したものも見られ[78]，近時においても故意までは認めることができない事案で重過失の存否が争われているものが見られるところで，重過失の存否の判定基準についてきめ細かい再検討が必要になっ

---

77) 明確に重過失を肯定した事例として，大阪地判昭47・11・13判タ291・344（胆嚢炎兼十二指腸潰瘍の疑い，胃カメラ検査等による異常指摘），大阪高判昭53・7・19判時909・91（上腹部痛，食道の通過障害の自覚症状および医師からの手術のすすめ），東京高判平17・2・2判タ1198・259（人間ドックでの異常の指摘。ただし，その後の検査ではがんなどの異常は発見されなかった），和歌山地判平19・1・25生判19・47（健康診断で糖尿病精密検査等の指摘），東京高判平20・3・19生判20・167（心窩部痛。一審・東京地八王子支判平19・7・31生判19・358は重過失を否定），大阪高判平24・7・12判例集未登載〔篠崎正巳・保険レポ289号1頁（2015）〕（C型肝炎に罹患しインターフェロン治療を受けていた被保険者がその治療の副作用によるうつ病となっていた事実）。

78) 少数ではあるが，重過失を否定した裁判例もあった。東京地判昭25・4・22下民1・4・594（子宮がんで死亡した被保険者が，告知時より前の子宮がんとは無関係の婦人科疾患を告知しなかったことについて，そのような疾患は軽微な症状として軽視されるのが一般的であることなどから，被保険者の故意または重過失を肯定することは妥当でないとされた事例），京都地判昭47・8・30生判2・24（被保険者は気管支炎に罹患していたが，医師から気管支炎であるとの説明を受けていたかどうかが不明であり，被保険者本人は風邪を引いて咳や痰が出るという程度の認識，自覚にとどまっていたので，告知しなかったことが故意または重過失によるとはいえないとされた事例），東京地判昭52・9・28生判2・159（被保険者が保険診査の6日前に頭痛，腰痛，倦怠感を訴えて医師の診察を受け，多数の疾病の疑いがあるとの診断を受けていたが，これを告知しなかったことについて，診察時には鎮静剤の投与を受けただけで暫時仕事を休むようにとの注意を受けたにとどまり，特定の病名は告げられていなかったことから，頭痛程度の認識で告知しなかったことについて故意または重過失がないとされた事例），広島高判平10・1・28生判10・30（健康診断で異常があることは告知したが，精密検査を受けることを指示されたことまで告知すべきことは認識しておらず，そのことについて重過失がないとされた事例）。

ているのではないかと思われる[79]。

　近時の重過失の存否が争われた裁判例を類型化すると，①保険者の告知義務に係る質問の仕方が一義的でないなど明確性を欠くために告知義務者の義務違反を招いたと見られる事例[80]，②被保険者を診療した医師の被保険者に対する説明が不十分であったために，告知義務者が既往症について告知を要するものではないと理解したことが義務違反を招いたと見られる事例[81]，③告知事項に当たる事実を知らなかった事例[82]，④健康診断・人間ドックの結果が告知事項とされていたが告知事項に該当しないと考えたと見られる事例[83]がある。この

---

79)　重過失について検討するものとして，金岡京子「告知義務違反における故意又は重過失」法律のひろば 60 巻 11 号 67 頁（2007），永松裕幹「告知義務違反における故意又は重過失に関する裁判例の分析と検討」保険学 626 号 107 頁（2014），山下友信「人保険契約と重過失による告知義務違反」大塚龍児先生古稀記念・民商法の課題と展望 253 頁（信山社，2018）。

80)　重過失を否定した事例として，大阪地判平 10・2・19 判時 1645・149（継続して 2 週間以上の入院および医師の治療・投薬という告知事項の意義について保険者と異なる解釈をしたことによる不告知につき重過失を否定。控訴審・大阪高判平 11・11・11 判時 1721・147 も同じ），盛岡地判平 22・6・11 判タ 1342・211（肝臓疾患の既往症があるが小康状態にあった被保険者について，医師の指示・指導という告知事項に該当する事実がないとしつつ，傍論として仮にその事実があったとしても，告知事項の例示や説明がされていなかったことなどから，それを告知しなかったことにつきほとんど故意に近似という意味での重過失を否定）。重過失を肯定した事例として，東京地判平 26・3・19・2014WLJPCA03198003（保険申込の直前に肩こりや頸部の腫れで医師の診療を受けたところリンパ節炎の疑いで検査を指示されていた被保険者が，保険者の告知についての説明文書では，疾患が肩こりの場合には入院がなければ告知を要しないと記載されていたことから告知しなかったと主張したが，重過失を肯定）。

81)　広島高判平 15・10・28 LEX/DB28090551（高脂血症の治療を受けていた被保険者がその医師から不整脈の診断を受けたが，医師の説明から高脂血症とは別の疾患であるとは思わず不整脈を告知しなかった場合に，重過失を否定），東京地判平 18・5・31・2006WLJPCA05310001（高血圧症で治療を受けていた被保険者がめまい等の症状が生じたことから医師に受診したところ洞不全症候群と診断されたが，医師の説明不足から高血圧症とは別の疾患として告知しなければならないとは認識しなかった被保険者の重過失を否定）。

82)　鹿児島地名瀬支判平 8・5・7 生判 8・482（中小企業の役員である被保険者が会社の健康診断での胸部レントゲン検査により要精密検査との結果が出たが，診断書が被保険者本人に交付されないでいた間に要精密検査とされた事実を告知しなかった被保険者の重過失を否定），大阪地判平 25・4・26 判例集未登載（70 歳代の被保険者が 3 年余前の前立腺がんの疑いありとの診断結果を告知しなかった場合について重過失を否定したが，控訴審・大阪高判平 25・9・20 判例集未登載〔田口城・保険レポ 283 号 1 頁（2014）〕は故意の告知義務違反を認めた）。

83)　福岡地小倉支判平 18・7・7 生判 18・461（被保険者が健康診断で 2 年続けて要精密

うち③の類型は，前述のように，知らない事実についてはそもそも告知事項とはならないと解釈すれば問題となり得ないはずのものである。④の類型は，近時の生命保険や疾病保険の告知義務の実務では，健康診断や人間ドックの結果として要精密検査，要再検査，さらには保険会社によっては要経過観察などの診断がされていることを告知事項とする例が増えているが，それらの多くは生活習慣病などに関連する事項であることが多く，古くから告知義務違反が問題となってきたがんその他の深刻な疾病の事例とは異なり，告知義務者が結果を軽視してそれが告知義務違反につながる原因となっているものである[84]。③の類型を除けば，告知すべき事実は知っているが，それが告知すべき重要な事実に該当することについての判断を誤ったという意味での重過失に当たるということができる。この意味での重過失を否定することは，①②④のような事案の類型では十分合理性をもちうることは認めてよいと思われる。その際には，保険法が，告知義務違反の効果についてプロ・ラタ原則を導入せず，保険者の全部免責としたこととの関係では，重過失はほとんど故意に近似するものという意義に理解すべきであり，一般人であればほとんど誰でもそのような重要性の判断の誤りはしないであろうといえるような水準の重過失であることを要するというべきである。③の類型についても，知らない事実は告知義務の対象とならないという解釈が実際上は徹底できないという事情によりやむを得ず告知義

> 検査となる数値が出たが，その後の体質改善により直近の健康診断では正常範囲となったことから過去の健康診断結果を告知しなかった場合に重過失を否定。ただし，控訴審・前掲福岡高判平 19・11・8（注 35）は，故意の告知義務違反であるか，仮に告知の必要性について誤信したとしても重過失があったとした）。健康診断によりがん等を疑わせる数値が出たことについての不告知について故意または重過失による告知義務違反を認めた事例として，東京高判平 17・2・2 判タ 1198・259（人間ドックで膵臓の腫瘍マーカーが高く検査を指示された事例で重過失を肯定），東京地判平 27・1・29・2015WLJPCA01298005（健康診断で PSA 検査値が高く前立腺の精密検査を指示された事例で重過失を肯定）。健康診断により生活習慣病などに関する異常数値が出た事実の不告知について，故意または重過失による義務違反を認めた事例として，神戸地姫路支判平 17・11・28 判タ 1222・246，東京地判平 11・12・7 生判 11・684，京都地判平 13・10・10 生判 13・770，東京地判平 14・11・28 生判 14・798，那覇地判平 14・3・25 生判 14・107，東京地判平 17・12・9 生判 7・966，大阪高判平 18・5・12 生判 18・317，大阪地判平 24・9・13 判時 2174・120。
>
> 84）福島雄一・保険レポ 240 号 12 頁（2010）は，前掲福岡高判平 19・11・8（注 35）の重過失を肯定した結論を支持しつつも，なぜ健康診断の結果が必要なのか，その意図が保険契約者等に十分に伝わるような工夫も必要なのではないかとする。

務違反を認めることとされるのであるから，重過失による告知義務違反を認めるとしても，重過失の認定はやはりほとんど故意に近似するといえるような不注意の認められる場合に限定されるべきであると考える。

第3節　告知義務違反の効果

第1款　保険者の解除権

1　解除の意義

以上の諸要件が備わると，保険者は保険契約を解除することができる（保険28条1項・55条1項・84条1項）。この解除は，将来に向かってのみ効力を生ずる（保険31条1項・59条1項・88条1項）ので，解除により保険契約を終了させ保険者を保険契約の拘束から解放する意味がある。改正前商法では，告知義務違反による保険者の解除は，この意味での契約関係の終了という効果のみならず，発生した保険事故に関して保険者の免責という効果も伴わせていたが，これが難解な法律規定と解釈論を招いていたので，保険法では，解除による将来に向かっての保険契約の終了という効果と，解除された場合の既発生の保険事故に関する保険者の免責という効果を分けて規定することとされた。

2　解除の意思表示

保険者による解除の意思表示は契約の相手方である保険契約者に対してこれをすることを要する。損害保険契約の被保険者や生命保険契約の被保険者あるいは保険金受取人に対してすることはできない。保険契約者が行方不明の場合は公示による意思表示（民98条）によるしかない。生命保険契約や傷害保険契約で，保険契約者が被保険者でもあり，同人が死亡した場合には，保険事故発生後の解除の意思表示は保険契約者の相続人（相続人が不存在のときは相続財産管理人）に対してすることになる[85]。相続人が複数ある場合には，保険契約者

---

85)　大判大5・2・7民録22・83，東京地判昭53・3・31判時924・120。

が複数ある場合として民法 544 条 1 項により全員に対して解除の意思表示をする必要がある[86][87]。

もっとも，解除権行使の除斥期間が 1 か月ときわめて短期に定められていることに関係するが，約款では，解除権行使の相手方について特則が置かれることがある。生命保険の約款では，保険契約者またはその住所もしくは居所が不明であるか，その他正当な理由により保険契約者に通知できない場合には被保険者または保険金受取人に通知することができるものとする。約款のこの規定により，保険契約者の被保険者または保険金受取人に対する解除の意思表示受領の代理権の授与があらかじめされたものと説明できる[88]。

このような規定があってもなお解除権の行使が困難である場合がある。有限会社を保険契約者兼保険金受取人，その単独の代表者である取締役を被保険者とする生命保険契約に関して，被保険者が死亡後，代表者の選任が行われていない場合には，上記の約款規定によっても保険者が解除の意思表示を有効にすることはできない。しかし，このような場合に関して，最高裁平成 9 年 6 月 17 日判決（民集 51・5・2154）は，当該会社には意思表示の受領権者は不存在であるから解除の意思表示はできないが，当該保険契約に基づく同会社の保険金請求権を転付命令により取得していた転付債権者に対しても解除の意思表示をすることができるとした。かかる状況下では実質的利害関係を有するのは転付債権者であること，会社は代表者の選任を怠っているのであるから解除の意思表示を受領する機会を失ってもやむをえないこと，約款で上記のように保険金受取人にも解除の意思表示をすることができる旨定めているが転付債権者も保

---

86) 傷害保険につき，前掲大阪地判昭 63・1・29（注 62）および上告審・最判平 5・7・20 損保企画 536・8。

87) 生命保険の約款では，告知義務違反の場合に限らないが，保険契約者が 2 人以上の場合には，代表者を定めることを要するとした上（この代表者は他の保険契約者を代理するものとする），代表者が定まらないかまたはその所在が不明のときは，保険者が保険契約者の 1 人に対してした行為は他の保険契約者に対しても効力を生じるとし，これにより保険契約者死亡後には相続人の 1 人に対する意思表示で解除の効力が生じることになる（現在では同趣旨の条項が傷害保険や積立保険の約款にも置かれている）。

88) 損害保険会社の保険約款では，かつて保険証券記載の保険契約者の住所に宛てた書面による通知をもって保険契約を解除することができるとする条項が置かれており，これはみなし到達規定と理解されていた。現在はこの規定は使用されていないが，その必要性も主張されている。損保法務 270 頁。

険金受取人に準じる地位にあることを理由としてあげている。このような受領権者の解釈による拡大を認めるのであれば，同様の事例では転付債権者のほか，保険金請求権上の質権者，保険金請求権の譲受人なども受領権者として認められることになろう[89]。

3　除斥期間

　保険者の解除権は保険者が解除の原因があることを知った時，すなわち，告知義務者に告知義務違反があったことを知った時から1か月間行使しないときは消滅する。また，契約締結の時から5年間を経過したときも同様である（保険28条4項・55条4項・84条4項）。解除の効力が発生するには解除の意思表示がこの期間内に保険契約者に到達することを要する。この解除権の行使期間の制限は，いずれも除斥期間であり，特に前者の1か月の期間は，法律関係の早期確定の理念に基づくものであり，5年間の期間は契約締結後5年間も経過すれば不告知の事実が事故発生率に影響を及ぼさないであろうと考えられることに基づくものである。この除斥期間についての規定は，その性質上，絶対的強行規定である。

　解除の原因事実を知ったかどうかは，保険者の内部組織において解除の権限のある者が知ったかどうかで判断されるとするのが多数説である[90][91]。

---

89)　民法改正により，相手方が正当な理由なく意思表示の通知が到達することを妨げたときは，その通知は，通常到達すべきであった時に到達したものとみなすとする民法97条2項が新設された。最判平9・6・17の事案は会社における代表者が不存在となった事案であり，代表者あるいは一時代表者の職務を行うべき者（会社351条2項）を選任する手続を迅速にとらなかったことをもって直ちに民法97条2項の適用を認めることは困難であろうが，選任の手続が不相当に長くとられていない場合には適用の余地はあるであろう。

90)　古い判例では，生命保険会社の支店が契約締結権を付与されて締結した契約については支店が知ったことがこれに当たり，契約解除権が支店長には付与されていなかったとしても同様であるが，本店が締結した契約については支店が知ったこともって保険者が知ったことにはならないとするものがある（大判昭14・3・17民集18・156，大判昭16・9・3法学11・418）。しかし，現在の生命保険の実務では支店が契約締結権を付与されていることは基本的にありえないから，支店が知った時をもって保険者が知った時と同視してよいケースは稀であるし，告知義務違反による解除については契約締結とは別の法的な判断を要するので，契約締結権と契約解除権が相伴わなければならないとする理由もないので，上記のような判例には賛成しえない。

91)　東京地判平24・8・7判タ1391・287では，団体信用生命保険の被保険者の告知義務

428　第2部　第3章　告知義務

　学説では，保険者から解除原因の有無の調査を命じられた者が知った時が保険者が知った時となるとする少数説もある[92]が，やはり解除権の要件の充足の判断などは解除権を付与された者しかできないので賛成できない。少数説が問題とする調査を命じられた者が権限のある者に報告を怠ることにより除斥期間の開始が遅れるという問題も，極端なケースでは信義則上除斥期間の援用が許されなくなるという解決をすれば足りよう。

　解除の原因を知った時とは，保険者がたんに解除原因の存在につき疑いをもったのみでは足りず，告知義務違反の客観的事実について具体的な根拠に基づいて知ることを要すると判示する裁判例がある[93]。ここでいう客観的事実とは，告知義務違反の客観的要件である重要事実の不告知のみを意味するのではなく，告知義務者の故意・重過失や保険者の故意・過失等の主観的要件に関する事実も含むものと解すべきであり，正確には保険者が解除権行使のために必要と認められる諸要件を確認した時というべきである[94][95]。

　前掲最高裁平成9年6月17日判決は，保険者が告知義務違反による解除の

　違反について，保険者の団体保険の支払担当部門が調査により知る前に，社内の個人保険および別件団体信用生命保険のデータベースにアクセスして知っていたとする被保険者の主張が斥けられている。

92)　伊沢和平・保険海商百選93頁。

93)　東京地判昭61・1・28判時1229・147。除斥期間の起算時としての解除権行使の諸要件の充足の事実を知った時が何時であるかについては，既往症・現症の不告知の場合は，診療に当たっていた医師の診断書の入手時が決定的な意味をもつ。

94)　大阪地判昭58・12・27判時1120・128。

95)　保険会社の事実調査の権限だけを付与された使用人が告知義務違反の事実を知っただけでは，保険者が知った時には当たらない（東京地判平25・5・21・2013WLJPCA05218007．事実調査の担当部署から契約解除の意思決定の担当部署への調査結果の伝達が不当に遅れ，上記除斥期間を設けた趣旨が没却されるような場合であれば例外的に契約解除の意思決定の担当部署への調査結果の伝達日よりも早い時期を除斥期間の起算日とするのが相当な場合もあると考えられるが，本件では調査担当者が解除原因事実を知ってからその調査結果が保険金課に送付されるまでの日数は12日にすぎず，上記除斥期間を設けた趣旨が没却されるような場合ではないことは明らかであるとする）。調査を委託した調査会社の告知義務違反を結論づける内容の報告書が保険者に提出された時をもって知った時となるのであり（前掲東京地判昭53・3・31（注85），広島地判平14・12・24生判14・884），また，調査会社が100％子会社であるとしても当該調査会社が知った時を保険者の知った時と同視することはできないとした事例があり（前掲東京地判昭61・1・28（注93），東京高判昭61・11・12判時1220・131），正当であると思われる。

原因を知った時点において，代表者が不存在のように保険契約者において解除の意思表示の受領権限を有する者がいないときは，1か月の期間は保険者が受領権限を有する者が現れたことを知りまたは知りうべき時から進行するとする。保険契約者たる会社側に代表者を選任しないという責に帰すべき事由があり保険者が解除原因を知った時から1か月で解除権を消滅させることは保険者に著しく酷であること，後任の代表者を選任した会社がそのことを保険者に通知しない場合において保険者が速やかに選任の事実を知ることは困難であるからであるとする。さらに，当該事例では，前述のように転付債権者が存在しており，保険者は解除の意思表示をすることができたので，保険者が解除原因を知った時から1か月で解除権は消滅すべきものであるところ，会社側が代表者の選任を怠るなど保険者の解除の意思表示の到達を妨害する結果に終始したこと等の事実から信義則に照らして保険者の解除の意思表示が解除権の消滅前に到達した場合と同視できるとした。除斥期間が，受領権者が現れたことを保険者が知った時または知りうべき時から進行するとすることの根拠は明らかにされていないが，1か月というきわめて短期の除斥期間を設けていることとの関係ではやむを得ない解釈であろう。

4　生命保険と不可争期間

損害保険の約款では，保険法の除斥期間は実質的には修正されていないが，生命保険の約款では重要な修正がある。すなわち，保険者が解除の原因となる事実を知った日から1か月という除斥期間は保険法と同じであるが，それとともに，責任開始日からその日を含めて2年内に保険金の支払事由が生じなかったときは解除権の行使ができなくなるものとする（これを不可争期間とよんでいる）。その趣旨として，保険契約を長期にわたり不安定な状態に置くことが適切でないことと，告知義務違反があったとしても2年間保険事故が発生しなかった以上事故発生率に影響を及ぼさず，保険者に不利益を与えなかったものと考えてよいということがあげられている。

保険法の5年の除斥期間は，契約締結後5年とされ，これは，保険事故がいつ発生したかを問わずに適用されるが，約款では，責任開始後2年内の保険事故の不発生をもって解除権の消滅事由とするので，単純に保険法の5年の期間

430 第2部 第3章 告知義務

を2年に短縮しているわけではない。たとえば，契約締結時＝責任開始時として，それから2年内に保険事故が発生した場合は，保険者は解除できることを知ってから1か月という期間制限さえみたせば，2年経過後でも契約を解除することができることになる。約款では，契約締結時から5年という保険法の除斥期間を繰り返し規定していないが，保険法の適用を排除するものではなく，2年内に事故が発生した場合においても，締結時から5年経過すれば解除権は消滅するものと解すべきである。

5 解除権行使の阻却事由

(1) 保険者の悪意・過失

(ア) 総説　保険者が，告知がされず，または不実に告知された事実を知り（悪意であり），または過失により知らなかったときは，保険者は保険契約を解除することはできない（保険28条2項1号・55条2項1号・84条2項1号）。保険者が告知事項について悪意であったのであれば危険選択の機会があったのであるから解除権の行使を認める必要はなく，また，保険者としての通常の注意を尽くせば事実を知りえたときにも解除権の行使を認めないことが衡平であるという理由に基づく[96]。保険者の悪意または過失についての主張・立証責任は保険金請求者が負う。

悪意・過失の対象となる告知されなかった事実は，一般取引上顕著な事実または保険者がその業務上一般に予知するものと認められる事実に限定されるものではなく，被保険者の一身に存する事実で一般人においてこれを予知せずまたは予知することができない事実も含むという判例[97]は，当然のことである。保険法では，告知義務を質問に対して回答する義務としているので，保険者が質問しなかった事項については，質問をしなかったことについての保険者の過失ということを問題とするまでもなく，告知義務違反は成立しえない。

(イ) 保険者の悪意または過失　保険者の悪意または過失は，告知受領権を

---

96) 比較法的には，保険法のように，保険者の（軽）過失があるにすぎない場合まで告知義務違反の成立阻却事由とするスイス保険契約法8条3号・4号等のような立法例と，保険者の悪意のみを阻却事由とするドイツ保険契約法19条5項のような立法例がある。
97) 前掲大判明45・5・15（注20）。

有する者に即して判断されるというのが通説である。契約締結権を有する損害保険代理店は告知受領権も有するので，その悪意・過失により保険者の悪意・過失が認められる。

後述のように，保険者の悪意または過失は，生命保険や疾病保険において，診査医や生命保険募集人に即して問題となるのが通例であるが，近時は，保険者自身の悪意または過失が保険契約者側から主張されることがある。

第1に，告知義務者が一定の事実を告知したが，そのことに基づいて保険者が別の告知すべき事実の存在を疑い調査しなかったことが保険者の過失となるかが問題とされることがある[98]。一般論としては，この意味での過失がありとされる可能性はありうると考えられるが，保険者は医療機関ではないので，医療機関が診療をすれば判明したであろう疾病等の事実を調査しなかったということが過失となるわけではなく，告知された事実から保険者として認識可能な事実を見落としていたかどうかという問題であろう。

第2に，申込を受けた保険者において当該申込者に関しては別の保険契約による保険金支払歴がありデータベースに記録されていたが，引受の審査に際してそれにアクセスしなかったことをもって保険者の悪意または過失があったと主張されることがあるが，この主張は認められていない[99]。社内の顧客情報管理システムをどこまで統合的なものとするかについては，現状では企業の裁量の問題であり，この面から保険者の悪意または過失を認めるべきではない。

第3に，診査医の悪意または過失や生命保険募集人の告知妨害による保険者

---

98) 10年前の急性B型肝炎罹患の事実は告知されたが，そのことから，その4年後の慢性B型肝炎罹患の事実を疑わなかったことについての過失を否定した事例として，鹿児島地川内支判平18・8・24生判18・558。東京地判平22・3・31・2010WLJPCA03318001は，告知書とともに保険者に提出された健康診断書に「要経過観察」（ただし，その理由は不明であった）の記載があったが，それにより保険者が調査をしなかったことにより直ちに保険者の過失が認められるものではないとする。前掲仙台地判平23・12・22（注68）は，自動車保険において，被保険者が免許証がないにもかかわらず免許証の色をブルーと告知したことにより故意の告知義務違反は成立するが，保険者が免許証を確認せずに電話で色を確認しただけにとどまることから保険者に過失があったとして解除を認めなかった。ただし，控訴審・前掲仙台高判平24・11・22（注68）は，告知内容の信憑性に疑問を抱かせるような特段の事情がなければ告知内容の真偽の確認ないし検証のための調査をしなくとも過失はないとし，解除を認めた。
99) 大阪高判平11・11・11判時1721・147，東京地判平19・9・28生判19・462，控訴審・東京高判平20・3・13生判20・157，前掲東京地判平24・8・7（注91）。

432　第 2 部　第 3 章　告知義務

の解除権阻却は認められない場合において，保険者自身の過失が主張されることがある。具体的な事例として，生命保険募集人が被保険者の代理人から告知を受けたが，被保険者には確認しなかったことから保険者の過失が認められたものがある[100]。また，生命保険募集人が被保険者に面接しないで告知を受けたこと，告知の方法について説明しなかったことから保険者の過失が認められた事例もあるが[101]，この事例の控訴審では，被保険者は告知義務があることを認識していたとして，保険者の過失は否定されている[102]。

　学説は，改正前商法の下で，生命保険募集人による告知妨害の事例について，民法 715 条の趣旨を類推して保険者の過失を認めてきたが，これも保険者自身の過失を認める考え方に基づくもので，告知妨害については，保険法では保険者の解除権阻却事由として法定されたので，問題は一応立法的に解決されたということができる。しかし，そのことにより改正前商法の下での告知妨害に関する解釈論が消滅するわけのものではない。また，企業の不法行為責任についても，第一次的には使用人の故意または過失を要件とした上で，企業の代位責任としての使用者責任を問題とする考え方とともに，事故を生じさせないようにするための企業自身の組織上の過失を問題とする考えが有力になりつつあるが，そのような考え方は，保険者の解除権阻却事由としての保険者の過失についても類推する余地は十分あるというべきである。このような考え方からは，保険法の告知妨害には該当しないとしても，告知義務違反を予防するための措置を組織的に十分とっていなかったことに着目して保険者の過失を認めることができないかを検討すべきものと考える。告知義務について申込者に対する説明が適切でないことや，生命保険募集人の適切な内部規律と遵守の監督監視が十分でないことなどが問題とされてよい。

　㋒　診査医の悪意・過失　　生命保険では，診査医は，告知受領権を付与されているので，診査医の悪意は保険者の悪意と同視されるし，診査医が注意すれば気づいたといえる場合には，保険者の過失があることになる。古い判例は，この結論を診査医は保険者の機関であるという理由づけや，診査医の診断の過

---

100)　前掲東京地判平 9・1・22（注 12）。
101)　横浜地川崎支判平 15・4・4 生判 15・242。
102)　東京高判平 15・11・26 生判 15・762。

失については保険者自らその責任を負う意思が業務の性質上当然に認められることに根拠を求めていた[103]。前者の根拠は比喩以上のものではないが，後者は保険者による告知受領権の付与を根拠とするものであれば正当である。

　過失については，通常行われている医的診査に即して判断されるのであって，普通開業医が通常発見することができた病症を不注意で見過ごしたかどうかが基準となるというのが古くからの判例である[104]。もっとも，診査医は普通開業医が診療を求めてきた患者を診断する場合に用いる診断と同じ診断をしなければならないとするものかどうかは問題であり，第2次大戦後の裁判例においては，医師が患者の診断に使用するすべての診査を要するものではなく，保険取引上相当と認められる注意を尽くせば足りるとする考え方が定着している[105]。これは，保険者の方針により保険金額や告知義務者による告知書の記載などに応じて簡易化された診査方法による場合にはそれを前提として開業医としての注意が尽くされたかどうかで過失の有無を判断すればよいという趣旨であろう[106]。羞恥部についても，問診のみがされそれ以上の診査はされないが，それにより既往症を覚知できなかったとしても診査医に過失があったとはいえない[107]。

---

103)　前掲大判明40・5・7（注20），前掲大判明45・5・15（注20），大判大4・9・6民録21・1440，前掲大判大11・2・6（注22）。

104)　前掲大判明45・5・15（注20），大判大10・12・7新聞1946・18。

105)　前掲大阪地判昭47・11・13（注17）。裁判例の研究として，中西正明「生命保険契約の告知義務と診査医の悪意・過失」同・告知義務53頁以下，片山利弘・保険レポ188号5頁（2004），榊素寛・保険レポ283号11頁（2014）。

106)　たとえば，前掲東京地判昭37・2・12（注17）は，肺結核について打診，聴診で異常を認めず，血沈検査やレントゲン検査を行わなかったために気がつかなかったとしても過失がありとはいえないとする。そのほか，過失がなかったとされた事例として，福岡地小倉支判昭46・12・16判タ279・342，前掲東京地判昭61・1・28（注93），前掲東京高判昭61・11・12（注93），東京高判昭63・5・18判タ693・205，大阪地判平15・11・13生判15・729，宇都宮地判平15・12・16生判15・819，大阪地判平16・5・13生判16・320，前掲福岡高判平18・9・27（注47），東京高判平19・11・8生判19・543，前掲東京高判平20・3・19（注77），前掲東京地判平25・5・21（注95）。少数であるが，診査医の過失を肯定した事例として，広島地尾道支判平9・3・28生判9・198（被保険者の注射痕を診査医が見逃した事例），東京高判平11・3・10生判11・150（診査医が被保険者から手術歴を告知されながらそれに関して質問をしなかった事例），和歌山地判平13・9・13生判13・720（診査医が告知時の心電図から心臓疾患を診断できたはずであったとされた事例）。

107)　東京地判昭40・3・30判タ176・188。

434　第2部　第3章　告知義務

　もっとも，以上のことから，保険者が診査方法を適宜決定し，これに従い診査医に診査をさせた場合には，その診査方法に従い注意を尽くして診査する限り保険者の過失が認められることはないと常に言い切ってよいかどうかは問題である。診査医の立場は，患者から症状を告げられて積極的に診療を依頼される一般開業医のそれとは異なり，一般開業医が診断を下すために行うすべての検査をすることを要するものではなく，保険診査医として，告知がなくても告知すべき重要な事実を通常発見することができる程度の検査をすれば足りるとしつつ，当該保険者が特殊な契約申込者以外は血液検査や心電図検査等を実施していないが，このことは保険診査については一般的な取扱いであることが認められ，そのような一般的な取扱いが保険診査の制度の目的に照らして合理性を欠くものとはいえないと判示する裁判例がある[108]。これは，採用した診査方法がそれぞれの時代の診査方法として保険業界で一般的でありかつ合理的であることは必要であることを判示するもので，一般論としては賛成してよい。もっとも，何が合理的かの判断は必ずしも容易でないと思われるが，一般的な契約に関しては診査は簡易化されるという傾向を踏まえて，告知すべき事実が予見可能であったか否かという観点から判断してよいように思われる。

　(エ)　生命保険面接士の悪意・過失　　生命保険面接士は，前述（403頁）のように，告知受領権を有しないので，生命保険面接士の悪意または過失が保険者の悪意または過失とされることはないはずであるが[109]，裁判例には，生命保険面接士の過失をもって保険者の過失とする考え方をとっていると見られるものがあり[110]，具体的な事案についての判断においても保険者の過失が認められた事例もある[111]。このような生命保険面接士を診査医と同列に置く考え

---

108)　東京高判平7・1・25判タ886・279。

109)　東京地判平18・2・24生判18・138は，生命保険面接士は告知受領権を有しないので，被保険者が生命保険面接士に告知していたとしても保険者に対する告知にはならず，保険者の過失も問題とならないとする。

110)　岡山地倉敷支判平17・1・27判タ1200・264，控訴審・広島高岡山支判平17・11・11生判17・836（肝臓疾患のある被保険者の顔色が悪かったというだけで生命保険面接士が既往症について気がつかなかったとしても保険者の過失にはならないとされた）。

111)　前掲和歌山地判平19・1・25（注77）は，過去2年以内の健康診断で異常の指摘をされた事実が告知事項に該当する場合において，被保険者が告知時に正確な記憶がなかったので，生命保険面接士の質問に対して，「ここは分かりません」と答えたが，生命保険面接士から，「今お薬を飲んでいますか」，「今病院にかかっていますか」と質問さ

方は，生命保険面接士が告知を受けることを目的とする業務を行うことから，告知すべき事実に気づくべきであったと見られても仕方ないケースもあるのかもしれないが，医師でない生命保険面接士は告知受領権を有しないので，その過失をもって保険者の過失とすることは無理である。問題があるとすれば，後述(2)の告知妨害・不告知教唆の規定を柔軟に適用することにより解決されるべきであろう。

　㈡　生命保険募集人の悪意・過失　　生命保険募集人は，判例・多数説によれば，告知受領権を有せず，したがって，生命保険募集人に悪意・過失があっても保険者の悪意・過失となるものではない[112]。しかし，生命保険募集人が，告知義務者に告知しないように勧めるような行為をしたような場合は，この結論を維持することには問題がある。そこで，学説では，告知受領権がないとしても生命保険募集人に上記のような不告知の教唆行為がある場合においては，使用者責任に関する民法715条を参照して，生命保険募集人の選任・監督についての保険者自身の過失が認められれば保険者の過失による不知として扱われるべきものとする見解が主張され[113]，これを支持するものが増え，裁判例でもこれにより保険者の過失を認める事例が徐々に現れてきた[114]。しかし，解

────────────────

れたので，これを否定する趣旨の回答をしたところ，生命保険面接士から「それなら『いいえ』ということにしてください」と指示されたことから，質問に対して「いいえ」と回答したという認定事実の下で，保険者の過失は，被保険者が告知義務違反をしたにもかかわらず，衡平の観点から見て，保険者を保護するのが相当でないと考えられるような保険者の不注意があったか否かにより判断するのが相当であるとした上で，被保険者の告知義務違反は生命保険面接士からの質問を含めた適切でない助言に起因していることは否定できず，告知受領権はないとはいえ，保険者の履行補助者ともいうべき生命保険面接士にも軽率な点があったといわざるを得ず，保険者を保護するのが相当でないと考えられるとして，保険者の過失がある旨を判示している。

112)　前掲大判昭9・10・30（注17）。

113)　大森132頁。

114)　この法理により保険者の過失を肯定したものとして，岡山地判平9・10・28生判9・467。この法理を認めるものの保険者の過失が否定されたものとして，盛岡地花巻支判平11・6・4生判11・333（被保険者が真実の病状よりも軽い症状を告知した事案において，外務員が告知義務違反の事実を知っていたことから直ちに保険者を保護するのが相当でないとはいえないとする），大阪地判平13・9・3生判13・691（選任監督上の過失はそれが直接告知義務違反の不知につながっているような特別の場合を除き，保険者の過失に該当しないとし，過失を当該事案では否定），大阪地判平19・12・17生判19・650（不告知教唆を否定）。これに対して，不告知教唆があった場合の保険者の解除

436　第2部　第3章　告知義務

釈論としてはやや技巧的な色彩を免れないことから，保険法では，次のように，告知妨害・不告知教唆を正面から新たな解除権阻却事由として規定することとなった。

(2)　保険媒介者の告知妨害・不告知教唆

上記のとおり，告知受領権を有しない生命保険募集人が告知義務者から口頭で事実を告げられたりして告知事項について悪意であったにもかかわらず，保険者にこれを知らせることを怠ったり，告知義務者に告知しないように勧めるような行為[115]をしたような場合にも，生命保険募集人には告知受領権がないので，保険者の悪意または過失は認められないという結論を維持することには問題があることから，保険法では，以下の2つの事由を保険者の解除権の阻却事由として新たに法定した（保険55条2項2号3号・84条2項2号3号。損害保険契約についても同趣旨の規定が置かれている。保険28条2項2号3号）[116]。なお，以下で，保険媒介者とは，保険者のために保険契約の締結の媒介を行うことができる者であって，保険者のために保険契約の締結の代理を行うことができる者を除いたものである（保険28条2項2号）。生命保険募集人が通常はこれに該当する[117]。

　　　権の阻却を信義則に根拠づける裁判例もある。東京地判平10・10・23生判10・407（解除を否定），大阪高判平16・12・15生判16・985（不告知教唆はあったが，被保険者は診査医に故意に告知しなかったので，保険者の解除は信義則には反しないとする。ただし，保険者の不法行為責任は肯定。一審・大阪地堺支判平15・12・24生判15・822は選任監督上の過失により保険者の解除を否定）。このほか，不告知教唆による損害賠償責任を認めた事例として，水戸地判昭61・3・28生判4・329，不告知教唆を理由とする不法行為責任の成立を否定した事例として，東京地判平21・3・13生判21・191〔榊素寛・保険レポ259号10頁（2012）。改正前商法の下での裁判例につき，河森計二「保険法における告知妨害・不告知教唆」青竹正一先生古稀記念・企業法の現在568頁（信山社，2014），佐野誠・保険レポ303号11頁（2017）。

115)　保険業法の告知妨害の禁止規定（保険業300条1項2号・3号。246頁）に違反した場合に直ちに私法的効果が生じるわけではないが，告知妨害につき保険者の過失を認める場合の告知妨害の意味については概ねこの保険業法の禁止行為を意識しているように思われる。保険業法の規定と保険法の規定を包括的に検討するものとして，関西業法（XXXV）・生保183号155頁〔木下孝治〕（2013）。

116)　立法趣旨と解釈については，木下孝治「告知義務」中西喜寿45頁以下。

117)　保険契約締結の代理権を付与された損害保険代理店は告知受領権を有するので，保険媒介者には該当しない。保険仲立人は保険契約締結の媒介を行うが，保険者のために媒介を行う者ではないので，保険媒介者には該当しない。生命保険面接士は，保険契約締結の媒介を行う者ではないので，保険媒介者には該当しないが，生命保険募集人によ

ⓐ　保険媒介者が，保険契約者または被保険者が重要な事実の告知をすることを妨げたとき（以下，これを告知妨害という）。

ⓑ　保険媒介者が，保険契約者または被保険者に対し，重要な事実の告知をせず，または不実の告知をすることを勧めたとき（以下，これを不告知教唆という）。

　告知妨害または不告知教唆は，保険媒介者の不適正な行為であり，このような行為が行われたということは保険者としても保険媒介者の監督が十分でなかったということであるから，保険者の解除権が阻却されるということが衡平であるということ，告知妨害や不告知教唆が保険媒介者の言動に起因する場合には告知義務者がこれに信頼して告知義務違反をすることになりがちであるので，その信頼を保護することが望ましいということが立法趣旨である[118]。

　保険法の制定過程では，告知妨害は告知義務者の意思が介在しない場合，不告知教唆は告知義務者の意思が介在する場合という整理がされていた。これによれば，告知妨害の例としては，①告知義務者が告知書に既往症があることを記載して保険媒介者に提出したが，保険媒介者がこれを無断で改ざんして既往症はないという内容の告知書にして保険者に提出する場合，②保険媒介者が告知書の記載を代筆し，記載内容を告知義務者に確認しないまま保険者に提出する場合，③告知義務者が口頭で保険媒介者に告知したが，保険媒介者がそれは私が記載すると言って告知書を提出させ，当該事項を記載しないまま保険者に提出する場合などが考えられる。不告知教唆の例としては，④告知義務者がある既往症を告知すべく告知書に記入しようとしたところ，保険媒介者がその告知はしてはいけないと言って告知させない場合，⑤告知義務者が，既往症があ

　る保険契約の締結の媒介の一端を担う者として保険媒介者に該当するというべきである。また，団体信用生命保険の保険契約者である銀行等や，その他の団体保険加入勧奨を行う団体等も，被保険者となる者の告知に影響を及ぼしうる立場にあり，また，保険者は直接または保険募集人を通じて加入勧奨行為の適正を確保すべき立場にあることから，保険媒介者とはいえないとしても，告知妨害・不告知教唆に関する規律が類推適用されるというべきである。これに対して，山崎哲央・保険レポ251号14頁（2011）は，団体信用生命保険の保険契約者である銀行等は，告知の取次をするものと見るべきであり，保険媒介者ではない，また，保険者は銀行等を指揮・監督する立場にないことから類推適用をすべきではないとする。また，前掲仙台高判平19・5・30（注25）は類推適用の否定と親近的であろう。

118)　一問一答50頁。

438　第2部　第3章　告知義務

るのでこれを告知しなければならないか，保険媒介者に尋ねたところ，保険媒介者がそれは告知する必要はないとアドバイスしたため，告知がされない場合，⑥保険媒介者が募集に当たり，2年経てば告知義務違反の効果は問われないから，何かあっても何も告知しない方がよいとアドバイスしたため，告知がされなかったが，告知義務者には告知すべき既往症があり，他方，保険媒介者はその事実は知らなかった場合，⑦保険媒介者は，告知義務者が既往症を有することを知っており，告知に当たって，告知義務者が当該既往症を告知していないのに気がついたが，当該既往症を告知するようアドバイスせず，告知がないまま契約が成立した場合などが考えられる。

　もっとも，③が告知妨害，④が不告知教唆といっても，実質的にはほとんど差異がないように，具体的なケースが告知妨害，不告知教唆のいずれに当たるかを厳密に区別する意味はなく，要は，保険媒介者の行為が原因となって告知義務違反が誘発され，または防止できなかった場合には，保険者の解除権が阻却されると考えられる。上記の各事例で問題となりうるとすれば，⑥の事例では，保険媒介者は告知すべき事実を知らなかったのであるが，それにもかかわらず不告知教唆に該当する。⑤の事例では，告知義務者の質問に対する保険媒介者のアドバイスが保険媒介者としての通常の判断としては不合理なものとはいえないものであった場合でも不告知教唆に該当するか否かが問題となりうるが，解除権の阻却事由としての告知妨害・不告知教唆については故意・過失は要件とされていないので，やはり不告知教唆に該当するというべきである。質問を受けた保険媒介者としては，独断で判断すべきではなく，告知をさせるようにアドバイスすべきであり，保険者もそのような指導をすべきものである。⑦の事例については，保険媒介者は積極的には不告知を教唆する言動は何も行っていないので，この事例も不告知教唆となるかについては意見は分かれようが，告知義務違反となることを認識しながら何らの注意をしないことは不告知教唆として評価されてしかるべきものと考える[119]。

　告知妨害または不告知教唆があった場合でも，保険媒介者の行為がなかったとしても告知義務者が重要な事実を告知しなかったと認められるときには，保

---

119)　結論同旨として，河森・前掲（注114）578頁。

険者は告知義務違反による解除をすることができる（保険28条3項・55条3項・84条3項）。告知妨害または不告知教唆と告知義務違反との間に因果関係がない場合には、保険者の解除権を阻却して保険契約者の利益を保護する必要がないという理由によるものである。典型的には、重大な既往症がある者が、保険事故発生後に告知妨害・不告知教唆の主張をすることを意図して、故意に軽度の既往症を告げて保険媒介者の告知妨害・不告知教唆を誘発するような事例が念頭に置かれている。

この規定により、告知妨害・不告知教唆がなかったとしても告知義務者が告知義務違反をしていたであろう場合であることは、解除権を主張する保険者が主張・立証することを要する。実際の事例では、告知義務者が、告知すべき相当重篤な既往症があることは知っていたが、保険媒介者がそれは告知しないでもよいと不告知教唆したため告知しなかったような事例では、告知義務者にも重大な帰責性はあるものの、上記事実だけでは不告知教唆がなくとも告知義務違反がされたであろうことの立証とは十分とはいえず、告知妨害・不告知教唆と告知義務違反との間に因果関係が存在しないことが明瞭に証明された場合に限り保険者の解除権が認められるというべきである[120][121]。

---

120) 改正前商法の下では、解釈論に基づき告知妨害等により保険者の解除権が阻却されるか否かの判断をする場合においては、保険者側の告知妨害等をした行為の不適正性と、保険契約者側の告知義務違反の態様を総合的に比較衡量した上で決するという考え方が見られたが（前掲盛岡地花巻支判平11・6・4（注114））、保険法の下ではこのような判断の仕方は難しいと思われる。山下友信「保険法と判例法理への影響」自由と正義60巻1号26頁（2009）。もっとも、因果関係の存否の判断の中では当該事案の諸事情を総合的に勘案することになろう。

121) 東京地判平27・9・10・2015WLJPCA09108003は、復活における告知が保険法施行後に行われた事案で、保険法が適用されるべき事案であったが、判決は、保険法を適用せず、改正前商法の保険者の選任監督上の過失の法理を認めた上で、保険者が解除権を行使することは信義則違反に当たるとしている（本件については、佐野・前掲（注114））。被保険者と保険募集人が友人関係にあり、被保険者ががんに罹患した事実を保険募集人が告知しないように教唆したという事案であり、改正前商法の下では、前掲（注120）で述べたように、保険募集人の悪質性もさりながら、被保険者の側の悪質性も考慮すれば、保険者の解除を認めてしかるべき事案であるとされる可能性もあったと思われる。保険法の下では、不告知教唆がなくても被保険者がやはり告知義務違反をしたといえるか否かにより保険者の解除の可否が決定される。当該事案では、一回前の復活では不告知教唆はなかったが、被保険者は告知をしなかったという事情があり、その事実からは、不告知教唆がなかったとしても告知義務違反をしたであろうという推認は可能であろう。

第2款　保険者の免責

1　保険者の免責

　告知義務違反により保険者が解除をした場合には，保険者は，解除がされた時までに発生した保険事故（傷害疾病定額保険契約では傷害疾病）について保険給付をする責任を負わない（保険31条2項1号本文・59条2項1号本文・88条2項1号本文）。告知義務違反による解除に伴う法定の効力として解除時までに発生した保険事故について保険者は保険給付義務を免れることとされている。

　改正前商法では，解除時までに発生していた保険事故についての保険者の免責は，解除の遡及効により根拠づけられていたが，解除の効力は将来に向かって生ずるという法文との関係で問題があった。この点は，法文の将来効は，保険者は解除しても保険料請求権を失わないという意味であり，解除は遡及効を有すると説明されたが，解除時以降の保険期間についての保険料まで請求できるとする制裁的効果の合理性には疑問があった。また，解除が遡及効を有するとしても，次述のように，因果関係不存在特則が規定されており，告知義務違反のあった事実と保険事故の発生との間に因果関係がない場合には保険者は保険給付義務を免れないが，この効果は解除の遡及効とは抵触するという問題があった。以上のように告知義務違反の効果については複合的な側面があり，理論的な説明は学説により様々に工夫されたが，技巧的なものにならざるを得なかった。

　このような問題があったことから，保険法では，告知義務違反の効果として合理的な内容を端的に法定することとされ，解除の効力は将来効として，保険者は解除時までの期間についての保険料請求権のみを有するとしつつ，既発生の保険事故についての免責は，解除に伴う法定の効果とされ，かつ，告知義務違反のあった事実と保険事故の発生との間に因果関係がない場合には例外的に法定の効果としての保険者の免責が生じないこととされた。

2　因果関係不存在特則

⑴　総　　説

　告知義務違反のあった事実と保険事故の発生との間に因果関係がないときは，

告知義務違反による解除に伴う既発生の保険事故についての保険者の免責の効果は生じない（保険31条2項1号ただし書・59条2項1号ただし書・88条2項1号ただし書）。この規律は，因果関係不存在特則とよばれることが一般的で，以下でもこのよび方に従う。

　因果関係不存在特則は，改正前商法においても規定されていた。ドイツの保険契約法にならったものである。この特則については，告知義務違反がなければ，当該保険契約者は保険に加入できなかったか，より不利益な条件でのみ保険に加入することができたはずであるから，いくら因果関係がない保険事故とはいえ保険給付を請求できるとする規律は，告知義務の危険選択機能を阻害し，合理性がないという強い批判があったが[122]，告知義務違反による保険者の免責という効果は制裁的色彩が強いことから，因果関係がない事故については保険者を免責としない例外を定め，制裁的効果を弱めることにも合理性があるとして擁護されてきた。

　保険法の制定過程では，因果関係不存在特則の存在意義について再度議論され，結果として法律上の規律として維持され，かつ片面的強行規定とされた。制定過程では，そもそも告知義務違反の効果として，保険者は保険給付義務を全部免れるという改正前商法の効果を維持すべきか，保険者が保険の引受を拒絶する程度ではなく異なる条件では引き受けていたという場合であれば，その条件による保険給付義務を負う（一般的には部分免責）という一種のプロ・ラタ原則による効果にとどめるべきかが問題となったが（119頁），後者の立法論であれば，因果関係不存在特則を置かない立法も十分ありうるところであった。しかし，後者の立法論は支持する意見が少数で採用されなかったが，告知義務違反の制裁的効果を緩和する必要性は支持する意見が大勢であり，その具体的方法が因果関係不存在特則とされたので，この経緯に照らせば，保険法では，改正前商法の下におけるよりは因果関係不存在特則に積極的な位置づけが与えられていると考えるべきものである。

　もっとも，保険者の遡及的免責という効果と因果関係不存在特則との間の関係を理論的にどのように説明するかという問題はある。立案担当者は，告知義

---

122)　大森129頁，田辺56頁。

務違反に係る事実と因果関係がない保険事故によって保険給付を行うべき事態が生じた場合には，告知義務違反によって生じた過大な責任の引受からそのような事態が生じたのではなく，むしろ，告知義務違反とは無関係にもともと保険者が引き受けていた危険が現実化したものにすぎないとして，特則を説明する[123]。しかし，このような説明は，告知義務違反がなければ過大でない危険により生じた事故についても保険者は責任を負わないはずであったので，説明としては疑問であり，やはり告知義務違反の効果としての全部免責が制裁的効果としては過大でありうることから，その緩和を図った政策的規律として理解すべきものである。

(2) 因果関係の存否の判断

(ア) 立証責任　　保険法の規定の仕方から見れば，因果関係の不存在は，保険契約の解除に伴う保険者の免責という効果を生じさせない例外的事由ということになるので，保険金請求者が立証責任を負うこととなる。もっとも，以下で見るように実際に因果関係の存否の判断は高度な医学的知識を要することが少なくないので，保険者の立証が訴訟運営上求められていると見られる。

(イ) 生命保険・疾病保険　　上記のように，因果関係不存在特則は，告知義務による保険者の危険選択の機能を重視する立場からは立法論として疑問があるという評価が有力であった。そのことを反映して，戦前の大審院昭和4年12月11日判決（新聞3090・14）は，不告知の事実と事故の発生との間に全然因果関係がないことを必要とし，もし幾分でもその間の因果関係を窺知しうべき余地が存するのであれば因果関係が不存在とすべきでないとし，これが戦後の裁判実務でも受け継がれてきており[124]，因果関係を否定した裁判例は見当

---

123)　一問一答58頁。

124)　生命保険契約で因果関係が不存在とはいえないとされた事例として，肺浸潤と腸結核による死亡の事例（前掲東京地判昭26・12・19（注17）），外傷性てんかんとその進行した全身状態の悪化を原因とする心不全による死亡の事例（前掲大阪地判昭58・12・27（注94）），アルコール性肝炎等と外傷性脳出血が相当の影響を及ぼしており肝不全が直接の死因とは言いがたいが，死因の一つとしてアルコール性肝障害を原因とする肝不全がある事例（仙台地判平3・10・22生判6・399），高血圧と解離性大動脈瘤破裂による死亡の事例（東京地判平8・8・29生判8・621），排便障害（直腸がん）とがんが原因で発生した脳出血による死亡の事例（松山地今治支判平9・7・17生判9・349），C型肝炎，胆石症・胆囊炎の疑いと胆石手術後併発した腹膜炎による死亡の事例（大阪地判平11・4・30生判11・288），健康診断における肝機能障害で要治療との判定

たらない[125]。因果関係を肯定する裁判例では，因果関係がないとはいえないというような判示の仕方がされていることが多く，前掲大審院昭和4年12月11日判決の判示が実質的に受け継がれてきたということができる。

保険法の下では，上記のように，因果関係不存在特則の意義が見直されたことから，これまでの裁判例のように，因果関係の不存在を厳格に求める判断基準を引き続き取るべきか否かが問題となる。この点について，東京地裁平成21年11月9日判決（2009WLJPCA11098002）は，前掲大審院昭和4年12月11日判決を引用しつつ，「もっとも，不告知の事実たる症状が軽微なものである場合にまで事故との間に因果関係のないことの立証責任を保険金請求者に負担させると，保険金請求者に極めて酷な結果となり，また，保険制度の機能を没却するおそれがあるから，上記のようにいい得るのは，不告知の事実が一般的に事故を招来する可能性の高い場合に限定されると解するのが相当である」と判示し，控訴審の東京高裁平成22年5月20日（判例集未登載〔木下孝治・保険レポ261号11頁（2012）〕）もこの判示を繰り返しており，因果関係の存否の判断基準に変化の兆しが見られる。もっとも，当該判決の事案は，高齢者の相当重症の不整脈の症状についての告知義務違反があったところ，血気胸および重

と肝硬変による静脈瘤破裂による死亡の事例（東京地判平11・12・7生判11・684），高血圧と敗血性ショックによる死亡の事例（山形地判平12・10・4生判12・489），糖尿病，高脂血症，高血圧と一過性脳虚血性発作による浴室での溺死の事例（福岡地判平14・10・24生判14・715），痛風と急性心臓死の疑いの事例（大阪地判平15・2・5生判15・85），高血圧症，虚血性心疾患，不整脈による通院・投薬の事実と入浴中の高血圧性心疾患による急性心機能不全による死亡の事例（大阪高判平15・11・14生判15・742），健康診断における心電図異常の所見と致死性不整脈による死亡の事例（広島地判平18・7・28生判18・535），狭心症および高血圧症と大動脈瘤解離に基づく急性心不全による死亡の事例（仙台高判平19・5・30生判19・230），てんかんとてんかん発作か飲酒による誤嚥による死亡の事例（長崎地判平20・11・20生判20・625）など。保険法施行後の事例として，前掲東京地判平26・3・19（注80）は，リンパ節炎の疑いと肺がんによる死亡につき因果関係を肯定し，因果関係の有無は，告知義務違反と保険事故との客観的関係に基づいて判断すべきであるから，告知の当時保険契約者がリンパ節へのがんの転移を知り得なかったことを理由として因果関係がないということにはならないとしている。

125) 戦前において因果関係を否定した事例として，東京地判大6・4・12評論6商法245（実兄の肺結核と被保険者の脳溢血による死亡），東京控判大11・5・24新聞2031・15（梅毒と脳膜性流行感冒による死亡），大阪控判昭7・3・24新聞3401・14（胆石症と尿毒症による死亡）。

444　第2部　第3章　告知義務

症肺炎により死亡したというもので，控訴審判決も，不告知の内容は軽視し得ないことから，被保険者の死亡と不告知の事実との間に因果関係がないというためには，保険金請求者において死亡原因として他により疑わしい疾患が存在することを立証するだけでは足りず，被保険者の死亡に不整脈が寄与していないことを積極的に立証する必要がある旨を判示し，結論としても因果関係が不存在とはいえないとしている。

　このような因果関係に関する一般論の意義の評価は難しいところであるが，告知すべき事実が健康診断による生活習慣病関連の検査結果などかなり広くなっている現状を踏まえると，異常の程度が軽微なものまで発生した死亡等の事故と因果関係がないとはいえないというような程度で因果関係を肯定するという判断を維持すべきかは疑問もあるが[126]，高血圧と心臓や脳の疾患との因果関係を否定することも困難であろうから，問題はやはり告知義務違反の効果を全部免責とすることの立法論的当否ということから考えるべきであろう。

　㈡　損害保険・傷害保険　　損害保険や損害保険会社の傷害保険では，改正前商法の下では，他保険契約の存在の告知義務についても因果関係不存在特則が適用されると，保険者は告知義務違反による免責を主張することができないという問題があったが，因果関係不存在特則も任意規定であるから，これを適用しないとする特約が可能で，約款でも同特則の適用を排除する定めを置いて，免責を主張してきた。しかし，保険法の下では，因果関係不存在特則も片面的強行規定とされたので，他保険契約の告知義務違反による免責の主張は不可能となった。制定過程での議論としては，甚だしい重複保険状態となっている場合には，保険者の重大事由解除が可能であり，それにより対応すればよいという解決がされた。

　これに対して，損害保険では，因果関係不存在特則を片面的強行規定とすることに関連して，「免許証の色」という新たな問題が浮上した。これは，料率細分化がされた自動車保険では，免許証の色のように，保険料の額を変えるこ

---

126)　前掲（注125）の裁判例の中では，高血圧と敗血性ショックによる死亡の事例，痛風と急性心臓死の疑いの事例などは，因果関係の存在を必要以上に緩やかに解している疑いがあるといえるであろう。なお，因果関係の存否について保険医がどのような考え方をしているかなどについて，加藤慎二郎「保険法と危険選択」保険医学108巻4号323頁（2010）および松本敬子ほか「追加討議」同号344頁。

とにはなるが，保険の引受が拒絶されるほどでもないという告知事項について，
因果関係不存在特則が適用されると，告知義務違反のあった免許証の色と保険
事故の発生との間に因果関係があったといえるかは疑問なので，結局告知義務
違反があっても何らの制裁的効果が生じず，告知義務の履行を求めることが困
難になるのではないかという問題である。告知義務違反を問えることとするた
めの方策として考えられるのは，免許証の色と事故の発生との間の因果関係を
肯定することであるが[127]，この点は疑問であるとする見解が一般的であり，
また因果関係を肯定して保険者の全部免責を認めることは，保険料の多少の違
いに関わる程度の危険事実についての告知義務違反の効果を全部免責とするこ
ととなり，制裁的効果の過酷さを明らかにすることとなる。学説としては，こ
の場合の告知義務違反の効果についてプロ・ラタ原則に従い支払保険金額を減
額することとする約定をすることは因果関係不存在特則の片面的強行規定性に
反するものではなく有効であると解する見解が有力であり[128]，これに賛成し
てよいものと考える。

第4節　告知義務と意思表示の瑕疵に関する民法規定との関係

　告知義務は，保険者の危険選択のために必要な制度であるということから，
告知義務違反があったとしても，それが当然に同時に保険者の側の意思表示の

---

127)　浅湫聖志「保険契約法の改正について」損保70巻1号52頁（2008）は，法令の遵
　守状況（免許証の色はこの点を示す）や走行距離の長さという不告知事実と，走行中で
　かつ被保険者の過失のある事故については因果関係を問えるケースがあるとする。同様
　の考え方をとるものとして，運転免許証を有しないにもかかわらず免許証の色について
　の質問に対しブルーと告知した前掲仙台高判平24・11・22（注68）は，無免許運転と
　いう危険な態様の下で事故が惹起されたものであり，運転免許証の色がブルーであるの
　か色を告知できない（有効な運転免許を有しない）のかという告知事項と事故の発生と
　の間に因果関係がないと認めることはできないとして，保険者の免責を認めている。
128)　木下孝治「告知義務」中西喜寿49頁，山本哲生「損害保険における課題——因果
　関係不存在則，危険変動の問題を中心として」保険学608号29頁（2010），榊素寛「告
　知義務違反における因果関係不存在特則の意義」損保73巻3号21頁（2011）。なお，
　一問一答59頁は，料率細分化のされた保険における免許証の色等の告知義務違反によ
　る保険者免責の約定を有効にする可能性を示唆するが，具体的な内容は示されていない。

瑕疵をもたらすものではない。しかし，告知義務違反が認められる場合に，同時に保険契約者による詐欺や保険者の錯誤等，民法上の意思表示の瑕疵の要件をみたす可能性がある。そのような場合に，保険者は告知義務違反の主張のほかに，詐欺や錯誤の主張をすることができるかどうかについては，古くより議論がある[129]。これが肯定されれば，告知義務違反を，上記の諸要件が充足されないため主張できない場合に，詐欺や錯誤を主張して保険者が免責の結果を得ることができる可能性がある[130]。

　この点については，①告知義務制度は詐欺・錯誤の規定の適用を排除するとする立場，②告知義務制度は詐欺・錯誤と競合的な関係にあり，それぞれの構成要件が充足されればそれぞれの適用可能性があるとする立場，③錯誤の適用はないが詐欺の適用はあるとする立場の3説がある。判例は，古くは②説をとっていたが[131]，最高裁平成5年7月20日判決（損保企画536・8）（海外旅行傷害保険の事例）は，改正前民法の下で，告知義務違反をもたらす事実と同一の事実に基づく保険者の錯誤無効の主張に対して，仮に錯誤無効の主張が許されるとの見地に立ったとしても動機の錯誤にすぎず，この動機は表示されていなかったので要素の錯誤があったとはいえないとしており，②説は維持するが，実質的には③説に移行しているように思われる[132]。

　学説では現在，③説が有力である。錯誤の適用が排除されるのは，告知義務違反により危険選択を誤った保険者は，解除という告知義務違反の効果を主張するためには所定の諸要件を充足しなければならないということが骨抜きにされかねないという事情と，危険選択についての錯誤は動機の錯誤にすぎないという理由の双方がありうるが，動機の錯誤も錯誤取消をもたらしうるので（民95条1項2号参照），前者が理由として残ることになる。前掲最高裁平成5年7月20日判決は，動機が表示されるのはどのような場合かについては明確にし

129）　判例・学説について，中西正明「告知義務違反と錯誤及び詐欺」同・告知義務137頁。

130）　古くは，錯誤無効を認めた裁判例もある。東京控判大7・3・13新聞1403・21。

131）　前掲大連判大6・12・14（注3）。

132）　前掲大連判大6・12・14（注3）も，錯誤無効の可能性は肯定してはいたが，危険測定に関する事項は原則として動機の錯誤としていたので，実質的には③説に近かったものと思われる。大判大7・4・5民録24・539も同旨。

第4節　告知義務と意思表示の瑕疵に関する民法規定との関係　*447*

ていないが，告知事項は告知書で明示されていたはずであるから，それにもかかわらず動機が表示されていないとしていることから見ると，告知事項について動機が表示されており錯誤が成立することは通常はありえないという判断をしているものと推測される。

詐欺の成立は排除されないとするのは，保険契約者側に悪性が強いということであろうし，ドイツ法では詐欺の成立は排除しない旨の明文の規定が置かれていること（ドイツ保険契約法22条）も影響しているものと推測される。明文の規定がないわが国で，錯誤と詐欺を区別することは困難であるとも思われるが，告知義務違反の原因たる事実に基づいてのみ錯誤主張を認めることは仮に錯誤の理論から錯誤が認められるべき場合であっても告知義務制度に関する法規整を骨抜きにするものであり，その限りで錯誤については適用が排除されるとする③説を支持する。詐欺の適用は排除はされないが，告知義務違反という制度があることを踏まえて，詐欺の成立要件に制限が加えられないかを検討する必要があると考えられる（この点につき365頁）。

告知義務と民法の規定の関係は，告知義務と錯誤・詐欺との関係という問題として論じられてきたが，告知義務と民法上の諸制度との関係は，これに尽きるものではなく，告知義務と保険契約者側の不法行為，告知義務と保険契約者側の契約締結上の過失といった競合問題も存在する（保険者が，告知義務違反をした保険契約者に対して支払済保険金の賠償を請求するような場合）。これらも，競合がすべて排除されるわけではないが，告知義務制度を骨抜きにするような場合であれば，成立は排除されると考える[133]。

---

133)　これらの点について，伊藤雄司「告知義務と詐欺，契約締結上の過失」岩原紳作＝山下友信＝神田秀樹編集代表・会社・金融・法・下巻645頁（商事法務，2013）。

あ と が き

　本書の草稿については，保険実務に携わっておられる多くの方々に目を通していただき，正確な記述とするための指摘や，私の認識していなかった法的問題点や実務のあり方などについての貴重な示唆・助言をいただいた。お名前だけを挙げると，日本生命保険相互会社の北澤哲郎氏，遠山優治氏，白砂竜太氏，渡橋健氏，秋葉裕輔氏，石川明雄氏，第一生命保険株式会社の宮本淳氏，武藤伸行氏，岩谷正徳氏，損害保険ジャパン日本興亜株式会社の古田一志氏，岩永智彦氏，杉田義明氏，渡辺幸一氏，大峰健太郎氏，石田裕子氏，遠藤めぐみ氏，赤間洋子氏，倉重宏平氏の皆様である。ご多忙の中で時間を割いていただいたことに対し，皆様に心から御礼申し上げる。また，当然のことながら，本書の記述の内容に誤りがあるとすれば，すべて私の責任によるものである。

　本書の刊行まで担当者として気長にお待ちいただき，原稿提出後は迅速かつ細心の注意をもって的確な編集作業をしていただいた有斐閣法律編集局注釈書編集部の藤木雄氏に心より御礼申し上げる。

　2018 年 4 月

山 下 友 信

判例索引

〔大審院〕

大判明 40・5・7 民録 13・483 ……… *402, 433*

大判明 40・10・4 民録 13・939 ……… *408, 415*

大判明 45・5・15 民録 18・492…*402, 430, 433*

大判大 2・3・31 民録 19・185……………*415*

大判大 2・12・20 民録 19・1036…………*421*

大判大 4・4・14 民録 21・486…………*415*

大判大 4・4・19 民録 21・524 ……………*21*

大判大 4・6・26 民録 21・1044

……………………………… *410, 413, 421*

大判大 4・9・6 民録 21・1440…………*433*

大判大 4・12・24 民録 21・2182…………*143*

大判大 5・2・7 民録 22・83………………*425*

大判大 5・4・1 民録 22・748 …………*143*

大判大 5・7・12 民録 22・1501…………*415*

大判大 5・10・21 民録 22・1959 ……*401, 402*

大判大 6・3・20 新聞 1261・26…………*416*

大判大 6・9・6 民録 23・1319……………*369*

大判大 6・10・26 民録 23・1612…………*420*

大判大 6・12・13 民録 23・2103…………*149*

大連判大 6・12・14 民録 23・2112 …*394, 446*

大判大 7・4・5 民録 24・539 ……………*446*

大判大 10・12・7 新聞 1946・18…………*433*

大判大 11・2・6 民集 1・13 ……*369, 402, 433*

大判大 11・8・28 民集 1・501……………*414*

大判大 12・1・24 新聞 2101・19…………*363*

大判大 15・6・12 民集 5・495……………*166*

大判大 2・11・2 民集 6・593 ……………*408*

大判大 2・12・22 新聞 2824・9 ……*143, 166*

大判大 4・12・11 新聞 3090・14 ……*442, 443*

大判大 7・2・19 刑集 11・85 ……………*401*

大判大 8・12・19 民集 12・2680………*314*

大判大 9・1・17 判決全集 1・25…………*166*

大判大 9・10・30 新聞 3771・9 ……*401, 435*

大判昭 10・5・22 民集 14・923 …………*364*

大判昭 10・12・10 法学 5・653 …………*414*

大判昭 12・6・18 民集 16・940 ………*313, 314*

大判昭 13・3・18 判決全集 5・18・22 ……*416*

大判昭 13・8・31 新聞 4323・16 ……*202, 364*

大判昭 13・10・13 新聞 4335・16 ………*254*

大判昭 14・3・17 民集 18・156 …………*427*

大判昭 15・2・21 民集 19・273 …………*125*

大判昭 16・9・3 法学 11・418…………*427*

〔最高裁判所〕

最判昭 31・6・19 民集 10・6・665…………*111*

最大判昭 34・7・8 民集 13・7・911…………*72*

最判昭 36・3・16 民集 15・3・512…………*313*

最判昭 39・10・15 民集 18・8・1637………*197*

最判昭 41・10・21 集民 84・703…………*377*

最判昭 42・11・2 民集 21・9・2278 ………*262*

最判昭 43・11・15 判時 541・70…………*300*

最判昭 44・4・25 民集 23・4・882 ………*154*

最大判昭 45・11・11 民集 24・12・1854 …*324*

最判昭 45・12・24 民集 24・13・2187

……………………………… *50, 132, 133*

最判昭 51・7・8 民集 30・7・689…………*263*

最判昭 57・3・30 金法 992・38 …………*219*

最判昭 57・7・15 民集 36・6・1188 ………*421*

最判昭 57・9・28 民集 36・8・1652 ………*168*

最判昭 58・2・18 判時 1074・141 ………*152*

最判昭 62・2・20 民集 41・1・159

………………………… *157, 167, 182*

最判平 5・2・26 民集 47・2・1653… *314, 315*

最判平 5・3・30 民集 47・4・3262 …*155, 182*

最判平 5・3・30 民集 47・4・3384 …*159, 167*

最判平 5・7・20 損保企画 536・8 ……*426, 446*

最判平 7・5・30 民集 49・5・1406 …*152, 154*

最判平 7・11・10 民集 49・9・2918 ………*152*

最判平 9・3・25 民集 51・3・1565…………*158*

最判平 9・4・24 判時 1618・48 …………*255*

最判平 9・6・17 民集 51・5・2154

……………………………… *426, 427, 428*

最判平 9・9・4 民集 51・8・3619 …………*255*

最判平 9・9・4 判時 1624・79…………*153*

最判平 12・3・17 金判 1099・12…………*287*

最判平 13・4・20 民集 55・3・682 …*154, 155*

最判平 15・2・21 民集 57・2・95

……………………………… *204, 219, 220*

最判平 15・2・28 集民 209・43 …………*182*

最判平 15・12・9 民集 57・11・1887………*270*

最判平 16・11・18 民集 58・8・2225………*270*

最判平 17・7・14 民集 59・6・1323 ………*275*
最判平 17・9・13 民集 59・7・1950 …………*74*
最判平 17・12・16 集民 218・1239 ………*182*
最判平 18・3・28 民集 60・3・875 ……*91, 153*
最判平 18・4・11 民集 60・4・1387 ………*351*
最判平 18・4・11 労働判例 915・26 ………*351*
最判平 19・7・6 民集 61・5・1955…………*153*
最判平 21・12・3 民集 63・10・2283 ………*17*
最判平 23・3・24 民集 65・2・903…………*160*
最判平 23・4・22 民集 65・3・1405 ………*274*
最判平 23・7・15 民集 65・2・903…………*180*
最判平 23・7・15 民集 65・5・2269 ………*160*
最判平 24・3・16 民集 66・5・2216 ………*161*
最判平 29・1・24 民集 71・1・1 …………*384*

〔控訴院・高等裁判所〕
東京控判大 7・3・13 新聞 1403・21 ………*446*
東京控判大 11・5・24 新聞 2031・15………*443*
大阪控判昭 7・3・24 新聞 3401・14 ………*443*
東京控判昭 7・12・27 新聞 3531・15………*202*
東京控判昭 15・4・24 新聞 4587・12………*202*
大阪控判昭 16・8・14 新聞 4741・11………*401*
東京高判昭 32・6・27 判時 120・23 ………*300*
大阪高判昭 33・5・30 高民 11・4・288
　　　　　　　　　　　　　………*259, 260*
名古屋高判昭 35・10・15 下民 11・10・2201
　　　　　　　　　　　　　　　………*296*
東京高判昭 38・4・23 高刑 16・4・314……*253*
東京高判昭 38・11・5 生保協会報 45・1・80
　　　　　　　　　　　　　　　………*253*
東京高判昭 41・3・28 東高民時報 17・3・35
　　　　　　　　　　　　　　　………*377*
東京高判昭 41・8・29 下民 17・7＝8・719
　　　　　　　　　　　　　　　………*198*
東京高判昭 43・3・11 下民 19・3＝4・128
　　　　　　　　　　　　　　　………*300*
東京高判昭 44・2・24 高民 22・1・80 ……*201*
大阪高判昭 51・11・26 判時 849・88………*414*
東京高判昭 53・1・23 判時 887・110………*301*
東京高判昭 53・3・28 判時 889・91 …*339, 369*
大阪高判昭 53・7・19 判時 909・91 ………*422*
東京高判昭 57・11・30 判タ 490・152 ……*268*
東京高判昭 59・1・31 生判 4・16 …………*367*
東京高判昭 61・11・12 判時 1220・131
　　　　　　　　　　　　　………*428, 433*

大阪高判昭 62・10・30 判時 1278・139……*167*
東京高判昭 63・5・18 判タ 693・205……*433*
大阪高判昭 63・9・22 判時 1331・129 ……*314*
大阪高判平元・6・20 判時 1328・46 ………*315*
東京高判平元・12・21 判時 1341・92
　　　　　　　　　　　　　………*147, 284*
大阪高判平 2・1・30 生判 6・160 ………*367*
東京高判平 3・4・22 生判 6・345 ………*331*
東京高判平 3・6・6 判時 1443・146 ………*268*
東京高判平 3・10・17 金判 894・27 ………*368*
東京高判平 3・11・27 判タ 783・235 ………*409*
仙台高秋田支判平 4・3・4 生判 7・34 ……*368*
仙台高秋田支判平 4・8・31 判時 1449・142
　　　　　　　　　　　　　　　………*409*
東京高判平 4・12・25 判時 1450・139 ……*409*
東京高判平 5・9・28 判時 1479・140 ……*409*
大阪高判平 6・6・22 生判 7・382 ………*368*
東京高判平 7・1・25 判タ 886・279 ………*434*
東京高判平 7・4・28 判タ 887・226 ………*268*
大阪高判平 7・7・21 金判 1008・25 ……*87, 88*
東京高判平 8・1・30 判時 1580・111 ……*286*
東京高判平 8・3・25 判タ 936・249 ………*323*
大阪高判平 8・4・25 判タ 921・243 ………*287*
大阪高判平 9・1・29 生判 9・62 …………*87*
大阪高判平 9・6・17 判時 1625・107 ……*375*
札幌高判平 9・8・28 生判 9・384 ………*88*
札幌高判平 9・10・31 判時 1635・149 ……*374*
福岡高判平 9・11・27 生判 9・523 ………*87*
広島高判平 10・1・28 生判 10・30…………*422*
大阪高判平 10・12・16 判タ 1001・213……*418*
東京高判平 11・3・10 生判 11・150 ………*433*
名古屋高判平 11・4・14 金判 1071・28……*316*
東京高判平 11・7・28 金判 1077・42………*313*
福岡高判平 11・10・20 判時 1716・72 ……*368*
大阪高判平 11・11・11 判時 1721・147
　　　　　　　　　　　　　………*423, 431*
東京高判平 11・12・13 金法 1577・34……*21*
東京高判平 12・2・3 判時 1709・43 ………*201*
東京高判平 12・2・9 判時 1749・157
　　　　　　　　　　　　　………*204, 311*
大阪高判平 12・10・31 判時 1752・145……*151*
大阪高判平 12・12・1 生判 12・608…………*87*
大阪高判平 13・5・25 生判 13・462 ………*272*
東京高判平 13・6・27 生判 13・524 ………*369*
大阪高判平 13・10・31 判時 1782・124

判例索引　453

‥‥‥‥‥‥‥‥‥‥‥‥‥166, 269
東京高判平 13・11・30 判時 1767・3 …12, 73
東京高判平 14・4・23 判時 1784・76……274
名古屋高判平 14・4・26 判タ 1140・233 …352
東京高判平 14・9・25 生判 14・624……367
東京高判平 14・10・23 生判 14・703……414
東京高判平 14・11・25 生判 14・776……404
東京高判平 14・11・28 生判 14・796……370
大阪高判平 14・12・18 判時 1826・143……409
大阪高判平 15・3・26 金判 1183・42
　‥‥‥‥‥‥‥‥‥‥‥‥‥274, 379
広島高判岡山支判平 15・9・26 生判 15・584…88
広島高判平 15・10・28 LEX/DB28090551
　‥‥‥‥‥‥‥‥‥‥‥‥‥‥423
名古屋高判平 15・11・12 生判 15・725 ……88
大阪高判平 15・11・14 生判 15・742……443
東京高判平 15・11・26 生判 15・762……432
名古屋高判平 15・12・9 生判 15・780 ……379
東京高判平 15・12・10 判時 1863・41 ……274
名古屋高判平 16・1・28 生判 16・40 ……400
東京高判平 16・2・25 金判 1197・45
　‥‥‥‥‥‥‥‥‥‥‥‥‥274, 379
大阪高判平 16・5・27 金判 1198・48……419
東京高判平 16・6・24 交民 37・3・585……367
東京高判平 16・9・29 生判 16・790 ……375
東京高判平 16・10・19 判時 1878・96
　‥‥‥‥‥‥‥‥‥‥‥‥‥271, 286
大阪高判平 16・12・15 生判 16・985……436
東京高判平 17・2・2 判タ 1198・259
　‥‥‥‥‥‥‥‥‥‥‥‥‥422, 424
東京高判平 17・3・31 金判 1218・35……274
広島高判岡山支判平 17・6・17 生判 17・486
　‥‥‥‥‥‥‥‥‥‥‥‥‥‥372
東京高判平 17・6・28 生判 17・532 ……379
東京高判平 17・8・30 生判 17・641 ……272
広島高判岡山支判平 17・11・11 生判 17・836
　‥‥‥‥‥‥‥‥‥‥‥‥‥‥434
東京高判平 18・3・22 判時 1928・133……18
大阪高判平 18・5・12 生判 18・317 ……424
東京高判平 18・9・13 金判 1255・16
　‥‥‥‥‥‥‥‥‥‥‥‥‥269, 299
福岡高判平 18・9・27 生判 18・648 …414, 433
福岡高判平 19・5・17 労働判例 945・40 …353
仙台高判平 19・5・30 金法 1877・48
　‥‥‥‥‥‥‥‥‥‥‥‥‥403, 437

仙台高判平 19・5・30 判時 19・230 ‥‥‥443
東京高判平 19・5・30 生判 19・244 ‥‥‥372
高松高判平 19・8・30 生判 19・372 ‥‥‥373
東京高判平 19・10・25 訟務月報 54・10・2419
　‥‥‥‥‥‥‥‥‥‥‥‥‥‥17
東京高判平 19・11・8 生判 19・543 ‥‥‥433
福岡高判平 19・11・8 生判 19・546
　‥‥‥‥‥‥‥‥‥‥‥411, 415, 424
東京高判平 20・3・13 生判 20・157 ‥‥‥431
東京高判平 20・3・19 生判 20・167 …422, 433
東京高判平 20・7・17 生判 20・368 ‥‥‥380
東京高判平 20・11・5 判タ 1309・257
　‥‥‥‥‥‥‥‥‥‥‥‥‥261, 262
東京高判平 22・5・27 判時 2115・35 ‥‥‥18
東京高判平 22・6・30・2010WLJPCA06306005
　‥‥‥‥‥‥‥‥‥‥‥‥‥333, 334
大阪高判平 24・7・12 判例集未登載 ‥‥‥‥422
東京高判平 24・11・14 金判 1408・31 ‥‥‥88
仙台高判平 24・11・22 判時 2179・141
　‥‥‥‥‥‥‥‥‥‥‥418, 431, 445
仙台高判平 25・9・20 金判 1431・39 ‥‥‥‥28
大阪高判平 25・9・20 判例集未登載 ‥‥‥‥423
東京高判平 27・1・26 判時 2251・47‥‥‥‥278
東京高判平 27・11・12 LEX/DB25546536
　‥‥‥‥‥‥‥‥‥‥‥‥‥‥40
福岡高判平 28・10・4 金判 1504・24‥‥‥‥185
東京高判平 29・2・22・2017WLJPCA02226015
　‥‥‥‥‥‥‥‥‥‥‥‥‥‥185

〔地方裁判所・簡易裁判所〕
東京地判大 6・4・12 評論 6 商法 245‥‥‥‥443
東京地判昭 25・4・22 下民 1・4・594 ‥‥‥422
神戸地判昭 26・2・21 下民 2・2・245
　‥‥‥‥‥‥‥‥‥‥‥251, 377, 392
東京地判昭 26・12・19 下民 2・12・1458
　‥‥‥‥‥‥‥‥‥‥‥‥‥401, 442
東京地判昭 30・6・25 判時 57・20‥‥‥‥‥300
東京地判昭 32・3・22 下民 8・3・542 ‥‥‥264
岐阜地判昭 34・3・23 下民 10・3・528‥‥‥314
東京地判昭 34・4・9 判時 190・11‥‥‥‥‥253
東京地判昭 37・2・12 判時 305・29 …401, 433
東京地判昭 37・7・20 下民 13・7・1482 …198
東京地判昭 39・6・20 判時 382・42 ‥‥‥‥201
東京地判昭 40・3・30 判タ 176・188‥‥‥‥433
東京地判昭 40・4・26 下民 16・4・739‥‥‥198

大阪地判昭 42・5・13 判時 500・63 ········*143*
盛岡地判昭 45・2・13 下民 21・1＝2・314
　　　　　　　　　　　　　　　　　167
神戸地判昭 45・4・14 判タ 288・283········*201*
東京地判昭 45・6・22 下民 21・5＝6・864
　　　　　　　　　　　　　　········*151, 152*
福岡地小倉支判昭 46・12・16 判タ 279・342
　　　　　　　　　　　　　　········ *433*
東京地判昭 47・6・30 判時 678・26 ········*167*
京都地判昭 47・8・30 生判 2・24 ········*422*
大阪地判昭 47・11・13 判タ 291・344
　　　　　　　　　　　　 401, 422, 433
名古屋地判昭 48・11・2 判タ 310・245······*125*
横浜地判昭 50・5・28 判タ 327・313········*220*
東京地判昭 52・5・30 判時 880・79
　　　　　　　　　　　　 202, 203, 204
東京地判昭 52・9・28 生判 2・159·········*422*
東京地判昭 53・3・31 判時 924・120
　　　　　　　　　　　　　　425, 428
大阪地判昭 54・2・27 判時 926・115········*338*
札幌地判昭 54・3・30 判時 941・111········*142*
東京地判昭 54・9・26 判タ 403・133········*331*
大阪地判昭 55・5・28 判時 980・118
　　　　　　　　　　　　　　315, 316
札幌地判昭 56・3・31 判タ 443・146········*331*
熊本地判昭 56・3・31 判時 1028・108
　　　　　　　　　　　　　410, 414
東京地判昭 56・4・30 判時 1004・115 ·····*143*
東京地判昭 57・3・25 判タ 473・243
　　　　　　　　　　　 259, 260, 268
東京地判昭 57・5・12 判時 1043・22·········*306*
浦和地判昭 57・5・26 判タ 477・146·········*378*
神戸地判昭 58・3・30 判時 1092・114 ·····*201*
佐賀地判昭 58・4・22 判時 1089・133 ·····*151*
札幌地判昭 58・9・30 生判 3・397 ········*369*
大阪地判昭 58・12・27 判時 1120・128
　　　　　　　　　　　　　428, 442
岐阜地高山支判昭 59・4・13 判時 1129・101
　　　　　　　　　　　　　　　 378
大阪地判昭 59・11・8 判タ 548・244········*154*
大阪地判昭 60・2・28 判タ 553・240········*154*
東京地判昭 61・1・28 判時 1229・147
　　　　　　　　　　　　　428, 433
東京地判昭 61・1・30 判時 1181・146 ·····*408*
水戸地判昭 61・3・28 生判 4・329·········*436*

大阪地判昭 61・3・28 判タ 590・89 ········*167*
高知地判昭 61・11・26 判時 1252・101······*372*
神戸地判昭 62・2・24 判時 657・204········*149*
大阪地判昭 62・2・27 判時 1238・143 ·····*372*
東京地判昭 62・5・25 判時 1274・129 ·····*331*
山形地酒田支判昭 62・5・28 判時 1252・95
　　　　　　　　　　　　　　　 263
神戸地判昭 62・6・30 判時 1253・132 ·····*418*
大阪地判昭 63・1・29 判タ 687・230
　　　　　　　　　　　　　417, 426
京都地判昭 63・2・24 判時 674・196········*314*
大阪地判昭 63・3・29 判タ 671・225········*152*
東京地判昭 63・3・29 判時 1306・121
　　　　　　　　　　　　　218, 219
東京地判昭 63・7・27 金法 1220・34·······*218*
京都地判昭 63・10・26 判時 1323・148······*367*
札幌地判平 2・3・29 判タ 730・224 ········*147*
東京地八王子支判平 2・5・25 判時 1358・138
　　　　　　　　　　　　　　　 268
神戸地判平 2・5・25 判時 1379・123········*167*
東京地判平 2・6・18 金判 875・26·········*331*
東京地判平 2・10・26 判時 1387・141·······*368*
大阪地判平 3・3・26 交民 24・2・374········*374*
東京地判平 3・4・17 判タ 770・254 ·······*412*
東京地判平 3・7・25 判時 1403・108·······*409*
東京地判平 3・8・27 判時 1425・100
　　　　　　　　　　　　　100, 201
仙台地判平 3・10・22 生判 6・399·········*442*
東京地判平 4・9・24 判時 1440・104·······*167*
東京地判平 4・10・27 金判 941・26 ········*268*
横浜地判平 4・11・30 判時 1457・145 ·····*313*
京都地判平 6・1・31 判タ 847・274 ·······*374*
東京地判平 6・3・11 判時 1509・139
　　　　　　　　　　　　　222, 261
東京地判平 6・5・11 判時 1530・123·······*374*
東京地判平 6・5・30 判時 1493・49 ········*379*
東京地判平 6・6・27 判タ 879・244 ········*372*
岐阜地大垣支判平 6・7・29 判タ 872・281···*91*
東京地判平 6・9・30 判タ 890・236 ········*146*
熊本地判平 6・11・10 生判 7・436·········*369*
東京地判平 7・3・24 判時 1559・63 ···*251, 286*
岡山地倉敷支判平 7・5・11 判タ 884・238
　　　　　　　　　　　　　　　 374
東京地判平 7・10・3 判時 1579・138·········*323*
札幌地判平 7・11・30 判タ 916・200

判例索引　*455*

························*311, 418*
大阪地判平 8・2・6 生判 8・345 ·········*87*
東京地判平 8・3・1 金判 1008・34··········*273*
千葉地判平 8・3・26 金法 1456・44 ·········*218*
鹿児島地名瀬支判平 8・5・7 生判 8・482···*423*
富山地判平 8・6・19 判時 1576・87
····················*240, 274, 287*
東京地判平 8・7・10 判時 1576・61 ········*379*
東京地判平 8・7・30 判時 1576・103 ·······*379*
東京地判平 8・8・29 生判 8・621 ·········*442*
横浜地判平 8・9・4 判時 1587・91
····················*240, 274, 379*
浦和地判平 8・10・25 判タ 940・255·········*410*
札幌地判平 8・10・31 生判 8・693 ·········*88*
大阪地判平 8・12・25 判時 1625・111 ·····*375*
東京地判平 9・1・22 判タ 966・252 ···*399, 432*
東京地判平 9・3・13 判時 1596・110 ·······*152*
静岡地浜松支判平 9・3・24 判時 1611・127
·····························*348*
名古屋地判平 9・3・26 判時 1609・144·····*374*
熊本地判平 9・3・26 判時 1654・117········*374*
広島地尾道支判平 9・3・28 生判 9・198 ···*433*
東京地判平 9・6・9 判時 1635・95 ···*274, 379*
神戸地判平 9・6・17 判タ 958・268 ·······*145*
松山地今治支判平 9・7・17 生判 9・349 ···*442*
大阪地判平 9・7・31 判時 1645・98 ·······*274*
岡山地判平 9・10・28 生判 9・467···········*435*
大阪地判平 9・11・7 判時 1649・162·······*417*
大阪地判平 10・2・19 判時 1645・149 ·····*423*
神戸地判平 10・2・24 判時 1661・142 ·····*152*
東京地判平 10・3・3 判タ 992・227 ·······*374*
東京地判平 10・5・13 判時 1676・129 ·····*311*
大阪地判平 10・5・28 判タ 987・250
·····························*374, 418*
東京地判平 10・7・16 判タ 1009・245 ·····*240*
東京地判平 10・10・23 生判 10・407 ·······*436*
東京地判平 10・10・30 判時 1690・153···*220*
奈良地判平 11・4・26 金判 1070・34
····················*270, 286, 382*
神戸地判平 11・4・28 判時 1706・130
·····························*143, 166*
大阪地判平 11・4・30 生判 11・288 ·······*442*
盛岡地花巻支判平 11・6・4 生判 11・333
·····························*435, 439*
東京地判平 11・6・24 判時 1690・83 ·····*21*

奈良地判平 11・11・16 生判 11・654·········*369*
東京地判平 11・12・1 判タ 1032・246 ······*369*
東京地判平 11・12・7 生判 11・684
····················*415, 424, 443*
大阪地判平 12・2・22 判時 1728・124 ······*368*
岐阜地判平 12・3・23 金判 1131・43·········*368*
函館地判平 12・3・30 判時 1720・33
····················*143, 166, 267*
東京地判平 12・5・31 判時 1726・167 ······*399*
佐賀地判平 12・6・20 生判 12・342 ·······*369*
東京地判平 12・9・27 生判 12・466 ·······*369*
山形地判平 12・10・4 生判 12・489 ·······*443*
大阪地判平 12・11・8 生判 12・541 ·······*272*
名古屋地判平 13・2・5 判タ 1093・264······*347*
東京地判平 13・5・16 判タ 1093・205 ······*409*
大阪地判平 13・9・3 生判 13・691··········*435*
和歌山地判平 13・9・13 生判 13・720 ·····*433*
大阪地判平 13・9・21 生判 13・741 ·······*414*
大阪地判平 13・9・27 判時 1773・149 ·····*316*
京都地判平 13・10・10 生判 13・770·········*424*
神戸地判平 13・11・21 交民 34・6・1538···*409*
東京地判平 14・2・26 LEX/DB28082189
·····························*203, 204*
那覇地判平 14・3・25 生判 14・107 ·······*424*
静岡地富士支判平 14・6・27 生判 14・441
·····························*404*
金沢地判平 14・8・22 生判 14・498 ·······*369*
福岡地判平 14・10・24 生判 14・715·········*443*
東京地判平 14・11・26 生判 14・780·········*370*
東京地判平 14・11・28 生判 14・798·········*424*
広島地判平 14・12・24 生判 14・884·········*428*
東京地判平 15・1・16 生判 15・10··········*370*
札幌地判平 15・1・23 交民 36・1・106······*269*
岡山地判平 15・2・3 生判 15・74 ·········*87, 88*
大阪地判平 15・2・5 生判 15・85 ·········*443*
東京地判平 15・2・21 判時 1820・66
·····························*270, 286*
大分地杵築支判平 15・3・12 生判 15・137
·····························*370*
横浜地川崎支判平 15・4・4 生判 15・242···*432*
東京地判平 15・5・12 判タ 1126・240
·····························*374, 409*
名古屋地判平 15・5・14 生判 15・318········*87*
大阪地判平 15・11・13 生判 15・729·········*433*
東京地判平 15・11・27 生判 15・765·········*271*

宇都宮地判平 15・12・16 生判 15・819……*433*
新潟地判平 15・12・24 交民 36・6・1660…*367*
大阪地堺支判平 15・12・24 生判 15・822…*436*
大阪地判平 16・5・13 生判 16・320 ………*433*
東京地判平 16・6・15 生判 16・402 ………*372*
横浜地判平 16・6・25 金判 1197・14………*379*
大阪地判平 16・8・31 生判 16・645 ………*370*
東京地判平 17・1・14 判タ 1230・272 ………*188*
東京地判平 17・1・26 生判 17・38………*272*
岡山地倉敷支判平 17・1・27 判タ 1200・264
　　　　　　　　　　　　　　………… *434*
山口地宇部支判平 17・3・4 生判 17・187…*379*
東京地判平 17・4・15 生判 17・320 ………*375*
宮崎地判平 17・4・27 生判 17・337 ………*415*
東京地判平 17・4・28 生判 17・358 ………*370*
高知地判平 17・10・24 生判 17・786………*370*
名古屋地判平 17・10・26 判タ 1216・277…*316*
東京地判平 17・11・17 判時 1918・115 ……*18*
神戸地姫路支判平 17・11・28 判タ 1222・246
　　　　　　　　　　　　　　………… *424*
名古屋地判平 17・11・30 判タ 1218・302…*316*
東京地判平 17・12・9 生判 7・966………*424*
東京地判平 18・1・12 生判 18・1 ………*379*
東京地判平 18・2・24 生判 18・138 ………*434*
東京地判平 18・2・27 金判 1255・24
　　　　　　　　　　　　　　………*269, 299*
名古屋地判平 18・3・3 交民 39・2・305 …*269*
東京地判平 18・3・14 生判 18・155 ………*370*
福岡地判平 18・3・29 生判 18・232 ………*379*
東京地判平 18・4・26 生判 18・302 ………*370*
東京地判平 18・5・31・2006WLJPCA05310001
　　　　　　　　　　　　　　………… *423*
福岡地小倉支判平 18・7・7 生判 18・461…*423*
広島地判平 18・7・28 生判 18・535 ………*443*
鹿児島地川内支判平 18・8・24 生判 18・558
　　　　　　　　　　　　　　………… *431*
仙台地判平 18・9・7 金法 1877・56 ………*403*
名古屋地判平 18・12・18 判タ 1240・315…*316*
和歌山地判平 19・1・25 生判 19・47
　　　　　　　　　　　　　　………*422, 434*
福岡地久留米支判平 19・5・24 生判 19・216
　　　　　　　　　　　　　　………… *370*
東京地八王子支判平 19・7・31 生判 19・358
　　　　　　　　　　　　　　………… *422*
名古屋地判平 19・9・14 交民 40・5・1175

　　　　　　　　　　　　　　………*263, 268*
東京地判平 19・9・28 生判 19・462 ………*431*
大阪地判平 19・12・17 生判 19・650………*435*
東京地判平 20・5・27 生判 20・288 ………*379*
東京地判平 20・6・13 判時 2029・60………*274*
長崎地判平 20・11・20 生判 20・625………*443*
東京地判平 20・11・27 判時 2037・22………*18*
東京地判平 21・2・20・2009WLJPCA02208001
　　　　　　　　　　　　　　………… *240*
東京地判平 21・3・13 生判 21・191 ………*436*
東京簡判平 21・3・30 生判 21・267 ………*416*
大阪地判平 21・9・30 LEX/DB25462687 …*273*
東京地判平 21・11・9・2009WLJPCA11098002
　　　　　　　　　　　　　　………… *443*
東京地判平 22・3・31・2010WLJPCA03318001
　　　　　　　　　　　　　　………… *431*
東京地判平 22・6・4・2010WLJPCA06048007
　　　　　　　　　　　　　　………… *201*
盛岡地判平 22・6・11 判タ 1342・211 ……*423*
東京地判平 23・8・10 金法 1950・115 ……*274*
福岡地判平 23・11・8 金法 1951・137 ……*274*
仙台地判平 23・12・22 判時 2179・144
　　　　　　　　　　　　　　………*418, 431*
東京地判平 24・1・31 判時 2162・74 …*11, 379*
東京地判平 24・2・14・2012WLJPCA02148007
　　　　　　　　　　　　　　………*87, 88*
大阪地判平 24・2・29 自保ジャ 1878・159
　　　　　　　　　　　　　　………… *268*
東京地判平 24・3・29・2012WLJPCA03298018
　　　　　　　　　　　　　　………… *271*
水戸地判平 24・6・29 判時 2180・133 ……*418*
東京地判平 24・8・7 判タ 1391・287
　　　　　　　　　　　　　　………*427, 431*
大阪地判平 24・9・13 判時 2174・120
　　　　　　　　　　　　　　………*415, 424*
仙台地判平 25・4・11 金判 143・143 ………*28*
大阪地判平 25・4・18 LEX/DB25501481 …*271*
大阪地判平 25・4・26 判例集未登載 ………*423*
東京地判平 25・5・21・2013WLJPCA05218007
　　　　　　　　　　　　　411, 428, 433
東京地判平 25・8・28 判タ 1406・316
　　　　　　　　　　　　　　………*274, 380*
仙台地判平 25・10・2 金判 1430・34………*274*
福岡地判平 26・1・16 金判 1438・36………*372*
東京地判平 26・3・19・2014WLJPCA03198003

判例索引　　*457*

 ……………………………………*423, 443*
東京地判平 26・4・14 判タ 1413・322
 …………………………………*272, 359*
東京地判平 26・6・24 金判 1450・46
 …………………………………*225, 253*
松山地判平 26・12・2 自保ジャ 1959・146
 …………………………………*261, 262*
東京地判平 27・1・16・2015WLJPCA01168004
 …………………………………*220, 225*
東京地判平 27・1・16 LEX/DB25524293 …*185*
東京地判平 27・1・29・2015WLJPCA01298005
 ……………………………………… *424*
山口地萩支判平 27・3・23 判時 2278・119
 …………………………………*261, 262*

東京地判平 27・3・30 LEX/DB25525077 …*271*
東京地判平 27・4・20 金法 2033・86 …*40, 273*
東京地判平 27・9・10・2015WLJPCA09108003
 ……………………………………… *439*
東京地判平 27・12・22 自保ジャ 1970・167
 ……………………………………… *268*
東京地判平 28・1・27 D1-Law.com 判例体系
 29016470 ……………………………*225*
福岡地判平 28・3・4 金判 1490・44　 …*185*
東京地判平 28・5・18 金判 1497・56　 …*185*
東京地判平 28・7・5 D1-Law.com 判例体系
 29019478 ……………………………*253*
東京地判平 28・10・7 LEX/DB25537885 …*185*

事 項 索 引

A-Z

ADR ······191
　金融—— ······**190**
ADR 促進法 ······191
A グループ保険 ······346
B グループ保険 ······65, 346, 362
D＆O 保険 ······60, 206
e-リスク保険 ······55
MAR フォーム ······58
P＆I 保険 ······57, 136
P2P（Peer to Peer）保険 ······22
PTA・青少年教育団体共済法 ······101

あ 行

アカウント型保険 ······**38**
アフロス契約 ······300
意向把握・確認義務 ······**248**
意思能力 ······365
一時払養老保険 ······34
一社専属制 ······224
遺伝子情報 ······419
遺伝子診断 ······**418**
違約金保険 ······60
医療費用保険 ······63
医療保険 ······63, 65
医療保障保険 ······65
因果関係不存在特則 ······409, **440**
インシュアテック（InsurTech）······22
疑わしきは作成者に不利益に解釈 ······153
宇宙保険 ······61
うっかり失効特約 ······303
運送保険 ······306
運転者家族限定特約 ······269
営業職員 ······223, **225**, 289
英国法準拠法条項 ······58, **201**, 311, 364
衛星保険 ······61
越境取引 ······205
オプション ······24
オブリーゲンハイト ······396
オープン・コントラクト ······306

オープン・ポリシー ······306
オール・リスク保険 ······55

か 行

海外直接付保規制 ······17, **204**
海外旅行傷害保険 ······205, 446
外貨建年金 ······250
外貨建年金保険 ······274
外貨建保険 ······250, 291
外航貨物保険 ······205
外航船舶保険 ······205
外国相互会社 ······99
外国保険会社等 ······99
外国保険業者 ······204
外国保険事業者に関する法律 ······128, 204
介護保険 ······63
海上保険 ······51, **57**, 112, 122, **201**, 316, 405
解除権行使の阻却事由（告知義務違反）···**430**
解約返戻金 ······270
替え玉診査 ······367
価額協定特約条項 ······418
拡張担保特約 ······54
確定給付企業年金法 ······41, 66
確定拠出年金法 ······41, 66
家計保険 ······**49**, 132
火災保険 ······**54**
カタストロフィー・ボンド ······32
加入勧奨行為
　　　213, 232, 233, 243, 246, 250, 261
加入者通知書 ······362
貨物海上保険 ······305, **363**
貨物保険 ······57
ガラス保険 ······55
過量な内容の契約の取消権 ······**386**
簡易生命保険 ······5
環境損害賠償責任保険 ······60
がん保険 ······63, 65, 246
元本欠損額 ······292
元本欠損のおそれ ······291
機械保険 ······54
期間建運送保険 ······306

事項索引　*459*

期間保険 ………………………*57*	契約内容登録制度………………***326***, *375*
企業年金 ………………………*66*	契約のしおり ……………*144*, *178*, *280*
企業年金保険 …………………*40*	健康管理証明扱………………………*405*
企業保険 ……………………***49***	健康診断書扱…………………………*405*
既契約の変更制度 ……………*71*	健康増進（連動）型保険 ……………*22*
危険選択 …………***393***, *410*, *441*	原状回復的損害賠償………………***283***
危険選択基準 …………………*410*	原子力財産保険 ………………………*61*
危険の増加 ……………………*85*	原子力施設賠償責任保険 ……………*61*
逆選択（adverse selection）……*68*, *395*	原子力損害の賠償に関する法律 ……*123*
キャッシュバック …………………*254*	原子力損害賠償支援機構 ……………*61*
キャプティブ …………………*16*	原子力損害賠償責任保険 ……………*52*
給付反対給付均等原則……*5*, *8*, *10*, *68*, ***70***, *394*	原子力損害賠償補償契約 ……………*61*
強行規定 …………………***113***, *199*	原子力保険 ……………***61***, *112*, *134*
共　済 ……***14***, ***66***, *96*, *98*, *101*, *288*	建設工事保険 …………………………*55*
——契約 ………………*11*, *15*	現物給付 ……………………*20*, *45*
——相談所 …………………*191*	権利保護保険 ………………………***62***
——の募集 …………………*238*	故意の保険事故招致 …***76***, *78*, *154*, *407*
強制保険 ……………………***52***	航海事業の適法性 …………………*203*
協定書 …………………………*171*	航海保険 ………………………*57*
共同再保険 …………………*134*	興行中止保険 …………………*60*
共同保険 ……………………***102***	航空貨物保険 ………………………*205*
漁業災害補償法 ……………*109*	航空機機体保険 ……………………*205*
拠出型企業年金保険 ………*362*	航空保険 ……………***60***, *112*, *134*
漁船損害等補償法 ………*4*, *109*	広告の規制 …………………………*257*
許諾被保険者 ………………*320*	構成員契約 …………………*224*, *256*
金融機関等の更生手続の特例等に関する法律	厚生年金保険法 ………………………*66*
……………………………*127*	交通事故紛争処理センター …………*189*
金融機関による保険募集 ……***228***	高度障害保険金 ……………………*151*
金融機関包括補償保険 ………*55*	公保険……………………*4*, *109*
金融商品取引法 ……………***137***	高齢者に対する保険募集 …………*257*
金融商品販売法 ………*277*, *287*	小型船相互保険組合 ………………*136*
苦情処理手続 ………………*193*	顧客本位の業務運営に関する原則 ………***256***
区分経理 ………………………*35*	国際財務報告基準（IFRS）…………*13*
組入要件 ……………………*173*	告　知
組立保険 ………………………*54*	——の相手方 ………………***400***
クーリング・オフ ………***358***, *391*	——の時期 …………………***404***
クーリング・オフ期間 ……………*359*	——の方法 …………………***404***
クレジットカード盗難保険 …………*55*	——妨害 ………*247*, *397*, *403*, ***436***
クレジットカードによる保険料の支払	代理人による—— ……………***399***
……………………*300*, *327*	告知義務 ………*9*, *70*, *119*, *371*, ***393***
継続契約性 …………………***85***	告知義務者 …………………………***398***
景品類の制限・禁止 ………*252*	——の故意・重過失 ………………***420***
契約概要 ……………*242*, *280*	告知受領権 …………*226*, *401*, *435*
契約条件変更制度 …………*187*	告知書 …………………………………*412*
契約条件変更手続 …………*73*	告知書扱………………………………*405*

告知書様式モデル ……………………………… *412*
個人情報取扱事業者 …………………………… *138*
個人情報保護法 ………………………………… **138**
個人年金保険 …………………………………… *40, 65*
個人保険 ………………………………………… **50, 64**
個別合意による約款の修正 ………………… **145**
ゴルファー保険 ………………………………… *152*
コンピュータ総合保険 ……………………… *55*
困惑に基づく取消権 ………………………… **386**

さ 行

災害入院特約 …………………………………… *64*
災害割増特約 …………………………………… *64*
財形給付金保険 ………………………………… *64*
財形住宅貯蓄積立保険 ………………………… *64*
財形貯蓄積立保険 ……………………………… *64*
債権者代位権 …………………………………… *168, 198*
債権保全火災保険 ……………………………… *54*
債権利益 ………………………………………… *313*
最高信義（utmost good faith）……………… *395*
財産保険 ………………………………………… **46**
サイバー保険 …………………………………… *55*
裁判外紛争解決 ………………………………… *189*
再保険 …………………………………………… *32, **51**, 205*
最密接地法 ……………………………………… *199*
指図式保険証券 ………………………………… **363**
サービス提供システム ……………………… *20*
産業保険 ………………………………………… *4, 109*
自家保険 ………………………………………… *16*
自家用自動車総合保険（SAP）……………… *56*
自家用自動車保険（PAP）…………………… *56*
事業包括保険 …………………………………… *268*
事業方法書 ……………………………………… *131, 142*
事業保険 ………………………………………… *347, 349, 351*
時効の完成猶予 ………………………………… *195*
自己契約 ………………………………………… *216, 224*
自主規制 ………………………………………… **140**
地震保険 ………………… *4, 123, 134, 135, 145, 269*
地震保険に関する法律 ………………………… *123*
地震免責条項 …… *144, 151, 152, 166, 267, 284*
自損事故条項 …………………………………… *152*
自損事故保険 …………………………………… *55*
質権設定 ………………………………………… *342*
疾病特約 ………………………………………… *64*
疾病保険 ……………………………………… *47, **62**, 149*

質問応答義務 …………………………… *397, 405, 412*
指定紛争解決機関 ……………………………… *192*
自動車救援サービス …………………………… *20*
自動車保険 ……………………………………… **55**
自動車保険（BAP）…………………………… *56*
自賠責保険 …………… *6, 55, 134, 135, 291, 299*
自賠責保険・共済紛争処理機構 …………… *189*
自発的申告義務 ………………………………… *397, 405*
私保険 …………………………………………… *4*
社会保険 ………………………………………… *4, 109*
若年運転者不担保特約 ……… *142, 268, 285*
射倖契約性 ……………………………………… **80, 394, 395**
車両保険 ………………………………………… *56*
収益利益 ………………………………………… *316*
就業不能保障保険 ……………………………… *65*
集合契約 ………………………………………… *296*
収支相等原則 …………………………………… *8, 67, 69*
終身保険 ………………………………………… **33, 64**
重大事由に基づく解除権（重大事由解除）
　　　　　　　　　　 79, 86, 140, 409, 444
住宅総合保険 …………………………………… *54*
住宅融資保険法 ………………………………… *4*
集団扱契約 ……………………………………… *188*
集団投資スキーム ……………………………… *34, 36*
──持分 ………………………………… *34, 37, 250*
重要事項（消費者契約法の取消権）……… **384**
重要性（告知義務）…………………………… **409**
重要な事実・事項（告知義務）…………… **414**
準拠法 …………………………………………… *197*
──条項 …………………………………… *202*
傷害疾病損害保険契約 ……………………… *48, **357**
──の成立 ………………………………… *353*
傷害疾病定額保険契約 ……………………… *48, **354**
──の成立 ………………………………… *353*
傷害疾病保険契約の成立 …………………… **353**
紹介代理店 ……………………………………… *212*
傷害特約 ………………………………………… *64*
傷害保険 ……………………………………… *47, **62**
少額短期保険 …………………………………… **66**
少額短期保険業 ………………………………… *97*
少額短期保険業者 ……………………… *93, 96, **229**
少額短期ほけん相談室 ……………………… *190*
少額短期保険募集人 ………………………… *229*
商慣習 …………………………………………… *125*
商慣習法 ………………………………………… *125*

事項索引　*461*

消極保険 …………………………………*46*
消極利益 …………………………………*317*
証券化 ……………………………………*31*
証券会社 …………………………………*228*
商行為 …………………………*93, 95, 99*
使用者責任 ………………………………*259*
承諾前死亡 ………………………………*330*
譲渡担保 …………………………………*312*
消費者契約法 ……*126, 156, 159, 379*
消費者裁判手続特例法 …………………*127*
消費者の取消権 …………………………*379*
消費者保険 ………………………………*49*
消費生活協同組合法 ………………*136, 239*
情報提供義務
　………*70, 241, 242, 267, 395, 396, 412*
情報の非対称性 …………………………*69*
情報の偏在 …………………………*69, 70*
助言義務 ……………………*275, 276, 281*
除斥期間（告知義務違反による解除）……*427*
所属保険会社等の不法行為責任 …………*259*
所得補償保険 ……………………………*63*
所有権留保 ………………………………*312*
所有者利益 ………………………………*312*
診査医 ………………………………*402, 406*
　——の悪意・過失 ………………*431, 432*
診査医扱 …………………………………*405*
人身傷害保険 ……………………………*56*
人身傷害補償保険 …………………*56, 91*
信用保険 …………………………*61, 313*
森林保険法 ………………………*4, 109*
水産業協同組合法 …………*137, 191, 239*
スポーツ懸賞金保険 ……………………*60*
請求権代位 ………………………………*200*
請求事故（クレームズ・メイド）方式の
　責任保険 ………………………………*303*
制限的解釈（保険約款）…………………*153*
制限能力者 ………………………………*339*
生産物回収費用保険 ……………………*60*
誠実義務 ……………………*235, 236, 248*
生命保険契約の成立 ……………………*325*
生命保険相談所 …………………………*190*
生命保険代理店 ……………*224, 225, 259*
生命保険募集人
　………*149, 223, 295, 325, 387, 401, 432*
　——の悪意・過失 ………………………*435*

——の権限 ………………………………*226*
生命保険面接士 ……………………*403, 436*
　——の悪意・過失 ………………………*434*
生命保険面接士扱 ………………………*405*
責任開始条項 ……………………………*327*
責任準備金 ………………………………*74*
責任遡及条項 ……………………………*328*
責任保険 …………………………*59, 317*
責任持ち特約 ……………………………*253*
責務 ………………………………………*396*
積極保険 …………………………………*46*
積極利益 …………………………………*312*
絶対的強行規定 …………………………*200*
説明義務 ……………*266, 274, 276, 289*
善意契約性 …………………………*80, 395*
船主相互保険組合 ………………………*136*
専属的裁判管轄 …………………………*168*
全損失効 …………………………………*42*
船舶保険 …………………*57, 132, 317, 395*
船舶油濁損害賠償保障法 ………………*123*
船費保険 …………………………………*317*
総括契約 …………………………………*296*
総合賠償責任保険 ………………………*60*
総合福祉団体定期保険 ……………*65, 350*
相互会社 …………………………………*93*
倉庫寄託契約 ……………………………*322*
倉庫特約 …………………………………*305*
倉庫保管契約 ……………………………*324*
相互保険 …………………………*11, 93*
双務契約性 ………………………………*83*
遡及保険 …*301, 306, 329, 330, 334, 353, 389*
訴訟費用保険 ……………………………*62*
損害発生通知義務 ………………………*158*
損害保険 …………………………………*45*
損害保険契約の成立 ……………………*300*
損害保険代理店
　…*147, 215, 253, 259, 261, 295, 300, 387,*
　401
　——委託契約の終了 ……………………*220*
　——の権限 ………………………………*221*
　——の報酬（手数料）請求権 …………*217*
損害保険募集人 …………………………*215*
損害保険料率算出機構 …………………*134*
損害保険料率算出団体………………*133, 134*
損害保険料率算出団体に関する法律

······························· *128, 134,* **135**

そんぽ ADR センター ·····················*190*

た 行

第三者のためにする契約 ················**321,** *323*
　　——における対価関係 ·······················*324*
胎　児 ···*153*
　　——の被保険者性 ·····························**91**
代償利益 ···*317*
代替的リスク移転 ·······························**23**
代理商 ···*216*
代理店委託契約 ·································*172*
他人の計算の保険 ·····························*321*
他人の死亡の保険契約
　　——（個人保険契約） ·······················**335**
　　——（団体保険等） ·························**345**
他人の傷害疾病の保険契約 ·····················*406*
他人の生命の保険契約 ·············*90, 130,* *406*
他人のためにする損害保険契約 ········**318,** *406*
他保険契約の告知義務 ·························*408*
短期集中加入の多重契約 ·······*367, 368,* *370*
団体扱契約 ·······························*50, 252*
団体傷害保険 ·································*349*
団体信用生命保険
　　·················· *65, 323, 342, 403, 427, 437*
団体生命保険 ·································*345*
団体生命保険契約 ·····························*362*
団体定期保険 ·······················*65, 346, 351*
団体年金保険 ·································*149*
団体保険
　　····· **50,** **65,** *171, 176, 184, 213, 243, 362,*
　　　377
団体保険契約 ·································*188*
団地保険 ···*54*
断定的判断の提供 ·········*271, 274,* **292,** *378*
断定的判断の提供（消費者契約法） ·········*381*
担保利益 ···*313*
知的財産権··*311, 312*
知的財産権訴訟費用保険 ·······················*62*
注意喚起情報 ·································*242*
注意喚起書面 ·································*280*
忠実義務 ·······························*35, 41, 236*
中小企業信用保険法 ·····························*4*
中小企業等協同組合法 ·········*136, 191, 239*
中心条項 ·······················*163, 172, 182, 186*

超過保険 ···*390*
長期総合保険 ·································*54*
直接支払サービス ·····························*45*
直接請求権··*168, 263*
貯蓄的保険 ·······································**52**
沈黙の詐欺 ·································*368, 371*
通知義務 ·································*9, 70, 167*
通知保険 ···*305*
積立勘定 ···*53*
積立配当金 ·······································*270*
積立保険 ·······························**42, 53,** **63**
積立保険料 ·······································*42*
定額現物給付 ·································*45*
定額保険 ·······································**45,** *77*
定期保険 ···*64*
定型取引 ···*170*
定型約款 ·······························**142,** **169**
　　——の意義 ·································**170**
　　——の内容の表示 ·························**176**
　　——の変更 ·································**184**
定型約款のみなし合意 ·························**173**
　　——からの除外 ·······························**179**
締約強制 ···*299*
適格消費者団体による差止請求 ··············*126*
適合性の原則 ·····*37, 266, 274, 278, 288, 294*
　　広義の—— ·································*278*
デリバティブ····································**23,** *82*
　　——取引 ·································*28*
　　クレジット・—— ·······················**25**
　　地震—— ·································**26,** *28*
　　店頭——取引 ·······························*28*
　　保険—— ·································**25**
テレマティクス自動車保険 ·····················*22*
テロ資金供与 ·································*140*
天候デリバティブ ·······························**26**
天候保険 ···*60*
電子消費者契約 ·································*297*
電子取引 ···**297**
店舗総合保険 ·································*54*
電話による募集 ·································*257*
動機の錯誤 ·································*373, 447*
動産総合保険 ·································*55*
搭乗者傷害条項 ·································*152*
搭乗者傷害保険 ·······························**55,** *91*
道徳的危険 ·····*331, 336, 337, 340, 355*

道徳的危険事実 ······················407
道徳的危険の増加 ·····················79
盗難保険 ·····························55
動物保険 ·····························55
透明性原則···························165, 183
独占禁止法··························133, 252
特徴的な給付 ·························199
特定契約····························216, 224
特定少額短期保険募集人 ···············230
特定法人 ·····························99
特定保険業 ···························97
特定保険業者 ·························98
特定保険契約
　　　·········· 37, 227, **250**, 253, 256, **273**, 279
特定保険募集人 ·······················360
特別解約権···························79, 86
特別勘定 ··························35, 38, 40
特別条件付契約 ·······················334
特別調停案 ···························193
特別目的会社（SPC）···················32
特別利益の提供······················146, **252**
特　約 ·······························142
特約書································171, 306
特約条項····························142, 171
賭　博 ···················9, 19, 30, **80**, 81
土木工事保険 ·························55
ドライバー保険 ·······················268

な　行

内航貨物保険 ·························59
日弁連交通事故相談センター ·············189
日本医師会医師賠償責任保険 ············146
任意加入型団体定期保険 ···············65
任意加入型の団体保険··················184, 213
任意規定····························**114**, 158, 180
任意の訴訟担当·······················100, 323
認可特定保険業者 ·····················97
認定個人情報保護団体 ··················138
ネット取引···························**297**, 299
ネットワーク総合保険 ··················55
年金現価請求権 ·······················40
年金保険···························**39**, 382
年齢錯誤 ·····························415
農業協同組合法 ······················136, 191, 239
農業保険法··························4, 109

ノー・アクション・クローズ ·············197
乗合代理店
　···**227**, 231, **244**, 260, 261, 262, 263, 264,
　　266, 281

は　行

配当予測 ·····························248
犯罪収益移転防止法 ····················**139**
反社会的勢力 ·························140
比較情報提供 ·························247
比較推奨 ····························262, 264
比較推奨販売 ························244, 281
引受基準 ··························333, 356, 411
引受社員 ·····························99
被共済自動車の譲渡 ····················153
非社員保険契約 ·······················95
人保険 ·······························**46**
被保険者 ························**89**, 296, 307
　——の年齢 ·······················**415**
　——の保険契約者に対する
　　保険契約解除請求権···············**342**, 356
　——（損害保険）···················**89**
　——（人保険）····················**90**
被保険者証··························350, 362
被保険者の同意 ······················**348**
　——（個人生命保険契約）············**336**
　——（傷害疾病保険契約）············**354**
　——（団体生命保険契約）············**345**
被保険利益 ·······77, 200, 203, 296, **307**, 319
　——と譲渡担保 ····················314
　——と所有権留保 ··················315
　——の適法性 ·····················310
ヒューマン・ヴァリュー特約 ············350
費用・利益保険 ······················**60**
費用保険 ·····························318
品質保証 ·····························19
ファイナイト保険 ·····················17
不意打ち条項規制 ·····················180
フィンテック（FinTech）···············22
不可争期間 ··························366, 429
不告知教唆 ························397, 403, **436**
不実告知（消費者契約法）···············381
　——等に基づく取消権 ···············**381**
不実表示 ·····························378
　——の禁止 ······················242, **246**, 275

普通傷害保険 ……………………………*63*
普通保険約款 ………………*130, 142, 171*
　──の認可 ………………………………*131*
　──の変更 ………………………………*131*
復　活 …………………………………*403*
物保険 ……………………………………**46**
不当景品類及び不当表示防止法………*246, 252*
不当条項（定型約款と不当条項規制）……**179**
不当条項規制 …………………*133,* **155**
不当な乗換勧誘 …………………………*247*
不特定人の傷害の保険 …………………*355*
不特定の他人のためにする保険 …………**320**
船主相互保険組合法 ……………………**135**
不法原因給付………………………*376, 392*
不明確原則 …………………………………*153*
フランチャイズ方式 ……………………*216*
不利益事実の不告知（消費者契約法）……*383*
プロ・ラタ原則 ………*120, 422, 424, 441, 445*
紛争解決手続……………………**193,** *194*
弊害防止措置 ……………………………*228*
ベスト・アドバイス義務 ………*248, 277, 282*
変額個人年金保険 ………………………*274*
変額年金 ………………………*65, 250, 293*
変額年金保険 …………………………**36,** *380*
変額保険
　…… *35,* **36,** *224, 250, 253, 255, 273, 286,*
　　291, 378, 382
変更留保条項……………………………*149, 185*
弁護士費用保険…………………………**62**
弁護士保険 ………………………………**62**
片面的強行規定 …………………**110, 200, 397**
片面的強行規定の適用除外 ……………**112**
ボイラ・ターボセット保険 ………………*54*
貿易保険法 …………………………………*4*
包括移転 ……………………………………*72*
包括予定保険 ……………………………*306*
法の適用に関する通則法 ………………*198*
暴力団対策法 ……………………………**140**
暴力団排除条項……………………*140, 187*
法　例 ……………………………………*198*
保　険
　──の団体性 ………………**71, 147, 254**
　──の目的 ……………………………*296*
　──の目的物の譲渡………………*167, 364*
保険オンブズマン ………………………*190*

保険会社の体制整備義務 …**230, 244, 245, 257**
保険買取 ………………………………………*18*
保険株式会社 ……………………………*93*
保険期間 …………………………………*296*
保険危険事実 ……………………………**407**
保険給付請求権の譲渡 …………………*342*
保険金受取人 ……………………………**92**
　──の変更 ………………………………*342*
保険金額 …………………………………*296*
保険金支払義務 …………………………*168*
保険金請求権の処分 ……………………**341**
保険金の支払時期 ………………………*158*
保険金不払問題 …………………………*79*
保険契約者
　──等の詐欺 ……………………………**365**
　──の確定問題 ………………………*87*
　──の詐欺 ……………………*79, 446*
　──の錯誤 ……………………*147, 251,* **378**
保険契約者配当 ……………*40, 248, 270, 291*
保険契約者平等原則 ……………*71, 254*
保険契約者保護機構 ……………………*291*
保険契約
　──書面 ……………………………………**361**
　──の移転 ………………………………*124*
　──の更新 ………………………………*176*
　──の成立 ………………………**295, 365**
　──の転換 ……*271, 282, 359, 360, 383, 404*
　──の当事者 ……………………………**87**
　──の取消の効果 ……………**85, 388, 390**
　──の乗換 ………………………*271, 282*
　──の無効の効果 ……………………*388*
　──の要素 ………………………………*296*
　公序良俗違反による──の無効
　　……………………*79, 368,* **373**
保険計理人 ………………………*35, 53*
保険事故………………………………*7, 296*
保険者
　──の悪意・過失（告知義務違反）……**430**
　──の解除権（告知義務違反）…………*425*
　──の詐欺 ………………………*251, 377*
　──の錯誤 ……………………*372, 416, 446*
　──の免責（告知義務違反）……………**440**
保険証券 ……………………*21, 297, 361*
保険承認状 ………………………………*361*
保険仲立人 ………………………………**233**

事項索引　　465

―― （委託契約） ………………234, **235**
保険媒介者 ………………………**436**
保険ブローカー …………………233
保険法
　――の施行 ……………………**107**
　――の制定 ……………………**105**
保険募集 ……………………205, **209**
　――の意義 ……………………211
　――の再委託 ………215, 259, 262
　高齢者に対する―― …………257
　無登録者による―― …………**239**
保険募集人 ………………………**214**
　――指導事業 …………………216
　――の体制整備義務 ……**230**, 244
保険募集の取締に関する法律………128, 209
保険窓販 …………………………228
保険約款 …………**141**, 175, 178, 183, **187**
　――の解釈方法 ………………**150**
　――の共同作成 ………………133
　――の拘束力 …………………71, **143**
　――の変更 ……………………149
保険料 ……………………………296
　――のキャッシュレス化 ……327
　――の立替払 …………………253
　――の返還義務 ………………303
　――の割引 ……………………252
　――の割戻し …………………252
保険料計算基礎 …………………36
保険料自動振替貸付 ……………161
保険料積立金 ……………………34
保険料返還義務 ……………329, 389, 390
保険料保管用の専用預金口座 …………218
保険料率細分化 …………………418
保険料領収前免責条項 …………85, 300
募集関連行為 ………………212, 261
保　証 ……………………………20
保障的保険 ………………………52
保証保険 …………………21, **61**, 313
補償保険料 ………………………42
ボンド ……………………………21, **61**

　　ま　行

マネー・ローンダリング …………139
満期返戻金 ………………………42
未成年者についての傷害保険契約 …………356

未成年者を被保険者とする生命保険 ………**339**
未必利益 …………………………316
無記名式保険証券 ………………**363**
無催告失効条項 …………………161
無事故戻し ………………………42, 252
無　尽 ……………………………15
無診査扱 …………………………405
無診査保険 ………………………402
無認可約款 ………………………145
無認可約款の効力 ………………131
無保険車傷害保険 ………………56, 91
メリット・デメリット料率 ………75
免許証の色 ………………418, 431, 445
免責金額 …………………………75
元受保険 …………………………**51**
モラル・ハザード ………29, 74, 82, 307, 395
モラール・ハザード ……………74

　　や　行

約款の平明化 ……………………130
有償契約性 ………………………**83**
有利誤認表示の禁止 ……………246
優良誤認表示の禁止 ……………246
油濁損害賠償責任保険 …………52
ユニバーサル保険 ………………**38**
要経過観察 ………………………415, 424
要再検査 …………………………415, 424
要精密検査 ………………415, 423, 424
養老保険 …………………………**33**, 64
ヨーロッパ保険契約法原則 …………119
預金保険法 ………………………4
予定保険 …………………………305, 361
予定利率 …………………………36, 40, 42

　　ら　行

利益保険 …………………………**54**, 316
陸上保険 …………………………**51**
履行利益的損害賠償 ……………**283**
リスク ……………………………7
リスク・マネジメント …………16
利得禁止原則 ………29, **77**, 82, 200, 307, 376
ロイズ ……………………………99
ロイズ SG 保険証券 ……………58
労働災害保険 ……………………**60**
ロード・サービス ………………20

ローン・フォーム ……………………125

わ　行

ワランティ ……………………………203, 311

著者紹介

山下　友信（やました　とものぶ）

1952 年　山口県生まれ
1975 年　東京大学法学部卒業
現　在　同志社大学大学院司法研究科教授，東京大学名誉教授
著　書　『現代の生命・傷害保険法』（弘文堂，1999 年）
　　　　『保険法』（有斐閣，2005 年）
　　　　『商事法の研究』（有斐閣，2015 年）

保険法（上）
INSURANCE LAW The first volume

2018 年 6 月 5 日　初版第 1 刷発行

著　者	山　下　友　信
発行者	江　草　貞　治
発行所	株式会社　有　斐　閣

郵便番号 101-0051
東京都千代田区神田神保町 2-17
電話 (03)3264-1314〔編集〕
　　 (03)3265-6811〔営業〕
http://www.yuhikaku.co.jp/

印刷・大日本法令印刷株式会社／製本・牧製本印刷株式会社
© 2018, Tomonobu Yamashita. Printed in Japan
落丁・乱丁本はお取替えいたします。

★定価はカバーに表示してあります。

ISBN978-4-641-13791-2

JCOPY　本書の無断複写（コピー）は，著作権法上での例外を除き，禁じられています。複写される場合は，そのつど事前に，（社）出版者著作権管理機構（電話03-3513-6969，FAX03-3513-6979，e-mail:info@jcopy.or.jp）の許諾を得てください。

本書のコピー, スキャン, デジタル化等の無断複製は著作権法上での例外を
除き禁じられています。本書を代行業者等の第三者に依頼してスキャンや
デジタル化することは, たとえ個人や家庭内での利用でも著作権法違反です。